인물로 보는
한국 공연예술사

2

인물로 보는

한국 공연예술사 *2*

초판 1쇄 인쇄 · 2025년 4월 5일
초판 1쇄 발행 · 2025년 4월 15일

지은이 · 유 민 영
펴낸이 · 한 봉 숙
펴낸곳 · 푸른사상사

주간 · 맹문재 | 편집 · 지순이 | 교정 · 김수란, 노현정 | 마케팅 · 한정규
등록 · 1999년 7월 8일 제2-2876호
주소 · 경기도 파주시 회동길 337-16(서패동 470-6)
대표전화 · 031) 955-9111~2 | 팩시밀리 · 031) 955-9114
이메일 · prun21c@hanmail.net
홈페이지 · http://www.prun21c.com

ⓒ 유민영, 2025

ISBN 979-11-308-2233-4 94680
ISBN 979-11-308-2231-0(세트)

값 49,000원

2

History of Korean
Performing Arts in People 

유민영

인물로 보는
한국 공연예술사

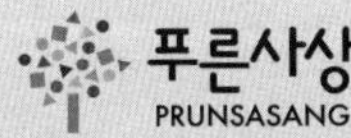
푸른사상
PRUNSASANG

오늘날 연극이 바탕이 된 영화를 비롯하여 뮤지컬, TV 드라마, OTT 드라마 등이 한류의 중요한 축(軸)으로서 세계인들의 환호를 받고 있어 한국인이면 누구나 자부심을 느끼지 않을 수 없을 것이다. 이와 같은 현상은 어느 날 갑자기 하늘에서 떨어진 것이 아니다. 천수백 년 동안 험난한 사회에서 일생을 바쳐 이 땅에 연극을 일궈온 선구자들이 있어 우리가 문화적으로도 일등 국민임을 세계인들에게서 인정받고 있는 것이다. 이 책은 바로 그 선구자들을 심층적으로 탐구한 것이다.

인물 선정의 대전제는 천수백 년에 걸친 우리 연극사를 엮어온 대표적 인물이어야 한다는 것이었다. 그러나 우리의 전통사회에서는 연극이나 무용, 음악 등을 하는 예능인들은 광대라 하여 천민으로 푸대접을 받아왔다. 그런 속에서도 예능이 좋아서, 또는 숙명적으로 그런 것을 하지 않을 수 없었던 사람들이 천수백 년 동안 이 땅에 연극이라는 문화를 형성해왔다. 그럼에도 불구하고 그들은 역사에 이름을 남기지 못하고 초라하게 사라져갔다. 삼국시대부터 가면극이 있었고 고려시대에는 꼭두각시인형극도 있었지만 광대로서 제대로 이름을 남긴 인물은 조선 후기에 판소리를 창극의 차원에서 정립한 신재효(申在孝)가 처음이다. 그 이전에도 수많은 광대들이 명멸했지만 변변한 기록이 없어 천착(穿鑿)의 대상이 될 수가 없다.

이 책은 신재효로부터 시작하여 최근에 타계한 연출가 안민수(安民洙)까지 한국 공연예술사의 흐름을 따라 그때그때 주요 역할을 한 인물들을 선정하여 그들의 삶과 예술세계를 탐색해나갔다. 불행하게도 연극이 배우의 예술임에도 불구하고 비평이 없었던 전 시대에 활동했던 배우들은 기록이 거의 없었다. 다행히 필자가 희곡사, 극장사, 연극사 등을 쓰기 위해 1960년대 중반부터 당시 생존해 있던 연극인들, 변기종, 서월영, 복혜숙, 석금성, 유치진, 박진, 진랑, 김연수, 김소희, 이서구, 전옥, 오영진, 고설봉, 지계순 등 많은 원로 연극인들을 찾아다니며 그들의 이야기를 녹음하고 스케치한 것이 있어서 기록의 한계를 극복하는 데 적잖은 도움이 되었다. 사실 배우의 경우는 작가나 연출가 등과 달리 기록이 희소한 데다가 그나마도 단편적이어서 그들의 삶과 예술세계를 재구(再構)하는 일은 쉽지가 않다. 바로 그 점에서 필자가 일찍이 벌인 녹음 작업이 새삼 소중한 자산이 될 수가 있었다.

배우 외에도 극작가, 연출가, 무대미술가, 제작자, 분장사, 연극학자 등 연극인들이 다수지만, 연극과 관련이 있는 비연극인들도 다수 포함되어 있다. 개화기에 극장 운영자로서 사라져가는 전통예술을 끈질기게 보존하면서 영화예술을 진흥시킨 박승필, 〈아리랑〉으로 창작영화의 지평을 연 나운규, 파란의 삶 속에서 여배우의 전범을 보여준 최은희, 처음으로 우리 손으로 전문적인 동양극장을 세우고 신무용의 단초를 제시한 배구자, 신무용을 개척하여 서양에까지 소개했던 탁월한 무용가 조택원, 극작가 김우진과 비련의 정사를 한 최초의 소프라노 윤심덕, 「떠나가는 배」로 유명한 시인이며 서양희곡을 제대로 번역한 박용철 등, 연극운동가, 영화인, 서양음악가, 신무용가, 번역자까지 다양한 인물들이 망라되었다. 이들이 각자 자기 분야에서 대성했지만 연극에도 크게 기여한 인물들이다.

일이 되느라 최근『북한연극사』(2024)를 쓰면서 얻은 귀중한 북한 자료로 월북 연극인들인 송영, 김선영, 박영호, 황철, 함세덕, 임선규 등의 예술 활동을 크게 보완할 수가 있었던 것은 더없는 소득이라 하겠다. 20여 년 전에도 인물 연극사를 한 차례 펴낸 적이 있었으나, 그 이후 발굴한 자료들이 적지 않아 새로 정리하여 집필해야겠다는 생각이 마음속 깊은 곳에 빚으로 남아 있던 차에 『북한연극사』의 발간이 나를 채찍질한 셈이다.

분량이 많아져서 세 권으로 나누게 되었다. 2권에서는 동양극장이 낳은 인기 극작가였던 임선규부터 무대미술가에서 연출가까지 폭넓게 활동한 이원경까지, 21명의 인물들을 탐구 대상으로 삼았다. 공연예술이 대중의 사랑을 받으며 대중문화로 활짝 피어나던 시기를 다룬 것이다.

출판시장 상황이 어려운데도 불구하고 방대한 분량의 졸저를 출판해준 푸른사상사 한봉숙 대표와 편집부원들에게 깊은 감사를 표한다.

2025년 3월
유민영

:: 차례

　　인물로 보는 한국 공연예술사

제4부 서구연극의 도입과 실험

제5부 현대극으로의 발돋움 (1)

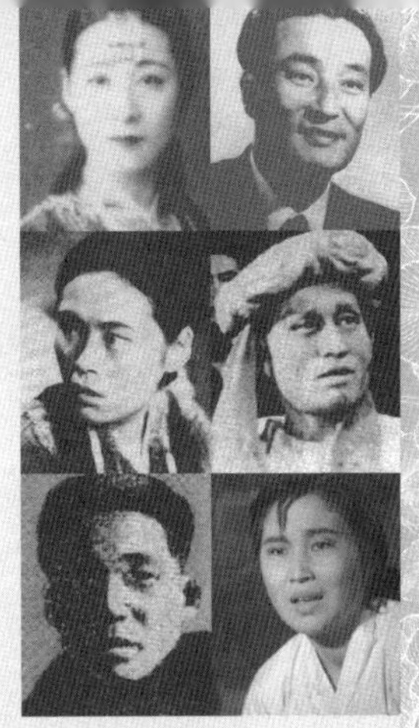

제3부

대중 공연예술의 개화 (2)

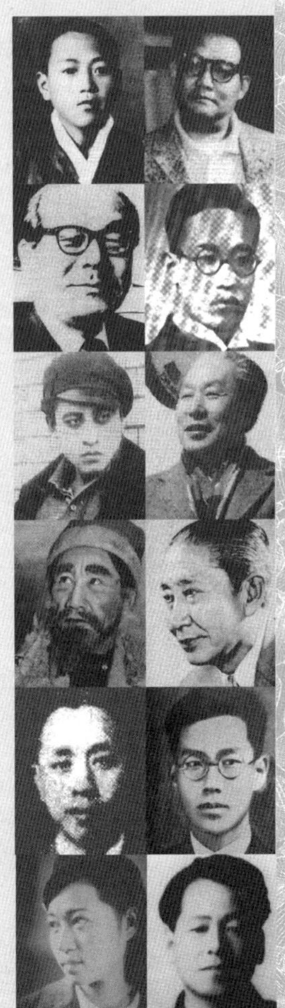

식민지의 설움을 달래준 멜로드라마 작가
임선규

일제가 한반도를 침탈하여 우리 민족을 식민화하던 1930년대로부터 해방 직후까지 15년간, 임선규(林仙圭)는 일제 치하에서 신음하던 대중을 눈물과 체념으로 위로해준 대표적 극작가 중의 한 사람이다.

그는 1912년 2월 5일 충청남도 논산군 연산면 관동리에서 빈농 임일봉(林日奉)과 허일석(許日石) 사이의 3남 중 막내로 태어났는데, 부친이 몇 개월 전 사망하면서 유복자가 되었다. 본명이 승복(勝福)이었던 그는 출생 직후부터 험난한 성장 과정을 밟게 된다. 소년과부가 된 그의 모친이 생계를 위해 사촌동서와 함께 향리에서 주막을 꾸려 근근이 호구했기 때문이다. 과수댁 주모에게는 남성들이 꼬이게 마련이고 결국 모친은 향리의 박씨와 눈이 맞아 사생아를 낳고는 주변 사람들의 눈을 피해 이웃 성동면으로 이주해 살게 되었다.

유년 시절부터 감수성이 예민하고 총명했던 그는 서당에서 『자치통감』과 『소학』을 떼고 논산공립보통학교 2학년에 편입하였다. 그때까지도 생계가 어려워 그의 장형은 그 고장의 대동 민씨 댁에 머슴으로 들어가서 네 식구를 돌보는 처지였다. 1927년 향학열에 불탄 그는 공립강경상업에 진학했으나 학비 조달이 어려웠다. 장형이 머슴으로 있던 민씨 댁에서 학비를 대주어 겨우 학교를 다닐 수 있었다. 그러나 불행하게도 그의 장형이 요절하면서 민씨 댁의

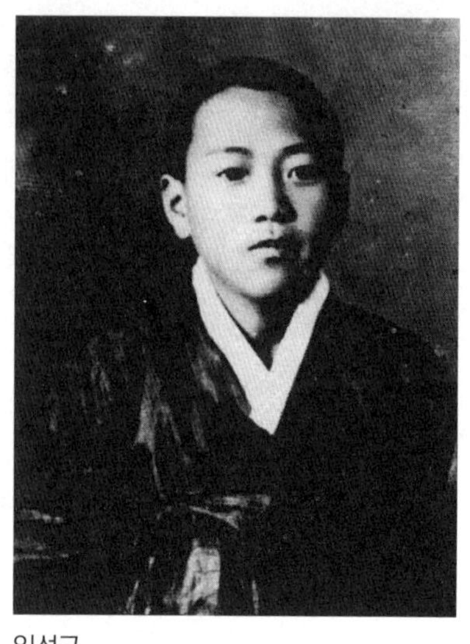

임선규

학비 보조도 예전 같지 않았다. 결국 그는 휴학과 복학을 거듭하다가 1931년 3학년만을 수료하고 학업을 포기할 수밖에 없었다.

일찍부터 그에게는 문학에 대한 소질이 보였고 또 기회가 주어진다면 그 쪽 방향으로 나아가고 싶어했지만, 기회는 오지 않았다. 그런 데다 이따금 스쳐 지나가는 유랑극단의 공연은 그를 더욱 자극하였다. 동양극장 시절 그의 작품에 여러 번 출연하면서 여러 가지 직접 들은 바 있는 배우 고설봉이 그와 관련하여 매우 주목할 만한 회고기를 다음과 같이 쓰고 있다.

그는 강경상고 재학 시절 논산극장에서 조선연극사가 순회공연 하는 것을 보았다. 그가 최초로 연극에 열정을 품게 된 것은 이때였다. 그는 주연배우 강홍식의 연기에 흠뻑 빠졌다. 강경상고를 졸업하자마자 서울로 올라온 임선규는 강홍식을 찾아갔다. 이리하여 임선규는 조선연극사의 극작가 겸 배우로 연극에 첫 발을 내딛게 되었다. 임선규가 처음부터 극작가로 출발한 것은 아니다. 그는 조선연극사의 연구생 배우로 첫 발을 디뎠다가 1923년 9월 〈양자강의 범선〉을 쓰면서 작가로 변신했다.[1]

이상에서 알 수 있는 것은 임선규가 강경상고 재학 중에 극단 조선연극사 공연을 보았고, 강홍식의 연기에 매료되어 그 길로 강홍식을 통해서 극단에 가입한 것으로 되어 있다. 고설봉은 또 임선규가 18세의 나이로 〈추풍령〉이라

---

1 고설봉, 『빙하시대의 연극마당 배우세상』, 이가책, 1996, 102~103쪽.

　　　　　　　　　　　　　제3부　대중 공연예술의 개화 (2)

는 희곡을 『개벽』에 투고하여 당선됐다고도 했다. 그러나 그가 18세 때인 1930년도는 『개벽』지도 휴간한 상태였으므로 신빙성은 희박하다. 아마도 임선규가 그런 희곡을 습작했던 것이 아닌가 싶다. 그리고 그가 처음 가입했다는 극단 조선연극사는 1929년 말에 조직되어 1930년 1월에 들어서 본격 공연 활동을 벌이기 시작했으므로, 임선규가 강경상고를 중퇴하고 집에서 소일하던 1931년께 조선연극사를 만나고 가입을 결심했던 것 같다. 특히 그가 배우 겸 극작가로 입단한 건 사실이지만 그가 무대에 직접 섰었는지는 확언할 수 없다.

실제로 그는 1932년 4월 8일 제일극장에서 공연한 조선연극사의 서양극 〈콘라―도야 잘 있거라〉(3막)를 번안한 것이 처녀작으로 나타나 있다. 그는 이어서 역시 번안작인 희극 〈차용증서〉와 〈침묵〉을 무대에 올렸고, 최초의 순수 창작극인 비극 〈사의 승리〉(2막)와 〈불구자〉(1막) 등으로서 그해 5월에 조선연극사가 제일극장에 공연한 바 있다. 그리고 8월에 그는 황철 등과 함께 조선연극사의 정단원이 되었다.

그로부터 그는 극단에 매월 한 작품 정도 극본을 제공했고, 1933년 4월 중국 작품 〈양자강의 범선〉 제공을 끝으로 1933년 9월에 극단 연극시장으로 소속을 옮겼다. 그가 데뷔한 조선연극사를 떠나 연극시장으로 옮긴 것에 대해서 고설봉은 같은 연구생 문예봉과의 연애 사건 때문이라고 했다.[2] 이 이야기는 거의 맞는 것 같다. 문예봉은 조선연극사의 핵심단원 중 한 사람이었던 중견 배우 문수일의 딸이었으므로 임선규는 장차 장인이 되는 문수일이 주도하는 연극시장으로 옮겨 작품활동을 했고 문예봉과 결혼도 했다.

그러나 연극시장은 단명했고 그는 프리랜서 극작가로 협동신무대, 황금좌, 희락좌 등 2류 극단들에 극본을 써주면서 생활을 영위해갔다. 그러는 동안 그의 아내 문예봉은 영화 〈춘향전〉으로 데뷔하여 스타덤에 오르게 된다. 반면에 임선규는 겨우 무명작가를 벗어나는 수준에다가 폐결핵까지 걸려서 생활은

---

2 위의 책, 103쪽.

순탄치 않은 편이었다.

그러는 동안 최초의 연극 전용 동양극장이 세워지면서 떠돌던 신파극이 대중극으로 정착되어가기 시작했다. 그것이 1936년도부터였는데, 동양극장의 두 전속극단 청춘좌와 호화선이 연중무휴 공연을 하면서 극본난을 겪었음은 두말할 나위 없었다. 그러니까 전속작가인 이서구, 송영, 김영수 등 7명으로서 일주일에 한두 편씩 무대에 오르는 작품을 조달하는 것은 대단히 어려운 일이었다. 그런 때에 임선규에게도 작품 요청이 온 것은 극히 자연스런 일이었다. 그는 1936년 초 청춘좌에 희비극 〈눈 내리는 뒷골목〉을 써준 데 이어, 동극좌에도 시대극과 비극 〈마음의 고향〉 등을 써준 바 있다. 그러나 별로 주목을 받지 못했기 때문에 전속작가와 연출가들은 임선규를 거의 무시하였다. 그가 비록 동양극장 사람들에게 무시를 당하긴 했지만 4년여 동안 신파극단에 작품을 써왔기 때문에 대중의 마음을 읽고 있었으며, 어떤 유형의 작품이 대중에게 먹힐 것인가를 간파할 수가 있었다. 그는 기생을 주인공으로 한 작품을 써서 동양극장 측에 넘겼다. 그러나 처음에 지배인 최독견과 연출가 박진에게 폐기될 정도로 무시당한 뒤, 사장의 간청으로 겨우 무대에 올려지게 되었다. 저간의 사정을 당시의 연출가 박진은 다음과 같이 회고했다.

더구나 홍(洪)은 19만 5천 원의 은행빚에 올라앉아 있는 것이다. 어쨌든 다음 극본이 미리 준비됐어야 했었겠지만 이렇다 할 것이 없었다. 홍순언은 울상이 되어서 연신 '사이상(崔樣)', '복상(朴樣)'만 찾으며 밤잠을 못 잤다. 그런 어느 날 아침 내 방으로 오더니 "그 린센게이(林仙圭의 日語音)라는 사람이 써왔다는 극본을 보여주십시오" 하고 예의 공손을 잃지 않았다. 느닷없이 자기는 알지도 못하는 극본을 보여 달라는 내용은 이러했다. 청춘좌원 김동규란 배우는 지방극단에서 발탁되어온 사람인데 그의 친구에 임(林)이라는 연극시장단장인 문수일의 사위로서 그 극단을 따라다니며 극본을 쓰는 청년이 있는데 그 배우가 누차 그 사람의 극본을 시험해보아서 출세를 시켜달라고 청을 하면서 한 편을 써온 것이었다. 원제목은 잊었으나 읽어보니 이건 지독한 신파 중의 신파로서 원소 48수가 다 들어 있었다. 그래서 한 번 읽어보고 투고처분상자 속에 처넣고 말았던 것이다. 그러고 무심이 지냈더니 아마 그 김배우가 홍순언에게 간곡히 청을 한 모양이어서 그것을 달래가지고 한낮과 밤을 소비하여 읽어보았던 모양이다.[3]

이상은 동양극장 사장 홍순언의 간청에 의해 거의 폐기처분됐던 임선규의 극본이 햇빛을 보게 되는 배경을 설명한 회고담이다. 지배인과 연출가 두 사람이 극구 반대하다가 은행빚에 쪼들리던 사장의 간청에 마지못해 제목도 야유조로 〈사랑에 속고 돈에 울고〉라고 붙여서 무대에 올렸던바, 크게 히트하게 된 것이다. 마침 스타로서 각광을 받기 시작한 황철과 차홍녀를 두 주인공으로 삼아 크게 히트했고, 그 작품으로 은행빚을 갚고도 큰돈이 남을 정도였다. 크게 고무된 홍순언은 임선규에게 집을 사라고 거액 2천 원을 보너스로 주었고, 그는 마침내 전셋집을 벗어나 체부동에 번듯한 집을 마련할 수 있었다.

그때부터 문예봉 또한 인기를 얻기 시작했기 때문에 웬만큼 돈도 벌었다. 그들은 그동안 종숙, 종원 두 딸과 종화와 교(喬) 등 4남매를 두고 다복하게 살았다. 그러나 한 가지 그가 항상 염원하는 것으로서 제대로 된 연극 공부에의 꿈의 성취였다. 상업고등학교조차 졸업하지 못하고 어깨너머로 연극을 익힌 것이 언제나 아쉬움이었고 여한도 되었다. 더욱이 그가 〈사랑에 속고 돈에 울고〉 이후 유명 작가로 부각된 데다가 생활 안정도 되었기 때문에 연극 수업에 대한 열망이 강할 수밖에 없었다.

그럴 즈음에 그에게 조그만 신상 변화가 왔다. 즉 동양극장 사장인 홍순언이 갑자기 타계하면서 극장 주인이 바뀌었고, 따라서 박진, 황철 등 중심인물들이 동양극장을 떠나 아랑이라는 전문극단을 만든 것이다. 의리를 중시한 그는 박진을 따라 아랑의 전속작가가 되었는데, 이 극단은 기존의 연극 형식보다는 새로운 발전적 실험을 해보겠다는 의지를 가졌기 때문에 임선규에게 거

---

3 박진, 『세세연년』, 경화출판사, 1966, 149~150쪽.

는 기대가 적지 않았다. 이 말은 곧 임선규로 하여금 새로운 변신을 은근히 강요한 것이나 다름없었다. 따라서 새 극단의 의욕은 그로 하여금 외국 연수를 가도록 했고 매월 연수비도 제공한 것 같다.

이처럼 내외 여건이 그로 하여금 연극 유학을 가도록 했다고 볼 수가 있다. 결국 그는 아내와 심사숙고한 끝에 연극 연수를 가기로 결심하고, 1939년 말엽에 도쿄로 가서 일본 동포클럽극장연수실에서 몇 달 동안 연극 공부를 할 수가 있었다. 그는 그곳에서 일본의 유수 극작가들로부터 극작법을 배웠는데, 작품구성에 대하여 중점적으로 연구하였다. 그는 거기서 희곡의 요체를 체득했던 바 '시종 밋밋한 작품은 재미가 없으며 감동적인 작품은 여울과 폭포가 있어야 하고, 사건에는 항상 복선이 있어야 하며, 클라이맥스는 심도 있게 처리해야 된다'는 연극관을 확립하게 된 것이다.

이러한 희곡 구성법과 일본 연극을 두루 섭렵하면서 시야를 크게 넓힌 그는 귀국하자 〈바람 부는 시절〉(4막 5장)이라는 희곡을 내놓아 관객들 사이에 큰 반향을 불러일으키기도 했다.[4] 그러니까 그동안 그가 써오던 저급한 신파극본보다 훨씬 발전된 작품을 선보인 것이다. 단순한 남녀간의 연정보다는 서울의 부유한 지주의 딸과 벽지에 사는 산지기 아들과의 이룰 수 없는 사랑을 묘사함으로써 도시 사람들과 농촌 사람들과의 의식 격차를 선명하게 부각시켰기 때문이다. 그로부터 그는 대중 연극계의 대표적 극작가로 자리를 굳히며 조선총독부 당국으로부터 호감을 샀다. 그 결과 그는 총독부의 은근한 요청으로 친일어용극도 쓰기 시작한다. 그러니까 그는 국민연극시대에 맞춰서 일제의 국책에 영합하는 〈빙하〉 등 어용희곡을 쓰기 시작한 것이다.

그리고 그의 아내 영화배우 문예봉의 인기와 함께 그는 장안의 화려한 연예인 부부로서 대중의 선망의 대상이 되기도 했다. 한편 워낙 어렵게 성장한 이들 부부는 매우 검소하게 살면서 저축했고 임선규의 향리에 농토를 사기 시작

---

4 고설봉, 앞의 책, 106쪽.

　　　　제3부　대중 공연예술의 개화 (2)

했다. 그것은 특히 유랑극단 배우의 딸로서 너무 곤궁한 나머지 제대로 정규학교도 다녀보지 못한 문예봉이 앞장섰다. 가난의 한을 풀기 위해서였다.

문예봉은 인기스타임에도 불구하고 화려한 옷차림은커녕 내의조차 좋은 것을 사지 않을 정도로 절약하면서 돈이 생기는 대로 시댁이 사는 성동면에 전답을 사두곤 했다. 그러나 임선규·문예봉 부부의 꿈은 곧바로 깨지고 말았다. 왜냐하면 고등룸펜이었던 임선규의 둘째형이 도박으로 상당수의 땅을 팔아먹었기 때문이다. 크게 놀라고 당황한 문예봉이 시댁으로 달려갔음은 두말할 나위 없다. 성동면 원봉리 마을 입구에서 장조카를 만난 문예봉은 누더기 속옷을 드러내 보이며 "내가 영화배우라서 겉은 이렇게 화려할망정 속에는 이렇게 누더기를 걸치고 살며 모은 돈으로 땅을 사줬는데 그것을 노름해서 날리다니 말이 되느냐"면서 계속 땅을 치며 통곡했다. "우리 내외가 돈벌이 나갈 적에 종화(장남)는 개처럼 업을때로 허리를 묶어 온종일 방 기둥에 묶어놓기 때문에 아이가 허기져 지치고 심지어 대소변도 싸놓고 그것을 먹기까지 하면서 번 돈으로 전답을 사줬는데 그것을 노름으로 날리다니 말이 되느냐"고 장탄식을 했다고 한다.[5]

이때부터 그들 부부는 나머지 전답을 모두 팔아 돈이 저축되는 대로 문예봉의 고향인 함흥에 땅을 사두기 시작했다. 사실 그들이 해방 후에 월북하는 직접적 동기도 바로 그러한 전답 구매와 관련이 있는 것이다. 그 점은 최근에 극작가 오청원이 임선규의 장조카와의 면담에서 확인할 수가 있었다고 한다.[6]

해방 직후에도 그의 창작 활동은 계속되었다. 1945년 12월 해방의 혼란 속에서도 극단 조선의 창립공연에 〈그 여자의 반생〉(2막)이라는 희곡을 제공하여 중앙극장 무대에 올릴 수 있게 했지만 친일파로 몰렸기 때문에 한동안 작품을 쓰지 못했다. 좌우익연극인들의 갈등의 소용돌이 속에서 북한 출신 연극영

---

5 극작가 오청원(吳靑原)의 현지조사 참조.
6 오청원의 현지조사; 오청원, 「충남의 희곡사」, 『충남문학』, 1988.

화인들과 대중예술인들이 좌익으로 기울었지만 임선규는 사상적인 문제에는 별관심이 없었다. 그러나 그의 아내 문예봉은 고향인 함흥으로 돌아갈 생각을 하면서 좌익 계열에 선뜻 다가선다.

문예봉은 해방 이듬해 영화동맹위원으로 선출되어 월북 준비를 하기 시작했다. 그리고 남편 임선규의 만류를 뿌리치고 1947년 4남매를 데리고 먼저 월북한다. 그가 1년 반 동안 창작 활동을 거의 못한 것은 두 가지 이유에서였다. 첫째로 그가 해방 직후의 혼란 속에 친일파로 몰린 데다가 좌익의 끈질긴 협박과 회유 때문에 심적 안정을 찾지 못한 데 따른 것이었고, 두 번째로는 지병인 폐결핵이 도져서 힘을 쓸 수가 없었기 때문이다. 결국 그는 아내의 권유도 있었던 데다가 친일의 면죄부로서 1946년 11월 남조선노동당 창당대회 때 연극인으로 주요 역할을 함으로써 남로당 중간 간부로 활동하기 시작했다.

일단 마음의 안정을 찾으면서 그는 거의 2년여 만에 다시 창작 활동에 나서게 되었다. 1947년 1월 절친했던 황철 주도의 낙랑극회에 〈여명〉(4막)이라는 작품을 제공하여 안영일 연출로 국도극장 무대에 올리게 했고, 다음 달에도 극단 문화극장으로 하여금 〈사랑의 십자로〉(4막)를 박춘명 연출로 공연토록 했다. 그 이후로 매월 한 작품 정도 작품을 써서 좌익 성향의 극단들에 제공했다. 그의 작품 연출도 안영일, 박춘명 등 좌익 계열의 연극인들이 맡았다.

그런데 전형적인 대중작가인 그가 갑자기 자기 작품에 정치적 이념을 투입한다는 것은 쉽지 않았다. 그해 여름 그가 극단 호화선이라든가 악극단 백조 등에 〈정열의 대지〉(3막 5장)와 〈천국에서 맺은 사랑〉(8장) 등을 제공한 것은 본래의 성향으로 되돌아간 경우였다고 볼 수 있다.

그러나 그나마도 그의 아내 문예봉이 월북하고 나서는 작품을 거의 쓰지 못했다. 왜냐하면 그를 돌보아주는 사람이 없는 데다가 그동안 그가 겪은 심정 고통까지 겹침으로써 지병인 폐질환이 심해졌기 때문이다. 결국 그는 1948년 3월 18일 극단 자유극장에 〈유랑삼천리〉라는 작품을 마지막으로 제공하고 정부 수립 직전에 아내를 쫓아 월북한다. 그런데 조선극장에서 공연한 〈유랑삼

　　　　　　　　　　　제3부　대중 공연예술의 개화 (2)

천리〉는 10년 전 이미 동양극장에서 공연된 작품이었으므로 그의 마지막 작품은 1947년 9월 악극단 백조가 동양극장에서 공연한 〈천국에서 맺은 사랑〉(8경)이 되는 것이다.

1932년 4월 그의 나이 스무 살 때 〈콘라-도(島)야 잘 있거라〉(3막)를 번안하는 것으로 처음 데뷔하여 서른다섯 살 때인 1947년 9월 〈천국에서 맺은 사랑〉을 쓸 때까지 15년 동안 대중연극계에 몸담고 있으면서 번안과 창작을 합쳐서 거의 1백여 편의 극본을 써서 무대에 올렸다. 당시 대중극작가들은 정석적인 문학작품으로서의 희곡이라기보다는 그때그때 공연용 극본을 쓴 경우이기 때문에 이서구, 이운방 등 인기 작가들도 대체로 그 정도 양의 작품을 썼었다. 그 당시에는 극작가들도 대부분 극단에 소속되었기 때문에 임선규 역시 조선연극사로부터 시작해서 아랑 등 몇 단체에 가입했었고, 다른 좌파들처럼 항일, 친일, 좌경이라는 궤적을 밟은 것이 특징이다. 이러한 정신적 궤적은 작가로서의 내면적 욕구에 의한 것이기보다는 상황적 압박에 따른 것이었다고 보아야 할 것 같다. 그러니까 식민지의 피압박 상황과 해방, 분단이라는 비정상적 현대사의 궤적에 그 역시 어쩔 수 없이 휘말렸던 것이라고 말할 수 있다.

그런 가운데서도 그는 인텔리 극작가들과는 달리 강렬한 메시지 전달보다는 대중에 오락을 제공한다는 자세로 창작에 임함으로써 일본 수입용 신파극이 토착화하여 대중연극으로 자리 잡는 데 한몫을 한 것이다. 바꾸어 말하면 그는 식민지하 암흑사회 속에 놓여 있던 대중에게 사랑이라는 위안물을 충실하게 제공한 극작가였다는 이야기이다.

이러한 대중극작가였음에도 그 역시 굴곡된 역사의 수레바퀴에 치어서 말년은 너무나 불우했다. 가령 가난 속에서 극작가로 데뷔했지만 연극생활 5년 만에 작가로서 겨우 인정을 받았고, 또다시 5년여 만인 국민연극시대에는 친일목적극을 쓰도록 강요받았으며, 다시 5년여 뒤에는 사회주의 성향의 이데올로기극을 쓰지 않을 수 없었던 것이다.

그런데 그가 남로당에 관계되고 사회주의로 기울었던 것은 극히 우연한 사건에 의한 것이었다. 즉 그가 해방 직후 충무로에 열었던 사무실이 화재로 소실되자 제일 먼저 남로당에서 위문해준 것이다. 좌우익이 세력 확장에 혈안이 되었을 때 남로당은 명사들을 포섭하고 있었다. 따라서 임선규는 자신의 불행을 수습해준 남로당 계열에 보은의 마음을 갖게 된 것이다. 마침 그때 남로당 창당 축사 요청이 온다. 그가 축사를 하자 그 이튿날 장안에는 '임선규 남로당 입당'이라는 특보가 나붙었다. 그리고 그가 쓴 희곡 〈긴급동의〉가 남로당 창당 때 축하공연작품으로 무대에 올려지기도 했다. 대한민국 정부수립 전후해서 아내인 문예봉이 고향인 함흥으로 간 후 그는 홀로 남아서 수원 친구집에서 폐병치료를 받고 있다가 어느 날 아내를 따라 월북한다.

이는 사실 그가 당초 꿈꾸었던 극작가의 길은 아니었다. 개인사적으로 볼 때도 그는 모진 가난과 평생 폐질환으로 고통 받아야 했고 타의에 의한 월북 후에도 불우하게 생을 마쳤다. 사실 월북 이후의 그의 행적은 전혀 알려지지 않았다. 그와 오랫동안 친분관계를 유지했던 고설봉은 그와 관련하여 "6 · 25 직후 북에서 내려온 빨치산 배우 한일송의 말에 의하면 임선규는 월북 후 별다른 활동을 하지 않다가 거리에서 객사하였다는 설도 있고, 주을온천에서 요양을 하던 중 타계하였다는 설도 있다"[7]고 했다. 그런데 그가 객사했다는 소문은 사실일 가능성이 희박하고 폐질환으로 주을온천에서 요양하다가 1970년 봄에 사망했을[8] 것이라는 추정이 오히려 신빙성이 있어 보인다.

왜냐하면 그의 아내 문예봉이 북한에 가서도 중요한 영화배우로서 활동을 계속하여 1952년 말에는 공화국으로부터 공훈배우 칭호를 얻은 데 이어 국기(國旗)훈장 제3급까지도 받을 만큼의 지위에 오른 상태였으므로 부부금실이 괜찮았던 임선규가 객사할 하등의 이유가 없었다고 보아진다. 더욱이 그들 부부 사이에는 4남매까지 있지 않았던가. 가령 6 · 25전쟁 이후 문예봉이 일본

---

7 고설봉, 앞의 책, 108쪽.
8 조영복, 『월북예술가, 오래 잊혀진 그들』, 돌베개, 2002. 207쪽.

　　　　　　　　　　제3부 대중 공연예술의 개화 (2)

을 방문할 때마다 재일동포를 논산의 시댁에 보내서 안부를 알아보고 북한의 자기 가족 소식도 전해주었다는 것이다(오청원의 현지조사). 이는 곧 임선규와 문예봉의 부부관계나 가족상황이 극히 정상적이었음을 간접적으로 확인시켜 주는 것이라 말할 수 있다. 따라서 그가 월북해서 건강도 좋지 못한 데다가 체질적으로 목적극을 제대로 쓸 수가 없었기 때문에 폐질환 치료라는 명목으로 주을온천 등지에서 요양생활을 하다가 1970년쯤 환갑도 채우지 못하고 세상을 떠났을 가능성이 크다.

우리나라 현대사에서 가장 어려웠던 시기에 태어나서 15년 동안에 1백여 편이라는 많은 작품을 발표했지만 대부분의 극본들이 그때그때 공연대본으로 제공됨으로써 기록문학으로 남은 것은 〈사랑에 속고 돈에 울고〉, 〈동학당〉, 〈빙하〉, 〈새벽길〉 등 단 4편뿐이다. 그렇기 때문에 그의 작품세계를 명확히 파악하기는 쉽지 않다. 다만 작품제목만 대강 훑어보면 그가 대중극작가답게 남녀 간의 연정 문제를 주로 제재로 삼았음을 알 수 있다. 1백여 편 중 희극은 극소수이고 비극을 주로 썼다. 소재는 현실과 역사를 주로 작품 속에 끌어들임으로써 나름대로 대중의 심중을 무대 위에 드러내려 한 것만은 사실이다.

다만 그가 시대와 정면에 마주해서 대결했다기보다는 어루만지고 달래주려 했다는 점에서 전형적인 멜로드라마 작가였다고 말할 수 있다. 바로 그 점에서 임선규야말로 식민지 시대에 대중에게 퇴영적인 위안물의 보급자였던 것이다. 그가 시대와 정면으로 대결하지 않고 회피 내지 외면했다는 것은 당 시대가 안고 있는 문제를 제대로 다루지 않고 역사적 사건이나 치정 문제를 즐겨 다룬 점에서도 잘 나타난다. 그의 작품에 시대극이 절대 다수를 차지하고 있는 이유도 바로 거기에 있는 것이다.

그런 까닭에 그는 학생 등 인텔리 계층으로부터는 철저하게 외면당한 반면 지적 수준이 낮은 서민층으로부터는 상당한 인기를 끌었다. 특히 그는 제대로 희곡 연구를 하지 못하고 신파극단의 공연을 보고 극장무대에서 극작법을 익혔기 때문에 사상적 깊이나 짜임새 있는 희곡을 쓰지 못했고, 그때그때 연출가의 손질에 의해 무대에 올려지는 대본만을 쓴 것이다. 그 점에서 그는 오늘날 방송드라마작가나 구성작가와 같은 위치에 있었다고 말할 수 있다.

가령 그가 그렇게 많은 작품을 발표했음에도 불구하고 실제로 전하는 극본이 겨우 네 작품에 불과한 것도 단순한 보존상의 허술함에만 원인이 있기보다는 문학적 가치가 높지 않은 점도 또 하나의 원인이 된다고 볼 수 있다.

그리고 문학성 높은 극작가들은 희곡 창작 외에도 자신들의 지적 수준을 알릴 수 있는 글들을 적잖게 남겼다. 유치진을 위시하여 대중 성향의 송영, 박영호 등은 비평가 수준의 글을 많이 썼다. 그러나 임선규는 상당한 인기의 극작가였음에도 극본 외에는 거의 글을 남기지 않았다. 그것은 역시 그가 체계적인 연극 수업을 받아보지 못하고 순전히 예민한 감수성과 직관력만으로 극본을 구성한 데 따른 것으로 볼 수 있다. 따라서 그가 남긴 희곡 4편도 구성에 있어서나 주제의 심도에 있어서 높은 수준에 도달하지 못했음은 두말할 나위 없다. 물론 그가 쓴 1백여 편의 작품들 중에서 현존하는 네 작품이 대표작이라 말할 수는 없다. 오늘날 전하지는 않지만 〈바람 부는 시절〉 등과 같은 작품은 당시 젊은 지식인들에게도 크게 공감을 불러일으킨 바도 있었다.

그가 남긴 네 작품들 중에서 〈사랑에 속고 돈에 울고〉는 앞에서 설명한 대로 연출가 박진이 처음에는 폐기처분했던 작품이었다. 그럼에도 불구하고 이 작품이 히트함으로써 그가 동양극장의 주요 극작가로 부상하였던 것이다. 이 작품이 대중의 호응을 받은 이유는 여러 가지로 설명될 수 있지만 그중에서도 기생의 비련을 주제로 삼은 것이 적중한 때문이 아니었나 싶다. 사실 그 시대에 있어서 기생은 남성들의 꽃이었다. 그런 기생이 서울에만도 1천여 명이나 되었다. 그런 기생의 비련을 청순가련형 배우 차홍녀가 맡으면서, 우선 기생 관객이 주류를 이루고 그 뒤를 남성들이 뒤따른 것이다.

그 당시의 주제가 〈홍도야 우지마라〉는 지금까지도 많은 사람들에게 애창곡으로 불리어지는 정도이다. 사실 그 당시 비련의 주인공 기생 홍도의 좌절이 여성들의 좌절로 받아들여졌고, 은연중에 민족의 좌절로까지 비약했던 것이 아닌가 싶다. 그만큼 이 작품은 암흑과 절망의 시대에 절망으로 대중의 눈물을 씻어준 최고의 위안물이 되었다. 그러니까 천대받고 좌절하는 기생 홍도의 눈물이 대중에게 카타르시스를 느끼게 해주었다는 이야기이다. 개인이나 민족은 고통스러울수록 위안물을 필요로 한다. 조선시대에 망망대해에 몸을 던지는 심청이가 민중의 마음을 달래주었듯이 식민지 시대에는 기생 홍도의 애가(哀歌)가 대중에게 위안을 주었던 것이다.

그러나 다음 작품 〈동학당〉은 조금 다르다. 1941년에 무대에 올려졌으므로 그가 인정받고서 5년 뒤에 쓴 것이 된다. 제재도 민중혁명운동이었던 동학 이야기이므로 단순한 연정물이 되기에는 무거운 것이 사실이다. 그러나 임선규는 동학운동을 제대로 다루면서도 젊은 남녀의 이룰 수 없는 사랑을 전면에 내세운다. 그런데 흥미로운 사실은 〈사랑에 속고 돈에 울고〉와는 달리 〈동학당〉에서는 비련의 여주인공이 양반계급이고 남자주인공이 서민층이라는 점이다. 다만 한 가지 이 작품에서 주목되는 부분은 친일국책극을 조금씩 강요받을 즈음에 그가 동학 이야기를 끌어들여서 우회적으로나마 식민지배를 타파하고 싶은 심중을 드러냈다는 사실이라 하겠다.

아마도 당시에 이 작품이 무대에 올려질 수 있었던 것은 전봉준이라는 혁명아를 전혀 등장시키지 않고 동학운동을 배경으로 삼고 이룰 수 없는 젊은 남녀 간의 연정을 중심축으로 삼았기 때문이 아니었던가 싶다.

결국 그 역시 일제 말엽인 1943년도에 〈동백꽃 피는 마을〉과 〈빙하〉라는 어용국책극을 썼고, 해방 직전에도 〈새벽길〉이라는 친일작품을 발표했다. 그러나 그가 일제가 요구하는 목적극을 쓰면서도 그 나름대로의 민족적 통분을 복선으로 깔려고 애쓴 듯이 보이기도 한다.

그 점은 〈빙하〉에서 잘 나타난다. 사실 이 작품은 일제가 당시 시도했던 우리 민족의 만주이주정책과 반소정책을 궁극적 목적으로 삼고 있다. 그러니까 그는 일제가 요구하는 것을 충족시키는 듯하면서도 실제로는 스탈린독재정권이 1937년에 단행한 원동의 동포 강제이주 정책을 비판하는 것을 잊지 않았던 것이다. 주지하다시피 스탈린의 우리 동포 강제이주 정책은 천인공노할 민족탄압이었다.

19세기 후반부터 블라디보스토크, 하바로프스크 등지로 이민 가서 정착한 우리 동포는 18만 명이나 되었다. 농상공업과 관리, 교원 등으로 안정된 생활을 누리고 있던 우리 동포가 스탈린에 의해 하루아침에 카자흐스탄, 우즈베키스탄, 키르기스스탄 등 중앙아시아 준사막지대로 강제이주되면서 동포 전체의 3분지 1정도인 6만 명이 이송 도중 사망하는 비극을 맞은 것이다. 20세기의 최대 민족 비극 중의 하나라 할 동포 강제이주 정책을 작품을 통해 비판한 것은 지금까지 임선규가 유일하다.

이 말은 곧 임선규가 우리 현대사를 꽤 깊이 인식하고 있었다는 이야기가 된다. 그가 평생 대중작가로 일관했음에도 불구하고 연륜을 더해가면서 역사와 민족에 대한 나름대로의 사랑과 아픔을 지녔던 것이다. 가령 이 작품에서 스탈린의 강제이주 정책에 저항하다가 총에 맞는 한 재소동포 청년은 "우리는 힘을 모읍시다. 죄 없이 쫓겨가는 동포들을 하나라도 구해야 합니다. 지금 우리에게 몇 동지가 있어 사방으로 가서 운동 중입니다"라고 외치고 있다.

등장인물들은 또한 합창으로 황해도 난봉가를 부르며 나라 잃은 민족의 슬픔을 달래기도 한다. "살림살이는 될동말동하는데 호박에 박넝쿨은 지붕을 덮는다"로 시작되는 이 황해도 난봉가는 후렴에 가면 "에랑 에랑 에헤야—자식이 있나요 부모가 있나요 …(중략)… 인제 가면 언제 오나 구비야 굽이굽이 눈물난다. 아리 아리랑 시리 시리랑 아라리가 났네. 아리랑 응응 넘어간다."로 끝맺는다.

이처럼 민족적 정한이 배어 있는 민요를 친일국책극에 삽입했다는 것은 모순으로 보일 수도 있지만 겉으로는 일제에 순응하는 척하면서도 내적으로는 피압박 민족의 아픔을 드러내려 한 것이다.

친일어용국책극의 마지막 작품으로 씌어진 〈새벽길〉(1945년 7월 7일 공연)은 재건된 극단 조선연극사에 의해 제일극장에서 공연되었다. 시대배경은 1909

년경부터 1942년까지 40여 년 동안으로 되어 있으며, 민족의 패망과 식민지 치하에서 미국인이 저지른 범죄행위가 주제로 되어 있다. 대본 표지에 '대동 아전쟁 12주년 기념작품'이라 씌어 있는 것으로 보아서 이 작품은 목적극을 작정하고 쓴 것임을 알 수 있다. 모리슨이라는 미국사업가의 사기극과 그로 인해서 몰락하는 송진사 가족의 비극적 상황을 묘사한 이 작품도 일제의 반미 이데올로기를 주제로 한 것이지만, 내적으로는 완고한 전통윤리와 서구의 신 문물의 충돌을 복선으로 깔고 있다.

이 말은 곧 그가 겉으로는 일제에 순응하는 척하면서도 내적으로는 자기가 하고 싶은 이야기를 하고 있었다는 이야기가 된다. 바로 그 점에서 임선규는 대중작가임에도 불구하고 맹목적으로 친일어용극을 썼던 여타 작가들과 구별 된다고 말할 수가 있다.

동양극장이 낳은 전형적인 대중작가였던 임선규는 대중에게 연극을 하나의 즐거운 오락물로 제공하면서도, 당시 우리 민족이 안고 있던 여러가지 문제를 짚으면서 할 말은 하고 간 매우 독특한 극작가였다.

그렇던 임선규가 해방을 맞아 아내 문예봉을 따라 1948년 월북하였으나 평 소 갖고 있던 지병으로 작품활동은 부진한 편이었다. 포로로 잡혔다가 탈북 한 최창호에 의하면 "요양소를 전전하면서 희곡 〈앵무새〉와 영화문학 〈항쟁의 려수〉도 썼으나 6·25전쟁 발발로 영화화되지 못하였고 전쟁 중에는 중국의 심양, 장춘, 목단강, 베이징 등지를 전전하면서 창작과 연출을 하였으며 종전 후에는 극작가들과 연출가 양성사업에 힘썼다. 그리고 마지막으로 해방 전의 『연극사강의록』을 쓰다가 1968년 12월 28일에 심장마비로 향년 66세를 일기 로 사망하였다."[9]

---

9   최창호, 『민족수난기의 연극』, 평양출판사. 2002, 228~240쪽 참조.

전통 희극정신을 현대에 계승한 풍류 작가
박진

연극사를 공부해본 사람이라면, 우리의 연극사는 그 유산이 풍부하지 못하다는 것을 대체로 안다. 양과 질에 있어서 서양이나 중국, 일본 등 전통이 풍부한 나라들의 연극에 비해서 왜소하다는 느낌이 드는 것이 사실이다. 그것은 특히 연극의 4대 요소인 희곡, 배우, 극장, 관중 등에서 뒤지고 실제 연극을 만드는 연출에서 더욱 약하다. 사실 개화기 이전에는 아예 연출이라는 분야가 있지도 않았고 옥내 무대도 없었다. 극장이 없고 연출이 없으므로 연극은 자연발생적인 배우들의 행위만 있었다는 이야기가 된다.

연극예술은 사람이 창조해내는 공연예술이다. 희곡을 써내는 작가가 있어야 되고, 그것을 소화해서 사람들에게 보여주는 배우가 있어야 된다. 희곡과 배우의 교량 역을 하는 것이 연출이다. 그만큼 연출은 중요한 연극 분야이다. 그럼에도 불구하고 전통극에서는 연출이 없었고 신파극에서도 미미했다. 우리 연극사에서 그래도 전문 연출가라고 지목할 수 있는 사람이 1930년 일본 쓰키지(築地)소극장에서 돌아온 홍해성(洪海星)이라고 볼 때 연출사의 일천함을 짐작할 수 있을 것이다. 이 말은 우리나라 연극사에서 연출이라는 분야가 독립된 것이 겨우 1930년대 이후부터라는 이야기가 된다.

따라서 연출이라는 분야가 대우받을 리 없었고, 지망자나 종사자 역시 많

을 수 없었다. 오늘날도 배우나 극작가
들에 비해서 연출가들은 절대 수효가
부족하고 유능한 연출가는 참으로 드
물다. 하물며 식민지 시대에 연출가는
엉성할 수밖에 없었고, 해방과 분단 이
후는 더욱 희소했다. 식민지 시대부터
1960년대까지 40여 년 동안 전문 연출
가로 활동했던 박진(朴珍)이라는 인물
이 그래서 소중하다. 만일 우리가 분단
만 되지 않았어도 연출가는 좀 더 많았
을 것이다. 가뜩이나 부족한 인원이 절
반으로 갈라짐으로써 더욱 부족함을 초
래한 것이다.

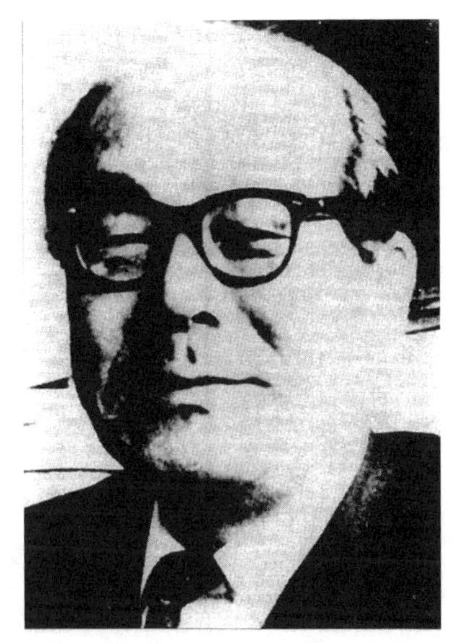

박진

박진은 일본 제국주의가 대한제국을 병탄하는 전초 작업을 벌인 을사보호
조약의 해였던 1905년 7월 10일 서울 공평동에서 출생했다. 그는 이해랑, 박
승희 등과 함께 연극인으로서는 드물게 귀족 가문에서 태어났다. 그의 부친
박기양(朴箕陽, 1856~1932)은 대한제국 시절에 함경도 감사를 지낸 사대부이
다. 박기양의 3남매 중 차남으로 태어난 그는 매우 유복하게 자랐다. 함흥 출
신의 모친 역시 양가의 규수여서 교양도 풍부하고 자녀양육에 남다른 정성을
쏟은 현모양처였다. 극히 평탄하고 부족함 없이 자란 박진의 본명은 승진(勝
進)이었고 뒷날 아호를 우석(愚石)으로 지은 바 있다.

매우 건강하고 명랑하며 감수성이 풍부했던 소년 박진은 동네 아이들과 놀
러다니기를 좋아했고 특히 예능에 재주가 있었다. 7세 때 교동보통학교(校洞)
에 입학해서 신학문을 배우기 시작했다. 호기심 많고 새로운 것을 좋아했던
그는 8세 때 모친을 졸라 연흥사(演興社)에 가서 처음으로 신파극 〈육혈포강도
(六穴砲强盜)〉를 관극했다. 그가 유년 시절에 처음으로 접한 것이 일본 신파였

다는 것은 매우 흥미로운 일이다. 실제로 그 당시에는 광무대 중심의 전통극과 연흥사의 신파극밖에는 별다른 연극 형태가 없었다.

그 이후 그는 모친을 조르지 않고도 혼자서 극장을 드나들었는데, 연흥사로부터 단성사, 우미관으로 이어지는 것이었다. 그 극장들이 대부분 집에서 그리 멀지 않았기 때문에 박진 소년은 드나들 만했다. 그는 거기서 신파극과 활동사진, 그리고 무성영화를 즐겨 본 것이다. 그때의 사정을 그는 다음과 같이 회고한 바 있다.

> 8세시에 이미 연흥사에서 임성구의 〈육혈포강도〉를 보았다고 했지만 그 후부터는 곧잘 극장에 혼자 다녔던 것이다. 그러니까 내가 교동보통학교의 최고 학년(그때는 4년제) 때였으니까 까마득한 일인데 그때 우미관(지금의 관철동 천도제약사 골목)에서는 가지가지의 연속활극을 했다. 물론 무성이어서 변사(辯士)가 붙어 있었지만 꼭 '연속사진'은 한 4권(필름 4통)쯤 하되 아슬아슬하고 궁금증이 날 만한 데서 딱 끊어버리고는 "유감이올시다마는 하회에 어떻게 될지 청년과 여자는 악한에게 죽을 것인지 살아날 것인지 다음에도 변치 마시고 왕림하여주십시오" 이렇게 변사의 감질나는 말로 끝맺는다.[1]

이상과 같이 그는 이미 유년 시절에 연극과 영화에 재미를 붙이고 있었다. 그런데 그가 단순히 구경으로 끝낸 것도 아니다. 그는 이미 연극놀이까지 벌일 만큼 조숙했던 것이다. 그 유년 시절에 동네 아이들과 벌였던 연극놀이와 관련하여 다음과 같이 회상했다.

> 그때 '연속사진'에 〈명금(名金)〉이라는 것이 있었다. 청년은 후레데리구 백작, 여자는 기지구레, 거기에 힘이 센 충의(忠義)에 노노가 있었고 악한에 사치온 백작이 장장 수십 권의 '연속사진'을 끌고 나가는데 내용은 두 토막 난 금화가 중심으로 그 반 조각을 서로 빼앗으려고 격투와 추격, 그냥 온통 트릴 덩어리였고,

---

1 박진, 『세세연년』, 경화출판사, 1966, 114쪽.

 제3부　대중 공연예술의 개화 (2)

기지구레란 여자가 어찌나 예쁘든지 안 보고는 못 견딜 판이었다. 그런데 이것이 갈리는 날마다 우미관에 가보기나 했으면 좋았을 것을 그때 2전짜리 큰 동전이 있었는데 이놈이 줄로 반을 끊어서 반을 학교마당 나무 밑에 숨겨놓고는 내가 후레데리구 백작이고 얼굴이 예뻤던 申모라는 아이가 기지구레고 또 누가 노노고 누가 사치온 백작이고 해서 시간만 끝나면 그 장난하기에 여념이 없다가 꼬리가 길어서 선생님에게 소문이 들어가 일당이 호되게 벌을 슨 적이 있다. 생각하니 연골(軟骨) 때부터 싹이 노래서 극장 구경이나 다니고 그따위 장난만 하더니….

이렇게 박진은 보통학교 시절부터 연극과 영화에 빠져들기 시작한 것이다. 그러니 학교 공부를 제대로 할 리가 만무했다. 4년제였던 교동보통학교를 졸업한 그는 곧바로 명문사학 양정(養正)고등보통학교에 진학하게 된다. 이때부터 그는 학생들과 교내 아마추어극을 만들기 시작한다. 그는 공부보다도 연극 만들기에 더 열심이었고, 3·1운동 직후에는 외부의 바람까지 불어 닥쳐서 더욱 그를 자극했다. 그는 언제나 연극반장으로서 작품을 만들어보곤 했다.

그런 그에게 결정적인 계기가 오게 되었다. 그가 5학년에 올라가면서 정욱(鄭煜)이라는 영어교사를 만나게 되었다. 드라마를 좋아했던 정욱 교사는 어디서 원본으로 된 셰익스피어 전집을 구해온 것이다. 그는 정욱 교사와 셰익스피어 읽기에 나섰다. 영어 실력이 부족했기 때문에 그는 쓰보우치 쇼요(坪內逍遙)가 번역한 일본판 셰익스피어 전집에 의존해서 읽을 수 있었다. 박진 학생에게 연극 소질이 있음을 발견한 정욱 교사는 연극 공부를 강력히 권유했다. 그것은 곧 박진에게 있어서 기름에 불붙이는 것이나 마찬가지였다.

그는 정욱 교사의 권고를 받아들여 마음속으로 연극 공부를 결심했다. 문제는 엄격한 부친의 아들에 대한 기대를 어떻게 극복하느냐였다. 그의 부친은 일찍부터 박진이 의사가 되기를 바랐던 것이다. 일제 식민지 치하에서 관리의 길은 곧 친일의 길이었기 때문에 정치와 무관한 의사의 길을 권했다. 그런데 느닷없이 박진이 부친에게 연극 공부를 하겠다고 선언한 것이다. 근엄한 부친에게서 불호령이 떨어진 것은 두말할 나위 없다. 부친은 대대로 양반가문을 지켜온 집안에서 풍각쟁이나 광대가 웬 말이냐고 펄쩍 뛴 것이다. 그는 부친 앞에서 다시는 연극 공부 이야기를 꺼내지 못했다. 겉으로 부친이 듣기 좋게 의학 공부를 하겠다고 했다. 그리하여 양정고보를 마치자마자 의학 공부를 전제로 해서 일본 유학길에 오를 수 있었다.

그가 19세 되던 1923년 봄 일본으로 건너가서 문학과 연극을 공부할 수 있는 도요대학(東洋大學) 문화과에 입학했다. 얼마 후 그는 관동대진재(關東大震災)를 만나 죽을 고비를 넘긴다. 그로서는 생애에 가장 큰 고통의 목격이었다. 그때부터 그는 때때로 민족에 대한 상념에 잠기곤 했다. 그러면서 그는 공부보다는 연극구경 다니는 데 많은 시간을 소비했다. 그는 학교를 아예 니혼(日本)대학 예술과로 옮겨버렸다. 거기서 연극을 제대로 배울 수 있을 것이라 생각했기 때문이다. 그가 연극에 빠져들면서 가정과는 점점 멀어질 수밖에 없었다. 그때의 처지를 그는 다음과 같이 토로한 바 있다. "일본에 있으면서도 연극구경만 부지런히 다녔다. 집에서는 자식을 버렸다고 노기가 대단했었다. 그 당시 연극을 시작한 사람들은 모두 그랬었지만 특별나게 반대가 심한 집안이었기에 나중에는 부자간에 이야기조차 하지 않았었다."(『주간한국』, 1966.4.3)

그는 실제로 연극을 공부하면서 부친으로부터 의절당했고 족보에서 이름까지 삭제될 정도였다. 그때까지만 해도 그가 연극을 좋아한 것은 사실이지만 부친과 의절할 만큼 연극에 빠져 있었던 것은 아니었다. 그런데 관동대진재 당시 일본인들의 행패를 목격하면서부터 완전히 방향을 연극으로 굳힌 것이다. 조국이 일제의 군화에 짓밟혀 있는 상황에서 공부를 해봐야 관리나 그들의 하수인밖에 더 되겠는가 하는 자학적이고 저항적인 생각에서 사회과학이나 의학 공부를 포기한 것이다.

그가 보통학교 시절 영화를 보고 연극놀이를 했듯이 보통고등학교 시절에는 급우들과 소인극을 했고 일본 유학 시절에도 소인극 배우 노릇을 하기도 했다. 즉 그는 1924년 도쿄유학생들이 조직한 간친회의 망년기념회 때 무대에 올린 작품에 출연한 것이다. 박석기(朴錫紀)가 쓴 창작극에 그는 진장섭(秦長燮)과 주연을 한 것이다. 그는 대학은 다니는 둥 마는 둥 하면서 쓰키지(築地) 소극장에 드나들면서 연극구경 다니기에 더 열심이었다. 그래서 대학졸업장이 있을 리 만무했다.

그는 청운의 뜻을 품고 도쿄 유학길에 오른 지 4년여 만인 1927년 봄에 대학졸업장 하나 없이 귀국했다. 부친과도 절연한 상태였으므로 집으로 들어가지 않고 동가식서가숙하는 처지였다. 그는 처음부터 연극에 뜻을 두었던 만큼 연극인, 문인 등과 주로 교유했다. 그러나 그가 막상 들어가서 연출을 할 만한 극단이 없었다. 그러던 차에 토월회(土月會)에 불만을 갖고 이탈한 연극인들이 새로운 극단 산유화회(山有花會)를 조직했는데, 박진도 가담케 된 것이다.

그는 산유화회의 연출 책임자로 참여하여 그의 생애 최초로 시인 홍사용(洪思容) 원작 〈향토심〉(3막)과 번역극 〈소낙비〉(1막)를 연출했다. 조선극장 무대에 창립공연 작품으로 올린 이 작품은 비교적 호평을 받았다. 귀국 데뷔작품으로서 성공한 셈이다. 그가 일단 연출가로서 가능성을 인정받았지만 산유화회가 곧바로 해산되고, 이어 극단 화조회(火鳥會)가 조직되면서 창립작품 〈화란을 당한 자〉를 연출했다. 그러나 화조회 역시 곧바로 해산됨으로써 그는 경성방송국 JODK 전속연출가로 변신했다. 그가 우리나라 방송극사상 최초의 PD(연출가)가 된 셈이다.

그러나 방송극이 많지 않았기 때문에 그는 극단 활동을 계속하려 했고 때마침 박승희의 강력한 권유로 토월회에 참여케 된다. 당초 그는 토월회가 타락했다고 생각했기 때문에 가담을 꺼리다가 박승희의 권유에 마지못해 가담한 것이다. 그는 박승희에게 자정(自淨)을 요청했고 박승희는 수용했다. 그들은 곧바로 재기공연으로 〈아리랑고개〉(박진 연출)를 무대에 올렸고 박진의 명성이 단번에 드높아졌다. 일제에 착취당하고 남부여대하여 고국을 떠난다는 비극인 이 작품은 경찰에 의해 공연 정지됨으로써 토월회도 해산 상태에 들어갔다. 그는 극본도 쓰면서 이따금 연출도 하며 지냈는데, 첫 희곡이 1930년에 발표한 〈절도병환자〉이다. 이때 그는 양가집 규수(李濟萬)와 결혼하여 안정을 찾았고 외동딸 진서(珍緖)를 기르는 재미로 세월을 보냈다. 연출할 기회가 적자 그는 태양극장의 요청으로 여러 편의 희곡을 썼는데 가령 〈엉터리 김주부〉, 〈울며겨자먹기〉, 〈명나라 원나라〉 등이 바로 그런 계통의 작품이다.

그가 희곡을 쓰면서 또 하나의 예명을 가졌는데 그것이 남궁춘(南宮春)이었다. 그러니까 토월회가 1932년 2월 태양극장으로 극단 명칭을 개칭하면서 박진은 연출과 극작을 본격적으로 겸한 것이다. 이때부터 그는 박승희와 콤비가 되어 주로 연출을 전담했고 희곡 창작도 적잖게 했다. 그러나 토월회는 점점 상업성만 추구하는 대중극단으로 전락해가며 박진의 심기를 불편하게 했다.

그런 때에 그에게 재미있는 사건이 터졌다. 즉 그가 니혼대학 친구의 권유로 잠시 간사지(干瀉地) 사업이라는 전혀 색다른 일에 뛰어든 것이다. 그의 유학 친구(權國彩)가 충남 홍성군 성호리의 간사지 43정보를 총독부로부터 불하받아 제방을 쌓고 농지로 만들려는 야심 찬 사업을 시작하면서 거기서 얻어지는 이익의 반을 극장건립에 쓴다는 것이었다. 귀에 솔깃한 박진은 흔쾌히 참여하여 바닷가에서 인부들의 감독으로 일했다. 그러나 그의 꿈같은 사업은 실패로 끝났음이 다음과 같은 기록에 잘 나타나 있다.

성호리 일판은 장바닥이 되고 둔덕 아래 진천집에서는 새장구소리가 요란했다. 그러나 들고나는 조수로 인해서 수문은 터지고 또 터져서 청부업자가 네 번이나 야반도주를 했다. 내 꿈은 백주에 사라져만 간다. …(중략)… 그러나 내 정성이 부족했던지 권국채에게 복이 없었던지 전후 8개월 만에 나는 목도꾼 집장 노릇을 하면서 장백 차백 삼백의 의형제놀음의 인간공부만 하고 개벽사로 빨리 오라는 소파의 전보를 받고 깨진 꿈 조각을 안은 채 7(칠)마장으로부터 노정을 거슬러 잡았다.[2]

---

2 위의 책, 94~95쪽.

　　　　　　　　　제3부　대중 공연예술의 개화 (2)

이상과 같은 외도(外道)는 극히 박진답지만 실패로 끝났고, 그 후에는 그가 문예의 업에서 크게 벗어나는 일을 하지 않았다. 간척사업 실패 직후 그가 월간잡지『개벽(開闢)』에 진장섭(秦長燮)의 소개로 입사했던 것도 흥미로운 일이다. 그가 개벽지에 입사했을 때는 잡지 명칭이『별건곤(別乾坤)』으로 바뀌어 있었다. 왜냐하면 개벽은 새로운 신문지법(新聞紙法)에 의해서 발행금지처분을 받은 상태였기 때문이다. 그때 잡지의 대표는 아동문학가 방정환(方定煥)이었는데 신입사원 박진은 월급 30원을 받고 교정 등과 같은 기초적인 일을 했다. 그렇다고 그가 잡지사 일에 만족하고 있었던 것은 결코 아니었다. 그는 스스로 고백한 바 있듯이 연극을 집어치운 것이 아니라 간사지 사업 실패 직후 잡지사에 몸을 담은 것뿐이었다. 그는 당시의 사정을 외도보다는 탁신처(託身處)로 표현한 바 있었다.

이처럼 그는 연극을 하지 않고 있어도 연극을 머릿속에서 떠나보낸 적이 없었다. 그가 연극 활동 도중에 몇 년 동안 다른 일을 했던 것은 순전히 주변 여건 때문이었다. 그가『세세연년』이라는 자전적인 책에서 "나에게 있어서 연극은 생명이요 천명이요 운명이라 한다면 그동안의 개벽사에 몸을 담았던 일은 취직이라면 단 한 번의 취직(就職)이라고 할 수 있다"(103쪽)고 쓴 바 있다. 그러니까 그가 희망을 걸었던 토월회가 타락하면서 잠시 연극 밖을 방황했다는 이야기가 된다.

사실 그가 단 몇 년 만에 극단 산유화회와 토월회 등을 거치면서 연출가로서 또 극작가로서 상당한 가능성을 인정받았을 뿐만 아니라 그 자신도 연극에 대하여 굉장한 애착과 집념을 갖고 있었다. 그렇기 때문에 그의 다른 직업 전전도 실제적으로는 연극준비 행위로 볼 수가 있다. 가령 그가 자전적인 글에서 "개벽사와 연극은 아무런 상관이 없다. 그러나 나에게는 연극 생애 도중에 일시참(一時站)을 했었으니 관련이 없지 않다"고 썼던 것도 바로 그런 연관성을 말한 것이다.

그는 사실 연출을 하고 희곡을 쓰면서 '인간'을 알아야 된다는 생각을 절실히 하고 있었다. 그래서 한때는 서울의 광교(廣橋) 밑 땅군들의 생활 속에 잠입해 들어가 며칠씩 지낸 바 있고, 간척사업에 나선 것도 그의 인간사회 탐구열의와 무관하지 않은 것이다. 그가 개벽사에서 창간한『별건곤』기자로 일하면서 알고 싶었던 인간 사회의 구석구석을 살필 수 있었던 것이 큰 수확이었다.

그러나 월간잡지『별건곤』도 일제의 음험한 탄압으로 생명이 길지 못했다. 곧바로『별건곤』이 폐간된 것이다. 따라서 박진은 2년 만에 실직자가 되었다. 그는 매일 인사동의 비너스다방에 출근하다시피 했다.

비너스다방은 토월회 시절 함께 연극을 했던 여배우 복혜숙(卜惠淑)이 경영하고 있었던 데다가 박진과 같은 고등룸펜들이 많이 모여드는 아지트였다. 관련하여 박진은 다음과 같이 회고한 바 있다.

> 토월회장송, 태양극장 전송(錢送), 간사지 하직, 소파(小波) 영결, 청오(靑吾) 작별 박진 신세처량강산―허전한 마음을 달랠 길 없어 매일매야 '비너스'에서 살았다. VENUS, 즉 사랑의 여신이다. 그러나 그러한 성결스러운 신화의 나라가 아니라 내게는 피난처랄까 대기소였던 인사동 조선극장에서 관훈동으로 가려면 왼편으로 이문(里門) 넘어가는 골목길이 있었는데 그 큰 길모퉁이 2층 집에 위층은 계명구락부―왜정과 싸우며 우리글과 말을 지켜오던 분들이 모이던 곳―그 아래층이 VENUS라는 건방진 이름을 내걸고 복혜숙이 주다야주(晝茶夜酒), 되는대로 멋대로 영업인지 오입인지 하던 데라 '고등룸펜'의 딱지를 이마에 붙인 나는 의리와 정의(情宜)를 근저당 맡기고 매일매야 차가 됐건 주(酒)가 됐건 무조건 그 집의 기본요원으로 때로는 벽화의 칭을 받아가며 그 '비너스'(VENUS)를 잡고 늘어졌다.[3]

이렇게 박진은 복혜숙이 경영하는 비너스다방에서 기약 없이 세월을 낚고 있었다. 그러다가 과거 잠깐 인연을 맺은 바 있던 경성방송국으로부터 방송국 연출을 맡아달라는 요청을 받게 되었다. 방송극은 정기프로였기 때문에 그

---

3 위의 책, 111~112쪽.

    제3부 대중 공연예술의 개화 (2)

는 과거의 토월회 배우들(이소연, 윤성민, 서월영, 복혜숙, 강석연, 김영옥 등)을 데리고 작품을 만들었다. 그는 방송극을 매우 열정적으로 만들었는데 그것은 연극에 대한 정열을 방송드라마로 대신 발산시켜보자는 것이었다. 그러는 동안에 신무용가 배구자(裴龜子)가 서대문에 최초의 전문공연장인 동양극장을 세운 것이다. 동양극장이 개관한 몇 개월 뒤인 1936년 정월에 박진에게 입단 교섭이 왔다. 그는 기다렸다는 듯이 동양극장 전속연출가 겸 극작가로 입단했다.

처음 연극에 발을 들여놓고서 제대로 된 극단이나 극장을 못 만났던 박진은 거의 10여 년을 방황할 수밖에 없었다. 그러나 다행스럽게 동양극장이라는 전문극장이 문을 엶으로써 그가 본격적으로 하고 싶은 연극을 할 수 있게 된 것이다. 마침 지배인 최독견(崔獨鵑)이 의기투합할 만한 친구였기 때문에 그가 마음껏 일할 수 있는 분위기가 조성되어 있었다.

그는 마치 고기가 물을 만난 것처럼 즐겁게 연극 활동을 하기 시작했다. 그는 부지런히 연출을 하고 또 정력적으로 극본을 써댔다. 당시 동양극장은 거의 연중무휴였던 데다가 레퍼토리도 며칠에 한 번씩 교체해야 했기 때문에 몇 명 되지 않는 전속작가들은 부지런히 작품을 써대야 했다. 그는 1936년 봄부터 연애비극 〈청춘광상곡〉을 시작으로 하여 〈춘향전〉을 연출함으로써 그의 진가를 보여주었다. 그는 연출 못지않게 극본을 써대는 부지런함도 보여주었다. 누구보다도 애국심이 강하고 일제에 대해서 저항적이었던 그는 손기정(孫基禎) 선수가 독일 베를린 올림픽에서 우승하자 곧바로 극화해서 무대에 올렸고, 동아일보 이길용(李吉用) 기자의 일장기 말소사건처럼 주인공의 가슴에서 일장기를 떼 내고 등장시키는 모험적 연출도 했었다.

그런데 그 시기에 박진이 했던 또 하나의 중요한 일은 창극(唱劇)의 세련화였다. 그가 창극에 손을 대기 시작한 것은 1937년 동양극장의 전속극단 청춘좌의 〈춘향전〉 연출부터였다. 이 작품이 본래 고전이었으므로 그가 사이사이에 창(唱)을 곁들여 본 것이다. 그러자 관객의 반응이 좋았고 그로부터 창극에 관심을 갖기 시작한다. 마침 당시에 조선성악연구회(朝鮮聲樂硏究會)가 창극을 하고 있었으므로 그가 적극적으로 나서서 창극연출을 하게 된 것이다. 그와 관련하여 그는 다음과 같이 회고했다.

> 새삼스럽게 말할 것 없이 춘향전은 원래 노래로써 백수십 년 전에 이미 가극 으로서 완성되었던 것인데 점점 퇴보했던 것이다. 이것을 다시 복구시켜보겠다 는 것이 그때의 포부였다. 그러나 창에 있어서는 저들이 전문가요 국창급의 사 람도 수삼인이었지만 연기력이 없는 것이 애로가 아닐 수 없었다. 그렇다고 그 냥 버려둘 수 없어서 당시 그네들이 조직하여서 모이고 가르치고 하는 조선성악 연구회라는 모임으로 하여금 창극단을 조직케 하고 먼저 춘향전을 연습시켰다. 이들에게 연기지도할 때 땀을 뺀 것은 그때나 지금이나 다름없었지만 이 창극이 일반에게 환영받자 그 후 우후죽순같이 창극단이 생겨났다.[4]

이상과 같이 박진은 신극인이면서도 전통적인 창극에 가장 일찍 눈을 뜬 연 출가로서 창극 발전에 적잖은 기여를 한 것이다. 특히 그가 창극에 관심을 기 울인 것은 쇠퇴일로에 있던 판소리를 현대의 무대극으로 재현시켜보겠다는 포부에 따른 것이었다. 그것은 대단히 중요한 자세였다고 아니할 수 없다. 왜 냐하면 당시에는 대부분의 식자층 사람들은 전통을 도외시하거나 부정하고 새것만을 숭상하는 풍조가 팽배해 있었던 시대 분위기 때문이다.

바로 그 점에서 박진의 선구자적 면모가 나타난다. 그가 구체적으로 창극발 전에 기여한 것은 세 가지 측면에서 설명할 수 있다. 첫째로는 연극인들에게 우리의 전통극의 가치와 중요성을 일깨워주면서 그것의 현대적 계승을 주창 한 것이고, 두 번째로는 근대적 무대와 연기를 모르는 창극인들, 즉 명창들에 게 연기를 가르쳐준 점이며, 세 번째로는 극단운영이라든가 연극제작 등에 대 해서 가르쳐준 점 등이다. 사실 그는 한때 창극에 상당히 심취했었다. 그가 동

---

4 위의 책, 171쪽.

양극장 전속작가였음에도 불구하고 한때는 창극단을 직접 인솔하여 남도지방 순회공연까지 한 바 있었다. 그뿐만 아니라 그는 1940년대에는 명창 조상선(曺相蘇)이 주도한 창극단 화랑(花郎)의 대표로 추대되어 몇 달 동안 단체를 이끈 바 있을 정도이다.

그런데 박진의 정열적인 활동도 동양극장의 경영주가 바뀌면서 움츠러들기 시작했다. 즉 동양극장 설립자 홍순언(洪淳彦)이 죽자 재정난까지 겹쳐서 지배인 최독견이 물러나고 그와 연극을 함께해온 박진도 일단 떠나지 않을 수 없었다. 동양극장 전속으로부터 벗어난 그는 창극에 힘을 기울이는 한편 극작가로서 극단 청춘좌라든가 성군(星群), 아랑(阿娘) 등과 같이 인연 맺은 단체들에 극본을 써주거나 이따금 연출을 해주기도 했다. 그러는 동안에 극히 저항적인 박진은 큰 시련에 봉착하게 되었다. 일제가 1940년부터 시작한 친일국책문화운동에 박진도 한 발을 담그지 않으면 안 되었기 때문이다. 즉 그는 1940년 12월에 조직된 조선연극협회(朝鮮演劇協會)의 이사로 이름을 얹었고, 1942년 7월에 결성된 친일어용연예단체인 조선연극문화협회의 이사도 했다. 물론 그는 일제에 적극적으로 협조하지는 않았다. 그 협회 이사라는 것도 총독부에서 강제로 포함시킨 것에 지나지 않았다. 물론 그는 연극 마니아였던 만큼 잠시도 극장을 떠나서는 살 수가 없었다. 그가 1943년 9월 제2회 전국연극경연대회에서 연출가로서 극단 청춘좌의 〈꽃피는 나무〉(임선규 작)를 갖고 참여한 것도 순전히 연극에 대한 사랑과 친구에 대한 의리를 저버릴 수 없어서였다.

사실 그가 일제시대에 마지막으로 연출한 〈꽃피는 나무〉만 하더라도 친일적인 냄새가 나는 작품이었다. 여하튼 그는 조선연극협회가 만들어지면서 심적인 갈등을 많이 겪기 시작했는데, 그것은 어용국책극 시대에 연극을 지속해야 하느냐 마느냐는 회의 때문이었다. 친일작품 〈꽃피는 나무〉 연출만 하더라도 토월회 시절부터 동양극장의 연극 동지 이서구(李瑞求)의 간청 때문에 마지못해서 맡은 것이었다. 이서구(孤帆)는 조선연극문화협회 간부로서 총독부와 잘 통하고 있었다. 그런 그가 박진을 찾아와서 〈꽃피는 나무〉를 연출해 달라는 요청을 한 것이다.

> 고맙지 뭐냐. 그러나 나는 단연 거절했다. 고범(이서구의 아호)은 울었다. '만일 이번에 참가 못하면 청춘좌는 죽는다.' '여러 사람이 상한다'고— 사람이 상한다는 것을 별문제로 하고 청춘좌는 내가 기른 자식이다. 청춘좌를 살리기 위해 내가 죽을 각오를 했다. 개막 1주일을 앞두고 극본이 되었다. 〈하나사꾸기〉〈꽃피는 나무〉라는 日本名에 3분의 2가 일어였다. 한인 의학박사가 일본에 가서 공부할 때 일녀(日女)와 결혼해서 서울에 와 사는데 시골 있는 본처에서 낳은 아들과 일녀(日女)에게서 낳은 아들이 입대 전날 밤 싸우는 내용이었다. 기가 차서 어찌할 바를 몰랐으나 하는 수 없이 운명이라서 맡았다. …(중략)… 연습이 시작되는 날 총독부, 군보도부, 신문사, 기타 등등 어마어마한 자들과 배우가 거적 위에 꽉 찼다. 나는 배우들에게 일장연설을 하였다. '나는 죽으니 청춘좌는 살아라.' 이런 투의 말을 하면서 눈물을 쏟으니 배우들도 엉엉 울었다.[5]

이상에서 볼 수 있는 바와 같이 그가 친일작품을 마지못해 연출한 것도 실은 자기가 키운 극단(靑春座)을 살리기 위한 살신성인의 자세로 한 것이었다. 그는 그 작품을 끝으로 도망가다시피 중국으로 갔다. 박진이 연출한 작품에 여러 번 출연했던 고설봉(高雪峰)은 그와 관련하여 다음과 같이 증언하고 있다.

> 동양극장에서 활동하는 동안 박진은 부친 탓인지 총독부와 관련된 업무는 일체 기피하였다. 그의 반일감정은 조선연극협회 결성 때 선명하게 드러났다. 그는 최독견과 함께 끝까지 총독부에 협조하지 않았다. 총독부에서는 박진을 막다른 길로 몰아냈다. 그러나 그는 북경으로 잠적해버렸다.[6]

박진이 중국으로 도피하는 데 이용한 단체는 북지(北支) 위문을 떠나는 무용단이었다. 그가 임시로 무용단의 무대감독 직책을 맡아 서울 연극계를 벗어난

---

5 위의 책, 176~177쪽.
6 고설봉, 『빙하시대의 연극마당 배우세상』, 이가책, 1996, 79쪽.

　　　　　　　　제3부　대중 공연예술의 개화 (2)

것이 1944년 겨울이었다. 그는 중국에 가서도 낭인 생활만 한 것은 아니었다. 마침 톈진(天津)에 있는 황해(黃海), 전방일(全邦一), 현인(玄仁), 김준영(金駿榮) 등 연예인들을 모아 톈진지구의 구제를 위한 공연 활동을 벌이기도 했다.

1945년 8월 15일 베이징에서 조국해방의 소식을 접한 그는 곧바로 귀국길에 올랐다. 그런데 당시만 하더라도 혼란기였던 데다가 교통사정 역시 여의치 않아서 그는 톈진으로 갔다가 탕산(唐山)을 거쳐서 안둥현에 당도했다. 거기서 그는 밀선을 타고 압록강을 건너고 구의주(舊義州)와 신의주, 평양을 거쳐서 38선을 넘어 수개월 만에 서울에 도착할 수 있었다.

서울에 돌아오자마자 그는 옛동지 박승희와 만나서 토월회 재건에 나섰다. 토월회의 옛 배우들을 모아 〈40년〉이라는 작품으로 재기공연을 가진 데 이어 독립열사를 주제로 〈윤봉길 의사〉를 연출하기도 했다. 그러나 해방 직후에는 좌익 연극인들의 횡포가 심해서 토월회의 활동공간은 없었다. 토월회 재건이 단 세 작품 공연으로 끝난 뒤 그는 극작가(金永壽)가 이끌던 극단 신청년(新靑年)의 작품들을 여러 편 연출했다. 김영수가 쓴 〈혈맥〉을 위시하여 〈사육신〉, 〈반역자〉, 〈가로등〉, 〈화전지대〉 등을 연출한 것이다. 천성적으로 대중적이었던 그는 당시 인기를 끌고 있었던 악극단에도 극본을 써주었는가 하면 간간이 연출도 해주었다. 그는 대중이 좋아할 만한 작품이면 일반극단이건 악극단이건 상관하지 않았다. 그러나 분명한 것은 그가 좌익 연극과는 분명한 선을 긋고 활동한 사실이다. 그가 유치진 등과 만든 한국무대예술원이야말로 좌익 연극인들에 대항해서 우익 민족진영 연극인들의 결사체였다.

그러나 1950년 6·25 전쟁이 발발하면서 그에게도 시련이 닥쳐왔음은 두말할 나위 없다. 그는 몇 개월 동안 적 치하께서 숨어지내다가 1·4후퇴 때 군예대(軍藝隊)고문으로 군복을 입고 대구까지 가서 계몽선무공작일을 보기도 했다. 휴전이 되면서 그는 피난생활을 청산하고 환도했다. 환도한 그는 국립극장 정단원으로 들어가서 민극(民劇) 대표를 맡았다. 30여 년 동안 연극 활동을 해온 그는 문화계에서 지명도가 높았고, 특유의 친화력으로 인해서 예술계의 직책을 적잖게 맡았다. 즉 유치진에 이어 한국무대예술원장을 맡았고 문총(文總) 최고위원도 되었다. 그뿐만 아니라 1960년에는 대한민국예술원 회장이 되었고, 한국연극협회 이사장도 맡았다. 신협과 민극이라는 두 전속단체를 거느리던 국립극장이 국립극단으로 통합하면서 성격이 원만한 박진이 초대 극단장으로 임명되었다.

이에 그치지 않고 그는 1963년 예총(藝總)이 탄생하면서 부회장도 맡았다. 그런데 그가 감투만 쓴 것은 아니었다. 그는 한 해도 거르지 않고 정력적으로 연출 작업과 창작을 했다. 그가 주로 국립극단의 연출을 했지만 이따금 과거에 썼던 극본을 다듬어서 무대에 올리곤 했다. 그는 동양극장 시절에도 그랬지만 창극에 관심이 많았고, 창극의 무대화에 절대적인 영향을 미친 연출가이다. 따라서 1963년 국립극장 내에 창극정립위원회가 만들어졌을 때도 그가 중추적 역할을 했다.

앞에서도 조금 언급한 바 있지만 박진은 연극계에서 보기 드문 명문 귀족 출신이다. 비슷한 출신으로 박승희와 이해랑이 있다. 토월회를 20여 년 이끌면서 신극의 기틀을 다진 박승희가 구한말 총리대신을 지낸 박정양(朴定陽)의 아들이고, 학생예술좌와 극단 신협의 리더였던 이해랑은 왕손의 방계로서 조부가 대한제국 때 왕실 의전관이었다. 박진 역시 부친이 구한말 함경도감사를 지낸 귀족의 자제였다. 전통적으로 연극을 천시해온 우리의 고루한 사회풍토에서 연극에 뛰어든 박진의 의식이 우선 주목할 만하다.

그는 후배들을 만나면 이따금 자탄의 소리로 "조국이 일제의 지배 아래 있는데 공부를 해봐야 식민지 관리 노릇밖에 더하겠는가 싶어 자학적이고 저항적인 심정에서 연극을 택했다"고 술회하곤 했다. 이처럼 박진이라는 인물은 우선 사대부 집안 출신답게 품격을 지킬 줄 아는 사람이었다는 것과 일제에 대해서 비교적 저항적이었다는 것으로 요약해서 설명할 수가 있다.

그가 이순(耳順)을 맞아 펴낸 자전의 글에서 "이렇게 기복이 많고 변동이 많은 40년 동안 나는 무엇을 했으며 어떻게 변하였느냐. 아무리 생각해보아도 한 일도 해놓은 일도 없고 변한 것도 없다. 고기반찬에 명주옷과 따스한 아랫목을 박차고 나와서 이름을 갈아붙이고 헐벗고 굶주리고 남에게 하대(下待)를 받아가며 연극이라는 요부에게 정력과 정열을 몽땅 쏟아 다시 못 찾을 청춘 시절을 거연히 허송했을 뿐 남은 것이라고는 늙어 쭈그러진 상판과 허약해진 몸뚱이밖에는 아무 것도 없다. 인생은 허무하다. 하지만 내 인생같이 허무한 인생은 없을 것이다. 인생일장은 춘몽이라 하지만 나의 꿈처럼 허망한 꿈은 없을 것이다. 인간일생이 공수래공수거(空手來空手去)라 하지만 나같이 깨끗이 빈손 들고 나왔다가 곱게 빈손 들고 떠나기도 드물 것이다"라고 쓴 바 있다.

극히 자조적이고 허무한 소회를 피력한 이상의 글에서 그에게 있어서 연극은 하나의 숙명이었다는 생각마저 든다. 실제로 그는 한 글에서 자신에게 있어서 연극은 하나의 생명이요, 천명(天命)이요, 운명이라고까지 술회한 바도 있다. 그런 연극에 이끌려서 그는 가문으로부터 파문당하고 평생 고생길을 걸었던 것이다. 따라서 그는 평생 청빈하게 살 수밖에 없었다. 동시대에 그의 삶을 옆에서 오랫동안 지켜보았던 모윤숙(毛允淑) 시인은 다음과 같이 쓴 바 있다.

> 그는 허허 웃으면서 곧잘 인생대화를 해넘기고 또 무난하게 사물을 처리하는 성품의 소유자다. 그는 어느 고관의 자제이며 명문가의 후예라 하니 나면서부터 서민 속에서 서민을 위한 극예술을 위해 살고 있다. 지위나 이름 따위에 애절한 미련도 없이 그는 세세연년의 풍토처럼 장터에서나 남의 집 헛간에서나 인간의 체취를 잃지 않고 높낮이를 가리지 않는 가난한 사람과 평민의 친구로 또 그들의 이웃으로 살아왔다. 그럼에도 그는 이 고을 저 고을 풍우한설(風雨寒雪)을 무릅쓰고 제 끼니에 식음조차 잊어버리고 무대를 따라 전전긍긍 평생을 헤매였다. 여기 그의 소박하고 가식 없는 성격과 그의 진실한 예술의 심혼을 엿볼 수 있는 것이다. 그는 반짝거리는 속알맹이가 있으면서도 하나의 텁텁한 인간으로 잘 스며들고 정을 깃들이는 유정(有情)한 사람이다.[7]

7　모윤숙, 「추천사」, 박진, 앞의 책.

원로시인의 인물평은 매우 정확하다. 왜냐하면 모윤숙 시인의 지적대로 박진은 풍요로운 가정을 연극을 위해서 스스로 뛰쳐나와 풍찬노숙하는 고통의 삶을 살았기 때문이다. 실제로 그는 무욕(無慾)의 삶을 살았고 따라서 언제나 가난했다. 파문을 당한 상태였기 때문에 생전에는 유산 한푼 받지 못했다. 그의 욕심 없는 삶은 수십 년 동안 함께 연극을 했던 원로배우 변기종(卞基鍾)도 인정한 바 있다. 변기종은 박진을 가리켜 "그는 졸장부가 아니라 대장부이다. 그는 명예나 권리나 부귀를 탐내어 이 가난한 연극계에서 40년 동안 산 것이 아니다"라고 쓴 바 있다.

이처럼 마음을 비우고 살았기 때문에 그는 두려운 것이 없었고 인정이 또 누구보다도 많았다. 모든 것을 긍정적으로 보려고 애썼고 언제나 낙관적이었다.

특히 풍부한 해학과 위트는 언제나 주위 사람들을 즐겁게 했고, 그것을 넘어서 의표를 찌르기도 했다. 그는 전형적인 한국인, 특히 호야형(好爺型) 인물이었다. 외유내강했고 불의와는 절대 타협하지 않는 대장부였다. 그의 여러 가지 성격 중에서 가장 돋보이는 점은 아마도 풍부한 인간성일 것이다. 노선이 다르면서도 수십 년간 함께 연극을 했던 원로연출가 이해랑(李海浪)도 어느 글에서 다음과 같이 평한 바 있다.

> 박 선생은 눈물도 많고 웃음도 많은 분이다. 괴로운 일이 있으면 언제나 찾아가서 허심탄회하게 호소해보고 싶은 분이 바로 박 선생이다. 박 선생의 풍만한 인간성에서 오는 애착이라고 할까. 한번도 연극을 떠나서 산 일이 없으며 40년 동안 극단을 함께 지내오신 분 …(중략)… 40년을 두고 1천여 편에 달하는 레퍼토리를 연출해 낸 박 선생은 작품도 많이 썼으며 비극보다도 희극작품을 많이 썼다. 눈물만 아니라 웃음도 소중히 다루는 페이소스와 유머를 함께 지닌 분이 바로 선생인 것이다.[8]

---

8 이해랑, 『또 하나의 커튼 뒤의 인생』, 보림사, 1985, 141~142쪽.

사실 이해랑은 박진이 경원하고 폄하하던 학생예술좌 출신임에도 불구하고 박진의 풍만한 인간성에 대해서만은 대단히 높이 평가했다. 이처럼 박진은 함께 지내본 사람이라면 누구나 좋아할 수 있는 정 많은 사람이었다. 따라서 그의 장점 중 단연 으뜸으로 꼽을 수 있는 것은 통합력이라 말할 수 있다. 의견이 다른 사람들, 이해관계가 다른 사람들, 성향이 다른 사람들을 중화시키고 화해시키며 결합시킬 수 있는 사람이 박진이다. 실제로 그의 통합력은 두 번 크게 발휘된 적이 있다.

그 첫 번째가 1930년대 동양극장 시대였다. 사실 동양극장은 연극사상 최초의 본격적인 전용극장이었기 때문에 연극이념이 다르고 성향이 틀린 연극인들이 모여들 수밖에 없었다. 가령 연출가 홍해성(洪海星)의 경우처럼 정통 신극 계열의 연극인으로부터 시작하여 변기종 등 같은 신파극 계열, 극장주인 배구자(裵龜子)와 같은 가무 계열, 그리고 창극인들까지 몰려들었다.

바로 그 점에서 동양극장은 하나의 용광로와 같았고, 그 안에서 이질적인 요소들을 서로 용해시키고 결합시키는 일을 박진이 해냈다고 말할 수 있다. 당시 그의 지도를 받았던 원로배우 고설봉도 회고의 글에서 "동양극장 초기 구파극, 신파극, 신극 등 각기 다른 스타일의 연극을 하던 사람들이 한데 모여 제각기 목소리를 높일 때 이를 단기간에 한 가지 색깔로 단일화하는 데 박진의 힘이 컸다"[9]라고 쓴 바 있다.

두 번째 경우는 1950년대 국립극장시대였다. 즉 국립극장이 1957년 대구에서 환도한 직후 노선이 다른 두 극단이 전속단체로 있었다. 당초 전속극단이었던 신협이 부산피난 중에 뛰쳐나갔다가 환도 후 복귀해 있었고, 신협이 복귀하기 전에 있었던 민극(民劇)이 바로 그런 두 단체들이었다. 그런데 박진이 대표로 있던 민극은 동양극장 계열이고 이해랑이 대표를 맡고 있던 신협은 리얼리즘을 목표로 하는 극연(劇研)과 학생예술좌 계열이었다.

---

9 고설봉, 앞의 책, 79쪽.

이들 두 극단은 거의 상극이다시피 달랐다. 그럼에도 불구하고 박진의 친화력과 포용력이 이들을 용해시켰고, 결국 1960년대 들어서 국립극단으로 통합되기에 이르렀다. 두 극단이 통합되는 과정에서 별다른 저항이나 내부 갈등도 빚어지지 않았음은 두말할 나위 없다. 이는 사실 박진의 인간미 넘치는 포용력이 아니었으면 거의 불가능한 일이었다고 아니할 수 없다.

이처럼 박진은 풍부한 인간성의 소유자로서 솔직 담백하고 소박, 강직한 성품을 가졌었다. 귀족 출신답지 않게 매우 서민적이었으며 과잉일 정도로 정이 많아서 눈물과 웃음을 동시에 분출하는 사람이었다. 이러한 그의 인간성과 취향은 그대로 연극관으로 이어졌다.

우선 그가 걸어온 연극의 궤적을 더듬어보자. 그는 1927년 일본 유학에서 귀국하자마자 극단 산유화회와 백조회의 창립공연 작품을 연출했고 곧바로 말기 토월회 멤버로 가담했다. 그러나 토월회에 실망한 그는 몇 년 동안 쉬었다가 동양극장이 설립되면서 본격적인 창작, 연출 활동을 벌였고, 해방 이후에는 국립극단 연출가로서 그의 연극 활동을 마감하게 되는 것이다. 따라서 그의 전성기는 아무래도 1930년대 후반 동양극장 시대였다고 말할 수 있다. 이는 곧 그의 연극세계가 대중극과 닿아 있음을 의미한다고 보겠다. 그가 한 공적인 연극모임 자리에서 "극예술연구회가 한 연극이 연극이냐? 극장도 못 빌리는 주제에 무슨 큰소리냐? 그래도 나는 동양극장에서 수백 수천의 관객을 울리고 웃겼단 말이야!"[10]라고 일갈한 것은 서구 근대극의 어설픈 흉내보다는 고등신파가 진정한 연극이라는 주장이었다.

실제로 그는 자기가 하는 연극이 고등신파라고 외치고 다닌 바도 있다. 여기서 고등신파란 일본으로부터 유입된 신파극이 동양극장에서 우리의 방식으로 토착화된 것을 의미한다. 그 토착화된 신파극이야말로 대중극이라 말할 수 있는 것을 의미한다. 그가 걸어온 과정을 보면 전적으로 대중극에 기울어 있

---

10 위의 책, 82쪽.

제3부   대중 공연예술의 개화 (2)

음을 확인할 수 있다. 그러면서도 흥미로운 사실은 그의 연극정신은 어디까지나 근대극에 기반을 두고 있었다는 점이다. 가령 그가 자신의 연극관에 관련해서 쓴 글 중에서 다음과 같은 것이 있다.

> 그러면 이 종합예술인 연극은 누구의 예술이냐가 문제가 된다. 희곡(戱曲)을 쓴 작자의 예술이냐, 희곡이라는 소재를 바탕으로 해서 연극이라는 제2의 예술로 형상화한 연출자의 예술이냐 하는 질문이 나온다. 더 나아가서 심한 말로 조명은 극장의 눈이다. 희곡에 명연출가가 훌륭히 형상화해놓은 연극이라도 조명이 없으면 보이지가 않으니까 조명의 예술이라고 할는지 모르나 그것은 억설이고 문학인 희곡은 그것대로의 예술적 평가가 내려지는 것이지만 연극은 연출자라는 예술가의 통제에서 떠나 막이 올라가 관중 앞에 나타났을 때에는 배우의 예술이다.

이상의 글에서 확인할 수 있듯이 박진은 분명히 연극을 배우의 예술로 규정하고 있다. 이처럼 그는 연출가임에도 불구하고 대단히 보수적인 연극관을 지니고 있었던 것이다.

서두에서도 언급한 바 있듯이 박진은 연출가로서 수백 편의 작품을 연출했고, 극작가로서도 70여 편이나 되는 희곡을 썼다. 그러니까 그는 연출과 극작을 겸한 총체적 연극인이었던 것이다. 사실 우리 연극사를 되돌아볼 때 극작가가 연출을 하고 또 반대로 연출가가 몇 편의 희곡을 쓴 경우는 더러 있다. 그러나 박진의 경우처럼 연출가로서 70여 편이라는 다량의 희곡을 쓴 예가 없다. 이러한 박진의 경우는 세 가지 측면에서 설명될 수 있지 않을까 싶다.

첫 번째로 그가 활동했던 연극 시대는 희곡문학이 빈약하기 이를 데 없었고, 그가 연출가로 데뷔할 때는 연출이 연극의 한 분야로서 제대로 정착되지 못했었다. 바로 그 점으로 인해서 그는 연출과 희곡 창작을 겸한 것이라 볼 수 있다.

두 번째로는 그의 예술적 감각이 뛰어남에서 찾아야 할 것 같다. 그는 대단히 돋보이는 감성과 직관력을 지니고 있었다. 따라서 연출과 극작 두 분야에서 소질이 있었던 것이다.

세 번째로는 그의 연극에 대한 열정에서 찾을 수 있다. 가문 자체가 극예술과는 거리가 멀 뿐만 아니라 더 나아가 거의 상극이다 싶은 사대부 집안 자제가 고등학교 때부터 연극에 매달렸고, 그로 인해서 파문까지 당했다는 것은 당시로서는 상상하기 어려운 것이다. 그가 평탄한 삶을 포기하면서까지 연극에 매달린 것은 연극에 대한 운명적 사랑이 없었으면 불가능하다. 이런 열정이 그로 하여금 연출과 극작 양쪽을 겸하도록 한 것으로 볼 수 있다.

이런 그의 연출세계는 아무래도 스타니슬라프스키식 사실주의 아류로 규정할 수 있을 것이다. 그렇게 보는 이유는 그의 연출작품이 신파극적인 과장이 없는 것이 아니나 대체로 있는 그대로의 현실을 재현해 보이도록 노력했다는 점에서 찾을 수 있다. 그는 유학 시절에 일본 근대극운동의 본거지라 할 쓰키지소극장에 드나들면서 근대극을 어느 정도 체험했다고 볼 수 있다. 거기서 배운 연출이 체계적이거나 이론적인 것은 되지 못했다. 그러나 그의 감수성과 직관력으로 어느 정도 연출 방식을 습득했다고 보아야 한다. 이는 그의 1929년 토월회의 〈아리랑고개〉(박승희 작) 연출에서 드러났다. 일제의 한국병탄 이후의 수탈 착취로 인해서 남부여대하여 북간도로 떠나는 어느 농가의 참담한 삶을 묘사한 이 작품은 대단히 리얼했던 것이다.

그런데 그가 1936년 동양극장의 전속연출가로 들어가면서 그 자신도 신파극적 분위기에 젖어들지 않을 수 없었을 것 같다. 왜냐하면 전속배우들 대부분이 신파극단에서 잔뼈가 굵은 사람들이었는 데다가 공연작품들 역기 그런 주제와 과장된 표현이 특징이었고, 그것이 또한 당시 관중에게 호소력이 있었던 것이다. 그로 인해서 박진은 자연스럽게 신파극적인 과장 기법을 쓰곤 했던 모양이다. 가령 그가 1959년에 국립극장에서 연출한 〈대수양(大首陽)〉 공연평에서도 그런 문제점은 잘 나타나 있다.

김동인 씨의 〈대수양〉을 충실하게 각색한 상연시간 3시간여의 이 연극은 사극이 지녀야 하는 품격이라든지 앙상블에서 오는 통일된 감명을 주지는 못했지만 60명이 넘는 등장인물에다 불충분했던 연습시일을 생각한다면 산만한 대로 부분적으로 연극이 지니는 매력의 일단을 풍겨주었다. 한편 각자의 연기의 질의 차이가 심했던 연기진에선 시종 열연한 장민호가 때로 과장된 억양이 거슬렸던 대로 단연 뛰어났으며 적역을 얻은 옥경희의 차분한 호연도 큰 성과의 하나였다. 그러나 황해를 비롯한 수명의 야릇한 신파조의 억양은 연극의 앙상블을 여지없이 깨뜨렸으며, 이향의 과장된 연기도 인물의 희화화엔 성공했을망정 연극의 흐름에선 벗어났다.(『조선일보』 1959.12.19)

이상의 글에서 확인할 수 있는 것처럼 박진의 연출작품은 대체로 사실주의 기법을 기본으로 삼으면서도 신파극적인 과장 표현을 부분적으로 활용한 것이다. 사실 그가 후기에 연출한 〈대수양〉은 동양극장 때보다도 20여 년 뒤의 작품인 데다가 정통 리얼리즘을 목표로 하는 신협과의 합동공연이었음에도 불구하고 신파적인 과장 표현이 많이 표출되었다는 데 주목할 필요가 있다. 바꾸어 말하면 그의 연출이 동양극장 이후 신파극적인 과장 표현에 많이 기울어져 있었다는 이야기가 된다.

이러한 경향은 그의 희곡작품에서도 그대로 나타나고 있다. 박진은 1930년대부터 희곡을 발표하기 시작해서 1960년대 말까지 근 40여 년 가까이 썼다. 즉 그는 개벽사 발행의 월간 별건곤에 다니면서 첫 희곡 〈절도병환자〉(1930.3.)를 발표한 이후 1968년 〈이차돈의 사〉를 발표하는 것으로 작가적 생애를 마감했다. 그는 그의 분방하면서도 해학적인 성품대로 희극을 위주로 희곡을 썼고, 그것도 서구식 정통희극보다는 소극형(笑劇型) 극본을 많이 쓴 것이 특징이다. 따라서 그의 작품에는 다양한 이름이 붙었는데, 이를테면 낭만희극이라던가 만담희극 같은 것이 바로 그런 유형이다. 그는 사실 희곡 창작뿐만 아니라 일본 작품들을 번역도 했고, 우리 실정에 맞도록 번안도 했다. 그만큼 그는 1930년대 중반부터 1940년대 초반까지 대중적인 전문극 시대에 극본 공급자로서 대단히 큰 역할을 했다. 그 시대에는 거의 연중무휴 공연에다가 레퍼토리도 며칠에 한 번씩 바꿔야 하기 때문에 극작가의 절대부족 시대에 몇몇 작가들은 마치 극작기계처럼 극본을 만들어내야 했던 것이다. 그렇기 때문에 그의 희곡작품들은 문학성보다는 극장성이 강하고 구성도 대체로 느슨한 편이다. 탄탄한 짜임새를 찾아보기 어렵다는 이야기이다.

그러나 무엇보다도 그의 작품들 중 남아 있는 것이 몇 편 없다는 것이 문제이다. 현존하는 희곡은 단 3편으로서 최초의 작품인 〈절도병환자〉(1막)와 사회극 〈끝없는 사랑〉(4막), 그리고 창극본 〈배비장전〉(3부 11장) 등이 전부이다. 그는 동양극장 시절에 창극 정립에 앞장섰기 때문에 창극본을 여러 편 쓴 바 있고, 그것은 대체로 전통적인 작품들을 약간 현대적으로 재구성한 것이 특징이다. 그는 그런 작업을 "묻혀 있는 민속을 되찾는 데 이바지하는 바가 되지 않을까 하고 자랑으로 했다"고 밝힌 바 있다.

그렇다면 현대극으로서 유일하게 남아 있는 〈끝없는 사랑〉은 어떤 희곡인가? 이 희곡은 6·25전쟁 직후에 쓴 것이므로 그에게는 거의 말기 작품에 속한다. 따라서 작품의 성격이나 내용 등 여러 면에서 과거 동양극장을 전후해 쓴 작품들과는 판이하다. 가령 그가 써온 작품의 주조가 희극류인 데 반해서 이 작품은 비극적 톤의 사회성 짙은 가정문제극이라는 점에서 색다르다. 우선 시대배경만 하더라도 전쟁 직후인 1950년대 중반으로 되어 있다. 등장인물은 한 토건회사의 가족들로서 사장과 사원들 간의 이야기로 되어 있다. 그러나 실제로 주인공은 그 회사의 늙은 수위와 그 딸로 설정되어 있다. 4막으로 구성된 이 작품의 제1막은 늙은 수위(李一英)와 그 딸 가족, 그리고 딸을 좋아하는 한 노총각 등의 야유회 장면이다. 딸(惠玉)은 6·25전쟁 중 남편을 잃고 삯바느질로 5남매를 키우고 있는 과부이다. 따라서 이 수위는 딸이 그에 관심을 가진 노총각과 맺어지기를 은근히 바란다. 그런 와중에서 제2막은 이 수위가 근무하는 토건회사로 옮겨 간다. 돈밖에 모르는 졸부 사장과 허영병에 걸린 사장부인 등 사원가족 중심으로 회사 창립 10주년 기념식이 벌어진다. 그 자리에서 이 수위 등 공로자들이 소외되고 아첨배와 외부인들의 축하모임이 됨으로써 한바탕 소란이 벌어진다.

> 이일영 (흥분하여 무엔가 생각하다가) 음…… 정의가 지는 세상이야! (술을 병째 마신다)
>
> 임주임 (덤비며) 이 선생님!!
>
> 이일영 (밀려나오며) 이놈들아 아무리 혼란하고 살기에만 눈이 벌건 세상이기로서니 진실한 사람도 몰라보고 애국자도 몰라보느냐!

이상의 몇 마디 대사에서도 알 수 있는 것처럼 제2막에서는 전쟁 직후의 가치관의 전도와 혼란스럽고 사악해진 인간상 및 사회상을 보여준다. 결국 무력한 수위는 저항하다가 해직당하고 제3막이 시작된다. 그가 해직됨으로써 가정은 더욱 궁핍해지고 딸의 개가 문제가 고개를 든다. 제4막으로 이어져서 딸의 갈등과 고민이 심화된다. 남편의 생사가 확인되지 않은 상태에서 개가를 해야 하느냐 하는 것과 어린 5남매가 그녀의 발목을 잡은 상태에서 생활고를 어떻게 이겨내느냐 하는 문제, 거기다가 사랑의 감정까지 겹쳐서 격심한 갈등에 빠진다.

결국 그녀는 자기 자신을 위해서 살아야겠다고 결심하지만 이번에는 사랑하는 남자가 홀로 그녀를 떠남으로써 5남매를 위해 살게 되고 오히려 홀아비 이수위에게 한 할머니가 들어온다는 내용이다. 그런데 진정한 사랑을 위해서 그녀를 떠난 노총각의 다음과 같은 편지 속에 이 작품의 주제가 함축되어 있다.

> 혜옥 (물끄러미 먼 곳만 쳐다보며 편지를 뜯고 무심히 내려다본다) (마이크 소리) 오 남매의 위대한 어머니시며 애국자 김치완(金致完) 씨 부인 이혜옥 씨에게 냉혈동물 유일청은 몸 대신 한 장의 글월을 보냅니다. …(중략)… 어머니는 가정의 거울이요, 평화의 주인공이요, 아이들의 행복의 근원입니다. 부디 아이들을 위하여 위대한 어머니가 되어주십시오. 아이들은 국가의 보배요, 내일의 주인공입니다. 우리들 민족과 국가를 위하여 아

이들에게 바치는 사랑이야말로 끝없는 사랑입니다. 나는 내 열정을 당신께 남겨놓고 당신의 순정을 가슴 가득 안고서 떠납니다.

이상의 편지 내용 속에는 곧 극작가 박진의 윤리관 내지 인생관이 내포되어 있다. 즉 진정한 사랑은 이성 간의 사랑보다는 오히려 모성(母性) 같은 것이고 어린이야말로 가정, 더 나아가 민족과 국가의 근본바탕이라는 것이 곧 박진의 생각이다. 이처럼 그는 자유분방한 생각과는 달리 비교적 보수적이고 전근대적인 도덕관을 지닌 인물이었다. 그가 몇 편의 애정비극류의 작품을 쓰기도 했지만 희극이 그의 장기(長技)로서 대부분 희극류만 발표한 것이 사실이다. 실제로 박진의 줄기찬 희극 창작은 희곡사, 더 나아가 연극사에 있어서 대단히 중요한 의미를 지니는 것이다.

그 이유는 두 가지에 있다. 하나는 그가 전통적인 희극정신을 현대에 계승한 점이고 다른 하나는 비극만 존재하던 연극시대에 희극의 한 줄기를 만들어준 점이라 하겠다. 이는 곧 그가 근대연극사에 있어서 비극의 단조로움을 희극으로 보완해줌으로써 우리 연극을 더욱 풍성하게 해준 것이라 하겠다. 바꾸어 말하면 그가 활동한 1930년대부터 1960년대까지 30여 년 동안 그의 존재로 인하여 근대연극사의 볼륨이 두터워졌다는 이야기가 된다.

이처럼 그가 가시적으로 남긴 것은 그렇게 많지 않지만, 무형적으로 또는 정신적으로 근대연극사 내지 문화사에 남긴 것은 대단하다고 생각된다.

남북한 문예사에서 소외된 작가
박영호

백추(白秋) 박영호는 한국의 근대 문예사에 뚜렷한 족적을 남기고도 남북한 문예사에서 홀대받는 비운의 작가이다. 그는 북쪽에서 태어나 서울에서 활동하다가 1946년 월북하여, 평양에서 중요한 연극 활동을 하고 죽었지만 남북한 문예사에는 그의 자리가 명확하지 않다.

왜 그럴까. 그 이유는 대체로 세 가지로 요약된다. 첫째 그는 프롤레타리아 연극인으로 출발하여 남한에서는 그가 금기의 대상이 되어왔다. 둘째 월북해서 북한 연극의 기초를 닦다가 1952년에 죽었기에 북한에서의 실질적 활동 기간은 5년여 정도밖에 되지 않을뿐더러, 극좌파가 되지 못했기 때문에 사회주의만을 고집하는 북한 원리주의자들로부터 별로 주목을 받지 못했다. 셋째, 대중성을 문예의 기본 바탕으로 삼아 창작 활동을 해왔기 때문에 순수문예와 원리주의를 우대하는 남북한 문예사에서 소외될 수밖에 없었다.

그런데 순수문예와 원리주의만을 최고 가치로 생각하는 남북한의 문예관이 올바른 것만은 아니다. 특히 오늘날과 같이 이데올로기가 퇴색한 대중사회에서는 박영호와 같은 인물도 중요하게 다루어져야 한다는 것이 필자의 생각이다. 따라서 그는 적어도 우리나라 근대문예사에서 어느 만큼의 위치는 잡아주어야 한다고 보는 것이다.

우선 그의 정확한 출생지와 출생연도가 밝혀져 있지 않다. 그가 처음 아마추어 연극으로 모습을 보인 곳이 원산이므로 그 주변에서 출생한 것만은 확실해 보인다. 그리고 출생연도 역시 1910년부터 1912년 사이일 것으로 추정될 뿐이다.

그의 지적 능력으로 보아 고등교육을 받았으리라는 것은 분명하며, 그가 의식이 깨어 있었고, 1920년대 후반에 풍미했던 사회주의 사상에 많이 경도되어 있었던 것만은 확실하다. 왜냐하면 그가 아마추어 연극으로 데뷔하여 1930년대 초반까지는 프롤레타리아 연극운동을 꾸준히 폈었기 때문이다. 그가 처음 언론에 모습을 드러내는 것은 연극운동, 그중에서도 프롤레타리아 성향의 희곡을 써서 구금되는 사건으로 나와 있다.

> 각본이 불온하고 배우 10명 취조, 원작자 박(朴)군은 구류, 연예부는 해산령, 원산서의 과도한 처분.
> (원산) 원산북부촌동에 있는 원산관 직속 떠블유에스 연예부에서는 창립 이래 극계에 신진파형들을 망라하여 김창준 씨의 지도하에 새로운 작품을 상연하여 일반인들에게 다대한 환영을 받아오던바 지난 10일부터 박영호 군(朴英鎬君)의 작품 〈과도기〉, 〈하차〉의 두 작품을 상연하였는데 〈과도기〉의 내용이 불온하다 하여 지난 십이일에 원산경찰서에서는 그 작품에 출연하였던 남녀배우 십여 명을 소환하여 취조한 후 연예부는 해산하기로 하면서 〈과도기〉, 〈하차〉의 작자 박영호 군은 구류에 처하고 남은 사람들은 돌려보냈다는데 동연예부에서는 방금 대책을 강구 중이라고 하며 일반은 경찰의 가혹한 처치를 비난한다고 한다.(『조선일보』 1930.11.19)

이 기사에서 박영호는 극작가 지망생으로 원산관 WS 연예부를 주도했고, 처녀작 〈과도기〉와 〈하차〉가 문제가 되어 구류 처분을 받고 연예부도 해체되었음을 확인할 수가 있다. 이 두 작품이 어떤 내용인지는 알 길이 없다. 일본 경찰이 문제 삼은 것으로 보아서 두 작품 주제가 사회성이 강했던 것만은 확실하다.

그럼에도 불구하고 박영호는
굴하지 않고 계속해서 희곡 창작
과 극단운동을 전개해갔다. 즉 원
산관 직속의 WS 연예부가 강제
해산당한 3개월 뒤 동방예술좌로
개명하여 9편의 장단막을 연속적
으로 공연했는데, 극본은 박영호
가 4편을 쓰고, 함께 연극운동을
주도한 김창중이 2편을 썼다. 이
때 백추(白秋)라는 필명으로 박영
호가 발표한 작품은 〈지옥〉(3장),

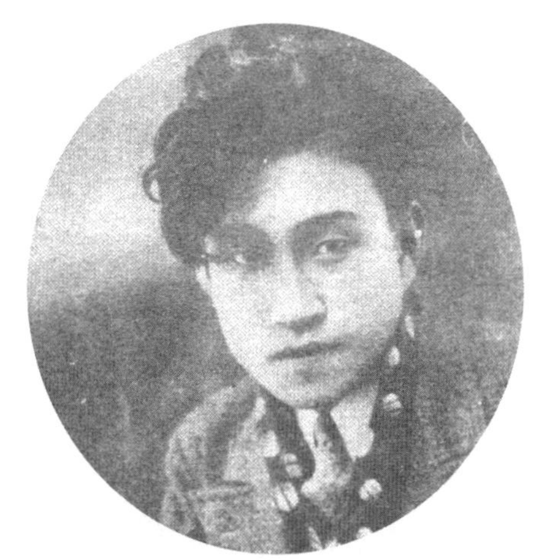

박영호

〈상해가의 밤〉(2장), 〈태양가〉(1막), 〈해 드는 처녀지〉(2막) 등 4편이었다. 물론
일본 경찰은 이들에 대한 감시와 제지를 계속할 수밖에 없었다.

따라서 일본 경찰들이 이들에게 한동안 공연 허가를 내주지 않다가 마지못
해 허가를 해줌으로써 1931년 4월에야 겨우 무대에 올렸는데, 극단 이름을 조
선연극공장으로 바꾸어서 했다. 조선연극공장은 극단체제를 그런대로 갖추었
는데 박영호는 문예부 책임자였다. 이 극단은 원산에서만 머물지 않고 함흥,
청진, 회령 등 북한의 주요 도시를 순회하면서 공연을 했는데 관객 반응은 대
단했다. 그렇기 때문에 일본 경찰의 감시가 강화되었고, 결국 그들은 함흥의
동명극장에서 〈아리랑 승인편〉과 〈아리랑 반대편〉 공연 중 몇 사람의 배우가
피검되는 등 고초를 겪다가 그해 가을 강제 해산당하고 말았다.

그런데 여기서 한 가지 짚어야 될 것은 그가 조선연극공장 시절에 문예부에
서 연출부 책임자로 창작 영역을 넓혔다는 사실이다. 이는 그만큼 박영호의
소질과 재능이 상당했음을 의미하는 것이다. 그렇다고 해서 그가 연극을 한
것은 아니었다. 그는 다만 희곡 창작에 전념했을 뿐이다. 이때부터 그는 기성

극단에 조금씩 알려지면서 극본 청탁을 받았고, 극단 연극시장에 비극 〈북관야화〉 등을 제공하기 시작했다. 특히 당대 최고의 직업극단이라 할 조선연극사(朝鮮演劇舍)에서까지 그에게 작품을 의뢰할 정도였다.

이 시기에 그는 조선연극사 외에 신무대, 메가폰 등에도 극본을 제공했고, 1933년 말에는 전형적인 대중극단 황금좌의 문예부 책임자까지 맡았다. 그는 1년에 장막극만 10여 편씩 쓰는 직업 극작가가 된 것이다. 일본 경찰에 의해 사상 불온 작가로 지목되어 구금까지 당하면서 이념성 짙은 작품을 써온 그가 〈사랑의 합리화〉, 〈인간 일정목〉, 〈원앙성〉, 〈그늘진 고향〉, 〈단종애사(후일담)〉 등 멜로물, 역사대하극 등을 쓴 것은 대단한 변신이라고밖에 볼 수 없다.

그러나 이 시기에 그가 쓴 평문 「프로연극의 대중화 문제」라는 글을 보면 납득이 갈 만하다. 그는 이 글에서 "요컨대 대중의 생활감정의 재현이 아닌 프롤레타리아 연극은 당초부터 그 성장할 이유를 대중으로부터 인정하거나 용인하지 않을 것이며, 그러기 때문에 대중생활의 계급적 전투적 감정을 내용으로 하고 형식으로 한 연극을 생산하려면 그 연극운동은 먼저 생활운동(계급운동)의 일의적 파악과 노력이 있어야 할 것이다. 대중의 생활을 알려면 공장으로 가거라. 농촌으로 가거라. 그리하여 그들의 불평과 불만으로 가로채인 생활을 정직하게 심각히 당하는 자라야 한다"[1]고 했다.

여기서 주목되는 것은 당시 극좌파 문인 권환(權換)이 소개한 이데올로기 우위의 볼셰비키적인 조직 강화와 상통하는 것이 그가 이념보다는 대중성에 무게를 둔 점에서는 현격한 차이가 난다. 그는 그 다음 글인 「조선성을 복습하고 희곡 창작의 재출발」이란 논문에서도 비슷한 면을 보여주었는데, 가령 "오늘날과 같이 일반 문화가 극도로 부진 상태에 있어서는 대중을 리드할 그 방법이나 책략이 벌써 대중의 자기 생활 안에 있게 됩니다."[2]라고 한 데

---

1 박영호, 「푸로연극의 대중화문제」, 『비판』 1932.3.
2 박영호, 「조선성을 복습하고 희곡 창작의 재출발 (上)」, 『조선일보』 1934.6.15.

　　　　　　　제3부　대중 공연예술의 개화 (2)

잘 나타나 있다.

그렇다고 해서 그가 프롤레타리아 문예관을 저버렸다는 이야기는 결코 아니다. 다만 그는 아무리 좋은 이념이라고 하더라도 대중을 떠나서는 존재할 수 없다는 신념과 함께 그의 마음속에 깊숙이 내재한 낭만성 같은 것을 은연중 드러냈다고 보는 것이다.

그의 이러한 성향은 문예 활동에서 구체적으로 표출되었다. 즉 그는 당시 대중극작가들인 왕평, 이서구, 이운방, 신불출, 임선규 등과 비슷한 유형의 서정적 애정극, 비극, 희극, 시대극, 사극, 활극, 괴기극 등을 닥치는 대로 써서 당시 인기 대중극단들이었다고 할 연극시장, 신무대, 황금좌, 조선연극사, 예원좌, 중앙무대, 고협, 아랑, 성군, 청춘좌 등에 제공했고, 대중가요 가사도 많이 작사했다. 그가 쓴 가사도 여러 종류로서 일반적인 서정에서부터 신민요, 유행가, 잡가, 난센스 등 30여 종이나 된다.

신민요를 한 가지 예거해보자. 〈낙화삼천〉(이기영 작곡)의 경우 3절로 되어 있는데 가사는 다음과 같다. "① 바람은 나불나불 물빛은 칠백년/물결은 은줄은줄 소리는 삼천홍/② 후백제 옛 거리에 봄물이 나리면/사자성 넘나드는 길 잃은 꽃송이/③ 피 배인 물이랑은 반석을 휘감고/낙화는 물에 앉아 가신 님 부르네/(후렴) 어허리 장고 하나 삼천얼이여/천수만 꽃이 되어 기리 피소서". 이처럼 그의 신민요는 대단히 애상적인 서정시인데, 〈밀월〉이라든가 〈일야몽〉, 〈인어의 노래〉, 〈애상〉 등 가수 노벽화(盧碧花)가 부른 유행가 가사는 더더욱 감상적이다.

여기서 〈애상〉의 가사를 소개해보면 "새털같이 보드러운 첫눈이 내리면/오지 못할 한 옛날 님 생각 애닯다./한 걸음에 한 숨 짓고 두 걸음에 눈물/눈 나리는 마천령 울면서 넘었소/울며울며 가신 길에 나리던 흰 눈은/미나리강 달밤에 지우는 은행꽃"으로 되어 있다. 매우 감상적이면서 서정이 넘치는 그의 유행가 가사들은 당시 상당한 인기를 끌었고, 따라서 그는 OK 등 여러 레코드회사로부터 가사 청탁을 많이 받았다. 또 실제로 그가 작사한 노래들은 널리 유행되며 중국, 소련, 일본 등지에 퍼져 사는 동포들까지 애창하는 경우가 적지 않았다.

가령 소련에 사는 동포들이 즐겨 부른 대중가요 중에 "달빛 아래 칠백리/낙동강변 너머로/은혜로운 봄바람 한가히 불어올제/기포에 물레방아 목 놓아 우나이다/봄철마다 들리는/아름다운 노래여/만백동을 기르는 영원한 어머니라/그대의 젖꼭지에서 세월은 흐르나이다/창포에 저 비석 제비똥 가득한데/밭고랑에 청기와장/간장을 끊는구나!/기포에 물레방아/언제나 깨여나리!" 등이 있었다.

그는 이외에도 당대 인기가수 이경설이 부른 〈세기말의 노래〉 등 여러 편의 가요를 작사했다. 이는 그가 얼마나 감상적이고 서정적인 시인이었나를 단적으로 보여주는 예이다. 그렇다고 해서 그가 대중가요 작사에 주력한 것은 아니었다. 그의 주된 관심은 극작을 통한 연극 활동이었다. 그 점은 그가 해방될 때까지 15년 동안 70여 편에 달하는 극본을 발표했으므로 그가 분명히 해방 전까지는 대중연극 활동무대의 주요 극작가였음을 알 수 있다.

그는 다른 대중극작가들과는 달리 그때그때마다 평론을 통해서 자기 주장을 펴기도 했다. 그만큼 그는 대중작가이면서도 연극이론에도 꽤 밝았던 연극인이었으며, 특히 누구보다도 무대를 잘 아는 극작가이기도 했다. 그 점은 그가 쓴 일련의 「무대희곡 창작의 실제」라든가 「희곡의 연극성」 같은 글에 잘 나타나 있다. 그리고 그의 특이점 중의 또 하나는 그가 단순히 작품만 쓴 것이 아니라 여러 극단에도 깊숙이 관여한 사실이다. 그는 원산관 WS연예부를 주도한 이후에도 꾸준히 극단 활동을 했는데, 조선연극공장의 연출부 책임자를 제외하고는 모두 문예부 책임자 역할만 했다. 즉 1933년 12월에는 황금관 창립단원으로서 문예부 책임을 맡은 이래, 1937년 6월에는 다시 극단 중앙무대 창립의 문예부를 맡았었다. 이어서 1943년 8월에는 역시 극단 전진좌 창립문예부 책임자였다.

그런데 여기서 짚고 넘어가야 할 두 가지는 그가 대중극작가답게 언제나 관중, 더 나아가 대중을 앞세운 점이고, 그의 이상은 아마도 중간극이라는 형태였던 것이 아닌가 싶다. 물론 이 두 가지는 상충하는 것이 아니고 상보적인 것으로서 그는 언제나 문학과는 달리 연극의 관중 본위를 주창했다. 그러니까 그는 희곡이 무대 공연을 전제로 쓰이는 것을 잘 알고 있었다는 이야기가 된다. 그는 관객이 극장연극의 한 요소인 만큼 그들을 적극적으로 흡인해야 되고 그러려면 그들의 구체적인 생활감정이 작품 속에 녹아 있어야 한다고 보았다. 그렇다고 해서 그가 대중에 영합하자는 것은 결코 아니었다. 예술성과 대중성의 절묘한 조화야말로 연극의 길이고 조선적 생활 풍정을 담은 것이 곧 한국연극이 다다르려는 목표라고 본 것이다.

그가 1937년도에 주도해서 만든 극단 중앙무대야말로 그의 이상을 단적으로 보여주는 단체다. 이러한 그의 연극철학은 그가 주도해서 작성한 다섯 항목의 극단 창립선언문에 잘 나타나 있다. 중앙무대 창립선언문 다섯 항목 중에 "우리들의 연극 행위는 예술적 방훈(芳薰)이 높은 순수와 진실의 창조에 둔다." "예술적 작품이라고 반드시 대중과 떨어지는 고답이 아니다. '예술은 곧 생활이다'라는 혼원한 진리가 곧 우리들의 걸어가는 길의 목표가 된다." "연극성을 잃은 희곡과 희곡성을 잃은 연극은 모두 절뚝발이다"(『매일신보』, 1937.6.6)라는 내용이 들어 있다. 이런 성향의 그에게서 철저하게 무장된 이념성은 거의 찾아보기 힘들다. 그렇기 때문에 그는 시대변화에 언제나 능동적이면서도 적극적으로 순응한 작가였다고 보아진다.

1940년대 초 즉 일제가 소위 국민연극이나 국책극 운동을 펴도록 종용했을 때, 그는 누구보다도 앞장서서 논리를 전개하고 친일어용극본도 솔선해서 썼다. 그는 「예술성과 국민극」이라는 글에서 "모든 예술사는 두 개의 방향 안에 철집(綴輯)될 것이다. 인생을 위한 예술과 예술을 위한 예술이 그런 것이다. 나는 결코 '예술을 위한 예술'의 지상성을 말하여 예술성이라 함은 아니다. 위해지는 것은 인생이오, 생활인 그런 예술 위에 나타나는 예술성을 요구하는 것이다. 이 말을 국민연극운동에 결부시켜볼 적에 '국가를 위한 예술'의 예술성으로 전용될 것이다. 독일의 연극이 '독일을 위한 연극'의 예술성을 요구한다면, 개척한다면, 수립한다면, 일본은 "일본을 위한 연극의 예술성을 요구할 것이오, 개척할 것이오, 수립할 것이다. 그러기 위하여 독일 연극은 독일 정신 위에 일본 연극은 일본 정신 위에 제가끔 위치될 것이다. 이것이 상식이다."[3]라고 하면서 국민극이 어떤 상식적인 유행예술이 되어서는 안 되고 "고도의 정신적 준비 위에 구성되는 예술이라야 한다"고 했다.

그러니까 그는 국책어용극을 하더라도 승화되지 않는 선전성 목적극이 아닌 예술성 높은 연극을 해야 한다고 주장한 것이다. 그러나 여기서 한 가지 중요한 사항은 그가 국민극을 격랑의 시대에 한번 스쳐 지나가는 목적극으로 보지 않고 연극인들이 당연히 지향해가야 할 명제로 본 점이다. 그는 나치 독일에서 감행했던 소위 제3제국 연극 방식에 대해서도 일본을 통해서 꽤 알고 있었고, 일제가 예술을 이용해서 국민을 세뇌시키려는 의도도 명확히 알고 있었다. 그럼에도 불구하고 그가 어떤 고뇌나 별다른 비판 없이 국민연극을 추종한 것은 주목할 만한 사항이다.

그가 1930년대까지 줄기차게 내세웠던 소위 대중성은 1940년대 들어서는 일본 제국주의 더 나아가 일본 정신으로 바뀌었다고 말할 수 있다. 다만 그가 여타 극작가들과의 차이점이었다고 한다면 목적극도 예술성이 높아야 한다고 주장한 정도가 아닐까 싶다. 그가 1943년 〈조선〉이라는 국민극 작품을 무대에 올렸을 때, 이해랑은 "정어리, 등잔불, 산돼지 등 우수한 희곡을 내놓은 작가의 작품이다. 이때까지 시국을 취재한 작품들이 예술적으로 성공하지 못한 이유는 대개 생경한 소재를 설명하거나 막연한 영웅성에 편승한 데 있었다. 즉 새 시대의 인간상을 그리지 못한 데 있었다"[4]면서 박영호만은 그렇지 않다고 칭찬한 바 있었다.

---

3 박영호, 「예술성과 국민극」, 『문장』 제25호, 1941.4.
4 「이해랑, 「조선」을 보고」, 『매일신보』, 1943.4.2.

이처럼 그는 국민극 시대에 가장 활발하게 작품활동을 한 몇 안 되는 극작
가였다. 그는 국민극 시대에 〈동라〉를 비롯해서 4년여 동안에 20여 편이나 발
표한 대표적 어용극작가였다.

그러나 1945년 8월 해방을 맞으면서 그는 또다시 변신을 하게 되는데, 그
변신은 본래의 자리, 즉 초심으로 되돌아간 것이었다. 즉 그가 1930년 원산관
의 직속 WS연예부에서 보여주었던 프롤레타리아 사상으로 복귀했다는 이야
기이다. 그렇다면 거의 15년에 가깝도록 대중극과 국민극을 오락가락한 그의
활동은 본색을 은폐한 위선적 삶이었을까. 그렇지는 않은 것 같다. 그는 시세
에 대단히 민감한 작가였을 뿐이다. 마침 해방 직후는 무정부 상태로서 사회
주의 바람이 휘몰아칠 때였다. 따라서 그는 젊은 시절 한때 경도되었던 사회
주의 사상으로 다시 돌아갔을 뿐이다. 그렇다고 해서 그가 사회주의 사상으로
철저하게 무장한 작가도 아니었다. 그 점에 대해서는 그 뒤의 삶에서 어느 정
도 드러난다.

해방을 맞자마자 그는 그동안의 활동 자세와는 완전 결별하고 프롤레타리
아 문예운동에 앞장서는 것으로서 연극 활동을 시작한다. 즉 그는 해방 달포
만인 1945년 9월 30일 결성된 조선프롤레타리아 예술동맹이라는 문예단체에
서 송영과 함께 연극 분야의 대표로서 참여했고, 그 이틀 전에 결성된 조선프
로연극동맹(위원장 나웅)에서는 송영과 함께 중앙집행위원도 맡았었다.

이는 사실 우익 성향 연극인들과는 상당히 판이한 행동 양태로서 주목할 만
한 현상이었다고 아니할 수 없다. 가령 식민지 시대 많은 활약을 했던 유치진
등 극작가와 일부 연극인들이 일제 말의 친일 행위로 인해서 스스로 자숙하고
있었던 것과는 대조적이었다. 극단 조직에 나선 그는 박창환, 심영, 김양춘, 박
제행, 임사만, 김연실, 박순희, 이숙 등과 혁명극장을 만들어 10월 24일에 자신
이 쓴 〈번지 없는 부락〉(4막 5장)을 약초극장 무대에 올렸다. 이어 그는 역시 극
단 혁명극장을 통해 〈북위 38도〉(4막 5장)를 공연하고 이듬해(1946) 봄에 역시 신
작 〈님〉(4막)을 갖고 프로연극동맹이 주최한 3·1 연극대회에 참가했다.

그러면서 그는 신고송, 이백산 등 극좌파 연극인들과 월북을 모의하기 시작했다. 그가 어느 정도 사회주의 사상을 지니고 있긴 했지만 고향 역시 원산이므로 북한으로 넘어가 편안하게 연극 활동을 하는 것이 낫겠다고 생각했던 것도 같다. 따라서 그는 북한의 유혹도 있고 해서 1946년 제1차로 월북하게 된다.

평양에서는 건국 준비와 함께 어수선함 속에서도 1946년 여름 북조선문학예술동맹이 결성되었고, 그 산하에 북조선연극동맹이 조직되었는데, 그가 자연스럽게 초대위원장으로 선출된 것이다. 그러면서 그는 극장일도 보면서 희곡을 몇 편 썼다. 1949년도에는 〈비룡리 농민들〉이라는 장막극을 내놓았다. 월북 후 오랜만에 발표한 이 작품은 비룡리라는 한 마을을 무대로 하여 농민들의 판이한 개성을 드러내 보여줌으로써 토지개혁 이후 약동하는 농촌 현실을 긍정적으로 묘사한 내용이다.

그러니까 이 작품은 북한 정권이 제시한 토지개혁 등 일련이 사회주의 혁명의 합법성을 찬미한 내용이었다. 그 후 얼마 동안 작품을 쓰지 않은 그는 2년 뒤인 1951년 즉 전쟁 중에 〈푸른 신호〉라는 작품을 내놓았다. 1막 2장의 이 작품은 인민군 습격조원들의 투쟁묘사를 통하여 영웅적 애국주의를 제재로 한 것이다. 즉 주인공 한남길을 비롯해서 전체 조원들이 다투어서 습격전투에 참가시켜주기를 탄원한다.

특히 한남길은 나이가 제일 어림에도 불구하고 반드시 습격전투에 참가시켜줄 것을 탄원하는데, 이유는 원수에게 복수하기 위해서였다. 끝내 선동원의 복수 수첩과 따발총을 받아쥔 그는 전투에서 용감성과 헌신성을 발휘하고, 결국 몸을 던져 탱크를 파괴하는 영웅이 된다. 이러한 내용은 북한 노동당이 제시한 인민군의 영웅성을 묘사하라는 명제에 부합된 것이었다. 그는 그 작품을 마지막으로 해서 북한 연극계에서 사라졌다. 그리고 그 후 그의 북한 생활의 일면을 당시 북한의 고위간부였던 정상진[5]이 밝힌 바 있다. 정상진은 『도강』이

---

5 본명이 정률인 그는 김일성 치하에서 문화부 차관을 하다가 6·25 직후 소련으로 망명

라는 회고록에서 그와의 첫 만남과 관련하여 다음과 같이 썼다.

> 1945년 가을이라고 생각되는데 박경수 선생이 나를 찾아왔다. 서울서 박영호 선생이 오셨는데 소련서 오신 정 선생을 만나고 싶어한다고 말씀하셨다. 나도 쾌히 승낙하고 박영호 씨가 계신 여관에 갔었다. 그 여관방에는 원산시 문화인 여러분들이 모여 있었다. 내가 들어서자 박영호 씨가 벌떡 일어나 나오면서 인사하였다. …(중략)… "내가 만난 첫 소련 동포. 정률 선생의 건강을 위하여 한잔 듭시다." 술잔을 비운 다음 박영호 씨는 말을 계속 하였다. "사실 저는 서울 문학예술인들의 부탁을 받고 원산시를 찾아왔습니다. 지금 서울 문학예술인들은 몹시 궁금해하고 있습니다. 북한 소련군정은 조선문학예술인들에 대하여 어떤 태도를 취하고 있는지 그들의 북한에서 실시하려고 하는 문화정책은 어떤 내용인지… 알고 싶습니다."[6]

이상에서 확인할 수 있는 것은 박영호의 출생과 관련된 월북 배경과 술과 관련된 기호품에 관한 것이다. 즉 그는 역시 월북할 당시 평양이 아닌 고향인 원산으로 갔고, 실제로 원산의 문화인들이 그를 불러들인 것 같다. 그리고 그는 서울에서 활동하고 있는 좌파 문화인들을 대표해서 평양에서 벌어지고 있는 소련 군정 상황과 북한 정권의 문예정책 등을 탐색해보는 것을 일단 월북 목적으로 삼았음을 알 수 있다. 물론 그는 곧 거기서 정착했는데, 정상진이 말한 1945년은 1946년을 착각한 듯싶다. 왜냐하면 1945년 가을은 해방 바로 직후로서 분단 같은 것은 아직 생각할 때도 아니었을뿐더러 박영호는 프로연극동맹의 주요 멤버로서 혁명극장이란 단체를 만들어 한창 연극 활동을 하던 시기였기 때문이다. 그가 평소에 술을 좋아했었다는 사실도 정상진의 회고에서 확인되는 사항이다. 그러나 박영호의 평양 생활은 대체로 어려웠던 것 같다. 그가 평양에서도 창작 생활을 했던 것만은 확실하다. 1947년에 〈비룡리 농민

하여 활동하고 있다.

6 정상진, 「도강—잊을 수 없는 순간들」, 『통일문학』 창간호, 2002.7.

들〉이라는 희곡을 썼고, 국립극장 무대에 올려진 〈홍수〉[7]도 있었으며, 1951년
도에는 마지막 작품으로 〈푸른 신호〉를 발표한 바 있다. 그가 6 · 25전쟁 중에
는 종군기자로 활동했다고 한다. 그러나 그는 전쟁 중 지병이었던 폐질환이
악화되어 군병원에서 세상을 떠났다. 그와 관련하여 정상진은 다음과 같이 회
고했다.

> 1952년 말이었다고 생각되는데 박영호가 군병원에 입원했다는 소식을 듣고
> 곧 찾아갔다. 나는 그가 좋아하는 술 한 병과 안주를 갖고 갔었다. 군병원에 가
> 서 원장을 찾아 박영호 씨의 병환을 알아봤다. 폐결핵이었는데 의사들의 말에
> 의하면 희망이 없다는 것이었다. 아무 음식이나 그가 즐겨하는 음식을 권할 수
> 있다고들 했다. 내가 병실에 들어갔을 때 그는 침대에 누워있었다. 나를 쳐다보
> 고 몹시 기뻐했다. "내가 방금 네 생각을 했다. 이 자식이 알면 올 텐데…"
> 간신히 웅얼거리는 그의 숨소리가 어려웠다. 죽어 가는 친구가 너무나 슬펐
> 다. 그처럼 친절하고 감동적이고 쾌활하던 친구가 사경에 처하여 있는 것을 보
> 면서 나는 정말 할 말이 없었다. "야, 무얼 먹고 싶어?" 내가 물었다. "정률아! 너
> 하고 술 한 잔 마셨으면… 꼭 너하고만…" 나는 두 개의 팔모잔에 한 병의 술을
> 똑같이 부어서 한 잔을 그에게 주었다. 그는 나와 술잔을 마주치고 꿀떡꿀떡 그
> 한 잔을 다 마시고는 아무 말도 없이 벽쪽으로 돌아눕는 것이었다. 나도 그가 잔
> 다고 생각하고 병실에서 나와 나의 사무실에 돌아왔을 때였다. 전화신호가 들렸
> 다. 군병원장이 전화로 "정 선생님, 박영호 선생이 갔습니다" 하고 비보를 전했
> 다. 이렇게 박영호 씨는 세상을 떴다.[8]

이상에서 알 수 있는 것처럼 박영호는 1952년 6 · 25전쟁 중에 폐질환으로
세상을 떴다. 여기서 굳이 정상진의 회고문을 길게 인용한 것은 월북 후 가려
졌던 박영호의 삶과 죽음 배경을 극명하게 밝히기 위해서다.

---

7 정상진, 위의 글.
8 정상진, 위의 글.

　　　　　　　　　제3부 대중 공연예술의 개화 (2)

그동안 그의 죽음에 대해서 숙청되었다는 등 억측이 있었지만 실제로는 질병으로 사망했음을 알 수 있다. 그리고 그가 술을 좋아하고 눈물이 많았으며 친절, 감동, 쾌활한 호남아였다는 사실도 밝혀졌다. 이는 사실 그의 1930년대 창작 경향에서도 유추할 수 있는 것이기도 하다. 당시 그가 대중작가답게 멜로드라마를 쓰면서 한편으로 서정적인 대중가요 작사를 많이 했던 것도 그러한 낭만적 성향이 없었으면 불가능했을 것이다. 낭만주의자는 대체로 이상주의자일 수밖에 없는 것이다. 그런 성향의 그가 북한 사회의 경직된 분위기에 잘 맞을 리 없었을 것이다.

따라서 그가 월북해서 "잘 살아보지도 못하고 창작도 마음대로 하지 못하고 세상을 떴다"고 한 정상진의 회고는 상당히 설득력을 지닌다. 참담한 죽음을 눈앞에 두고 마음 터놓을 수 있는 친구와 마지막 술 한잔으로 목을 축인 박영호의 처절한 심중은 그의 북한 생활을 함축적으로 암시해준 것으로 볼 수 있다.

즉 그가 척박한 식민지 지배하에서 태어나 이데올로기 분열을 겪으면서 유토피아의 꿈을 안고 월북했지만 아이러니컬하게도 자신이 신봉해온 이념의 벽에 부닥쳐 좌절했는데, 이는 상당수 동시대 인텔리겐치아의 참담한 초상이기도 하다. 그는 일종의 역사의 희생자라 말할 수 있다.

그는 사실 지식인 청년답게 의식 있는 연극운동을 하면서 자신의 험난한 창작 생활을 시작했었다. 그러나 그러한 연극운동은 곧바로 일제의 탄압으로 좌절되었고, 그 후로는 대중작가로 비교적 순탄한 창작 활동을 누릴 수가 있었다. 그나마도 10여 년 만에 일제의 국민연극이라는 국책어용극에 시달리게 되었고 4년여 뒤에 찾아온 민족 해방으로 인해서 수모의 수렁으로부터 벗어날 수 있었지만 또다시 이데올로기의 암초에 스스로를 매몰시키고 만 것이다.

따라서 그의 작품 명제는 '민족'으로 시작하여 '대중', '일제군국주의' 그리고 '사회주의 이념' 등으로 5년여를 주기로 해서 변해갈 수밖에 없었다. 그러나 분명한 것은 그가 어떤 명제를 내세우든 '조선성'과 '예술성'만은 고수하려 했다는 점이다. 바로 그러한 그의 창작 신념이 북한에서 빛을 보지 못한 근본적 원인이 된 것 같다. 그만큼 그는 진보적이면서도 예술지상주의적 민족작가였다. 그렇기 때문에 그가 우익진영 연극인들에게는 비교적 부정적으로 평가된 바 있었다.

그가 1943년에 발표한 희곡 〈조선〉에 대해서 호평을 했던 이해랑이 해방 직후에는 대단히 부정적 평가를 내렸다. 이해랑은 「조선극작가론」이라는 글에서 극작가로서의 박영호에 대하여 "〈정어리〉, 〈등잔불〉, 해방 이후에 쓴 〈님〉, 〈북위 38도〉, 〈번지 없는 부락〉 등 한결같이 환경극을 써왔다. 그러나 하나도 성공한 작품이 없다. 덮어놓고 중량을 가지려는 그의 태도는 더욱더 작품을 악화시킬 뿐이다. 속어를 많이 쓰는데 그는 일종의 자부를 느끼고 그 속어 속에 리얼리즘이 있는 거와 같은 착각을 하고 있다. 무엇보다도 치명적인 병은 작품에 품위가 없는 것이다"라고 비판한 것이다. 그런데 이 글 가운데 환경극이라는 용어가 나온다.

사실 한국 연극사상 소위 환경극을 실험한 극작가는 박영호와 김영수 둘뿐이었다. 이해랑은 최초의 환경극 작가라 할 그에 대하여 환경극의 드라마투르기를 제대로 파악하지 못한 채 안이한 극술로 인식하고 작품을 쓴 것이 가장 실책한 점이라고 지적했었다.

그러나 박영호는 일본을 통해서 환경극에 대하여 나름대로 파악하고 있었다고 보아야 한다. 왜냐하면 그의 극은 주요 작품들을 분석해보면 환경극적 요소가 많기 때문이다. 자연주의극의 하위개념인 환경극은 일종의 운명론적인 것으로서 주인공이 인간의 공동 생활을 규정하고 있는 집단질서, 즉 관습이라든가 사회 및 국가의 힘과 대결하여 그것을 극복하지 못하고 비극적 좌절을 겪는 작품을 일컫는 것이다. 이러한 환경극은 식민지 시대를 겪었으면서 박영호에게 있어 가장 적합한 희곡 형식으로 비쳤을 것임은 두말할 나위 없는 것이다. 그런데 그가 이러한 환경극을 마음껏 쓰지 못한 것은 드라마투르기에 대한 이해 부족이라기보다는 식민지 지배하의 곤궁한 생활과 일제 탄압 그리고 이데올로기가 판을 치는 사회환경 때문으로 보아야 할 것이다.

따라서 그가 큰 성공을 거두지는 못했다고 하더라도 이 땅에서 처음으로 환경극이라는 독특한 양식을 시도한 극작가란 사실 하나만 가지고도 연극사상 중요한 자리에 놓여야 마땅하다.[9]

9　이해랑, 「조선극작가론」, 『예술조선』, 1947.1.

오직 연기를 사랑한 배우
한은진

한은진은 10대부터 세상을 뜰 때까지 60여 년 동안 무대와 스크린을 오가면서 배우로 살았지만 그를 기억하는 사람은 원로 연극인들 몇몇과 영화인들을 제외하고는 극히 드물다. 왜 그럴까? 그 이유의 첫 번째는 그가 동양극장 배우로 출발하여 1950년 6·25전쟁 전까지만 연극무대에 섰고, 그 후로는 영화에만 전념했던 관계로 연극인들에게는 낯설 수밖에 없었고, 두 번째로는 그가 중년에 접어들어서 영화에 전념하다 보니 언제나 빛이 나지 않는 조역만을 한 데서 비롯된다고 말할 수 있다. 거기다가 한 가지를 더 보탠다면 그가 배우로 살면서도 평생 스캔들 하나 만들지 않을 정도로 모범적인 가정생활을 한 데다가, 그 자신이 주역을 맡아 히트작 하나 내지 않은 데 따른 것으로 볼 수 있을 것 같다.

그러나 우리 영화사를 돌이켜보면 그가 없었으면 작품이 되지 못할 경우가 적지 않았다는 사실을 발견하게 된다. 왜냐하면 그가 빛나는 조연을 너무나 많이 했고, 특히 모범적인 아내라든가 후덕한 어머니 또는 인자한 할머니 역으로 작품의 품위를 높인 경우가 너무나 많기 때문이다. 그러나 분명한 것은 그가 마치 예술가가 아닌 것처럼 너무나 평범한 삶과 연기 생활을 했다는 사실이다.

이런 그의 인생과 예술은 출발할 때부터 그랬었다. 1918년 9월, 서울 종로에서 태어났으니 그는 많지 않은 순수 서울 사람이다. 부친이 경성신문사 발송부에서 일했으므로 넉넉한 생활은 할 수 없었지만 조석 걱정은 하지 않고 자랐다. 효창소학교를 다녔지만 8남매 중 5녀로서 상급학교 진학은 생각도 못 했다. 따라서 그는 집에서 놀고 있을 수만은 없었기 때문에 경성전기회사에 말단 사원으로 취직한 것이다. 그러나 그의 일이 마음에 들지 않았음은 두말할 나위

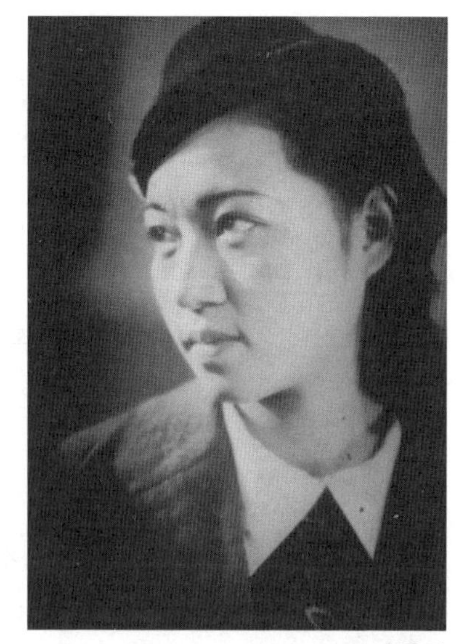

한은진

없었다. 당초부터 영화배우를 꿈꾸고 있었기 때문이었다.

그가 평범한 가정환경에서 성장하면서 그 시대에 영화배우를 꿈꾸었다는 것은 특이한 경우인데, 그럴 만한 계기가 있었다. 즉 그의 부친이 근무하는 경성신문사에서 사우가족들에게 1년에 한 번씩 영화관람을 시켜왔기 때문에 그가 어려서부터 영화를 접했고 거기에 빠져들은 데서 영화배우를 동경했다고 한다.[1] 그때부터 그는 새로운 영화만 개봉되면 제일 먼저 관람하는 영화 마니아가 되었는데, 그가 그처럼 영화에 빠져들게 하는 데는 조중남(趙重男)이라는 소학교 친구의 역할도 한몫했다. 그 친구 역시 배우를 꿈꾸면서 한은진을 자극했기 때문이다. 결국 그는 복혜숙(卜惠淑)이 주연한 〈낙화유수〉를 보고는 반드시 영화배우가 되겠다고 결심한다.

물론 그들은 영화배우를 동경만 할 뿐 구체적으로 배우가 되는 길도 방법도 알 리가 만무했다. 무슨 배우학원이 있는 것도 아니고, 연기를 배울 기회가 전

1　한은진, 「예(藝)에 살다—스크린 40년」, 『일간 스포츠』, 1978.10.1.

무해서 그들은 이런저런 기회만 보고 있었다. 한은진만 해도 키가 훤칠하고 기품 있게 생겨서 그의 오빠가 최승희무용연구소에 다닐 것을 권유한 적이 없는 것은 아니지만, 그는 영화배우를 희망했기 때문에 귀담아듣지 않았었다. 어떻든 배우가 되려면 어느 정도 연기공부를 해야 한다고 생각한 그는 경성전기회사에서 번 돈으로 음악전수학원에 입학해서 나름대로 준비를 해두기로 한다. 그러던 차에 1935년 말 마침 동양극장이 개관하면서 신인배우를 모집했고 그곳에 입단하게 된 것이다. 그때의 사정을 그는 다음과 같이 회고했다.

> 이에 '우리들에게 기회가 왔다' 하고 허둥대며 뛰어들어온 중남 양의 얼굴에는 희색이 돌고 명랑한 눈이 더욱 명랑해지며, 이애 어제 신문 보지 못했니 아니 문화인이 되려면 매일 신문을 빼지 않고 보는 게야, 하며 가졌던 신문을 주며 이것 보아, 동양극장에서 남녀배우를 모집한다는 광고면을 보이면서 빨리 가보자는 재촉이었습니다. 그러나 나는 좋은 챤스가 목전에 다다랐습니다마는 별로 기쁘지도 않고 나 역시 이상하다고 생각했습니다. 그 이유는 내가 희망하는 것은 연극계가 아니고 영화계인 까닭이었습니다. 이애, 우리가 희망하는 것은 영화배우지마는 이번 기회에 연극배우가 될 것 같으면 영화계 진출하기는 현재 입장보다는 더 빠를 게 아니냐, 하는 말에 그러면 가볼까, 시일도 있지 않습니다. 소화 11년(1936) 정월 16일 오후 7시경에 동양극장 사무실로 두 처녀가 큰 희망을 조그마한 가슴에 품고 대담하게 찾아 들어갔습니다.[2]

이처럼 그는 장차 영화배우의 꿈을 품고 동양극장 전속단체였던 청춘좌의 신인배우로 그의 험난했던 예도의 첫발을 내딛게 된다. 그는 홍해성 등 연출가의 간단한 지도를 받고 입단 한 달도 되지 않아 〈춘향전〉의 행수기생 역으로 첫 무대를 밟았는데, 대사는 단 한마디도 없고 술 따르는 것이 전부였다. 그러나 그는 친구 조중남보다는 재능을 인정받아서 월급도 훨씬 많이 받았다.

---

2 한은진, 「명우와 무대—화려하고 좁은 문」, 『삼천리』 1941.3.

제3부 대중 공연예술의 개화 (2)

그에게 자신도 모르는 소질이 있다는 것을 스스로 발견했고, 또 무대에 서는 것이 두렵기는 했어도 즐겁기 한이 없었다. 그럴 수밖에 없었던 것이 그의 조상 중에 연예활동을 한 사람이 없었고 부모 역시 가장 평범한 서민이었음을 감안할 때 그 자신 배우가 되어 있는 것이 신기하기만 하였다.

여기서 주목되는 것이 한 가지 있는데, 우리나라 근대연극이라든가 영화의 주역배우들이 거의가 집안의 내력과는 상관없이 연기자가 되어 활동한 사실이다. 대체로 예능 계열은 부모의 피를 받는 경향이 강한데 우리나라의 근대 연예인들은 그렇지 못했던 것이다. 그 원인은 두 가지에서 찾을 수 있지 않을까 싶다. 첫 번째는 조선시대까지만 해도 예능인을 천시한 데서 비롯되었다고 보겠는데, 소질이 있어도 그런 분야로 진출하지 않은 데 따른 것이었다고 볼 수 있으며, 두 번째로는 그만큼 공연예술이 보편화되어 있지 못해서 많은 사람들이 소질을 개발할 기회가 없이 묻어둔 채 평범한 생업을 해온 것이라 말할 수가 있지 않을까. 그러니 한은진이라든가 여타 배우들도 그런 경우에 속하지 않을까 싶다.

이처럼 그가 얼마 동안 단역을 맡은 후 연극에 빠져들기 시작한다. 그가 얼마나 연극을 열심히 했는지 거의 매일 새벽 3시까지 대사를 암기했고 어떤 때는 앞마당에서 대사를 암기하다가 졸린 나머지 우물에 빠질 정도였다. 그런 그를 집에서 놓아둘 리가 만무했다. 집에서는 그를 내보내지 않으려고 문을 잠가놓기 일쑤였다. 그러나 그는 샛문을 통해서 도망쳐 나와 출연하곤 했다. 그런데 극장의 방침에 따라 지방공연을 나가지 않으면 안 되었다. 지방공연 작품에서는 제법 괜찮은 배역도 준다고 했다. 과년한 처녀가 극단을 따라 지방공연을 떠난다는 것은 용납되기 어려운 것이었다. 그때의 사정에 대하여 그는 이렇게 술회했다.

연극을 만류하는 집안에 20살이 된 처녀가 집을 나가 지방공연을 하겠다고 하는 것은 도저히 용납되지 못할 일이었다. 나는 몰래 공연을 떠나기로 마음먹었다. 외출할 때면 옷을 두 벌씩 입고 나와 중남이네 집에다 한 벌씩을 벗어두어 지방 갈 채비를 했다. 최상덕(崔象德) 지배인이 트링크를 사주어 옷가지를 챙겨서 지방공연을 떠났다. 집에는 서울역에서 엽서 한 장을 띄워 지방공연을 떠난다고 알렸다.[3]

이상의 글에서 알 수 있는 것처럼 당시 여성들이 어떻게 배우의 길을 걸었는가를 짐작하게 한다. 어떻든 그는 평생 가보지도 못한 군산, 광주, 목포 등지를 20여 일 동안 돌아다니면서 〈장가 보내주〉(구월산인 작)와 〈검사와 사형수〉의 조역을 무난히 해낸다. 조연뿐만 아니라 졸지에 주연까지 했는데, 그것은 마침 주연 여배우가 갑자기 불참하는 바람에 〈장가 보내주〉에선 당당히 그 대역을 했던 것이다. 그의 집에선 난리가 났다. 그가 20여 일 만에 귀경하자마자 그를 집에 가두고 동양극장에 찾아가서 연출자였던 이서구와 박진에게 항의까지 한 것이다.

그런데 뜻밖에 이들은 그의 부모를 설득해서 그로 하여금 계속 연극을 할 수 있게 한 것이 아닌가. 이때부터 그는 자신을 갖고 연기 생활에 매진할 수 있었다. 그는 여배우가 절대 부족했던 시절 쉽게 명성을 얻을 수 있었고 또 쉽게 자리도 잡을 수 있었다. 그러나 매일 밤 자정이 넘어야 집에 갈 수 있는 연기 생활은 고달픈 것이었다. 그의 일주일에 한 번씩 바뀌는 레퍼토리를 소화해내야 하는 과정은 혹사 그 자체였고 연극 또한 부실하다는 생각을 하고 있었다. 동양극장이 연중무휴 공연을 내세웠으므로 어쩔 수 없는 일이었다. 따라서 일부 배우들이 그런 형태의 부실연극에 반기를 들고 제대로 된 연극을 하자면서 극단 중앙무대를 창립했는데, 그를 데리고 갔다. 그것이 1937년 6월이었으므로 그가 동양극장에 간지 꼭 1년 반 만이었다. 그가 애송이 배우임에도 불구하고 월급을 주는 동양극장을 떠나기로 결심한 것은 박제행, 심영, 서

---

3 앞의 글.

월영, 복혜숙 등과 같은 중견배우들이 주동이 된 데다가 이들이 비속한 흥행극을 벗어나 올바른 연극을 하겠다고 나섰기 때문이었다.

그는 특히 중앙무대가 내세운 다섯 가지 선언, 즉 우리들은 진실한 연극인으로서 연극을 시종한다. 우리들의 연극 행위는 예술적 방훈이 높은 순수와 진실의 창조에 둔다. 예술적 작품이라고 반드시 대중과 멀어지는 고답이 아니다. 연극성을 잃은 희곡과 희곡성을 잃은 절뚝발이 연극을 배격한다. 그리하여 우리들은 창작극의 상연, 문예작품의 연극화, 외국극의 소개 등(『매일신보』, 1937.6.6)에 매료된 것이었다.

처음 중앙무대는 그런대로 잘 나아가는 것 같았다. 따라서 그는 부민관 무대에서 〈애처기〉(송영 작), 〈예수나 안 믿었다면〉(채만식 작) 등에 출연도 할 수가 있었다. 그리고 중앙무대가 계약을 맺는 등 승승장구할 것도 같았다. 그렇지만 단 두 달 만에 균열이 생김으로써 연학년(延鶴年)이 이끄는 단체가 된 것이다. 이 단체에서 그에게 큰 불상사가 발생한다. 즉 〈황태자의 첫사랑〉이라는 작품에 여주인공을 놓고 그가 남궁선(南宮仙)과 경쟁이 붙었고, 결국 남궁선을 좋아하는 연출자 연학년의 무례로 그가 생애 최초로 자살소동을 벌인 일이다. 그가 연출자의 비열한 행동으로 자존심을 상했던 데 따른 것이었다. 이 사건은 그에게 있어서 일생에서 가장 큰 시련이었다. 다행히 목숨을 건짐으로써 활동을 재개했지만 그에게는 뼈아픈 교훈도 되었다. 연예 판이라는 것이 얼마나 험한 것인가를 몸소 체험했기 때문이다.

그 사건으로 그는 중앙무대를 떠나 잠시 휴식을 취하고 있었다. 중앙무대 역시 흥행이 되지 않았다. 흥행이 되지 않는 극단이 존속될 리 만무했다. 상당수 배우들이 가정을 꾸리고 있었기 때문에 중앙무대는 곧 해산되고 말았다. 가령 중앙무대의 중심인물이었던 박제행, 송재로, 이원근 등이 먼저 이탈해서 새 극단 인생극장을 창단함으로써 한은진도 거기에 가담하게 된다. 중앙무대 창립 반년 만인 1937년 12월이었다. 그가 연극 입문 2년 만에 세 번째 극단에서 활동하게 된 것이다. 극단 인생극장은 창립공연으로 부민관에서 박화성의 원작소설을 각색한 〈백화〉(박경식 연출)를 무대에 올렸는데 그가 주연을 맡았음은 두말할 나위 없었다.

그 작품은 마침 동아일보 주최의 연극경연대회 출품작이었는데, 그가 열연을 해서 여주인공 백화 역으로 주연상을 받게 되었다. 연극계 데뷔 2년 만이었다. 그로서는 대단한 행운이었다. 내성적이고 겸손했던 그가 일단 스타덤에 오른 셈이다. 이런 그를 영화계가 내버려둘 리가 만무했다. 여배우가 절대 부족했던 시절 영화사가 그를 주목한 것이다. 때마침 인생극장도 곧바로 해산됨으로써 영화계의 진출은 극히 자연스럽게 이루어졌다. 그가 1939년 봄에 영화계로 진출한 배경을 다음과 같이 쓰고 있다.

> 희망하던 영화계 진출할 기회를 얻게 되었습니다. 전부터 2, 3차 교섭이 있었던 관계로 연극콩쿨을 최후로 인생극장을 해산하자 소화 13년(1939) 3월 초순경에 저는 조선영화주식회사에 전속배우로 입사를 하게 되었습니다.[4]

이처럼 그는 연극배우로 2년여 동안 활동하면서 연극경연대회에서 행운의 여우주연상을 받자마자 영화배우로 발탁되어 갔는데, 그 자신이 고백하였듯이 영화에 대해서는 영화관람과 영화잡지에서 단편적으로 읽은 조각 지식밖에는 없었다. 그가 전혀 예상도 못한 대로 첫 작품 촬영에 들어갔다. 이광수(李光洙)의 소설을 원작으로 한 〈무정〉이었는데 그에게 주어진 배역은 비련의 여주인공인 기생 영채 역이었다.

이는 참으로 흥미로운 사실이 아닐 수 없었다. 왜냐하면 그가 동양극장의 연극배우로 첫 번째 얻었던 역이 대사 없는 행수기생이었음을 감안할 때, 영화배우 첫 번째 역이 또다시 기생이었다는 것이 운명적 작희 같기 때문이었다. 그러나 그는 최선을 다했다. 그가 일찍이 꿈꾸었던 소망을 이룬 것이었기

---

4 위의 글.

　제3부 대중 공연예술의 개화 (2)

때문이다. 사실 영화는 연극과 달랐다. 그래서 그는 당황하기도 했다. 왜냐하면 영화는 매번 한 커트씩 찍는 것이어서 연극처럼 물 흐르듯이 진행되지 않았기 때문이다. 그는 첫 번째 영화 촬영을 해보곤 실망한 것도 사실이었다. 그래서 그랬는지는 몰라도 그 작품이 별 재미를 보지 못했고 영화사도 재정적으로 어려워져서 곧바로 다음 작품에 나서지 않았다.

얼마 동안 쉬고 있던 그가 회화와 조각의 모델을 한 것을 아는 이는 별로 없다. 즉 그는 유망 신인 화가였던 운보 김기창의 그림 모델 요청을 받았는데 흔쾌히 승낙해서 그린 작품이 다름 아닌 〈하일(夏日)〉이었고, 그 작품이 선전(鮮展)에서 특선을 한다. 그뿐만 아니라 그가 김복진(金復鎭)의 조각 모델로서 유명한 작품인 〈여인입상〉을 탄생시키기도 했다.

이런 일을 하면서 쉬고 있던 그는 당초의 고향인 연극으로 되돌아가기 위해서 조선영화주식회사를 떠나 동양극장으로 복귀했다. 마침 동양극장 전속단체가 개편을 한다고 해서 극단 호화선에 참여한 것이다. 그것이 1940년 정월이었다. 그는 호화선에 가입하자마자 험난한 지방공연을 다녀야 했고, 체구는 여자로서 큰 편이었지만 약골이었던 그의 건강이 말이 아니었다. 따라서 그는 또다시 집에서 휴식을 취하지 않을 수 없었다. 저간의 사정에 대하여 그는 다음과 같이 쓴 바 있다.

> 영화연기자라는 것은 한 커트커트에 테크닉이 필요하고 생명이 있다는 걸 알게 될 때 다음 작품에는 하고 약속을 했습니다. 그러는 동안에 1년 반이나 지났으나 다음 작품에 기획이 서지 않고 하니 연기자로서 1년이나 쉬고 보니 다른 사람보담 뒤떨어지는 것 같고 해서 그러면 노는 동안에 연극이라도 해볼까 해 조영을 퇴사하고 동양극장에 가서 연극을 해보았습니다마는 원래 몸이 약한 편이 되어서 지방을 댕기고 보니 몸이 몹시 쇠약해서 극단과도 관계를 끊고 촬영할 기회를 보고 지금은 집에서 쉬고 있습니다.[5]

---

5 위의 글.

이상과 같이 그는 연극과 영화를 넘나드는 신진배우가 되었지만 영화가 그렇게 문문한 것은 아니었음을 단 한 편의 영화 촬영으로 실감할 수 있었다. 그리고 여배우가 절대 부족했던 시기에 그를 집에서 오랫동안 쉬게 내버려두지도 않았다. 즉 그는 당초 그가 몸담았던 동양극장으로부터 호출을 받아 극단 호화선이 개편된 성군(星群)의 창립단원으로 참여하여 〈가족〉(박영호 작), 〈딸삼형제〉(이태준 원작), 〈결혼생활〉(김영수 작), 〈고향〉(박향민 작) 등에서 중요한 역을 맡아 공연했다.

이때 극작가 박영호와 김영수 등과도 인연을 맺게 된다. 그리고 이 시기 한 가지 빼놓을 수 없는 것이 그의 결혼인데, 상대는 영화제작자이면서 음악감독도 하는 등 다방면의 활동가 성태성이었다. 그러나 그의 행복했던 결혼생활은 성태성이 만주공연을 가서 갑자기 세상을 떠남으로써 오래가지 못했다.[6] 그로부터 그는 오랫동안 홀로 살다가 해방을 맞았는데, 그의 나이 27세로서 가장 활발한 활동을 할 시기를 맞은 것이다. 얼마 동안 관망하던 그는 과거 동양극장 시절 연극을 함께 했던 동지들과 극단 백화라는 단체를 만들었는데, 극단 성군의 멤버 장진(張陳)이 광산업자 스폰서를 한 사람 만났기 때문에 가능한 것이었다.

따라서 장진을 중심으로 하여 이백수, 서일성, 윤성묘, 이소연, 전두영, 한은진, 최은희, 백송, 원우전, 신옥봉, 윤춘자, 이용자 등으로 구성된 극단 백화(白花)가 탄생될 수 있었다. 이들은 1946년에 3·1기념공연으로 〈나라와 백성〉(이운방 작)을 무대에 올리고 가을에도 〈젊은 지사〉(이운방 작) 등을 공연했지만 단명했다. 그래서 그는 이듬해(1947) 정월에는 역시 대부분의 백화단원들과 극단 문화극장을 탄생시켰고, 창립공연으로 김영수의 〈황야〉를 국제극장 무대에 올렸다. 그 작품은 백야 김좌진 장군을 기념하는 추모공연이었다는 점에서 해방 직후 연극인들의 애국심을 엿볼 수도 있는 것이었다.

---

6 백성희 증언, 2004.8.28.

그런데 그는 연극에만 매달릴 수는 없었다. 왜냐하면 연극으로는 생활도 되지 않을뿐더러 그가 당초 원했던 것이 영화였던 만큼 그쪽으로 항상 눈길을 두고 있었다. 그래서 그는 해방 직후 처음 출연으로 〈똘똘이의 모험〉을 했는데, 거기서도 공교롭게 기생 역을 맡아 한 것이다. 그 다음 작품이 유명한 〈자유만세〉였다. 그 작품으로 그는 영화배우로서 대중에게 깊은 인상을 심어주었다. 마침 정부에서도 계몽영화를 만들기로 하여 그는 장진과 함께 경찰영화 〈밤의 태양〉에 주연으로 출연을 했다. 그의 인기가 자꾸 올라가면서 방송 쪽에서도 그를 필요로 했기 때문에 그는 KBS 성우로 활약을 하기도 했다.

그의 생활이 경제적으로도 안정을 찾아가게 되었다. 따라서 과거 함께 연극을 했던 배우들이 요청하면 연극 출연도 여기저기 하는 편이었다. 가령 박제행의 요청에 의해서 재건 토월회에도 출연하는가 하면, 1947년도에는 그와 함께 극단 예성좌의 창립공연에 가담해서 〈아득한 무파만리〉(박지원 작)에 출연도 했다. 점차 그가 상당 시간을 라디오 드라마에 할애함으로써 연극무대에 설 시간은 적어졌다. 그렇다고 해서 그가 연극을 저버린 것은 아니었다. 1949년 2월에 극단 민예가 공연한 이광래의 〈정열의 사랑〉에 평소 가까이 지내던 이향(李響)과 함께 출연한 것도 순전히 의리를 저버리지 않고, 또 연극에 대한 애착을 그대로 드러낸 것이었다고 말할 수 있다. 이처럼 그는 어느 한 극단에 붙박이로 소속되지 않고 그때그때 친분과 요청에 따라 연극과 영화에 출연하면서 생활은 주로 방송국 성우로 꾸려갔다.

해방 직후에 그는 이북 신창(新昌) 출신의 전도유망한 청년실업가(李載靑)와 결혼하여 두 딸을 낳는 등 행복한 가정도 꾸릴 수가 있었으며 곧 아들까지 둠으로써 단란한 삶을 누릴 수가 있었다. 나이도 30세를 넘겼고 예원입문 경력도 10년이 넘었기 때문에 어디서든 자기 목소리를 내고 싶은 시기에 다다라 있었다. 그는 자기가 주도하는 단체를 하나 갖고 싶었고 남편의 재정적 뒷받침으로 그의 소망도 쉽게 이루어질 수가 있었다. 그런데 그가 하고 싶었던 연극 형태는 키노드라마였다. 왜냐하면 키노드라마는 우선 인원이 적어도 할 수 있는 데다가 그의 당초 꿈이 영화배우로서 연극과 영화를 두루 해보았기 때문이다.

따라서 그는 1950년 4월에 극단 보랑을 창립했는데, 평소 친분이 두터웠던 이향, 허영, 주증녀, 박현 등이 참여해주었다. 사실 당시는 배우도 많지 않았지만 연극과 영화 쪽에 작품이 많아서 배우 구하기가 쉽지 않았었다. 영화인 출신 전창근(全昌根)이 대본을 써서 만든 키노드라마 〈환상의 거리〉를 수도극장에 올렸는데 의외로 성공을 거둔다. 이에 자신감을 얻은 그는 지방공연에 나섰는데 대체로 흥행이 잘되는 호남으로 떠난 것이다. 광주에서 공연을 하려고 극장에 갔을 때, 그가 비로소 전쟁이 났다는 것을 알게 된다.

그때의 사정에 대하여 그는 다음과 같이 회고했다.

> 광주에 도착했다. 다음날 아침 공연을 하려고 극장에 나갔다. 손님은 커녕 극장직원까지 한 사람도 보이지 않았다. 큰일이 났다 싶어 여관으로 다시 돌아오는 길에 군데군데 벽보가 붙어 있었다. 6·25가 터진 것이다. 흥행사 이씨는 이미 달아나고 없었다. 돈 한 푼 없이 단원들과 목포로 피난을 갔다. 전쟁이란 참으로 비극이고 충격적이다. 그때 처녀들은 충격과 피난의 긴장감, 공포감 때문에 정상적인 여성이 매달 한 번씩 있는 생리작용이 멎어버렸다. …(중략)… 목포에는 또 〈사나이의 길〉이라는 영화촬영팀이 발이 묶여 있었다. …(중략)… 〈사나이의 길〉은 한형모 감독이 연출하고 〈집없는 천사〉 시절 최은희의 남편(당시)인 촬영기사 김학성씨의 조수로 일했던 심재흥이 촬영기사로 데뷔했다. 심재흥의 은사의 부인이라 최은희를 먼저 촬영하고 빨리 서울로 올려 보냈다. 우리가 목포에 도착하기 5일 전께 서울로 갔다고 했다. 김학성 씨가 수기에서, 최은희가 심재흥의 도움을 받지 않고 빨리 상경을 하지 않아 6·25를 목포에서 맞았더라면 차라리 전쟁의 큰 비극을 겪지 않고 또 다른 여인이 되었을 것이라고 회상한 것을 보았다.[7]

---

7 한은진, 앞의 글.

이상에서 알 수 있는 것처럼 그가 생애 최초로 리더가 되어 몇 년 동안 이끌었던 극단 보랑의 첫 번째 지방공연은 전쟁 발발로 시련을 받기 시작한다. 그럼에도 불구하고 그는 부산으로 가서 계속해서 그 단체를 이끌고 여기저기 공연을 다녔다. 그러니까 부산시내뿐만 아니라 그 주변의 작은 도시들까지 순회공연을 다닌 것이다. 그는 신진 여배우 최은희와 깊은 인연을 맺고 뒷날 영화를 많이 하는 계기도 그때 만들었다. 그가 1년 이상 무성 키노드라마 〈환상의 거리〉만을 공연하다가 유성 키노드라마 〈결혼명령〉을 역시 전창근 감독을 시켜 만들었으나 기술상의 미숙으로 대패하여 큰 손해를 보기도 했다.

당시 부산에는 정부도 내려와 있었고 대학, 방송국 할 것 없이 모든 기관들이 있었기 때문에 여러 가지 일거리는 계속 생겨났다. 가령 그가 평생 생각도 못했던 '방송 실연대(實連臺)'라든가 '영화인 실연대'라는 것을 해본 것이 그 하나의 예이다. 여기서 전자는 방송드라마의 주인공들이 실제 무대에서 드라마 실황을 재현해서 관중에게 보여주는 것이라고 한다면, 후자는 영화인들이 무대에 나가서 모습을 보여주는 것으로서 현장을 궁금히 여기는 관중의 눈요깃거리를 만들어주는 프리뷰 비슷한 것으로 생각하면 될 것 같다. 그러나 그가 자금을 대서 한 실연대는 그에게 손해만 안겨주었을 뿐 별다른 성과를 올리지는 못했다. 배우는 역시 연기만 해야지 다른 사업성 있는 일을 해서는 별 소득이 없다는 것을 가르쳐 주는 교훈이 된 것이다.

그럼에도 불구하고 그는 또 한 번의 실책을 범한다. 그것이 다름 아닌 6·25 직전에 찍어놓고 상영 못했던 〈그들의 행복〉(이규환 감독) 사건이다. 그러니까 그가 환도 직후 그 작품을 재생해보려고 한 것이 제작자들에게 사기죄로 고소를 당하는 일이 벌어진 것이다. 물론 그가 사기할 만한 인물이 아닐뿐더러 오해도 풀려서 해결은 잘 끝났지만 매스컴에 오르내리는 곤욕을 치른 것도 사실이다.

그런 충격으로부터 벗어난 뒤 그는 신상옥필름과 가까워지기도 했고, 여기저기서 영화 출연 교섭도 많이 왔다. 그는 전부터 잘 알고 지내온 윤봉춘 감독의 〈처녀의 별〉과 이만흥 감독의 〈구원의 정화〉 등에 출연한 뒤에는 주로 신상옥 감독 작품에 조연급으로 출연했다. 그렇다고 해서 그가 연극을 완전히 저버린 것은 아니었다. 가령 신협(新協)극단이 청하면 단역으로도 무대에 섰는데, 가령 1958년에 〈한강은 흐른다〉와 1959년 말에 공연한 〈뜨거운 양철지붕 위의 고양이〉 때 국립극장 무대에 선 것이 그 단적인 예라 하겠다.

그러는 동안 4·19학생혁명이 일어나면서 그의 연예생활에도 어려움이 닥쳤다. 물론 그것은 순전히 그 자신보다는 남편 때문에 맞아야 했던 시련이긴 했다. 즉 평소 정치에 꿈을 두고 있던 그의 남편(이재춘)이 국회의원에 출마했다가 낙선함으로써 그가 갑자기 많은 빚을 떠안는다. 게다가 이듬해 5·16 군사쿠데타가 일어나면서 그의 남편이 혁신계 정치인으로서 4년 이상을 교도소 생활을 하는 처지가 된다. 그에게 있어서 일생일대의 최대 시련기에 처한 것이었다. 그때의 사정에 대하여 그는 다음과 같이 회고했다.

> 5·16혁명이 나면서 남편은 혁신계 야당정치인으로 구속이 됐다. 미결수로 있는 동안 어떻게 해서 남편을 구할까 하는 생각밖에 없었다. 잠을 안 자고 이리 저리 뛰었다. 그러나 허사였다. 검사의 7년 구형에 판사는 10년 징역을 언도했다. 남편이 기결수가 되면서 나는 3년 동안 면회를 안 갔다. 선거 때 진 빚으로 살림은 말이 아니었다. 들어가 있는 남편에게 시간을 빼앗기면 아이들 밥도 굶길 판이었다. 빚을 갚으랴 생활하랴, 아이들 학비를 대랴 상상도 못했던 어려움이었다.[8]

이상과 같이 그는 인생의 가장 밑바닥까지 다다르는 처참한 지경에까지 이르렀던 것이다. 그러나 그는 강했다. 그런 속에서 그는 국립극단의 정식 발족 당시 멤버로 참여하면서 10여 년에 걸쳐 빚도 모두 갚고 남편 옥바라지도 해냈으며 자녀들도 모두 상급학교에 진학시켰던 것이다. 다행히 그의 최악의 시

---

8 한은진, 앞의 글.

런기에 신필름이 화제작을 많이 만들어낸 데다가 그의 연기 역시 전성기를 맞았기 때문에 그를 고통으로부터 빨리 벗어날 수 있게 했다. 즉 그는 신필름의 연기실장으로 자리잡고 배우들을 훈련시키며 그 스스로 중요한 역을 많이 해낸 것이다.

가령 이 시기에 신필름이 만들어 재미를 보았던 〈사랑방 손님과 어머니〉를 비롯하여 〈상록수〉, 〈연산군〉, 〈열녀문〉, 〈로맨스그레이〉, 〈빨간 마후라〉, 〈봄은 다시 오려나〉 등등이 바로 그가 신필름의 핵심배우로서 전성기를 누렸던 작품들이다. 결국 과로로 중병에 걸려서도 그는 촬영을 해야 하는 처지였다. 다행히 병은 고쳤지만 그 후로도 몸은 여전히 병약했다. 이때부터 그는 인자한 어머니라든가 과부 역 같은 것에는 여타 배우의 추종을 불허할 정도로 명연기를 했다. 그가 정신없이 뛰는 동안 어언 4년 반이 흘러서 그의 남편이 석방됨으로써 겨우 가정이 안정될 수가 있었다. 그가 국립극단의 전속배우였지만 영화를 하느라고 1962년 4월에 공연한 〈젊음의 찬가〉(이용찬 작) 한 편에 단역으로 출연하고는 다시 국립극장 무대에 서지 못했다. 그만큼 그가 영화에 전념했다는 이야기가 된다.

남편 석방 뒤에는 두 사람이 마음의 안정을 찾기 위하여 서예에 심취하기도 했다. 마침 남편의 고향 출신 서예가 해당 김한(金翰)이 있었기에 그들은 서예에 취미를 붙이는 데 도움이 되었다. 물론 그런 취미생활은 어디까지나 그가 영화 촬영이 없는 날을 택해서 한 것이다. 이 말은 그가 대부분의 생활을 꾸려갔음을 의미하는 것이기도 하다. 그는 영화에 주로 출연했지만 1970년대부터는 TV 드라마에도 자주 출연했다. KBS TV의 일일연속극 〈기러기〉, TBC TV 연속극 〈상노〉 등이 그의 대표작이다. 그는 TV 드라마에서도 영화에서처럼 자상한 어머니 역이나 인자한 할머니 역으로 출연하여 작품의 품격을 높이곤 했다.

그가 환갑을 맞는 해에 쓴 회고의 글에서 "40년을 영화, 연극, TV에 몸 바치며 늙었지만 나는 스타도 아니고 그렇다고 해서 내가 종사해온 이 분야에 뚜렷이 기념비적인 일을 남겨놓은 것도 없다. 그저 영화가 좋아서 뛰어들었고, 내 나름대로의 인생에 파란을 겪으면서도 좋아서 택한 연기자로서의 길을 열심히 걸었을 뿐이다"라고 한 것은 그의 심정을 솔직히 토로한 말이라고 보아도 무방할 것이다.

그는 2003년 85세를 일기로 세상과 하직할 때까지 영화에 할머니 역으로 간간이 모습을 나타내기도 했다. 이는 사실 영화를 웬만큼 사랑하지 않고는 불가능한 일이었다. 그만큼 그는 영화를 사랑한 노배우였던 것이다.

일찍이 그것도 배우가 천시받던 시절 평범한 가정에서 태어나 연기수업도 전혀 받아본 적 없었던 그가 무대와 영상을 오가며 60여 년을 오로지 배우로만 살았다는 것은 예사롭게 볼 수만은 없다. 그런 여배우가 있었기에 우리나라 근·현대 무대예술과 영상예술은 풍요로웠다고 말할 수가 있는 것이다.

남북을 풍미한 대배우
황철

우리나라 근대극운동은 창극과 신파극이라는 두 가지 매우 특이한 연극 양식으로부터 시작되었다. 그러다 3·1운동 이후 도쿄 유학생들이 서구적 연극양식을 배워서 소위 전통신극이라 함으로써 연극의 흐름은 세 갈래가 되었다. 이후 1950년 6·25전쟁을 겪으면서 신파극이 급속도로 쇠퇴하여 우리 연극은 서구적인 근대극 양식과 창극으로 양분되어 오늘에 이르렀다. 이 중 창극은 신극에 비해 양과 질 측면에서 뒤지고 있는 것이 사실이다. 더욱이 창극인들은 말할 것도 없고 전통예술 연구자들이 아직도 창극을 전통극 양식으로 인식하고 있어서 중국의 경극(京劇)이나 일본의 노(能)처럼 양식화시켜야 한다고 주장하는 터여서 창극의 발전은 더욱 더뎌졌다. 그리하여 우리의 현대극 공연장을 채우고 있는 것은 주로 서구적 양식의 연극 작품들이다.

이처럼 서양과 달리 우리의 근대극이 몇 갈래로 흘러오다 보니 각각 연극양식을 이끌어온 배우들의 성향도 다를 수밖에 없었다. 창극 배우들은 과거부터 판소리를 해온 사람들이고, 신파극 배우들은 대체로 신식 고등교육을 제대로 받지 못한 사람들인 데 비해서, 정통 신극배우들은 상당수가 고등교육을 받은 사람들이다. 물론 이러한 분류가 모든 배우들에 꼭 들어맞는 것은 아니라는 사실도 여기서 밝혀둘 필요가 있겠다. 왜냐하면 고등교육을 받았지만

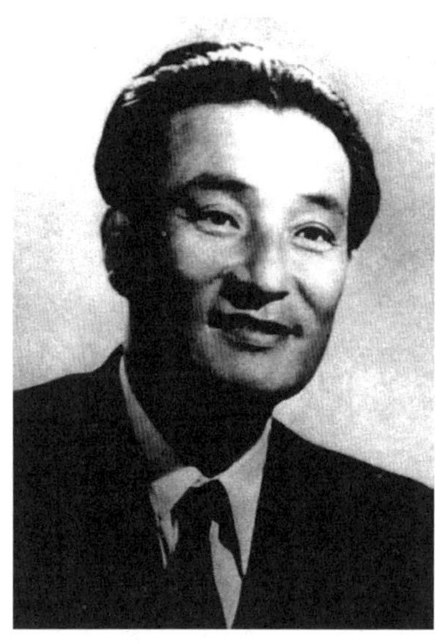

황철

신파극 배우로 활약한 사람도 있고 반대로 고등교육을 제대로 받지 못했으나 정통 신극배우로서 두각을 나타낸 인물도 없지 않기 때문이다. 그리고 우리 연극배우의 수가 절대적으로 부족했던 데다가 크게 번창하지도 못했었기 때문에 해방 이후에는 그런 경계가 무너지면서 한 배우가 양쪽을 왔다갔다 하기도 했었다.

그렇기 때문에 각 장르에서 최고의 배우를 선정하기가 쉽지 않다. 더구나 해방과 함께 신파와 정통신극의 경계선이 무너진 데다가 1947년을 전후해서 상당수 배우들이 월북해서 평양에서 연극활동을 했기 때문에 20세기 이 땅에서 최고의 배우를 선정하기는 거의 불가능하다고 말할 수 있다. 그런 중에서도 굳이 최고의 배우를 꼽으라고 한다면, 필자는 창극에서는 김소희를, 신파극 분야에서는 황철을, 그리고 정통신극에서는 김동원과 장민호, 그리고 백성희를 지목하겠다. 물론 이러한 선정은 극히 주관적이어서 전문가마다 다를 수 있다고 생각한다.

그런데 여기서 구태여 이런 이야기를 끄집어내는 이유는 당시를 기억하는 사람들의 뇌리에 아직도 깊이 각인되어 있는 명배우 황철(黃撤)에 대해서 이야기하기 위해서다. 사실 황철이 남한에서 활동한 기간은 15년 정도밖에 되지 않는다. 왜냐하면 그가 배우로 무대에 선 것은 대체로 1931년이었고, 극단 조선연극사, 청춘좌, 아랑, 낙랑극회 등을 거친 뒤 1947년에 월북했기 때문이다. 그리고 그가 두각을 나타낸 것은 1936년 동양극장의 청춘좌로부터였으므로 여기서 인기를 끈 것은 10여 년밖에 되지 않는다. 따라서 그에 대해서 제대로 아는 사람들은 함께 연극을 했거나 그의 연극을 구경해본 90대 이상의 팬에 국한될 수밖에 없다. 이는 곧 그가 순전히 노년층 사람들의 구전으로 전설적인 명배우가 되어 있다고 해도 과언이 아니다. '놓친 고기가 커 보인다'는 속설대로 만일 그가 월북하지 않고 남한에서 계속 활동했어도 그런 명배우로 군림할 수 있었을까. 왜냐하면 남한은 북한과 달리 연극사조가 급변했기 때문이다. 그가 활동한 북한 연극은 사회주의 리얼리즘이 주조를 이룰 때였으므로 그로서는 기량을 마음껏 발휘할 수 있었다. 그러나 남한은 전혀 달랐다. 실험극이 연극계를 휩쓸며 상당한 위력을 발휘했다. 따라서 그는 남한에 있었다면 현역으로 활동하기보다는 국립극장의 원로배우로 자리했을 가능성이 높았으리라. 그리고 그는 천부적 배우로서 지적 수준 또한 높았기 때문에 남한에서도 정통연극 지킴이로서 우뚝 서 있었을 것이다. 그와 라이벌이 될 만한 배우로서 심영과 함께 이해랑과 김동원이 있었는데, 이 두 사람은 나이가 네댓 살 아래였던 데다가 대학까지 다녔기 때문에 성향에 있어서 많은 차이가 있다. 물론 그가 이들 두 사람과 공연(共演)한 적도 몇 번 있기는 하다. 그리고 이해랑과 김동원은 분단 이후, 즉 30대 이후에 대성한 인물들이기 때문에 황철과 상대적으로 비교하는 것은 적합하지 않다는 것이 내 개인적 생각이다.

여하튼 그가 남한에서 15년 정도 연기 활동을 했음에도 불구하고 아직까지도 모든 사람들에게 전설적인 배우로 인구에 회자(膾炙)되는 것은 남다른 면을 지녔기 때문으로 보아야 할 것 같다. 그러나 그의 가정적 배경은 그의 예술적 이력과는 너무나 거리가 멀 뿐만 아니라 그의 청소년 시절 역시 예술적 대성과는 무관하다고 해도 과언이 아니다. 왜냐하면 그의 가계는 관료를 최상으로 삼을 정도로 보수적인 사대부 집안이었기 때문이다. 즉 구한말 그러니까 일제의 한국병탄 직전(1910)까지 그의 부친 황우찬은 충청도 청양군수를 지냈고, 숙부 역시 천안군수를 한 고위공무원 집안이었으므로 당시로서는 꽤 지체 높은 양반가문이었다.

그는 그런 집안에서 태어났는데, 마침 그의 부친이 청양군수를 지내고 그곳에서 살고 있을 때 출생했다. 그때가 일제의 한국병탄 2년 뒤인 1912년 정월열하루였다. 그의 위로 누이가 하나 있었으므로 그는 두 번째였지만 장남이었다. 그의 가족이 어떤 이유로 이주했었는지는 알 수 없으나 여하튼 그는 강원도 춘천에서 소년기를 보내며 소학교를 다녔다. 소년 시절부터 그의 재능은 여러 곳에서 나타났다. 우선 언변이 좋고 친화력이 있어서 친구가 많았으며 문예에 소질을 갖고 있었다. 다만 그것이 밖으로 표출될 기회를 잡지 못한 것뿐이었다. 가족이 살던 춘천에서 춘천고보에 입학했으나 얼마 후 부친이 세상을 떠남으로써 그는 곧바로 서울로 거처를 옮기고 배재고보로 편입하게 된다.

아무리 고위관료라 해도 일단 직장을 떠나면 가세는 기울 수밖에 없었고, 그의 집안이 바로 그런 지경에 이른 것 같다. 따라서 그는 스스로 학비 조달을 해야 했고 그 일이 다름 아닌 신문 배달이었다. 그 당시 학생이 할 수 있는 일은 그것밖에 없었다. 그런 중에도 다른 젊은이들처럼 틈틈이 극장을 드나들었고, 은연중에 나운규(羅雲奎)를 흠모하기도 했다. 당시만 하더라도 오락이 별로 발달되어 있지 않은 시대였으므로 극장에서 연극이나 영화 보는 것이 최고의 즐거움이었다. 그러므로 나운규를 좋아했던 것도 우연의 일만은 아니었다. 그렇다고 해서 그가 배우가 된다는 생각은 해본 적이 없었다. 그가 배재고보를 졸업하지 못하고 중퇴한 것은 순전히 가정이 어려워서였음은 두말할 나위 없는 것이다.

그는 스스로 장래의 진로를 생각하지 않을 수 없었고 결국 자동차 운전기사가 되기로 결심했다. 그보다 한 살 아래로서 동양극장 때부터 함께 연극을 해오면서 각별히 친했던 고설봉(高雪峰)은 황철 이야기를 자주 하는 편이었는데, 그가 긴 가죽장갑을 끼고 싶어서 운전기사가 되었다는 에피소드도 전하나 신빙성은 희박하다는 생각이다. 왜냐하면 두뇌가 대단히 명석했던 그가 장갑 하나 때문에 장차의 직업을 택한다는 것은 개연성이 약하고, 적어도 당시 한국 청년이 택할 만한 직업이 마땅치 않았던 시절이었으므로 일종의 기술직인 자동차 기사는 해볼 만하다고 마음먹었음 직하다.

주지하다시피 그 당시는 자동차가 극히 드물어서 그것을 직업으로 생각한다는 것은 하나도 이상할 것이 없었다. 특히 가세가 기울어서 그가 생계를 꾸려가야 할 판이었기 때문에 기술직이야말로 괜찮다고 마음먹었던 것 같다. 따라서 그는 운전기술 습득을 위해서 화물자동차 조수로 취직을 했고, 6개월 만에 자격증을 딸 수 있었다. 아마도 그 당시는 요즘처럼 운전교습소가 거의 없어서 조수생활을 통해서 기술을 습득했던 것 같다.

그는 운전면허를 취득하자마자 춘천과 홍천을 왕래하는 화물자동차 운전사로 취직을 할 수가 있었다. 얼마 뒤 잘 나간다 싶던 그는 음주운전 사고를 냄으로써 그가 그렇게 소망했던 운전사의 길을 포기해야 했다. 즉 일찍부터 술을 배워서 이미 20대에 호주가가 되었던 그는 춘천과 홍천을 오가는 길목인 종다리대령 주막에서 맛있는 머루다래주를 마시고 운전을 하다가 전복사고를 냈는데 불쌍하게도 그 차 안에는 홍천경찰서 간부의 딸이 타고 있었고, 얼굴에 심한 타박상을 입었다고 한다.

이에 그 경찰 간부는 황철에게 딸과의 결혼과 옥살이 중 택일을 강요했고, 그는 결혼약속으로 위기를 모면할 수가 있었다. 그리고 며칠 뒤 그는 야반도주를 하여 방랑하다가 우연히 어느 유랑극단을 만나 허드렛일을 해주는 조건으로 입단케 된다.[1] 거기서 그는 이름도 황태철로 바꾸고 극단의 자질구레한 일을 해주는 한편 때때로 단역도 했다고 한다. 1년여 뒤 서울에 올라와서는 잠시 간판점에 들어가서 생계를 잇기도 한다. 그림 솜씨가 좋았던 그로서는 해볼 만한 직업이었던 것이다. 간판을 그리고 있던 중 우연히 극단 조선연극사의 화려한 배우진과 공연 레퍼토리를 본 그는 본격적인 배우가 되기로 결심하고, 1931년 하순 단성사에서 공연 중이던 단체를 찾게 된다. 변기종(卞基鍾) 단장은 알맞은 키에 호감이 가는 얼굴을 가진 그에게 당장 입단을 허락하고 작품 출연을 준비시킨다. 1932년 8월의 조선연극사 단원 명단에 그가 당당히 오른 것으로 보아 이미 여러 편의 작품에 단역으로 섰던 것 같다.

---

1 고설봉, 『이야기 근대연극사』, 창작마을, 1993, 226쪽.

그런 그가 배우로서 인정을 조금 받은 것은 아무래도 1932년 9월에 단성사 공연의 〈홍길동(출가편)〉(박영호 각색, 강홍식 연출)에 주역인 홍길동으로 출연한 것인 듯싶다. 왜냐하면 그에 관한 숨겨진 일화가 전하기 때문이다. 즉 북한에서 흘러나온 한 원고에 의하면 〈홍길동〉 출연 후 귀갓길에서 강도를 만났는데 자신을 홍길동으로 불러줄 만큼 강도들에게도 깊은 인상을 남겨준 연기를 했고, 다음날 이들을 다시 만나서 길동 역을 할 때처럼 칼을 휘두르면서 호통을 쳐서 물리친 비화가 전한다.

그런데 이 지점에서 훗날 대배우가 되는 황철의 연극 입문치고는 너무나 우연히 겹치고 또한 시시하다는 생각마저 드는 게 사실이다. 우선 그가 연극수업을 제대로 받은 적이 없다는 사실이다. 가령 그의 라이벌이라 할 심영이라든가 이해랑, 김동원 등은 모두 도쿄유학생으로서 연극을 제대로 공부했다. 그러니까 배재고보를 다닐 때까지도 예능과는 거리가 멀었던 그가 합승차 운전사를 거쳐 유랑극단의 잡역을 1년 정도 한 것이 예능경력의 전부가 아닌가. 바로 그런 점이 그의 천재성을 보여주는 것이기도 하다. 하여튼 그의 이력에는 솔직히 석연찮은 부분이 꽤 있다는 것만은 분명하다.

가령 고설봉의 회고에 따르면 그가 명배우로 가는 길목에서 행운도 따랐던 것 같다. 왜냐하면 그가 배우로서 인정받는 계기가 우연에 의한 것이었기 때문이다. 그 당시 한량들 중에는 아편을 맞는 이들이 꽤 있었고, 그중에 조선연극사의 중추배우 이경환(李敬煥)도 끼어 있었다. 이경환이 〈청춘난영〉(왕평 작) 연습 중에 경찰에 구속됨으로써 대역으로 황철이 발탁된 것이라고 한다. 그때 나이가 겨우 스무 살이었으므로 전도가 유망했던 것이 사실이었다. 준수한 용모에 타고난 음성은 신인답지 않을 정도로 급속히 무대에 적응해갔고, 때마침 일본 유학까지 다녀온 중견배우 강홍식(姜弘植)마저 지방공연을 기피하는 바람에 그의 출연기회가 많아질 수밖에 없었다. 출연기회가 많아진다는 것은 그만큼 훈련시간이 늘어난다는 이야기가 되는데, 별다른 연기수업을 받아보지 못한 그로서는 무대출연이 곧 연기수업이었다.

그를 처음 발탁했던 변기종(卞基鍾)이 한 회고에서 "황철은 한 달 동안 연극을 계속해도 목이 쉬지 않는 천부적 배우야. 그는 백년에 한번 나올까 말까 한 연극쟁이"라고 서슴지 않고 말했듯이 소질만은 잘 타고났던가 보다. 특히 중앙과 지방을 쉴 사이 없이 돌아다녀야 먹고 살 수 있었던 당시 극단 사정으로서는 목이 쉬지 않는 황철이야말로 정말 쓸 만한 배우였을 것임은 명약관화하다. 다만 그가 닦아지지 않았을 뿐이었다. 그런 그에게 역사적 배우가 될 수 있는 기회가 찾아왔는데, 그것이 다름 아닌 동양극장 개관이었다.

즉 1935년 하반기에 연극 전용 동양극장이 문을 엶으로써 그가 제대로 된 연극을 할 수 있었을 뿐만 아니라 평생의 스승 홍해성(洪海星)도 만날 수가 있었다. 주지하다시피 홍해성은 일본의 니혼대학에서 연극을 제대로 공부한 데다가 쓰키지(築地)소극장의 유일한 한국인 배우로 활동한 우리나라 근대극 최초의 전문 연출가였다. 그는 동양극장의 연극을 전체적으로 지도하면서 배우 조련에 남다른 열정을 쏟았었다. 가령 극단마다 들쑥날쑥했던 공연시간 조정에서부터 연극인들의 생활까지 바로잡는 등 동양극장의 큰 어른 역할을 했다. 그는 특히 배우들의 정신무장에 남다른 신경을 썼는데, 배우야말로 연극 창조의 주역이라 보았기 때문이다.

황철은 그에게서 연극의 기초부터 배우의 사명에 이르기까지 모든 것을 배우게 된다. 이는 그만큼 홍해성이 철두철미 리얼리즘에 바탕을 둔 데 따른 것이었다. 그는 배우들을 가르치는 무대예술 교본까지 만들어서 매우 체계적으로 배우훈련을 시켰다. 연극은 어디까지나 배우예술이라는 전제하에 열정과 인격, 그리고 사회와 인생을 통찰하는 능력을 갖추도록 교육했다. 그뿐만 아니라 배우는 사회를 지도하는 선도자 역할도 해야 하기 때문에 인격자가 되어야 한다고 가르쳤다. 가령 복장에서부터 행동거지 하나하나 세심한 신경을 써야 한다는 것이었다.

주지하다시피 홍해성의 기본 지식은 니혼대학 예술과에서 배운 것과 쓰키지소극장에서 몸으로 체득한 스타니슬라프스키의 배우예술이었다. 특히 쓰키지소극장을 이끈 히지가타 요시(土方與志)는 모스크바에서 연극을 공부하면서 스타니슬라프스키에 심취했던 인물이었다. 따라서 그는 쓰키지 소극장을 스타니슬라프스키의 실천장처럼 가져갔었다. 홍해성은 바로 그런 것을 철두철미 배우고 와서 극예술연구회와 동양극장에서 구체화시키려 애썼었다.

스타니슬라프스키가 배우들에게 가르친 요체는 대체로 여덟 가지로 요약해서 설명할 수 있는데, 첫째로 배우의 신체와 음성은 모든 요구에 즉각 반응할 수 있도록 철저하게 훈련되고 신축적이어야 한다는 것, 둘째 배우는 실감나는 행동, 비즈니스 및 대사를 통해서 그의 역을 진실되게 구축할 수 있도록 리얼리티를 관찰하는 기술을 연마해야 한다는 것, 셋째 배우는 전혀 부자연함 없이 그의 성격묘사를 투사할 수 있도록 무대기술을 완벽하게 연마해야 한다는 것, 넷째 배우는 그가 연기하고 있는 등장인물의 상황 속에서 자신을 상상할 수 있도록 비교적 복잡한 심리적 훈련과정을 거쳐야 한다는 것, 다섯째 배우는 성격창조를 위해서 희곡을 철저하게 연구해야 자기의 역을 완벽하게 구축할 수 있으며, 또 등장인물이 완전히 이해될 수 있고 믿음이 가게 하려면 때때로 배우가 희곡에서 생략된 것을 채워넣거나 발명해 넣어야 한다는 것, 여섯째 희곡에 대한 완벽한 이해를 통해서만 배우는 자신의 역을 전체적 맥락 속에서 파악할 수 있으며 작품의 앙상블을 위해서 협력해야 한다는 것, 일곱 번째는 배우가 무대 위에서 행하는 일체의 작업은 주의집중을 통해서 합일되어야 하며, 그러기 위해서 배우는 무대상황의 진실을 상상하고 느끼고 표현하는 데 집중해야 한다는 것, 끝으로 배우는 하나의 도구로서의 자기를 완성하는 작업과 작품에 출연할 때마다 그의 연기를 완벽하게 만드는 작업을 계속적으로 해야 한다는 것 등이다.[2]

이처럼 스타니슬라프스키 시스템은 배우의 헌식적이며 꾸준한 노력을 강조한다. 그리고 배우는 그가 관객에게 무대상황의 진실을 믿게 할 수 있을 때 비

---

2 오스카 G. 브로켓, 『연극개론』, 김윤철 역, 한신문화사, 1989, 433쪽.

　제3부　대중 공연예술의 개화 (2)

로소 성공할 수 있으며 이러한 확신은 오로지 밀도 있는 훈련과 완벽을 향한 부단한 노력에서만 결과 된다고 했다.

그런데 여기서 굳이 필자가 스타니슬라프스키의 배우 수업에 대해서 장황하게 소개한 이유는 황철이 홍해성에게서 그런 배우 교육을 받았음을 상기하기 위해서고, 그가 또 월북 후에 두 권의 배우 수업에 관련된 서적을 남긴 것도 실은 홍해성에게서 배운 스타니슬라프스키 시스템과 30여 년 동안 무대경험에서 얻은 것을 종합한 것이라는 사실을 알리기 위해서다. 가령 홍해성이 동양극장에서 배우들에게 혹독하게 훈련시킨 것이라든가 출연 여하 간에 공연 두 시간 전에 나와서 분장, 무대장치, 소도구 등을 챙기도록 한 것, 그리고 막이 오르면 연구생들은 무대 귀퉁이에 앉아서 배우들의 연기를 관찰하게 한 것 등도 모두가 그런 시스템에 근거한 것이었다.

사실 배우는 무대와 친근해져야 되고 익숙해질 때 좋은 연기도 나온다고 볼수가 있다. 물론 홍해성의 연극철학이 스타니슬라프스키의 범주를 벗어나지는 못하는 것이었지만 근대극 선구자들의 연극세계에 대해서도 두루 섭렵했고, 거기서 얻은 지식을 배우들에게 신속하게 전달하기도 했다. 즉 스타니슬라프스키에 반기를 들었던 메이어홀드를 비롯해서 새로운 연극을 주창하고 나섰던 막스 라인하르트라든가 고든 크레이그 등도 배우들에게 소개한 것이다. 특히 고든 크레이그의 새로운 연극미학, 이를테면 희곡 위주에서 벗어나 선(線), 색채, 율동, 음향 등에 주목한 것은 황철에게 신선하게 비쳐졌던 것 같다. 왜냐하면 그가 월북해서 쓴 「애국주의적 사상교양자로서의 연극예술의 사회인식적 기능을 더욱 제고시키자」라는 글에서 보면 그런 흔적이 잘 나타난다. 그는 이 글에서 "과거 우리의 연극평론은 흔히 희곡평론과 혼동되었으며 연출, 연기, 미술, 조명 및 기타의 연극창조에 관계되는 예술 부문들의 창작성을 차요시 하는 유해로운 경향으로 흘렀다.

주지하는 바와 같이 연극의 예술성은 연출가, 연기자, 미술가 및 기타의 연극창작가들의 독창적 예술기능과 그 발현에 의하여 평가되는 것이다. 때문에 우리의 연극평론은 응당히 자기의 주목을 연출, 연기, 미술, 조명예술 분야에 집중시켜야 할 것"[3]이라고 쓴 바 있다. 이러한 주장은 사실 리얼리스트가 하기 힘든 것이다. 물론 이런 글을 쓴 것이 1956년이었으므로 홍해성으로부터 배우훈련을 받은 지 20년이 지난 뒤이다.

따라서 그는 그동안 무대에서 산전수전을 다 겪은 뒤이므로 연극에 어느 정도 도통했다고 보아도 무방할 것도 같다. 그러나 연극에서 연출이나 무대미술, 조명 등이 희곡 이상으로 차지하는 비중이 크다고 주장할 정도면 현대극에 조예가 대단히 깊은 것이고, 그것은 홍해성으로부터 배운 막스 라인하르트나 고든 크레이그 등의 영향도 무시하기 힘들다고 보아진다.

이처럼 그는 연극 입문 5년여 만에 비로소 좋은 스승을 만남으로써 연극이 무엇인가도 터득하게 되고 일취월장 발전의 방향타도 잡게 된 것이다. 더욱이 동양극장에 전속으로 있었기 때문에 생활도 안정되고 또 극단 조선연극사에서 함께 일한 임선규(林仙圭)라는 타고난 대중극작가까지 만남으로써 비상하고픈 그에게 날개까지 달아주게 된 것이다. 따라서 그는 나이 겨우 스물다섯에 대중극의 본산이었던 동양극장의 주역배우로 우뚝 서기에 이른다.

그에 대해서 월북 작가들을 연구한 조영복은 "황철의 입신에는 극작가 임선규의 역할도 두드러진다. 임선규는 인물을 실제 배우의 이미지와 특성에 잘 맞게 배치하는 전략을 썼고, 황철은 그것에 부응함으로써 임선규의 의도를 효과적으로 표현해냈다. 임선규는 지금으로 보면 캐스팅의 귀재였던 셈"[4]이라고 쓴 바 있다. 솔직히 동양극장의 주역배우는 당대 최고의 대중스타였다. 별다른 오락이 없었던 당시 영화와 연극이야말로 대중오락의 최고 수단이었으므로 그 중심에 서 있는 배우야말로 관중의 우상이 되는 것은 극히 자연스런 일이었다. 또 타고난 배우 소질에다가 홍해성으로부터 제대로 조련을 받았기 때

---

3 황철, 『생활과 무대』, 평양국립출판사, 1956, 30쪽. 엄국천, 「배우 황철연구」, 중앙대학교 석사학위 논문에서 재인용.

4 조영복, 『월북예술가 오래 잊혀진 그들』, 돌베개, 2002, 220쪽.

문에 연기에 물이 오르기 시작한 것이다.

그는 동양극장의 인기 레퍼토리에 언제나 주역을 맡았고, 대체로 흥행에 성공함으로써 극장 경영자로부터도 특별대우를 받을 수가 있었다. 가령 그는 동양극장의 주요 레퍼토리라 할 청춘좌의 〈춘향전〉에서의 이몽룡 역에서부터 〈단종애사〉(이광수 원작)에서의 문종 역, 그리고 대히트작인 〈사랑에 속고 돈에 울고〉(임선규 작)에서 여주인 홍도의 고뇌하는 오빠(철수) 역을 출중하게 해냄으로써 스타의 자리를 확고하게 굳힐 수가 있었다. 특히 그에게서는 극장 측에서 언제나 착하고 정의로운 역만을 맡김으로써 그의 주가는 날이 갈수록 더해질 수밖에 없었다.

동양극장의 인기작가 임선규는 작품을 쓸 때 먼저 그를 염두에 두고 인물을 그려낼 정도로 황철을 의식했었다. 그렇기 때문에 그는 자연스럽게 관중으로부터 박수 받는 역만을 하게 된 것이다. 청춘좌의 인기작 〈유정무정〉(임선규 작)에서의 대학생의 고향집 착한 형 역과 〈추풍령〉에서도 가난한 집안의 아버지 역을 구성지게 해냄으로써 관중을 감복시키곤 했었다. 그는 그 어떤 배우보다도 열정적이고 또한 감정적이었다. 다만, 여자에 대해서만은 감정 제어를 못할 정도로 탐닉하는 편이었다.

그 좋은 에피소드가 다름 아닌 〈황진이〉에서 지족선사 역을 맡으면서 관능적인 지경순(池京順)과 있었던 일이었다. 편극을 하고 연출까지 한 박진(朴珍)이 장난기가 심한 편이라 지족선사를 유혹하는 장면에서 지경순에게 얇은 내의만 입혀서 드러눕게 만든 것이다. 그런데 황철이 그 장면을 못 견뎌서 공연이 끝난 뒤에까지 극장 담 밑에 누워 있었다고 다음과 같이 회고했다.

툭 하면 전속의사가 뛰어올 테니까 예에 의해서 의사가 뛰어왔다. 주사가 몇 대 그의 팔에 들어갔다. 뇌충혈이라 한다. 왜? 그 황남(黃男)의 자백에 의하면 지족(知足)이 견디다 못해 황진이를 돌아보는데 지족 아닌 이황남이 벌렁 누운 지녀(池女)를 돌아보니까 그냥 중부(仲部)의 음곡(淫谷)과 구릉(丘隆)이 환하더라

고… 다시는 못하겠다 해서 다음 날부터는 옷 한 겹을 더 입혔다.[5]

이상에서 알 수 있는 것처럼 황철은 여자를 충동적으로 좋아한 편이었던 것 같고, 실제로 여자 팬들이 많아서 몇 차례 여화(女禍)를 입기도 했었다. 물론 그가 상대한 여성들은 대부분 기생들이긴 했다. 사실 스타는 예나 지금이나 염문이 따라다니게 마련인 것처럼 그 역시 예외는 아니었던 것 같기도 하다.

그런데 1939년에 그에게 조그만 변화가 왔다. 즉 동양극장의 주인이 바뀌면서 그가 청춘좌를 떠나 극단 아랑 창단에 나선 것이다. 물론 그렇다고 해서 그의 연기 생활에 큰 변화가 온 것은 아니었다. 다만 청춘좌에 있을 때처럼 월급을 넉넉히 받지 못한 것 외에는 하나도 달라진 것이 없었다. 왜냐하면 극작가, 연출가, 배우 등 동양극장 멤버들이 대부분 아랑으로 옮겨 왔기 때문이다. 다만 동료 여배우(이정순)와 가정을 꾸리고 있었기 때문에 생활비를 항상 걱정해야 하는 처지가 된 것 외는 다를 것이 없었다.

아랑에서도 그는 주역배우로 독주하다시피 했음은 두말할 나위 없었다. 가령 아랑이 히트한 작품들의 배역만 몇 개를 예로 들더라도 〈그대의 일생〉(임선규 작)에서 과부가 사랑하는 대학생 역으로부터 〈정열대지〉의 사무원 역, 〈북두칠성〉에서의 고뇌하는 변호사 역, 〈결혼조건〉에서 선생 역, 〈김옥균〉에서의 김옥균 역 등 임선규가 쓴 작품들의 주연을 도맡아 했다.[6]

그가 타인의 추종을 불허하는 스타로서 거의 독주했지만 한 가지 달라진 것이 있었다. 그것이 다름 아닌 여자 상대역의 변화였다. 즉 그의 영원한 상대역처럼 콤비를 이루며 전국의 연극 팬들을 사로잡았던 상대 여배우 차홍녀(車紅女)가 갑자기 세상을 떠남으로써 그는 한동안 짝 잃은 거위처럼 망연자실하기도 했었다. 배우로서 해방 전까지만 해도 거의 글을 쓰지 않았었던 그였지만

---

5 박진, 『세세연년』, 경화출판사, 1966, 146쪽.
6 엄국천, 앞의 글, 19~27쪽.

차홍녀가 죽은 뒤에는 그를 슬퍼하는 글을 쓰기도 했었다.

그는, 연극을 하면서 여러 사람들과 만나고 헤어졌지만 차홍녀만큼 마음을 아프게 한 이는 없다면서 누구보다도 차홍녀와의 영별을 슬퍼했다. 그가 차홍녀에 대해서 애통해한 것은 연극 입문도 같은 해에 한 데다가 상대역으로서 호흡이 완벽하게 맞았을 뿐만 아니라 사생활에서도 취향 같은 것이 비슷했다고 한다. 무대에서는 그와 차홍녀는 부부로, 남매로, 그리고 연인 등으로 호흡을 맞추어왔었다. 그는 차홍녀의 죽음을 다음과 같이 애석해했다.

> 그는 아득한 먼 길을 절반도 다 못 걷고 지쳐 쓰러지고 말았습니다. 세상에 많은 죽음에 어찌 슬프지 않은 죽음이 있으리오마는 홍녀군의 죽음은 내게 있어서 보다 더 슬프고 애석할 뿐이었습니다. 그러나 그는 연극에서 살다가 무대에서 쓰러져 연극에서 죽었습니다. 마치 힘 있는 병사가 총을 메고 전장에 나아가 시뻘건 피를 흘리고 조국을 위해 목숨을 바친 것과도 같이…. 그러나 홍녀군이 이 세상에서는 늘 같이 연극을 하던 나를 버리고 갔으나 그는 지금 천국에서 그립던 동지들을 많이 만났을 줄 압니다. 우선 차홍녀 전에 비극의 여왕이라고 하던 이경설(李京雪)군도 만났을 것이요, 가까이 왕평(王平)군도 이백희(李白姬)도 만났으랴. 그래서 옥황상제 앞에서 연화무대에 구름을 타고 태양조명에 훌륭한 연극을 할 줄로 압니다. 어쨌던 홍녀군의 생애는 짧고 거칠었으나 가장 빛나고 보배로웠습니다.[7]

이상에서 확인할 수 있는 것은 황철의 차홍녀 죽음에 대한 아쉬움이지만 거기서 또 한 가지 발견할 수 있는 것이 배우로서는 드물게 볼 수 있는 필력이라 말할 수 있다. 가령 그가 차홍녀에게 먼저 죽은 연극인들, 이를테면 이경설이라든가 왕평, 이백희 등과 만나 옥황상제 앞에서 '연화무대에 구름을 타고 태양조명에 훌륭한 연극'을 만들어 보라는 이야기는 아무나 쓸 수 있는 것이 아

---

7 황철, 「곡(哭) 차홍녀군」, 『삼천리』 1941.3.

니다. 그는 그만큼 상상력도 뛰어났다고 말할 수 있다.

이처럼 그는 단순히 타고난 배우로서뿐만 아니라 문학적 상상력도 남 못지
않았다. 그가 동양극장을 떠났어도 그의 인기는 시간이 흐를수록 더해만 갔
다. 1940년대 들어서서는 전국이 비상사태로 접어들었지만 대중연극을 하는
데는 긍정적인 면도 없지 않았다. 왜냐하면 총독부가 어용극을 진흥시키기 위
해서 은근히 지원도 했기 때문이다. 사실 배우들이야 넉넉히 급료를 받으면서
작가들이 써주는 대본대로 연극을 하면 되는 것이 아닌가. 그렇기 때문에 황
철로서는 별다른 어려움 없이 연극 활동을 할 수 있었다. 특히 극단 아랑이 인
기가 높았으므로 그는 덩달아 인기가 치솟을 수밖에 없었다. 그에 대한 연극
계의 평가 역시 높아만 갔다.

〈김옥균〉에서 그가 김옥균 역을 맡았을 때, 한 언론에서는 그를 1920, 30년
대의 대표적인 신극배우 다키자와 오사무(瀧澤修)에 비교하면서 다음과 같이
극찬한 바 있다.

> 군의 연기는 용택수(瀧澤修)를 연상하거니와 폭의 큼과 연기력의 여유는 무대
> 의 전체적 분위기를 형성한다. 위대한 표현력을 가졌다.(『매일신보』, 1941.8.22)

여기서 주목되는 것은 황철을 다키자와 오사무에 못지않은 명배우로 극찬
한 점이다. 다키자와 오사무는 일본의 최고 신극배우로 평가받아왔고, 번역극
이든 창작극이든 자유자재로 무대 위에 형상화해내는 명배우였다. 당시까지
만 해도 신파배우에 불과했던 황철을 일본의 최고 지성파 신극배우와 비교했
다는 점이 주목을 끌 만하다. 이는 그만큼 그가 신파극을 하면서도 신파 티를
내지 않고 리얼하게 연기를 했다는 것을 가리키는 것이기도 하다.

평론가 남림(南林)도 작품 〈김옥균〉을 평가하는 가운데 극본은 깎아내리면
서도 연기와 관련해서는 "김옥균으로 분장한 황철(黃澈) 군이 비록 육체적 조
건은 배역으로 보아 불리하였을지 모르나 자기의 가진 성량(聲量)을 구사하는

데 있어서는 가장 호의를 갖게 하였다"[8]라고 호평하면서 주로 목소리에 초점을 맞추고 있어 흥미롭다. 그와 함께 연극을 했거나 그의 연극을 관극한 사람들의 공통적인 평가도 모두 그의 풍부한 성량에 맞춰져 있음을 알 수 있다. 그의 그런 측면을, 함께 무대에 몇 번 섰던 이해랑이 가장 적절하게 말해주고 있다.

> 그렇게 얼굴도 잘생기지 못했다. 다리가 짧고 상체가 긴 편이다. 그러나 훈훈하고 유순하게 흘러나오는 그의 목소리는 일품이었다. 500명 수용하는 극장에 천여 명의 관중이 모여앉아 소란스러운 자리에서도 그 친구의 훈훈한 연기가 나가면 어느덧 조용해지곤 했다. 말하자면 천성적으로 연극배우의 소질을 타고난 사람이다.[9]

이상에서 알 수 있는 것처럼 황철 연기의 최고 장기는 단연 음성에 있었음을 알 수 있다. 그렇다고 해서 작품분석력이라든가 성격구축능력 등이 뒤떨어진다는 이야기는 아니다. 배우로서 모든 재능을 갖추고 있는 중에서도 단연 대사구사 능력이 뛰어나고 성량 역시 풍부해서 타인의 추종을 불허했다는 이야기다. 그만큼 그의 목소리는 저음이면서 감성적이었으며 편도선이 없는 사람처럼 아무리 연달아서 공연해도 목이 쉬는 법이 없었다. 오죽했으면 동료들이 그의 목소리를 가리켜서 하늘이 내려준 천복(天福)이라 했겠는가. 그가 인품마저 온후하고 술까지 좋아해서 작가들과 연출가들이 그를 선호했고, 희곡을 쓸 때 그의 외모와 성격까지 감안해서 구성하는 경우가 많았는데 임선규(林仙圭)야말로 그런 대표적 극작가였다. 아마도 그가 가장 많이 작업한 작가 역시 단연 임선규였음은 두말할 나위 없다.

그런 그도 극단을 옮겨 다니면서 고생도 많이 했다. 때때로 그는 공연이

---

8 남림, 「아랑소연 〈김옥균〉을 보고」, 『조선일보』 1940.6.9.
9 이해랑, 「나의 삶 우정 연극」, 『허상의 진실』, 새문사, 1991, 306쪽.

신통치 않을 때는 여관비를 마련하기 위해서 상업광고를 쓴 간판을 둘러메고 거리를 돌아다니기도 했었다. 그는 소위 국민연극시대에 들어서도 임선규가 쓴 〈인생설계〉에서 과학자 역을, 〈동학당〉에서는 인정 많은 휴머니스트 아우 역으로 나와서 관중의 사랑을 독차지하기도 했다. 그리고 〈바람 부는 시절〉에서는 산지기 아들 역을 맡아서 열연했다. 그런 그가 국민연극시대에 들어서서는 페스티벌과 함께 시상제도가 생겨나면서 주연상을 휩쓸기 시작한다. 즉 어용단체인 조선연극문화협회가 주최한 제1회 연극경연대회에서 남자주연상을 받았고, 제2회 경연대회에서도 역시 남자주연상을, 그리고 해방 직전에 실시된 제3회 대회에서도 수상함으로써 연속 3회 수상이라는 기록을 남기기도 했다.

이 한 가지만 보더라도 그가 얼마나 출중한 배우였었는가를 미루어 짐작할 수가 있다. 그런데 여기서 흥미로운 사실은 수상작 모두가 임선규가 아닌 김태진(〈행복의 계시〉 안영일 연출), 박영호(〈물새〉 안영일 연출), 김승구(〈산하유정〉 안영일 연출) 등이 쓴 친일작품에 출연해서 상을 받았다는 점이다.

그리고 그가 일제 말엽에 홍해성 다음으로 성향이 조금 다른 젊은 연출가 안영일(安英一)을 만남으로써 자신의 연기를 디테일, 즉 세기(細技)를 다듬는 기회로 삼았다. 그러니까 그가 평생에 두 명의 스승이며 연출가인 홍해성과 안영일을 만나는 행운을 얻었고, 전자에게서는 리얼리즘이라는 큰 틀의 연기철학을 배웠다고 한다면 후자에게서는 분석적인 배우술을 배웠다고 말할 수 있지 않을까 싶다. 사실 그것은 그에게 있어서 대단히 중요한 사건이기도 한 것이다. 왜냐하면 일반의 고등보통학교를 조금 다니고 무작정 배우생활로 뛰어든 그가 연극이 무엇인가를 배우고 특히 제대로 배우술을 수업받았기 때문이다.

그가 만약에 그런 두 스승을 만나지 못했다면 그는 3류 신파배우로 생을 마쳤을지도 모른다. 거기다가 임선규 같은 우정 넘치는 작가를 만난 것도 그를 빛나게 해주는 데 절대적 기여를 했다고 말할 수 있다. 그것은 특히 그가 멜로드라마시대에 걸맞게 선(善)한 역, 정의로운 역, 전통적인 선비 같은 지조형, 충신 역 같은 박수를 받을 만한 역할을 많이 함으로써 대중에게 사랑도 받으면서 깊은 인상을 남기도록 했다고 볼 수 있다.

그런데 그가 배우로서는 출중했어도 한 예술가로서의 처신에 있어서는 문제가 없지 않았다. 그 한 가지가 가정관리에 있었고, 다른 한 가지는 시대에 대한 고민 부족이었다고 말할 수 있다. 여기서 가정관리란 동료의 아내(文貞福)와의 스캔들로 인해서 이혼 등 사회문제를 일으킨 것이었고, 시대에 대한 고민이란 일제 어용극을 아무런 저항 없이 모두 소화해낸 점을 가리킨다. 혹자는 작가도 아닌 배우가 어떻게 일제에 저항할 수 있었겠는가고 말할지 모르지만 그에게서는 지나칠 만큼 고뇌의 흔적을 찾아볼 수 없어서 유감이라 아니할 수 없다.

그는 친일어용극에만 출연한 것이 아니라 일본 국책영화의 주인공으로도 출연한 바 있었다. 그렇기 때문에 최근 민족문제연구소와 친일인명사전편찬위원회가 발표한 친일연극인명단에 송영, 박영호, 함세덕, 박영신 등과 함께 오른 것은 극히 당연하다. 그런 그가 월북 후 크게 환영받으면서 정부의 고위직에까지 오른 것을 보면 그 점에서는 북한이 훨씬 관대했던 것도 같다.

그가 해방 직후에는 강한 목소리를 내기 시작한다. 그만큼 그는 뛰어난 시대 적응력과 순발력을 지닌 인물이었다. 해방 당시 그의 나이가 30대 중반이었던 데다가 톱스타로서 무대경력도 15년 정도가 되었으므로 연극인이 그렇게 많지 않았던 당시에 나설 만도 했다고 믿었을 수는 있겠다.

8·15 민족해방은 많은 것을 변화시켰고 또 이념적으로 혼란의 극치를 달리도록 했다. 선동성이 강하고 행동적인 연극이야말로 이합집산과 함께 대립이 심한 예술 분야였다. 가령 해방 며칠 뒤에 연극건설본부와 같은 단체를 조직하고 나선 것만 보더라도 연극인들의 행동성을 짐작할 수 있다. 그러나 사상이니 이데올로기니 하는 것에 관심을 가져보지 않은 그는 오직 좋은 연극하기만을 갈망했다. 따라서 그는 혼란 속에서도 무대출연만을 기다리고 있었다.

여기저기서 극단들이 하나 둘 생겨났지만 그는 별 관심 없이 출연교섭만을 기다리고 있을 뿐이었다.

그런 때에 이해랑이 그에게 극단 조직을 제의했고, 그래서 만든 것이 낙랑극회(樂浪劇會)였는데 그것이 1945년 11월의 일이었다. 극작가 함세덕과 젊은 여배우 문정복, 이민자, 조미령 등이 가담함으로써 신진 극단으로서는 괜찮은 편이었다. 〈봄밤에 온 사나이〉(이서향 작)로 창립공연을 가진 낙랑극회는 함세덕의 〈산적〉이 히트함으로써 잘 나가는 극단이 되었다. 그가 이 작품에서도 특유의 유연하고 노련한 연기로 관중을 사로잡았음은 두말할 나위 없었다. 그는 지성적인 이해랑과 콤비를 이루어서 〈호접〉(김사량 작), 〈뇌우〉(조우 작) 등에서 대대장 역과 아들 평(萍) 역 등 주역을 해냄으로써 극단의 성과를 올렸다. 그는 이해랑의 표현대로 인간적인 부드러움으로 극단을 인화로 이끌었으며 이해랑에게 연기의 폭과 깊이는 말할 것도 없고 포용력 같은 것도 가르쳤다.[10]

그런 그에게 좌익 연극인들이 접근한 것은 극히 자연스런 일이었을 것이다. 즉 그에게 남로당으로부터의 회유가 시작되었다. 물론 그것은 치밀한 계획하에 이루어진 것 같지는 않다. 왜냐하면 1946년 11월 23일 인사동 천도교회관에서 박헌영(朴憲永)과 그의 추종자들이 남조선노동당 결성대회를 가지면서 대중적 스타였던 황철에게 축사를 해달라고 초청한 것뿐이었기 때문이다. 그러니까 당시 존재가 약했던 남조선노동당으로서는 대중적 시선을 끌기 위해서 그를 연사(演士)의 한 사람으로 모셨다는 이야기가 된다.

어떻든 그 일이 있고 나서부터 시중에는 그의 남로당 입당 소문이 퍼졌고, 연극계에서는 그를 좌익 연극인으로 분류하기 시작한다. 실제로 그는 1946년 12월 28일에 결성된 연극동맹 서울지부에서 심영 등과 부위원장에 취임한 바 있다(『경향신문』 1946.12.28). 그때까지만 해도 연극동맹은 국립극장 설치운동이라든가 세금 철폐 등을 내걸고 있었으나 사상적 색채는 거의 없었다. 그래서

---

10 유민영, 『이해랑 평전』, 태학사, 1999, 194쪽.

　　　　　　　　　　제3부　대중 공연예술의 개화 (2)

그와 절친했던 고설봉은 언제나 황철이 공산주의자가 아니라고 주장하곤 했다. 고설봉은 좌익 연극인으로부터 집요하게 남로당 입당을 권유받고 고민할 때 황철이 반대했었다면서 다음과 같이 회고한 바 있다.

> 그날 나는 황철과 함께 집으로 돌아오면서 내 신상문제를 신중히 의논했다. 앞에서도 밝힌 바 있거니와 나와는 오랫동안 한 형제처럼 지낸 각별한 친구였다. 그는 이미 남로당 창당대회 때 내빈 축사를 한 것을 기화로 남로당 술책에 말려들어 본의 아니게 남로당 당원이 된 우수한 연극배우였다. 내가 그에게 꼭 당(남로당)에 들어가야만 연극을 할 수 있느냐고 물었다. 그랬더니 황철은 한동안 대답을 않더니 "먼저 입당한 사람은 강제로 끌어넣기도 했지만 고형의 경우라면 권하고 싶지 않다"고 했다.[11]

이상에서 보면 황철은 분명 공산주의자는 아니었다. 실제로 그가 해방 직후 서울에서 활동하면서 던진 언행 등을 보면 그런 냄새가 별로 나지 않는 것도 사실이다. 가령 그가 1947년 1월 심영(沈影)과 가진 신춘대담을 보아도 그 점은 어느 정도 확인할 수 있다. 사실 황철은 해방 직후에 살던 집까지 팔아서 연극을 할 정도로 연극밖에 몰랐었다. 그렇기 때문에 심영의 정치색 짙은 발언에도 불구하고 그는 당시의 시급한 문제와 관련하여 "대체로 연극은 극장을 중심으로 되는 것이지 극단 중심은 안 되는 것이니만치 군의 의견도 물론 절대 찬성이나 나는 이지막 소극장운동에 유의하고 있네, 그 첫걸음으로 우리 극단이 불탄 자리에 소극장을 세워서 적으나마 소극장을 가져보려는 것"이라면서 오로지 극장소유와 연극 활동만을 강조하고 있었다.

그럼에도 불구하고 일본인 소유극장들이 흥행 모리배들에게 넘어감으로써 연극하기가 쉽지 않았고, 연극을 위해서 자금을 대려는 사람들은 별로 없었다. 그와 관련하여 그는 "큰 캬바레나 땐스홀을 내는 데는 몇천만 원씩 내는

---

11 고설봉, 「한국연극 반세기」, 『신협연극신서 2』, 현대교육출판부, 1986, 93쪽.

사람이 있어도 문화를 위한 연극엔 그럴 사람이 없다"고 한탄도 했다. 그리고 자기가 신파극을 하는 것도 실은 관중이 그런 것을 바라기 때문이며, 좋은 희곡이 별로 나오지 않는 이유는 극작가들이 공부를 하지 않는 탓이라며 다음과 같이 주장한 바 있다.

> 공부 않는 게 이유야, 공부라는 것도 책을 읽거나 그런 것이 아니라 실제에 있어서 인민생활을 파고들어서는 그런 것 말야! 해방이 됨으로써 작가는 갑을 그리려고 했으나 결국 을이 되지 않을 수 없는 객관적 환경—즉 그들의 작가적 활동이 현실의 역력한 사실과는 배치되지 않을 수 없다는 것도 이해는 하여야겠지만 그런 의미로서는 올바른 연극을 올바른 계획 뒤에야 있을라나. 그건 그렇고 우리의 연기문제도 탈이야 위에서도 말했지만 그전보다 경영이 어려워지니까 내 자신을 위한 연기연마의 기회가 없어져서 탈이야.[12]

이상에서도 확인할 수 있는 것처럼 그는 이념 문제 같은 것은 거의 염두에 두지 않은 채 오로지 좋은 연극만을 위해 헌신하고 있었다. 그리고 그가 철저한 극장주의자라는 것도 알 수 있다. 사실 우리나라는 일찍부터 극장이 없이 연극을 해온 것이 특징이다. 그것은 이미 옛날부터 하나의 나쁜 전통으로 내려왔다. 그럴 수밖에 없었던 것이 예능은 천한 것으로서 하나의 예술로 대우받지 못했고 신극운동 이후에도 연극은 유랑을 하나의 전통으로 해온 것이 사실이었다. 개화기 이후에는 그나마 서양에서 배워서 서양식 연극을 하면서도 마땅한 극장이 없었고, 극장은 일인 자본가들이 독점함으로써 극단 중심으로 나아갈 수밖에 없었다. 그것은 현대에 와서도 예외가 아니며 우리 연극이 가장 극복해야 할 과제 중의 하나라고 본다.

그런데 황철이 그것을 지적하고 나선 것은 그가 연극을 하면서 가장 절실히 느낀 데 따른 것이었다고 하겠다. 그는 그만큼 우리 연극의 한계를 꿰뚫어 보

---

12 황철·심영 신춘대담, 「어떻게 좋은 연극을 할 수 있을까?」, 『예술통신』, 1947.1.7.

　　　　제3부　대중 공연예술의 개화 (2)

고 있었고, 그의 월북도 그런 남한 연극의 한계를 알고 어쩔 수 없다고 느낀 나머지 그 돌파구를 찾아보려는 데 비롯된 것이 아닌가 싶다. 여하튼 그가 좌익 연극인들의 결사체인 연극동맹의 주요 간부였던 것은 사실이었고, 그런 활동으로 결국 1947년 3월, 경찰에 검거되고 말았다(『민주일보』 1947.3.30). 그는 곧 풀려나서 다시 낙랑극회를 통해서 어느 정도 좌익으로 의심받을 만한 연극 활동을 펼쳐나갔다. 그런데 흥미로운 사실은 월북하기 전에는 사상적 무장이 전혀 되어 있지 않아서 일제시대에 무대에 올렸던 〈봉선화〉(함세덕 작)와 같은 작품을 리바이벌했다는 점이다. 그때까지만 해도 그는 확신이 전혀 서지 않았던 것 같기도 하다.

그러나 그는 1947년 7월 초 〈여명〉(임선규 작)을 공연한 직후 문연(文聯)이 조직한 남한 일대 순회계몽연극대라 할 문화공작대의 제3대 위원장을 맡아 18명을 이끌고 강원도의 여러 지역을 다니기도 했다. 그러다가 그는 춘천공회당에서 공연 중 뜻밖에 극우 청년들에게 테러를 당하는 수모를 겪기도 했다. 그가 배우 생활을 시작한 이래 20여 년 만에 처음 당한 치욕이었다. 더욱이 인기 배우로서 박수갈채만 받다가 그런 테러를 당한 것은 그에게 대단한 충격이었고, 그 사건이야말로 그로 하여금 월북을 재촉하는 계기가 된 것이 아니었을까 하는 생각이 든다.

그리고 그때까지 두 차례에 걸쳐서 좌익 연극인들이 월북을 했었다. 서울에 남아 있던 사람들은 대체로 온건한 성향의 좌파 연극인들이었다. 결국 그는 1948년 8월 월북하게 된다. 월북 전후사정은 가까이 지낸 고설봉이 소상히 알고 있다. 특히 그가 월북하는 시점인 1948년 8월은 남한에서 단독정부 수립을 서두르던 때였으므로 그 이전부터 좌익 소탕 작전이 시작되었었다. 따라서 나머지 좌파 연극인들은 월북하거나 잠적한 바 있었다. 황철 역시 깊숙이 숨을 수밖에 없었다. 그러던 그가 어느 날 고설봉에게 야반에 찾아와서 신상에 대해서 솔직한 이야기를 나누었음을 고설봉은 다음과 같이 회고했다.

　　그런 얼마 뒤 문제의 황철이 새벽 2시에 내 앞에 나타났다. 반갑고 섬뜩한 마음이 묘하게 교차되는 그런 순간이었다. 그는 다짜고짜 내 무릎을 끌어당기며 "이젠 됐어" 하면서 바싹 여윈 얼굴을 웃어보였다. 그의 얘기는 대략 이러했다. 바로 하루 전날 옛 친구 최우석을 통해 시경 사찰과장으로 있는 최운하 씨가 은밀히 만나자고 해 그의 자택에서 단독면담을 했다는 것이다. 그때 최운하 씨와 황철의 대화는 다음과 같았다고 한다. "요즘 연극을 왜 안 하십니까?" "체포령이 내려 활동을 할 수 있어야지요." "사상성이 없는 연극을 하시지요. 앞으로 그런 민족연극을 한다면 황형의 신분은 내가 보장하리다." 며칠 뒤 우리는 낙원동 어느 요정에서 황철의 전향파티를 열었다. 그때 황철은 "공산주의는 양의 탈을 쓴 이리다"라고 흥분하면서 어린애처럼 좋아했다. 그로부터 황철은 연극, 영화 등 새로운 기획에 몰두하다가 다시 빨갱이의 협박에 못 이겨 월북을 했다. 얼마 후 소식이 궁금해 내가 그의 집을 찾아갔을 때 그의 아내는 "글쎄 이북시찰을 시켜준다고 데려갔어요. 곧 돌아온다고 했는데…"라며 눈물을 글썽였다.[13]

　　이상에서 확인할 수 있는 것은 적어도 그가 공산주의자는 아니었다는 사실이다. 그것은 북한의 『로동신문』도 시인한 바 있다. 그가 결정적으로 월북하게 된 것은 북한 주석 김일성(金日成)의 호의에 따른 것으로 밝혀졌다. 『로동신문』에 따르면 그는 김일성이 직접 사인한 '남북조선전당 사회단체대표자 연석회의 참가 초청장'을 받고 1948년 4월에 평양에 갔던 것이 월북의 결정적 계기가 된 것이다. 그와 관련하여 『로동신문』은 "투쟁 속에서 단련된 혁명가도 아니고 정치인도 아니며 더욱이 공산주의를 이념으로 하여 살아온 사람도 아닌 자기와 같은 하나의 예술인을 그처럼 중요한 회의에 불러주시리라고는 꿈에도 생각하지 못하였던 황철 동무로서는 벅차오르는 감격과 흥분을 억제할 수 없었고 마음은 벌써 위대한 수령님께서 계시는 평양으로 줄달음쳤다"(『로동신문』 1991.9.20)고 쓴 바 있다.

　　그렇기 때문에 그는 월북 후 황해도 어느 비밀장소에서 몇 달 동안 특별히

---

13 고설봉, 앞의 글, 94쪽.

사상교육을 받고서야 비로소 다시 무대활동을 할 수 있게 되었으며, 서울에
두고 온 가족도 김일성의 특별배려로 불러가게 된다. 그는 대단히 유연한 사
람이고 또 배우였기 때문에 사상성은 투철하지 못했어도 워낙 인기가 높았던
터라서 쉽게 적응하고 김일성까지 그를 일찍부터 인정하고 특별대우를 해주
도록 한 것이다. 즉 그는 평양에 정착하자마자 국립극장 배우로서 역시 주역
을 맡았고 상도 받았다. 북한에서는 6·25전쟁 전후까지만 해도 소련의 사회
주의 리얼리즘 희곡을 많이 번역 공연을 했는데, 그 이유는 마땅한 창작극이
생산되지 못했기 때문이었다. 물론 월북한 함세덕을 비롯해서 송영, 박영호,
신고송 등이 목적극을 썼지만 아직 사상무장이 덜 된 상태여서 소련 작품들을
선호했었다.

　그런데 그는 이런 작품들을 하면서 황철로서는 자신의 연기를 더 한층 심화
시키는 계기도 만들었다. 그는 남한에서는 십수 년 동안 멜로드라마를 주로
했지만 북한에서는 당연히 목적극만을 해야 했다. 그런데 그 목적극이라는 것
도 실은 멜로드라마 구조였기 때문에 낯설지 않았고 오히려 자신의 연기 폭을
넓히는 계기가 되었다. 그의 평양에서의 인기도 남한에서의 인기에 조금도 뒤
지지 않았다. 그는 국립극장의 대표적인 배우로서 〈춘향전〉의 변학도로 출연
하여 자신의 참모습을 평양시민에게 멋지게 각인시키기도 했다. 소련 유학파
로서 해방 직후 북한정부의 문화부부상까지 지내다가 전쟁 후 소련으로 망명
해서 카자흐스탄 알마타에 살고 있는 정상진은 황철과 각별한 친구로 지내서
그의 평양생활을 소상히 알고 있는데, 그의 평양의 무대생활이 남한 못지않았
다고 했다. 그는 「잊을 수 없는 순간들」이라는 글에서 "평양국립극장 무대에
올려진 많은 연극들에서 절대 다수 관객들은 주역을 맡아 연기하는 황철의 연
기를 보러 온다는 것이었다. 연극광고물에는 반드시 주연배우들의 이름이 들
어 있었는데, 배우 황철과 배용이 똑같은 역을 맡아 서로 연기했는데 배용이
주역으로 연기할 때에는 관람석이 절반이나 비어 있는 반면 황철이 주연을 하
는 날에는 관람석이 초만원이었다."면서 "황철이 무대에 나타나기만 하면 요

란한 박수가 울려나왔다. 특히 황철이 주연을 하는 연극에는 절대 다수 관객들이 여성이었다. 예쁘게 명절 옷차림을 한 여성들이 말로 표현할 수 없는 고상한 모습으로 극장 안을 가득 채우곤 했다. 이처럼 황철은 여성들의 끊임없는 인기 대상이었다."[14]고 회상했다. 그만큼 그는 북한에서도 남한과 별다름 없는 인기를 누리고 있었던 것이다.

그런 인기로 인해서 그는 1949년도에 무용가 최승희와 함께 북한정부로부터 '조선민주주의 인민공화국 인민배우'라는 칭호를 받기도 했다. 그러나 그가 인기만큼 평양생활이 유복하지는 못했다고 한다. 그에 대해서 정상진은 "그의 가정생활은 물질적으로 너무나 어려웠다. 배급이나 월급도 보잘것없이 적었지만 그렇다고 불만하거나 크게 걱정하는 적은 없었다. 어느 때나 쾌활하게 웃고 친절하게 친우들을 대하곤 했다. 황철은 친우들을 좋아했고 거기에다 또 애주가였다. 돈이 없으니 대개 토요일이면 나를 찾아오곤 했다"면서 그에게만 깊은 속내는 털어놓곤 했다고 한다.

그런데 황철이 정상진에게 털어놓았다는 속내야말로 북한에서의 생활이 그의 체질과 맞지 않음을 적나라하게 나타내주고 있어 흥미롭다. 즉 그가 정상진에게 극비밀이라며 귓속말을 한 내용 중에 "정률아, 너하고만 말이지 일제시대에도 나는 넉넉한 생활은 할 수 없었지만 그렇게 고통스러운 생활을 한 거 같지 않아. 공연 후에는 어느 때나 여자가 있었고 술자리는 꼭 습관처럼 벌어졌었다. 그런데 공화국에 와서 깨끗하게 공산당 생활을 하노라니 이따금 옛날 생각이 꿈틀거리는구나! 때로는 싫증도 나고! 너야 날 잡지 않겠지…응! 하고는 호방한 웃음으로 좌석을 빛내기도 했다'는 것이다. 따라서 그렇게 낙천적이었던 그도 때때로 우울한 표정을 짓는 경우가 많았고 더더욱 생활이 어려워 참담해 한 적이 한두 번이 아니었다고 한다.

어떻든 그는 전쟁 발발 전까지 국립극장에서 번역극 〈외과의 크레체트〉(코

---

14 정상진, 「잊을 수 없는 순간들」, 『통일문학』 제2호.

르네츄크 작)라든가 〈불길〉(신고송 작) 등으로 평양관객을 사로잡았었고, 6·25
가 터지면서 곧바로 인민군의 뒤를 따라 서울로 위문공연을 왔다. 이들은 소
위 서울해방경축공연이라는 명목으로 명동 국립극장에서 〈땅〉, 〈원동력〉 등
을 무대에 올렸다. 그는 작품에는 직접 출연하지 않고 인사말만 했지만 그에
대한 서울의 팬들은 여전히 열광적이었음을 다음과 같은 그의 종군기에서 확
인이 된다.

> 참으로 오래간만에 서울의 관중들과 자리를 같이 한 벅찬 감격에 나는 연극
> 이 진행되는 동안 앉을 수도 설 수도 없어 줄창 서성거리기만 하다가 막간을
> 이용하여 관객에게서 받은 꽃다발에 대한 인사를 나가게 되었다. 극장성원 전
> 원이 무대에 정열하고 막이 오르니 요란한 박수 소리가 그칠 줄 모르고 계속된
> 다. 그것은 박수 소리라기에는 너무 크고 열광적인 마치 극장이 무너지는 듯한
> 음향이었다.

이상과 같이 그의 인기는 여전했다. 그가 서울을 떠난 지 2년여 만에 비록
인민군 장교복장을 하고 무대에 섰지만 서울 관중은 그를 동양극장시대의 명
배우로만 인식하고 있었던 것 같다. 그는 출연보다는 리더 구실을 주로 한 것
이 특징이었다. 평양에서 내려온 극단들은 남한 사람들에게 북한 사회주의제
도의 우월성과 당 정책의 정당성을 설득시키기 위한 선전 계몽극을 했다. 이
들 단체들은 그 후 소편대를 편성하여 서울시내와 수원, 인천 등지에서 단막
극을 계속 상연하였으며, 인민군대를 따라 여러 전선에서도 기동적인 공연 활
동에 참여했다. 그런데 그가 서울을 떠나 남하하는 인민군을 따라가다가 평택
부근에서 미군 폭격기의 공습을 받아 오른팔을 잃는 중상을 당한 것이다. 그
때의 과정에 대하여 그는 수기에서 다음과 같이 회상했다.

> 평택을 출발하여 다섯 킬로쯤 갔을 때 포탄을 실은 우리 편 대형 화물자동차
> 석 대가 등불을 밝히고 대열의 뒤를 따라오고 있었다. 밝은 헤드라이트에 비치

운 우리들의 대열은 조명 앞에 나선 배우처럼 선명하게 나타났다. 그때 머리 위에서 놈들의 비행기소리가 별안간 들려왔다. 나는 급히 길 가운데로 손을 저으며 자동차에 불을 끄라고 "항공! 항공!" 하며 불을 끄라고 소리를 질렀다. 조금 후에 자동차 석 대는 불을 죽이고 머물렀으며 우리 대원들도 그때는 다 논둑으로 대피한 뒤였다. 나는 길옆 도랑에 날쌔게 엎드렸다. 잠시 후 귀를 째는 듯한 기총소리와 폭탄의 파열하는 소리가 들리자 동시에 내 몸은 전기에 부딪친 것 같은 충격을 느끼었다. 서산에 마지막 얼굴을 감추려고 하는 엷은 달빛을 받으며 내 눈 앞에는 웬 팔 하나가 떨어져 있는 것이 보였다. 잠시 후 육중한 아픔과 함께 그것은 바로 내 오른팔이라는 것을 깨달았다. 남아 있는 나의 왼팔은 땅 위에 떨어진 나의 오른팔을 와락 집어들었다. …(중략)… '자, 배우가 팔이 떨어졌으니…' 하고 나는 생각해보았다.[15]

이상과 같이 그는 한국연극사상 최초로 오른팔을 잃은 배우가 된 것이다. 그가 오른팔을 잃고 구사일생으로 살아나자 한 말, '배우가 팔이 떨어졌으니!'의 장탄식은 그가 연기 외에 다른 것을 해야겠다는 의지를 무심결에 표출한 것으로서 연출을 생각한 것으로 볼 수가 있다. 그가 종전 후에 연출에 손을 댔던 것도 실은 오른팔을 잃은 것이 결정적 요인이었다고 말할 수가 있다. 그는 그 길로 평양으로 후송되어 치료를 받고 생명은 건졌다. 그가 워낙 명배우로서 북한정부에서도 특별대우를 받았기 때문에 그는 1952년 김일성의 특별 배려로 헝가리로 보내져서 의수(義手)를 하고 돌아올 수 있었다. 그는 의수를 했어도 배우 생활을 제대로 할 수 없다고 믿었기 때문에 대단히 절망했었다고 한다. 그러나 그는 노력하는 배우로서 그것을 의지로 극복했다. 그때의 사정에 대해서 정상진은 다음과 같이 회고했다.

전쟁이 끝난 후 국립극장 무대에서의 첫 연극이 〈이순신 장군〉이었다. 이순신 장군 역은 당연히 황철이 맡았다. 그 연극의 초연에는 김일성과 당정부요인

---

15 황철, 「나의 종군기」, 『조선예술』 1957.6.

들이 모두 관람석 앞줄에 앉아 관람했는데 그것이 1953년 9월이라고 생각된다. 무대가 열리자 관객들의 시선이 장군 역을 연기하는 황철에게 집중되었다. 그러나 연극이 공연되는 사이에 관객들은 그의 잃어버린 오른팔에 대하여 전혀 관심이 없을 정도로 완벽한 연기를 보여주었다. 연극이 끝나자 관객들은 일제히 일어서서 황철에게 오랫동안 박수를 보내주었다. 나는 너무나 감동되어 무대에 뛰어올라 황철을 껴안고, "너 이놈아. 정말 장군이야!" 하고 소리쳐 그를 환영하였다. 그 후 여러 신문들의 연극 평들에서는 황철의 의수에 대한 이야기가 거론되지 않았다.(황철, 『화술과 분장』, 1963)

이상에서 알 수 있는 것처럼 황철은 치열한 노력으로 한국연극사상 처음으로 의수를 한 배우로서 탁월한 연기를 해낸 명배우가 된 것이다. 이듬해 그가 한때 의수를 잃어버리는 실수를 범한 적도 있었지만 역시 정상진의 도움으로 헝가리에서 다시 의수를 만들어다가 착용할 수가 있었다. 그때도 그는 어린애처럼 엉엉 울면서 정상진에게 하소연을 했었다고 한다. 물론 그가 다시 무대에 서지 못한다는 절망감 때문이었음을 두말할 나위 없는 것이다.

그가 전쟁 중에 오른팔을 잃고도 열정적으로 배우활동을 한 것이 김일성을 감동시킨 한 요인이 된 것이 아닐까 싶다. 그리하여 그는 1952년 12월에 김일성의 배려로 공훈배우라는 명칭을 받게 된다. 이어서 그는 2년 4개월 만인 1955년 8월에 또다시 북한에서 최초로 인민배우라는 호칭까지 얻었던 것이다. 그리고 그는 아무래도 의수를 갖고는 제대로 배우 생활을 지속하기가 어렵다고 판단한 나머지 연출로 방향 전환을 하기로 마음먹게 된다.

그래서 1956년부터 〈우리 마을〉, 〈우리는 행복해요〉, 〈설봉산〉 등 몇 편을 연출했는데 대체로 긍정적인 평가를 받았다. 가령 〈설봉산〉 연출에 대하여 평자는 "연출가는 생활에서의 진실한 것과 아름다운 것과 가치 있는 것과 참다운 희열에 대한 원작가의 깊은 철학과 강렬한 긍정의 빠포스를 심도 있게 표현하였다"고 호평했다. 물론 북한에서의 비평은 부정이 거의 없다는 것을 감안은 해야 할 것이다. 그는 연출에서도 재능은 보였으나 연기만큼 열정을 쏟

은 것 같지는 않다. 그는 방송극 〈춘향
전〉이라든가 〈원보〉 등에도 출연하여
구수한 목소리로 시청자들을 사로잡기
도 했다.

그런 그가 이후에는 관직과 후진 양
성 쪽으로 방향을 틀었다. 즉 그는 국립
극장 총장을 맡고서는 전속배우들의 연
기, 화술교육을 주로 했고 연극영화대
학에도 출강하여 강의를 했다. 이 시기
에 강의노트를 정리하여 잡지에 글을
쓰기 시작했다. 그는 1957년 8월에는
김일성의 특별배려로 최고인민회의 대

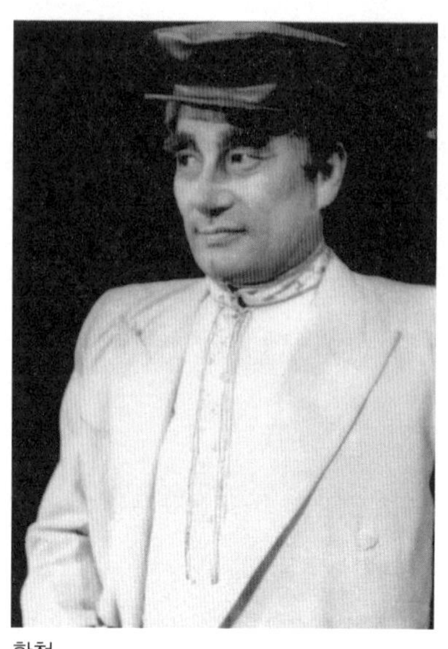
황철

의원으로 선출되었고, 이듬해에는 교육문화성 부상에 오르게 된다. 월북한 배
우로서는 박영신(朴永信) 다음으로 높은 자리에 오른 경우였다.

그는 국립극장과 연극영화대학 강의노트를 정리하여 두 책을 펴냈는데『무
대화술』이 바로 그것이다. 그의 사후에 여러 가지 글을 모아『화술과 분장』
(1963)이라는 책자도 출간되었다. 그가 연기론이나 분장론을 쓴 것은 평생업의
총정리라고 볼 수가 있지만 어린이를 위한 인형극본, 즉 〈흥보와 놀보〉, 〈혹
땐 이야기〉 두 편을 쓴 것은 흥미롭다. 물론 이 두 편의 어린이를 위한 인형극
은 양반과 주인의 횡포와 착취를 주제로 한 것이어서 북한의 계급투쟁 정신을
강조한 것임은 두말할 나위 없는 것이다.

그리고 그가 심혈을 기울여 쓴 화술과 분장에 관한 글은 모두가 동양극장
시절 홍해성과 안영일 등에게서 배운 것이고, 그 바탕은 당연히 스타니슬라프
스키의 배우술이다. 거기에 조금 보태진 것이 소련으로부터 수입된 사회주의
리얼리즘이고 동시에 30여 년 동안 무대에서 얻어진 경험이라 볼 수 있다. 그
가 북한체제에서 살면서 사회주의 리얼리즘과 유일사상에 입각해서 논리를

전개한 것은 너무나 당연한 것이다. 그 체제에서는 어쩔 수 없는 한계상황이기 때문이다.

가령 그가 잡지에 기고한 「배우와 기교」라는 글에 보면 "우선 배우의 기교의 제일 중요한 부분은 배우 자신의 사상적 안받침이다. 우리 당의 역사와 노선을 옳게 인식하고 우리나라 혁명의 고귀한 전통을 깊이 파악하고 누구보다도 조국과 인민을 사랑할 줄 알며, 휘황한 미래를 정확하게 인식하며 아름다운 것과 추한 것을 그 출발로부터 구별할 줄 알아야 한다. 이런 것들을 알지 못하고는 오늘의 현실과 천리마적 새 인간의 사상감정을 창조할 수 없다. 아무리 배우라도 알지 못하는 것을 어찌 표현할 수 있으며 느끼지 못한 정서를 어떻게 창조할 수 있겠는가? 혁명전통을 심오하게 연구하지 않고서는 혁명선열들의 혁명성과 낭만성, 미래에 대한 낙천성과 조국애, 동지애 등을 형상화할 수 없다. …(중략)… 당의 의지로 무장하고, 당의 목소리로 말하며, 당의 심장으로 숨쉴 줄 알아야만 오늘의 현실과 오늘의 새 인간을 창조할 수 있는 기교를 소유하게 된다. 배우의 기교는 마르크스-레닌주의 미학에 근거한 전형적 인간들의 창조와 새 것과 낡은 것의 관계, 선량한 인간들의 생활의 진실을 탐구하고 옳게 형상화하는 것이다"[16]라고 설파함으로써 그의 배우론의 배경을 극명하게 말해주고 있다.

따라서 그의 무대화술이나 분장에 관한 글은 일단 이런 기조 밑에서 전개된 것이라고 보면 정확하다. 물론 그만이 가진 독특한 배우술도 없는 것은 아니다. 그러니까 스타니슬라프스키나 메이어홀드의 배우술을 바탕으로 하고 사회주의 리얼리즘, 그리고 당의 유일사상을 기조로 하고는 있지만 자신이 오랫동안 무대생활을 통해서 터득한 자신만의 연기술이 있었다는 데 주목할 필요가 있다. 그리고 그가 1955년도에 발표한 수기 「새로운 연기 창조에서 제기되는 몇 가지 문제」라는 글에 보면 북한 문예에서 중요시되는 종자론을 응용하

---

16 황철, 「배우와 기교」, 『조선예술』 1960.7.

고 있음을 확인할 수가 있다.

즉 그는 이 글에서 "역의 알맹이에 대하여 말해보려고 한다. 알맹이란 '씨'라고도 해석할 수 있다. 즉 역의 인물의 행동을 창조하기 위한 씨앗(종자)이라는 말이다. 이 씨앗에서 싹이 트고 가지가 돋고 잎이 나고 꽃이 피어 형상의 열매가 맺게 되는 것이다. 또 위치도 설명하면 알맹이는 관통행동보다 좀 더 형상에 가까운 것이며 성격적인 것이다. 관통행동도 형상을 위하여 설정되는 것이고 알맹이도 역시 형상을 위하여 존재한다. 그러나 관통행동이 인물의 정신적 지향선이라면 알맹이는 형상을 위하여 좀 더 구체적인 성격을 형성할 수 있는 원인"[17]이라면서 〈춘향전〉에 있어서의 종자란 곧 '춘향의 이도령에 대한 사랑'이라고 했다.

이처럼 그는 연기론을 전개하면서도 북한이 지향하는 예술이론에 철저하게 순응하고 있다. 그렇다고 해서 모든 글을 거기에 꿰맞추었다는 이야기는 아니다. 그는 자신의 오랜 연기 생활에서 터득한 경험을 토대로 하여 자기 나름의 배우술을 전개한 것이다. 그러니까 한국 사람만이 지닐 수 있는 언어적 특성이라든가 체질적 측면 그리고 심리적인 면을 무대조건과 결부시켜 구체화시켰다는 이야기다. 가령 우리말의 고저장단(高低長短)과 억양 같은 것은 특수하기 때문에 세심한 배려가 필요한 것이다.

그런 것들을 구체적으로 쓴 책이 바로 『화술과 분장』이다. 그 점에 있어서 분장도 마찬가지이다. 그런데 이 분장론만은 사상적인 면이 거의 없는 것이어서 그의 면목을 잘 알 수 있는 글이라고 말할 수가 있다. 실제로 그가 평소 분장을 잘한 배우였기 때문에 분장론은 매우 실제적이며 구체적인 것이 특징이다. 그는 "분장이야말로 연극창조에 있어서 최후를 장식한다"면서 "작가의 희곡창조가 끝나고 그 희곡이 연출가의 손을 거쳐서야 비로소 배우의 창조가 시작되는 것이며, 배우의 창조가 끝나면 곧 표현 행동으로 들어가는

---

17 황철, 『화술과 분장』, 조선문화예술총동맹출판사, 1963, 234~235쪽.

것이니, 창조 과정으로는 배우의 창조가 가장 마지막이라고 말할 수 있다. 그러나 분장의 창조는 배우의 창조 과정에서도 제일 마지막인 인물의 내면적 창조가 끝난 후에야 비로소 시작되는 것"[18]이라고 정의를 내린 후 분장의 유의점 아홉 가지와 분장의 기본 및 분장법을 그림을 그려가며 설명한 내용이다. 그 글은 분명 한국 배우의 체형에 맞는 분장의 교본이라고 해도 과언이 아닐 만큼 상세하다.

사실 그는 어디까지나 배우이고 배우로서 뛰어났으며, 근대 배우사에 하나의 이정표를 세운 인물이지 연출가나 연극이론가는 물론 아니다. 그렇기 때문에 그가 월북해서 남긴 두 권의 저술은 그가 동양극장 시절 홍해성 등으로부터 배운 지식과 월북 후 극장예술이 발전된 구소련에서 출간된 연극론의 자습, 그리고 오랜 무대경험을 바탕으로 해서 쓴 글이라고 보는 것이 옳을 것이다.

앞에서도 언급한 바 있듯이 그는 분단 이후 월북 연극인들 중에서 배우로서는 박영신과 함께 최고의 대우를 받아서 상당한 지위에 오르기도 했는데, 가령 국립극장 총장과 최고인민회의 대의원이라는 정치적인 직위도 가졌었다. 그리고 인민배우로서 국가훈장 제2급과 제3급 및 공로메달도 받았다. 배우로서 그가 엄격한 체제하의 북한에서 그런 대우를 받은 것은 정말로 흔치 않은 일이다. 그런 그였지만 장수하지는 못했고, 결국 그는 1961년 6월 9일 향년 49세를 일기로 파란만장했던 삶을 마감했다. 그런 그를 위해서 북한에서는 사회장까지 치러줌으로써 한국연극사에 또 하나의 기록을 세워준 것이다.

남한의 오지라 할 충청도 청양에서 태어나 20세기의 한반도에서 20여 년 동안 남북한 극장 무대의 최고 배우로 군림했던 그가 북한 땅 평양에서 세상과 작별한 사실은 많은 것을 시사한다. 앞에서 설명한 바 있듯이 그는 유소년 시절 배우가 된다는 것은 상상도 하지 않았음에도 불구하고 극히 우연에 의해서

---

18 위의 책, 176쪽.

연기자가 된 인물이다. 이는 아마도 세계배우사에서도 찾아보기 어려운 경우일지도 모른다. 왜냐하면 대체로 명배우는 일찍부터 예술적 분위기 속에서 성장한다든가 아니면 기본적 소양을 쌓은 다음에 연극 입문을 한 데 반해서 그는 전혀 뜻밖의 사건으로 인해서 어쩔 수 없는 상황에서 무대에 섰음에도 불구하고 불후의 명배우가 되었기 때문이다.

그만큼 그는 천재성을 타고난 배우로서 행운도 따랐던 것이 사실이다. 가령 그가 데뷔하고 단 몇 년 뒤에 동양극장이라는 연극 전문 극장이 생겨난 것이 행운이었고, 게다가 홍해성이라는 좋은 스승을 만났으며, 그의 캐릭터를 면밀하게 파악하고 있는 친구 극작가 임선규를 얻은 것도 대중연극의 대배우로 발돋움하는 데 밑받침이 되었다. 그런데 그가 출발 때부터 서구적 정통극과는 거리가 먼 소위 신파극을 했고, 또 동양극장 무대에서 스타가 되었음에도 불구하고 그는 오버액션 등과 같은 신파투 연기를 극복하고 정통신극을 해온 배우들 이상으로 사실적 연기를 한 매우 특이한 연기자이기도 했다.

바로 그 점이 그의 배우로서의 탁월성을 보여주는 것이며, 그것도 순전히 정규 공부가 아닌 극장 현장에서 터득했다는 점에서 그의 진가를 더하는 것이라 본다. 그만큼 연기는 교육만으로는 한계가 있는 것이고 역시 배우는 천재성을 타고나야 한다는 것을 가장 극적으로 보여준 경우였다. 여하튼 그는 연극계 활동만 30년, 그중에서 20년 동안 인기배우로서 남북한 연극 팬들을 열광시킴으로써 연극이 이 땅에서 대중문화의 중심에 설 수 있도록 하는 데 절대적 기여를 한 인물 가운데 대표라 할 만하다.

그렇다면 그의 월북이 그 자신과 우리 연극사에서 어떻게 정리되어야 할 것인가. 이는 참으로 어려운 문제일 것 같다. 앞에서도 설명한 바 있듯이 북한체제에서까지 그가 공산주의도 아닐뿐더러 투쟁적 기질이 전혀 없는 인물로 인정한 바 있다. 사람 좋고 술 좋아하며 여자까지 유난히 좋아했던 그가 북한의 경직된 사회주의체제에 전혀 맞지 않는 비이념적 인물이었음은 『로동신문』이나 절친한 친구로서 속내를 나누었던 북한정부 요인 출신 정상진의 증언으로

도 밝혀졌다. 그럼에도 불구하고 그가 워낙 인기가 높은 배우였던 데다가 적
응력 또한 뛰어났었기 때문에 북한에서 최고 대우를 받았었지만 그 자신은 별
로 행복한 삶을 산 것 같지는 않다.

그러나 한 가지 분명한 것은 남한에서 10여 년 동안 대중연극배우로서 금자
탑을 쌓은 뒤 월북 이후에도 비록 목적극 일변도이긴 했지만 북한연극의 발전
에 대단한 기여를 한 것만은 분명하다. 그는 참으로 세계 배우사에서도 찾아
보기 어려운 인물이 되었는데, 그것은 이 땅의 굴곡 많은 현대사와 깊은 관련
이 있는 것이다.

정치이념에 희생된 천재 여배우
김선영

오늘날은 연예인의 위상이 하늘을 찌를 만큼 높아졌지만 1920년대까지만 해도 배우, 특히 여배우는 가출을 하지 않으면 무대에 설 수 없었다. 따라서 남성배우는 그런대로 꽤 있었어도 여배우는 희귀할 정도로 부족했다. 그렇다고 해서 여배우들이 희소가치가 있다며 좋은 대접을 받은 것도 아니었다. 보수적인 사회에서 여배우는 극단 내에서도 홀대를 받곤 했었다. 초창기의 스타 복혜숙도 처음 극단에 가입해서는 단원들의 빨래를 도맡아 할 만큼 밑바닥 생활부터 시작했다. 이렇게 여배우가 견디기 어려운 시절에 연극을 하다 보니 좋은 여배우가 배출되기 어려웠음은 두말할 나위 없었던 것이다.

그렇기 때문에 1950년, 즉 6·25전쟁 이전까지 무대를 빛낸 남성배우들은 상당히 많았어도 여배우를 찾기란 그리 쉽지 않다. 연극이란 인생과 사회의 반영이므로 여성들도 남자들만큼 많았어도 우리나라 연극에서는 그렇지 않다. 과거의 우리 연극이 별로 좋지 못했던 여러 가지 이유 중에는 여배우의 절대 부족도 한몫했다고 말할 수가 있다. 그런 속에서도 초창기의 마호정을 비롯하여 이월화, 복혜숙, 석금성, 지최순, 전옥, 차홍녀 등으로 이어져온 여배우들은 남성배우들의 그늘 속에 자기들의 역할을 충실히 해냄으로써 오늘날과 같은 연극이 있도록 토대를 닦았다고 할 수가 있다. 그러니까 이들이 비록

특별한 대우를 받지는 못했어
도 연극이 좋아서 최선을 다함
으로써 우리 연극을 그런대로
지켜왔다는 이야기다.

그런 중에서도 김선영(金鮮
英)만은 6·25 전까지 남성배
우들 못지않을 만큼 스타로서
군림한 여배우였다는 점에서
주목하지 않을 수가 없다. 다
만 이런 여배우가 굴곡 많은
현대사의 격랑 속에서 자기 기

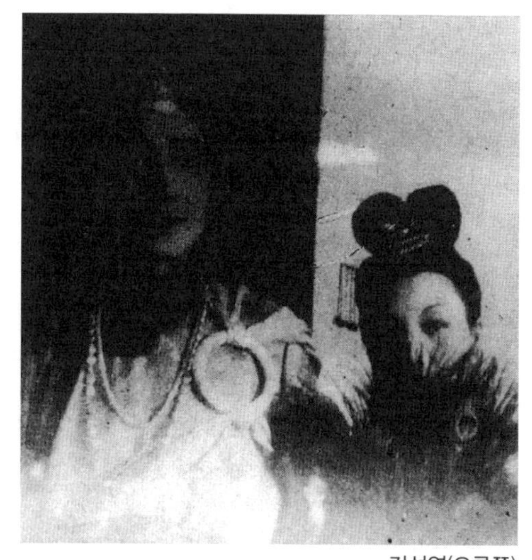

김선영(오른쪽)

량을 마음껏 펴보지 못한 채 남북 양쪽에서 배우 생활을 했던 것이야말로 그
개인의 비극을 넘어 우리 연극사의 불행이었다고 말할 수가 있다. 특히 그가
그렇게 탁월한 여배우였음에도 남한에서는 이미 잊혀진 인물이 되었다는 점
에서 더욱 아쉬움이 남는다고 아니할 수 없다.

이런 김선영이 6·25를 분기점으로 해서 생애의 전반은 남에서, 그리고 후
반은 북에서 활동했지만 그의 자세한 이력은 그 어디에서도 찾아볼 수가 없
다. 다만 그가 1914년에 평북 정주에서 태어나 성장했고 부모를 따라 중국으
로 건너가 영안 동현에서 소학교를 마쳤으며, 1926년 다시 서울로 와서 어느
상업학교를 조금 다니다가 중도에 그만두고 열일곱 살 때인 1930년에 홍해성
주도의 극단 신흥극장 창립공연에 단역으로 출연하면서 연극 입문의 문턱을
넘어선 것으로 알려졌다.[1]

그러다가 최근에 필자가 북한연극사를 쓰는 과정에서 그에 대한 윤곽을 기
술한 잡지를 통해서 새로운 사실을 알게 되었다. 즉 그는 본명이 김평숙이고

---

1 김남석, 「배우 김선영(金鮮英) 연구」, 『한국연극학』 제24호.

1914년 4월 9일에 평안북도 운전군 청정리에서 출생했다. 일제강점기에 생활이 너무 어려워 소학교 교원을 하던 부친과 모친 그리고 가솔이 남쪽 서울로 이주하게 된다. 어떻게든 자녀들을 교육시키려는 부친의 집념에 따라 14세에 서울여자상업학교에 입학했는데, 학비를 댈 수 없는 가정형편 때문에 2년여 만에 자진 중퇴하고 경성연초공장의 어린 노동자로서 일을 하게 되었다. 이 공장은 개화기에 서양에서 들여온 활동사진을 처음 상연한 곳으로 그가 입사한 때도 활동사진으로 담배 선전을 하고 있었다.

일찍부터 목소리가 좋은 소녀로서 감수성이 남달랐던 그가 활동사진을 통하여 예술에 눈을 뜨고 막연히 배우에 관심을 가지던 차에, 카프 계열의 의식 있는 청년들이 이동식 소형극단들을 조직하여 지방 특히 문화 불모의 농촌을 돌면서 공연하겠다는 우리들극장, 청복극장 등이 생겨났었다. 공장에서 일하고 있던 김선영은 1931년 봄에 과감하게 청복극장에 배우로 참여한 것이다. 이는 그만큼 그가 일찍부터 예능에 어떤 잠재적 소질이 있었고 또 조숙했었다는 이야기도 된다. 그때 함께 활동했던 여배우로는 김연실, 김선초, 김마리아 등도 있었다. 거기서 그는 〈다난기의 기록〉(이효석 작) 등에 단역으로 출연하기도 했지만 그 단체가 1년도 못 되어 해산되었다.

청복극장에서 연기술을 연마한 그는 드디어 1931년 하반기에 예술영화 〈방아타령〉에서 주요역을 맡으면서 대중에 이름을 알릴 수가 있었다. 그때 토월회가 태양극장으로 변신하며 이월화, 복혜숙 등이 떠난 자리를 그가 석금성과 함께 어느 정도 주역배우로서 메꿔주기도 했다. 거기서 그는 박제행, 이백수, 석금성 등에 끼어서 토월회의 인기작 〈부활〉, 〈이 대감 망할 대감〉 등을 공연하여 명성을 얻을 수 있었다. 그 당시는 극단들이 재정적인 어려움으로 인해 툭하면 이합집산을 하던 때여서, 태양극장이 부실해지면서 몇 갈래의 극단들이 생겨났는데, 명일극장을 비롯하여 춘추극장 등이 바로 그런 경우였다.[2]

그는 그해 말에 박제행 등 태양극장 이탈 세력을 따라 극단 명일극장 창단 멤버가 된다. 그 당시는 물주를 따라서 배우들이 이합집산할 때였으므로 김선영 역시 본의 아니게 여기저기 극단을 옮겨 다닐 수밖에 없었던 것이다. 이 단체에서 그는 단짝친구 김선초와 함께 공연을 하는 즐거움을 누리게 되었다. 명일극장이 조선극장 개관기념 공연에서 선을 보인 〈형제〉라든가 〈어둠에서〉 등에 조역으로서 남의 눈에 띄기 시작한 것이다.

이 단체가 이듬해에 춘추극장이라는 이름으로 변신할 때도 그대로 참여하여 활약을 했는데, 여기서 주목되는 것은 그가 과감하게 막간에 나서기 시작했다는 사실이다. 즉 평생동료 김선초와 함께 막간에 나가서 노래도 부르고 춤도 추었던 것이다. 사실 1930년대 초부터는 막간이 크게 발달하여 본 연극보다도 막간이 오히려 볼거리를 제공하던 시절이었다. 김선영은 일본에서 무용을 배운 터라 춤에 자신이 있었고 노래도 남에게 뒤지지 않았었다. 바로 그 막간이 그의 실력을 보여줄 수 있는 좋은 기회였다는 것을 그 자신도 전혀 상상하지 못한 것이었다. 그가 막간과 연극무대에서 조금씩 주목을 끌자 나운규 등 영화감독들이 출연 교섭을 해오기 시작했다.

그래서 그는 당대의 명감독들인 나운규, 이규환, 윤봉춘 등과 〈방아타령〉과 같은 영화에 조역으로 출연했고 배우 심영 등과도 공연을 했었다. 막간과 영화 등에서 서서히 인기를 끌면서 그가 장래의 유망주로 인정받았고 1935년 동양극장이 개관되면서 청춘좌의 전속배우가 된다. 그가 춤과 노래에 능하고 담대한 성격에 함부로 다루기 힘든 여배우였는데, 함께 연극을 오래 했던 이해랑(李海浪)은 한 회고의 글에서 다음과 같이 쓴 바 있다.

> 많은 남성들과의 스캔들, 그리고 산전수전 다 겪은 여성이었는데도 제법 지적인 분위기를 풍기던 여배우였다. 키는 작달막하고 전신에 비해 얼굴만이 유독

이의 품속에서 영생하는 명배우 김선영」을 참고한 것임.

커보였다. 여성으로서는 매력 없는 체격과 얼굴이었는데 어떻게 배우가 되었는지 몰랐다. 신파극 시절 남자 배우와 일본으로 도망쳐 한동안 일본생활을 했다. 그녀는 귀국해서 일본에서 연극 공부도 하고 성악도 공부했다고 했지만 그것은 다 거짓말이고 나이트클럽에서 댄서생활을 했었다.[3]

이해랑의 부정적인 회고와는 차이가 있는 북한의 잡지에서는 다음과 같이 기술되어 있다.

> 그러던 중 문득 성악배우가 되고 싶은 욕망에 이끌려 1932년에 해외로 건너가 고학으로 성악 공부를 하는 박춘명과도 사귀게 되었다. 후일에 그의 남편이 되었으며 김선영과 함께 예술창조생활을 했다. 1934년 가을 박춘명과 함께 귀국한 그는 동양극장에서 창조한 연극 〈춘향전〉에 출연하는 한편 예술영화에도 출연하여 연속 인기를 올렸다.(『조선예술』 2007.8)

그가 어려운 가정에서 견뎌온 것을 염두에 두었을 때 일본에서 고학으로 성악 공부를 했을 개연성이 충분하다는 생각이다. 따라서 공부에 굶주린 그가 동양극장 전속배우가 된 것도 단순히 직업배우가 되었다는 것보다도 홍해성이라는 연출가를 만난 것이 더 중요한 의미를 갖는다고 말할 수 있다. 왜냐하면 그가 처음으로 본격 연기수업을 받으면서 명배우로 발돋움할 수가 있었기 때문이다. 그는 홍해성의 연기지도를 철저히 받았고 특히 홍해성의 장기라 할 분장술을 제대로 익힘으로써 대배우로 발돋움할 수 있게 된 것이다.

전술한 바 있듯이 그의 용모는 보통 한국 아낙네 그대로였다. 작은 키에 살까지 통통한 데다가 톡 나온 이마에 눈까지 작아서 매력적이지 못했었다. 그렇다고 피부가 흰 것도 아니고 까무레해서 남성들의 매력을 끌기 어려웠다. 그러나 일단 무대에 서기만 하면 그처럼 아름답고 매력적일 수가 없었다고 한

---

3 이해랑, 「남기고 싶은 이야기들」, 『중앙일보』 1978.11.7.

                                            제3부 대중 공연예술의 개화 (2)

다. 물론 그것은 탁월한 연기술과 빼어난 분장술에 따른 것이었음은 두말할
나위 없었다. 그와 함께 많은 작품에 출연했던 김동원(金東園)은 다음과 같이
묘사했다.

> 그녀는 외견상으로는 용모나 체격 어느 것 하나 뛰어난 것이 없는 그야말로
> 평범한 가정주부였다. 그러나 일단 무대에 오르면 전혀 딴 사람이 되어버렸다.
> 연기동작 하나하나가 나비처럼 날렵했고, 그녀의 목소리는 어찌나 고운지 그녀
> 의 음색을 이야기하자면 '은쟁반에 옥구슬이 구르는 듯하다'는 비유가 맞을 것
> 이다. 게다가 그녀는 연극의 열정도 남달랐다. 그때는 분장사가 따로 없어서 연
> 기자 자신이 직접 분장을 했다. 그런데 그녀는 남보다 보통 2시간 일찍 분장실
> 에 나와 자신의 분장에 정성을 들였다. 분장솜씨도 솜씨지만 그것 하나만으로도
> 그녀의 열정은 짐작하고도 남음이 있다.[4]

이상에서 그가 타고난 배우였음을 확인할 수 있다. 분장에 특히 열정을 쏟
은 것은 역시 그가 연기의 본질을 제대로 알았다는 이야기도 되는 것이다. 그
런데 그의 분장술은 역시 홍해성으로부터 배운 분장법 중에서도 두 가지, 즉
색깔 맞추기와 약점 메꾸기에 능했었다고 한다. 그러니까 그가 화장품을 쓸
때, 홍해성으로부터 배운 대로 첫째, 색깔을 혈액에 맞추는 철칙을 지킨 것이
다. 두 번째로는 안와분장에 중점을 둔 것이다. 안와분장이란 눈화장을 의미
한다. 따라서 그는 작은 눈을 정교하게 분장함으로써 오히려 돋보이게 만드는
재능을 발휘한 것이다. 그는 또한 작품분석력과 화술이 뛰어났다. 어떤 역이
주어져도 캐릭터를 철저히 분석해서 자기화했으며 말의 고저장단을 정확하게
발음함으로써 우리말을 아름답게 다듬어 토해내는 재능이 있었다. 이는 물론
타고난 재능과 끊임없는 연마의 결과였다.

그러나 무엇보다도 그의 장기는 상대역에 대한 배려였다. 당대의 명콤비 김

---

4 김동원, 『미수의 커튼콜—김동원, 나의 예술과 삶』, 태학사, 2003, 134쪽.

동원은 순전히 그의 상대역에 대한 세심한 배려 때문에 가능했다고 다음과 같이 회고했다.

> 그녀는 뛰어난 연기력을 지녔지만 상대방의 연기를 잘 이해하고 소화하는 능력이 매우 뛰어났다. 야구로 말하자면 마치 호흡이 잘 맞는 투수와 포수였다고나 할까? 잘 던지는 것도 중요하지만 잘 받아주는 것도 중요하기 때문이다. 연극 또한 서로의 대사를 잘 받아주는 것이 중요했다. 그래서 지금껏 내 기억 속에는 김선영이 최고의 여배우로 남아 있다.[5]

이상에서 확인할 수 있는 것처럼 그는 독불장군식 연기가 아닌 상대역과의 조화 속에서 좋은 앙상블을 만들어내는 여배우였던 것이다. 어렵게 살아온 유소녀 시절과 일본 등지의 방랑, 그리고 군소극단들에서 어깨너머로 연기를 배우다가 동양극장에 와서 연기다운 연기를 배웠으나 거기서는 워낙 좋은 여배우들, 가령 차홍녀, 지경순, 박영신, 김선초, 남궁선 등이 버티고 있었기 때문에 빛을 발하지 못했었다. 그래서 언제나 조역을 면치 못했었다.

그러다가 1940년대에 와서 유치진(柳致眞)에게 발탁됨으로써 비로소 탁월한 여배우로 발돋움하게 된다. 즉 그는 1941년 극단 현대극장이 탄생되면서 그를 지켜봐온 유치진이 이 단체로 발탁해온 것이다. 그는 1943년 연극경연대회 때 현대극장의 〈황해〉(함세덕 작)에 주역으로 출연하여 영예의 주연상을 받았는데, 남성은 당대의 배우 심영(沈影)이었다. 그로부터 그는 주연배우로서 승승장구하기 시작했고 현대극장의 모든 작품에 출연했다. 그러다가 1945년 8월 현대극장의 〈애정무한〉(박재성 작)에 출연하고 있다가 해방을 맞은 것이다.

해방을 맞아서는 한동안 칩거에 들어가 있었다. 그 이유는 두 가지였었는데, 그 하나는 어지러운 사회와 예술계가 싫어서였고, 다른 하나는 가정 문제였다. 즉 10대의 어린 나이에 일본에서 만나 결혼한 남편(박춘명)이 경제적으로

5　위의 책, 134쪽.

는 넉넉했어도 연령 차이라든가 성문제 등으로 인하여 불행한 처지였다. 광산으로 돈을 번 남편은 전처와의 소생도 있었다. 결국 그는 이혼을 하고 독신생활로 들어간 것이다. 그러다가 근 1년여 방황 끝에 황철 등에 이끌려서 1946년 5월에 극단 낙랑극회 창립에 가담하면서 다시 무대에 서게 된다. 이 단체는 황철, 이해랑, 심영, 함세덕 등 쟁쟁한 멤버들이 앞장선 극단이었기 때문에 그로서도 해볼 만하다고 생각한 것이다. 그는 낙랑극회의 대작이었던 〈산적〉(함세덕 작)에 주연으로 출연했고 〈바람 부는 시절〉에도 황철, 이해랑 등과 함께 출연했다. 그런데 그의 인기가 높아지자 박승희(朴勝喜)가 다시 그를 불러서 토월회를 재건하자고 설득함으로써 재창립공연작 〈40년〉(박승희 작)에 출연하기도 했다. 그러나 그것은 어디까지나 인정상 출연한 것이고 그의 마음은 낙랑극회에 가 있었다. 그가 모처럼 재건 토월회에서 옛 선배들, 이를테면 복혜숙이라든가 석금성, 박제행 등과 새삼스런 감회를 나누었지만 그것은 어디까지나 의리 때문이었고 더 이상 그들과 연극을 하지는 않았다. 그의 생각으로는 토월회가 다시 살아나기가 쉽지 않다고 본 것 같다.

따라서 그는 낙랑극회에서 젊은 동지들과 열심히 연극을 한다. 낙랑극회의 창립공연에서부터 1947년 4월의 제4회 공연작품 〈기미년 3월 1일〉(함세덕 작)까지 주역으로 무대에 섰었다. 이 시절 그는 황철, 이해랑, 김동원 등 황금멤버들과 멋진 공연을 했다. 그러다가 곧바로 그는 유치진이 뒤에서 지원하는 극예술협회에 이해랑, 김동원, 박상익, 이화삼 등과 함께 창립단원으로 참여함으로써 본격적인 민족진영 연극운동에 앞장서게 되는 것이다. 그는 극예술협회의 공연에는 으레 주연으로 무대에 섰는데, 가령 창립공연작인 〈자명고〉(유치진 작)에서의 낙랑공주 역은 타인의 추종을 불허하게 해냈으며 그 다음 작품 〈마의태자〉(유치진 작)에서의 공주 역 역시 빼어나게 해낸 것이다. 그리고 〈대춘향전〉에서는 춘향이 역으로 또 멋진 연기를 보여주게 된다.

여기에서 그는 해방 이후 연극계를 이끌 최고의 여배우로서 아무도 범접할 수 없을 정도로 군림케 된 것이다. 그는 연기력만 뛰어난 것이 아니고 과묵하고 흐트러짐이 없는 생활자세까지 견지함으로써 누구도 넘보지 못할 카리스마를 지니게 된다. 그는 평소 검소할 뿐만 아니라 객쩍은 농담도 전혀 하지 않기 때문에 후배들이 특히 어려워했다. 연기에 대한 자만심이 대단히 센 그는 자기주장 역시 강했다. 그의 프로정신은 후배들의 귀감이 될 수밖에 없었는데, 그럴 수밖에 없는 것이 그가 일일이 후배들의 연기를 꼼꼼할 정도로 다잡아 주었기 때문이다. 즉 그는 연습 때도 그렇지만 공연 때도 후배들의 연극을 소상히 살핀 뒤 일일이 그 문제점을 지적하고 시정해주기도 했던 것이다. 따라서 그의 인기는 나날이 상승했고, 여기저기서 스카우트의 손길이 뻗쳤으나 좀처럼 응하지 않았다. 다만 옛 스승 변기종이 양백명 등과 새로 조직했던 신예술무대(1949년 3월 창립)의 창립공연인 〈범선천우호〉에 의리상 한 번 출연해준 정도였다. 그만큼 그는 극예술협회를 절대 신임했다.

1950년 국립극장 탄생과 함께 극예술협회가 전속단체 신협이 되면서 그는 자동적으로 국립극장으로 들어가게 된다. 그로서는 평생 처음으로 안정적인 연기 생활을 할 수 있게 된 것이다. 그가 배우로서 대단히 행복한 생활을 누릴 수가 있게 됨으로써 크게 만족했다. 그는 신협 창립공연 작품인 〈원술랑〉(유치진 작)에서 처녀 진달래 역으로 일생일대의 명연기를 보여주었다. 그 당시 그 나이 30대 중반이었음에도 불구하고 20대 처녀 역을 너무나 멋지게 해낸 것이다.

전술한 바도 있듯이 그는 평범 수수하고 배우 티라고는 어디서도 찾아볼 수 없었지만 일단 무대에 나서면 요염하고 독살스럽기까지 했다. 그만큼 그가 성격 구축에 뛰어났다는 이야기가 된다. 그런 그의 역사적인 연기는 다음 작품 〈뇌우〉에서 본처(번기) 역이었다. 그런데 처음에는 그 역에 상당한 불만을 표시했었다. 왜냐하면 그가 해방 직후 낙랑극회 공연 때는 계모 역을 했었기 때문이었다. 그때의 사정에 대하여 함께 출연했던 김동원은 다음과 같이 회고했다.

　　김선영은 공연 1회 때는 계모 역할이었다가 본처 역할로 바뀌었는데 이를 두고 그녀는 매우 불만스러워했다. 왜냐하면 극에서 전반적인 스포트라이트가 계모에 쏠려 있었기 때문이었다. 연출을 맡았던 유치진 선생이 극의 초점을 본처에 맞추었기 때문에 배역을 바꾼 것이라고 그녀를 달래고 달래 겨우 출연시켰다. 결국 유치진 선생 생각대로 김선영은 바뀐 본처 역할 또한 천연덕스럽게 잘해, 역시 그녀가 뛰어난 연기자임을 다시 한 번 과시했다.[6]

여기서 그의 연기에 대한 집착과 고집 같은 것이 드러나는데, 이는 명배우들의 특성이기도 한 것이다. 그리고 그는 이 작품에서 불행한 가정의 아내와 어머니의 복합적인 성격을 탁월하게 해냈다. 그러니까 그가 선과 악, 너그러움과 표독스러움이라는 양극단을 자유스럽게 넘나드는 변신의 극치를 구현해 낸 것이었다. 그로서는 더 이상 해내기 힘든 일생일대의 명연기를 했다. 그의 연기력에 대하여는 까다롭기로 이름난 최고의 연출가 이해랑도 대단히 높이 평가한 바 있다.

즉 그는 「남기고 싶은 이야기들」이라는 회고의 글에서 "이런 고집투성이인데도 김선영의 연기만은 일품이었다. 그 섬세하고 호소력 있는 연기는 관객들을 사로잡았으며 낭랑하고 차가운 것 같은 목소리이면서도 따스함이 스며있어 사람들을 열광하게 했다. 이런 연기력 때문에 모두 그녀를 멀리하면서도 다른 한편으로는 매우 좋아했던 것이다. 그녀야말로 외모와는 달리 연극만을 위해 태어난 천재적 배우였다"(『중앙일보』 1978.11.7)고 극찬한 바 있는 것이다. 이해랑이 그녀를 천재배우라고까지 극찬한 것은 대단한 것이다.

그런데 여기서 주목할 만한 사실은 과거 우리나라 배우들이 체계적인 연극교육을 받지 않고도 높은 수준의 연기술을 구사한 점이다. 그러니까 배우술은 교육만으로 체득되는 것은 아니고 천부적 재능이 더 중요하다는 것을 전 시대 우리 배우들의 경우에서 잘 보여준다는 사실이다.

6　위의 책, 170쪽.

6 · 25 전쟁은 김선영의 운명을 근본적으로 바꾸는 계기가 되었다. 그렇게 탁월했던 그가 남로당의 비밀당원(?)이었다는 이야기가 전해져오는 데는 아연하지 않을 수 없다. 그것도 6 · 25전쟁이 발발하고 나서 드러난 것이었다. 당시 함께 활동했던 연극인들의 증언에 의하면 6 · 25가 나자 그는 박민천 등 단원 세 사람과 함께 프락치 중의 한 사람이었다는 것이다. 평소에는 그가 좌익이라고 믿은 사람은 단 한 사람도 없을 정도로 우익 민족진영 연극인들과 연극을 했었다. 그러나 막상 전쟁이 터지자 본색이 드러났다.

그렇다면 그가 언제 어떤 계기로 좌익이 되었을까 하는 의문이 생긴다. 그가 좌익이 된 계기가 있었다. 즉 1947년에 극단 대중극회가 〈사명당〉(박노아 작)이라는 불교극을 국도극장에서 공연했다고 한다. 그런데 불교계에서 후원을 했음에도 그 공연은 큰 손해를 본 것이다. 그래서 극단 측에서는 재공연으로 손해를 메워보려고 주연이었던 김선영에게만 출연료를 주고 막을 올리려했다. 그러자 젊은 배우들이 출연을 거부한 것이다. 평소 정의심이 강했던 그가 젊은 배우들과 뜻을 같이 하고 공연을 무산시켜버린 것이다.

이튿날 서울의 곳곳에는 '김선영 동지 투쟁 만세!'라는 전단지가 일제히 나붙었다. 이는 물론 남로당 계열의 좌익혁명세력 단체에서 내다 붙인 것임은 두말할 나위 없는 것이다. 따라서 수도경찰청에서 김선영 체포령이 내려짐으로써 그는 경찰에서 큰 곤욕을 치르고 나왔다고 한다. 이때부터 그의 내면에서는 우익노선에 반감을 갖기 시작했고, 남로당에서는 그것을 기화로 회유의 손길을 뻗침으로써 그를 비밀당원으로 만드는 데 성공한 것으로 알려졌다. 그러니까 극협 때부터 6 · 25 때까지 그가 뛰어난 변신술을 발휘하여 아무도 눈치채지 못하는 상황에서 프락치 노릇을 했다는 것이 많은 사람들의 견해이다.

필자는 솔직히 이 부분에 의아심을 갖고 있다. 왜냐하면 6 · 25가 발발하고 며칠 뒤 그가 김동원, 최은희, 김승호, 박제행, 양백명, 임원식 등 문화예술계 인사들과 함께 명동성당에 잡혀갔었기 때문이다. 그가 만약 프락치였다면 굳이 명동성당에 구금했을 필요가 있었겠는가 하는 의문이 생긴다. 여하튼 이들 중 상당수는 탈출에 성공했지만 그는 곧바로 월북해서 제2의 연기 생활을 시작하긴 했다. 월북 후 그의 활동에 대해서는 자세히 알려져 있지는 않지만 북한에서도 중진 여배우로서 문화 분야 최고 권력자 김정일의 신임을 받아 상당한 역할을 한 것만은 분명하다. 물론 해방공간에서 월북한 박영신, 지경순 등이 있었지만 연기 면에서는 김선영을 따를 수는 없었다. 특히 그는 북한에서 연극보다도 영향력이 크다고 할 수 있는 영화에 많이 출연했고 인민배우라는 칭호까지 받았으며 1980년에는 예술영화촬영소 소속배우가 되어 노역을 주로 했다. 북한에서의 활동이 여기서만은 못했겠지만 거기서도 연기력을 크게 인정받았음은 물론이고 영화 〈어머니의 마음〉에서 주인공 어머니 역을 원숙하게 해내기도 했다. 따라서 그는 북한의 대표 연극영화 작품들이라 할 〈꽃 파는 처녀〉를 비롯하여 〈싸움의 한 길〉, 〈로동가정〉, 〈농산기수〉, 〈산정의 수리개들〉, 〈우리 선전원〉, 〈이 세상 끝까지〉, 〈춘향전〉, 〈우리 누이집 문제〉 등 30여 편에 출연한 바 있다. 이처럼 김정일의 사랑까지 받으며 전형적인 어머니상을 구현한 그는 1995년 7월 향년 81세의 파란만장한 삶을 마감했다.

그가 우리 근현대연극사에 남긴 공로는 무엇일까? 우선 긍정적인 측면에서 본다면 첫째, 1930년대 초부터 1950년까지 20여 년 동안 여배우가 절대적으로 부족하던 시절에 이 땅의 무대예술을 풍요롭게 하는 데 일조한 점을 꼽아야 할 것 같다. 만약 그가 없었다면 동양극장 시절부터 1950년 신협 시절까지 무대는 적막했을 것이고, 극단 현대극장과 신협도 높은 성가를 받는 데 지장을 받았을 가능성이 없지 않다. 그만큼 그는 뛰어난 여배우로서 이 시절의 여러 작품을 세련되게 만드는 데 절대적 역할을 한 것이다. 두 번째로 그가 어깨너머로 연기를 익히다가 홍해성을 만나면서부터 연기의 기본을 배웠고 그 결과 이 땅에 스타니슬라프스키의 리얼리즘 배우술을 구현하는 데 기여한 점을 꼽을 수 있지 않을까 싶다. 세 번째로는 그가 배우 상호 간의 인간관계를 연기교육이라는 기본틀 위에서 확립하는 데 기여한 점을 인정해야 할 것 같다. 일단 그는 우리 신극사에 이월화, 복혜숙, 석금성, 전옥, 지경순, 김선초, 차홍녀. 황정순, 백성희 등으로 이어지는 여배우사에 한 점을 찍어놓았다고 말할 수 있다.

반대로 그에게는 그늘진 면도 없지 않다. 우선 그가 원하건 그렇지 않건 한국 현대사의 굴곡 속에서 희생자였다는 사실이다. 만약 그가 좀 더 굳건한 예술적 신념을 지녔더라면 정치이념의 도구는 되지 않았을 것이라는 생각이다. 그가 정말로 남로당의 프락치였다면 결국 그는 몇 년 동안을 가면을 쓰고 무대 활동을 한 꼴이 되지 않는가. 바로 그 점에서 서울에서의 수년에 걸친 빛나는 연기 생활도 퇴색되는 것이다. 이는 결국 김선영이라는 한 여배우의 불행을 넘어 우리 연극사의 결손이라고 볼 수 있다.[7]

---

7 본고는 김동원, 백성희, 고설봉, 강계식 등 원로들의 증언에 의하여 작성된 것이다.

최다 출연 기록 보유자이자 현대연극의 증인
고설봉

왕이 있으면 신하가 있고 대통령이나 총리가 있으면 그를 뒷받침하는 하급 관리와 시민이 있게 마련이다. 조직적인 인간사회뿐만 아니라 동물의 세계에도 위계질서는 있다. 그러한 위계질서로 말미암아 사회가 물레방아처럼 자연스럽게 돌아가는 것이 아닐까. 이러한 삶의 법칙을 극장 무대 위에 투사한 것이 연극이고 거기서 역을 맡아 삶의 모습을 보여주는 사람이 배우다. 연극은 인생의 환영(幻影)에 불과한 것이다.

연극에는 반드시 주역과 조역, 단역이 있다. 현실에서 왕후장상이 화려한 조명을 받는 것처럼 주인공은 스타로서 각광을 받고 그 화려함 밑에 단역은 민초처럼 묻히게 마련이다. 특히 연극이나 무용 등 공연예술에서 주역과 단역의 위치는 극명하게 명암이 갈린다.

어떤 배우는 타고난 재질과 용모로 말미암아 평생 주역을 맡는가 하면 어떤 배우는 그 반대로 조역과 단역에서 벗어나지 못한 채 잊혀지고 만다. 이 땅에서 천수백 년 동안 수많은 연극배우들이 광장과 무대에서 명멸했지만 우리의 뇌리 속에 남아 있는 스타가 별로 많지 않은 이유도 주역보다는 역할이 만만치 않은 조역과 단역이 더 많았던 데에 있었다고 말할 수 있다.

그럼에도 불구하고 흥미로운 사실은 무대에서 전혀 각광을 받지 못했음에도 많은 사람들에게 각인된 예외적인 배우도 더러 존재한다. 그것은 대체로 탁월한 연기보다는 다른 일로서 가령 평생 뛰어나게 어필한 배우도 없지 않다. 우리 현대연극사에 있어도 고설봉(高雪峰)이야말로 그런 표본적 배우였다고 하겠다. 즉 그가 1990년대 초에 기네스북으로부터 기념메달을 받을 수 있었던 것은 최장수 배우로서보다는 5백여 편의 작품에 출연한 기록에 따른 것이다. 아마도 배우가 한평생 그렇게 많은 작품에 출연하면서 단 한 번도 주역이나 비중 있는 조역을 맡아보지 못한 경우도 기네스북에 등재될 만한 것이리라.

그는 한국 현대연극사에서 최장수 배우라는 기록도 갖고 있다. 그러니까 그가 사람들에게 주목받은 이유도 바로 연기력이나 작품 때문이 아닌 출연작품 수와 기간 때문이었던 것이다. 거기다가 한 가지 첨가한다면 놀랄 만한 기억력으로서 현대연극의 증언자 구실을 한 점일 것이다. 이러한 고설봉은 1913년 4월 10일 강원도 홍천군 서면 두마리에서 가난한 농부의 아들로 태어났다.[1] 본명은 진섭(鎭燮)으로서 한문서당에 들어가 저명한 한학자 남궁억(南宮憶)으로부터『소학』과『대학』을 배우고 모곡보통학교와 동명학교를 다녔다.

그는 한 회고의 글에서 유년 시절의 이야기를 다음과 같이 쓴 바 있다.

> 내가 연극이라는 씨앗을 최초로 본 것은 다섯 살인가 여섯 살 되던 해 우리 마을에서 벌어진 남사당패 공연 때였다. 남사당패가 마을에 들어와 장구, 꽹과리를 치고 놀이를 벌이던 날 나는 신명이 나 하루종일 남사당패 놀이판에서 놀았다. 그날 남사당패 중 한 사람이 어린 나를 무동 세워 돌아다니다가 돌부리에 걸려 넘어졌다. 그 바람에 나는 땅바닥으로 곤두박질쳤다. 내 얼굴은 온통 피투성이가 되었다. 나는 다친 얼굴을 한 채 다음날에도 그 남사당패 놀이를 구경하려고 집에서 몰래 빠져나왔다. 어린 나이였지만 흥겹게 울려 퍼지는 남사당패의 풍물소리가 가슴을 울렸다.[2]

---

1 구히서에 의하면, 서울에서 태어나 강원도로 이사갔다고 한다. 구히서,『무대 위의 얼굴』, 시민, 1990, 26쪽.
2 고설봉,『빙하시대의 연극마당 배우세상』, 이가책, 1996, 15쪽.

이상에서 알 수 있는 것은 그에게 누구보다도 예능에 대한 특별한 호기심이랄까 잠재적 소질이 내재되어 있었지 않나 싶다. 그의 조상이나 친족 중에 연극 등 예능 분야에 종사한 사람이 없었던 점에서 그는 돌연변이와 같은 존재였나 보다.

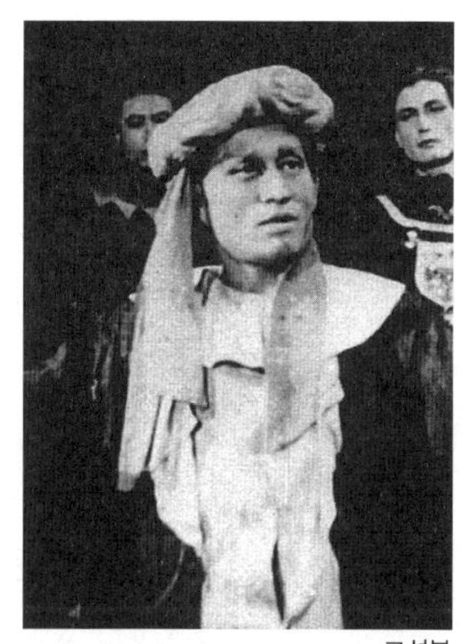
고설봉

그러나 그의 가정은 너무 가난해서 홍천 산골에서도 호구지책을 마련하기 어려워 서울 정릉의 외가댁으로 이사했다. 부친과 아들은 장작을 패다가 팔거나 신작로에 나가 자갈 까는 일을 했으며, 모친은 남의 집 침모 노릇으로 생계를 유지해야 했다. 그가 한때 모친과 함께 한강 투신자살까지 결심했던 이유도 너무 지독한 가난 때문이었다. 강원도 산골에서부터 서울 정릉 골짜기에 이르는 20여 년의 세월은 그의 가족에게 있어서 궁핍의 절정이었다.

다행히 그런 그에게 조그만 서광이 비쳤는데 그것이 다름 아닌 하급공무원 자리였다. 그는 부모의 권유로 하급공무원시험에 응시하여 경기도 고양군의 한 면사무소 서기가 될 수 있었다. 그가 면서기로서 잠시 근무하는 동안 행정 강습을 받을 기회가 있어서 당시 한국인 판임관 임문항(任文恒)의 강의를 듣게 되었다. 임문항은 경성제대 법문학부 출신으로 고등문과 시험에 합격했으나 단지 조선인이라는 이유 때문으로 해서 고등관이 못 된 인재였다. 그는 임문항의 강의를 들으면서 저런 수재도 조선인이라는 이유만으로 출세를 못하는데 하물며 자신과 같은 말단 면서기가 무슨 장래가 있겠는가 하는 생각을 하기에 이른다.

그런 고민에 빠져 있을 즈음에 우연히 단성사에 가서 연극 〈춘향전〉을 구경할 기회가 있었다고 한다. 단성사 직원인 성태영이 면사무소를 드나들면서 그에게 연극 관람권을 선물한 데 따른 것이다. 그의 단성사 출입은 유년 시절 남사당패 관람 이후 그의 심혼 속에 좌리를 틀고 있던 연극에의 막연한 동경심에 점화를 시작한 것이나 다름없었다. 그는 연극이 너무 좋아 틈만 나면 관극을 했고 그럴 때마다 연극인들과 식민지 말단 공무원인 자신을 대비하곤 했다. 그러니까 연극은 모두 조선 배우들이 조선말로 하는 짓이라는 사실을 지켜보면서 자신도 자부심 넘치는 것으로 비친 배우나 되어볼까 하는 생각을 하기 시작한다. 꿈과 열정만으로 살던 스물네 살 청년 고설봉은 계급 없는 연극 무대에 자신을 바치고 싶은 충동이 내면으로부터 솟아오르기 시작한 것이다.

부모와 주변 사람들이 그의 생각에 이의를 제기했음은 두말할 나위 없다. 비록 말단이었지만 공무원이 광대가 된다는 것은 이해하기 어려웠던 시절이었다. 더욱이 일찍부터 그의 가문에 배우는 말할 것도 없고 예능에 종사한 사람이 없었던 터였으므로 그의 연극 입문은 일종의 돌발사건이나 다름없었다.

생전에 그는 연극 입문과 관련하여, 일본 제국주의에 저항하는 독립투쟁의 단초였다고 말하곤 했었다. 식민지 시대에 많은 연극인들이 독립운동의 일환으로 연극에 투신했음을 상기할 때 그의 주장도 일리가 없는 것은 아니었다. 다행히 완고한 부모도 어쩔 수 없이 그의 결심을 존중해주어 그는 험난한 연극 배우의 길에 들어설 수 있었다. 그것이 1937년 그의 나이 24세 때였다.

마침 동양극장이 설립되어 신파극이 대중극으로 자리잡아가던 때였기 때문에 그는 선배 연극인들과는 달리 전용극장에서 수당을 받으면서 일을 할 수 있는 행운을 얻게 된 것이다. 당시 동양극장은 연극 전문 공연장으로서 직업 극단을 두 개나 두고 있었기 때문에 항상 배우 부족에 어려움을 겪었고, 따라서 수시로 연수생을 선발하여 기초 연기교육을 시킨 뒤에 무대에 세우곤 했었다. 물론 1932년 극예술연구회에서 연기교육을 주관한 사람은 당연히 쓰키지 소극장 배우 출신의 홍해성이었다.

홍해성은 쓰키지소극장에서 7년 동안 스타니슬라프스키와 메이어홀드의 연기 기법을 체득한 배우 출신 연출가였기 때문에 연수생 훈련을 철저하게 시켰다. 1936년 4년여의 면서기 생활을 접고 스물네 살의 열혈청년으로서 동양극장 연수생으로 입문한 그에게 닥친 것은 극장 내의 궂은일뿐이었다. 기존 배우들의 자질구레한 뒷수발은 기본이고 막전막후의 대소도구 정리정돈, 청소에 이르기까지 급사나 할 일을 도맡아 해야 했다. 그러한 궂은 일을 하면서 틈틈이 홍해성과 선배 배우들로부터 연기훈련을 받을 수 있었다.

그는 특히 철두철미한 홍해성으로부터 독서 훈련에서부터 시간 지키기, 연기의 기본 등을 익힐 수가 있었다. 그 당시의 홍해성과 관련해서 그는 다음과 같이 회고했다.

> 끊임없이 노력하는 배우여야 성공한다며 배역이 있던 없던 모든 연구생들은 공연 두 시간 전에 나와 분장, 무대장치, 소도구 등을 챙기게 하였다. 막이 오르면 연구생들은 무대 귀퉁이에 쪼그리고 앉아 선배들의 연기를 관찰하게 하였다. 막이 내리면 장치 바꾸는 일을 거들게 하거나 분장실 청소, 소도구 운반들을 체험하게 하였다. 그리고 대본 베끼기도 연구생들이 도맡아 하던 일 중의 하나였다. 홍해성의 지도는 특별난 데가 많았다. 연구생들에게 출연 여부와 관계없이 기초분장을 한 채 대기하게 하였다. 연구생들은 선배들이 하는 대로 분장을 하였다. 때로는 분장법이나 화술법에 대한 이론 강의도 하였다. 홍해성의 분장지식은 매우 박식하고 세밀하였다. 일본에서 공부하는 동안 특수분장을 완벽하게 익혔던 홍해성은 그 분야만큼은 국내 최고의 기술자였다. 그 덕분에 동양극장 배우들은 분장실력이 매우 앞섰다.[3]

이상에서 알 수 있는 것처럼 그는 동양극장 연수생 시절 홍해성으로부터 연극의 기본을 철두철미하게 익힐 수가 있었다. 그렇기 때문에 그는 뒷날 스스로 분장론과 연기론을 쓸 만큼의 실력을 쌓을 수가 있었다. 그런 그가 대망의 무대에 설 수 있었던 것은 연수생 입문 후 1년 반쯤 지난 1937년 10월의 〈청

---

3 위의 책, 75쪽.

춘송가〉(임선규 작, 홍해성 연출)의 단역이었다. 첫 무대는 대사조차 없었기 때문에 대사 단 두 마디가 주어진 12월의 〈사비수와 낙화암〉(임선규 작, 홍해성 연출)에서의 사령 역이 데뷔작이라 해도 과언이 아니다.

그로부터 그는 거의 매 작품에 출연했는데 언제나 대사 몇 마디의 단역만도맡아 했다. 한 달에는 몇 작품씩 무대에 섰지만 그는 거의 보이지 않았다. 조연조차 맡아보지 못했기 때문이다. 그러나 천성이 낙천적이고 건강체였기 때문에 단역도 즐겁게 열심히 하는 편이었다. 그는 청춘좌 소속이었기 때문에 1939년부터는 지방순업에도 따라다닐 수 있었다. 그가 얼마나 열심히 무대에 섰었는지는 함경도 지방공연 때 40도의 고열에 시달리면서도 〈어머니와 아들〉에 출연한 사실에서 잘 나타난다. 40도의 고열로 무대에 섰기 때문에 그는 마구 헛소리를 지껄여 댐으로써 공연 도중 끌려나오기도 했다.

그러나 청춘좌 단원생활은 길지 못했다. 동양극장과 전속단체에 분규가 생기면서 그는 황철 등과 함께 청춘좌를 떠나 극단 아랑(阿娜) 창단에 참여한다. 그것이 1939년 9월이었다. 그러니까 그는 동양극장에 입사한 지 단 3년여 만에 비전속극단인 아랑에 가담함으로써 더욱 어려운 배우 생활을 하게 된 것이다. 그러나 그는 가솔을 이끌지 않는 홀몸이었기 때문에 호구지책을 마련하기에는 별 어려움이 없었다. 따라서 그는 아랑을 따라 중앙과 지방을 떠돌면서 경제적 어려움 속에서도 즐겁게 연기 생활을 했다. 그런데 그가 아랑의 단원이 되면서 동양극장뿐만 아니라 더 큰 무대와 부민관극장에 설 수가 있었다. 즉 아랑이 1941년 5월에 부민관 무대에 올린 〈동학당〉(임선규 작, 박진 연출)에 출연할 수 있었다.

그가 비록 단역이긴 해도 워낙 열심히 성격 연구를 하고 진지하게 무대에 올랐기 때문에 당시의 인기 극작가 임선규의 눈에 들어서 설봉(雪峰)이라는 예명도 받았고, 연출가 박진의 귀여움도 받았다. 특히 그가 당대 극작가 임선규와 연출가 박진의 사랑을 받았던 이유는 동양극장을 떠날 때 그들과 행동을 같이했기 때문이다. 그만큼 그는 어려움 속에서도 의리를 지킨 사나이였다.

그는 단역임에도 불구하고 지방공연 다닐 때는 수없이 경찰서에 불려다니는 곤욕도 치러야 했다. 그는 또 극단을 따라 만주까지 가서 재만(在滿)동포 위문 공연도 했다. 그만큼 그는 다른 배우들과 함께 전국은 물론이고 북만주지방까지 순회공연을 다녔다.

그가 지방순업을 다닐 때 배우로서 겪었던 한 가지 일화는 웃다가 눈물 날 일이기도 하다. 그 일화와 관련하여 그는 "밤새 기차를 타고 새벽녘에야 평양역에 도착. 개찰구를 빠져나오는데 고등계 형사가 취조를 한다. 그는 나를 보자 손에 들고 있는 가방을 열어보자고 한다. 나는 아무 생각 없이 가방을 열었다. 형사는 열려진 가방을 이리저리 뒤져보더니 분장품(화장품)이 나오자 아연 실색. 다짜고짜 내 따귀를 후려쳤다. 얼떨결에 내가 억울하다는 표정을 짓자 그는 다시 따귀를 올려붙이며 '국가는 전쟁을 하기 위해 총력을 쏟고 있는데 사내새끼가 겨우 화장품이나 가지고 다니느냐?'고 호령이었다. 나는 그에게 끌려가 대합실 취조실에서 애매한 구타를 당하고 있었다. 얼마 후 극단원들이 우르르 몰려와 나의 신상을 자세히 설명하고 겨우 그 위기에서 벗어날 수 있었지만 내 일생을 두고 잊혀지지 않는 것 같다"[4] 고 한 바 있다.

이처럼 식민지 시대 연극인들의 수난은 가지각색이었고 해방 때까지 끊이지 않고 계속되었다. 이처럼 그는 단역배우로서의 홀대와 일제의 탄압 그리고 가난의 연속선상 위에서도 연극을 운명처럼 받아들이면서 삶을 지속한 것이다. 그는 학교를 제대로 다닌 데다가 공무원 출신이어서 일본어 구사에 어려움이 없었기 때문에 식민지 말엽의 일본어 연극 출연에도 아무런 지장이 없었다. 그는 치욕적인 일본어 연극에 출연하면서 언제나 민족의 자주독립을 마음속으로 외치곤 했다.

그러던 차에 그는 서른두 살 때인 1945년 해방을 맞는다. 해방이 되자 그는 극단 자유극장에 참여하여 김광일, 김정자, 박은실 등과 우미관에서 〈조선의

4　고설봉, 「한국연극 반세기」, 『新協演劇新書』, 1986. 91쪽.

봄〉이라는 공연을 가졌다. 그러나 혼란 속에서 그의 해방 첫 출연작은 관객 동원에 실패할 수밖에 없었다. 그는 좌우익연극인들 간의 첨예한 갈등 속에서 우왕좌왕하다가 극장 아랑의 동지 황철과 자주 만나게 되었다. 무색투명했던 황철에게 남로당이 집요하게 접근해왔지만 황철이 처음에는 동요하지 않았었다. 따라서 그는 해방 직후 황철이 주도한 극단 낙랑극회의 말단단원으로 인연을 유지했었던 것이다. 그러나 다행히 그가 모친과 함께 살고 있었기 때문에 좌익단체에 거리를 둘 수가 있었다. 즉 호형호제하고 지내던 황철은 이미 남로당의 회유로 입당한 상태였지만 고설봉에게는 모친 봉양을 위해서 가입을 막았다는 것이다.

그러나 그는 황철과 함께 낙랑극회 공연에는 가끔 출연했다. 그 시기의 주요 작품이라고 한다면 1947년 7월 중앙극장에서 공연한 〈여명〉(임선규 작, 안영일 연출)을 꼽을 수 있다. 그러다가 정부 수립을 앞둔 미군정이 좌익을 대대적으로 소탕하기 시작했고, 황철도 월북하고 말았다. 따라서 그가 황철과의 끈끈한 인연으로 말미암아 한 자락 걸치고 있던 낙랑극회도 흐지부지되고 말았다.

낙랑극회가 흐지부지되면서 극단 신청년이 등장했는데, 그것이 1947년 11월이었다. 낙랑극회 이후 어영부영하던 그는 1948년 초 신청년에 가담하여 중앙극장[5]에서 공연한 〈사랑의 가족〉(김영수 작, 박진 연출)에 역시 단역으로 출연했다. 그 극단에서도 빛을 보지 못한 그는 단역을 면치 못했고 출연도 뜸하게 이루어질 수밖에 없었다. 다음해(1947) 들어서 그는 10월에 창립된 극단 예술극회에 박제행, 강계식, 이기홍, 문정숙 등과 가입하여 시공관에서 공연한 〈불멸의 군상〉(윤방일 작, 이광래 연출)에 출연했고, 12월 공연 〈죄와 벌〉(한노단 작, 임방 연출)에도 출연했다.

그러나 예술극회도 수명이 길지 못하고 일여 년에 흐지부지되면서 그 역시 자유로운 몸이 된 것이다. 그러다가 1950년 국립극장이 설립되면서 그는 대

---

5 위의 책, 137쪽.

망의 전속극단 신협의 창립단원이 되기에 이른다. 그때 나이 서른일곱 살이었고 연극 입문 12년 만이었다. 사실 그의 신협 창립단원은 배우로서뿐만 아니라 한 인간으로서 재도약이나 마찬가지로 큰 행운이었다고 말할 수 있다. 왜냐하면 별 볼일 없던 배우로서 단역을 면치 못했던 그가 일단 한국연극사상 최초의 유급 관리극단 16명의 일원이 되었기 때문이다. 그것은 사실 그의 끈질긴 연극에의 집념과 해방, 분단의 소용돌이에서 상당수 유능한 배우들이 월북함으로써 자동적으로 교통 정리된 상황적 행운이었다.

그래서 그는 아주 오랜만에 단역도 조연급에 속하는 큰 역을 맡을 수가 있었고, 매월 급료도 제대로 받는 직업배우로 우뚝 설 수 있었다. 그는 신협의 창립공연작 〈원술랑〉(유치진 작, 허석 연출)과 두 번째 공연 〈뇌우〉(조우 작, 유치진 연출)에 출연하고 세 번째 공연을 준비하는 중에 6·25전쟁을 맞게 된다. 6·25의 혼란 속에서 그는 피난가지 못하고 서울에 남았기에 오랫동안 오해를 받기도 한 것 같다. 수복 직후 다시 연극계에 복귀하려 했으나 여의치 않았는데, 마침 신상옥 감독의 요청으로 영화 〈꿈〉에 출연케 된 것이다. 무대배우로서만 살아온 그에게 있어서 은막에의 데뷔는 새로운 체험이었다. 그는 연달아서 〈양산도〉, 〈사도세자〉 등에 역시 조연급으로 출연하여 생활비도 벌고 대중에 얼굴도 알리는 계기를 맞기도 했다.

그 후로도 몇 번 영화에 출연한 적은 있지만 그는 고집스럽게 무대를 지켜나갔다. 신협이 피난지에서 환도하고 국립극장도 대구로부터 서울 시공관으로 옮겨 오면서 그는 다시 극장 무대에 복귀하게 되었다. 그것이 11년 만인 1962년 1월의 국립극단 정단원으로서였다. 즉 5·16 군사쿠데타로 민주당 정권이 바뀌면서 국립극단의 전속 규정이 바뀌었고, 1962년 1월 신협과 민극 두 극단을 통합하고 일부 영화배우와 소극장운동 주도 배우 등을 합친 20명 단원의 국립극단이 처음 발족되면서 그도 일원으로 참여한 것이다.

이때부터 그는 중견배우로서 노역을 중심으로 주요배역을 맡았고, 그가 정년으로 국립극장을 떠날 때까지 무대에 섰다. 사실 전쟁기간 중은 말할 것도 없고 전후에도 경제사정은 말이 아니었다. 그러나 그는 수복 직후에는 영화 출연으로 생계의 어려움을 벗어날 수 있었고, 1960년대에는 국립극단의 정단원으로서 급료를 받았기 때문에 호구지책을 마련하기에는 별 어려움이 없었다. 그러니까 그의 끈질긴 집념과 공부하는 배우로서, 화려한 주역에는 오르지 못했어도 모든 작품에서 빼놓을 수 없는 자리를 지킨 것이다.

1973년 장충동에 대형 국립극장이 세워지면서 그도 오랜만에 명동에서 장충동으로 활동무대를 옮겼다. 그러니까 그도 꿈에 그리던 대형무대에 서 본 것이다. 그가 장충동 신축극장으로 옮겨 왔을 때는 그의 나이가 60대에 들어섰기 때문에 가뜩이나 노역만 맡던 그가 정말 노인으로서 노역 전담배우가 되었다. 그래도 변기종이 살아 있을 때는 노인 역을 변기종과 분담했었지만 변기종이 타계하면서는 이기흥과 나누어 맡았고, 나중에는 그가 전담하다시피 했다. 그러나 그것은 오래가지 않았다. 국립극장에 정년제가 도입되면서 그는 1976년 말 국립극장을 15년 만에 떠나게 된 것이다.

국립극단의 정년은 그에게 대단한 충격이었다. 우선 안정적인 생활이 크게 흔들릴 수밖에 없었고 생계마저 위협받는 처지가 되었다. 다행히 자녀들이 장성하여 출가한 데다가 문예진흥원의 노령예술인 지원 그리고 간간이 영화나 텔레비전 등에 출연하는 것으로 생활은 유지될 수 있었다. 연극무대에의 미련을 버리지 못한 그는 평생의 동료 강계식 등과 함께 1977년 사설극단 대하 창단에 참여했고, 이듬해에는 극단 시민극장에도 가담하여 무대에 서곤 했다. 그런데 이들 극단이 연극계에서 제 몫을 못 해냈기 때문에 그는 그때그때 극단들의 요청에 따라 단역으로 무대에 서면서 노후의 적적함을 달랬다.

한평생 5백여 편에 이르는 연극, 영화, TV 드라마 등에 출연함으로써 기네스북에까지 등재된 그가 꼽는 대표작은 역시 연극작품으로서 해방 전에는 〈북두칠성〉, 〈김옥균〉, 〈동학당〉, 〈징기스칸〉, 〈삼대〉, 〈행복의 계시〉 등이고 국립극장 시절의 〈원술랑〉, 〈춘향전〉, 〈침종〉, 〈태양을 향하여〉, 〈이순신〉, 〈남한산성〉, 〈손탁호텔〉 등이다. 그리고 영화로는 〈구원의 정화〉, 〈사도세자〉, 〈유관순〉, 〈이차돈〉 등 주로 사극에서 중요한 역을 맡았었다.

'연극이란 사람 사는 모습을 판박이처럼 되새김질하는 것'이라는 연극관을 지닌 그는 대중극과 국립극장 연극을 주로 하면서 리얼리즘 연극을 최상의 것이라 확신했다. 그런 그가 그렇게 많은 작품에 단 한 번도 주연으로 출연하지 못했으면서도 즐겁게 무대에 서 온 것은 배우로서의 자질과 함께 '연극은 주연만이 하는 것이 아니고 조연이나 단역이 있어야 작품이 이루어지는 것이며, 때로는 조연이나 단역이 주연 못지않게 중요할 수 있다'는 나름대로의 연극철학과 무욕(無慾)의 인간성에 기인한 것이었다.

그는 술과 담배를 멀리하는 기독교도로서 많은 시간을 독서와 산책으로 보내면서 출연작품의 캐릭터 분석을 철저히 한 배우였다. 그는 노년기의 한가로운 시간을 이용해서 두 논문과 세 권의 저술을 남겼는데, 1986년에 쓴 『연기론』과 『분장론』은 동양극장 연수생 시절 홍해성으로부터 배운 것을 그 나름대로 정리한 것이고, 『증언 연극사』(장원재 정리), 『이야기 근대연극사』, 『빙하시대의 연극마당 배우세상』은 동양극장 시대 이후 그가 직접 체험했거나 선배 연극인들로부터 들었던 연극비사와 인물들에 대한 기록이다. 이들의 기록을 남기고 2001년 가을 이승과 작별했다.

그의 『연기론』을 보면, 「연기의 이론과 실제」를 비롯해서 「연기플랜 수립방법」, 「배우의 습성과 버릇」, 「대사 없는 연기」, 「연기에 있어서 사이」, 「동작과 대사의 결합」, 「발성」, 「연기의 습제」, 「연기」, 「배우의 과업과 분장에 대하여」, 「분장의 기본에 대하여」, 「연극에 있어서 배우의 위치」, 「배우와 희곡」, 「배우의 창조적 기능」, 「연기문제의 제요소」 등 15장으로 구성되어 있는데, 주내용은 스타니슬라프스키의 배우술과 흡사하다. 연기의 본질에 대해서 그는 "인류의 상징적 표현 형태이다. 연기란 것은 배우의 전 유기체와 정신, 곧 상상력과의 조화로 말미암아 창조적 기능과 표현적 작용과 육체적 운동을 심미적 변화로서 극적 연기의 전 생명을 정리함으로써 인생의 희로애락을 표현하는 것"이라고 한 점에서도 그런 점을 발견할 수 있다.

그가 두 번째로 쓴『분장론』도 홍해성으로부터 배우고 수십 년 동안 스스로 해온 분장 체험을 바탕으로 정리한 것이다. 즉 그는「분장과 연기의 관계」,「분장과 실재의 인간연구」,「분장과 필름의 감광도와의 관계」,「분장의 직업별 연구법」,「두개(頭盖)의 구조」,「분장의 기술」,「명암의 법칙」,「안부(顔部)와 신체의 개개부분의 분장」등 10장으로 구성했는데, 도표까지 그려넣어 매우 구체적인 설명이 되고 있다.

분장은 "그저 일상인의 그 모습을 감추고 아름답게 하려는 화장과는 달리 무대나 스크린을 통해서 그 연기와 동작의 전개를 좀 더 효과적으로 가져가는 한 특수부분에 속한다"고 정의한 그는 분장이야말로 성격창조의 기초라고 했다. 이 논문은 매우 구체적이어서 배우들이 반드시 알아야 할 내용을 정리한 것이었다.

앞에서도 언급한 바 있듯이 그는 세 권의 저술을 남겼는데 모두가 내용은 대동소이하다. 1990년 장원재의 정리로 내놓은『증언 연극사』는 동양극장시대 이야기가 중심이 되고 그 전후사가 단편적으로 정리된 것이며 그가 스승 또는 선배로 모셨던 홍해성, 박진 등 연출가와 변기종 등 배우 그리고 송영 등 극작가는 물론이고 동시대의 주요 연극인들에 대한 프로필 등이 주내용이다.『증언 연극사』에 이어 내놓은『이야기 연극사』와『빙하시대의 연극마당 배우세상』역시 같은 내용인데 극히 일부분이 보완되었을 뿐이다.

일부에서는 그의 연극사 증언이 기존의 극예술연구회 위주의 순수 정통극 중심의 신극사 기술을 보완해준 것이라고 보았지만 그의 연극서술은 어디까지나 증언에 불과할 뿐이며 학문적 체계가 있는 것은 아니었다. 그러나 그가 입문하고 연극을 배운 주무대가 동양극장이었으므로 그 시대를 증언자의 입장에서 남긴 것은 나름대로의 의미가 없는 것은 아니다. 특히 기록이 부족한 당시 배우들의 프로필은 공연사를 정립하는 데 있어서 미세하나마 보탬이 될 것 같다. 다만 그가 증언한 동양극장의 비사가 마치 정사인 양 취급되는 것은 경계해야 될 일이다. 여하튼 한 조·단역 배우가 장수하면서 자기 시대의 일실된 야사를 세 권의 책으로 남기는 일은 일찍이 없었던 것인 만큼 흥미로움을 넘어서는 것이라 아니할 수 없다.

영원한 모상(母像)을 창조해낸 배우
황정순

배우의 얼굴은 변화무쌍하다. 작가들이 그려놓은 인물들을 대신 맡아 연기하는 배우는 수없이 많은 가면의 얼굴을 가져야 한다. 그러므로 어느 한 배우의 얼굴에 대해 이야기하는 것은 의미가 없다고 해야 옳을 것이다. 배우는 어느 한 얼굴만을 지니고 있는 것이 아니라 맡은 역에 따라 수시로 얼굴을 바꾸어가야 하기 때문이다. 그러나 한 배우가 평생 동안 수많은 역으로 변신을 거듭해도 어느 한 가지 뚜렷한 특징을 지니는 것만은 확실하다. 가령 어느 배우는 악한 역을 잘하고 어느 배우는 선한 역을 잘하는 식인데, 그럴 경우 그들의 얼굴 또한 독특한 표정을 지니게 되는 것이다.

우리가 황정순(黃貞順)을 가리켜서 영원한 모상(母像)을 지닌 여배우라고 하는 것은 그가 어머니 역만 했다는 이야기가 아니고 수백 가지 역을 하면서도 그가 뛰어나게 그려내는 것은 역시 한국의 전형적인 어머니상이라는 이야기다. 평생 그는 연극과 영화, 그리고 TV 드라마를 통해서 웬만한 여자 역은 다 해보았다고 해도 과언이 아니다. 그중에는 악녀도 있고 선녀도 있으며 소녀에서부터 파파 할머니까지 거의 안 해본 역이 없을 정도다. 그러나 그가 대중에게 주는 이미지는 역시 인자한 어머니 모습이었다는 것은 아무도 부인하지 못할 것이다. 그런데 그가 이미지를 대중에게 깊이 각인시키게 된 데는 네 가지

원인이 있을 것 같다. 그 첫
번째는 그의 외모에 있을 것
같고, 두 번째로는 성품과 자
세에 있으며, 세 번째로는 그
런 그를 잘 파악한 작가들이
그의 용모와 성품을 감안해서
작품을 써주었고, 네 번째로
는 연출가들 역시 그에게 주
로 그런 역을 맡겨온 때문으

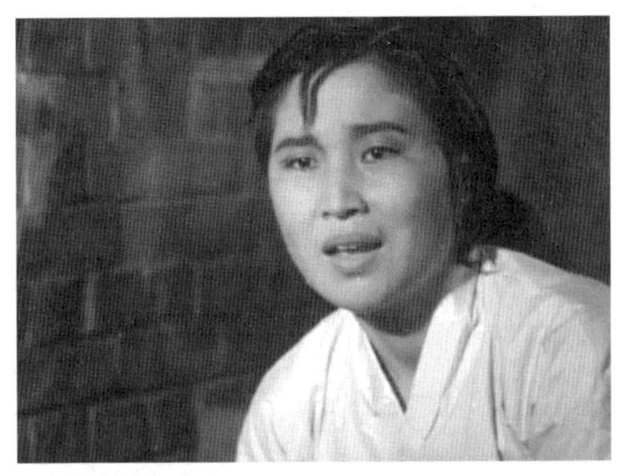

황정순

로 볼 수가 있다. 그가 그런 역을 오래 맡아오다 보니 자연스럽게 어머니의 이
미지로 굳어진 것이라고 말할 수가 있을 것 같다.

그렇다면 과연 그는 어떤 배경에서 성장하고 교육받았을까. 배우에게 있
어서 연기교육은 절대로 중요할 수 있지만 정상적인 교육은 연기를 절대로
좌우하는 것 같지는 않다. 왜냐하면 과거 지나간 배우들을 보면 정상적인
교육을 받지 않았음에도 크게 성공한 예가 적지 않기 때문이다. 물론 배우
도 무식해서는 안 될 것이다. 그러나 배우에게 있어서 높은 교양을 요구하
는 것은 무리일 수 있다. 특히 초창기 배우들은 신식교육 받을 기회가 적었
다. 가정형편도 그러려니와 특히 여성의 경우는 전근대적인 인습 때문으로
해서 고등교육을 받지 못한 경우가 많았다. 황정순도 예외가 아니었다. 그
는 비교적 넉넉한 가정에서 성장했음에도 불구하고 고등교육은 받지 못하
였다. 즉 그는 1925년 8월에 경기도 시흥에서 어느 정도 인정받는 황봉옥(黃
奉玉)과 박순녀(朴順女)의 7남매 중 막내로 태어났다. 그 지역에서는 드물게
양반집이라는 명가에서 태어난 것이다. 그와 관련하여 그는 다음과 같이 회
고했다.

경기도 시흥군 수암면의 내 고향에선 우리 집을 동지댁이라고 불렀다. 선대

할아버님께서 동지(同知) 벼슬을 지내셨던 까닭이다. 황희 정승의 둘째 아드님의 후손인 우리 집은 전형적인 엄한 양반집의 가풍을 그대로 지니고 있었다.[1]

이상에서 알 수 있는 바와 같이 그는 비교적 넉넉한 가정에서 태어났다. 그런데 7남매 중 상당수는 성장 과정에서 세상을 떠나고 장성한 형제는 겨우 셋뿐이었다. 부친이 무슨 일을 했는지는 알 수 없지만 어떤 기술을 가졌던 것만은 사실이었고, 다만 그가 세 살 때 부친이 타계함으로써 모친이 친정이 있는 인천으로 이주해서 상업으로 자녀들을 양육했었다. 어려서는 몸이 쇠약하여 아이들과 활발하게 어울려 다니지 않고 손위 오빠에게 많이 의존했다고 한다.

미국인이 구한말에 설립한 최초의 여학교였던 인천의 영화소학교에 입학하여 4년 정도 다니다가 중도에 그만둔 것은 여러 가지 사정이 있었겠지만 아무래도 공부보다는 예능에 대한 관심 때문이 아니었던가 싶다. 이미 아홉 살 때 우연히 서울에 올라와서 미국 영화 〈타잔〉을 처음 구경하고 호기심을 느낀 그를 영화 팬이었던 오빠가 인천의 표관과 애관 등 영화관을 데리고 다님으로써 그로 하여금 영화에 매료되게 만든다. 그러니까 은연중에 영화배우에 대한 동경을 하게 되었다는 이야기다. 그와 관련하여 그는 다음과 같이 설명했다.

어릴 적 나는 〈타잔〉 영화를 즐겨 보았다. 물론 무성영화여서 변사가 나와 이야기를 엮어나갔지만 영상의 매력은 나를 깊은 곳까지 끌어들였고, 아마도 내가 연극을 하게 된 동기는 그 영화를 보면서 키워온 것인지도 모른다.[2]

영화에 매료되어 있던 그를 당시 대표적인 전문극장이었던 동양극장으로 이끌고 간 이는 4촌 언니(황금순)였다. 마침 동양극장에서 연수생을 모집한다는 광고가 나와 있었기 때문에 호기심 많은 그를 언니가 데리고 간 것이었다.

---

1 황정순, 「나의 꿈 나의 소망」, 『황정순문집』, 55쪽.
2 위의 글, 56쪽.

그때 30명이나 뽑았고 여성이 부족했을 시기였으므로 그는 쉽게 입단할 수 있었다. 나이 열여섯이었던 1940년이었다. 반년 가까이 홍해성 등으로부터 연기교육을 받은 그가 무대에 대사 없이 나서기 시작한 것은 그해 하반기부터였고, 첫 무대가 청춘좌의 〈산 송장〉이었다.

이듬해에 공연 중에 중견 여배우가 갑자기 수술을 하는 바람에 한마디 대사가 있는 〈순정애보〉에 대역으로 출연했는데, 그만 큰 실수를 하고 만 것이다. 즉 간호사 역으로서 '잠깐만 앉아 기다리세요. 의사 선생님이 환자를 보고 나오실 거예요'였는데 긴장한 초년생 배우였던 그가 그만 의사와 환자를 바꾸어 '환자 선생님이 의사를 보고 나오실 거예요'라고 했던 것이다. 객석이 떠나갈 듯한 웃음으로 뒤덮였던 것은 두말할 나위 없는 것이었다.

그는 그날 밤을 눈물로 지새웠지만 결코 주눅들지 않았고 그런 과정을 겪으면서 무서운 속도로 성장해갔다. 그는 "셀 수 없는 실수, 셀 수 없는 역경, 그러나 백 번 쓰러져도 백 번을 스스로 꿋꿋하게 일어났다. 전차 속에서도 대사를 외며 억척같이 연기에 임했다. 그래서 동료들은 내게 탱크부대라는 별명을 붙여주었었다"고 회고한 적도 있다. 그만큼 그는 연기에 매료되어 열정을 쏟은 것이다. 그에게 연기의 기본은 물론이고 연극의 본질을 가르쳐준 이들은 다름 아닌 홍해성, 박진 등 동양극장의 전속연출가들이었다. 특히 홍해성은 전속배우들을 철저하게 훈련시키기로 이름나 있었다. 따라서 그 역시 고등교육을 바로 동양극장에서 받은 셈이 되는 것이고, 그 시절이야말로 그의 연극대학 시대(?)였다고 해도 크게 어긋나는 말이 아니다.

황정순에게 역시 배우로서의 호흡이 길고 무대를 이끌어가는 천부적 소질이 있음을 선배 스승들이 인정했다. 그렇지만 처녀 시절의 그의 배우 생활은 고행 그 자체였다고 해도 과언이 아니었다. 동양극장에서 하루 4회 공연은 예사였고 새벽 3시쯤 되어야 극장에서 풀려나곤 했다. 지방공연 특히 머나먼 만주지방까지의 수개월에 걸친 순회공연은 그야말로 고행 그 자체였다. 기차에 몸을 싣고 며칠씩 이동해야 되고 불편한 잠자리와 먹을거리도 견디기 어려운 것이었지만 참아낼 수밖에 없었던 것이 그 시절이었다.

그러면서 그는 무서운 속도로 성장해간다. 스무 살도 되지 않아서 배우는 걸음걸이가 멋있어야 한다는 원리까지 깨칠 정도였다. 그의 연기가 주목을 받으면서 연극 입문 3년 만인 1943년 3월 그는 나이 19세 때 첫 영화 〈그대와 나〉에 출연함으로써 미래의 대배우로서 성장 가능성을 예고한다. 그런 좋은 예가 다름 아닌 〈대지의 어머니〉라는 작품에 어머니 역으로서 무난하게 연기를 해낸 것이다. 그것도 그의 나이 19세, 대감의 하녀로서 아들 둘을 낳아 기르는 여인 역이었다. 그것이 그로서는 최초의 어머니 역이었다. 21세 때 해방을 맞은 그는 10월에 변기종이 주도했던 극단 자유극장의 창립단원으로 참여하여 〈망향〉(진우촌 작, 나웅 연출)에서 주요 역을 맡았고, 수년 동안 단원으로서 여러 작품에 출연했으며, 극단 대지와 낙랑극회 등에 객원으로 불려다니면서 함께 연기를 한 이해랑과 가까워지기도 했다.

그리고 자유극장이 흐지부지되자 또다시 변기종이 1949년에 극단 신예술무대를 창립할 때 참여했다. 변기종은 그가 동양극장 시절 아버지처럼 따랐던 관계로 의리를 저버릴 수가 없었던 것 같다. 그때 그는 20대 초반으로 이제 겨우 신인 티를 벗은 정도였기 때문에 김선영 같은 대배우들 틈에서 각광을 받기는 쉽지 않았다. 1947년 서울방송국이 라디오 드라마를 시작하면서 그 역시 장민호 등과 함께 성우로서도 활동을 하게 된다.

그러다가 1950년 봄, 국립극장이 개관되면서 영예로운 신협단원이 되기에 이르렀고, 그는 서서히 빛을 발할 수 있는 호기를 맞게 되었다. 즉 그가 국립극장 개관공연 작품인 〈원술랑〉에서 큰 역을 해냄으로써 주연급 배우로 인정받은 것이다. 이때부터 그는 아무도 무시할 수 없는 신예 여배우로서 자타가 인정했다. 그러나 대배우 김선영이 버티고 있었기 때문에 톱스타로의 부각은 어림도 없었다. 그만큼 김선영은 당시 여배우들의 우상일 정도로 탁월한 연기를 보여주고 있었다. 그런 속에서도 열심히 연극을 했는데 불행하게도 신협의 두 번째 작품을 끝내고 6·25전쟁이 일어나면서 그의 화려한 연기 생활이 잠시 멈추게 된다.

그런데 그런 상황은 누구에게나 거의 똑같이 부닥친 것이기도 했다. 그는 우왕좌왕하다가 피난을 못 가고 전쟁 초기에 서울에 남게 되어 위기를 겪기도 했다. 그는 모친을 모시고 살았었기 때문에 쉽게 이동하기가 불가능했다. 그러다가 1·4후퇴 당시 그는 모친과 단둘이서 대구로 피난 간다.

그러다 부산에서 이해랑이 재건한 신협에 다시 복귀하여 주연배우로 활동하게 되는데, 그것은 김선영이 전쟁 중 월북했기 때문에 공백을 메꾼 것이었지만 이를 뒤집어 말하면 그가 단번에 당시 대표적인 극단의 주연 여배우가 되었다는 이야기도 된다. 오랫동안 그와 한 무대에서 호흡을 맞추었던 김동원은 그의 부상(浮上)과 관련해서 다음과 같이 회고한 바 있다.

> 내가 황정순과 무대에서 본격적으로 함께 공연하게 된 것은 한국전쟁 직전 신협의 〈뇌우〉 공연 때부터였다. 이 작품에서 그녀는 젊은 여인 사봉 역을 열연해 배우로서 진면목을 보여준 바 있다. 그러나 당시 여주인공 본처 시평 역은 대스타였던 김선영이 맡았기에, 그녀의 빛에 가려 황정순은 그때까지 두각을 나타내지 못했다. 그런데 이처럼 기회가 오자 그녀는 몸을 아끼지 않는 열성을 보여 여러 사람으로부터 인정받기 시작했다. 오죽하면 그녀의 별명이 탱크였을까. 더욱이 하얀 피부에 섬세한 면에서 그녀는 김선영과 닮은 점도 많았다. 그때부터 그녀는 과거 김선영이 했던 여주인공 역을 도맡다시피 해서 스타덤에 올랐다.[3]

이상에서 알 수 있는 것처럼 그는 대배우 김선영의 그늘에 있다가 전쟁을 통하여 거기서 벗어났고, 치열한 노력으로 김선영의 공백을 거뜬히 메워갔던 것이다. 그만큼 노력을 많이 했다는 이야기다. 이때부터 그는 백성희, 최은희 등과 여배우 트리오로서 무대와 영상을 화려하게 장식해가기 시작한다.

신협은 1951년 1월부터 근 1년 가깝게 무용단, 악극단, 음악단 등과 함께 국

---

3 김동원, 『미수의 커튼콜—김동원, 나의 예술과 삶』, 태학사, 2003, 188쪽.

방부 소속의 문예중대에 편성되어 전선을 따라다니면서 위문공연을 하게 되었다. 한창 전쟁 중이었기 때문에 연극인들도 협조하지 않을 수 없었다. 황정순은 백성희, 강유정 등과 신협의 중심배우로서 열악한 상황에서도 공연을 열심히 했다. 문예중대원으로서의 임무를 끝낸 후에는 신협도 대구와 부산을 오르내리면서 정상적으로 극단 활동을 하기 시작했고, 주연 여배우 황정순이 실력을 발휘할 기회를 잡게 된다.

그런 그가 발군의 실력을 보여준 것은 1951년 9월 신협이 대구에서 처음으로 셰익스피어의 〈햄릿〉을 공연할 때, 왕비 역을 하면서였다. 당시 주연을 맡았던 김동원은 회고의 글에서 "특히 왕비로 분한 황정순이 잠재되었던 연기력을 폭발시켜 발군의 연기력을 보여주었다"고 증언한 바 있다. 그로부터 자타가 공인하는 실력의 그가 신협의 모든 작품의 여주인공을 거의 도맡다시피 한 것은 극히 자연스런 것이었고, 최은희가 납북되었다가 돌아온 뒤에는 두 여성이 역을 경쟁적으로 맡는 상황이 되었다. 그렇기 때문에 두 여성은 자연스럽게 라이벌이 되지 않을 수 없었다. 전쟁 전 〈원술랑〉에서 어머니 역을 했지만 두 번째 작품 〈뇌우〉에서 젊은 사평 역을 한 그가 피난지 대구에서는 젊은 역을 백성희나 최은희 또는 강효실 등에게 넘기고 또다시 어머니 역을 자주 하는 편이 된 것이다.

가령 신협의 인기작 〈햄릿〉에서 왕비 역을 맡은 것도 한 예에 속할 것이다. 그래서 최은희와는 매우 가까운 친구이면서도 배역에 있어서는 라이벌 관계였다. 그런 관계가 때로 공연 사고를 일으키기도 했는데, 1953년 〈나도 인간이 되련다〉(유치진 작)에서 문제가 발생했다. 즉 여주인공인 월북 작곡가의 연인 역을 최은희와 더블캐스트로 하기로 한 것인데, 황정순이 공연장에 나타나지 않으면서 소동이 벌어진 것이다. 이해랑 대표가 겨우 수습은 했지만 두 여인의 경쟁심은 최은희가 신협을 떠날 때까지 지속되었다. 그는 연기에 대해서는 욕심이 대단했지만 생김새만큼이나 후덕하고 넉넉한 성격의 소유자였다.

함께 오랫동안 연극과 영화를 했던 최무룡(崔武龍)도 한 회고에서 "특히 황여사께서는 극진히 나를 보살펴 주었다. 어머니를 모시고 계셨는데 음식을 장만하면 나를 불러 주셨고 그때마다 난 누님처럼 느끼고 찾아가곤 했다. 우리 모두는 친척처럼 한 식구처럼 느꼈지만 특히 황여사는 그러하였다"[4]고 할 정도로 그는 인정 넘치고 사람을 따뜻하게 배려할 줄 아는 어머니 모습의 여자였다. 인품이 그럴진대 그를 좋아하는 남성들이 주변에 모여들 수밖에 없는 것이다. 무대에서 주는 단아한 모습과 평소의 온후한 성품 덕에 여자를 어느 정도 아는 남자들일수록 그에게 매료된 것 같다. 그런 대표적 남성이 당시 대구지역에서 이름을 날리고 있던 의사 이영복(李榮馥)이었다. 이영복은 3남매를 둔 이혼남으로서 병원을 개업하고 있었다. 연극을 좋아했던 그는 신협 연극을 보고 황정순에 매료된 것이다. 이영복은 황정순을 얻기 위하여 병원문을 닫다시피 하고 신협 공연 때마다 자비로 팸플릿을 손수 만들어서 극장 입구에서 판매할 정도로 열성을 보여주기까지 했다. 이는 순전히 황정순에게 구혼을 하기 위한 수단으로서였는데, 당시 열악한 환경에서 연극을 하고 있었던 신협으로서는 감동받을 만한 사건이 아닐 수 없었다. 따라서 두 사람의 사랑은 신협단원 전체의 열렬한 후원 속에 이루어졌고 결국 3년 동안의 열애 끝에 상경하자마자 성대한 결혼식도 올릴 수 있었다.

이영복을 만나면서 황정순의 연기는 더욱 안정되어갔다. 폭이 대단히 넓어져서 창작에서부터 셰익스피어, 그리고 사르트르의 부조리극 〈붉은 장갑〉까지 훌륭히 소화해냈다. 그런 중에도 아내 역과 어머니 역은 그의 전매특허처럼 돋보였다. 이리하여 그는 자타가 인정하는 신협의 간판 여배우로서 모든 작품에서 주요 역을 도맡아 하게 되었다. 그가 주연을 도맡다시피 하다 보니 웃지 못할 해프닝도 종종 일어났다. 그런 가운데서도 몇몇 사건은 그의 스타로서의 투철한 자기관리와 성격적으로 담대함을 보여주는 에피소드로서 전해져온다. 그 첫 번째 사건은 〈자매〉(유치진 작) 공연 때 한겨울의 수영복 착용 문

---

4 김남석, 「어머니의 마음 이해한 연기 황정순」, 『미르』 통권 제172호에서 재인용.

제였다. 한겨울에 난방시설도 되어 있지 않은 무대에 수영복만 입고 선다는 것은 대단한 고역일 수밖에 없을 것이다. 그런데 주연 배우 황정순은 추위가 아니라 몸매 때문에 고심했다고 김동원은 다음과 같이 회고했다.

> 그런데 여배우들 중엔 이러한 추위보다는 자신의 몸매 때문에 더 걱정을 하는 경우가 있었다. 작품 내용상 수영복을 입어야만 하는 상황에서 함께 출연했던 황정순은 자신의 몸매가 매끈하지 않다며 신체 노출을 몹시 부끄러워했고, 내내 불만이었다. 지금은 배우들이 자신의 외모나 체격에 불만인 부분들은 성형수술을 통해 많이 고치고 또 그 사실을 당당히 말하는 시대가 되었지만 당시만 해도 그런 것은 상상할 수도 없는 일이었다. 특히 가슴이 빈약하다고 불만이었던 황정순은 가슴이 크게 보여야 한다며 급한 김에 다른 배우가 분장 지울 때 쓰는 수건을 집어넣고 출연했다가 공연 도중 흘러내려 한바탕 웃기는 소동이 벌어졌던 일도 즐거운 추억으로 남아 있다.[5]

이상과 같은 일화에서 느껴지는 것은 그가 스타배우로서 자기의 무대 모습을 얼마나 신경 썼는가를 단적으로 보여주는 것이라고 하겠다. 황정순이 무대 위에서 얼마나 신경을 썼는가에 대해 이외에도 여러 가지 일화가 있다. 가령 〈자명고〉 공연 때 솜씨가 별로였던 그가 만든 귀고리가 마음에 안 들자 예쁘게 만든 후배 강유정의 것을 자신이 공주 역이기 때문에 해야 한다고 고집 피운 일도 유명하다.

두 번째의 에피소드는 그의 여걸다운 모습을 보여주는 것으로서 대구에서의 미군병사 무대 등장 사건이다. 신협이 유치진의 〈자명고〉를 공연하고 있었는데, 당연히 그가 여주인공인 낙랑공주 역을 맡았음은 바로 위의 일화에서 이야기한 대로이다. 그런데 한창 공연 중에 돌발사태가 발생한 것이다. 그때 함께 무대에 섰던 강유정은 저간의 사건에 대하여 다음과 같이 회고했다.

---

5 위의 책, 220쪽.

   제3부 대중 공연예술의 개화 (2)

극중의 클라이맥스인 낙랑공주가 자명고를 찢는 장면이 되자 극장안은 숨소리조차 들리지 않을 정도로 분위기가 고조되어 있었다. 낙랑공주 역을 맡았던 황정순 씨가 막 북을 찢으려는 순간! 갑자기 미군병사가 4~5명이 무대 위로 뛰어오르는 것이 아닌가. 무대 위로 뛰어올라온 미군들이 분장실로 들어가더니 소품으로 쓰고 있던 칼을 들고 나와서 낙랑공주(황정순)에게 결투를 신청한 것이다. 그동안에 비극으로 치달았던 분위기는 일시에 무너지고 극장 안은 폭소의 바다로 변해버린 것이다. 게다가 결투를 신청하는 미군병사들의 표정이 얼마나 진지했던지 더 이상 공연이 진행될 수가 없었다. 화가 나기도 하고 놀라기도 한 황정순 씨가 미군병사들을 향해서 고함을 지르니 혼비백산한 미군병사들이 이번에는 분장실 안으로 쫓겨가는 것이다. 연극을 망쳐버린 데 대해 속이 상할 대로 상한 황정순 씨가 도망가는 미군들에게 분통을 터뜨리며 고함을 쳤다. "헬로우, 유 노노노노 노굿!"[6]

이상과 같은 매우 희귀한 사건에서 알 수 있는 것처럼 그는 평소에 대단히 후덕하고 너그러우면서도 경우에 어긋나는 일을 보면 남자 이상으로 매우 단호하고 용맹스럽기까지 했다. 이런 강인한 성격은 배역 욕심에서도 간간이 나타나곤 했었다. 〈오셀로〉 공연 때의 에피소드가 그 단적인 예이다. 그는 사실 아리땁고 가녀린 데스데모나 역과는 거리가 멀었다. 그럼에도 불구하고 그는 신협의 간판 여배우였으므로 당연히 자신에게 돌아올 줄 알았었다. 그런데 마침 최은희가 납북되었다가 부산에 돌아오면서 그에게 데스데모나 역이 돌아가고 황정순에게는 뜻밖에도 술집여자 역인 비엔카 역이 돌아온 것이 아닌가.

그때의 상황에 대하여 "황정순 씨의 실망은 이루 말할 수가 없었다. 연습 도중 때로는 황정순 씨 특유의 심통이 나타나기도 했지만 대세는 어쩔 수가 없었다. …(중략)… 배역에 실망한 황정순 씨의 오기가 발동했다. 비엔카 역으로 승부를 걸려는 모습이 요즘 배우들이 배역 선정에 불만을 품고 쉽게 극단을

---

6 강유정, 「한국연극 80년 야사 (81)」, 『스포츠조선』 1992.11.15.

떠나는 경우가 흔하다는 말들을 들을 때마다 나는 황정순 선배의 오기와 끈기를 기억한다"(「한국연극 80년 야사 (117)」)고 회고한 강유정의 글에서 그의 배우로서의 강인한 승부근성이 잘 나타나고 있음을 확인할 수가 있다.

그런 성격이야말로 그가 대배우로 성장할 수 있었고 또한 전통적인 한국의 어머니상을 창조해내는 밑거름이 되지 않았을까 싶다. 그는 그런 성격대로 의리 역시 남성 이상이었고 융통성이라든가 순발력 등에 있어서 남성 못지않았다. 그 점은 전시 중 문예중대 활동 때와 신협이 한창 방황할 때 잘 나타났다. 즉 일선 위문공연 때 군간부들의 파티에 여배우들을 참여시키려는 사단장 지시를 놓고 장교들 간에 벌어진 싸움에 끼어들어 그가 앞장서서 무마한 것이라든가 신협이 국립극장 가담을 놓고 단원들 사이의 동요가 있을 때 손해를 감수하면서까지 신협 편에 섰던 것은 그만이 취할 수 있는 멋진 처신이었다. 즉 1957년 국립극장이 환도하여 1953년 먼저 상경한 신협을 불러들여서 연극을 했었다. 그 역시 이해랑 등 신협단원들과 함께 국립극장의 단원이 되어 고정 월급을 받으면서 연기 활동을 할 수 있게 된 것이다.

그런데 신협이 국립극장에 들어갈 때 이름을 없앰으로써 세계일주에서 돌아온 유치진으로부터 질타를 받게 된다. 전통 있는 신협이 그처럼 간단히 이름을 버리는 게 말이 되느냐는 것이었다. 여기에는 오랜 라이벌 유치진과 서항석의 갈등이 내재되어 있었다. 일단 이해랑이 책임을 지고 탈퇴함으로써 수습은 되었지만 그것은 일시적인 것에 불과했고, 결국 일 년도 안 되어 몇몇 단원들이 탈퇴하여 신협을 재건할 때, 황정순도 과감히 국립극장을 떠난다.

그가 국립극장을 미련 없이 떠날 수 있었던 것은 두 가지 이유로 볼 수 있다. 첫째는 역시 의리에 따른 것이었고, 두 번째로는 그가 연극에만 전념하지 않고 방송과 영화 출연을 많이 하고 있었던 데 따른 것이었다. 그러면서도 그는 당시 비슷한 길을 걸은 김동원이라든가 주선태 등과 달리 신협 연극에는 거의 빠짐없이 출연했다는 점이다. 그리고 1961년 드라마센터가 연극중흥을 내걸고 출범했을 때도 이해랑 등과 함께 가담했다.

거기서 그는 개관 공연인 〈햄릿〉에 출연하는 등 열심히 연극을 했다. 특히 현대연극사에 남는 걸작이라 할 만한 〈밤으로의 긴 여로〉(유진 오닐 작, 이해랑 연출)에서 마약중독으로 고뇌하는 어머니 역을 능숙하게 해냄으로써 연기가 무르익어감을 보여주기도 했다. 여석기(呂石基)도 공연 평에서 "황정순의 열연은 이 극 안의 가장 어려운 역을 소화시키는 데 별반 흠잡을 곳이 없다"[7]고 후한 점수를 준 바 있다.

그러나 그 후로는 드라마센터가 문을 닫은 데다가 신협 공연도 많지 않아서 그는 주로 방송드라마와 영화에 많이 출연했다. 1943년 첫 번째 영화 〈그대와 나〉에 단역으로 출연한 후 해방이 되면서 연극무대에 주력했지만 라디오 드라마의 성우로서 생활비를 조달하는 정도의 외도는 했었다. 그러다가 1949년에 영화 〈여성일기〉에서 조역을 맡았었고, 그해 9월에 장호(張昊)가 감독한 〈청춘행로〉에서 처음 주연을 소화해냄으로써 스크린의 매력에도 조금씩 빠져들게 된 것이다. 그러나 당시 영화판이 워낙 영세했기 때문에 영화 출연 기회는 쉽게 돌아오지 않았다. 다행히 1950년대 중반부터 영화계가 활성화되면서 그가 영화 쪽으로 기울어가기 시작한다.

미국 영화의 범람과 함께 소위 문예영화 붐도 일어나면서 황정순이 분주해지기 시작했다. 마침 신협이라든가 여타 몇 극단들도 침체되던 형편이라 영화판에 머물 수 있는 기회도 괜찮았다. 그는 영화에서도 여러 가지 역을 소화해 냈지만 그중에서도 어머니 역이나 할머니 역을 주로 했다. 그때의 그는 30대 중반으로서 연인 역도 해낼 수 있었지만 그런 역은 그에게 잘 배당되지 않았다. 그때만 해도 최은희라든가 김지미, 엄앵란, 문정숙 등이 스크린을 장식하기 시작할 무렵이어서 후덕한 인상의 황정순에게는 그저 어머니나 할머니 역이 적역이기도 했다. 물론 그가 신협의 멤버로서 극단 공연에도 충실했지만 역시 영화일이 워낙 몰렸기 때문에 눈코 뜰 새 없었다고 다음과 같이 술회한

---

7 여석기, 『한국연극의 현실』, 동화출판공사, 1974, 247쪽.

바 있다.

> 게리 쿠퍼는 일생에 80편을 하고 갔다는데 나는 참 너무 많죠. 50년대부터 70년대까지 우리 영화계의 기현상이었어요. 한 달이면 2~3일 집에 들어가 자고 수면시간도 2~3시간, 한번은 김승호 씨와 14일간 계속 밤샘으로 녹음일을 한 적도 있어요. 어느 순간 보니 발등이 부어 있더군요. 그래도 일만 좋아서 2~13개 겹치기 출연은 보통이었고.[8]

이상에서 알 수 있는 것처럼 그는 1950, 60년대 이후 영화계에서 여배우의 중심축이 될 만큼 활발하게 출연한 것이다. 그것은 어디까지나 영화계로부터 부름을 받아서였지만 그 자신도 대단한 열정을 갖고 임한 것이기도 했다. 가령 그가 박희성과 가진 인터뷰에서 "그때 저는 눈도 안 보이고 귀에 아무것도 들리지 않았습니다. 오직 감독의 불호령과 카메라만 보였을 따름입니다. 아이들을 부양해야 할 정도로 책임도 물론 있었지만 일만큼은 누가 시킨다 한들 그렇게 열심히 할 수 있을까요? 지금 영화하는 사람들도 너무 인기나 수입에 치중하지 말고 참다운 연기를 했으면 좋겠어요"(『황정순문집』, 59면)라고 말함으로써 열정이 중요하다는 이야기와 함께 자신의 과거를 설명한 바 있다.

그 시기에 출연했던 대표작 몇 편만을 꼽아보더라도 〈왕자 호동과 낙랑공주〉를 비롯해서 〈인생차압〉, 〈청춘극장〉, 〈육체의 길〉, 〈김약국의 딸들〉, 〈두 아들〉, 〈대원군과 민비〉, 〈한석봉〉, 〈여자의 길〉, 〈갯마을〉, 〈산불〉, 〈팔도강산〉, 〈엄마 아빠 오래 사세요〉, 〈흙〉 등 수백 편에 이른다. 여기서 흥미를 끌만한 점은 그가 연극에서와는 달리 주로 역사물에서는 왕비를 맡은 점이고 일상적인 멜로물에서는 어머니 역과 할머니 역을 맡았다는 사실이다. 물론 연극에서도 그가 어머니 역을 몇 번 맡은 적 있다. 그러나 영화작품에서처럼 연극에서의 어머니 역이 그렇게 많은 것이 아니었기 때문에 어머니상을 구축하기

---

8 구히서, 「황정순—무대 위의 얼굴 (27)」, 『한국연극』 통권 제152호, 55쪽에서 재인용.

는 어려웠고 결국 1960, 70년대 영화에서 그의 어머니상이 굳어진 것이다.

그로 하여금 어머니상을 굳히게 한 결정적 작품은 역시 영화 〈팔도강산〉과 장기 연속 TV 드라마 〈보통 사람들〉이 아니었나 싶다. 김희갑과 부부로 나선 영화 〈팔도강산〉은 오랜 가난을 극복하려고 경제개발을 하던 시절의 이야기여서 만인의 가슴을 뭉클하게 한 작품이었다. 당시 새마을 영화라는 핀잔도 들었지만 궁핍한 생활을 영위하고 있던 서민들에게는 부부애와 부모자식 간의 따뜻한 가족애에 대단한 감동을 안겨주었다. 가령 가난한 딸이 모처럼 오신 아버지께 드릴 막걸리가 모자라자 물을 타서 올리지만 아버지는 첫 입에 알아차리고도 짐짓 '어, 막걸리 맛 참 좋다'고 딸을 다독거리는 장면은 많은 사람들을 울렸다.

그 작품에 인자한 어머니 역을 해낸 그는 한국 어머니의 표상처럼 비칠 수밖에 없었다. 그리고 영화 이상으로 수백만 대중에게 절대 작품으로 영향을 주었던 장수의 홈드라마 〈보통 사람들〉에서도 그가 비록 행복한 가정의 인자한 신식 할머니로 등장은 했었지만, 이 땅에서 할머니나 어머니의 존재가 얼마나 중요한가를 보여줌으로써 그로 하여금 모상의 대명사가 붙게 했다. 1950년대로부터 1960년대에 걸쳐 영화를 통하여 어머니상을 구축했다면, 1970년대 즉 영화가 침체하면서부터는 TV연속극이라는 안방극장으로 장을 옮겨서 어머니상을 확고하게 정착시켰다고 말할 수가 있다.

이처럼 그는 1944년 열아홉 살의 처녀 시절에 처음 연극 〈대지의 어머니〉에서 어머니 역을 맡은 이후 30여 년 만에 대표적인 어머니상으로서 대중에 확고한 이미지를 각인시킨 셈이 되는 것이다. 어머니 역을 어떻게 그처럼 잘하느냐는 질문을 받은 그는 "우리 어머님의 모습 그대로를 표현한 것"[9]이라고 함으로써 자신의 연기관의 일단을 피력한 바도 있다. 이는 평소 그가 항상 되뇌는 "연기, 그것은 삶 자체다, 진실의 또 다른 과정으로서 연기라는 예술이 존

---

9 위의 글, 57쪽에서 재인용.

재하는 것이다. 아무리 섬세한 연기를 할 수 있어도 연기자에게 진실한 넋이 결여돼 있다면 그것은 극치의 연기가 될 수 없다"는 이야기와 상통하는 것이다. 그러면서 그는 "배우의 기쁨은 진실 속에 있는 거예요, 남이 잘했다고 했을 때나 못했다고 했을 때 그걸 제일 잘 아는 건 배우 자신이지요, 난 구수한 연기, 부숭부숭한 연기가 좋아요, 뱃속이 텅 빈 상태 아무것도 채워지지 않은 상태로 역을 가득히 빨아들이는 거예요"[10]라고 답변한 바 있다.

그는 무대 위에서의 배우의 모습과 관련하여 여러 선인들이 말해왔던 "서 있으면 조각이요 움직이면 율동이요 대사는 시(詩)"라는 말을 입에 달고 다닐 만큼 연기에 몰두해서 살고 있다. 동양극장 연수생 시절에 홍해성 등으로부터 연기공부를 했기 때문에 그의 연기관은 자연히 스타니슬라프스키의 리얼리즘 극술에 전적으로 의존해 있음은 두말할 나위 없다. 그가 항상 연극은 배우의 예술이라면서 자연스런 연기를 강조하는 것도 그런 맥과 같이 하는 것이다. 특히 반복연습을 강조하는 것도 한 예라 본다. 그는 자신의 문집에서 그와 관련하여 "연기란 단 한 번의 연습으로 이루어지는 것은 아니다. 여러 차례의 반복만이 훌륭한 연기를 나타내주는 것이다. 그러므로 연기자가 되려는 사람도 그렇지만 기성연기자도 이 반복의 연습을 게을리 하지 말아야 한다. 다시 말하면 연기자에게 있어 반복이란 그 수효가 많으면 많을수록 효과가 큰 것"[11]이라고 쓴 바 있다.

그리고 그는 배우의 고뇌를 특히 강조한다. 고뇌하지 않는 배우야말로 연극계의 쓰레기라고까지 강조한다. 고뇌와 함께 감성을 중시한 그는 배우의 감성이 관객의 감성에 못 미칠 때 관중을 감동시키지 못한다고 보았다. 그는 또 배우가 한 역을 맡게 되면 반드시 성격 분석에 충실해야 한다면서 캐릭터의 과거사와 현재사, 그리고 미래사를 추적해서 이해하고 충분히 납득하고 있어야

---

10 위의 글, 55쪽에서 재인용.
11 『황정순문집』, 47쪽.

    제3부   대중 공연예술의 개화 (2)

하며, 특히 미래 비전을 통해 인물의 연기패턴을 결정해야 한다고 했다. 그리고 나서 가장 잘 해야 할 대목을 찾아야 한다는 것이다. 부각시켜 연기해야 할 곳과 사건 전개의 맥락이 되는 지점을 찾아야 하며, 그 부분을 중점적으로 강조하는 연기를 해야 한다는 것이다.[12] 이처럼 그는 배우술을 훤히 꿰뚫고 있다. 좀더 구체적으로 설명하자면 그가 오랜 경험 속에서 연기의 물리를 완벽하게 텄다고 말할 수가 있다.

그는 관객이 연극을 만드는 중요 요소라는 것도 잘 알고 있다. 좋은 관객이 보다 좋은 연극을 만드는 것을 누구보다도 잘 알고 있다. 그는 자신의 문집에서 배우에게 있어서 에너지는 순전히 관객이 끄집어내주는 것이라면서 훌륭한 연극은 관객이 만들어준다는 것을 강조한 바 있다. 그러면서 한 여배우의 경우를 예로 제시한다. 즉 어느 여배우의 부군이 객석에 앉아 있을 때는 러브신을 제대로 못한 그가 남편의 관극을 금지하면서 러브신이 무르익게 되었고, 그 결과는 남편과 이혼한 것이었다고 했다. 매우 적절한 예라고 말할 수가 있겠다. 그러면서 그는 일찍이 팬클럽 같은 것이 필요함을 역설하기도 했다.

우리나라 연극의 부진 이유 중에 반드시 들어가야 할 것이 다름 아닌 극장 문제이다. 개화기 이전에는 제대로 건축된 극장도 없이 야외에서 연극을 해왔고, 20세기에 와서야 겨우 옥내극장을 가질 수 있었다. 그러나 일제가 이 땅을 병탄하면서 일인들이 극장을 소유하게 되어 연극인들 역시 착취의 대상이 되었다. 그런 연극계의 어려움은 해방 이후에도 상당기간 지속되다가 현대에 와서야 완전히 해결되었다. 그렇기 때문에 그 역시 자신의 문집에서 "우리나라의 연극계에서는 제일 먼저 극장에 신경을 집중해야 될 것"이라고 주장하고 있는 것이다.

그러면서 극장의 본질과 관련하여 "극장은 죽음과 고통의 도가니며 웃음과 환희의 소용돌이다. 셰익스피어의 햄릿과 같이 고통과 번민을 하면서도 몰리

---

12 김남석, 앞의 글 재정리.

에르 같은 웃음이 있는 곳이다. 그러나 극장에서의 흥분은 죽음과 고통 속에서 더 크게 느껴지는 것이다. 극장은 우리 영혼의 체험의 장소이다. 혼과 혼만이 유통하는 가운데 극이 영글고 거기서 우리 영혼은 깨어나는 것이다. 혼의 흐름이 없는 극장이 무슨 필요가 있단 말인가?"라고 씀으로써 극장을 오락장이 아닌 인간 영혼의 교감장으로 파악하고 있다. 이는 그의 스승 중에 한 사람인 유치진이 평소 '연극을 낙원의 행사'라고 한 말에 가깝다. 그러니까 분명히 제의적인 파악으로서 당초 인류가 절대자와의 교감을 위하여 극장을 만든 취지에 부합하는 시각이라 주목되기도 한다. 이처럼 그는 일찍이 연극에 대하여 폭넓은 교육을 받은 적은 없지만 오랜 무대 체험을 통하여 그 본질을 깊이 통찰하고 있었던 것이다.

그가 연극과 영화, 그리고 방송드라마를 하는 동안 인자한 어머니나 할머니 역을 많이 했던 것은 아무래도 그의 외모뿐만 아니라 품성도 그에 걸맞았던 데 따른 것이라고 말할 수 있다. 실제로 그의 인성은 작품 속의 모상과 크게 다르지 않았다. 평소 그는 만인들에게 받아온 사랑을 되돌려주어야 한다고 되뇌곤 했다. 그리하여 가족사랑도 끔찍할 정도였지만 주변 사람들에게도 많은 사랑을 베풀면서 살았다. 일찍이 한 잡지에 쓴 에세이에서 "어두움을 밝힐 수 있는 사람만이 이 세상을 겸손하게 공부한 사람이다. 봉사하는 생활 속에서 자신의 모습을 가꾸어 나가야 할 것이다. 마음속의 가시를 뽑아내고 얼굴을 평화스럽게 가지면 세상은 더없이 환한 빛으로 넘친다. 남을 사랑하는 눈, 너그럽게 용서하는 눈, 기쁨으로 바라보는 눈, 모든 것은 자신의 눈에서 비롯되고 끝이 난다"[13]고 씀으로써 양보와 봉사정신이 인생의 가장 값진 것이라는 평소의 신념을 밝힌 바도 있다.

그가 1960년대 우연히 영화를 촬영하면서 정신박약아를 만난 적이 있었는데, 그에게 호주머니 돈을 몽땅 털어주는 데 그치지 않고 그로부터 계속해서

---

13 황정순, 「여성의 젊음」, 『레이디경향』 1982.2.

정박아 돕기를 계속했다. 그리고 그는 1974년에 낙도의 불우어린이들과 자매 결연을 맺고 지원을 했으며 양로원과 어린이교도소를 수시로 방문하여 위문 공연을 해주는 등 사랑을 베푸는 일에 인색하지 않았다. 그뿐만 아니라 연극 을 공부하는 고학생들을 돕기 위하여 드라마센터, 즉 서울예술대학에 황정순 장학회를 만들어 매년 장학금을 지급하고도 있다. 거기에 그치지 않고 자신을 성장시켜준 극단 신협을 위하여 혜화동에 황정순소극장도 연 바 있었다.

그렇다면 그가 어떻게 그런 자선사업을 벌일 수 있었을까. 그 대답은 역시 그의 타고난 고운 품성과 함께 종교생활에서 찾을 수 있지 않을까 싶다. 그의 모친은 일찍부터 불자(佛子)였다. 따라서 그도 자연스럽게 불교를 믿게 되었 다. 그는 1977년 가을에 대각사에서 고암(古庵) 스님으로부터 수계(受戒)를 받 았음을 다음과 같이 감동적으로 회고한 바 있다.

> 1977년경의 어느 가을날이었다. 전화벨소리가 울렸고, 나로 하여금 불교와의 인연을 깊게 하는 데 도움을 준 조계사 최양이 상냥하게 인사를 하며 잠시 기다 리라는 것이었다. 나를 흔들어 깨우리만큼 감동적이었던 고암 스님의 첫 법문이 내 귀를, 아니 내 심장을 일깨웠다. 대각사에서 곧 거행될 보살계 수계식 참석을 망설이던 나는 서둘러 절에 갈 준비를 했다. 향내 가득한 법당에서 스님은 내 팔 에 연비를 하시며 또 한 번 내 영혼을 감싸주셨다. '덜 아프게 해야지.' 인자하신 얼굴에 미소를 지으시는 그 모습은 어머니의 품 같았다. 그날 내게 내려진 불명 (佛名)은 선덕행(善德行). 새 이름을 수지하는 순간 '아, 부처님 품에서 다시 태어 났구나' 하는 엄숙한 희열을 느꼈다.[14]

이상에서 알 수 있는 것처럼 그는 조계사에서 정식으로 수계를 받았으며 법명은 그가 그동안 선행을 실천하면서 살아왔고 또 그렇게 베풀면서 살아 가도록 선덕행으로 지어졌다. 그가 수계를 받았던 것은 아무래도 모친의

---

14 황정순, 「잊을 수 없는 스님」, 『법륜』 1981.10.

영향과 3년 동안 병석에 있던 남편의 죽음이 준 충격이 작용한 것이 아닌가 싶다. 그로부터 열심히 절에 다니던 그가 한 여기자의 종교와 관련된 질문을 받고 "아이들 권유로 3년은 조계사를 다녔고, 80년부터는 아들 내외와 큰 딸의 권유로 강 건너 소자교회엘 나갔고, 지금은 한신교회에 나간 지 1년 반이 됩니다."[15]고 실토함으로써 기독교로 개종한 것은 순전히 자녀들의 요구에 의한 것임을 설명한 바 있다. 사실 불교의 자비심이나 기독교의 사랑의 본질이 크게 다르지 않다고 볼 때, 그의 개종도 그 자신의 어떤 변화라고 보기는 어렵다. 절대적으로 의존해 살던 남편을 잃고 난 후 마음의 안정을 자녀와 종교에서 찾으면서 자녀들을 따라 자연스럽게 발길을 교회로 돌린 것이 아닌가 싶다. 그런 현상이야말로 보통 사람들의 행로일 것이다.

지금은 현역에서 은퇴한 상태지만 2005년 정월에는 모처럼 왕년의 히트 영화 〈팔도강산〉을 뮤지컬화한 작품에 잠시 단역으로 무대에 서는 노외장도 보여준 바 있다. 그러나 건강하던 그도 2010년 들어 병환에 시달리다가 2014년 2월에 향년 89세를 일기로 이승과 작별했다. 이상과 같이 그가 10대 소녀로서 공연예술계에 입문한 이후 1950, 60년대에는 한국의 대표 극단 신협의 간판 여배우로서 정통연극을 지켰고, 1950년대 후반부터 1970년대 중반까지는 전통적인 한국의 어머니 역으로서 수많은 영화의 품격을 높였으며, 1970년대 중반 이후는 안방극장이라 할 방송드라마에서 인자한 어머니와 신식 할머니로서 가정의 행복이란 어떤 것인가를 탁월한 연기로 실연해준 국민배우라고 해도 과언이 아닐 것이다.

사실 한 배우가 거의 60여 년에 걸쳐서 우리의 영원한 모상(母像)을 창조해준 경우는 황정순밖에 없다. 그만큼 그는 무대예술과 영상예술, 즉 고급문화와 대중문화를 넘나들며 한국 문화를 품격 있고 풍요롭게 한 역사적 인물로서 예술사에 기록되고도 남을 만하다.

---

15 구히서, 앞의 글, 57쪽.

연극판에 장승처럼 담담하게 서 있던 진정한 배우
강계식

이 땅에서 배우를 평생 직업으로 삼고 살아간다는 것은 참으로 어려운 일이다. 그래도 지금은 연기자들이 무대 배우로 활동하는 간간이 영화와 텔레비전에도 나가고 CF를 찍기도 하는 경우도 있어서 괜찮다. 또 절대빈곤 시대도 아니기 때문에 밥을 굶지는 않는다. 그러나 적어도 개화기 이후 1960년대까지 사이에 배우를 일생의 업으로 삼아온 사람들은 정말 필설로 표현할 수 없을 정도로 가난과 싸워야 했고, 천대하는 사회와 싸워야 했으며, 짓누르는 권력과 싸워야 했다. 그들은 삶 자체가 항상 극한 상황에 몰려 있었다. 예술가로서의 객기나 낭만 같은 것은 정말로 찾아볼 수가 없었다. 따라서 이 땅의 척박한 사회 풍토를 오늘날 이만큼이나마 만들어놓은 공로자는 다름 아닌 연극인들이라는 생각을 가질 수밖에 없다. 우리가 연극 선구자들을 존경해 마지않는 것도 그들의 고난에 찬 삶 때문이다.

그런 측면에서 보았을 때 외곬으로 80 평생을 무대배우로 살아온 강계식(姜桂植)도 당연히 존경의 대상이 될 만하다. 그것도 부부가 함께 무대생활을 했다는 점에서 더더욱 빛이 난다고 하겠다(부인 이용남(李龍男)은 1960년까지 연기 생활을 했다). 특히 원로배우 강계식의 경우는 좋은 인품으로 인해서 주변 사람들로부터 존경을 받아왔는데, 그 품성은 아무래도 태생적 기질과 종교로부터 다

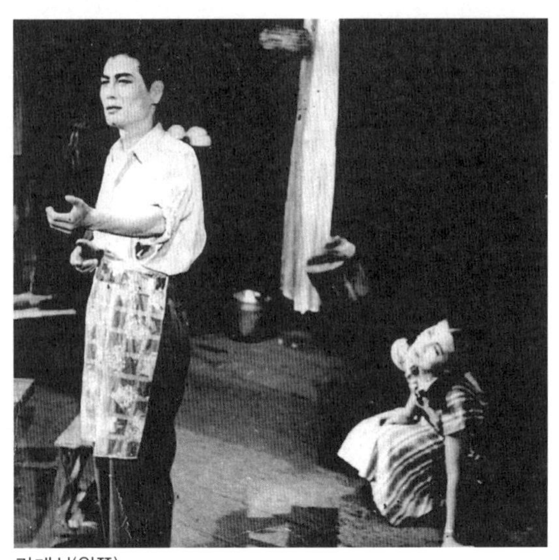

강계식(왼쪽)

져진 것이 아닌가 싶다. 바로 그런 인품 때문으로 해서 그는 드러나지 않고, 따라서 있는지 없는지 존재는 없다. 그는 얼굴만 있지 자기 알림의 소리가 없다. 그렇기 때문에 우리 연극에 대해서 깊숙이 알지 못하면 강계식이라는 없어서는 안 될 노배우를 거의 알지 못한다. 그러나 그는 자기를 알아주지 않는 것에 대해서 조금도 개의치 않는다. 그는 또 대우를 받고자 얼굴 붉혀 요구하지도 않는다. 그는 이미 인생을 달관한 경지에 가 있기 때문에 연극판에 장승처럼 담담히 서 있을 뿐이다. 그는 다만 작품에서 자기가 맡은 역을 다하는 것으로 삶에 만족한다. 그에게 있어서 세속적 명예나 권위 같은 것은 자신과 무관한 것으로 치지도외하는 듯싶다. 따라서 그는 후술하겠거니와 범속한 눈에는 별 볼일 없는 단역배우로 비칠 것이고 비범한 눈에는 은자(隱者)로 비칠 것이다.

조선시대부터 온천지로 유명했던 충남 온양에서 1917년 4월 21일에 태어난 강계식은 사실 가정적으로 예술과는 아무런 인연이 없었다. 오랜 경찰관 생활과 사법서사(司法書士)로서 마을의 유지였던 부친 강태경과 양반집 규수였던 모친 정홍옥 사이에서 8남매 중 맏이로 태어난 그는 준수한 용모와 온건한 성품으로 인해서 매우 순탄하게 성장했다. 당시는 식민지 초기로서 경제적으로 대단히 궁핍한 시대였지만 그는 매우 부유한 생활을 했고, 유치원 겸 교회의 주일학교에 다니면서 조기 교육을 받기도 했다. 그는 청운의 꿈을 품고 온

제3부   대중 공연예술의 개화 (2)

양의 소학교를 마치자마자 공주고보에 응시했는데 불행히 낙방의 고배를 마셨다. 사실은 공주고보 낙방은 그로 하여금 인생의 길을 바꾸어 놓은 계기가 되지 않았나 싶다. 왜냐하면 만약 그가 합격했더라면 배우의 길로 들어서지는 않았을 것이기 때문이다. 그만큼 공주고보 낙방 사건은 그에게 있어서 운명적이었던 것으로 볼 수 있다.

곧바로 상경한 그는 경성실천상업학교를 다니게 된다. 그러나 그는 상업 교과목에 별로 흥미를 느끼지 못하고 연극과 영화 관람에 더욱 열을 올렸다. 특히 소년 시절 고향에서 관극한 토월회의 〈데아브로〉 공연이 언제나 뇌리에서 떠나지 않았다. 일찍이 유진 이오네스코도 유년시절의 경탄 같은 것이 일생을 좌우한다는 이야기를 한 바 있다. 그에게 있어서는 토월회의 지방공연 관극이 장래를 결정하는 데 있어서 하나의 보이지 않는 운명적 견인이 된 듯싶다. 그러나 보수적인 그의 부친은 장남인 강계식을 관리로 만들기 위해서 지방관리 양성소에 입교시켰다. 반강제로 관리양성소를 수료한 그는 곧바로 드넓은 만주땅으로의 방랑길에 올랐다. 이는 분명히 부친에 대한 하나의 반역이었다. 전형적인 충청도 양반 기질의 온건한 그가 어떻게 엄부의 명을 어겼을까 하는 것은 의문일 수 있다. 그러나 이는 분명히 겉으로 드러나지 않는 그의 강인한 성격의 일단을 단적으로 보여준 경우였다. 그의 이러한 성격은 뒷날 연극운동 기간에도 몇 번 나타나게 된다. 그는 중국의 베이징과 만주를 떠돌면서 백화점에서 일을 하는 등 고생스런 방랑생활을 2년간 하다가 귀국했다.

당시 대동아전쟁이 확대일로를 걷던 어수선한 시기에 귀국해서 그가 마땅한 일감을 찾기란 결코 쉽지 않았다. 그런 때에 극단 현대극장이 창단되면서 부설 국민연극연구소가 문을 연 것이다. 그는 유년 시절에 토월회 공연을 보면서 막연하게 꿈꾸었던 연극배우를 하나의 직업으로 갖기로 마음먹고 국민연극연구소에 입소했다. 물론 부모의 반대가 대단했음은 두말할 나위 없었다. 그것이 1941년 5월이었으므로 그의 나이 24세 때였다.

그는 거기서 6개월 동안 철저한 연극 교육을 받았다. 함세덕, 허집 등 연극

동지들도 거기서 사귄 사람들이다. 그는 준수한 용모와 모나지 않는 성격 등으로 인해서 국민연극연구소의 우등생으로서 유치진의 눈에 들었다. 현대극장 단원으로서 강계식을 처음 만났던 이해랑은 그에 대하여 "연구생 가운데 성품이 충청도 양반이라 온화하여 누구에게나 칭송을 받았기 때문에 항상 모범 연구생으로 이름이 났다. 작품에 임할 때는 작은 역이라도 열과 성을 다해 몰두하여 선배 내지 연출가의 눈에 들었다. 그 때문에 그는 연구생 가운데 제일 먼저 주연을 맡는 영광을 안았고 그 주연으로 하여 40년대의 주역배우로 명성을 날렸다. 그의 데뷔작인 유치진 작 〈대추나무〉에서 동욱 역이 평이 좋자 그는 이후 현대극장의 모든 작품에 주역으로 배정되었고 현대극장이 막을 내리던 광복 전야까지 현대극장을 빛낸 연기자의 한 사람이 되었다"[1]고 술회한 바 있다. 부러울 것이 없는 가정의 장남으로 태어나 유년 시절 주일학교에서 받은 종교교육은 그를 모나지 않고 또 온화함과 겸손을 몸에 배도록 해준 것이 아닌가 싶다. 더구나 그는 전형적인 충청도 양반 기질을 타고나지 않았던가.

그런 바탕 위에서 그가 연극 교육을 받았기 때문에 다른 연구생들과는 여러 면에서 달랐던 것 같다. 그는 현대극장의 창립공연작 〈흑룡강〉(유치진 작, 주영섭 연출)에 단역으로 처음 무대를 밟았고 이어서 1942년 10월 〈대추나무〉(유치진 작, 서항석 연출)에서 주연이라 할 동욱 역을 맡아 단번에 스타덤에 오르게 되었다. 그때의 사정에 대하여 그는 다음과 같이 회고한 바 있다.

그 즈음에 조선총독부에서는 제1회 전국연극경연대회를 열었다. 여기에 여러 극단이 참가했는데 현대극장에서도 고 유치진 선생 작 서항석 연출의 〈대추나무〉라는 작품을 가지고 참가하기로 했다. 나의 진정한 의미에서의 데뷔는 여기서부터 시작되었다고 할 수 있다. 작품 중 주인공은 농촌의 젊은이였는데 연출

---

1 이해랑, 「현대극장과 신협의 강계식」, 『강계식 선생 고희 기념 문집—한국연극 반세기』 팸플릿.

자인 서항석 선생은 그 배역을 나에게 맡기셨다. 나는 자신이 없어 여러 번 사양하면서 "3년 후에나 그런 배역을 주십시오"라고 말씀드렸으나 연출자 서 선생은 막무가내였다.[2]

이상에서 알 수 있는 바와 같이 그는 대단히 겸손하고 일찍부터 욕심이 없는 귀공자형 청년이었다. 또한 그가 수줍고 내성적이어서 노련한 여자 상대역인 김양춘(金陽春), 유계선(柳桂仙) 등과 러브신을 제대로 못함으로써 핀잔도 많이 받았다고 한다.

이후 그는 현대극장의 주역배우로서 큰 역을 도맡아 하게 되었는데 특히 1943년 현대극장 공연의 〈춘향전〉에서 이도령 역을 열연해 냄으로써 당대 최고의 신인으로 떠올랐다. 온순하고 귀티나는 외모에 양반 기질의 그가 이도령을 맡자 무대는 문자 그대로 고전미가 넘쳤다. 이때부터 그는 승승장구 하면서 유치진, 서항석 등의 사랑을 독차지했다. 따라서 그는 현대극장 공연의 〈에밀레종〉, 〈남풍〉, 〈황해〉 등 함세덕의 작품의 주인공을 도맡아 했다. 그러나 그가 배우로서 중요한 고비를 맞게 되었다.

그것이 다름 아닌 현대극장의 탈퇴사건이다. 즉 1944년 그가 이상백, 백인 등 젊은 단원 10명이 유치진의 독주에 반기를 들고 극단을 이탈한다. 유치진 대표가 배용(裵勇) 등 동양극장 배우들을 데려다가 극단을 통속화시킨다고 생각했기 때문이다. 물론 5개월 뒤 복귀하기는 했지만 실권자 유치진과의 인간관계는 회복되지 않았다. 그로부터 그는 한국연극의 큰 줄기를 형성한 유치진 노선과는 멀리 떨어져서 어려운 무대생활을 하기 시작했다. 즉 그는 해방과 함께 좌파노선의 연극인들과 어울리게 되었다. 그는 해방 직후에 조직된 극단 청포도의 창립단원으로 작품 〈초원의 집〉에서는 신인 박인환과 함께 무대에 서기도 했다. 1946년에는 이광래와 함께 극단 민예극장도 조직하여 〈카츄샤〉

---

2 강계식, 「나의 데뷔 시절」, 『한국연극』 통권 제3호.

에 출연했다. 사실 그는 전형적인 부르주아 출신이었기 때문에 좌익 연극인들과는 생리적으로 맞을 리 없었다. 그러나 당시의 시대 분위기와 또 유치진의 치하에서 벗어나서 활동하다 보니 자연히 좌파진영 단체들에 근접해 있을 수밖에 없었다.

1947년 들어서도 창조극장 창립단원으로서 〈진동〉, 〈황야〉 등에 아내와 함께 출연한 바 있고 신지극사 창립공연에도 출연한 바 있다. 그는 이합집산하는 해방 직후의 혼란스런 연극계에서도 흔들림 없이 무대에 섰다. 월북하자는 좌익 연극인들의 유혹도 뿌리친 그는 오직 연극이 좋아서 무대에 선 것이다. 1948년 2월에는 극단 자유극장 단원으로서 〈예술가의 아내〉(주영순 작, 안민우 연출)에 출연한 바 있고 1949년 2월에는 김영수 주도의 신청년에 가입 〈사랑의 가족〉(김영수 작, 박진 연출)과 〈초상화〉 등에도 출연했다. 그는 현대극장 말엽의 탈퇴사건 이후 유치진, 이해랑 계열의 극단과는 일정한 거리를 두고 활동을 벌여나갔다. 가령 극단 신청년 이후에도 예술극회 공연의 〈죄와 벌〉(한노단 작, 임방 연출)에 출연한 바 있다. 그런데 그는 1947년 이후에는 창조극장 단원으로서 주로 활동했다. 따라서 1950년 국립극장이 발족된 뒤에도 신협에 참여하지 않고 창조극장 공연에만 전념했다. 그는 창조극장을 이끌고 1950년 초여름 남선지방에서 〈황진이〉를 공연하던 중 6·25를 만난다.

6·25전쟁은 그에게도 생애 최대의 시련을 안겨준 계기가 되었다. 왜냐하면 살벌했던 전후처리 과정에서 그도 부대낌을 면치 못했기 때문이다. 이 시기에 이해랑의 도움이 있었던 것 같다. 그와 관련하여 이해랑은 "우리가 다시 만나게 된 것은 좌우익의 싸움이 끝나고 국립극장이 설치되어 극협이 전속극단으로 들어가면서 그 명칭을 신협으로 바꾼 연후에 이루어졌다"[3]고 회고한 바 있다. 이러한 이해랑의 회고에 착오도 없지 않지만 여하튼 6·25전쟁 발발과 함께 신협이 국립극장에서 이탈해 있던 중(1953)에 강계식이 가입한 것만은

---

3 위의 글.

확실하다. 그리고 그는 1950년 신협이 국립극장에서 이탈할 때는 이해랑을 따라가지 않고 국립극단에 남게 된다.

　그의 생애에 있어서 6·25전쟁 발발 이후 국립극단에 정착하기까지의 6, 7년간이 가장 고통스런 시기였다. 왜냐하면 앞에서도 언급한 바와 같이 연극노선 고통과 함께 가정적으로도 어려움이 많은 시기였기 때문이다. 1944년 그러니까 그가 현대극장 단원 시절 동료단원 이용남과 결혼하여 격년으로 7남매를 거느린 다복한 가정이었지만 전쟁 직후의 폐허 위에서 생활의 궁핍을 이겨내기란 결코 쉬운 일이 아니었다. 그런데 특별히 어려웠던 것은 6·25 전쟁과 함께 아내와 수개월간 떨어져 사는 동안이었다.

　남선지방 순회공연 중에 전쟁이 터짐으로써 아내가 서울에서 어린 자녀를 돌보면서 신경쇠약까지 걸렸기 때문이다. 그때 아내는 기독교에 귀의했고 독실한 신자생활을 하게 된다. 물론 강계식 역시 곧바로 아내를 따라 종교생활을 하기 시작했다. 그는 항상 신이 자신에게 세 가지 복을 준 것을 크게 감사하며 산다고 했다. 그 첫째가 분단국가에서 남쪽의 고향을 가진 것, 두 번째는 유복한 가정에서 태어나 배고픈 고생을 않고 자란 것, 그리고 세 번째가 자식복이라 했다. 그의 평생의 반려자 이용남은 예술적 재질은 물론이고 명석하고 여성스러운 여배우였다. 게다가 그의 모범적이고 깊은 신앙생활을 본받은 7남매 모두가 뒷날 명문대학을 나와 사회에 이바지하고 있다.

　국립극장에 정착하면서부터 장년기에 접어든 그는 배우로서 원숙성을 보여주기 시작했다. 그가 무욕의 생활철학을 무대에서 그대로 표현해서 배우로서뿐만 아니라 한 인간으로서 동료들의 신뢰와 후배들의 존경을 받기에 이른다. 특히 전쟁 중 시련을 겪은 그가 신앙에 몰두하면서 한 인간으로 성숙했고 그것을 연기 생활에 그대로 투영했다. 그와 관련하여 후배 오사량은 "그가 연기 생활을 통해서 무대에 투영되는 숱한 인생을 관조했고 그리고 인생의 무상한 부침을 실감하며 그 허와 실을 투사하고 거기에서 터득한 불변의 본체는 오로지 진실에 대한 귀납의 신념이었다."라고 설명하면서 "이 진심만이 현실과 무대의 삶의 규범이라는 믿음을 갖게 되었고 그 신념은 바로 신앙으로 이어져서 연극과 신앙을 하나로 훌륭하게 조화시켰다"[4]고 했다. 이러한 오사량의 강계식관은 매우 정확한 것이다. 왜냐하면 강계식이야말로 선배 배우 변기종처럼 신앙과 연극, 그리고 삶을 가장 완벽하게 조화시킨 경우였기 때문이다. 그는 분명히 오사량이 설명한 대로 그에게 있어서는 깊은 신앙심이 연기의 강한 내적 원동력이 되었고 이러한 심성에게서 창출되는 연기가 진실됨은 두말할 나위 없다.

그는 국립극단에서도 동료들의 신임을 받아 극단 살림살이를 하는 총무와 부단장에게까지 오를 수 있었다. 그러나 그에게 있어서 감투란 별것이 아니었다. 그에게 있어서는 다만 무대에 서는 일만이 행복을 안겨줄 뿐이었다. 그는 대부분의 모든 작품에서 호불호를 가리지 않고 무슨 역이든 최선을 다했다. 그는 겸손이 몸에 배어 있다. 자기를 내세우지 않고 언제나 뒷전에 서 있다. 그는 앉아 있는 것이 아니다. 그는 어른 노릇을 하려고도 않고 대접하지 않는다고 노하거나 섭섭해하지도 않는다. 그는 서 있는 것 그 자체가 연극 연습이며 사는 연습으로 생각했다. 그러나 그는 때때로 슬퍼한다. 그가 슬퍼하는 이유는 두 가지 때문이다. 한 가지는 인생무상 때문이며 또 한 가지는 연기가 허무하기 때문이다. 그가 그처럼 고통으로 해온 그 숱한 연기가 자취도 없이 사라졌고 그러면서 인생 80이 후딱 가버렸기 때문이다. 그는 눈물이 많다. 자녀들 학비 마련 때문에 수없이 울어야 했고, 1977년 국립극장에서 정년퇴직 당할 때 많이 울었다. 그러나 그는 누구를 원망해본 적이 없다.

그에게 슬픔을 안겨준 일들 모두가 하나의 운명이라 생각한 것이다. 그는 국립극장 퇴직 뒤에도 부단히 연극무대에 섰고 영화에 출연했으며 TV 드라마에도 열심히 출연했다. 줄잡아 수백 편도 넘을 것이다.

---

4 오사량, 「강계식 선생의 고희 공연에 즈음하여」, 『강계식 선생 고희 기념 문집—한국연극 반세기』.

그렇다면 그의 연극관은 어떤 것일까? 그는 예술의 두 가지 기능, 즉 오락과 교화 중 후자에 치우쳐 있다. 그는 매우 전통적인 연극관을 갖고 있다. 그는 연극에 대하여 이렇게 설명하고 있다. "세상살이 삶을 꾸려나간다는 것은 연극을 꾸밈과 다름이 없다. 보고 느끼고 깨달음이 없는 연극은 진정한 의미의 연극이 아니고 독소가 될 수도 있다. 연극은 선과 악, 정의와 불의, 진실과 허위 등을 가식 없이 묘사하는 것이며 세상 사람들에게 행복과 불행을 일러줌으로써 희로애락의 교차로에서 영원한 행복을 향하여 질주할 수 있는 방향과 길을 열어주는 데 그 궁극적 목표가 있다"고 했다. 그는 연극을 인생사를 밝히는 불빛이고 동시에 교차로에 세워진 신호등과 같은 것으로 보았다. 그가 후배 연극인들을 향하여 열정만 있고 정신은 없다고 질책하는 것도 그런 맥락에서 보아야 할 것 같다. 그는 연극이 반드시 관객에게 뭔가를 줘야 한다고 믿고 있다. 여기서 뭔가 줘야 한다는 것은 연극의 교화적 기능을 의미한다. 그의 배우관도 이상과 같은 공리적 연극관의 바탕에서 보아야 될 것 같다.

그는 우선 배우를 기능공에 비교하는 것을 단연 거부한다. 배우는 어떤 생명 없는 도구일 수가 없다는 것이다. 그렇다고 장인(匠人)도 아니라고 말한다. 그는 배우가 "하루아침에 땅에서 솟구쳐 나오지도 않으며 맑은 하늘에서 떨어져 생기지도 않는다. 배우가 되기 위해서 평범한 사람들 삶에 몇 백 몇 천의 사고와 정신을 일깨워 나 아닌 너를 창조해내는 아름다음의 창조자가 되어야만 한다"고 했다. 그러니까 그는 배우에 대하여 미의 창조자이고 동시에 전달자로 인식하고 있다. 그는 아름다움의 사도인 배우의 전제 조건으로서 인격수양을 제일로 꼽고 있다. 그는 "참다운 인간이 되어야 나 아닌 너의 인생을 연출할 수 있고 진실된 사람만이 영구불변의 참 연기를 할 수 있다."고 했다. 그는 현대사의 소용돌이 속에서 멸시와 가난, 그리고 소외와 고독의 가시밭길을 60여 년 동안 헤쳐 왔지만 그러한 자기의 삶을 조금도 후회하지 않는다고 했다. 그러면서 그는 "내 인생 보따리 싸 한 곳에 버려놓고 남의 인생 얼굴모양 색칠해 그려가며 발짓, 손짓, 몸짓, 목소리, 음색까지 흉내 내며 살아온 배우인생 후회는 없다. 생을 다하고 사라졌다가 다시 환생할 수만 있다면 나는 또다시 배우업을 갖겠다.”고 술회한 바 있다. 그만큼 배우는 그에게 있어서 하나의 업보이고 천직이라 말할 수 있다. 농부처럼 소박하고 꾸밈없으며 언제나 욕망을 훌훌 벗어던진 것처럼 담담하고 겸허한 그가 80의 노년에 접어들어 인생을 관조하면서 때때로 허무와 대면하는 스산함을 느끼는 듯하다. 그가 특히 가난한 영감 역을 많이 해왔기 때문에 그런 쓸쓸한 이미지가 용모 속에 각인된 것 같기도 한다.

그는 월간『한국연극』기자와의 인터뷰에서 “날이 흐리고 어두운 때에는 집 베란다에서 허허히 아래를 내려다보면서 아! 참 허무하다. 난 지금 살았다고 다니고 있지만 내가 이제 80이 아닌가. 이제 살면 얼마나 살겠는가. 아! 지금은 이렇게 아름답게 사는데 죽어서 고독하게 눈이 쌓인 등성에서 무덤에 혼자 누워있을 생각을 하면 너무 마음이 섭섭하고 비감스러울 때가 많아요.”라고 실토한 바 있다. 그렇다. 그도 인생의 황혼 역에서 마지막으로 자신을 실어갈 죽음의 열차를 맞지 않을 수 없는 공포와 쓸쓸함에 초조해하는 것이 아닌가 싶다. 그런 그가 결국 수년 후 저쪽 동네로 떠나갔다. 즉 2000년 정월에 향년 83세를 일기로 그가 동경하고 있던 저쪽 동네인 천국으로 이주한 것이다. 평범함 속에서 때때로 비범함을 분출하는 영원한 서민배우 강계식, 가장 모범적인 사생활과 행복한 가정을 가꾼 평범한 배우 강계식, 없는 것 같으면서도 언제나 있는 배우 강계식, 그리고 실생활과 신앙생활을 연기와 연결시켜 자신의 인생을 완성한 강계식과 같은 배우는 쉽게 나오지 않을 것 같다.

장르를 넘나들며 현대사를 담아낸 극작가
김영수

우리나라는 근대화도 늦고 그에 따라 근대적 문예 형태 역시 늦게 전개되어 그런 형태의 예술행위가 하나의 직업으로 자리 잡기까지 상당한 시간이 걸렸다. 즉, 이 땅에서 예술가들이 예술행위로 생업을 꾸려가기가 대단히 어려웠다는 뜻이다. 오늘날도 순수예술만 가지고는 생활하기가 어렵기 때문에 교원 등의 직업을 별도로 갖지 않으면 생계를 유지하기가 곤란하다. 그렇지 않으면 장르를 넘나드는 작업도 마다하지 않는 처지다. 가령 배우는 연극뿐만 아니라 방송드라마, 영화 등에 출연하지 않고서는 생활이 되지 않고, 극작가 역시 정통 희곡만 써서는 도저히 생활을 못 한다. 이런 현상은 시대를 거슬러 올라갈수록 심했다.

지금은 잊혀진 극작가 김영수(金永壽, 1911~1977) 역시『조선일보』와『동아일보』양대 메이저신문에 희곡과 소설이 당선되어 등단할 때만 하더라도 촉망받은 작가였지만 험난한 세월 속에서 어느 한 분야가 아닌 여러 장르를 넘나들다 보니 그가 문예사에서 제대로 대접을 받지 못하는 신세가 되었다. 즉 희곡으로 출발하여 소설을 쓰고 다시 연극운동가, 평론가, 시나리오 작가, 그리고 방송드라마 작가로 변신을 거듭하다 보니 어느 한 분야에서 대성을 못 하고 근대문예사에 매몰된 경우가 아닌가 싶다. 이는 사실 그의 실책이라기보다는

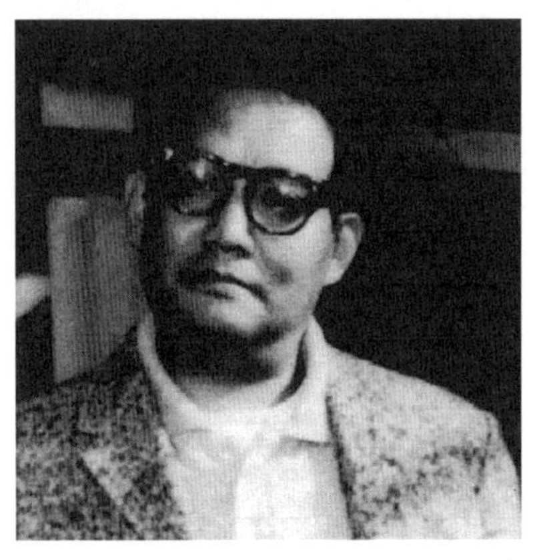

김영수

험난했던 우리나라 근대문예에서 일종의 희생자가 된 것이라고도 말할 수 있다. 그가 희생자가 된 이유 중에 또 한 가지를 추가한다면 가난한 가정에서 태어난 데다가 오직 예술만을 고집한 때문이라고 하겠다.

김영수는 1911년 서울에서 태어났다. 워낙 가난한 시대에 구멍가게집 아들로 태어났으니 그 집안의 생활은 불문가지였다고 말할 수 있다. 그래도 두뇌가 명석했던 그는 일찍부터 향학열에 불탐으로써 소학교를 거쳐 배재고보에 진학했으나 학비가 없어서 1학년으로 만족해야 했다. 2학년에 진급했으나 학비를 내지 못해 제적당한다. 그리고 집에서 구멍가게 일을 돕는 처지가 된 것이다. 저간의 사정에 대하여 그는 다음과 같이 회고했다.

두부, 콩나물, 명태, 파, 시금치 이러한 것들을 자판에다 벌려놓은, 소위 구멍가게 집 아들인 나로서는 여느 상업학교나 목공학교도 아니고 중학을 들어가게 된 것은 정말이지 엉뚱한 생각이었다. 들어가면서부터 제때에 한 번도 월사금을 내어보지 못한 나는 간신히 1학년을 마치고 2학년으로 진급이 되자, 제1학기 수업료 미납자인 나는 제적을 당했다. 강당 붉은 벽돌벽에는 나의 이름이 붙고 동무들은 그 앞에 몰켜 서서 수군거리며 바라보고 있었다. 나는 얼굴이 확확 달아올라 양복 웃저고리 속에다 책보를 감추어 들고서 교실 뒤로 돌아 도망질을 치듯 교문을 빠져나왔다. 집에 들어서면서부터 나는 어머니 앞에 엎드리어 얼마를 느껴 울었는지 모른다. 그때부터 꼬빡 세 해 동안을 나는 가게에 나가 두부를 팔고 콩나물을 팔았다.[1]

---

1 김영수, 「나의 과거」, 『혈맥』, 영인서관, 1949, 298쪽.

     제3부 대중 공연예술의 개화 (2)

이상과 같이 그는 조그만 구멍가게에서 여러 식구가 겨우 연명하는 빈궁 속에서 몇십 전짜리 콩나물과 두부를 파는 일을 돕다가 진학에의 꿈을 버리지 못하고 주경야독하여 중동고보 장학생으로 들어갈 수가 있었다. 가난했어도 중동학교생활은 즐거웠다. 왜냐하면 학비도 면제받은 데다가 몸이 건강해서 농구와 같은 운동도 마음껏 할 수 있었기 때문이었다. 성격이 급하고 정의심이 강해서 친구들과도 잘 어울리는 쾌남아였으므로 그의 주변에는 언제나 사람이 많았다. 게다가 중동학교에서는 특대생에게 일본 유학 특전까지 줌으로써 그는 와세다대학 제2고등학원을 거쳐 영문과에 진학하는 행운을 잡는다.

그가 영문과에 진학한 것은 순전히 영어교사가 되어 가난부터 털어버리고 싶어서였다. 그러나 도쿄생활과 대학 강의를 들으면서 그의 의식에 많은 변화가 올 수밖에 없었다. 왜냐하면 도쿄는 서울과 달리 신문화가 넘쳐나고 강의를 들으면서 서양의 문학과 연극 등은 그를 새로운 세계로 인도해갔기 때문이었다. 그러니까 안일한 영어교사 같은 것은 그가 궁극적으로 바라는 것이 못 된다는 것을 깨달았다는 이야기다. 그는 닥치는 대로 책을 읽고 연극, 영화를 관람함으로써 장차 그런 방향에서 활동하고 싶은 충동을 느끼게 한 것 같다. 그는 일본 유학 시절의 생활을 다음과 같이 회고했다.

서울서 30원이 오면 우편국에 가서 현금으로 바꾸어가지고 몽땅 신주꾸로 들고 나가 기지구옥서점에 가서 닥치는 대로 신간서적을 샀다. 집에 돌아가서는 이틀 사흘씩 나는 밤을 새워가며 신간을 읽었다. 그 때문에 식권을 못 사서 며칠씩 밥을 못 먹고 방에서 이불을 쓰고 뒹굴고 있던 일이 지금 이 글을 쓰고 있는 데도 환히 눈앞에 떠오른다. 그러면 곧잘 동무들이 놀러왔다가는 벽에 걸린 내 옷가지며 책장에 꽂혀 있는 책을 들고 나가 전당포에 가 잡혀다가는 고구마도 사오고 다이후꾸도 사다주고 하였다. …(중략)… 이러한 데카당한 생활은 학부로 올라가면서 더했고 1학년 때보다 2학년 때가, 2학년보다 3학년 때가 더했다. …(중략)… 생활의 곤궁은 문학에서만 오지 않았다. 언젠가는 쓰키지소극장에서 하우프트만의 〈직장〉이라는 연극을 하는 초일에 보러 갔다가 어찌도 감격했는지 돌아오는 길에 15일간의 표를 한꺼번에 산 적이 있다. 그 때문에 그 달에는 한 달 내내 점심을 먹지 못했고 방세도 못 치러서 주인 오바상에게 살이 직직 내리도록 시달리었다. 쓰키지소극장에서의 나의 공부는 컸다. 사실 나에게는 문학이란 너무도 상업적이요 소비적인 부르주아의 기관에 지나지 않았다.[2]

이상과 같은 그의 회고에서 확인할 수 있는 것은 그가 독서광이었다는 것과 쓰키지소극장에서 하웁트만 등과 같은 주로 노동문제를 다룬 환경극 작가들에 심취했었다는 사실이라 하겠다. 그가 초기에 그런 유형의 작품을 썼던 것도 바로 그러한 영향 때문이었다고 말할 수 있을 것이다. 그는 성격적으로 솔직담백하고 적극적이어서 대학생활의 강의만으로는 만족할 수가 없었다. 그는 유학생들과 학생예술좌를 조직하여 비록 아마추어지만 공연 활동도 했으며, 방학 중에는 서울에 돌아와서 경성방송국의 라디오 드라마 극본 창작과 연출까지 했었다. 그가 중동고보 시절에 학생신분으로『동광(東光)』이라는 월간잡지에 시「사랑하는 색씨 젊은 조선의 용사여!」를 출품하여 1등 당선된 문재를 타고난 데다가『조선일보』와『동아일보』 신춘문예에서 희곡으로 당선된 신진 작가였으므로 방송드라마 정도는 식은 죽 먹기였다. 특히 그가 무대연극보다 일찍부터 방송드라마에 흥미를 느낀 이유는 번거롭지 않아서였다. 그러니까 그 당시 재정도 뒷받침되지 않은 상태에서 극장 빌리기라든가 의상, 무대장치, 제작 등 번거로운 일이 적잖은 처지여서 그런 것이 전혀 필요없는 방송극이야말로 학생들이 연극하기에는 더없이 좋았기 때문이다. 그가 뒷날 우리의 방송드라마 발전에 크게 이바지했던 것도 그런 학생 시절의 경험과 관심이 받침이 되었음은 두말할 나위 없다고 볼 수 있다.

그리고 그는 대학 시절에 소학교 교사로서 피아노 등 음악에 뛰어나 방송국

---

2 위의 책, 299~300쪽.

   제3부 대중 공연예술의 개화 (2)

과 유치원 등에서 어린이들에게 음악을 가르치고 있던 재원 조금자를 만나 결혼하여 가정을 꾸렸다. 그러나 그보다도 그의 도쿄 유학 시절에 주목받을 만한 두 가지는 역시 그가 좌익 연극을 거부했던 것과 교수의 강의 거부 사건이라고 말할 수 있다. 즉 그가 학생예술좌를 통해서 연극운동을 하던 시기에 안영일 등 좌파 연극인들이 사회주의연극운동을 벌이기 위해서 소위 재도쿄조선연극인 조선예술좌(1935)라는 단체를 조직했는데 그에게도 손짓을 했었다. 그가 특히 우리의 빈궁 문제를 작품의 주테마로 들고 나온 신예였기 때문에 좌파 연극인들이 가장 영입하고 싶은 인물 중 한 사람이었다. 그러나 그는 단호하게 거부했다.

그의 차녀 김유미가 쓴 실록소설에 보면 좌파 연극인들이 그에게 "난 때로 너를 이해하지 못하겠다. 넌 빈궁이 뭔지 몸소 체험한 가난뱅이 아니냐"라면서 접근해오자 그는 "물론이다. 하지만 가난뱅이기 때문에 무조건 사회주의에 손든다? 그건 아니지. 그래선 안 된다. 내가 대기업가, 대지주들이 저지르는 비행을 모르는 것도 아니고 두둔하는 것도 아니다. 가난한 자들의 설움을 모르는 것도 아니고. 하지만 가난하기 때문에 무조건 있는 자를 혐오하고 그들을 한 묶음으로 싸잡아 악마 취급하는 것도 옳은 자세는 아니다. 이런 증오감과 혐오감으로 사회주의에 기운다는 건 절대 건강한 자세가 아니다. 정통적 신극을 부르주아연극이라고 비난하는 건 곤란해. 프로연극은 전투적 자세로 마르크스주의 선전극을 시도하는 것이 아니겠어? 그건 예술이 아니지"[3]라고 단호히 맞선 일이 있었다.

이처럼 그는 일찍부터 사회주의가 인류구제를 할 수 없다는 신념을 지니고 있었다. 그가 해방 이후의 혼란기에 좌파 연극과 거리를 두고 연극 활동을 해 온 것도 이러한 그의 신념과 무관하지 않다.

불의를 참지 못하는 성격인 그가 대학 시절 일본 교수에게 대들어서 일본

---

3 김유미, 『작가 김영수』 1, 민음사, 180쪽.

경찰에 끌려가 매를 맞는가 하면 우수한 졸업논문을 쓰고도 와세다대학 졸업
장을 받지 못하고 귀국한 것은 유명한 사건이다. 그는 누구보다도 책을 많이
읽고 연극이론에 밝은 학생이었다. 그렇기 때문에 시시한 강의는 듣지 못하는
성격이었다. 그는 졸업논문을 우수한 성적으로 통과하고도 성의 없는 강의 교
수를 면박한 죄로 졸업장을 받지 못했다. 저간의 사정에 대하여 그는 "애란극
을 강의하는 일고(日高)라는 교수는 강의시간에 나와서 가르친다는 것이 그레
고리 부인과 싱의 약력을 소개해주고 저작연대표를 칠판에 써주는 것밖에는
없었다. 희곡전집 뒤에 붙은 작자소개문을 그대로 외우고만 나갔다. 내 딴에
는 그때 상당히 연극열에 들떠 있어, 책권이라도 읽었노라고 자처하고 있었으
니까 이러한 교수방법에 불만이 없을 수 없었다. 어느 날 나는 '그따위로 교수
하려거든 집어치우시오'라고 일고 교수에게 항의를 하였다"는 것이다. 따라서
필수과목을 두 가지나 하고 있던 그 교수가 그에게 학점을 줄 리가 만무했다.

그가 졸업장을 받지 못한 이유가 바로 그런 그의 강직한 성격에 따른 것이
었다. 그렇다고 그가 졸업장에 연연할 위인도 아니었다. 미련 없이 귀국한 그
는 전업작가로 나서게 된다. 그가 궁극적으로 추구한 것은 직업작가였지만 평
필을 휘두르는 데도 서슴지 않았다. 그는 귀국하자마자 애매한 중도노선을 추
구한다는 지식인들의 연극단체 중앙무대의 공연을 맹공격했다. 즉 그는 중앙
무대의 제2회 공연작품인 〈예수나 안 믿었다면〉(채만식 작)을 보고 혹독한 비판
을 가한 것이다.

그는 중앙무대를 평하면서 "우연한 기회에 금번 그들의 제2회 공연을 보고
난 지금의 나로서는 기사적 의분을 억제치 못하는 나머지 스테이지에 노출된
그들의 마비된 동심과 일보 나아가서 소위 중간극이란 의태가 숙명적으로 내
포하고 있는 만성적 매춘부성을 지적 아니치 못할 곤경에 함몰하고 말았음을
해 극단을 위하여 또는 내 자신을 위하여 심히 괴롭게 여기는 바"라면서 그 실
패의 이유를 다섯 가지로 요약했다. ① 흥행극계의 분열이 곧 새로운 장르를
형성할 수 없는 시대적 성격을 인식하지 못한 것, ② 극본 채택에 비판적 의식

적 지력이 결여된 것, ③ 흥행극의 질적 인상을 극작가에게만 혹은 극작가의 사회적 명성에만 의탁한 것, ④ 연출방식이 진보적 실험을 배제하고 흥행극의 세련된 비속성을 노출한 것, ⑤ 연기자들에게 이미 오염된 흥행극적 앱노말한 연극신경이 아직껏 건강을 지배하는 것[4] 등이라 했다.

그의 겁 없는 이러한 글은 상당한 주목을 끌기도 했었다. 그로부터 그가 여기 저기서 원고청탁을 받았던 것도 이러한 그의 직설적 논조 때문이었다고 볼 수 있다. 그러나 그의 목표가 작품을 쓰는 것이었기 때문에 일단 유치진 주도의 극연좌에 가입한 데 이어 월급을 준다는 동양극장 전속작가로 들어간다. 가솔을 이끌던 그가 순수만을 찾을 수도 없을뿐더러 상당히 개방된 사고의 소유자로서 장르의 구별도 또 순수 흥행을 구분해 생각하는 것은 염두에 없었다.

그런데 특히 주목할 만한 사실은 그가 선배 연극인들의 신극관(新劇觀)과 상당한 차이가 있었다는 점이다. 가령 극예술연구회를 이끌던 선배들은 우선적으로 서양의 근대 희곡작품들을 번역 소개하는 것을 우선시해야 한다고 주장하고 또 실천하고 있었는데 반해서, 그는 좋든 그렇지 못하든 창작극으로 승부를 걸어야 한다고 믿고 있었다. 그가 동양극장에 들어갈 무렵에 쓴「신인으로서 바라본 문단타개책」이란 글에 보면 그의 그런 주장이 잘 나타나 있다. 즉 그는 그 글의 모두에 "외국의 명작을 소개하는 것도 물론 그 문화사적 의의를 높게 평가해야 한다. 그러나 이것은 항구적이며 절대적은 아니다. 그리 되어서는 안 된다. 토월회가 남긴 섭섭한 기억은 여기에 있다. 요약해 말하자면 우리의 신극은 신극으로서의 열정적인 기치를 들고 나왔음에도 불구하고 반드시 필요해야 할 그 무엇이 마이너스된 것이었다. 이 무엇이란 창작희곡이었다. 이렇게 불운한 세대에서 겨우겨우 지금까지 명맥을 이어 내려온 창작희곡을 우리는 어떻게 무슨 방편으로 문단적으로 또는 극장적으로 융성을 도모

---

4 김영수, 「조선 신극운동의 현단계와 그 전망—중간극의 검토를 중심과제로」, 『동아일보』1937.7.16~18.

할 수 있을까. 그 대답은 지극히 간단하다. 희곡작가는 먼저 극장으로 돌아가자!"[5]면서 희곡 또는 연극 전문 동인지를 만들자는 것, 연극인의 양심적 조직체를 만들고 희곡작가들이 문단과 교섭하기 전에 먼저 극장과 교섭해야 한다는 것 등을 그 발전책으로 제시한 것이다.

그의 솔직담백하고 열정적이며 참을성이 부족한 면은 계속해서 쓴 여러 평문에 잘 나타난다. 가령 월간『조광』잡지에 쓴「문단 불신임안」이라는 글에 보면 자신도 평론을 쓰면서도 평론가들을 거침없이 매도하고 있다. 그는 그 글에서 "우선 늘 마음에 걸리는 것은 우리들 작가를 주시한답시고 버티고들 있는 소위 평론가들이다. 그중 몇 사람을 제외하고는 거의 모두가 자기도취에 떨고 있다. …(중략)… 월평 따위나 끄적거리고 일방으로 남의 평문을 수입해다가 떠들어대는 사이비 평가가 횡행하는 한에는 우리의 평단은 좀처럼 구제되기 어려울 것이며 나아가서는 문단 전적으로 세기적 발전을 도모할 수는 없을 것"[6]이라고 매도한 바 있다.

그의 피 넘치는 글은 여기저기 신문잡지에 발표한 월평 등에서도 잘 나타나고 있다. 즉 그가 1940년도 연극계 총평을 쓴 것을 보면 수박 겉핥기식이 아닌 구체적 공연평을 하고 있음을 확인할 수 있다. 당시 대표적 극단들이라 할 고협, 아랑, 조선무대, 청춘좌, 호화선 등의 공연을 모두 관극한 뒤 그 문제점을 세세히 지적한 다음에 결론을 겸해서 "극작가를 우선 정비하고 공연의 기회를 가져가라고 말하고 싶은 것은 숨김없는 충고다. 이렇게 한 해 동안의 업적을 보아오면 그 어느 하나의 극단이고 공연 활동에 있어서 성공한 데는 없는 것이다. 침체의 1년 과연 금년의 극단은 침체의 1년이었다. 그러므로 현재에 있어서 절실히 대외적으로나 또는 대내적으로 요구되는 것은 연극인들의 각성이다. 이 각성은 바야흐로 시대적이어야 한다"[7]고 썼다.

---

5 김영수,「희곡문학 나의 문단타개책 (상)」,『동아일보』1938.9.13.
6 김영수,「문단 불신임안」,『조광』1940.4.
7 김영수,「문화 1년 총결산 연극계」,『조광』1940.12.

이러한 그의 생동감 있는 글은 아무래도 폭넓은 독서와 잠시나마 극연좌의 무대감독 경험, 그리고 창작이 바탕이 된 것이다. 특히 현실성 있는 그의 글이 연극계뿐만 아니라 문단 등에서도 주목을 받았고, 그의 필재가 널리 알려지는 계기도 되었다. 동양극장 전속작가가 된 그는 〈사랑의 노래〉 등을 무대에 올리는 영광을 누렸지만 아무래도 임선규라든가 이서구, 이운방, 송영 등 노련한 기성작가들의 상업성에는 당해낼 수가 없었다. 그가 연극의 상업성에 동의는 했지만 동양극장의 저질스런 연극에는 환멸까지 느낀 것이 사실이었다.

그가 작가로서 순수와 흥행이라는 고민에 빠져 있을 즈음 동양극장이 재정 압박을 받으면서 월급도 제대로 받지 못하고 있을 때, 그의 글에 주목하고 있던 문단 선배이며 조선일보 학예부장였던 시인 김기림이 함께 일하자고 했다. 그가 잠시나마 신문기자로 일했던 것도 순전히 김기림 시인의 요청에 따른 것이었다. 그러나 그것도 1년을 채우지 못했다. 왜냐하면 조선일보가 1940년에 총독부로부터 폐간당했기 때문이었다. 두 딸과 함께 여러 식구의 가장이었던 그는 호구지책을 위하여 고려영화사 선전부장을 맡기도 했다. 그나마 영화사가 곧 문을 닫으면서 그는 전혀 생각지도 않은 유한양행 학술부장이라는 직책을 얻어서 생활을 꾸려가는 일상인이 된다.

이는 솔직히 열정과 재능이 넘치는 작가의 생활과는 너무나 거리가 먼 생활이었다. 그러나 시국이 시국이니만큼 그도 어쩔 수 없었다. 그러는 동안 생각지도 못했던 조국해방을 맞게 된 것이다. 그는 흥분 속에 은인자중하면서 하루하루를 보내고 있었다. 그러던 어느 날 미군정청에서 만나자는 전갈이 온다. 방송국에서 일을 좀 해주어야겠다는 것이었다. 미군들로서는 방송을 통한 홍보를 위해서는 영어도 통하고 방송, 특히 드라마를 아는 한국 요원이 필요했으므로 김영수를 찾아낸 것이다. 그 당시 미군들은 자신들의 홍보를 드라마 형식을 빌려 했기 때문에 김영수만 한 적임자가 없었다.

그는 방송국에 들어가자마자 미국에서 인기 있는 새로운 형식의 프로그램을 참고하여 방송순서를 편성하는 작업부터 시작해 방송희극, 우리살림, 소설

낭독, 세계명작 순례 등 신선한 프로그램을 마련하기 시작했다. 그가 특히 방송일이 누구보다도 분주했던 것은 방송대본을 직접 써야 했기 때문이었다. 그가 최초로 연속방송극 〈똘똘이의 모험〉을 중앙방송을 통해 내보냈던 것도 바로 이때였다. 물론 이서구, 박진, 유호, 최요안 등이 함께 일을 도와주기는 했지만 그래도 그가 가장 많은 일을 해야 했다. 열정이 넘쳤던 그는 그것으로 만족하지 않고 조풍연, 윤석중, 박계주 등과 잡지『민성(民聲)』과 어린이신문도 만들었는데, 그가 편집국장과 주필을 맡으면서 일은 배가 되었다.

그가 그처럼 바쁜 중에도 잡지와 어린이신문을 만든 것은 해방 후 그런 것을 하는 것이 최초라는 자부심도 없지 않았다. 더욱이 해방의 혼란 속에 좌우익의 이념 갈등이 격심할 때 중립적인 잡지와 미래를 생각한 어린이신문 창간은 역사적 의미가 있다고 확신했던 것이다. 그리고 그에게 좌익으로부터 참여하라는 요청이 계속 왔지만 그는 끄떡도 하지 않았다. 그러나 그는 연극을 하는 데 있어서 좌우익을 가르지 않고 작품을 주거나 배우를 쓰기도 했었다. 가령 그가 자기의 희곡 〈정열지대〉를 극단 자유극장에 주어 공연하게 한 것이라든가, 자신 주동이 되어 극단 신청년을 만들었을 때에는 좌익극단에서 활동한 배우들을 과감하게 기용한 바 있었다.

그가 처음으로 극단을 만들어본 것은 1947년 11월 초로서 만주에 있던 김상진이라는 사람이 귀국해서 자금을 대기로 하고 동양극장 때 의기투합했던 연출가 박진(朴珍)과 함께 나선 것이다. 이들은 김영수가 쓴 신작 〈오남매〉(허구 연출)를 중앙극장 무대에 올렸는데, 서월영, 박제행, 박경주, 김양춘 등 중견과 김연실, 최은희, 송미남, 노재신 등 여배우들이 출연했다. 이때부터 그는 더욱 바빠졌고 희곡도 부지런히 썼다. 그럴 수밖에 없었던 것이 좌파 연극단체들이 급속히 쇠퇴하면서 연극계가 극협과 신청년으로 양분되다시피 정리되었기 때문이다. 그는 같은 달에 또다시 희곡 〈사랑의 가족〉을 써서 단성사 무대에 올렸다.

이듬해 정월에는 김희소(金喜笑)라는 필명으로 〈애련기〉를 써서 연출까지

하는 열정을 보이기도 했으며, 2월에 다시 〈사랑〉을 써서 공연하기도 했다. 그런데 그가 희곡만 쓴 것도 아니었다. 방송드라마도 여전히 쓰고 있었다. 그것도 단순히 책상머리에 앉아 쓰는 것이 아니고 현장답사도 게을리하지 않았다. 가령 그가 〈청산리 전적〉을 쓸 때는 직접 그 주역이었던 이범석 장군을 찾아가서 증언을 듣기도 했다. 그만큼 그는 정직했고 성실했다.

그의 신청년에 대한 애정은 강했다. 따라서 바쁜 틈에도 그는 극단 신청년을 위한 희곡을 부지런히 썼다. 즉 그는 그해에만도 〈상해야화〉를 위시하여 〈사육신〉을, 1949년도에는 〈사랑의 가족〉을 위시하여 〈폭풍의 역사〉, 〈반역자〉 등을 발표했다. 거기에 그친 것도 아니었다. 그는 소설까지 열심히 썼는데, 가령 중편소설 「방랑기」를 비롯하여 「파도」와 「진리의 밤」 등을 『조선일보』 등에 연재했던 것이 1949년도였다. 그가 이처럼 인기를 끌자 영화사로부터 시나리오를 써달라는 요청을 받게 된다. 그래서 써본 것이 〈성벽을 뚫고〉였다. 그가 희곡, 방송드라마, 소설, 시나리오 등 장르를 넘나드는 만능 작가로서 방송국과 극단, 그리고 신문사를 정신없이 뛰어다니며 작품을 쓰고 있을 때 6·25전쟁이 일어났다. 그는 즉각 지하로 숨어들었음은 두말할 나위 없는 것이었다.

그러나 그는 곧바로 정치보위부라는 데로 끌려가서 갖은 고문과 핍박을 받았다. 단순히 우익반동분자라는 이유 때문이었다. 그런데 궁하면 통한다는 속담대로 그는 도쿄 유학 시절 절친한 친구였던 월북 연극인 이서향(李曙鄕)의 도움으로 풀려날 수가 있었다. 물론 그의 아내 조금자의 노력에 의한 것이었고 함께 월북한다는 조건부로였다. 그가 풀려나자마자 그런 약속은 지켜질 수가 없었다. 애초부터 공산주의를 싫어한 그가 이서향과의 약속을 지킬 리 만무했다. 그의 가족은 분산되어 여기저기 은신했다. 그리고 1·4후퇴 당시 대구로 내려가 그는 종군작가단에 참가하여 일선도 가보았다. 그는 종군작가단에 몸을 담고 대구로 내려온 방송국에서 서울에서처럼 드라마를 쓰는 것으로 생계를 꾸려갔다. 일곱 식구를 위해서 하루에 600매 분량의 원고를 쓰지 않으면 안 되었다. 따라서 그의 다작이 다시 시작된 것이다.

그의 첫 시나리오였던 〈성벽을 뚫고〉가 성공을 거두면서 여기저기서 작품 요청이 왔기 때문이다. 그는 방송드라마와 함께 계속해서 시나리오를 써댔다. 1년여 동안 쓴 시나리오만 해도 〈북위 38도〉, 〈삼래흥〉, 〈길〉, 〈누가 바보냐?〉, 〈풍랑〉, 〈별은 빛난다〉, 〈출격명령〉 등 근 10여 편이나 될 정도다. 그것뿐이 아니었다. 그는 희곡과 소설도 여전히 썼다. 가령 문인극본으로 쓴 「고향사람들」과 함께 연재소설로서 「퇴폐의 장」(자유문학), 「풍조」(영남일보), 「성웅 이순신」(동아일보), 「여성회의」(연합신문) 등을 잇달아 발표한 것이다. 정말 초인적이었다고 해도 과언이 아니다. 그러자 주변으로부터는 그가 너무 안이하게 다작을 한다는 비판을 받았다. 그는 억울했다. 따라서 그는 『전선문학』 창간호에 그런 문단의 비판에 자기변호(?)의 글을 발표했다. 즉 그는 한국 작가들이 너무 일찍 조로증에 걸린다면서 자기는 조로증에 걸리지 않기 위해서도 많은 글을 쓴다면서 다음과 같이 썼다.

플롯을 설정하기는 용이했다. 거기 따라 스토리를 구성하는 것도 과히 힘드는 일은 아니었다. 그 다음이 문제였다. 스토리의 기복을 구성하는 것 이것만으로도 며칠을 허비했는지 모른다. 붓을 들 수가 없었다. …(중략)… 영화인 경우에는 나는 붓을 들기 전에 되도록이면 많은 영화인을 만나기로 한다. 되도록이면 많은 우수한 영화인을 만나 내 머릿속으로 구성하고 있는 이야기를 이야기한다. 그래서 영화인들의 건강한 의견을 가급적 많이 듣기로 한다. 이야기는 친구들과 만나서 이야기하는 동안에 더 완벽해지고 진실성을 띠게 된다. 다음에는 인물을 설정하는 문제다. 다시 말하면 성격의 파악이다. 나는 인물 하나하나 마다의 성격이 뚜렷하게 내 머릿속에 새겨지기 전까지는 붓을 못 든다. 가령 A라는 인물의 성격이 완전히 내 머릿속에 투영되어야 한다. 조금이라도 흐리멍덩하다면 원고지를 보기조차 싫다. 보기가 무섭다. A, B, C, D 등 작중에 나오는 인물들의 성격이, 취미가, 교양정도가 나와 가장 숙친한 친구와 같이 머릿속에서 약동해야 한다. 그렇게 작중의 인물이 나하고 숙친하게 되면 나는 혼자서 깊은 밤중이나 또는 거리를 걸으면서도 그들 작중인물하고 나는 곧잘 다이알로그를 주고받는다. 그들 작중의 인물은 나와 숙친하게만 되면 그들은 자유자재로 행동을 하게 된다. 그들의 행동은 내 눈앞에 뚜렷하게 나타난다. 나는 다만 붓과 원고용지를 마련해 가지고 그들을 따라가며 꾸준히 기록만 하면 되는 것이다.[8]

이상과 같은 그의 창작 방법에 관한 긴 글을 여기에 인용한 것은 그의 다작의 비법을 소개하기 위해서였다. 물론 이러한 비법도 건강이 따라주지 못하면 불가능하다. 그런데 그는 누구보다도 기골이 장대하고 건강체질이었기 때문에 가능한 것이었다. 그런 그가 인생의 중요한 전기를 맞게 되었다. 그것이 다름 아닌 유엔군총사령부의 '대북 방송드라마 작가 겸 연출가'로서의 차출이었다. 즉 그가 영어를 할 줄 알고 반공정신이 투철하며 방송드라마에 일가를 이루고 있었기 때문에, 도쿄에 본부를 두고 있던 VUNC에서 1952년 말께 차출해간 것이다. 그에게는 행운이기도 했다. 왜냐하면 피난살이 단칸 셋방에서 죽어라고 글을 써보아야 일곱 식구를 먹여살리기 힘든 1백 달러도 못 벌 때, 425달러 월급에 미군장교 숙소까지 제공받는 것이었기 때문이다. 그가 한동안 가족과 떨어져 살아야 하는 어려움도 없지는 않았지만 행운이라 생각하고 미련 없이 도쿄로 떠난다.

그는 그곳에서 가족과 떨어져 살아야 하는 고통도 없지는 않았지만 방송드라마를 쓰고 연출까지 해야 하는 분주함 속에서 하루하루를 보낼 수가 있었다. 그동안 아내는 서울에서 다방을 열고 자녀교육을 도맡다시피 했다. 그런데 그가 무엇보다도 아쉬워한 것은 한국 문단으로부터 잊혀져가는 것이었다. 가령 김동리를 위시하여 박영준, 황순원, 김광주, 이무영, 정비석 등 동료 소설가들은 중견작가로서 문명을 떨치고 있었지만, 그는 도쿄에서 방송일을 하고 있었으므로 문단의 이방인으로서 자꾸만 멀어져간 것만은 어쩔 수 없는 일이었다.

---

8 김영수, 「나의 창작방법」, 『전선문학』 창간호(1952.4).

게다가 그에게 인생 최대의 불행이 닥쳐올 줄은 꿈에도 생각지 못한다. 그가 도쿄로 건너간 지 4년여 만인 1956년에 치명적인 중병에 걸린다. 즉 그가 젊어서 너무 고생을 해서 그런지는 몰라도 그에게 '살이 썩는 병'이 온 것이다. 따라서 그는 객지에서 한쪽 다리를 절단하는 대수술을 받은 것이다. 그에게는 더할 수 없는 고통이었고, 가족 모두에게도 큰 불행이었다. 의족을 한 그의 옆을 지킨 일본 간호사가 있었기에 그는 고통을 어느 정도 이겨낼 수가 있었다. 그가 수술을 받을 때부터 줄곧 간호를 해준 그 간호사와의 이룰 수 없는 사랑으로 고통도 겪은 것이 사실이지만 그의 도쿄생활, 그것도 불구의 몸으로 혼자서 외국생활을 하는 데 있어서 그녀가 큰 힘이 되었던 것도 부인할 수 없었다. 그가 한쪽 다리가 없는 상태에서도 그곳 방송국에서 일을 계속할 수 있었던 것은 사실 그녀의 힘이었다고 해도 과언이 아니다. 그런 그였지만 불구의 몸으로서의 홀로 하는 객지생활도 곧 한계에 부닥칠 수밖에 없었다. 그리고 아이들도 아내에게만 무작정 맡겨두는 것도 무리라는 생각으로 귀국을 결심하게 된다.

그것이 도동(渡東) 7년여 만인 1959년이었다. 그가 사랑하는 일본 간호사와 이별하고 7년 만에 귀국했을 때, 마침 서울에서는 KBS 등에 TV가 생겨나서 방송드라마가 시작된 것이다. 적어도 방송드라마는 그에게 있어서 가장 자신 있는 분야라고 말할 수가 있다. 그는 이서구, 유호, 조남사, 한운사, 김희창, 최요안 등과 방송작가군을 형성하여 작품을 쓰기 시작한다. 그가 귀국 후 첫 번째로 쓴 연속방송극이 다름 아닌 〈박서방〉이었는데, 단번에 시청률 1위에 오른다. 그러자 영화사가 그 작품을 시나리오화했고 영화로서도 인기를 끈 것이다.

그가 인기를 끌자 계속해서 방송드라마를 써댔는데, 웬만한 작품은 그가 직접 연출까지 했다. 그것으로 만족하지 못한 그는 소설 『빙하』와 『격정의 뜰』, 『바람아 불어라』 등을 써서 『조선일보』, 『연합신문』 등에 연재하기도 했다. 그의 초인적인 작가 생활이 다시 시작된 것이다. 연속극 대본도 계속 썼는데,

〈사랑이 문을 두드릴 때〉, 〈굴비〉, 〈새댁〉, 〈새 엄마〉 등도 모두 그 시기에 쓴 것이다.

그런 그가 5·16 군사쿠데타를 맞아서 목적드라마를 쓰도록 강요받은 사실을 아는 사람은 많지 않다. 그는 거부했고 남산에 끌려가 고생도 했다. 그런 그가 다리 절단 후 또 하나의 질병 '그레이브스병'을 얻어 만년을 더욱 고통스러운 삶을 살게 되었다. 이 병은 일종의 정신병으로서 수시로 발작을 일으킴으로써 그 자신뿐만 아니라 가족까지 고통스럽게 했음은 두말할 나위 없는 것이다. 그런 극심한 고통 속에서도 그는 펜을 놓지 않고 방송드라마와 시나리오, 그리고 소설까지 썼다. KBS 방송드라마를 석권한 그는 동양방송국 드라마까지 진출하여 우리나라 방송드라마를 평정하는 지경에까지 이른다.

〈사나이 한평생〉이라는 동아방송 드라마로 가까워진 전세권의 권유로 쓴 작품이 〈거북이〉였다. 바로 이 작품이 동양방송 드라마의 시청률을 높인 드라마였다. 그가 1960년대에 쓴 방송드라마는 〈장미의 곡〉, 〈서울로 가는 길〉, 〈귀국선〉, 〈미스김의 이중생활〉, 〈단골손님〉, 〈오색 무지개〉, 〈신입사원 미스터 리〉 등 수없이 많다. 그런 그가 1973년 2월 소리 없이 미국으로 떠난 것은 자녀들이 여러 명 거기에 살고 있기도 했지만 건강이 워낙 나빠진 것이 한 원인이었다. 그럼에도 불구하고 그는 미국에 1년 9개월 머무르는 동안에 고국에 여러 편의 방송드라마를 써보냈는데, 가령 KBS 라디오 드라마 〈이별〉을 비롯하여 어글리 코리안의 행태를 묘사한 〈아메리카 개똥〉, 〈사장님 죄송합니다〉, 〈낮과 밤이 바뀔 때〉 등과 하와이에서의 5일간의 연정을 그린 〈펠레의 눈물〉, 그리고 〈할아버지 안녕〉을 썼는데 이는 어린이가 바라본 어른들의 추악한 모습을 묘사한 것이다.

그리고 그가 미국에서 바라본 그들의 방송드라마는 제작 과정에 있어서 한 수 위였음을 알 수 있었다. 특히 철저한 사전 준비가 마음에 들었다고 했다. 그는 당시 우리나라의 방송드라마가 "대체로 삼각연애를 주제로 삼아 힘없고 눈물만 흘리는 여인, 본처와 기세등등한 첩 사이에서 고통을 겪는 한 남성이 주인공으로 등장하는 부정적인 일면만을 그리고 있다"고 비판하기도 했다. 서민들의 건강한 삶을 즐겨 그려온 그가 지적할 만한 내용이다. 그가 미국 으로부터 귀국해서는 작품활동을 제대로 못했다. 건강이 워낙 좋지 않았기 때문이다. 그러다가 결국 그는 만 66세가 되던 1977년 파란만장한 삶을 마 감하게 된다.

그가 타계한 한 후 동료작가 유호가 묘비문에 쓴 "서민과 함께 오시어/그들 과 함께 사시며/소복/혈맥/박서방/…그들의 웃음 울음/삭이고 삼키며/쓰시 다/쓰시다/가신이여…"[9]라는 내용에는 그의 작품세계와 삶이 압축되어 있다. 가령 그가 생전에 작가지망생 딸 유미에게 들려준 이야기들, 즉 '문학은 절대 로 소수의 지식인을 위한 게 아니다. 한글을 깨우친 사람이면 누구나 읽고 즐 길 수 있어야 한다.' '문학에는 스승이 따로 있는 게 아니다. 사람들의 삶 속으 로 들어가 함께 웃고 울며 스스로 배우는 것이다.' '문학인은 특권층이 아니다. 문학인이 특권의식을 가질 때 그 문학은 가짜가 되기 쉽다.'[10] 등에는 김영수의 문학관이 압축되어 있다.

그의 초기 작품 이후 일관되게 추구해온 작품세계는 곧 서민들의 진솔하면 서도 건강한 삶이었다. 따라서 그의 작품 기조는 우리나라 근대극이 추구해온 리얼리즘이었음은 두말할 나위 없는 것이다. 그리고 그의 작가로서의 성실하 면서도 진지함은 작가들에게 충고했던 다음과 같은 세 가지이다. 첫째 작가는 확고부동한 자기 세계를 가져야 하고, 둘째는 물욕을 내지 말아야 하며, 셋째 로 작가는 소재 탐구를 위해서 항상 마음속에 현미경을 지니고 다녀야 한다는 것이었다. 이러한 그의 작가들에 대한 충고는 곧 그 자신이 평생 지켜온 신조 이기도 했다. 혹자는 그가 방송극 등 수많은 작품을 썼기 때문에 축재라도 한 줄 알지만 다섯 자녀의 학비도 어려워서 그의 아내가 평생 일을 하지 않을 수

---

9 김유미, 『작가 김영수』2, 민음사, 2002, 387쪽.
10 위의 책, 393쪽.

없을 정도였다. 그만큼 그는 평생 병마와 싸우면서도 일곱 식구의 생계를 위해서 쉬지 않고 글을 써야만 했다.

그렇다면 그의 작품세계는 어떤 것일까. 그가 1934년에 신춘문예를 통해 데뷔한 이후 1977년 타계 직전까지 40여 년 동안 장르 구별 없이 글을 써왔기 때문에 양적으로 워낙 방대한 데다가 그가 특히 많이 쓴 방송드라마와 시나리오 대본이 일실되어서 작품 전체를 일목요연하게 정리해 말하기는 쉽지 않다. 그리고 그 자신도 정통 희곡과 소설을 특히 아끼고 자신의 문학적 업적으로 삼기를 바라지 않았을까 싶다.

주지하다시피 그는 대학 시절 아일랜드 연극에 대해서 관심을 가졌었고, 좌경화된 쓰키지소극장을 드나들면서 그가 특히 깊은 영향을 받은 작가는 독일의 자연주의 극작가 하웁트만이었다. 〈직조공〉 같은 하급노동자의 곤핍을 다룬 희곡이 그의 삶과 접목되어 그는 〈광풍〉과 〈동맥〉 등과 같은 희곡을 쓰게 된 것이다. 이들 작품은 식민지 치하의 하급인생의 처절한 삶을 리얼하면서도 박진감 있게 묘사한 작품이다. 토굴이나마 지키려고 안간힘을 쓰는 빈민의 극단적 삶이 어떤 것인가를 사실적으로 그려낸 작품이다.

이어서 발표한 장막극 〈단층〉 역시 작품 기조는 비슷하다. 다만 데뷔작과 다른 점이 있다고 한다면 그의 또 하나의 취향이라 할 탐미적인 분위기가 곁들여진다는 사실이다. 이는 그가 대학 졸업논문으로 「월터 페터론」을 썼다는 점에서 연상되는 부분이라고 말할 수가 있겠다. 가령 이 작품에서 보면 한 집에 네 가족이 세들어 사는데, 홀아비 부자와 별거 중인 여기자 가족, 그리고 젊은 철공소 직공 부부와 과부 가족 등이다. 그런데 이들 네 가족 중에서 여기자만이 인텔리 직업이고 나머지는 모두가 하급노동자들이다. 이들 네 가족은 셋집이 갑자기 팔림으로써 거리로 나앉게 되는 처지에 몰리고 각자 살길을 찾아서 별거부부가 재결합하기도 하고 핵분열하기도 하는 등 밑바닥 삶의 어려움을 흥미롭게 묘사한 것이다.

1940년도에 발표한 〈총〉 역시 그가 일관되게 추구한 식민지 시대 민족의 좌절을 묘파한 희곡임은 두말할 나위 없다. 이 작품은 한 몰락한 가정의 애화이기 때문이다. 즉 퇴락한 지주의 아들 형제가 가운을 걸고 벌이는 갈등이 주조이다. 가을마다 수백 석씩 쌀이 들어올 때는 아버지도 엽총을 메고 계곡을 누볐지만 지금은 호구도 어렵게 된 처지다. 따라서 장남은 아버지가 총 때문에 가산을 탕진한 것이므로 팔아버리려 하지만 동생은 그 총이야말로 부친의 상징이기 때문에 팔 수 없다고 버틴다. 작가는 이 작품을 멜로드라마로 가져감으로써 초기의 작품과 차별성을 둔다. 그가 동양극장에 잠시 머물 때의 성향을 보여주는 것이라는 점에서 흥미롭다.

그렇다고 해서 그가 식민지의 민족적 질곡을 외면했다는 이야기는 아니다. 가령 이 작품에서도 가문의 몰락의 직접적 원인은 일단 식민통치로 은근히 돌리고 있으며 청년들이 직장 없이 방황하고 번뇌하며 좌절하는 근본적 원인을 일제의 수탈로 귀결시키려 애쓴 것이다. 작품마다 병자를 등장시키는 것도 식민통치가 빚어낸 구조적 모순을 상징적으로 비판한 것이다. 그가 잠시 동양극장에 몸담고 있을 때는 주로 대중극을 썼는데, 이광수의 소설을 각색한 〈사랑〉으로부터 〈역마차〉와 〈행복한 가정〉 등이 바로 그때의 작품이다.

그런 그가 해방을 맞아서는 세 가지 주제의 희곡을 썼는데, 그 첫째가 환경극이고, 두 번째는 목적성을 띤 독립운동 이야기며, 세 번째는 연정물이다. 그런데 대부분의 희곡은 공연대본으로 끝남으로써 희곡집 『혈맥』에 수록된 세 편의 장막극과 잡지 『백민』에 게재된 단막극 〈돼지〉가 전한다. 이들은 그가 희곡집 서문에서 밝히고 있는 것처럼 대중 성향의 극단 신청년(新淸年)의 전속 작가로서 어쩔 수 없이 흥행을 먼저 염두에 두고 쓴 작품들이다. 이 시기에 그는 일곱 편 정도의 장막극을 썼는데, 그가 대표작으로 꼽는 것은 〈혈맥〉과 〈여사장〉이다. 이 중에서도 〈혈맥〉이야말로 해방 직후 대표작이라고 해도 과언이 아니다. 왜냐하면 극적 구성이나 그가 추구해온 빈궁 희곡의 결정판이 바로 이 작품이기 때문이다. 그러니까 식민지 시대로부터 내려온 가난이 해방 이후에는 더욱 심화되었다고 본 작품이 바로 이 작품이다. 따라서 무대도 〈광풍)처럼 성북동 변두리의 허름한 토굴로 되어 있다. 방공호에서 살고 있는 밑바닥 인생의 일상인 것이다. 등장인물들도 복덕방 거간꾼을 비롯하여 땜장이, 목판, 담배장수, 댄서, 지게꾼, 말단노무자 등이다.

이처럼 외적 환경으로 말미암아서 뿌리 뽑힌 사람들의 빈궁한 삶의 근원은 곧 식민통치의 유산으로 파악한다. 특히 이들 중엔 일본에 끌려갔던 징용 가족을 위시하여 중국 등지에서 살다가 흘러들어온 월남 가족이 등장하는 것은 주목된다. 그러나 더욱 주목되는 점은 사회주의 사상을 가진 인물을 등장시켜 매도하고 있는 점이라 하겠다. 〈단총〉에서 그렇고, 〈혈맥〉에서도 마찬가지다. 그가 비록 가난하게 살았지만 사회주의는 싫어했다. 당장 거처할 집이 없고 호구조차 어려운데 이데올로기니 뭐니 하는 비현실적 이상론은 삶에 아무런 보탬이 되지 않는다고 본 것이다. 철저한 현실주의자였던 그는 자신의 작품에 등장하는 이상주의자들을 현실과 타협시킨다. 그는 여러 편의 작품들 속에 두 가지 타입의 인물, 즉 이상주의자와 현실주의자를 등장시켜서 전자의 입을 통해서는 조국의 자주독립 등 비전을, 그리고 후자의 입을 통해서는 땅에 굳건히 발을 딛고 서는 것을 보여준다. 이처럼 그가 그려낸 두 가지 타입의 인물들은 곧 우리 현대사 속의 두 얼굴이라고 말할 수가 있을 것 같다.

그런데 〈혈맥〉의 경우는 해방 직후의 혼란기에 있어서 생존권을 찾아 몸부림치는 인간상을 묘사하는 동시에 동족의 화합과 부조(扶助)를 강조함으로써 교훈극의 냄새까지 난다. 그는 이 작품을 통하여 우리가 빈곤의 굴레에서 벗어나기 위해서는 이기심을 버리고 민족이 화합 자주독립하는 길 외에는 없다는 것이었다. 종막에서 주인공의 죽음과 동시에 집터 다지는 지경소리가 은은히 들려오게 한 것은 하나의 상징이다. 안톤 체호프의 〈벚꽃동산〉의 끝 장면을 연상시키는 종결 장면은 식민지 유산의 청산과 새로운 독립국가의 도래를 예고하는 상징이라 볼 수 있다. 그가 초·중기에 쓴 희곡들을 보면 일본 유학 시절 쓰키지소극장에서 감명 받은 바 있는 하웁트만, 고골리, 체호프 등의 영향이 나타난다. 특히 〈광풍〉, 〈총〉, 〈혈맥〉으로 이어지는 주제는 체호프의 4대

비극의 주제와 비슷한 점이 많다. 가령 〈갈매기〉의 부정에서 〈바아냐 아저씨〉의 체념, 그리고 〈세 자매〉와 〈벚꽃동산〉에서의 점진적인 긍정의 세계가 바로 그런 점이다. 아마도 해방 직후에 발표된 이 작품만큼 시대상을 제대로 그려낸 희곡은 없을 것이다. 물론 이 작품도 약점이 없는 것은 아니다. 감상적으로 끌고 간 것이 하나의 아쉬움이라면 아쉬움일 수 있다. 이는 물론 그 자신이 솔직하게 고백한 바 있듯이 상업성을 도외시할 수 없는 처지에 따른 것이었다.

이 작품과 연장선상에 놓이는 희곡으로 1950년대에 발표한 〈돼지〉가 있다. 이 작품의 무대도 예외 없이 다 쓰러져가는 초가이다. 주인공은 과일행상을 하는 형과 하와이에서 돈을 벌어와 돈사를 짓고 양돈업을 하는 아우이다. 그런데 아우가 생활이 불편하다고 한국을 떠나려 하자, 형은 "하루종일 허리가 휘도록 지게를 져두 제때 한번 배불리 먹어보지 못하는 놈은 어떤 나라 놈이고, 뱃가죽이 터지두룩 먹는 너는 어떤 나라 놈이냐?"고 힐난한다. 이 땅은 미워도 내 나라, 싫어도 내 나라라는 것이다. 아우는 결국 주저앉는다. 이처럼 〈돼지〉도 가난이라는 일관된 주제를 깔고 해방 직후 세태를 교훈적으로 묘사한 목적성이 강한 애국주의극이고 동시에 세태풍자극이라고 볼 수 있다.

앞에서 몇 작품을 살펴본 대로 그는 뿌리 뽑힌 인간군상을 즐겨 다룬 환경극작가로서 상업극을 선호한 경우였다. 상업성 짙은 작품들은 대체로 애정물과 해방 직후 한때 유행했던 독립투쟁을 배경으로 한 시대극들이다. 그런 대표작이 다름 아닌 〈황야〉와 〈반역자〉(일명, 상해야화) 등이다. 이 중 〈반역자〉는 1940년경의 상해가 무대로 되어 있고, 이혁이라는 한 독립투사의 굴절 과정을 묘사한 멜로드라마다. 주인공 이혁의 부친은 혁명투사였고 아내 역시 대단한 투사다. 그런데 한국인 에이전트에 의해서 이혁 부부와 몇몇 동지가 일경에 의해 체포되고 고문을 당한다. 일경의 극악스런 고문과 아들 살해 위협으로 이협은 가문과 동지들을 배반하고 변절한다. 그리고 아내의 만류에도 불구하고 국내로 들어갈 기밀문서 절취의 사명을 띠고 동지의 집에 잠입한다. 그러나 그는 기밀문서를 갖고 나오다가 아내의 총격을 받고 사망하게 된다는 내용이다.

이처럼 김영수는 해방 직후 한때 유행했던 독립운동을 소재로 한 시대극을 여러 편 썼지만 대부분 상업성 짙은 멜로물이었다. 그의 본격 상업주의극 중 현재까지 남아 있는 것으로 〈여사장 요한나〉(3막 4장)가 있다. 이 역시 해방 직후 혼돈기의 사회상을 캐리커처한 세태풍속극이다. 즉 해방 직후 서울의 한 여성 잡지사가 무대로 되어 있는 이 작품은 미국 문화의 급속한 유입에 따른 여권론자들을 풍자한 코미디다.

이 작품에서 미모의 여사장 요한나는 남성들의 일방주의적 횡포와 독선에 대하여 누구보다도 비판적이었기 때문에 여성잡지를 만든 것이다. 그러나 그녀가 신입사원을 채용하면서 한 청년을 만나게 되고, 그로 인하여 여성으로서의 자기각성을 한다는 내용이다. 이처럼 그는 보수적인 모럴리스트였던 것이다.

그리고 전술한 바 있듯이 그는 1952년에 희곡 〈운명〉을 쓰고 도쿄로 가서 한참 동안 일한 것이다. 귀국 후에는 주로 방송드라마를 수십 편 썼는데, 주로 그가 즐겨 다루고 또 평생 사랑했던 서민들의 애환과 연정을 내용으로 한 것이었다. 전쟁 중에는 반공적인 목적 시나리오와 소설을 여러 편 발표하기도 했다. 그 점에서 그는 누구보다도 대중적 인기를 한몸에 받기도 했는데, 1970년대 들어서는 불편한 다리와 여러 가지 질환으로 정신과 육체가 쇠잔해진 상태였다. 1971년도에 한 월간잡지에 마지막으로 쓴 글에서 "회갑이라는 말이 들리는 요즈음, 나는 그동안 내가 써놓은 소설과 희곡과 드라마를 가끔 회상해보고 다시금 펼쳐보기도 한다. 그리고는 얼굴이 붉어지는 것이다. 단 한 번밖에 없는 인생을 살아오는 동안 내가 해놓았다는 작업이란 고작해야 이런 것뿐이었던가 하고, 고독감에 잠기기도 한다"[11]고 술회한 적이 있다. 그러니까 그가 너무나 혼란스런 시대를 살아오면서 무궤도하게 작품을 남발했던 것을

---

11 김영수, 「달려라 저물 때까지」, 『월간문학』 통권 33호.

후회한 것이 아닐까.

그렇지만 그는 희곡, 소설, 비평, 시나리오, 방송드라마 등 장르를 넘나들면서 굴곡 많았던 현대사회를 충실하게 작품화해보려 노력한 환경극 작가요 세태풍자극 작가였던 것만은 아무도 부인하지 못할 것이다. 특히 그가 있었기에 우리나라 방송드라마는 초창기부터 상당한 수준을 유지하게 된 것이고, 뒷날 방송드라마가 대중의 사랑을 받게 되었다고 말할 수도 있다. 그가 비록 생활 때문에 대중성 짙은 작품을 많이 쓰긴 했지만 우리 시대의 보수적 이념을 바탕으로 해서 광범위하게 자신의 작품 속에 시대를 담아냈으며 최선을 다해서 역사를 작품화한 것은 큰 공로라 하겠다. 바로 그 점에서 김영수와 같은 다면적 얼굴의 작가는 당분간 나오기 어려울 것 같다.

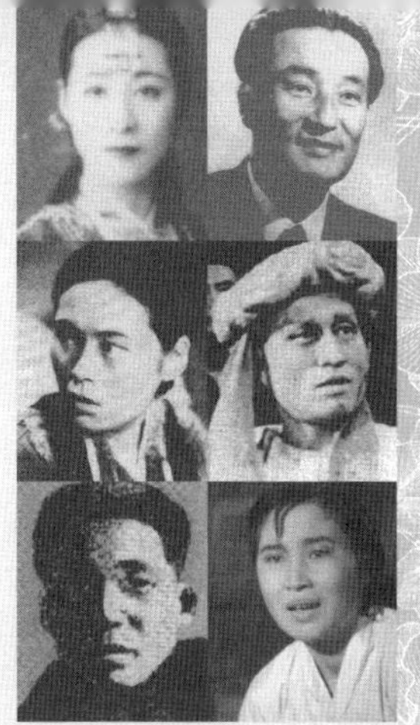

서구연극의 도입과 실험

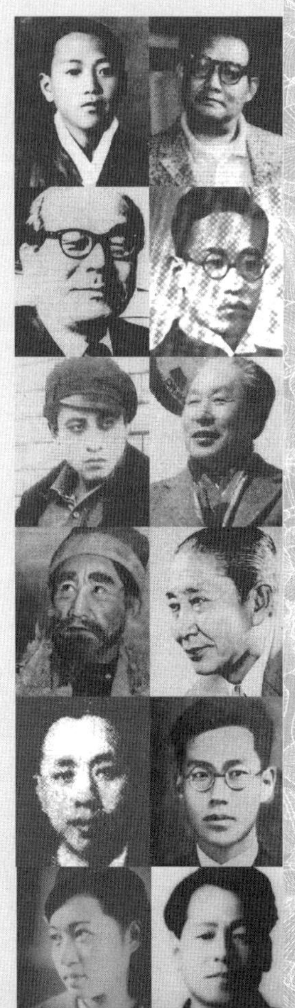

신극계를 환하게 밝히고 사라진
김우진

밤하늘에 빛나는 수많은 별들은 천문학자들에 의해 별자리가 잡히면서 이름이 지어지고 인간의 운명과 연관된 전설이 만들어졌다. 천상의 별과는 달리 지상에서 명멸하는 예술계의 별들은 학자나 비평가에 의해 발굴, 평가되어 대중의 심혼 속에 자리 잡는다. 한편으로 광대무변한 창공의 어느 구석에서 미처 천문학자가 발견하지 못한 별이 영롱하게 빛나듯, 우리 근대예술사에도 아직 제자리를 찾지 못하고 역사 속에 매몰되어 방황하는 별들이 더러 있다.

1920년대에 목포의 하늘에서 혜성처럼 잠깐 반짝이다가 현해탄의 새벽 수평선 너머로 사라져버린 천재적 극작가 김우진(金祐鎭)가 바로 그러한 별이다. 1세기에 걸친 우리 근대예술사를 돌이켜보면 허다한 스타들이 밤하늘의 별처럼 역사의 바닥에 숱한 자국을 남기고 갔음을 확인할 수 있다. 그들 중 문학이나 미술, 음악 분야의 별들은 거의 제자리를 찾았다고 볼 수 있지만 연극, 무용 등 공연예술 분야에서는 제자리를 찾지 못한 스타들이 적잖게 있다고 여겨진다.

초창기 시인이고 평론가이며 극작가였던 김우진이 최근까지 제자리를 찾지 못하고 흙바람 속에 망각된 채 남아 있었던 이유는 어디에 있었을까. 여기에는 몇 가지 특별한 이유가 있다. 그 첫 번째는 역시 그가 극작가였기 때문에

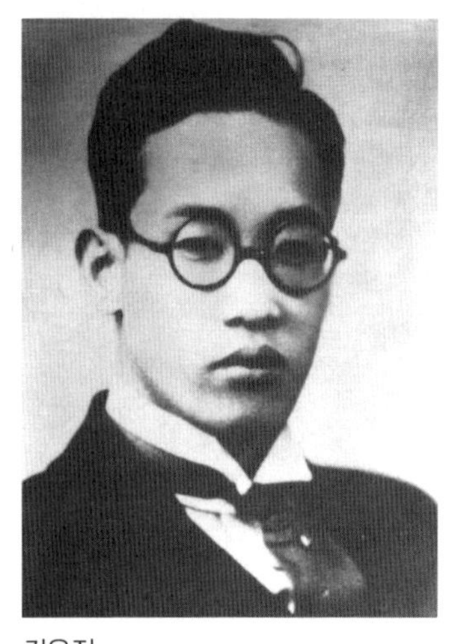

김우진

천시되던 연극계의 비평마저 제대로 없었던 시절에 그가 제자리를 찾기는 쉽지 않았다고 말할 수 있다. 두 번째로는 그가 너무 일찍 타계한 데다가 당대의 유명 소프라노 윤심덕과 정사를 함으로써 그가 윤심덕의 명성에 가려졌고, 죽음 방식이 특이해서 지식인들의 눈살을 찌푸리게 했다. 따라서 명문가의 장남이었던 그의 가문에서 그에 관해 논의하는 것 자체를 기휘(忌諱), 그를 고의적으로 묻으려 했던 것이 사실이다. 세 번째로는 그가 생전에 독특한 가족분위기 속에서 내성적이고 소극적인 성품까지 더해짐으로써 대외활동이 전혀 없었고, 여러 편의 희곡을 써놓고 대부분 발표하지 않았던 것도 그가 널리 알려지지 못한 원인이 되었다고 볼 수 있다.

그럼에도 불구하고 김우진은 시간이 흐를수록 빛을 더해가는 별인데 다가 그의 내면에서 빛을 발하는 스타로서 위치를 굳혀가고 있다. 많은 선구자들이 세월과 함께 굴절 변신해간 경우와는 달리 그는 짧은 생애를 시대, 사회, 인습과 타협하지 않은 채 고고하게 살려다가 시대의 벽에 부딪혀서 패배한 개화예술인의 한 전형이라 하겠다.

갑신정변, 동학운동, 갑오경장 등 개화와 혁명의 소용돌이가 반도를 뒤흔들고, 그 좌절의 여진이 전국을 뒤덮고 있던 1897년 9월에 그는 전라도 장성관아(長城官衙)에서 출생했다. 그의 부친(金星圭)은 갑오년에 고향인 경상도 문경에서 전라도 목포로 이주하고, 다시 장성으로 옮겨 와 군수로 봉직하고 있었다. 김우진은 호를 세 개나 갖고 있었는데 처음에는 초여(草舁)였고, 일본 유학 중에는 초성(焦星), 귀국 후에는 수산(水山)을 썼다.

자가 원강(元剛)이었던 그는 개화부친 김장성 댁의 귀한 맏아들로 태어났다.

　　　　　　　　　　　제4부　서구연극의 도입과 실험

모친 순천 박씨는 동헌에서 산고를 치르지 못하게 하는 관습에 따라 일부러 바깥채에 나와 그를 낳았다. 이때 그의 부친은 대단히 기뻐했고, 그 후 많은 자녀들 중에서도 장남을 특별히 아꼈었다.

엄격한 부친 김성규는 유가의 법도대로 장남의 교육에 특별한 관심을 쏟았다. 그가 어려서부터 철저한 유교 방식 교육을 받은 것이 오히려 훗날 서구 근대사상에 심취하면서 내적 갈등의 요인이 될 줄은 아무도 몰랐다. 부친 김성규는 충북 연풍현감의 차남으로 태어났으나 서출이어서 벼슬길이 막히는 듯했는데 강인한 성격과 폭넓은 학식, 그리고 예리한 시세 판단력으로 이를 극복, 스물다섯 살에 광무국 주사로서 관계에 첫발을 내디딜 수 있었다. 이어 영국, 독일, 러시아, 프랑스, 벨기에 등의 대사관 1등서기관으로 임명받아 홍콩으로 건너갔으나, 갑자기 부친상을 당하는 바람에 중도 귀국하게 되어 뜻을 이루지 못했다. 그러니까 그가 부친 사망이라는 유교의 법도에 막힘으로써 서양문물 체험 기회를 영영 놓치고 말았던 것이다. 대신 그는 서른 살에 상의원(尙衣院) 주부가 되었고, 고종황제가 부활시킨 암행어사인 관찰사로 임명되어 강원도에 부임했다. 그가 강원도에 부임하자마자 부패 관리인 홍천군수를 봉고파직시킨 일화는 그의 대쪽같이 강직한 성격의 일면을 단적으로 보여준 사건이었다.

이와 같이 강직하고 의협심이 강한 그의 성격으로 인해서 때때로 주변의 제동도 받았으나 워낙 해박하고 애국심 또한 강했기 때문에 승승장구할 수 있었고, 장성군수를 거쳐 일제세력과 충돌이 잦았던 무안(일본 공사관이 설치되어 있었음)감리로 발탁되었던 것도 반일적인 그에게 수습을 맡긴 것이나 다름없었다. 그가 일제의 한국병탄 때까지 관직생활을 하는 동안 많은 유산과 함께 만석꾼으로 부러울 것이 없었으나, 일찍이 조강지처가 세상을 뜨는 등 가정생활만은 평탄치 않았다. 혼사를 여러 번 치르는 동안 이복자녀만 10남매를 두었는데 김우진이 장남으로 그가 7세 때 조실모하여 계모 밑에서 성장했다.

동학혁명의 여파로 장성 초심정(草心亭)에서 목포로 이사한 것은 그가 11세 때였고(1908), 이때부터 북교동의 99간짜리 집 성취원에서 살았다. 영세어민 등 빈민이 많은 항구도시에서 대지주의 장남으로 성장하면서 그는 빈부차에 대한 회의와 고민을 할 수밖에 없었고, 성년이 되어 사회주의에 귀 기울이게 된 것도 그러한 주변 환경과 무관치 않았다. 은연중에 부르조아죄의식을 가슴에 품었던 그가 부두노동자 파업 때는 물심양면으로 그들을 돌보기도 했다. 그만큼 그는 일찍부터 사회문제에 각별한 관심을 가졌다.

유교사상으로 철저하게 무장되었으면서도 진취적이었던 부친 김성규는 호남 선우의숙(先優義塾)을 세워 신학문을 가르치도록 했다. 김우진도 그곳에서 공부를 하다가 목포공립심상소학교에 진학했다. 다시 목포공립심상고등학교 1년을 수료하자 대지주의 장남으로서는 넓은 토지관리를 해야 하므로 농림을 알아야 한다는 부친의 엄명이 떨어짐으로써 그는 도일, 구마모토 현립농업학교로 유학가게 된다.

이미 초등학교 시절에 빅토르 위고를 위시하여 셰익스피어, 다눈치오 등을 접한 그는 17세가 되는 1913년 6월에 150장에 이르는 습작소설「공상문학」을 쓰기도 했다. 이 습작소설의 주제는 한 문학소녀의 이룰 수 없는 사랑 이야기로서 그의 창작 기질과 함께 그의 미래까지 암시해주는 듯해서 흥미롭다. 왜냐하면 사랑의 두 주인공이 모두 죽기 때문이다. 그런데 더욱 주목되는 것은 죽음으로밖에 해결할 수 없었던 이 작품의 남녀 주인공의 비극적 이야기는 소년 시절 그가 항상 숭배해 마지않던 이탈리아 국민시인 다눈치오의「죽음의 승리」와 흡사하다는 점 때문이다. 후일 그가 쓴 글「타씨찬장(陀氏讚障)」만 하더라도 순전히 다눈치오에 대한 예찬으로 충만하여 있다.

문학 장르 중에서도 시인을 꿈꾸었던 그는 소년 시절부터 시를 습작했다. 그것은 농업학교에 다닐 때도 여전했다. 열아홉 살이 되던 1916년 부친의 엄명에 따라 세 살 연하의 곡성 유학자 정운남의 귀한 딸과 결혼했는데, 조혼이 별로 탐탁지 않았던지 우울한 시「첫날밤」이라는 것을 남기기도 했다. "첫날밤/이 같은 동물/아무리 있을지나/이내 마음의 눈/밤같이 어둡다/너의 부끄러움/나 아니 가졌으되/내 마음 속/상구히 어둡다”라는 이 시를 보면 앞날이 순탄치 않음을 느낄 수 있다.

그가 부친이 두려워서 아내와 함께 살기는 했지만 사랑보다는 동정으로 대했고 일상 대화의 상대는 계모나 제수가 되어주었다. 1918년 맏딸을 낳고 7년 후에 아들을 낳은 것도 이들 부부관계를 짐작하게 하며, 그가 뒷날 일본 간호사와 윤심덕에 푹 빠졌던 배경도 짐작이 간다고 하겠다. 그의 부친은 그가 유학 중에도 서간을 통해 교육을 그치지 않았는데 대단히 엄격한 것이었음을 확인할 수 있다. 가령 부친이 구마모토로 보낸 편지 내용을 보면 몇 가지로 요약된다. 첫째 학교의 스승 등 모든 사람들에 대한 공경심을 반드시 가질 것, 둘째 참을성이 있어야 된다는 것, 셋째 형은 반드시 아우를 감독하고 아우는 형에게 복종해야 한다는 것, 넷째 돈을 절약해 쓸 것, 다섯째 필요 없이 놀지 말고 면학에 힘쓸 것 등 다섯 가지다. 그리고 금기사항 다섯 가지를 제시했는데, 그 첫째는 필요 없이 친구를 찾아다니지 말 것, 둘째 지정된 집 외에 다른 집에 가서 자지 말 것, 셋째 기혼자로서 다른 여성을 취하지 말 것, 넷째 담배를 피우지 말 것, 다섯째 술을 입에 대지 말 것 등이었다.[1]

이상과 같은 편지 내용을 보면 김우진의 부친 김성규가 어떤 인물이었던가를 짐작하고도 남는다고 하겠다. 특히 조선시대 사대부 가정의 엄격한 교육이 연상되어 주목된다고 하겠다. 그러니까 김성규의 자녀교육은 마치 수도사를 키우는 것처럼 절제와 금욕을 강조했음을 알 수 있다. 이는 분명히 술을 좋아하고 애정편력이 있었던 김우진의 성정과는 괴리되었고, 진보적인 서구 사상에 빨려 들어간 그에게 내면적으로 갈등을 키우는 배경도 되지 않았나 싶다. 더욱이 그가 구마모토농림학교에 다닐 시절은 다이쇼 시대로서 일본에 서양의 자유연애사상이 몰려올 때였고, 일본 인텔리들이 실제로 소위 연애시대라 일컬을 정도로 자유분방하게 사랑에 빠져들기도 했었다. 따라서 정사사건도

---

1 여기 소개한 편지의 일부는 부친이 구마모토에서 공부하고 있는 김우진에게 보낸 것이다.

심심찮게 일어나기도 했다. 김우진의 경우 고보 시절까지는 부친의 엄명을 잘 지키는 모범생이었다.

대단히 명석하고 또 집중력이 강했던 그는 학교 성적도 뛰어났고 교내 웅변대회에 나갈 만큼 논리적이고 언변도 있었다. 그와 함께 공부했던 한 일본인은 "그는 항상 내성적이고 사색에 빠져 있어서 문학적인 친구를 좋아하였다. 그리고 스스로가 문학을 좋아하고 또 문학의 재질을 지니고 있었다. 특히 영문학자 마쓰자키(松崎) 선생의 감화를 크게 받았고 성적도 매우 좋을 정도로 영어실력이 뛰어났다"[2]고 회상한 바 있다.

대개의 문학도들이 그렇듯 그가 수학은 싫어했으나 문과 과목들은 뛰어났고 외국인으로서 60명 중 16등을 한 것은 대단한 것이었다. 농림학교 시절에 이미 오늘의 석사논문 수준의 「축산론」을 발표했으며, 「조선에 있어서의 삼림사업일반」이라는 졸업논문을 내고 학교를 졸업했다. 그때 영친왕으로부터 5원의 우등상금을 타기도 했지만 농림학에 별로 흥미를 느끼지 못하고 문학과 철학에 관심이 가 있었다. 농업학교 졸업 당시 그는 스물한 살로서 철도 들 만큼 성숙한 상태였기 때문에 재산관리를 위한 공부에 회의를 느꼈음은 두말할 나위 없었다. 특히 그는 식민지 치하에 놓여 있는 지식인이 무엇을 해야 할 것인가 하는 문제를 떠올릴 때마다 고통스러울 수밖에 없었고, 자신의 문학에의 갈망과 함께 민족적 사명감에 불타기도 했다. 결국 그는 부친의 소망과는 달리 와세다대학 영문과로 진학함으로써 극적인 방향 전환을 하게 된다.

그의 문과로의 방향 전환은 부친의 뜻을 처음으로 어긴 경우로서 부친을 크게 실망시켰음은 물론이고 분노케까지 했다. 그는 함께 공부하던 동생(철진)을 구마모토에 남겨두고 1918년 3월 도쿄(신주쿠)로 왔다. 1년 뒤 그가 와세다대학 예과에 입학할 즈음에 철진, 익진 두 동생도 도쿄로 합류해서 유학생활은 외롭지 않았다. 당시 국내에서는 독립운동의 기운이 휘몰아쳤는데, 그 이유는

---

2 「김우진의 웅본시절」, 『김우진 전집』 2, 전예원, 1983, 308쪽.

미국 대통령 윌슨이 민족자결주의를 부르짖었고 이태왕의 승하까지 겹친 데 따른 것이었다.

이 시기 그의 일기장에는 민주주의와 민족자결이라는 용어가 등장하고 이태왕의 승하를 애통해하면서도 봉건유습의 종결로 받아들인 것은 흥미롭다. 그만큼 그는 철저한 민주주의, 자유주의자로 변신해가고 있었다. 그는 조선청년독립단의 2·8선언이 있던 다음날 청년회관에 다녀왔고, 일본 형사가 그를 찾기도 했다. 2·8선언의 주동자 최팔용 외 수십 명의 학생들이 경찰에 연행된 사실도 그의 일기장에 적혀 있다. 그는 직접 최팔용이 갇혀 있는 도쿄감옥으로 면회를 갔었고, 여러 학생들과 청년회관에 모여 회의를 하려다가 제지당하기도 했다.

1919년 3월 3일에야 고국에서 독립운동이 일어났다는 소식을 접하고 그는 일기에 "동양 반도의 역사여! 너희들은 하늘의 별의 희망과 지상의 추물의 악취를 아느냐, 수재(壽哉)! 가령 너의 행동이 맹목적이며, 뇌동적이라 하더라도 하늘의 행복의 신은 우리를 수호한다. 활동하여라. 활동하자! 요지활동은 우리의 잡는 유일의 길이다. 아아 전 민족아 일어나자"(3월 7일자)고 하면서 민족자결만이 우리의 유일한 목표라고 적어놓았다. 그만큼 그는 고국에서 광범위하게 번지고 있는 독립운동에 흥분했고, 도쿄에서의 학생운동이 좌절된 것에 대해서 절망했다. 그는 약한 자의 설움이라면서 일기마저 쓰지 않겠다고 다짐하면서 거의 달포간 일기를 쓰지 않았다. 그러다가 4월 하반기에 가서 "나의 영혼의 엑스타지…. 나는 시인이 될 것을 바란다. 불만족, 증오하는 현실을 도피하야 나의 갈 바는 이 환각의 세계뿐이다"(4월 20일자)라고 쓰면서 현실도피의 수단으로 시인이 되고자 했다. 그만큼 그는 도전적이기보다는 내성적인 성격대로 회피의 길을 가려 했으며, 대학 예과 시절에는 베를렌, 보들레르, 브라우닝, 피테, 하이네 등 프랑스와 독일 시인들의 작품을 읽으면서 위안을 삼기도 했다.

그러나 그가 예과를 거쳐 본과인 영문과를 가서부터는 연극에 매료되었고 셰익스피어를 읽으면서 희곡 창작에 관심을 갖게 된다. 그렇다고 해서 시작(詩作)을 소홀히 한 것은 물론 아니었다. 워낙 학구적이었던 그는 문학, 철학, 연극 등 인문학 전반에 걸쳐 서구 사상에 빠져 들어갔다. 그는 학자적인 기질과 작가적인 기질 양면을 다 지녔던 데다가 뛰어난 영어실력까지 갖추었기 때문에 광범위한 독서편력을 할 수가 있었다.

우선 철학 분야에서만 보더라도 칸트, 헤겔, 쇼펜하우어, 니체, 마르크스, 베르그송 등을 섭렵함으로써 그로 하여금 냉철하고 합리적인 서구적 교양과 지성을 갖출 수 있게 만든 것이다. 그가 특히 니체에 얼마나 경도되었는가는 대학 시절에 잠깐 썼던 자호 초성(焦星)에서 단적으로 나타난다. 초성이라는 예명을 니체의『차라투스트라는 이렇게 말했다』의 머리말 중에서 차라투스트라가 태양 앞으로 걸어 나서며 외치는 말 '너의 위대한 태양이여…'에서 위대한 태양을 일본어로 의역한 '불타는 별(焦星)'에서 딴 것이다.[3]

그런 그였지만 소년 시절에는 다눈치오를 위시하여 보들레르, 휘트먼, 베를렌, 워즈워스, 블레이크 등 시인들에게서 서정성을 취했고, 셰익스피어, 스트린드베리, 입센, 던세니 경, 버너드 쇼 등의 극작가를 사숙했다. 그중에서도 그는 특히 쇼의 사회문제극과 스트린드베리의 표현파적인 작품에서 절대적인 영향을 받았다. 그는 소년 시절에 탐닉했던 톨스토이의 인도주의나 빅토르 위고의 낭만주의 그리고 모파상의 자연주의에서 탐미주의로 관심을 기울였다가 다시 이를 탈피해가고 있음이 대학 예과 시절의 일기에 잘 나타나 있다.

가령 그는 1919년 3월 19일자 일기에서 "이제는 수년 전의 톨스토이의 설교는 나의 귀에 마이동풍이다"라고 적었으며, 5월 2일자에서는 "로맨티시즘이든지 내츄럴리즘이든지 모두 내 요구하는 바가 아니다"라고 쓴 바 있다. 이 시기 그의 일기를 보면 모든 것에 대한 회의와 번민의 암운이 드리워져 있고 격심한 정신적 방황을 거듭하고 있었음이 드러나고 있다. 그러나 그는 니체로부

---

3 이두현,『한국신극사연구』, 서울대학교 출판부, 1966, 110쪽.

터 저항정신과 투쟁심을 얻었고, 표현주의, 사회주의, 버너드 쇼, 베르그송 사상 등에서 인생관, 세계관의 기본 틀을 갖추면서 무신론적이고 사회변혁사상에 귀착하게 된다.

동학운동의 열기 속에 태어나 소년기에 국권상실의 비운을 몸소 겪고 3·1운동을 청년기에 접했으며 와해되어가는 봉건체제의 잔영 밑에서 새로운 서구 사상의 혼류를 수용했던 그는 의식과 파열과 재구성의 진통을 누구보다도 심하게 겪은 경우였다. 이처럼 그가 시대적 아픔과 정신적 편력 과정에서 심신이 피로해 있을 때 한 일본 처녀를 만나게 되었다. 이는 그가 대학 진학 후에는 다이쇼 시대에 무심결에 겪었던 자유연애사상이 자신도 모르게 내면에서 솟아나온 듯도 싶다. 특히 그가 좋아했던 일본 백화문학의 거두 아리시마 다케오(有島武郎)의 정사 사건으로 충격을 받기도 했었다.

그가 유학 와서 첫 번째로 이성으로 만난 미모의 고토 후미코(後藤文子)라는 이 여성은 그가 각막염으로 자주 다니던 안과병원의 간호사였다. 너무 내성적이어서 친구가 별로 없어서 외롭게 타국 생활을 하고 있던 그에게 상냥한 후미코는 좋은 친구가 되어 쉽게 사랑에 빠졌다. 그 두 사람은 각각 첫사랑이나 다름없었다. 이 같은 사랑은 당시 그의 일기와 「병고」, 「이국의 소녀」 등 자작시에 잘 나타나 있다. 그러나 연약한 후미코가 갑자기 병사함으로써 두 사람의 사랑도 짧게 끝나고 만다.

그는 1920년 봄 조명희, 유춘섭, 홍해성, 고한승, 김영팔 등 유학생들과 근대극 연구서클인 극예술협회를 발족시켰다. 이들은 주말마다 모여서 셰익스피어, 괴테, 체호프, 고골리, 하웁트만, 고리키, 입센 등 서구 고전극과 근대 극작가의 희곡을 읽고 토론했다. 바로 그 점에서 우리나라 근대극운동의 단초를 이들이 열었다고 보는 것이다. 왜냐하면 이들이 단순히 독서그룹으로 그치지 않고 이듬해 우리 노동자단체의 요청에 따라 순회극단체로 탈바꿈하여 고국에서 공연 활동을 벌인 바 있기 때문이다.

즉 동우회 순회극단과 형설회 순회극단이 바로 그것인데 이들이 1920년대의 활발한 민족문화운동의 바탕이 된 것이다. 이들의 레퍼토리는 연극과 음악이었고 다분히 계몽성 짙은 아마추어 공연이었지만 신파극만 있던 시대에 매우 신선하고 민족자각의 효과도 컸다. 동우회순회극단을 실질적으로 이끌었던 김우진이 자금도 대고 번역 연출도 했다. 워낙 내성적이고 수줍어서 단원들을 이끄는 데는 한계가 있었고, 특히 연출력이 부족해서 와세다대학 출신의 일본 친구 도모다(友田泰助, 배우)의 도움을 받기도 했다. 이때부터 음악프로에 출연하기 위해 함께 다닌 음악학도 윤심덕과 가까워진다.

순회극운동을 벌이면서 그는 연극의 매력에 빠졌고 여자친구까지 얻으면서 장차 극작가로 대성하여 이 땅에 근대극의 토대를 마련해야겠다는 결심을 굳히기도 했다. 그는 대학 시절 드라마를 공부하면서 「아일랜드인으로서의 버너드 쇼」, 「맥베드가 본 유령과 햄릿이 본 유령」 등 논문을 쓸 정도로 상당한 지식을 쌓았고, 그가 좋아한 쇼의 대표작 〈인간과 초인간〉을 철학적으로 분석한 졸업논문(영문)을 내고 졸업했다. 그것이 1924년 봄이었고 그는 곧바로 목포의 집으로 돌아왔다.

신극 선구자의 꿈을 안고 귀국한 그의 앞에는 재산관리의 중책만이 놓여져 있었다. 즉 그는 부친이 만든 상성합명회사의 사장으로서 가업을 돌보는 일을 떠맡게 된 것이다. 그는 역경을 딛고 입신출세한 부친을 대단히 존경했지만 사상적으로는 경원했다. 그는 일기에서 "부주하서(父主下書) 세 번 읽다. 오 가련한 인생, 구전통의 유물의 신생에 대한 공포야말로 불쌍하다"(1922.12.4.)고 쓸 만큼 부친에 대한 자가당착적인 생각을 갖고 있었다.

그런 가운데서도 그는 일상적인 재산관리 업무와 창작, 논문작성 등에도 게을리 하지 않았다. 그는 많은 글을 썼지만 발표하는 데는 관심이 많지 않았다. 그가 쓴 논문만 하더라도 「우리 신극운동의 첫길」, 「자유극장 이야기」, 「구미현대극작가론」 등 연극론과 문학, 철학적 단상도 여러 편 썼다. 맨 앞의 논문은 당시 우리 연극의 현실을 진단하고 그 방향을 제시한 글이고, 두 번째 글은 프랑스의 앙투안이 테아트르 리브르를 통해서 근대극운동을 시작한 내용이며, 세 번째 논문은 A.A. 밀른(영국), 차페크(체코), 피란델로(이탈리아), 오닐(미국) 등 당시 세계적으로 가장 첨단적 극작가들의 희곡을 읽고 분석 소개한 글이다.

당시 『시대일보』에 연재한 서구 현대극작가 소개는 지금 보아도 신선할 정도로 명쾌한 글이다. 그 시절 한반도 전체에서 영국의 맥밀란 출판사로부터 책이 직송된 곳은 목표의 김우진의 집이 유일했다. 그만큼 그는 그때그때 출간되는 서양의 희곡집을 직접 구입해서 읽을 만큼 영어 실력과 돈이 있었다. 그 점에서 그가 당시 가장 앞서간 지식인이었고 열린 사고의 문사였다. 그는 복잡한 가족구조 속에서도 많은 글을 썼다. 그의 사상적 편린을 엿볼 수 있는 「신청권」, 「곡선의 생활」, 「생명력의 고갈」, 「아리스토텔레스의 형식논리」 등은 철학적 단상에 속한다. 그에게 많은 영향을 준 스트린드베리가 말년생활을 총결산한 책제목에서 따온 「신청권」에서는 전통인습과 유교윤리를 통렬하게 비판했다. 「기록의 마력」이란 글에서 그는 "공자가 살아 있을 그 시대의식이야 오늘 우리가 어떻게 알 수 있겠느냐. 또 알 필요도 없다. 다만 공자의 상고주의를 만들어낸 그 사실이 기록된 것만으로 오늘날까지의 우리들은 얼마나 한 미신에 홀려 있었는가만 알자꾸나. 기록된 공자교의 교리 가운데 바로 선고의 기록의 숭배를 강청한 점에 공자교의 무서운 요술이 있다"고 비판하고 있다. 이는 마치 이광수가 유교를 매도한 내용과도 궤를 같이하는 것이라 하겠다.

그는 또 천재와 사이비천재를 결정해주는 것은 기록에 마비되지 않는 자유의식에 있다고 주장하면서 전통적 인습의 구각을 깨고 그 질곡으로부터의 해방은 곧 자유의지의 힘으로만 가능하다는 것이다. 그가 니체 사상에서 원용해 온 자유의지를 설명하기 위해 마르크스의 이론도 가져온 바 있다. 그가 또한 「초야권(初夜權)」이라는 글에서는 여성의 미덕으로 내려온 정조관을 비판하기도 했다. 전통사회에서 유독 여성에게만 순결성을 강권하는 것도 유교적인 남존여비사상에서 연유한 바라고 했다. 그리고 그는 정조를 미덕으로 본 전통사회에서 춘향의 고초를 하나의 예로 들면서 만약 이도령이 과거급제를 못했더라면 춘향이는 옥사했으리라고 했다.

따라서 우리 여성들이 노라와 같이 근대여성으로서 자각하려면 처녀성에 대한 미신부터 저버리고 초야권을 여성 자신이 주재해야 한다고 당시로서는 놀랄 만한 주장도 폈던 것이다. 「생명력의 고갈」이란 글은 그의 예술론의 일단으로서 괴테의 소위 시대정신이란 것을 많이 따른 것이었지만 아무래도 그의 사회주의적인 예술관과 버너드 쇼의 개혁사상이 혼효된 내용이다.

때마침 이광수가 프로문학을 비판하는 내용의 「중용과 철저」(『동아일보』 1926.1.1)를 발표하자, 그는 이를 정면으로 매도하는 「이광수류의 문학을 매장하라」라는 평론을 발표하고 나선 것이다. 그는 이 글에서 이광수 문학이 "첫째로는 시대에 대한 관념의 지식이 틀렸고, 둘째로는 인생에 대한 통찰이 부족했기 때문에 이상이 말해온 이상주의적 계몽기적 안이하고 도피적인 특성을 갖게 되었다. 이러한 특색이 지금 조선 사람에게 어떠한 관계를 가졌는가 생각해보자. 그이는 평범과 상식을 좋아하기 때문에 계몽기적 인생관에서 벗어나지 못한다. 미적지근한 온정주의, 열과 힘이 없는 소강(小康)의 세계에서 벗어나지 못한다. 발효가 없고 맹물과 같은 사랑, 이상, 평화 속에서 국척한다. 덮어놓고 사랑하라 하며 현실도 모르고 보지도 않으려 하면서 이상을 말하고 불철저한 무저항주의를 내두른다."[4]고 비판한 것이다. 그가 이광수 비판의 글에서 과격하리만큼 기성세계의 파괴니, 혁명이니, 사회개혁이니, 생명력이니 하는 용어를 남용한 것은 순전히 표현주의 문학사상과 버너드 쇼주의에서 비롯된 것이었다.

그는 이 글에 앞서 써놓은 「아관(我觀) 계급문학과 비평가」(1925.4.)란 글에서도 "왜 경제적으로 사회적으로 정신적으로 온갖 고통과 번민을 받은 독일 표현주의자들이 왜 물결치는 대로 바람부는 대로 떠다니는 원시적 단세포 미물

---

4 김수산, 「이광수류의 문학을 매장하라」, 『조선지광』 1926.2.

　　　　　　　　　　　제4부　서구연극의 도입과 실험

의 생활을 버리고 의욕적으로 표현뿐만 아니라 보다 높은 생활을 창조하려고 애쓰는가 하고 반문하면서 억눌린 인간성과 자아의 해방을 절규한 표현주의 문학을 제창하고 있다."[5]라고 썼다.

그는 또 비슷한 시기에 쓴「조선말 없는 조선 문단에 일언」이란 글에서는 외국의 예를 들어 "오늘날 조선 문단에는 조선말이 없다는 것을 예거하여 순정한 조선어의 부흥과 개량을 역설하고 새 문전(文典)의 제정과 사전의 출현과 구비전설과 민요, 동요의 수집을 촉구했으며, 우리의 시가운율을 가질 것과 우리말로써의 외국문학의 번역, 신문잡지의 대중화를 꾀하여야 한다"[6]고 주장하기도 했다.

이상 두 종류의 글에서 알 수 있듯이 그는 해박한 지식과 뛰어난 비평안을 갖고 우리 문화 전체를 조감하면서 이광수에 대한 최초의 비판자 역할을 했다. 더욱이 그의 견해가 오늘날 젊은 비평가들이 문학 사회학적 또는 민족주의적 관점에서 이광수 문학을 매도하는 것과 거의 궤를 같이하는 것이야말로 그의 선구적 비평안을 잘 보여주는 것이다. 그럴 수밖에 없는 것이 그의 비평관이 표현주의와 사회주의, 그리고 버너드 쇼의 사회개혁사상을 토대로 하고 있었기 때문이다.

이러한 사상의 소유자가 엄격한 유교사상으로 무장된 그의 부친과 한 집에서 평화롭게 공존하기가 쉬울 리 만무했다. 게다가 수시로 목포 집으로 찾아오는 윤심덕과의 복잡한 관계 설정 역시 그에게 고통만을 안겨 주었을 것임은 주지의 사실이다.

이 시기에 그가 한 일기에서 "나는 모든 것을 부셔버리고 나의 자아의 발전을 할 수 있는 힘이 필요하다. 특히 필요한 것은 부자지간의 정애—나의 센티멘트의 줄을 끊을 수 있는 힘이 필요하다 …(중략)… 아버지의 뜻을 받들자면

---

5 김수산,「아관 계급문학과 비평가」,『김우진 전집』 2, 178쪽.
6 김수산,「조선말 없는 조선 문단에 일언」,『중외일보』 1922.4.15.

새로운 공기의 아들인 나는 질식할 수밖에 없다"고 썼다. 그러면서 부자간의 결별이라는 전제를 놓고 그의 부친이 비극의 주인공이 되느냐, 자신의 개성과 자아를 불살라 버릴 것이냐로 번민하기도 했다.

당시 한국인의 삶을 인습과 전통에 의해 살육당한 생활의 묘소라 생각한 그는 상주 선산의 척고재(陟古齋) 낙성식에 모인 양반들을 바라보면서 "어디에 인생의 희망과 영광과 의미가 있는가. 어디에 행복한 인간의 모습이 보이며 과거 명문의 여운이 있는가. 이런 인생은 돼지에게나 던져주어라'고 외치면서 "어버이가 무언가! 효도가 무언가! 더구나 척고재가 다 뭔가!'라고 전통인습을 통렬히 비판하면서 부친에 대한 거역을 암시한다.

그는 일기에서 자신을 가리켜 비사교적이고 융통성이 없으며 비타협의 고집불통의 소유자라고 규정하기도 했다. 그런 성품의 진보적 청년이 매우 전통적인 실학적 인물인 부친과 정신적 위화감을 심하게 느낀 것은 극히 자연스런 일이었다. 그러나 부친이 사경을 헤매는 중병을 치르고 난 뒤부터는 부친에 대한 증오와 경원이 연민으로 바뀌었고, 반항은 자학과 저주로 바뀌었다. 이 시기에 그는 자기 집을 묘사하는 일기에서 감옥에다 비교했고, 자신을 새장 속에 갇혀 있는 새가 자유를 향해 애절히 우는 것에다가 비유하기도 했다. 그는 이러한 자신의 내면적 갈등 속에서도 일상생활은 나름대로 충실하려 했다. 즉 낮에는 7천여 석의 추수와 삼림 문제, 세금 처리 그리고 복잡한 가족구성원들에 대한 장남으로서의 조정 등 하루 일과는 항상 분주했다. 그러나 밤만 되면 때때로 새벽녘까지 원고지와 씨름했다. 자신의 복잡하지만 무미건조한 일상과 내면적 갈등을 창작으로 걸러내고 있었던 것이다. 주로 희곡과 시 창작을 꾸준히 한 것이다.

그 즈음 그가 친구 조명희(趙明熙)에게 보낸 편지에서는 "형의 그 곧은 심플한 천진하고도 열 있는 얼굴, 입, 코, 눈앞에 기회 있을 때마다 나타납니다. 되게 만나고 싶습니다. 간절하게도 만나고 싶습니다"라고 적혀 있는 것으로 보아 많은 사람들에게 둘러싸여 있으면서도 외로움을 느꼈던 것 같다. 그리고

「조명희군에게」라고 제목을 단 일기에서는 "창작의욕이 성하면서도 시간이 없어서 그저 지냅니다. 스트린드베리가 30대 때의 스웨덴의 사회적 분위기를 맛본 것 같은 큰 걸작이 지금 소부르조아 가정에서 생활하는 내게도 돌아올 것이외다. 나는 숙명론자요 숙명을 벗어나지 못할 줄 압니다마는 한 가지 how의 생활에서 내 가치를 나타내고자 합니다. 요사이 실업(實業)을 더욱 알게 되었습니다. 제3자의 눈으로 보면 어떻게 보일지는 모르나 그러나 나는 나요! 겉으로 광인에 지나지 못한 스웨덴의 극작가의 생활은 흠모합니다"(1924.8.24.)라고 적어놓은 것이다.

그만큼 그는 불운, 복잡한 가정환경과 사회현상 속에서 스웨덴의 사회를 예리하게 작품으로 묘사해낸 스트린드베리와 자신의 동질감을 느끼면서 창작세계를 펼쳐나갔다고 볼 수 있다. 따라서 그의 작품은 대단히 자전적인 것이 특징이다. 대체로 귀국해서 2년여에 걸쳐 희곡 5편을 썼고, 시도 40여 편 썼는데 1925, 6년도에 집중력을 발휘했다. 초기에 습작형태로 쓴 단막희곡 〈정오〉와 북교동 자신의 집 뒤쪽 유달산 비탈에 자리잡은 무허가집 군락의 사창가를 무대로 한 자연주의풍 장막희곡 〈이영녀〉(3막)는 자전적이지 않지만 나머지 세 작품은 자신의 삶을 작품화 했다고 해도 과언이 아니다.

처녀작 〈정오〉는 구성에 있어서나 인물 설정 등에서 엉성하지만 그의 심상과 정신적 상황을 어느 정도 드러낸 작품임에는 틀림없다. 즉 일인과 친일 한국인에 대한 혐오감과 사회의 부조리에 대한 부정적 시각, 신구세대 간의 괴리, 빈곤 등이 주제로 되어 있는 것이 사실이다. 두 번째로 쓴 〈이영녀〉는 주제도 선명하고 등장인물의 뚜렷한 성격화 등이 돋보이는 작품이다. 그가 철저한 쇼주의자답게 빈민굴, 매음, 여성의 인권, 결혼의 관습 등에 주안점을 두고 쓴 작품이 바로 창녀의 삶을 비극적으로 묘사한 〈이영녀〉이다. 그는 이 작품을 통해 남성들의 욕망과 폭력성, 빈곤 등을 묘파했고 그러한 비인간성이 여성을 어떻게 파멸시키는가를 리얼하게 그려놓은 것이다.

후반에 쓴 세 작품의 주인공들은 환경, 직업, 연령, 이념 등에 있어서 그의 분신이라 할 만큼 유사하다. 그리고 이 작품들은 그의 사회개혁사상 구현을 위한 것으로서 근대의식이 전통인습에 부딪혀서 갈등하고 좌절하는 내용이다. 가령 세 번째 작품 〈두덕이 시인의 환멸〉만 보더라도 주인공은 심약한 시인이다. 그리고 완고한 모친, 맹종적인 구식 아내, 어린 자녀, 그리고 신여성이 묘한 갈등을 빚어내는 희곡이다. 그의 작품에는 반드시 한두 편의 시를 써 넣어 자신이 시인임을 강조하고 있는 것도 특징 중의 하나다.

여기서도 그는 한 남자와 두 여자 간의 삼각 갈등을 통해서 구식 결혼제도의 폐해와 개명된 남편의 가정 불신을 야기시킨다. 이 작품에서는 그의 스트린드베리적인 여성관도 드러난다. 그렇기 때문에 그의 작품 속에서 여성은 사랑을 받기보다는 경멸과 증오의 대상이 된다는 점에서 주목할 만하다. 이는 아마도 생모를 일찍 여의고 여러 명의 계모를 모셔온 데다가 부친의 일방적인 명령에 따라 애정 없는 결혼을 한 데서 연유한 것이 아닐까. 게다가 개성 강하고 활달한 윤심덕과의 잘 풀리지 않는 애정관계까지 얽힘으로써 그로 하여금 환멸의 여성관을 지니도록 한 것이 아닌가 싶다.

그 점은 스트린드베리가 여성에게서 겪은 쓰디쓴 환멸과도 유사하다고 볼 수 있다. 이처럼 그는 주변의 가장 가까웠지만 그에게 별다른 안온함을 주지 못한 여성들에게서 느낀 감정을 자신의 작품에 그대로 투영하고 있다. 따라서 〈두덕이 시인의 환멸〉은 스트린드베리의 희곡 〈율리에 아가씨〉의 한국판이라 규정할 수 있으며 두 주인공의 고뇌를 통해서 전통인습과 서구적 근대모럴 틈바구니에 끼어 진퇴유곡에 처한 개화기 인텔리의 모습을 적나라하게 부각시켰다고 하겠다.

네 번째 작품인 〈난파〉는 그가 자살하던 해의 초에 쓴 희곡으로서 원고 겉장에 '3막으로 된 표현주의극'이라고 명기하고 있어 그가 크게 영향 받은 표현파극을 실험했음을 알 수 있다. 가장 자전적 작품인 〈난파〉는 제명이 암시해주듯 복잡하게 얽힌 유교적 가족구성원 속에서 서구적 모럴로 무장된 젊은 시인의 정신적 몰락 과정을 묘사한 희곡이다. 표현파 희곡답게 고유명사 주인공이 아닌 관념적 인물들이 등장하는 이 작품에서 시인은 모친에게 왜 그 많은 나라들 중에서 굳이 이 땅에 태어나도록 숙명의 굴레를 씌웠는가를 원망하는 것으로부터 시작된다. 즉 인간업보에 대한 통분으로 시작하는 이 작품은 도저히 화합할 수 없는 부친과의 상극 갈등으로 이어지고 피 흘리는 도전으로까지 간다. 이는 마치 아들이 나아갈 길을 가로막는 양친을 죽이지 않을 수 없다는 표현으로 독일인을 경악시켰던 하젠클레버의 희곡 〈아들〉을 연상시키기도 한다. 물론 부친은 자신의 불우했던 과거를 들먹이며 아들을 설득하지만 여의치 않다. 주인공 시인은 버너드 쇼 희곡 〈워런 부인의 직업〉에 나오는 여인 비비에 의지하려 들기도 한다. 신여성 비비는 카로노메(〈리골렛〉의 비극적 주인공)로 변신, 시인을 사랑하고 시인으로 하여금 절망과 고뇌로부터 벗어날 수 있도록 노력하지만 부모가 둘 사이를 갈라놓는다. 시인은 자신이 구제받을 수 있는 두 길로서 신과 에로스를 떠올린다.

그러나 시인은 니체의 무신론적 자세에 동조하고 마르크시즘에도 기울어져 있었다는 점에서 자가당착에 빠지기도 한다. 그런 속에서 카로노메는 시인의 정신적 지팡이가 된다. 그러면서 시인으로 하여금 가족과 결별하도록 유혹한다. 그러나 카로노메가 시인에게 확실한 등대가 되어주지 못했기 때문에 결단을 내리지 못한다. 죽음으로밖에 해결할 수 없는 상황, 그리하여 시인은 잃어버린 모성을 찾아 방황하다가 절망의 바다에서 난파당해 파멸하고 만다. 시인이 등대 불빛을 받으며 부표(浮標)를 잡고 살아남기에는 시대 관절의 위골(違骨)이 너무 심했던 것이다. 물론 시인은 절망 속에서도 구원의 연인 카로노메를 내세워 타협의 길도 모색해보았지만 성공하지 못한다.

마지막 희곡 〈산돼지〉는 그가 출분하던 해 봄부터 구상하여 일본에 잠시 머무는 동안에 완성한 작품인데 친구 조명희의 초기 시 「봄 잔디밭 위에」로부터 힌트를 얻어 쓴 장막극이다. 「봄 잔디밭 위에」라는 시는 좌절당해 상처를 입은 한 인간이 이데아를 찾아 방황하는 모습을 묘사한 조명희의 낭만적 작품이다. 사실 〈산돼지〉의 주제는 사회개혁이지만 조명희의 낭만시와 결부시킨 것

은 그 자신의 절망감과 한국적 토양에의 회귀라는 숙명성에 따른 것으로 볼
수 있다. 그렇기 때문에 〈난파〉에서 보이는 강렬한 변혁의지나 반항성은 수그
러지고 오히려 사회개혁이라는 무서운 짐을 지고 있는 자신의 숙명성으로 괴
로워한다. 솔직히 이 작품은 식민지 압제와 봉건적 인습의 구각을 깨지 못하
고 몸부림치는 개화기 지식인의 한계를 묘사한 희곡이라 말할 수 있다.

이 작품의 주인공은 '나라를 위해, 중생을 위해, 백성을 위해, 사회를 위해'
동학당에 가입하여 동학혁명에 가담했다가 죽은 동학군의 아들로서 '내 뜻을
받아 양반놈들 탐관오리들 썩어가는 선비놈들 모두 잡아죽이고 내 평생소원
이던 내 원수를 갚지 않으면 산돼지 탈을 벗겨주지 않겠다'는 부친의 엄명을
받은 자였다. 이처럼 주인공은 태어날 때부터 사회개혁이라는 큰 사명을 짊어
지고 있었다. 그러나 주인공은 목 베인 항우처럼 참패하고 산돼지처럼 산비탈
을 헤매다가 한 여성에게 귀의하고 만다.

이는 마치 괴테의 〈파우스트〉에서 파우스트가 '영원히 여성적인 것이 우리
를 인도한다'고 외치는 것을 연상시키기도 하는 것이다. 그가 조명희에게 보
낸 편지에 "주인공 원봉이는 추상적 인물이오, 조선 현대청년중의 어떤 성격
과 생명력을 추상해놓은 것이요, 그 성격 중에는 형도 일부분 들고 김복진 군
도 일부분 든 것 같소이다"라고 쓴 것처럼 〈산돼지〉는 좌절한 개화지식인들의
임상보고서 같은 작품이라 말할 수 있다. 그러니까 이 작품은 그가 고백한 바
있는 것처럼 그 자신 '생의 행진곡'으로서 그의 삶뿐만 아니라 시대정신을 가
장 극적으로 묘사한 희곡이라 하겠다.

그리고 흥미로운 두 가지 사실은 첫째 그의 동학혁명에 대한 관점과 두 번
째는 여주인공의 캐릭터다. 그는 적어도 19세기 후반의 동학운동을 대단히 높
게 평가 인식하고 있었던 데 비해 그의 부친은 반대 입장에 서 있었다는 점이
다. 잠시나마 그의 부친이 광주교도소의 고위간부로 근무한 적이 있었던 만큼
그 자신과는 정반대 입장에 있었고, 그런 부친의 경력이 그를 괴롭혔을 가능
성이 높다. 〈산돼지〉에서 동학혁명을 긍정적으로 묘사한 것도 실은 부친의 과

거 경력에 대한 죄의식 같은 것에서 탈피하고 싶은 욕망에 따른 것이 아닌가 싶다.

두 번째로 〈두덕이 시인의 환멸〉에 나오는 신여성과 〈난파〉의 여주인공 비비, 카로노메, 그리고 〈산돼지〉의 신여성은 동질성을 지닌 인물로서 윤심덕의 분신으로 보이는데, 결국 마지막 희곡 〈산돼지〉의 여주인공에게서 최후의 도피처를 구한다는 점이라 하겠다. 그러나 작품 속에서 여주인공들을 대체로 부정적으로 묘사했을 뿐 조금도 미화하지 않았다. 실제로 그는 윤심덕과 청순한 사랑의 관계였다기보다는 윤심덕의 집요함과 시대고를 공유하는 도피처로서 끌려다닌 경우였다.

이상과 같이 그는 자신의 복잡다단한 삶을 시와 몇 편의 희곡으로 기록해놓은 것이다. 비록 많은 작품이 아니었지만 그는 짧은 기간 동안 정신적 고통으로 얼룩진 삶을 시와 희곡으로 형상화해낸 것이다. 특히 계몽적 민족주의나 낭만주의와 사실주의, 그리고 초보적 프로문학이 횡행할 때, 그는 벌써 기성 문단을 뛰어넘는 모더니즘을 실험하고 그러한 틀만이 아니고 사회개혁이라는 걸맞은 주제까지 담아냈다는 사실에서 그의 선구성을 확인할 수가 있다고 하겠다. 그만큼 그는 당대 유일무이한 표현파 작가로서 수십 년을 앞서간 인물이었다.

따라서 그는 항상 흠모했던 스웨덴의 천재작가 스트린드베리처럼 어렵게 살았고 자기가 처한 사회와 시대를 새로운 문학적 틀로 담아낸 선구적 작가였다. 그 점에서 그는 한국의 스트린드베리라고 명명해도 크게 어긋나지 않을 것 같다. 그런 그였기에 부유한 지주 집에서도 행복한 안정을 찾지 못하고 방황할 수밖에 없었던 것이다.

1926년 6월 목포의 초여름은 무덥기만 했다. 소금기가 밴 해풍도 목포 사람들의 갈증을 적셔줄 수는 없었다. 작열하는 포도 위에는 메마른 먼지만 푸석이고 있었다. 유난히 건조했던 그해 목포의 삭막한 여름 날씨처럼 그의 육신도 타들어가고 있었다. 그는 가업과 예술창조라는 이원의 길에서 타협과 조화를 모색해보려고 무척 애썼지만 해결책이 나오지 않았다. 부친과의 관계는 더 했다. 그는 극도의 신경쇠약으로 매일 코피를 흘렸고 밤마다 독한 양주를 마셔댔기 때문에 나날이 수척해 갔다.

그는 때때로 넋을 잃고 목포의 앞바다를 망연히 바라보면서 '높은 산에서 깊은 물에 풍덩 빠졌으면, 그 찰나가 상상만 해도 기뻐진다'라든가 '난 밥 먹는 나라가 싫습니다. 빵 먹는 나라로 가고 싶소' 등 주변 사람이 이해하기 쉽지 않은 독백을 했고 간난쟁이 아들을 안고 울음 섞인 콧노래를 부르기도 했었다. 그리고 출분의 결심을 굳혀갈 무렵에 쓴 다음과 같은 두 편의 시는 그의 심증을 잘 나타내고 있다.

뜨겁기도 하다 이 가슴은/갑갑하기도 하다 이 가슴은/울음이 복받쳐 나오는구나/설움이 목을 메어나오는구나/그대의 편지를 보고/왜 이리 울어지는가/난들 어찌 할 수 있으랴/나 혼자/그대의 새 생활을 빌면서/먼저 가서 기다리겠노라.

당신 생각이 날 때/방한이 안고 올라와요/당신이 한 번 잊고 있던/잔디 위에 앉아서/오 봄이 좋구려/아지랑이 삐비 먼 곳 닭 우는 소리/봄이외다. 봄이 좋구려 봄/탈탈 뛰는 방한이/포둥한 흰 손목을 잡을 때/졸지에 내 사지는 떨렸습니다/이상스럽게도/생각키우는 며칠 후 땜에….

위의 시 중에서 한 수는 윤심덕에 대한 시이고 또 하나는 자녀 특히 한 살배기 아들에 대한 사랑을 읊은 것이다. 이상의 시에서 알 수 있는 것처럼 그는 벌써 1926년 늦은 봄부터 집을 떠나야겠다는 생각을 하고 있었다. 그는 결국 6월 초 장성군으로 가서 보약을 먹고 조섭을 한다는 명목으로 집을 떠났는데, 집을 나서면서 아들 방한(芳漢)을 안고 슬퍼하던 정경이 오랫동안 그의 가족을 울렸던 것으로 전해지고 있다.

일단 서울에 온 그는 가출에 대한 저간의 심경을 「출가」라는 제목으로 써서 월간 『조선지광』으로 보냈다(사후에 유고에 발표되었음). 그 일부를 소개하면 이러하다.

　　'출가를 왜 하니?' '내 속의 생활을 완미(完美)케 하려고,' '너 아버지가 그리고 미우냐?' '한량없이 밉다. 그러나 존경은 한다. 그렇기 때문에 평시에 내가 아버지 말을 한번이나 잊었니? 다만 구마모토에서 문과대학으로 갈 때 진길이 의상 문제를 내 맘대로 밀고 나갔을 때, 또 이번 출가,' '너는 서양놈들 개인주의에 눈이 어두웠구나.' '나는 동양 소위 공맹도(孔孟徒)처럼 대의명분이란 것과는 아주 딴 생활원리를 보고 있다. 아무리 못난이라도 제각기 제멋대로 제 특징대로 가치관에 의하여 살아야 한단 말이다. 인습과 전통과 도덕에 얽매어 있는 나는 이 모든 외부적인 것에 대한 반역의 선언을 지금 행동하고 있다. 내 처자도 다 있었다. 더구나 방한이는 그립다. 그러나 모든 것이 내게는 제2의 적이다. 그만큼 내 속에는 어찌할 수 없는 새 생활이 뛰놀고 있다. 흥, 아버지 같은 이는 문학의 중독이라고 하겠지. 중독도 좋아. 내게는 이것만이 제일이니까…. 안녕.'[7]

　　이상은 「출가」라는 글의 주 내용인데 맨 끝에 그가 좋아했던 독일 표현파 극작가 하젠클레버(W. Hasenclever)의 대표작 〈아들(Der Sohn)〉에서 다음과 같은 구절을 옮겨놓았다.

　　아버지 당신은 저를 업신여기시지요. 그것이 당신의 권리이니까. 저는 아버지의 돈으로만 살아왔으니까. 하지만 저는 이 심장 속 회오리바람으로써 처음으로 아들이라는 울타리를 뛰어넘었습니다. 그래서는 못 쓴다구? 대체 무슨 법칙이 있기에…. 저를 이 속박 속에 집어넣었습니까? 아버지도 역시 사람이 아니오? 저도 역시 사람이 아니오? 저는 아버지의 무릎 밑에 앉아서 아버지를 축복했습니다. 그런데 당신은 저를 이런 엄청난 고통 속에다가 넣어두고 있었지요. 그것이 아버지가 저한테 주시는 사랑이구려….

7　김수산, 「출가」, 『김우진 전집』 2, 193~196쪽.

이상에서 짐작할 수 있는 것처럼 그가 출분하게 되는 결정적 동기는 그의 부친과의 세대 간의 윤리적 괴리였다. 오늘날도 세대 간의 간극이 심한데 더구나 개화기에 있어서 신구세대 간의 세계관, 도덕관의 간극은 대단했다고 보아야 할 것이다. 그가 서울에 왔을 때는 마침 6·10만세사건으로 어수선했다. 그는 친구 조명희에게만 자신의 행방을 귀띔하고 도쿄로 건너가서 쓰키지소극장 배우로 있던 홍해성의 전세방에서 유럽 유학 준비를 하기 시작했다. 한편 충격을 받은 그의 부친은 '일등차 타고, 일등여관 들고, 유학도 하고' 등등 무슨 소원이든 들어줄 터이니 돌아오라는 편지를 보내온다. 그는 변변한 여비도 갖고 가지 않았지만 부친의 애절한 편지를 받고도 눈물만 흘리고는 회신도 보내지 않았다. 이 시기에 그가 서울의 조명희에게만은 서신을 보내 "7월 중순 안에는 실상 이곳에 이 나라에 있기 싫으나 좋아하는 연극을 보는 것. 독서하는 것. 어학을 공부하는 것만이 나를 붙들어 줍니다. 9월경에는 사요나라 하겠습니다"라고 한 것으로 미루어 그가 독일 유학 준비를 하고 있었음을 알 수 있다. 즉 그는 독일에 가서 연극학도 공부하고 관련도서와 자료를 모아서 목포나 서울에 앙투안이 했던 것 같은 소극장도 만들고 연극박물관도 세울 계획이었다.

한편 "세상에 나같이 불행한 여자는 없을 거야. 지금 내가 내 처지를 돌아보고 나를 응시할 때에는 사실 기가 막혀. 나는 나를 너무 잘 아는 것이 걱정이야" 등등 자조적인 독백을 자주 하던 애인 윤심덕이 도일한 것은 7월이었다. 여동생(성덕) 미국 유학 배웅과 오사카의 닛토레코드회사에서의 취입차 온 윤심덕은 노래 취입을 마치고 김우진에게 오사카로 오라는 전보를 친 것이다. 사실 그가 도일할 때는 윤심덕에게 주소를 알려주지 않았었다. 그렇다고 해서 윤심덕이 그것을 알아내지 못할 여자가 아니었다. 8월 초 두 사람이 오사카에서 만나고 며칠 뒤인 1926년 8월 5일자 신문에 「극작가와 음악가가 한 떨기 꽃이 되어 세상시비 던져두고 끝없는 나라로」라는 정사보도가 전국을 뒤덮었던 것이다.

즉 그들은 8월 3일 오후 11시에 시모노세키에서 부산으로 향하는 연락선을 탄 것 같다. 그리고 대마도 앞을 지나던 4일 새벽 4시쯤 먼동이 터오는 바다로 뛰어든 것으로 보인다. 이는 그가 그처럼 사랑하던 아들 방한의 돌을 3일 앞두고 일어난 돌발사건이었다. 그들의 뜻밖의 정사에 대해서는 여러 가지 억측이 뒤따를 수밖에 없었다. 왜냐하면 윤심덕과 달리 김우진은 부러울 것 없는 재산과 사랑하는 자녀가 있었고, 또 독일 유학까지 준비하고 있었기 때문이다.

그러나 7월 말부터 그가 윤심덕을 다시 만나면서 죽음을 생각한 것이 아닌가 싶다. 가령 그가 죽기 3일 전 조명희에게 희곡원고(《산돼지》)를 보내면서 고료를 홍해성에게 부치라고 했고, 그 이유는 나중에 알게 될 것이라 했으며, 그 시기에 「죽엄」이라든가 「죽엄의 이름」 등 죽음과 관련된 시를 몇 편 쓰고, 7월 31일자 일기에 "나는 내 이외 사람들의 욕이나 침이나 매를 무서워하진 않는다. 분한 것은 내 이외 사람들의 오해뿐이다. 이 기록의 단편들이 이것만을 피해주게 하는 데 참고가 되면!"이라 적은 점 등이 석연찮은 것이다.

윤심덕 또한 서울 하숙집으로 편지를 보내서 "서랍 속에 들어 있는 사주본 글발을 속히 태워버리고…"라고 한 점 등으로 그들이 며칠간 주변정리를 했음을 알 수 있다. 그는 또 유서도 남겼는데 동생에게 "이 여자의 사랑 앞에는 만사가 사라졌다" "자녀의 교육은 네가 책임져달라"고도 한 것이다.

이들의 죽음은 그가 영향 받은 일본 백화파 작가 아리시마 다케오의 정사보다는 평론가 노무라 와이한(野村隈畔)과 음악도 오카무라 우메코(岡村梅子)와의 바다 정사와 유사하다고 말할 수 있다. 왜냐하면 이들이 모두 베르그송의 '생의 진화'라는 철학에 빠져 있었던 데다가 자아 확립의 좌절이라는 공통점을 지니고 있었기 때문이다. 이들의 급작스런 죽음은 한동안 몇 가지 억측을 불러일으켰다. 그 한 가지는 닛토레코드회사 측에서 판매부수를 올리기 위해 살해했다는 억측과 또 하나는 죽지 않고 이탈리아로 가서 악기상을 하면서 잘 살고 있다는 루머였다.

　그러나 이것은 모두가 억측에 불과한 것이었다. 여하튼 그들의 죽음은 우리나라 연극과 음악발전에 적지않은 마이너스 요인이 된 것만은 확실하다. 만약에 그가 목포나 서울에 소극장을 세워 본격 신극운동을 벌였다면 한국연극은 크게 진전되었을 것이다.

한국연극의 거두
유치진

예술이야말로 천재의 산물이란 생각이 들 때가 있다. 예술사를 강물에 비유하면 그 물결이 흐르는 굽이굽이에 반드시 천재가 나타나서 방향을 잡아주기도 하고 물꼬를 터서 또 한 줄기의 새로운 흐름을 만들어내곤 했기 때문이다. 연극사에 소포클레스나 셰익스피어 또는 입센 같은 작가가 없었다면 그 흐름은 달랐을 것이고, 우리나라의 경우도 신재효나 유치진(柳致眞) 같은 인물이 등장하지 않았으면 오늘과 같은 연극 상황은 벌어지지 않았을 것이다. 그만큼 예술은 그때그때 천재들이 나타나서 자신을 소진(消盡)시켜 창조해놓은 작품이 대중의 심혼 속에서 발아되어 한 시대의 문화라는 꽃을 피우곤 한다.

후세 사람들이 지난 시대의 천재와 그에 준하는 예술가들을 탐구하는 이유도 그들에게 올바른 자리매김을 해준다는 뜻 외에 역사의 진화를 위한 여러 가지 교훈을 얻고자 하는 데 있다. 그럼에도 불구하고 우리는 근대 학문의 역사가 일천하고 비평문화 역시 두텁고 깊지 못해서 연극 선구자들에 대한 연구가 미흡하고 특히 개화기 이전의 연극인은 신재효 정도가 겨우 자리매김된 것이 아닌가 싶다. 그렇다고 근대 연극인들만은 제대로 연구되었다는 이야기는 아니다. 아직까지 올바른 전기나 탐구서 하나 변변히 나와 있지 않은 것이 그 단적인 예이다. 우리 시대 최고의 연극인 유치진에 대해서도 학위논문 수준을

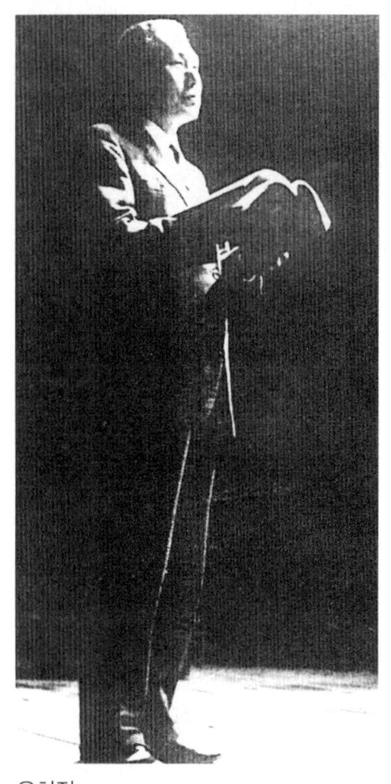

유치진

넘는 본격적 저서는 나와 있지 않다. 그만큼 우리의 연극학은 이제 겨우 시작단계에 와 있는 것이다. 따라서 지나간 시대의 극작가들에 대한 탐구야말로 매우 뜻있는 작업이라 말할 수 있다.

사실 우리 연극사를 일구어온 여러 극작가들 중에서 유치진은 그 누구와도 비견하기 어려우리만큼 극작, 연출, 이론, 교육, 연극 경영 등 광범위하게 활동한 다빈치적 인물이라 말할 수 있다. 그렇기 때문에 그는 한국연극의 상징처럼 되어 있다. 물론 넓게 활동했다고 해서 그가 근대연극사의 상징으로 남는 것은 아니다. 그가 해놓은 일이 너무나 많고 뜻이 있기 때문이다.

좀 더 구체적으로 설명하면 그는 첫째로 전통연희가 쇠퇴해가고 신파극이 토착화를 위해서 어려움을 겪고 있던 와중에 신극운동을 벌이는 것부터 시작하여 연극운동에 전 생애를 바쳤고, 두 번째로는 연극인으로서의 행동반경이 워낙 넓고 미래지향적이었기 때문에 그 어떤 연극인도 그의 업적을 능가할 수 없을 것이라는 생각이다. 그 점에서 유치진은 우리 연극사상 전무후무한 인물로 남지 않을까 싶다. 즉 그는 대학을 갓 졸업한 26세의 나이에 한 신극단체(劇藝術研究會, 약칭 극연)의 창립회원으로 출발하여 단역배우로 무대에 서면서 희곡을 썼고, 저급한 대중극 정화의 선봉장으로서 비평 활동을 벌이기도 했다. 그는 극연과 현대극장 두 연극단체의 실질적 리더로서 식민지 치하의 신극운동에 앞장섰고, 해방 직후에는 우익 민족극 노선의 정신적 지도자로서 국립극장을 처음으로 개설했으며 드라마센터까지 만들어 연극인재의 산실로 키웠다. 세 번째로 그는 40여 편의 희곡으로 우리나라 희곡문학의 토대를 마련했고, 수많은 연극론은 근대극이 지향해야 할 방향타가 되기에 모자람이 없었다.

이와 같이 출중한 연극인은 아무래도 전문 분야가 세분화되어 있지 못했던 계몽시대에나 나올 수 있는 경우이겠으나 그보다도 유치진 개인의 탁월성에서 비롯된다고 볼 수 있다. 그는 동시대의 큰 문사였던 이광수를 많이 의식했는데 창작의 양과 질 면에서는 뒤질지 모르나 문화사에 남긴 전체적 업적은 이광수를 능가한다고 말할 수 있다. 이러한 유치진도 대부분의 영웅의 행적처럼 청장년기는 고초와 좌절로 점철되어 있다. 우선 출생에서부터 순탄한 것이 아니었다. 그는 을사보호조약이 일제에 의해 강제로 체결되던 해(1905)에 경상남도 통영군의 큰 섬 거제도에서 농사일로 겨우 생계를 유지하던 유준수(柳焌秀)와 박우수(朴又秀)의 장남으로 태어났고, 아래로는 치환(靑馬) 등 8남매가 있었다. 그는 자전에서 고향에 대하여 다음과 같이 회고했다.

> 나는 1905년 말(음력 11월 19일) 경상남도 거제도 둔덕이라는 한촌에서 태어났다. 둔덕은 통영읍 나루터에서 목선을 타고 한 시간가량의 거리에 있는 커다란 섬으로 삼면이 산으로 둘러싸인 일종의 분지와 같은 곳이다. 마을 앞에는 폐왕성이 있는 우두봉이 가로막고 뒤에는 산방산이 받치고 있어서 마치 삼태기 같은 곳에 자리 잡고 있는 한촌이 바로 둔덕골이다. 얼마나 외지고 머나먼 곳이었으면 고려 때 의종이 정중부난을 피해서 이곳까지 와서 은둔했겠는가. 그런 곳에서 우리 부모가 8대를 살아왔으니 그들의 삶과 생각이 어떠했을까는 짐작하고도 남는다. 대략 70여 호가 농사를 지으며 살고 있는 이곳의 진짜 이름은 버드레이다.[1]

그는 천성적으로 소심하고 유약했었다고 스스로 고백한 바 있는데 이는 아무래도 부친의 성격을 닮은 데서 비롯된 것이 아닌가 싶다. 왜냐하면 활달하

---

1 유치진, 『동랑 유치진 전집』 9, 서울예술대학 출판부, 1993, 49쪽.

고 강인한 모친과는 달리 그의 부친은 글과 놀이를 좋아하는 조용한 품성의 소유자였기 때문이다.

거제도는 큰 섬이지만 그가 태어난 유양리는 바다와 인접해 있지 않았기 때문에 농업을 주로 했다. 농사일을 싫어하고 글 읽기를 좋아한 부친은 한방을 자습하여 가솔을 이끌고 통영(統營)으로 이주했다. 그는 「나의 수업시대」라는 글에서 "나의 아버지란 그 자체는 은근히 혈통을 자랑하지마는 사회적으로 굴종을 강요당하는 가난한 농민의 아들이었다. 그 때문인지 나의 아버지의 성격은 그 이성을 혹은 정열을 밖으로는 뻗치지를 못하고 안으로 모색하고 안으로 준순하는 가장 굴종적인 성격"[2]이었다면서 자신의 내성적인 성격을 부친과 연결시켰다.

이어서 그는 "어머니 뱃속에서 일본 해전(海戰)의 대포 소리를 들었다. 통영이란 진해바다를 옹하고 있기 때문에 간간이 대포 소리가 어머니의 주무시는 방문에까지 울리고 멀리서 들리는 개 짖는 소리만 들어도 내 어머니는 저것이 대포소리가 아닐까 하고 놀랐다는 것이다. 항구에 나가면 군인들이 어른거리어서 무식한 내 어머니는 외출을 못하였다는 것이다. 이상과 같은 불안한 시대와 가정과 사회의 환경 속에서 나는 태어났다. 이 불안은 30년 동안 나의 생활 속에서 떠나지를 아니했다"[3]고 회상한 바 있다. 그러니까 그는 시국이 매우 불안정한 시대에 가난한 가정에서 태어나 유년의 아픔을 겪었다는 이야기가 된다. 일찍이 유진 이오네스코는 왜 글을 쓰는가라는 질문과 관련하여 "어릴 때 느꼈던 원초적 감정, 그 놀라움을 말하기 위해 글을 쓴다."고 말한 바 있다. 이 말을 유치진에 대입해보면 그가 식민지 시대에 어두운 작품만 쓰게 된 배경을 짐작할 수 있을 것이다.

아무튼 유년 시절 내내 불안과 공포 속에서 소심하게 생활했던 그는 통영보

---

2 유치진, 「나의 수업시대—작가의 올챙이 때 이야기」, 『동아일보』 1937.7.22.
3 위의 글.

　　　　　　　　　　제4부 서구연극의 도입과 실험

통학교 4학년을 마치고 부친의 권고에 따라 혼자서 부산으로 갔다. 왜냐하면 부친은 그가 지방관리가 되는 것을 소망하여 그를 체신기술양성소에 입소시켰기 때문이다. 거기서 반년 동안 교육받으면서 그는 뒷날에 주요정치인이 된 오위영(吳偉泳)을 사귀게 되었다.

체신기술을 익힌 그는 통영으로 돌아와 최연소 우체국 직원으로 근무하게 된다. 그러나 그것도 잠시였다. 그가 14세 되던 해에 3·1운동이 일어남으로써 통영에도 민족자각의 바람이 휘몰아쳤다. 그리하여 그는 우체국을 그만두고 공부를 더 하기 위하여 1920년 일본으로 건너가 도야마(豊山)중학교에 편입한다. 그가 일본으로 건너간 1년 뒤 동생 치환(靑馬)도 따라가 함께 중학교를 다녔다.

그들의 일본에서의 생활도 곤궁하기는 마찬가지였고 마음 상태 역시 불안정해서 책도 대체로 염세철학자 쇼펜하우어라든가 소설류를 읽었다고 한다. 그가 문예에 소질이 있었던 데다가 조숙한 편이었기 때문에 부정적인 소재의 문학, 철학서적에 이끌린 것은 극히 자연스런 것이었다. 그러니까 20대 전후의 절망적 식민지 청년의 좌절감은 방황과 고뇌로 청년기를 보내게 되었다. 그는 곧바로 문학에 심취하기 시작했다. 방학 때 고향에 돌아와서는 친구들과 문학 서클도 만들었다. 통영이란 지역이 일본과 가까운 항구 도시이기 때문에 유학생도 많았고 교육열이 대단했던 지역이어서 개명된 젊은이들이 적지 않았으며, 문학청년들 역시 여럿 있어서 토성회라는 문학서클을 만들기도 했다.

그는 동인들인 박명국, 김성주, 최두춘, 장노제 등과 회지『토성』이라는 것도 만들었다. 동인지에는 주로 시와 수필, 그리고 소설들이 몇 편 실렸다. 그 역시 수필과 시를 써서 거기에 실었다. 그 모임은 3, 4년 동안 지속되다가 회원들이 일본 등지로 떠나면서 흐지부지되고 말았다. 이는 그의 방황하던 낭만 시대를 단적으로 보여주는 사건이라고 말할 수가 있다. 그러나 분명한 것은 그가 장차 문학을 해야겠다는 생각을 굳히게 만든 것이 바로 그러한 20대의 환상 쫓기에서였다. 그는 자전의 글에서 "그리하여 나는 문학의 문학미에 빠졌었다.

마치 사람이 이성의 색에 빠지는 것과 같이 나는 문학에 빠졌다. 사람이 색에 빠지면 색 그것이 전부이고 다른 아무것도 아니 보임과 같이 나는 문학에 빠져서 문학이 나의 전부인 것 같이 생각하였다”고 술회한 바도 있다.

그런 방황기에 그는 도쿄대진재(東京大震災)라는 충격적 사건에 봉착한다. 죽을 고비를 넘긴 그는 동족의 피살 장면을 생생히 목격하고 큰 충격을 받게 되었다. 그로부터 그는 동족에 대한 연민과 함께 애국심이 용솟음치는 것을 느꼈고 일제에 대한 저항의식이 강하게 싹트기 시작했다. 이 말은 곧 문약하고 낭만적이었던 그가 동족피살의 현장목도를 계기로 백팔십도 변해갔다는 이야기가 된다. 특히 그 시기에 일본 지식인들에게 많이 읽히고 동시에 영향을 미쳤던 로맹 롤랑의『민중예술론』이 유치진에게도 절대적인 영향을 주게 된다. 그 책 내용 중에서도 특히 그는 “민중극이란 민중의 고통, 불안, 희망, 투쟁을 한곳에 모은 것이고, 무지한 민중을 계몽하는 수단으로서는 연극이 가장 빠르고 효과적”이라는 구절에 눈이 번쩍 띄었다고 한다. 이 시기의 심정을 그는 자전적 글에서 다음과 같이 회고한 바 있다.

> 인생은 영(零)이다. 이 ‘영’이라는 소리가 내게 용기를 주었다. 힘을 주었다. 나는 어떤 일이라도 할 수 있을 것 같았다. 죽음도 무섭지 않았다. 전사(戰死)! 그것도 내게는 가능하였다. 사회개혁! 사회혁명! 이것도 ‘영’에서부터 투신할 수 있는 것 같았다. 나는 한 종교를 얻었다. 내가 문학을 하는 것도 그것은 일(一)의 도피가 아니오, 오히려 인생에 대한 도전인 듯싶었다. 여기서 나는 모든 것을 공리적으로 생각하게 되었다. 이왕 인생이 영이라면 좀 더 인생을 기쁘게 하고 인생을 풍부하고 힘차게 하고 인생을 이롭게 하는 일을 하여 보자. 이런 견해에서는 예술은 얼마라도 인생에 이용되어도 좋다. 예속되어도 좋다. 이것이 나의 문학에 대한 근본적인 지론이었다. 내가 그 후 문학 부문에서 가장 공리적이요 직접적인 연극을 택하여 공부하게 된 것도 이 지론에서 나온 의도였다고 생각된다.[4]

---

4 위의 글.

                                        제4부 서구연극의 도입과 실험

이상과 같은 문학관에 입각해서 그는 연극을 평생의 업으로 삼겠다는 결심을 굳히기 시작한다. 문학과 연극에 대한 그의 이러한 접근이 그로 하여금 연극을 공리적으로 보게 했고 민중계몽의 수단으로 여기게 만들었으며 크게 보아 그가 계몽주의 극작가로 일관하게 하는 정신적 기반이 되었다고 볼 수 있다. 그는 1924년에 도야마중학교를 졸업하고 2년여 쓰키지소극장을 드나들기도 했으며, 소위 행장극장이라는 일본의 유랑극단을 따라다니는 등 현지에서 연극수련을 쌓다가 셰익스피어를 공부해야겠다는 생각으로 릿쿄(立敎)대학 영문학과에 진학을 한다. 셰익스피어를 모르고서는 연극을 할 수 없다고 생각했기 때문이다. 그는 대학의 강의에서는 큰 보람을 느끼지 못하고 독서와 사람 사귀기에 더 열중했다. 쓰키지소극장에서 한국인으로서 유일하게 연기 생활을 하고 있던 홍해성을 비롯하여 해외 문학파 학생들과 깊이 사귄 시기도 그때였다.

다만 그의 대학생활에서의 수확이라면 아일랜드의 문예부흥기의 극작가들에 대한 지식이었다. 그가 아일랜드 극작가들에 탐닉했던 이유는 그들이 영국의 식민통치 밑에서 굴하지 않고 민족의 좌절과 분노를 문예작품을 통해서 멋지게 표출했기 때문이다. 따라서 그는 대학 졸업논문도 「숀 오케이시 연구」를 썼던 것이다. 그는 숀 오케이시에 심취한 나머지 자기도 모르게 리얼리스트가 되고 말았다. 그는 아일랜드 문학에 대한 영향과 관련하여 다음과 같이 고백한 바 있다.

> 나의 문학수학의 과정에서 직접 간접으로 내게 영향을 준 작가는 그 수가 결코 적지는 않을 것이다. 그러나 그중에서도 나는 존 밀링턴 싱, 안톤 체호프, 그리고 숀 오케이시의 이름을 잊을 수가 없다.[5]

---

5 유치진, 「숀 오케이시와 나」, 『동아일보』 1935.7.7.

이처럼 그는 많은 작가들 중에서도 아일랜드의 극작가 특히 숀 오케이시에 심취한 것이다. 그리하여 그의 심중 깊숙한 곳에서는 로맹 롤랑류의 연극 계몽주의와 오케이시류의 리얼리즘이 혼효되어 조화를 이루어가기 시작했다. 1931년 대학을 수료하자마자 귀국한 그는 고향으로 가지 않고 서울에서 낭인 생활을 했다. 고향에는 부모와 조혼한 처가 있었지만 그와의 교육 및 인생관의 차이로 인해 대화조차 단절된 상태였다. 그는 연극을 통한 항일운동의 차원에서 진보적인 일본인들이 벌였던 행장극장 운동을 계획했다.

사실 행장극장은 1910년대 러시아 혁명 당시 의식 있는 청년들이 전개해서 큰 반향을 불러일으켰던 연극브나로드운동의 한 방식이었다. 그래서 그는 그 방법을 통하여 민족의 각성과 단합을 도모해보려 한 것이다. 그러나 그때의 상황에서 무명청년의 이상에 동조하는 젊은이들이 있을 리 만무했다. 이처럼 그는 성숙해가는 도정에서 어떤 내적 욕구에 의해서 극작가가 되었다기보다는 시대상황과 역사가 그를 연극인으로 만들었고, 그의 연극 행위도 초창기에는 적어도 시대에 부응한 것으로 볼 수 있다. 그러니까 그는 예술을 한다는 기분으로서보다도 연극을 무엇에 대해서 고발하고 항변하기 위한 방편으로서 생각했었다는 이야기가 된다.

그래서 저항의 대상이 강하게 응전을 해오거나 변화할 때마다 언제나 고뇌에 찬 궤도수정을 했던 것이 아닌가 싶다. 그만큼 그는 철저한 현실주의자였다. 이와 같이 분노에 찬 식민지 시대의 인텔리 청년 유치진의 공격적 연극운동을 뒷받침한 또 하나의 사회사상은 1920년대에 풍미했던 무정부주의였다. 그는 러시아의 크로포트킨이나 집산주의적 아나키즘의 선봉장 바쿠닌의 영향을 많이 받았다.

그가 바쿠닌의 『신과 국가』라는 저서를 탐독했었는지는 알 수 없으나 정치·경제적 자유주의자라 할 아나키즘에 한때 탐닉했던 것만은 확실하다. 가난한 식민지 인텔리 청년이었던 그의 가슴 속에서는 이글거리는 분노와 저항, 그리고 좌절감에서 오는 허무가 조화를 이룸으로써 전투성마저 띠게 되었고,

이를 표현하는 난각(亂角)이라는 자호까지 가진 바 있었다. 이리저리 날뛰는 황소라면 그것이 주는 이미지나 상징을 짐작하고도 남음이 있지 않을까 싶다. 물론 그러한 아호를 가졌던 것은 20대 초반의 도쿄 유학 시절로서 그가 마음 갈피를 제대로 잡지 못하고 방황하던 때의 일이었다.

대학을 수료하고 1931년 초 귀국한 그는 해외 문학파 동지들과 교류하면서 본격적인 신극단체 극예술연구회(약칭 劇硏) 창립동인으로 참여하게 된다. 전통연희와 신파극만이 극장가를 지배할 시절에 진정한 서양적 근대극의 정립이 절실했던 터라서 그가 적극적으로 앞장선 것이다.

극연 초기에 그는 주로 신인양성에 혼신의 열정을 쏟았고, 신파극 비판의 글과 함께 학생극 신장에 신경을 많이 썼다. 그는 그만큼 미래지향적이었던 것이다. 서양 근대극의 이식이라는 목표 아래 번역극만 공연하던 극연이 그에게 창작희곡을 써내도록 했고, 결국 1933년 2월에 그의 처녀작 〈토막〉(2막)이 극연에 의해서 무대에 올려지게 된다. 물론 〈토막〉 이전에도 현실고발의 리얼한 희곡이 없었던 것은 아니나 대체로 이 작품부터 본격 리얼리즘 희곡이 시작되었다고 보는 사람이 많은 듯싶다.

그는 창작희곡을 발표하는 무대에서 연출가로도 데뷔했다. 그런데 연출가로서는 각광을 받지 못했지만 극작가로서는 대단한 주목을 끌었다. 그는 잇달아서 〈버드나무 선 동리의 풍경〉(1막)을 발표했는데 그는 이 두 편의 희곡과 관련하여 "〈토막〉 상연으로 벌써 극작가의 높은 수준에 위(位)했고 그 무대기교에 있어서는 외국극의 수준에 손색이 없어 세련되어 있다. 일종의 향토극으로 서정성이 농후하다. …(중략)… 그러한 분위기에서 땅을 바라고 살던 자작농의 몰락에서 처참한 생활을 하고 있는 농부가 17, 8년 길러온 딸을 한두 해 길러온 송아지 값보다 안가(安價)로 매도한다. 노동하다 죽은 아버지의 죽음의 대가와 딸의 몸의 매매로 표현되는 농촌의 비참, 농민의 애환, 컴컴한 현실묘파 운운"(『동아일보』 1933.11.26)하는 찬사를 받은 바도 있다. 그는 문화계의 주목받는 신예극작가로서 1년에 한 번 꼴로 〈빈민가〉, 〈소〉 등 가난을 주제로 한 희곡을 연달아 발표했다.

일제의 토지 수탈과 착취에 따른 이농(離農) 문제 등 당시의 조선의 침통함을 묘사한 이들 작품에 대해서 피상적 리얼리즘이라거나 또는 개성적 인물 창조 실패라는 시인 임화(林和)의 다음과 같은 비판도 없지는 않았다.

> 주제상으로 본다 하더라도 출세작 〈버드나무 선 동리의 풍경〉을 위시하여 〈소〉, 〈자매〉, 〈제사〉 등 제 제작은 가장적 농촌의 극적붕괴라든가 사유욕이 빚어내는 여러 가지 희극이라든가 불행한 자녀들의 비극이라든가 화폐의 위대한 힘이라든가 새 세계가 일어나면서 헛치는 심각한 파문이라든가를 독창적 각도에서 그린 작품들은 아니었다. 이런 약점은 그의 희곡이 새로운 의미를 갖는 예술적 인물을 한 사람도 창조해내지 못한 데 가장 뚜렷한 예술적 흔적을 남겼다. 농민의 일가, 팔려가는 딸, 악덕 사음, 망한 양반, 돈 모은 상인, 불행한 구여성, 고민하는 신여성 등등 과거 10여 년간 조선 소설 위에 허다했던 인물들이다. 그러나 나는 이러한 인물들의 예술적 가치가 이미 과거의 것이라든가 그런 평속화한 인물을 재사용한 것을 비난하는 것은 아니다. 요점은 그 전 작가들이 여러 면에서 주물러 벌써 유형이 되려는 인물들을 새로운 조명에 비춰, 유형으로서의 외피를 깨뜨리고 그 진정한 새 생명을 재발견치 못한 데 있다.[6]

이상과 같은 임화의 비판에도 불구하고 그의 희곡이 초창기 리얼리즘극의 최고봉이었던 것만은 분명하다. 왜냐하면 그가 새 인물을 만들어내지는 못했다고 하더라도 사실적 기법으로 그려내려던 것은 식민지 시대의 삶의 질곡이고 일제에 대한 저항과 패배의 기록이었기 때문이다. 그리고 더 나아가 생존의 기본조건마저 흔들어 놓는 수탈과 상실이고, 상실 뒤에 오는 허망함이었다. 이같이 농촌 붕괴와 농민 노동자의 참담한 패배로 나타나는 비극적 현실을 통해서 그가 암시적으로 이야기하려던 것은 식민지 사회 전반의 모순된 구조였다. 그리고 여기서 또 하나 간과해서는 안 될 것이 임화의 인물창조에 대

---

6 임화, 「극작가 유치진론—현실의 빈곤과 작가의 비극」, 『동아일보』 1938.3.1.

한 비판과는 달리 아일랜드 극작가의 직접적 영향관계라 하겠다. 그러니까 그가 초기 작품들에서 창조한 부정적 인물들이 다름 아닌 숀 오케이시의 영향이었다고 다음과 같이 솔직하게 고백한 점이다.

> 우선 나의 극에 나타난 명랑한 반면을 대표하는 인물을 들어보자. 〈토막〉에 있어서 빵보, 〈버드나무 선 동리의 풍경〉에 있어서의 노래선생인 성칠이, 〈빈민가〉에 있어서의 유순아범, 〈당나귀〉에 있어서의 강노인, 〈소〉에 있어서의 말똥이, 문진이, 우삼이 등 각 인물들은 그 성격상 각각 상이점은 있다 하더라도 오케이시극인 〈편의대의 그림자〉의 시마스, 〈쥬노와 공작〉의 보일과 촉서 등의 인물과 그다지 멀지 않은 거리를 가진 인물들일 것이다. 그리고 전체적으로 보아서 내 작품이 항상 빈민층의 침울한 생활을 그리면서 이상의 각 성격으로써 되도록 많은 소극적 요소를 점철하여 웃음 속에 한 방울의 눈물을 뽑아내려는 서투른 노력은 전술한 오케이시극의 특색에 영향을 받은 바 너무도 노골적인 점이 아닌가 한다.[7]

이상에서 알 수 있는 것처럼 초기 작품의 인물들이 임화가 지적했던 것처럼 소설가들이 창조해놓은 인물들을 재탕한 것이 아니라 숀 오케이 시극의 인물들을 차용한 것이었다. 그러나 한국의 현실 속에서 그런 인물들을 다시 만들어냈기 때문에 생명력을 지닐 수가 있었다. 그리하여 그는 단 몇 편의 희곡으로 대표적 극작가로서 지위를 굳힐 수가 있었다. 바로 그런 시기에 그는 두 번째 결혼을 하게 된다. 애정 없는 조혼을 청산하고 명문가 출신의 신여성 심재순(沈載淳)과 재혼한 것이다. 그로 말미암아 그는 기나긴 가난의 터널로부터 벗어날 수가 있었다. 게다가 극연의 연출도 그가 떠맡게 되었다. 왜냐하면 마침 상업극장이라 할 동양극장이 생겨나서 연출을 도맡았던 홍해성이 그쪽으로 옮겨 갔기 때문이다. 그런데 연출 경험이 전무한 그가 단체의 모든 공연을

---

7 유치진, 앞의 글.

책임진다는 것은 큰 무리였다. 고민하던 그는 용단을 내려서 일단 도일하여 도쿄에서 수개월 동안이나마 연출 공부를 따로 할 수밖에 없었다. 워낙 능력이 있었던 그였기에 일본에서의 연출 자습도 어려운 것만은 아니었다.

때마침 도쿄에서는 유학생들이 학생예술좌를 조직했기 때문에 그것을 잠시 지도해주기도 했다. 동경학생예술좌의 기초를 닦아준 이도 바로 유치진이었다. 그곳에 반년 가까이 머물다가 귀국하자마자 그는 극작과 연출을 겸했으므로 자연스럽게 극연의 리더가 되었다. 그러나 그에게 중요한 변수가 생겼다. 그의 작업을 주시하고 있던 일본 경찰이 〈소〉와 〈춘향전〉을 걸고 나선 것이다. 그의 생애 최초로 경찰서 신세를 졌고, 그 사건이 그에게 심적 변화를 일으키는 계기를 만들었다. 그때의 사정에 대하여 그는 다음과 같이 회고한 바 있다.

> 〈토막〉과 일련 상통되는 작품으로서 〈버드나무 선 동리의 풍경〉(1933), 〈빈민가〉(1934), 〈소〉(1934) 등을 써 압박 받은 현실 속에서 울부짖는 우리의 생활상을 그렸지만 일경은 나로 하여금 이러한 유의 취재를 더욱 계속 허용하지는 않았다. 즉 졸작 〈소〉가 문제가 되어 내가 종로서에 붙들리게 된 것이다. 이 사실이 나의 작가 생활에 일시적 전환을 가져왔다. 즉 실생활의 현실에서보다 인간적인 애정 면에서 테마를 구한 것이다.[8]

이상에서 확인할 수 있는 것처럼 그는 일본 경찰에 한번 끌려가서 곤욕을 치른 직후 창작세계의 방향을 급전시킨 것이다. 피압박 민족의 대변자라는 사명감을 갖고 어두운 현실을 격렬하게 폭로하다가 예봉을 슬그머니 거두어들이고 '리얼리즘에 입각한 로맨티시즘'이라는 그럴싸한 명분 속에 도피하게 된 것이다. 그렇다면 그가 로맨티시즘이라는 일종의 역사조(逆思潮)로 방향을 튼 것을 어떻게 합리화한 것일까? 그에 대하여 그는 "작일의 신극은 너무도 귀족적인 자기도취에서 그 껍질을 벗어나지 못하였다. 연극은 항상 아량이 넓고

8　유치진, 「극작가 수업 30년」, 『현대문학』 제1권 제1호.

심장이 크고 가두의 모든 풍운을 반영하는 전 국민적인 바로메타가 되기를 원한다. 관객이란 전 국민이 선출하여 파견한 극장의 참석자이다. 극장은 이런 관중의 전 의사를 반영하고 지배하면서 생장하지 않으면 안 된다. 거기에 명일은 이상이 있다. 희곡에서나 무대미술에서나 연기에 있어서 우리는 말초적인 리얼리즘의 폐해를 버리자. 명일의 연극은 실로 관찰적인 리얼리즘의 세례를 받으면서 인생생활의 무한한 희원과 이념을 만족시킬 수 있는 '로맨티시즘'의 새로운 대두로서 시작될 것이 아닌가? 새로운 '로맨티시즘'의 그 무한한 희원과 이념이 있어야만 비로소 대극장 연극의 그 무한한 공상과 박력도 허리를 펴고 앉을 자리를 얻는 까닭이다"[9]라면서 로맨티시즘이 내포하고 있는 인간의 자유스러운 감정, 공상, 희망, 분노, 이데올로기 등을 표출해주어야 관중을 극장에 끌어들일 수가 있는 것이라고 했다. 이처럼 그가 이상으로부터 매우 현실적인 데로 회귀한 것이다.

난각(亂角)이라는 아호까지 가졌던 그가 그처럼 쉽게 예봉을 꺾고 현실적인 데로 회귀한 이유는 대체로 두 가지에 원인이 있었던 것이 아닌가 싶다. 첫째는 그의 성격에서 찾을 수 있을 것이다. 즉 본래 유약했던 그가 강력한 일제의 벽을 느끼고서 현실주의자답게 재빨리 도피처를 찾은 것이다. 두 번째로는 행복한 결혼생활을 유지하기 위해서 저항의 자세를 늦춘 것 같다는 생각이다. 어쨌든 그런 심정적 차원에서 〈당나귀〉, 〈제사〉, 〈마의태자〉 등을 쓴 것이다. 이처럼 그는 문어처럼 현실이라는 바위덩어리에 달라붙어 있다가 하나둘씩 발이 잘리고 또 스스로 거두어들이면서 새로운 두 개의 촉수를 내밀었는데, 그 하나가 심미에 토대를 둔 낭만주의라는 것이고, 다른 하나는 역사라는 숲의 은신처였다.

그가 역사극으로 방향을 튼 이유에 대하여도 나름대로 합당한 이유가 충분히 있었음은 두말할 나위 없다. 즉 그는 「역사극과 풍자극」이라는 글에서 "여

---

9 유치진, 「리얼리즘을 토대로 한 로맨티시즘」, 『동아일보』 1937.6.11.

태까지는 농민의 생활을 주로 한, 대체로 빈궁을 그렸습니다. 그러던 것을 이 제부터는 역사에서 소재를 구해볼까 합니다. 역사에 대한 일반의 관심은 요즘 큽니다. 그리고 우리의 역사극은 아직 처녀지로 남아 있느니만큼 개척의 여지 도 퍽 많다고 생각합니다. 만일 역사적 사실을 빌려서 과거를 비판한다면 어 느 정도까지 너그러운 대접을 받을 것으로 생각합니다"[10]라면서 역사극으로 눈을 돌리는 데 대한 자신의 소신을 밝혔던 것이다.

이러한 그의 생각이 오로지 일제의 탄압으로부터 벗어나 우회적으로나마 현실을 이야기하겠다는 것이었으며, 학교에서 국사교육이 없던 시대에 그러 한 역사극은 적잖은 가치가 있었던 것도 부인하기 어렵다. 그러니까 비판극만 썼어야 좋은 작가였는가 하는 생각도 해보아야 한다는 이야기다. 그러나 희곡 사 내지 연극사적으로 볼 때는 분명 그의 방향 전환이 한국 희곡문학, 더 나아 가 근대극의 사조적 답보와 혼미, 그리고 일종의 역행 그 자체였던 것만은 분 명하다. 물론 그 시기에 정인섭 등 문단 일각에서는 유치진과 비슷한 처지에 서 이상한 자기 합리화 내지 변명의 논리를 편 사람들도 없지 않았다.

결과적으로 그의 방향 전환은 이 땅의 리얼리즘극이 착근을 시도하다가 말 라버린 꼴이 되었다. 그 자신도 고백한 바 있듯이 작품들은 점차 탄력을 잃어 갔음은 두말한 나위없다. 그는 결국 센티멘털리즘에 빠져들기 시작했다. 가령 신라 패망을 매우 애련하게 묘사한 〈마의태자〉야말로 그의 변신을 극명하게 보여주는 작품이라 볼 수 있다.

그처럼 격렬했던 사회의식과 역사의식이 급격히 퇴색되면서 그는 온정주의 를 맴돌게 되었다. 물론 당시 유치진만 그런 것은 아니었다. 대부분의 작가들 이 그와 비슷한 궤적을 밟았다. 그렇다면 그들의 치열했던 사회 역사의식은 지식 청년들의 위선적 장식품이었단 말인가. 어떻게 그렇게 쉽게 변신했는지 이해하기 쉽지 않다. 그러나 냉정하게 분석해보면 상당수 식민지 인텔리겐치

---

10 유치진, 「역사극과 풍자극」, 『조선일보』 1935.8.27.

아들에게 있어서 사회 역사의식이 육화(肉化)되지 못하고 하나의 관념으로 머리와 가슴 사이를 맴돌다가 스러진 것이었다고 말할 수도 있다. 흔히 그들을 가리켜 철학이 빈곤했다거나 사상이 투철하지 못했었다고 비판하는 것도 거기에 연유하는 것이 아닌가 싶다. 그런 좌절과 자괴 속에서도 그는 연극 활동을 결코 멈추지 않았다. 그는 극작가로서뿐만 아니라 연출가, 비평가로서도 확고한 위치에 놓여 있었기 때문에 대부분의 극연 동지들이 교원이나 언론인으로 되돌아갔어도 그만은 연극계를 지켰다. 이 말은 그가 연극운동에 뛰어든 것은 단순히 객기나 의분에서가 아니고 평생의 업으로 마음먹고 결행한 것이었다는 이야기가 된다.

1938년 극연이 일제에 의해서 강제로 극연좌라는 직업극단으로 격하되었을 때도 그는 서항석, 함대훈 등과 극단을 고수했고, 극연좌마저 해체되었을 때에야 비로소 잠시 칩거의 생활을 했을 뿐이다. 물론 그 기간에도 연극비평 활동은 계속했다.

한편 그는 당시 연극현장을 벗어나 청평 부근의 처가 땅에서 과수원을 하면서 희곡만을 써보려 한 적이 있었다. 그러나 운이 따라주지를 못했다. 왜냐하면 마침 땅 근처에 일제 총독부가 청평수력발전소를 만들면서 제방을 쌓 는 바람에 과수원 땅 수천 평이 수몰되고 말았기 때문이다. 그리고 그가 칩거하다시피 했어도 이미 대표적인 신예 극작가로서 내외의 주목을 받고 있었기 때문에 총독부가 그를 내버려둘 리 만무했다. 총독부가 그를 이용할 묘책을 찾고 있었던 것이다. 왜냐하면 1940년대 들어 대동아전쟁을 벌이면서 문예로서 국민통합 작업을 하고 있었던 일제가 연극 분야에서는 그를 전면에 내세우면 더할 수 없이 안전판이라 생각했기 때문이다. 1940년대를 풍미했던 국민문학이니 국민연극이니 하는 것이 바로 그러한 국책문예였다.

그는 총독부의 은밀한 협박과 회유에 따라 극단 현대극장을 만들어 본격 전문극활동을 벌이기 시작했다. 이 극단의 창립공연작 〈흑룡강〉을 그가 썼는데, 주제는 일제가 펼치는 조선 농민의 만주 이주정책에 관한 것이었다. 그는 잇달아 〈북진대〉, 〈대추나무〉 등을 발표했다. 전자가 친일파 이용구(李容九)의 친일행각을 미화한 것이라면 후자는 분촌(分村)정책에 관한 것이었다.

일단 그가 외형적으로 친일연극 활동을 한 것은 숨길 수 없는 것이다. 특히 그는 일련의 글들을 통해서 국민극의 필요성도 역설했고 또한 옹호했다. 그는 이 시기 활동에 대해서 만년에 쓴 자전에서 "이루 형용할 수 없는 치욕의 나날이었다. 그러나 이미 일제의 노예가 되어 있었던 나로서는 어찌해볼 도리가 없었다. 일찍이 연극의 정통성과 직접적 효과에 매료되어 연극에 뜻을 두고 스스로 고난의 길을 택한 것이 그렇도록 나에게 치욕과 슬픔을 안겨줄 줄이야 어찌 상상이나 하였겠는가?"라고 회환에 찬 고백을 하면서 '오로지 연극을 이어나가겠다는 생각'에서 국책극을 썼다고 실토한 바 있다.

그러니까 그의 이 시기 3년여의 활동이 비록 자발적인 것은 아니었다고 하더라도 생애 최대 오점인 동시에 한국근대연극사의 치욕이었음을 자탄한 것으로 볼 수 있다. 사실 그는 당시에 창씨개명을 하지 않은 몇 안 되는 연극인이었다는 점에 유의할 필요가 있다. 그뿐만 아니라 그는 〈대추나무〉를 쓴 이후 해방될 때까지 전혀 희곡을 쓰지 않았다. 총독부의 압력은 세 편의 희곡으로 끝냈고, 극단 현대극장을 이끄는 것으로 만족하였던 것이다. 그는 자전에서도 고백한 바 있듯이 우리 근대연극사의 괴로운 승맥(承脈) 이상은 생각하지 않았고, 그 어떤 영광이나 개인적 복리를 누리려고 한 것은 아니었다. 그렇기 때문에 유독 그는 광복 직후에 스스로 차디찬 돌베개를 베는 아픔으로 한동안 은거생활을 한 것이다. 그러나 해방 직후 좌우익 이데올로기 갈등으로 연극계가 양분되고 혼란이 극에 달하는 상황에서 연극인들이 그를 가만히 내버려둘 리 만무했다.

그는 한동안 우익민족진영의 막후 리더로서 연극의 방향을 제대로 가도록 잡아주는 역할을 했다. 그러면서 과거 극연 출신과 동경학생예술좌 출신을 중심으로 한 극예술협회(극협) 조직을 막후 지원했다. 그런 혼란기였지만 그에게는 극단 활동으로 쓰지 못했던 작품 쓰기에 시간을 할애할 수 있는 기회가 되었다. 더욱이 식민통치하에서 마음껏 쓸 수 없었던 소재를 자유자재로 다룰 수 있다는 호기도 잡은 것이다. 따라서 그는 흥분된 상황에서 애국심을 고취하는 시대극을 주로 쓰게 된다. 가령 3·1 운동을 소재로 한 〈조국〉을 위시하여 〈며느리〉 등을 쓴 것이 그러한 예에 속한다.

그는 선구자 의식이 지나치게 강했고 또 매우 현실적이었다. 그래서 당시 격동하는 정치, 사회 상황은 그의 좋은 작품 소재가 되기에 충분했다. 그는 광복의 혼란 속에서도 초기의 암울한 리얼리즘 세계로 회귀하지 않고 일련의 계몽사극 방법을 고수했다. 그 자신으로서는 저항적 리얼리즘 희곡으로 복귀하기는 너무 늦었고 또 시대적으로도 맞지 않는다고 생각한 것 같다. 역사극인 〈자명고〉를 위시한 〈별〉, 〈원술랑〉 등이 바로 그런 기조 밑에서 쓴 작품들이다.

이들은 이데올로기 분열과 외세, 반탁, 자주독립으로 점철되었던 해방 직후의 국가 상황을 고대사와 근대사를 빌려 풍자 비판한 목적극이었다. 이들은 그가 과거에 쓴 작품과 비교해 볼 때 스케일이 크고 에너지가 넘치는 것은 사실이나 밀도는 점차 엷어져 갔다. 또한 이들이 민중의 총체적 삶과 동떨어진 계몽사극이었다고 하더라도 대중에게는 상당한 재미와 함께 설득력도 있었다. 왜냐하면 스펙터클하면서도 로맨스가 있고 짙은 조국애가 깔려 있었기 때문이다. 그러나 탁월한 이 극작가가 해방 뒤에도 여전히 식민지 후반기의 계몽사극에서 더 나아가지 못한 것은 아쉬움이라고 하겠다. 그런데 그가 창작에만 몰두하고 있었던 것은 아니다. 그는 벌써 한국연극의 미래를 구상하고 행동으로 옮기고 있었다.

그것이 다름 아닌 국립극장 설치운동이었다. 그는 국립극장이 세워져야 우리 연극이 틀을 잡고 제 기능을 할 수 있다고 보았다. 이러한 그의 구상과 이상은 곧바로 현실화되어서 1950년 초 한국연극사상 처음이고 아시아에서도 최초로 국립극장이 설치되었으며 대망의 초대 극장장에 취임하게 되었다. 그리하여 수십 수백 년 떠돌던 우리 연극이 비로소 안착될 수 있었다. 그가 국립극장의 기틀을 든든하게 만들어놓은 데 따른 것이었다. 그러나 그것도 잠시였다. 6·25전쟁이 발발하여 국립극장은 대구로 내려갔고, 전속단체였던 신협은 사설극단으로 변질되었으며, 그는 서울과 부산에 은신하며 다시 창작에 몰두하게 된다. 그로서는 두 번째 큰 시련기였지만 현실주의자였던 그는 그것을 전화위복의 기회로 삼으려 애썼다. 그는 광복 직후에 보여주었던 민족계몽주의의 입장에서 〈통곡〉, 〈푸른 성인〉, 〈장벽〉, 〈나도 인간이 되련다〉 등과 같은 장막희곡들을 내놓았다.

이들은 대체로 반공을 기저로 해서 동족상잔의 참극과 사랑을 통한 구원의 추구가 주제였다. 그러니까 소박한 애국사상과 휴머니즘을 강조했다는 이야기가 된다. 그는 여전히 이념의 틀에서 벗어나지 못하고 반쪽에 대한 사랑만을 강조한 셈이다. 젊은 연구가들이 그를 가리켜서 보수주의 작가라고 비판하는 이유도 거기에 있지 않나 싶다. 그는 1957년 처음으로 세계 연극계를 돌아보고 마지막 대작이라 할 〈한강은 흐른다〉를 발표했다. 역시 동족전쟁의 참담함을 남녀 간의 비극적 사랑으로 서사화한 작품이다.

한편 그는 전쟁 중에 색다른 세계도 추구했다. 즉 〈가야금〉, 〈남사당〉, 〈별승무〉 등에서 볼 수 있는 바와 같이 그가 민속 즉 전통적인 것에의 관심을 희곡으로 보여준 것이다. 바꾸어 말하면 그가 민족적 정체성을 우리 고유의 전통민속에서 찾아보려 했다는 이야기가 된다.

후술하겠거니와 그는 일찍이 전통극의 소중함을 역설한 바 있었고, 거기서 극술은 물론이고 민족혼과 삶의 본질적인 것을 찾아야 한다고 주장한 바 있다. 이처럼 그는 장년기에 접어들어서는 식민지하 민족의 고통이라든가 이념갈등, 외세와 동족전쟁 등 특수한 상황 속에서 어쩔 수 없이 써야했던 사회문제극이나 배타적 계몽사극을 벗어나 삶의 본질문제를 형상화해보려는 의지를 보이기 시작한다. 그러나 그가 50대 후반의 원숙기에 들어서 정치, 사회 상황에 매달렸던 자신을 뛰어넘어 삶의 근원적 문제를 형상화해보려던 시기에 드라마센터 건립과 운영에 몰두해야 했던 것은 극작가로서의 유치진에게는 결코 보탬이 되지 못했다.

그러니까 드라마센터 건립이 우리 연극의 발전 과정에서는 하나의 획을 그을 만한 업적이었지만 유치진은 잃은 것이 컸다는 이야기가 될 수 있다. 왜냐하면 〈별승무〉 같은 작품에서 보여준 인생의 본질 문제의 싹이 극장건립과 운영으로 시달리면서 자라나지 못했기 때문이다. 그가 대작을 쓸 수 있었던 시기에 극장일로 자신을 소진시킨 것은 우리 연극을 위해서 불행한 일이었다. 그런데 그가 드라마센터 경영에 남달리 애착을 가졌던 것은 우리 근대연극사를 되돌아보면 쉽게 이해가 가는 일이다. 변변한 전용극장 하나 없었던 것이 우리 연극을 답보시켰음을 잘 알고 있었던 그로서는 평생의 꿈을 현실화시킨 셈이 되는 것이다. 한국연극을 밑바탕부터 탄탄히 다지기 위해서는 전문극장과 인재 양성소가 있어야 한다는 것이 그의 소신이었기 때문에 극작가로서의 자신을 포기하면서까지 그는 드라마센터 일에 혼신의 정열을 쏟았다. 그가 열악한 내외의 조건으로 말미암아 드라마센터를 통한 연극중흥의 꿈을 잠시 접어둔 채 학교를 통한 인재 양성에 심혈을 기울였던 것도 바로 그 때문이다.

이상에서 볼 수 있는 것처럼 그는 작가로서 도약할 수 있는 큰 고비가 세 번정도 있었다. 그 첫 번째가 1935년을 전후한 시기로서 리얼리즘을 더욱 심회시켰어야 할 때 외적 제약으로 오히려 후퇴한 것이고, 두 번째는 해방 직후였으며, 세 번째는 전술한 드라마센터 시대였다. 가령 첫 번째의 리얼리즘 후퇴만 하더라도 그것이 비록 어쩔 수 없는 특수상황 속의 편법이었다고 해도 연극사 진전을 가로막은 경우가 되었다. 두 번째의 경우인 해방 직후에도 그는 과감한 자기 혁신의 기회를 잡았어야 하지 않았을까 싶다. 사실 그는 그 시기가 정신적으로는 비교적 자유스런 은거 때였으므로 뭔가 새로운 모색을 할 수 있었다.

그럼에도 불구하고 그는 여전히 선구자로서의 사명감에 불탔기 때문에 애국적인 목적극의 범주를 벗어나지 못한 것이다. 그는 궁핍한 시기에 곤비 속에서 청년기를 보냈으면서도 리얼리즘의 진면목과 만나지 못하고 체질화시키지 못함으로써 사실주의극이 더 이상 진전되지 않은 것이다. 따라서 본격 리얼리즘희곡은 초창기 3년 동안에 네 편밖에 쓰지 못한 셈이다. 그렇게 볼 때, 그의 청년기의 방황과 고뇌도 문학청년적인 센티멘털리즘에서 크게 벗어나지 못하는 것이 아닌가 하는 생각마저 든다. 적어도 그때 그는 리얼리즘을 확고한 자기 문학이념으로 정립했어야 한다는 이야기다.

그렇지만 그는 작가 이상으로 연출가, 이론가, 교육가, 경영자로서는 대단한 재능을 보여주었다. 바로 이 다방면의 탁월성이 그로 하여금 위대한 극작가로 남지 못하게 만든 요인 같기도 하다. 그는 극연 제2기로부터 현대극장, 국립극장, 드라마센터에 이르는 40여 년 동안 1백여 편 이상의 작품을 연출해서 근대극 정립에 적지 않은 기여를 했다. 특히 국립극장 제2회 공연작품 〈뇌우〉 연출에서 보여준 탁월성은 당시 우리 연극을 한 단계 높인 경우였다. 스타니슬라프스키 연출철학에 기반을 둔 그는 극작가답게 디테일에 능했다.

그는 이론 면에서도 동시대의 그 어떤 연극비평가보다도 바르고 박식했으며 선견지명의 글을 많이 남겼다. 대학 졸업논문「숀 오케이시 연구」로부터 시작해서「희곡 창작론」,「농민극론」,「조선 연극의 앞길」 등은 당시 돋보이는 글들이었다. 그중에서도 전통연극의 중요성을 강조한「조선 연극의 앞길」의 내용은 그가 1966년 이후 드라마센터에서 현실화시켰고 오늘날까지도 그 영향은 엄청나다. 그가 그 논문에서 주장한 것은 탈춤, 꼭두각시극, 창극의 부활과 그 현대적 계승문제였기 때문이다. 여기서 이 글의 일부를 소개할 필요가 있을 것 같다. 왜냐하면 그가 드라마센터를 세우고 또 우리의 전통연극을 복원하고 부활시킨 배경이 모두 이 글 속에 들어 있기 때문이다. 장문의 이 글 중 일부는 다음과 같았다.

조선의 목하 연극운동을 살펴보건대 그의 가장 큰 고질의 하나가 극장문제에 걸려 있는 까닭인 때문이다. 첫째 경성 시내에서는 연극을 상연할 만한 장소가 없다. …(중략)… 극장을 가지게 되면 극장운동의 앞길이 여간 타개될 게 아니

다. 그것은 사실이다. 그러나 우리는 누가 지어주려니 하고 극장 되기만 기다리
고 있을 수 없다. 극장 건축은 극장 건축대로 노력하는 일방 연극운동은 연극운
동대로 해나가야 할 것이다. …(중략)… 조선 연극을 운위하는 자는 누구 없이 우
리에게는 계승받을 연극의 유산이 없음을 매우 슬퍼하는 것이다. 그러나 그렇
다고 전무한 것은 아니다. 산대놀이, 오광대, 사자놀이 등의 가면극, 홍동지, 박
첨지 등의 인형극, 춘향전, 심청전, 흥부전 등의 창극 등 가장 조선적인 연극 형
태가 불충분하나마 아직 그의 잔형(殘型)을 보이고 있지 않은가? 그러면 이 잔형
에 대한 우리의 관심은 어떤 것인가? 우선 나는 그것이 조선적이란 의미에서 애
수(哀愁)하는 '센티멘털리즘'을 버리고 싶다. 그보다도 가면극이면 가면극, 그 인
형극이면 인형극, 그 창극이면 창극이 가지는 세계 연극사(演劇史)상에 남긴 공
적과 존재 가치를 살피고, 그 다음은 그것을 현대적으로 부흥시킬 수 있고 시켜
야만 할 그 시대성을 충분히 평가해보지 않으면 안될 것 같다. 더구나 창극 같
은 것은 그것을 현대적으로 살리면 얼마라도 살릴 수 있는 것이라고 나는 생각
한다. 우리 창극은 일본의 가부키보다도 더 특이한 세계적 존재가 아닌가 싶다.
메이어홀드는 가부키를 현대적으로 살려서 그의 극술을 풍부히 한 연출을 검출
한 바 있었다. 그러므로 나는 우리도 조선의 창극도 우리의 기능 여하로 얼마라
도 현대적으로 끌어쓸 수가 있을 것이라고 믿는다. …(중략)… 사실 우리는 조선
연극유산에 대한 연구를 게을리해왔다.[11]

이상에서 알 수 있는 것처럼 그는 이미 수십 년 앞을 내다보고 우리 연극이
가야 할 길을 명확하게 제시하고 있다. 그가 이처럼 근대연극인으로서 최초로
우리 고유의 전통극에 특별한 관심을 갖게 된 것은 그의 선각자적 혜안에 의
한 것이겠지만 유년 시절에 접했던 통영오광대놀이가 큰 영향을 준 것 같다.
그리고 도쿄 유학 시절에 몇 번 구경한 노(能)와 가부키, 교겐(狂言) 등 일본 전
통극도 그로 하여금 각성의 자극제가 되었을 것이다.

여하튼 그는 근대극운동 초기부터 자기 나름대로의 연극철학을 마음속에

---

11 유치진, 「조선 연극의 앞길—그 방침과 타개책에 대하여」, 『조광』 1935.11.

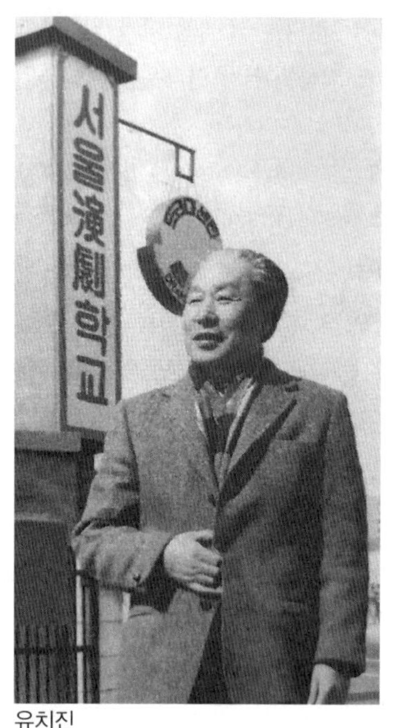

유치진

굳혀갔는데 그것이 다름 아닌 민족극론이었다. 즉 참다운 민족극은 민족의 전통 위에 심어져야 한다는 논리였다. 이는 그의 논문에서 보이듯 서구적 극술의 한국적 정착과 우리 고유의 전통극 부활이라는 두 가지 명제가 변증법적으로 귀납된 것이었다. 그런데 전통극의 세 가지 장르 중에서도 창극의 가능성과 탈춤의 경우는 현대적으로 재창조해야 한다고 주장했다.

그는 이러한 자기 견해를 실천해보려고 1936년 〈춘향전〉을 썼지만 극예술연구회로서는 정극으로 무대에 올릴 수밖에 없었다. 구체적 실험은 1952년 창극을 위한 〈가야금〉 창작으로 시작했다. 명창 김소희(金素姬)를 주연으로 내세워 한창 전쟁 중일 때 부산에서 창작창극 〈가야금〉을 무대에 올렸던 것이다. 남달리 창극을 아꼈던 그는 국립극장에 창극정립위원회도 설치했고, 1962년 프랑스 파리의 사라베르나르극장에서 개최된 떼아뜨르 드 나시옹에 창극단을 직접 인솔하고 참가한 적도 있다. 창극을 서양인들에게 알려야겠다는 생각에서였다.

전술한 바 있듯이 그는 탈춤과 꼭두각시극의 발굴, 전승, 보존에 역점을 두려 했다. 그리고 탈춤의 현대화 실험도 한 적이 있다. 즉 1960년대 초에 오영진, 이두현 등과 처음으로 탈춤을 극장 무대에서 공연할 수 있도록 재정리했었다. 봉산탈춤, 양주별산대놀이, 오광대 등 세 지역의 극본을 모아 그중에서 파계승과장과 양반과장만을 2부 10장으로 재구성한 것이다. 그의 이와 같은 작업은 서양의 극술이 우리의 전통극에 얼마나 원용될 수 있는가 하는 실험과 반대로 우리 고유의 극술이 서양극에 얼마나 원용될 수 있으며 조상의 얼을

     제4부 서구연극의 도입과 실험

현대에 어떻게 살리느냐 하는 것이다. 이처럼 그는 1970년대에 극단 민예라든가 극작가 오태석 등이 실험했던 전통극과 서양극의 접목 같은 것을 일찍이 시도했었으며 이론적 토대까지 마련해보려 했었다.

그러나 그 어떤 것보다도 전통극 계승에 관한 그의 업적은 드라마센터에 가면극부를 설치하는 것으로 시작된 일련의 전통극 부활운동이라 하겠다. 그 자신이 직접 회장을 맡고 생존원로 연희자들인 김진옥(金辰玉), 김성대(金成大), 변용호(卞龍浩), 남운용(南雲龍) 등을 회원 겸 강사로 초빙하여 탈춤과 꼭두각시극을 전수하는 일을 했다.

그런데 그가 전국에 퍼져 있는 탈춤을 모두 발굴, 전승시킬 수는 없었기 때문에 우선 가까운 양주별산대놀이와 봉산탈춤, 북청사자놀음, 그리고 민속인형극인 꼭두각시극만을 제대로 정리하고 젊은이들에게 전수시키는 작업을 했다. 다행히 그때까지도 김진옥, 김성대, 남운용 등과 같은 원로기능자들이 생존해 있었기 때문에 그런 일이 가능했다. 그가 드라마센터에 연극학교를 세우지 않았던들 그런 전수활동이 불가능했고 또 수년만 늦게 일을 시작했어도 원로 연희자들의 타계로 인해 대단히 어려울 뻔했다.

그로부터 일반의 전통극에 대한 인식이 바뀌기 시작했고 민족 주체성을 강조하고 나선 정부의 적극적인 뒷받침으로 인해서 원로 연희자들이 인간문화재로 지정됨은 물론이고 드라마센터에서 전수하던 봉산탈춤, 양주별산대 놀이, 북청사자놀음, 꼭두각시놀음 등도 차례로 무형문화재로 지정받기에 이르렀다. 그에 그치지 않고 전국적으로 탈춤 발굴, 전승운동이 일어나서 경북의 하회별신굿놀이를 비롯하여 동래 · 수영야류, 통영 · 고성 · 가산오광대, 강릉관노가면극, 송파산대놀이 등도 차례로 무형문화재로 지정된 것이다. 이것은 한 선각자의 노력이 정부 차원으로까지 확대되어 우리 문화를 풍요롭게 만든 결과라 하겠다. 이렇게 발굴, 복원, 전승된 탈춤과 꼭두각시극은 각각 사단법인으로 독립되어 오늘날까지 잘 존속되고 있음은 물론이고, 우리의 수준 높은 전통문화를 해외에 널리 알리는 일까지 하고 있다.

유치진은 전통극 복원, 전승운동의 일차적 일을 끝내고 1960년도에 드라마센터 가면극부를 해체함과 동시에 부설 연극학교의 커리큘럼 속에 하나의 과목으로 포함시켰다. 그가 전통극을 발굴, 전승시킨 과정을 보면 대단히 다각적이고 치밀했음을 알 수 있다. 가령 가면극부를 설치한 1962년부터 만 6년 동안 한 해도 거르지 않고 일 년에 한 번씩 정기공연을 가짐과 동시에 일반인들을 위한 무료강습회까지 열었다. 신문화에 밀려서 전통문화를 거들떠보지도 않던 시기에 그런 일까지 벌였다는 것은 그가 얼마나 선구자적 비전을 가지고 있었는가를 극명하게 보여주는 것이라 하겠다.

그는 거기서 그치지 않고 1966년부터 2년여 동안은 매월 한 번씩 외국인을 위한 탈춤 및 꼭두각시극 공연도 가짐으로써 우리 전통극의 해외소개에도 앞장섰다. 그가 일찍이 발표한 글에서도 알 수 있듯이 그는 우리 전통극에 대해 상당한 자부심을 가지고 있었다. 그는 우리 전통극이 일본이나 중국 등의 전통극에 조금도 뒤지지 않는다는 확신을 가지고 있었다. 그는 또한 전통극이 제대로 전승되고 대중화에까지 이르려면 대만의 경극 전수처럼 조기교육이 이루어져야 한다고 믿었다. 그리하여 그는 드라마센터에 어린이 가면극단까지 둔 적이 있다.

그의 이러한 전통극 전승에 대한 열의는 대학으로까지 확산되어 1969년에 서울대 가면극연구회가 발족되었고, 1970년대 이후 전국 대학들에 전파되었으며, 그것이 마당극 운동으로까지 발전됨으로써 군사독재에 저항하는 민주화운동의 한 가닥이 되기도 했다. 물론 이것은 그의 사후에 나타난 현상으로서 그는 거기까지 생각한 것은 아니었을 것이다. 그는 어린이 가면극단 조직에서 볼 수 있듯이 성인극 못지않게 아동극에 큰 관심을 기울였다. 그는 〈청개구리는 왜 날이 궂으면 우는가?〉와 같은 아동극본을 직접 썼는가 하면 타계하기 직전에 「가정과 학교를 위한 간단한 인형극」이라는 논문도 발표한 바 있다.

그는 이 논문의 서두에서 어린이들의 정서순화가 그 어느 것보다 중요한데 그 방법으로서는 인형극만큼 좋은 것이 없다고 했다. 그러면서 인형 만들기부터 인형 조정법에 이르기까지 구체적으로 기술해놓았다. 그러니까 유치진은 다른 사람들에게 인형극의 중요성과 필요성을 인식시키고 거기서 한 걸음 나아가 실천 방법까지 가르쳐준 바 있다. 그 당시 어린이 인형극에 관심을 가지고 그것을 실천에 옮긴 연극인은 극히 드물었다. 적어도 연극인들이 인형극을 비롯한 어린이극에 관심을 가진 것은 1980년대에 들어서였다. 가장 일찍 선보인 조영수의 현대인형극회, 심우성의 서낭당, 안정의의 인형극단 등도 1980년대에 와서 빛이 났다. 이것도 그의 선구자적 면모를 잘 보여주는 것이라 하겠다.

어린이극도 실은 그가 꼭두각시놀음을 발굴, 전승하면서 터득한 것이 아닌가 싶다. 탈춤, 창극, 민속인형극 등 전통극 부활 작업과 아동극 활성화에까지 손길을 뻗친 것은 그가 젊은 날 가슴속에 싹틔운 것이고, 1960년대 노년기에 묘목으로 키웠으며, 사후에 이제 겨우 꽃피려 한다. 그만큼 그는 수십 년을 내다보고 하나하나 일을 시작해놓은 것이다. 그의 선구성은 드라마센터의 새로운 형태의 무대구조 만들기와 가장 먼저 뮤지컬을 제창하고 예범을 보여준 사실에서도 잘 나타나고 있다. 즉 그가 1950년대 중반에 연극의 세계 일주를 다녀온 후에 앞으로 우리 연극이 제대로 발전하려면 극장구조부터 달라져야 하고 브로드웨이식 뮤지컬도 해야 한다는 것을 알아차렸다. 여기서 우선 그의 새로운 극장관을 들어보자. 그가 당시로서는 특이하다 할 정도로 돌출무대를 만들어놓고 이렇게 설명한 것이다.

전면 객석에 돌출한 앞 스테이지 에이프런이 있고 이것은 중세기의 동시무대와도 같으며 메인 스테이지는 근대극에서 발생한 무대 형식이다. 따라서 이 극장 무대는 유사 이래 모든 형식을 절충, 가미한 다양식 형태라고 부를 만하다. 또 한 가지 특색은 배우들이 객석 발밑에서 드나들게 되었다는 점이다. 이것은 순전히 연극적인 필요성에 의해서 고안된 것인데 배우가 관객 속에서 솟아오르고 관객들이 연극에 완전히 휩싸인 가운데 연극이 진행될 것을 의도한 것이다. 사실 오늘날에 와서 연극이 급속히 쇠퇴한 여러 가지 원인 중에 하나는 연극이 관객과 멀어져 있다는 점에 있다. 연극이 살아나려면 관객 속에 깊숙이 침투해야 한다고 믿는다. 적어도 내가 짓는 극장은 대중의 호흡과 감각을 고스란히 받아들이는 형태여야 했다.[12]

이상의 글에서 알 수 있는 것은 그가 얼마나 세계 연극을 훤히 꿰뚫고 그것을 실천적으로 구체화시켰느냐 하는 점이다. 이런 것은 범인이 할 수 있는 일이 아니다. 그가 프로시니엄 무대만 절대적인 것으로 알고 있던 시대에 수십 년 앞서가는 무대를 만들어놓음으로써 오늘날 한국연극이 그 연극 형태의 지평을 넓혀갈 수가 있었던 것이다. 그가 또한 철저한 리얼리스트였음에도 불구하고 우리 연극이 앞으로는 브로드웨이식 뮤지컬도 해야 한다고 주창했다. 그리하여 1962년 드라마센터에서 헤이워드 부처 작 〈포기와 베스〉를 뮤지컬 형식으로 직접 연출까지 해서 무대에 올리면서 다음과 같이 그 배경을 설명한바 있다.

나는 브로드웨이 뮤지컬을 보고 그런 극양식이 미래 연극에 큰 비중을 차지할 것이라고 생각했다. 왜냐하면 뮤지컬은 언어연극의 답답스러움을 극복한 데다가 템포도 빨라서 현대인의 감각에 맞기 때문이다. …(중략)… 뮤지컬은 일반적으로 대중을 흡수할 만한 소재라면 그것이 예컨대 어떤 것이건 주저 없이 자체 속에 도입해 표현의 매체로 삼았다. 이것은 뮤지컬이 다각적인 표현의 다양성을 발휘할 수 있는 하나의 특징이다. 재즈이건 지르박이건 고전음악이건 클래식 발레에서부터 리듬댄스 모던댄스에 이르기까지 그리고 오페라건 오페레타건 모든 무대예술을 융합했다.[13]

이상에서 확인할 수 있는 것은 그가 대단히 현실적이고 융통성이 있으며 미래 지향적이었다는 점이다. 평생 서구 근대극을 이 땅에 이식하는 것을 목표

---

12 오사량, 『동랑 유치진 선생과 드라마센터 이야기』, 서울예대, 1999, 44~45쪽.
13 위의 책, 54쪽.

로 하여 사실주의극을 해왔던 그가 전혀 새로운 연극세계를 설파한 것이다. 그는 우선 연극은 즐거워야 되고 그런 면에서 뮤지컬이야말로 한국연극의 낙후를 극복할 수 있는 한 가지 방편이 될 수 있다고 보고 스스로 실천한 것이다. 그러니까 뮤지컬을 할 수 있는 여건이 전혀 안 되어 있는 상황에서 그가 직접 〈포기와 베스〉를 드라마센터 무대에 올렸다는 이야기다.

그 당시에는 아무도 귀 기울이지 않았지만 40여 년이 지난 오늘날 뮤지컬은 무대예술 중심부에 와있지 않은가. 공연예술 전체의 반 이상이 뮤지컬이고 거기서 오가는 자본이 연간 4천 3백억원 을 넘어선다니 뮤지컬이 얼마나 대단한 연극 장르인가.

그뿐만이 아니다. 정규대학에 연극학과를 만든 것도 그가 처음이었다. 즉 그는 해방 직후에 국립서울대학에 연극학과를 만들도록 음악대학의 현제명(玄濟明) 학장에게 건의한 적이 있었다. 그것이 실천되지 않자 스스로 1960년대 초에 동국대학에 연극학과를 설치하고 초대 학과장으로서 후진 양성에 나선 바 있었다. 그의 이러한 정규대학의 학과설치운동은 오늘날 수 십 개의 학부와 20여 개의 전문대학에 연극과가 생겨난 계기를 만든 것이다.

이상과 같이 그의 평생 작업 중에 가장 빛나는 것이 다름 아닌 연극 인프라 구축이라고 말할 수가 있다. 그 연극 인프라는 드라마센터와 같은 건물에 그치지 않고 인적 인프라 즉 사람 키우기였다. 그가 1930년대 초 연극운동에 뛰어든 직후부터 각급 학교들을 찾아다니며 학생극을 지도한 것에서부터 1954년 전쟁이 끝나자마자 전국고등학교 연극경연대회를 만들어서 미래 연극인 발굴을 시도했고, 드라마센터에 연극학교를 설치하여 오늘의 서울예술대학으로까지 키워놓았는데, 거기서 양성된 인재들이 한국 연예계를 좌우할 정도가 된 것이 아닌가.

초창기 드라마센터 운영이 어려울 때도 신춘문예 희곡 등단자들을 위한 공연도 꾸준히 했으며, 희곡 워크숍이라는 것을 만들어 극작가도 양성했다. 그런데 그가 연극인재만을 생각한 것은 아니었다. 오늘날 세계적인 음악가로서 우리의 자부심이 되어 있는 그의 고향 후배 윤이상(尹伊桑)으로 하여금 독일 유학을 가도록 그가 종용했다는 사실도 알 만한 사람은 다 알고 있다. 그만큼 그는 인재를 아끼고 키우는 일에 매진했던 것이다.

그가 이처럼 대단한 선구자였지만 연극관만은 극히 소박했다. 가령 그가 극작과 관련해서 쓴 글을 보면 대체로 다섯 가지로 요약되어 있다. 첫째 극장은 인간개조와 사회비판의 선봉장이어야 한다. 둘째 재미없는 연극은 낙오하고 만다. 셋째 극장은 시대감각에 예민해야 한다. 넷째 연극은 관객의 최대한의 공감 밑에서 이루어져야 한다. 다섯째 극장은 미의 요지경이어야 한다. 이상의 내용을 보면 앞에서는 연극의 사회계몽성을 강조하고 있고 중간에서는 오락성을 중요시했으며 후반부에서는 예술성에 비중을 두고 있다. 이는 곧 그의 연극 생애를 압축해놓은 것이라 말할 수 있다. 즉 극연시대의 사회성, 현대극장시대의 대중성, 그리고 국립극장과 드라마센터시대의 예술성이 바로 그것이다.

이처럼 폭넓고 비전 있던 그가 걸작이라고 누구나 인정할 만한 희곡 한 편 남기지 못한 이유는 무엇일까. 여러 가지로 해석할 수 있겠지만 첫째로 작가로서만 머물러 있기에는 그의 연극시대가 너무 낙후되어 있던 데다가 그의 현실주의적 성향 때문에 어느 한 분야에서만 외골수로 승부를 낼 수 없었다는 것이고, 두 번째로는 너무 인간적이었다는 점을 지적할 수 있다. 그가 후배나 제자들을 자상하게 가르치고 지극히 보살펴준 일화는 허다하다. 이처럼 지나치리만큼 다정다감한 나머지 예술 못지않게 현실을 중시했고 생활을 내던지면서까지 창작에 자신을 내던지지는 않았다고 하겠다. 그가 극작가로서 세 번의 큰 고비를 자기초극(自己超克) 아닌 안주에 그친 것도 그 때문이 아닌가 싶다. 세 번째로는 그가 너무 일찍 연극지도자가 됨으로써 선구자 의식이 지나치게 강했던 점을 꼽을 수 있다. 가령 전통연희와 신파대중극만 있었던 시대에 약관의 나이로 극연 조직에 앞장섰고 30대 초반에 극연좌의 리더, 그리고 30대 중반에 현대극장 대표로서 총독부가 인정하는 공연예술의 대부가 되어

　　　　　　　　　　　　　　제4부　서구연극의 도입과 실험

있었던 것이다. 그 뒤로도 연극계에서는 그와 맞설 인물이 거의 없었다. 자타가 공인하는 무대예술계의 대표적 인물로서 그가 독주했기 때문에 적어도 경쟁에서는 패배나 좌절을 겪지 않았고, 그에 따라 자기를 심화시킬 계기를 갖지 못한 것이 그 하나의 요인이었다. 이처럼 그는 계몽주의시대의 대표적 연극인으로서 사명의식과 의무감만 앞섰기 때문에 위대한 극작가로서의 야망은 부족했다고 하겠다.

바로 그 점에서 그가 후대에 남기는 몇 가지 교훈도 떠올려지는 것이다. 첫째 예술가는 오직 장인으로서 일관할 때 걸작을 남길 수 있다는 것. 둘째 작품이 그럴듯한 애국적 메시지를 담고 있다고 하더라도 당 시대의 총체적 삶을 반영하고 있지 못할 때는 한낱 계몽적인 목적극이 된다는 것. 셋째 작가는 일관된 철학을 갖고 부단히 내면화의 진통을 겪을 때 변전하는 시대상황에 좌우되지 않는다는 것. 넷째 예술가는 어느 한 분야를 일관되게 파고들 때만이 훌륭한 작품을 남길 수 있다는 것 등이라 하겠다.

사실 어느 분야건 지도자는 하나하나의 행동이 그대로 사회공동체와 직결된다. 진정한 역사의식이라는 것도 그런 바탕 위에서 생겨난다고 볼 수 있다. 투철한 시대정신이나 역사의식이 부족한 상태에서 창조행위에 임할 경우 그 행위는 공허한 개인 취향을 크게 넘어서지 못하고, 사회의 실상에 대한 총체적 통찰의 결여를 낳게 된다. 계몽문예가 사회공동체로서 생생한 삶에 착근되지 못했던 것도 바로 그런 데에서 연유하는 것으로 이해할 수 있다.

본고의 후미에서 유치진에게서 아쉬웠던 부분을 얘기한 것은 어디까지나 극작가로서의 그의 대한 기대에 따른 것이다. 전체적인 연극인으로서의 유치진은 너무나 크다. 어떻게 보면 전천후 연극인이었고 대문화인이었다. 유치진 앞 시대에도 신재효를 비롯하여 임성구, 현철, 김우진, 박승희 등 선구자들이 있었지만 그에 비하면 왜소해질 뿐이다. 왜냐하면 유치진 앞 세대 선구자들은 연극의 어느 한두 분야에서 두각을 나타낸 반면에 그는 연기나 무대, 미술 등을 제외하고 연극의 전 분야에서 하나의 이정표를 남겼음은 물론이고 미래 준비까지 해놓았기 때문이다. 그의 다양한 업적 중에서도 이 땅의 연극을 하나의 고급문화로 자리매김해놓은 것도 돋보이는 부분이다.

　그가 동지들과 극연을 조직한 당시만 해도 연극은 비속한 딴따라 예능의 위치에서 크게 벗어나 있지 못했다. 그러나 극연좌, 현대극장, 극협, 국립극장, 드라마센터 등으로 진전되는 그의 40년의 연극 폭 넓히기 작업은 결국 연극문화의 격상을 성취시킨 것이다. 그를 단순히 극작가로서 한정해놓고 볼 때는 대단한 존재가 되지 못한다. 그는 연극의 여러 장르를 뛰어넘어서 한국현대문화의 기반을 다지는 데 이바지한 인물로 평가받을 때 비로소 진면목이 보일 것이라는 생각이다.

　무릇 선구자란 자기 시대를 앞질러서 민족 내지 인류의 장래를 생각하고 일을 한 자기 희생자를 일컫는 말일 것이다. 그 점에서 유치진은 아무도 부인 못할 대문화인(大文化人)이다. 물론 잠시 굴절되었던 경우도 있지만 여하튼 한결같이 민족이라는 절대명제와 결부시켜서 연극문화를 일구어왔다는 점에서 그는 돋보이는 큰 인물인 것이다.

신극의 기틀을 정립한 정통 연극인
서항석

본격적인 신극운동이 전개된 1930년대 이후 연극을 이끌어온 중요한 인물을 둘만 꼽는다면 누가 뭐라 해도 동랑 유치진과 경안 서항석(徐恒錫)일 것이다. 이 두 사람의 나이 차이는 다섯 살이지만 서항석이 만학이어서 비슷한 시기에 도쿄 유학을 했고, 외국 문학과 연극을 전공하고 또 좋아해서 평생 업으로 삼았다는 점이 닮았다. 함께 연극단체를 만들어서 한솥밥을 먹으면서 십수년간 연극운동을 전개했다는 공통점도 있다.

그럼에도 불구하고 두 사람의 차이점도 적지 않다. 우선 유치진이 남쪽(경상도) 출신인데 반해서 서항석은 북쪽(함경도) 출신이고 전자가 곤궁한 집안에서 태어나 어렵사리 평범한 학교를 나왔다고 한다면, 후자는 넉넉한 집안에서 태어나 여유롭게 성장하면서 최고의 명문학교를 나온 점에서 차이가 난다고 말할 수 있다. 이런 차이점이 결국 두 사람 간의 경쟁관계를 파생시킨 것 같고, 뒷날 인맥형성에도 상당한 영향을 주지 않았나 싶다. 물론 두 사람 간의 경쟁이 우리 연극을 발전시키는 데 긍정적 요인이 되었다고 보는 이도 없지 않지만 실제로 국립극장 문제 같은 데서는 부정적 요인이 더 많지 않았나 싶다. 여하튼 이들 두 인물이 없었다면 우리 연극이 얼마나 소조(蕭條)했을까 가히 짐작이 가고도 남는다.

서항석은 20세기가 열리는 1900년 3월 18일에 함경남도 홍원군 용원면 중호리라는 한적한 농촌에서 태어났다. 대구 서씨인 그의 조부(徐掌議)는 한학자였고 부친(徐載哲)도 서울 유학을 잠시 한 개명인이었다. 그러나 당시 홍원만 하더라도 신식학교가 없었기 때문에 그는 서당을 다니면서 한학을 익힐 수밖에 없었다. 그는 이미 5, 6세에 천자문을 떼고 9세에 맹자를 읽을 정도로 총명해서 주변으로부터는 신동이라는 별명까지 들었다. 그렇다고 해서 그가 공부밖에 모르는 아이는 아니었다. 그 역시 다른 아이들처럼 글 읽기보다는 노는 것을 더 좋아했다. 그는 자전적인 글에서 유년 시절에는 탈놀이패의 무동까지 섰었다고 다음과 같이 회고한 바 있다.

> 우리 마을의 홍주표 씨는 탈놀이의 명수로서 '홍바람'이라는 별명으로 이웃 마을에까지 알려진 분이었다. 이분이 탈을 쓰고 장단에 맞춰 우줄우줄 나올라치면 구경꾼의 어깨도 저절로 으쓱거렸다. 나는 이분에게 '겁 없는 아이'로 뽑혀서 무동을 서게 되었다. 나는 무동을 서는 동안에 춤이란 이렇게 추는 것이라는 것을 알았다. 그래서 평지에서도 장단만 있으면 거기에 맞추어 춤을 출 수 있게 되었다. 그리고 어떠한 리듬에서든지 즉흥적인 춤을 출 수 있게도 되었다.[1]

이상과 같이 그는 두뇌만 명석했던 것이 아니라 예술적인 기(技)도 타고난 재간둥이였음을 알 수가 있다. 그러나 워낙 엄격한 가풍 때문에 그의 그런 예술적 재능이 계발되는 데는 오랜 시간이 걸려야 했다. 천성적으로 약하게 태어난 그는 병치레도 많이 했다. 다행히 넉넉한 집안이었기 때문에 귀한 산삼을 먹을 수가 있었다. 그래서인지 열 살이 넘자 병치레에서 완전히 벗어날 수가 있었다. 한학자였던 조부는 글 읽기와 술 친구 등을 좋아해서 집안에는 언제나 손님들이 들끓었고 신식학교 비슷한 것이 문을 열었기 때문에 거기서 언

---

1 서항석, 「나의 이력서—이 글을 지나온 일생 되돌아보는 계기로」, 『경안 서항석 전집 (5)』, 하산출판사, 1987, 1735쪽.

                                          제4부 서구연극의 도입과 실험

뜻언뜻 신문화에 대한 조그만 지식도
얻을 수가 있었다. 놀기를 워낙 좋아
한 그는 어떤 월보에 실려 있던 소설
줄거리를 갖고 연극 비슷한 놀이를
꾸며 학교운동장에서 판을 벌이기도
했었다. 이런 그의 성향이 후일 그로
하여금 연극운동가로 나서게 한 것
같다.

그는 13세 때 당시의 조혼습속에
따라 이웃마을의 양가규수 고차선(高
次善)과 결혼을 했는데, 신부는 그보
다 네 살 위인 17세였다. 모산학교를
졸업하고 중학 과정의 1년제 중성학

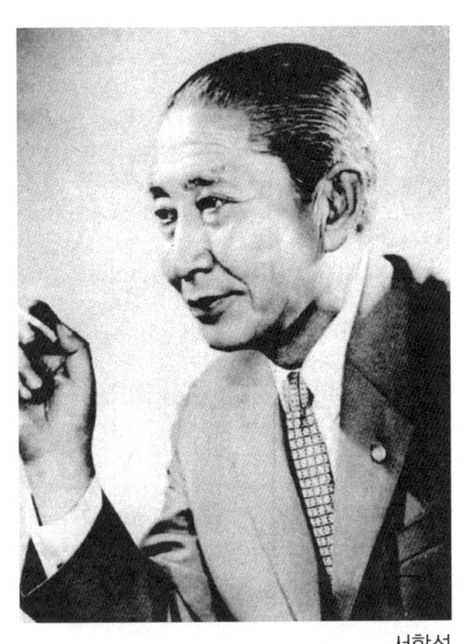

서항석

교 고등보습과를 이수한 그는 드디어 서울 유학길에 오르게 된다. 즉 그는 보
성중학 2학년에 편입한 것이다. 보성학교에서도 그는 단연 두각을 나타냈는
데 일본인 교사 배척에 앞장선 것이 문제되어 자퇴하고 인촌(仁村) 김성수가
교장으로 있는 중앙중학으로 전학해서 우수한 성적으로 졸업했다. 그는 중앙
학교 시절 민족주의자 고하 송진우(宋鎭禹)의 영향을 많이 받았고, 그와 함께
여행하면서 쓴 여행기가 인정을 받아 그로부터 장차 문학을 하라는 하명을 받
기도 했다. 이처럼 그는 이미 중앙중학 시절에 문학을 하기로 결심을 굳힌 상
태였다. 중학을 마친 해에 불행히도 그의 든든한 버팀목이었던 조부모가 차례
로 세상을 뜸으로써 그는 2년여를 고향에서 보내고 상급학교 진학을 준비하
고 있었다.

그의 부친은 그가 의사나 관리가 되기를 원했기 때문에 경성의전이나 법전
에 진학하기를 바랐으나 이미 문학을 하기로 마음먹은 그는 일본 유학을 결
심했다. 어렵게 부친의 허락을 얻은 그는 도일하여 학원에서 영어를 배운 후

에 아오야마(靑山)학원 중학부 4학년에 편입해서 공부했다. 그는 제국대학을
목표로 하여 제2고등학교로 진학했고, 거기서도 일본학생들에 뒤지지 않았
다. 그는 방학 중에는 귀향하여 친구 조택원(趙澤元), 도상봉(都相鳳) 등과 아마
추어 연극도 했는데, 그 시절에는 마침 전국적으로 소인극운동이 일어나기 시
작하던 때이기도 했다. 그는 제1고 시절 도쿄대진재를 만나 민족의 설움을 뼈
저리게 느꼈고, 신경쇠약으로 자살 직전까지 갔었다. 일본의 고등학교는 독일
의 학제를 많이 모방한 것이어서 대학예과에서 배우는 것을 가르쳤다. 따라서
그는 제2고등학교 시절에 당시 독일을 휩쓸던 표현주의문학 강의를 많이 들
었고, 그것에 매료되어 반 학생들과 카이저의 희곡 〈가스〉를 무대에 올리면서
단역으로 무대에 서보기도 했다.

그는 회고의 글에서 고등학교 시절의 그 단역이 평생 연극의 길로 나서는
단초가 되었다고 쓴 바 있다. 부친은 그런 그의 생각을 전혀 알아차리지 못하
고 있다가 그가 방학 때 일본 작가의 소설「사선을 넘어서」(賀川豊彦 작)를 각색
한 것을 발견하고 크게 화를 냈다는 것이다. 그만큼 부친은 그가 연극하는 것
을 전혀 상상도 못 했다는 이야기다. 그럼에도 불구하고 그는 그런 방향으로
나아갔고, 결국 도쿄제국대학 독문학과로 진학하게 된다. 독일 연극을 공부하
기 위해서였음은 두말할 나위 없는 것이다. 그는 도쿄에 유학 중이던 학생들
과 독서회를 만들어서 세계 명 희곡을 독파하기도 했다. 이것은 뒷날 해외 문
학파라는 문예서클의 싹이 되었다고 해도 과언이 아닐 것 같다.

그런 그에게 큰 시련이 닥쳤다. 이른바 조혼제도의 폐해였다. 그는 한 신여
성과의 로맨스로 조강지처와 사이가 벌어졌고 결국 대학 3학년 때 이혼한다.
그는 "나는 진작부터 아내와의 사이가 벌어지기 시작하여 방학 때마다 냉전을
계속해 오던 것이, 이제 무기방학에 들어간 이때에는 감정의 대립이 더욱 첨
예화하여 드디어 파탄에 이르렀다. 그래서 우리는 이혼하고 말았다."[2]고 쓴 바

---

2 위의 글, 1770쪽.

있다.

본처와의 이혼 후 그는 다시 학업을 재개하여 실러의『빌헬름 텔』을 분석한 논문으로 졸업을 하자마자 귀국, 동아일보 학예부 기자로 취직했다. 이때 그는 한국의 대표적인 명사들과 친교를 맺는다. 즉 그는 인촌 김성수나 고하(古下) 송진우는 말할 것도 없고 사내의 선배들로서는 이광수, 현진건, 김준연, 함상훈, 주요한 등 내로라하는 명사들과 사귈 수가 있었다. 신문사 입사 얼마 후인 1931년 초 어느 날, 역사소설을 연재하고 있던 윤백남이 넌지시 그에게 일본에서 귀국한 지 얼마 되지 않는 홍해성(洪海星)을 소개하면서 그의 생활을 돕기 위한 연극영화전람회 개최를 제의한 것이다. 그 당시만 하더라도 후원사와 개최지가 마땅치 않았고 동아일보만 한 곳이 없었기 때문이었다.

홍해성에 대해서는 그 자신도 일본 유학 중에 많이 들은 바 있었기 때문에 윤백남의 제의에 쾌재를 부를 수가 있었다. 그는 신문사 간부들을 설득해서 동아일보 주최로 전람회를 열었는데, 역시 주최자는 있어야 했기 때문에 극영동호회라는 실체 없는 임의 단체도 급조했다. 사실 전람회는 별로 큰 효과를 올리지 못했지만 그를 계기로 본격 신극운동단체인 극예술연구회가 탄생되기에 이른다. 유학 시절 해외 문학파가 주축이 되고 홍해성과 윤백남이 가담한 12명의 창립단원이 1931년 7월 8일 '극예술의 연구와 진정한 신극 수립'을 목표로 동인제의 극예술연구회(약칭, 劇硏)를 출범시킨다. 중진 윤백남을 대표로 하고 대내외 연락 및 교섭 등은 그가 맡았으므로 실질적인 총무로서 사무실까지 그의 하숙집으로 정했다. 이는 곧 그가 거의 주도했다는 이야기가 되는 것이다.

그는 신문사 일과 극연 일을 도맡아서 동분서주했고, 재정적인 일은 물론이고 단체가 공연할 작품을 번역하는 등 분주했다. 그뿐만이 아니라 창립공연작 고골리의 〈검찰관〉에는 분 바르고 출연(퇴직 관리 이반 라자레비치 라스타코프스키 역)까지 했다. 대사는 단 두 마디에 불과했지만 그는 열연했다. 그의 부친은 그가 연극운동을 하는 것에 극구 반대했지만 어쩌지는 못했다. 다만 그에게 경제적으로 압박을 가하는 것으로 연극 활동을 견제했을 뿐이었다.

부친이 그에게 절대로 집을 사주지 않았기 때문에 그는 다섯 식구를 이끌고 여기저기 전셋집을 전전해야 했다. 그는 극연의 공연비를 마련하는 일을 도맡아 하느라 자신의 신문사 월급까지 쏟아붓기도 했다. 따라서 그의 생활은 궁핍을 면치 못했다. 그는 입사 몇 년 만에 학예부장으로 승진했지만 극연 일과 생활은 나아지지 않았다. 그는 극연에 가입한 박용철 시인과 기관지『극예술』도 창간함으로써 그 단체를 한 단계 업그레이드시키기도 했다. 그는 창간호에 처음으로 「신극과 흥행극」이라는 연극 관련 논문을 발표했는데, 내용이 바로 극연을 주도하는 사람들의 연극관이기도 해서 여기에 그 일부를 소개하면 다음과 같다.

> 신극은 예술본위, 인생본위의 연극이요, 흥행극은 이득본위, 인기본위의 연극이다. 전자는 경제적으로 결손을 본다 할지라도 연극으로서 성공하였으면 우선 만족하지마는 후자는 연극으로서 우수하였다 할지라도 흥행으로서 성공하였어야 비로소 만족한다. 전자는 결손을 각오하고라도 상연물을 선정하지마는 후자는 흥행을 무시하고는 극행동을 하지 않는다. 신극은 관중에 대하여 지도적 계몽적이지마는 흥행극은 영합적 아유적이다. 전자는 관중의 병폐에 대하여 친절한 의사이려 하지마는 후자는 관중의 구미에 대하여 유순한 요리인이 되려 함에 그친다. 신극은 지도적이요, 계몽적이며 관중을 고원한 이상에 유도하여 더욱 상향시키는 역할을 하거니와 흥행극은 영합적이요 아유적이며, 관중의 저속한 취미를 자극하여 더욱 하향시킬 위험을 포장하고 있다. 이러한 여러 점에서 양자의 구별은 절연하다 하겠다.[3]

이상은 서항석이 극연을 주도하면서 자신들이 하고 있는 연극과 소위 신파극과의 차이점을 논한 것인데, 이는 극연 멤버들의 공통된 인식이기도 했다.

---

3 서항석, 「신극과 흥행극」, 『극예술』 창간호, 1934.4.

특히 신파극을 가리켜 대중영합의 저질연극으로 폄하한 것이 흥행극 주도자들의 심기를 건드렸고, 따라서 이 글이 나가면서 신파 쪽 연극인들의 적개심이 나타나기 시작했으며 실제로 요정에서의 싸움도 없지 않았다. 왜냐하면 신파극 쪽 인사들이 모욕을 당했다고 느꼈기 때문이었다. 그만큼 1930년대의 연극은 정통신극과 신파극이 확연한 선을 긋고 각자의 길을 간 것이다.

극연의 실질적 살림꾼 서항석은 신문사 일과 극연의 자금 조달, 그리고 신문 잡지에 연극론 쓰기 및 작품 번역 등으로 동분서주하는 생활을 마다 않고 했다. 그가 극연이 무대에 올린 첫 번역은 역시 1933년의 〈우정〉(카이제르 작)이었다. 그는 누구 못지않은 독일어 실력이 있었지만 신문사 일과 극연 자금 조달에 정신을 쏟느라고 번역할 겨를이 없었다. 극연은 그런대로 본분을 지켜가면서 어렵게 연극운동을 펴나갔지만 일제의 탄압만은 벗어날 수가 없었다. 공연하고픈 번역극본들은 대체로 반려되곤 했다. 직장에서도 그를 좋게만 보지는 않았다. 특히 그가 학예부장 신분으로 〈춘향전〉의 구례현감 역으로 출연하는 것을 안 송진우 사장이 대노하여 사표소동이 벌어진 일도 있었다. 그러나 그의 연극에 대한 열정은 조금도 식지 않았다. 주로 극단 살림살이와 연극평 쓰기, 번역 등에 머물던 그가 드디어 1937년 4월에 〈부활〉(톨스토이 원작, 유치진 편극)을 처녀 연출하게 된다.

이로부터 그는 전천후 연극인으로 탈바꿈해간다. 그는 칼 쉔헬의 〈신앙과 고향〉을 번역해서 무대에 올렸고, 극연이 일제의 탄압으로 극연좌가 되자 유치진과 끝까지 연극의 길로 가자고 다짐한다. 대부분의 동인들이 떠나간 데 따른 것이었다. 그러나 극연좌가 전문극단으로 변신했어도 수지타산은 맞지 않았고, 극단살림의 어려움은 조금도 개선되지 않았다.

그런데 여기서 한 가지 짚고 넘어가야 할 것은 그가 그렇게 폄하 비판해온 흥행극을 스스로 닮아간 사실이다. 가령 그가 연출가로 첫 데뷔한 〈부활〉에 대한 평을 보면 "하등의 새로운 해석을 발견치 못한 관객들로 하여금 흥행가치만을 노리기 위한 레퍼토리가 아니었던가 하는 오해를 갖게 할 뿐이다. 통일되지 못한 연출의 곳곳에서 그것을 보여주고 있다. 제1막 카츄샤와 네프류도프가 처음 만나는 장면에서 15년 전의 유행가 '카츄샤 애처롭다 이별하기 어려워'의 진부한 멜로디를 들려주고 제4막은 이 노래의 합창으로 막을 닫게 한 것은 연출자의 의도가 나변에 있는가를 의심케 한다. 연출의 불통일, 연습부족, 흥행극단을 본받는 연기자들의 대본 무시의 행동은 '10원 한 장이면 O.K니' '네 나지미상' 하는 기막힌 대사로 관객의 조소를 샀고 '배가 맞아 가지고' '단물만 빨아먹고' 류의 비속한 말로 관중의 얼굴을 붉히게 했다. …(중략)… 우리는 초대의 정열과 진지한 연구적 태도를 언제까지 버리지 말기를 바랄 뿐이다."(『매일신보』, 1937.4.14)라고 혹평을 받았다.

인텔리 연극운동가로서 첫 번째 연출작품으로서는 너무나 뼈아픈 평가를 받은 셈이다. 그러니까 그가 초창기 신파극 시절 예성좌의 〈부활〉을 그대로 답습한 수준의 연출을 했다는 것이었다. 특히 그가 그처럼 혐오해온 흥행극을 그대로 따라했다는 평가는 가혹하기까지 하다. 물론 그는 순수연극만 가지고서는 도저히 단체를 끌고 갈 수 없다는 고충을 피력한 바도 없지는 않다. 그러면서 그는 극연좌에 와서 영화제작에까지 손을 대기에 이른다. 순수연극만이 최고라고 외쳐온 그가 영화제작에까지 나서게 된 배경에 대하여 이렇게 설명하고 있다.

여기 극연으로서 중대한 난관이 있다. 언제까지나 우리는 결손에 허덕여야 할 것인가? 지금부터 우리는 차차 생활의 위협을 받기 시작한다. 좀 더 예술방면에 정진하려 하면서도 뜻대로 되지 않아 고민하고 있다. 누구 우리들의 고충을 알아주는 이는 없는가? 나는 이 난관의 타개책에 손을 대기로 했다. 영화를 제작하여 이윤이 있으면 그것으로 극연 운영에 보탬을 할 수 있겠고, 설사 그리 큰 이윤을 못 얻는다 할지라도 수지균형만 되면 영화사업은 지속할 수 있을 것이며, 그렇게 되면 극연인은 영화에 출연하여 그 보수로 생계를 이어갈 수도 있겠고, 영화측은 극연인을 전속으로 하여 인적 자원을 확보하는 호혜적 유대가 성립될 것이니, 이는 1석 2조의 묘안이라, 유력한 동지를 얻고 기획만 잘 세우면

전망은 밝다고 생각하였다.[4]

이상과 같은 그의 구상은 그럴 듯했으나 역시 이상론에 그치는 것이었다. 왜냐하면 그들이 만든 영화가 보기 좋게 참패했기 때문이었다. 즉 그들은 삼영영화사까지 만들어서 『동아일보』 시나리오 당선작 〈애련송〉(최금동 작)을 이효석이 다시 손질해서 김유영이 감독하고 문예봉을 주연으로 내세웠지만 그동안 제작진이 먹어치운 밥값도 못 건지는 대참패를 한다. 그는 절망했지만 그렇다고 연극운동을 포기할 수는 없었다. 포기하기에는 그동안 그가 너무 연극에 깊숙이 빠져들었던 것이다. 그는 유치진과 함께 극연좌만이라도 어떻게든 끌고 가기 위해서 혼신의 열정을 쏟았지만 그마저 쉬운 일은 아니었다. 왜냐하면 대동아전쟁이 가까워오면서 일제가 문화계에 더더욱 탄압의 강도를 높여갔기 때문이었다. 그러다가 결국 극연이 전문극단으로 바뀐 지 겨우 1년여 만에 강제 해산당하고 만 것이다.

일제가 소위 국민예술을 전개시키기 위한 정지 작업으로서 극연좌를 거세한 것이다. 연극에 매달리느라 직장까지 내던졌지만 극연좌가 갑자기 해산당함으로써 그는 하루아침에 실업자로 전락한다. 그에게 있어서 극연은 삶의 전부였다고 해도 과언이 아니었다. 왜냐하면 극연을 위해서 근 10여 년 가까이 모든 것을 바쳤기 때문이다. 그는 뒷날 한국경제신문과의 인터뷰에서 "대학 졸업 후 동아일보에 다니면서 극예술연구회 활동을 했는데, 당시 극예술연구회원들의 생활이란 게 뻔해서 25, 26회 공연을 하는 동안 한두 회 빼고는 거의 내가 뒷바라지를 했습니다. 당시 내 봉급이 70원이었는데 하숙비가 6원이었으니까 서너 달 지나면 2백원가량이 모이고 이 금액이면 공연을 한 번 할 수 있었으니까요. 그러다 보니 아이들도 생겼는데 밤낮 셋방살이를 못 면했습니다. 그래 고향에 내려가 아버님에게 집 한 채 사주세요 했더니 안 된다

---

4 서항석, 「나의 이력서—이 글을 지나온 일생 되돌아보는 계기로」, 1795~1796쪽.

는 거예요, 집 사주면 집 팔아 연극할 텐데 어떻게 사주겠느냐는 말씀이었지요."(1984.10.14.)라고 회고한 바도 있다.

이런 그의 10년 적공이 모두 허사로 돌아가는 듯한 허탈감으로 그는 방황하기 시작한다. 그는 가솔을 이끌고 잠시 고향에도 가보았으나 거기도 그가 머물 곳은 못되었다. 그는 서둘러 다시 상경하여 칩거하면서 장차 할 일이 무엇인가를 모색했다. 그러던 차에 유학동지로서 함께 신문사에서 일하다가 퇴사한 소오(小语) 설의식을 만나 가극운동을 펼치기로 하고 조선예흥사(朝鮮藝興社)라는 것을 만들었다. 사실 이들의 생각은 일제의 문화탄압에 맞서려면 신체제의 이념이 개입될 수 없는 우리 고유의 민화를 극화하여 노래와 춤으로 표현하는 가극만이 살길이라는 것이었다. 마침 그 당시에는 가극이 꽤 인기를 모아가고 있던 시기이기도 했다. 즉 1920년대 말엽부터 권삼천과 배구자가 일본에서 배워온 가극운동을 펼치고 있었고, 타카라츠카(寶塚)가극단도 한국에 다녀갔던 터라서 가극이 상승세를 타고 있었다. 따라서 서항석이나 설의식의 시대감각은 언론인다운 것이었다. 그는 조선예흥사의 주간을 맡아 창작의 일을 맡기로 하고 설의식으로 하여금 재정을 전담하도록 했다. 그는 창작을 전담키로 한 이상 초연 작품을 준비해야 했다. 그는 즉각 전래 민담 콩쥐 팥쥐를 가극화하는 작업에 나선다. 그리고 단체가 필요하므로 콜롬비아레코드 회사와 절충하여 콜롬비아가극단도 만들었다.

그는 최무성을 단장으로 하고 윤부길, 황문평, 김형래 등 유망신인들로 단원을 구성하여 창립공연으로 〈콩쥐 팥쥐〉를 무대에 올렸는데 예상외로 대성공이었다. 창립공연이 성공하자 자신감을 얻은 그는 다음 작품으로 〈심청〉을 각색했으나 장님이 나오는 작품은 좋지 않다는 일부의 의견으로 채택되지 않고, 동양 전설 〈견우 직녀〉를 하기로 했다. 그는 이 작품을 삼부작으로 꾸몄는데 까치·구렁이전설을 전생편으로, 우의(羽衣)전설은 지상편으로, 7석전설은 천상편으로 하기로 하였다. 이 작품 역시 반응이 좋아서 지방순회공연까지 나설 수가 있었다. 그러나 무리한 일본순회공연으로 가극단은 결국 생명을 단축

하고 말았다.

그러는 동안에 소위 신체제연극이 국민연극이라는 이름으로 문화계를 뒤덮었다. 조선연극협회라는 어용단체가 생겨나고 극단 현대극장이 발족되어 서항석도 한 발 내딛게 되었다. 즉 그는 어용단체들이라 할 조선연예작가협회 회장을 비롯해서 조선연예협회와 조선연극문화협회 등의 이사로 일했고, 유치진이 주도한 극단 현대극장에서 연출도 맡았는데, 극단 창립공연작으로서 친일어용극으로 지탄받고 있는 〈대추나무〉(유치진 작)를 바로 그가 연출한 것이다.

그 자신도 뒷날 그와 관련하여 "이렇게 되니, 나는, 이른바 신체제에 끌려들어, 안 한 짓이 없게 된 셈이다. 결국 이 하늘 아래엔 도피할 구멍이 없었다. 그 구멍을 찾아 여기저기 기웃거리는 사이에 야금야금 미끄러져 벼랑 위에 서게 된 것이다. 한 발 삐끗하면 심연에 떨어질 판이었다. 이제는 예흥사의 문을 닫고 안 닫고는 문제가 되지 않았다. 부즉불리(不卽不離)의 태도로 구차스럽게 살아남을 밖에 없었다. 참으로 저주스러운 세월이었다."⁵고 참회한 바 있다.

이처럼 그가 국민연극시대에는 민화를 소재로 한 악극본을 주로 써서 생계를 유지했다. 그는 반도가극단의 전속 비슷한 처지로 극본을 써주고 또 연출도 해주었는데, 이때 그가 발표한 가극은 〈심청〉을 비롯해서 〈자매화〉(장화홍련전의 각색본), 〈에밀레종〉 등이었다. 그가 악극으로 인기를 모으자 경쟁단체였던 약초가극단의 대본까지 써주는 처지가 되었다. 이때 그는 처음으로 일본말 극인 〈세기의 가희〉, 〈노방의 가〉 등 몇 편을 발표하기도 했다.

물론 그렇다고 해서 그가 악극만 한 것은 아니었다. 극단 현대극장의 연출도 간간이 했으므로 그는 창작과 연출을 전문으로 하는 직업연극인으로 자리를 잡았던 것이다. 다만 그가 극연을 통해 연극운동을 함께 펴온 유치진과 달리 정통희곡을 쓰지 않은 것이 조금 다른 점이었다. 이는 사실 매우 중요한 차이점이다. 그가 해방 이후 평생 연극을 해오면서 그의 경쟁자였던 유치진에게

---

5 위의 글, 1808쪽.

밀렸던 것도 실은 그가 정통희곡을 쓰지 않았던 것이 결정적 요인이었다고 해도 과언이 아니다.

해방을 맞았을 때, 그는 45세의 장년기에 접어든 나이였다. 그는 경기여고의 독일어 강사도 하고 잠시 민주일보 편집국장도 했지만 장차 연극인으로서의 좌표를 찾고 있었다. 우선 그는 자신이 소속해 있던 반도가극단의 요청을 받아들여 악극 〈조국〉을 써서 연출까지 했는데, 이때 그는 가극에서 항상 해오던 쇼를 빼버림으로써 가극을 한 단계 업그레이드해보려는 의지를 보여주어서 주목되었다. 그러나 그는 해방과 함께 악극과 거리를 두기 시작했다. 왜냐하면 그것은 아무래도 본격 연극이라 보기 어렵다고 생각한 때문이었다. 가령 그가 해방 직후에 쓴 본격적인 글에 보면 그가 사업성 짙은 악극과 결별하려는 듯이 보이는 면도 없지 않았다. 즉 그는 「연극과 연극운동」이라는 글에서 해방 직후의 연극계 문제에 대하여 다음과 같이 썼다.

> 관청은 연극을 유해무익의 장물로 보는지 흥행허인의 절차가 필요 이상으로 번쇄(煩瑣)하고 게다가 고율의 세금이 부과되어 연극의 존립과 발전에 적지 않은 장애가 되며 극장은 이윤의 쟁탈 회뢰(賄賂)의 수수로 일삼는 복마전이 되어 있어 연극의 퇴폐와 침체에 날로 가세하는 형편이다. 이 사이에서 연극인은 그날의 생존을 위하여 보통인 보다도 더 불리한 조건하에 악전고투하고 있어 극계는 예술적 양심을 잃었다. 의욕이 없는 바 아니지마는 무딘 지 오래다. 정히 새로운 운동이 일어나야 할 때다. 이제야말로 사력을 다하여 재기할 때다. 모이면 힘이 된다. 단결이 유일의 활로다. 우선 연극의 상업주의화를 배격하자. 이는 극장 획득으로부터 착수하여야 한다. 극장문제의 합리적 해결, 이것이 우리의 당면한 문제다.[6]

이상의 글은 해방 직후의 연극계 상황을 그가 여러 각도에서 짚은 것인데, 가장 주목되는 부분은 연극의 상업주의화를 배격하자는 구절이다. 그가 일제

---

6 서항석, 「연극과 연극운동」, 『경향신문』 1946.11.7.

     제4부 서구연극의 도입과 실험

말엽부터 주로 해왔고 해방을 맞아서도 작품을 써서 연출까지 한 것이 상업적인 악극이었는데, 그것을 배격하자고 한 것이어서 흥미롭다. 여하튼 그가 1949년 11월 샛별악극단에 〈꽃피는 가족〉이라는 작품을 제공한 이후로 그는 악극과는 상당한 거리를 두면서 연극 활동을 펴나간 것만은 분명하다. 그가 해방 후에 주로 관심을 기울인 것은 먹고사는 문제만 빼고는 아무래도 국립극장 설치에 관한 것이 아니었나 싶다. 앞에 인용한 그의 글 말미에도 극장 획득이야말로 우리 연극이 살 수 있는 가장 절실한 문제라고 하지 않았는가.

그러면서 그는 좌우익의 첨예한 대립 속에서는 우익민족진영 쪽에 서서 연극운동을 전개해갔다. 가령 1946년 여름의 연극브나로드운동 때, 그도 참여하여 활동을 한 것이라든가, 그 이듬해에 시작했던 전국연극경연대회에 유치진과 함께 앞장섰고, 1948년에 발족된 한국무대예술원의 부원장도 맡았었다. 물론 이러한 직책은 그가 원했다기보다는 다분히 추대된 것이긴 하다. 솔직히 그의 관심은 국립극장 설치였다. 연극인들 더 나아가 문화계, 언론계 등에서 군정당국에 끈질기게 국립극장 설치를 건의함으로써 1946년 봄에 민정장관의 결재가 났었고, 그가 초대극장장으로 지상발령까지 났었다. 그러나 지정극장인 국제극장을 놓고 미국 영화를 많이 상영하겠다는 김동성이 끼어듦으로써 설치가 무산된 것이다. 결국 3년 뒤 정부가 들어선 이후에 국립극장이 정식 설치됨으로써 초대 극장장은 유치진에게로 넘어간다. 그와 관련해서 그는 다음과 같이 회고한 바 있다.

드디어 1946년 3월 6일 미군정은 나를 국립극장장으로 지명하고 극장은 국제극장으로 내정하면서 좌·우익의 어디에도 가담하지 말고 국립극장장 내정설도 입 밖에 내지 말라는 조건을 붙였다. 나는 미군정의 요구대로 우선 당시 내가 가입하여 있던 우익의 중앙문화협회에서 회원 전원의 찬성을 얻어 탈퇴하였다. 회원동지들은 나의 탈퇴가 국립극장을 우익이 장악하는 수단이 된다는 뜻에서 찬성한 것이다. 이러한 내막을 모르고 내가 중앙문화협회에서 탈퇴했다는 소문만 들은 조선연극동맹에서는 나를 이사장으로 추대하고 그리로 끌어가려 했다. 나

는 물론 거절했다.[7]

이상에서 알 수 있는 것처럼 그는 미군정청으로부터 최고의 연극인으로 인정받아서 초대 국립극장장으로 내정까지 되었다가 실제로 극장이 설립되면서는 유치진에게 자리를 넘겨준 셈이 된다. 그는 결국 1950년 국립극장이 개설되면서 운영위원으로 만족해야 했다. 그런 국립극장도 6·25전쟁으로 일단 정지됨으로써 유치진과의 경쟁도 끝나는 듯싶었다. 그러나 두 사람 간의 경쟁은 오히려 이때부터 본격화되었다고 말할 수 있다. 왜냐하면 피난지에서 다음 극장장으로 그가 부임했기 때문이다. 그는 사실 피난지에서 극장장을 한다는 것을 생각해보지도 않았었다. 왜냐하면 피난지에서 그는 서울대학 최규남 총장의 간곡한 요청으로 대학신문을 맡아 주필로 만족하고 있었기 때문이다.

그런데 평소 가까이 지내온 김법린(金法麟) 문교부장관의 간청으로 대구에서 1953년 2월에 제2대 국립극장장으로 취임하게 된 것이다. 이때 그는 대학신문 주필의 100만 환 월급쟁이에서 겨우 8만 5500원의 국립극장장으로 서슴없이 옮겨 간 것이다. 돈보다는 자기가 진정으로 하고 싶었던 연극을 국립극장에서 마음껏 하고 싶었기 때문이다. 특히 피난지에서의 국립극장 재건과 유지는 평화시대보다 더욱 중요하다는 생각을 했기 때문에 10분지 1도 안 되는 급료지만 흔쾌하게 받아들일 수가 있었다.

그가 취임사에서 "전란과 피난의 상황 중에서도 국립극장이 재개된다는 것은 이 나라 문운의 명일을 위하여 경하할 일이다. 비재 외람히 극장장의 중직을 맡아 능히 대과없이 소기의 성과를 거둘 수 있을는지 한껏 두렵기까지 하나 나는 오직 나의 최선을 다하기를 맹세할 따름이다."[8]라고 자못 비장한 각오까지 한 바 있는 것이다.

---

7 서항석, 「나와 국립극장」, 『극장예술』 통권 제2호.
8 서항석, 서항석, 「나의 이력서—이 글을 지나온 일생 되돌아보는 계기로」, 1975쪽.

시설이 형편없는 대구의 문화극장을 인수받아 빚을 얻어 수리를 하고 재건공연작으로 〈야화〉(윤백남 작, 서항석 연출, 원우전 장치)를 택한 것을 보면 그가 얼마나 신극사의 중요성을 인식하고 있었는가를 짐작할 수가 있다. 그러니까 그는 신파세대의 윤백남과 토월회세대의 원우전, 그리고 극연세대의 자신까지 참여함으로써 국립극장 재건을 근대연극사의 통합으로 삼았다고 말할 수 있다.

재건된 국립극장은 특별회계로 운영되었기 때문에 전속단체를 둘 수가 없었다. 따라서 그는 그때그때 사람을 모아서 막을 올리곤 했다. 그런 방식은 국립극장이 할 바가 아니었으나 전시 중이어서 어쩔 수가 없었다. 그런데 대구에서의 국립극장 운영은 보통 어려운 것이 아니었다. 특히 그 문화극장 건물을 빼앗으려는 집요한 공격이 가장 어려운 일이었다. 그러한 모함과 공격이 결국 국회에서까지 논의되어 국립극장 폐지론까지 나오는 지경에 이른다. 그 방어는 정말 힘든 싸움이었다. 그는 단호하게 맞섰고 한 걸음도 물러서지 않았다. 이 땅에서 어렵게 세워진 단 하나의 국립극장이 없어진다는 것은 상상할 수 없는 것이었다. 그는 국회에까지 불려나갔고, 거기서 의원들을 설복시키는 명연설을 했다. 그 연설 요지는 다음과 같다.

국립극장에는 설치목적이 있습니다. 국립극장을 폐지하는 일은 두 가지 경우에만 있을 수 있을 것입니다. 하나는 국립극장이 설치목적을 완전히 달성하여 더 존속시킬 필요가 없다고 인정되는 때일 것입니다. 오늘날 국립극장 폐지론은 그 어느 쪽에 근거를 둔 것입니까? 대한민국은 아직 국립극장의 설치목적을 달성한 것도 아니고, 대한민국은 국립극장의 설치목적을 포기해서도 안 될 것입니다. 그렇다면 국립극장의 현재에 있어서, 그 당사자가 무능하면 사람을 바꾸고 제도가 미비하면 이를 보완하는 일은 있어야 하겠지만, 폐지운운의 소리야 어디서 나온다는 말입니까? 그것은 자손만대에 죄짓는 소리요, 여러분 일생일대에 오점을 남기는 일입니다. …(중략)… 하찮은 일개 공무원이 선량 여러분 앞에 너

무 과격한 말을 주저 없이 뱉은 것을 널리 용서하고 깊이 통촉하십시오.[9]

위와 같은 그의 연설은 의원들을 감복시키기에 충분했다. 왜냐하면 그 일이 있은 후 국립극장의 회계법도 달라졌고, 거의 유기되다시피 방치되었던 극장이 정부의 주요관심 대상이 됨으로써 환도의 길도 찾을 수가 있었기 때문이다. 그가 뒷날의 한 회고에서 폐지론에 대항하여 국회에서 의원들 설득에 성공한 것은 연극에 평생을 바친 자신의 일생일대의 쾌거였다고 자신 있게 주장한 바 있다. 실제로 그가 대구 피난지에서 국립극장을 지킨 것이야말로 그의 연극 생애에서 가장 큰 업적 가운데 하나라고 말해도 무방하다고 본다. 결국 그의 열정과 고집으로 국립극장은 1957년 6월 대망의 환도를 성취했고, 명동의 시공관을 중앙국립극장으로 정하기에 이른 것이다. 그는 환도하자마자 전속단체 구성에 나섰고, 국립극단을 탄생시켰다. 그런데 그가 그렇게 갈망해서 만든 국립극단이 순조롭게 운영되지 못했다. 거기에는 유치진과의 경쟁의식도 어느 정도 작용했다고 말할 수 있는데, 그 이유는 주 구성원이라 할 구 신협 단원들의 속썩임도 한몫했다. 그러니까 신협 단원들의 들락거림이 국립극단이 제구실을 못하게 하는 요인이 되었다는 이야기다.

그와 관련하여 그는 한 회고의 글에서 "약화된 국립극단은 해산의 직전에까지 이르렀으나 문교부의 국립극장 운영위원회는 국립극단 강화책을 모색한 끝에 국립극장에 2개의 전속극단을 두되, 하나는 재건 신협을 그 명칭 그 진용을 그대로 받아들이고, 하나는 현재의 국립극단에 유능한 연기인을 포섭 강화하여 또 다른 이름의 전속극단을 민극으로 명명하였다. 대구시대에 특별회계에 얽매어 자체수입으로서는 도저히 전속극단을 둘 수 없음으로 유기적인 관계를 맺을 수 있는 방계의 극단을 가지려 하여 이원경 씨를 앞장세워 극단을 조직하게 하면서 극장명의로 빚을 얻어 창립비의 일부를 지원도 하고, 극장

---

9 위의 글, 1981~1982쪽.

    제4부 서구연극의 도입과 실험

내에 그 사무소를 두는 편의도 제공하여 그 창립공연을 서울의 시공관에서 메테를링크 작 〈파랑새〉로 가지게 하였던 극단의 이름이 민예였기에, 그와 비슷한 민극이라는 이름을 이 신생의 극단에 붙여서 이 극단의 출현을 나의 숙원의 실현으로 보고자 했던 것"[10]이라고 술회한 바 있는 것이다.

그만큼 그는 국립극장을 번듯하게 만들어놓으려는 집념이 강했었다. 그는 사실 극장 경영이 본업이라고 말할 수는 없을 것 같다. 그는 당초 연극운동 가로 나섰었고, 연극론 쓰는 것으로 시작하여 외국 희곡 번역, 연출, 그리고 악극대본을 쓰는 극작가로도 나선 것이었다. 그런 그가 피난지에서 극장장 을 맡아 '연극이 있게 하는 일'에만 수년간 매달리다가 당초의 본업이라 할 '연극을 하는 쪽'으로 방향을 돌린 것은 국립극장이 어느 정도 안정을 찾은 환도 후부터였다. 그렇다면 그의 본업이란 도대체 어떤 것일까. 그것은 두 말할 필요도 없이 독문학자로서 독일의 고전극을 번역해서 우리 무대에 올 리는 일이라고 말할 수 있지 않을까 싶다. 실제로 그는 그와 관련하여 다음 과 같이 술회한 바 있다.

비록 충분한 시간의 여유가 없어 창작에 손을 댈 수는 없다 하더라도 번역이 나 각색 또는 연출로 직접 연극 활동에 참여하는 일은 나로서 가능도 하거니와, 또한 하지 않으면 안 된다고도 생각하였던 것이다. 이러한 생각의 일환으로, 나 는 국립극장이 57년 6월에 환도한 이후, 국립극장이 서울에서 자리가 잡히는 대 로 나의 숙원인 〈파우스트〉의 한국 초연을 시도하는 것은 나에게 주어진, 혹은 나에게만 주어진 하나의 사명이라고 깊이 느꼈기 때문이었다. 나는 틈틈이 〈파 우스트〉의 한국에서의 무대화를 위한 번역에 손을 대어, 58년에 이르러 우선 제 1부를 탈고했다. 탈고는 하였으나 아직 상연에 옮길 여건이 성숙되지 못하여 그 냥 덮어두었다. 〈파우스트〉의 다음으로 내가 꼭 해보고 싶은 독일 작품은 실러 의 〈윌리암 텔〉인데, 이것을 상연하기에는 〈파우스트〉보다도 더 어려운 점이 있 지만, 언젠가는 상연가능의 기회가 오리라는 기대를 가지고 이 작품의 번역에

---

10 위의 글, 1988쪽.

손을 대었다.[11]

　이상에서 알 수 있는 것처럼 그의 진정한 꿈은 신극을 이 땅에 정착시킴과 아울러 자신의 전공이라 할 독문학, 그중에서도 독일의 고전극을 번역해서 우리 무대에서 멋지게 공연하는 것이었다. 그러나 식민지 시대의 한가운데를 가로지르면서 그의 뜻이 좀처럼 이루어지기 어려웠던 것이다. 특히 그가 젊은 시절 전혀 꿈도 꾸지 않았던 전쟁 중의 국립극장을 맡아 숱한 곤욕을 치르면서 명맥을 이어왔고, 명동에 어엿하게 자리를 잡게 되면서 당초 자신이 하고자 했던 독일 고전극 번역일에 신경을 쓰기 시작한 것이다. 모든 일에 있어서 대체로 완만한 성격의 그가 마음먹은 대로 일을 진행시키지 못했음은 두말할 나위 없는 것이었다. 그만큼 그의 작업속도가 빠르지 않았다는 이야기다.

　이러한 번역 작업과 아울러 그가 관심을 기울인 분야는 창극 정립이었다. 외국문학 전공자가 웬 창극 정립이냐고 의문을 제기하는 이도 없지 않을 것이다. 그러나 그가 창극에 관심을 갖게 된 동기가 있었다. 즉 그가 1957년 9월에 그는 도쿄에서 열린 국제 펜클럽대회에 참가했다가 한국문화를 보기 위해 내한한 북구 작가들의 이야기를 듣고서였다. 북구 작가들은 우리의 창극을 보고, 중국의 경극이나 일본의 가부키와 비교했고 지나치게 서구화된 것에 의아감을 표시한 것이었다. 그러니까 그들은 우리 창극이 개화기 이후에 만들어진 것을 모르고 경극이나 가부키처럼 전통극으로 착각한 것이었다.

　그러나 서구 작가들의 창극 평가는 서항석이 우리 것에 관심 갖도록 만든 것은 사실이었다. 더구나 유일의 국립극장장으로서 그가 무엇을 해야 할 것인가에 대한 숙고를 하게끔 유도한 꼴이 되었다. 그는 강한영, 김연수, 유치진, 박진 등 전문가들과 소위 국극정립위원회를 구성하여 창극을 다시 다듬는 작업을 한다. 가령 창극에서 반주악대를 옆에 내세우도록 한 것이라든가 도창(導

---

11 위의 글, 1989~1990쪽.

　　　　　제4부　서구연극의 도입과 실험

唱)이라는 것을 옆으로 뺀 것, 그리고 연출이라 하지 않고 도연이라 부르게 한 것 등이 바로 정립위원회가 한 일이었다. 이것도 그가 국립극장장으로 있으면서 해놓은 일 중의 하나라고 말할 수 있지 않을까 싶다.

이처럼 분주하게 일을 해온 그가 국립극장장을 떠난 것은 재임 8년 7개월 만인 1961년 9월이었고, 그것도 만 61세라는 공무원 정년에 따른 것이었다. 그가 최선을 다해서 국립극장을 꾸려왔지만 아쉬움이 많았다. 그는 퇴임 소감에서 "우선 집을 주고 또 연중무휴로 일할 수 있는 예산을 주어야 합니다. 좀 이상적인 이야기 같습니다만 연중무휴로 국립극장이 움직이려면 1년에 연극공연이 8회, 오페라공연이 8회, 국극과 발레공연이 4회씩 그리고 교향연주회가 한 달에 두 번씩 하면 됩니다. 나는 이러한 국립극장이 이루어지는 날 자리를 물러나려고 생각했었는데 도중에 물러나는 셈이 됐지요"(『대한일보』 1961.9.24)라고 술회한 바 있다.

그런 그가 정년과 관련하여 "오랜 방황의 끝에 보따리 하나 들고 내 집에 돌아온 나는, 다행히 뜰이 좀 넓어서 닭도 키우고 화초도 가꾸면서 한일월(閑日月)을 즐길 수 있었다"고 회상한 바 있다. 이때부터 그는 다시 번역일에 열정을 쏟을 수 있었고 필생의 작업이라 할 〈파우스트〉 번역도 쉽게 끝낼 수 있었다. 그리하여 〈파우스트〉가 드디어 1966년에 국립극장 무대에 최초로 올려지게 된다. 그때도 그는 집을 팔아서 제작비를 댈 만큼 연극에 모든 것을 던지는 모습을 보여줌으로써 많은 연극인들을 감동시켰었다.

그는 「파우스트와 나」라는 글에서 "독일 문학의 문에 들어선 사람은 누구나 인류의 대문자인 파우스트에 매료될 것이다. 나도 그중의 한 사람이었다. 연극예술에 관여하는 사람으로 희곡 〈파우스트〉의 무대화를 모색하는 것은 하나의 의욕적인 염원이라 할 수 있겠다. …(중략)… 나는 〈파우스트〉의 상연을 오래전부터 벼르고 있었다. 독일 문학을 전공한 나로서, 연극에 몸 바친 나로서 〈파우스트〉를 번역·상연하려는 숙원을 가지고 번역은 1958년에 해놓았고 1962년에는 파우스트의 연출자로 유명한 그륀트겐즈를 독일의 함부르크에서 찾아 연출에 관한 자료를 얻기도 하였으나 좀체로 실현의 기회는 오지 않다가 66년에 이르러 초연을 보게 된 것"(『전집』, 1210~1211쪽)이란 감회를 피력하기도 했다. 그의 〈파우스트〉 번역 연출은 한국 최초로서 문학사뿐만 아니라 연극사에 있어서도 빛나는 업적이 될 만한 것이었고, 독일 정부로부터 훈장까지 받는 영광을 누렸다. 그는 이러한 번역 연출 작업과 함께 서라벌예대 교수로 임명되어 후진 양성에도 힘을 기울였다.

이런 그는 어떤 연극관을 갖고 있었을까. 그는 사실 극연과 같은 연극운동은 그 당시로서는 어쩔 수 없는 최선의 선택이었지만 이상적인 연극 활동으로는 보지 않고 있었다. 왜냐하면 그것은 어디까지나 아마추어이기 때문에 본래 연극이 가야 하는 길에서는 멀다고 본 것이다. 이를 바꾸어 말하면 연극은 대중과 함께 호흡하는 전문성을 띠어야 하고 전문업종으로 나아가야 한다고 본 것이다. 그러니까 연극운동은 소수 연구단체가 맡아서 하면 되는 것이고 대부분의 극단은 직업단체로 나아가야 한다는 것이 그의 연극 소신이었다.

그리고 그는 제대로 공부한 전문가답게 대단히 원칙주의자였고 동시에 정통리얼리스트였다고 말할 수 있다. 가령 예술의 두 가지 기능이라 할 교화적 기능과 오락적 기능 중 그는 전자에 무게를 두는 편이었다. 그는 일찍이 한 신문과의 인터뷰에서 80년대의 혼란스런 연극계와 관련하여 "요사이 연극이 다소 변칙적으로 나가는 게 아닌가 싶습니다. 실험은 필요하지만 실험 작업을 실험으로 생각지 않고 정통으로 여긴다는 데 대해서는 의견이 다릅니다. 연극은 어디까지나 아카데믹하고 오서독스해야 합니다. 이러한 기본요소를 저버리면 연극이라고 할 수 없습니다. 요사이 기승전결의 구성없이 장면 장면을 늘어놓는가 하면 브레히트와 서사방식이라고 해서 클라이맥스 없이 관객이 공감할 때쯤 되면 줄거리 전개가 그쳐버리는 연극이 많습니다. 하지만 나는 연극이란 어디까지나 드라마로서의 구성을 갖춰야 한다고 봅니다. 요즘 연극은 드라마냐 놀이냐 할 때 놀이로 가고 있습니다."라고 말하면서 "마당극도 극입니까? 놀이지, 민속극을 개발해서 수단으로 쓸 수는 있지만 놀이와 연극은

　　　　　　　　제4부　서구연극의 도입과 실험

구분해야 합니다."라고 했다.

그러면서 그는 "인생과 떠나 있는 연극은 없습니다. 연극은 사회에서 옳게 전개되지 못하는 부분을 옳게 전개시키고 경고도 할 수 있어야 합니다. 연극이 민중의 중추가 되는 까닭이 여기에 있습니다."라고 설명했다. 그는 여기에 그치지 않고 한 발 더 나아가 "고루하다고 생각할지 모르지만 연극 속에는 인생을 풍부하고 아름답게 하는 교훈이 들어 있다는 게 연극에 대한 내 소신"(『한국경제신문』 1984.10.14)이라고 분명하게 밝힌 바 있다.

이러한 그의 주장을 요약해보면 연극은 학구적이고 정통적이어야 한다는 것, 희곡구조는 프라이타크가 주장한 바와 같이 기승전결이 분명해야 한다는 것, 연극은 놀이성보다는 예술성이 중요하다는 것, 연극은 인생을 탐구해야 하고 민중교화의 수단이 되어야 한다는 것 등으로 설명될 수 있을 것 같다. 따라서 그는 7, 80년대에 풍미했던 마당극을 연극으로 보지 않았고, 하나의 표현수단으로 인식했다. 이처럼 그는 가장 보편적인 미학, 즉 순수미학에 토대를 둔 연극관을 지니고 있었다. 그렇기 때문에 하다못해 브레히트의 서사극까지도 회의적인 눈으로 바라보았다. 그러나 한 가지 분명한 것은 그가 어느 정도 연극의 사회참여를 인정하고는 있었다. 그렇지만 그의 사회참여는 브레히트나 사회주의적 사실주의의 사회개혁사상과는 동떨어진 것이다.

그는 그와 관련하여 "내 생각에는 관객확보라는 측면과 아울러 또 한 가지 연극의 사회참여라는 면을 생각할 때 연극인들 모두가 근로자들에게 눈을 돌려야 한다고 봅니다. 더욱이 요사이는 기업인들도 안목이 넓어졌으니 이러한 기회에 기업인들로 하여금 하나의 생활필수품이 될 수 있다는 것을 알려줘야 한다고 생각합니다. 근로자에게 정서면에서 생활필수품이 될 수 있는 연극을 만든 다음 기업인들의 상재(商才)를 통해 널리 팔 수 있도록 한다면 연극계와 기업 양쪽에 모두 도움이 되지 않겠는가 하는 것이지요."라고 말했다.

여기서 확인할 수 있는 것은 그의 사회참여는 마르크시스트들이 많이 주창하는 사회변혁 같은 것을 뜻하는 것이 아니고 일종의 관객확대를 의미하고 그대상을 젊은 대학생층이 아닌 근로대중을 상대로 해야 한다는 것이다. 그것도 딱딱한 일을 하고 있는 근로자들에게 정서순화용 또는 마음의 양식으로서 연극을 보여주어야 한다는 것이고, 기업에서도 그 가치를 인식하여 문화예술도 키우고 근로자들에게도 즐거움을 주는 일을 할 때가 되었다고 본 것이다. 그의 이런 생각은 대단히 정확한 것으로서 당시에는 주목을 받지 못했지만 최근에는 기업들마다 다투어서 하나의 복지정책의 차원에서 시행하고 있다는 점에서 그의 선견지명이 놀랍다고 하겠다. 그뿐만 아니라 연극도 이제는 직업화되어 마치 기업인이 좋은 상품을 만들어 팔듯이 해야 한다고 본 점에서 그의 선진적인 연극관을 엿볼 수가 있다.

특히 그가 연극인들도 기업인들처럼 상재(商才)를 배워야 한다고 한 것은 일종의 예술경영을 의미한다고 볼 때, 그의 놀라운 안목을 발견할 수가 있다. 그는 또 한 신문과의 인터뷰에서 과거 극연을 만들 때는 연극운동이 필요한 시기였지만 현대는 그것만 가지고는 안 된다면서 "요새는 흥행극이나 신파극이 없어졌는데 반드시 그런 것만을 하라는 것이 아니라 모든 연극단체가 연극운동만을 하고 있을 것까지는 없습니다. 그런 점에서 그들은 관중을 무시하고 있다고 봐요. 관중이 무엇을 바라고 있으며 그들에게 무엇을 줄 것인가를 생각해야죠. 연극운동의 연장으로 일종의 독선적 연극을 하기 때문에 관중이 안 옵니다. 또 오늘날의 관중이라는 것이 무얼 하는 사람들인가를 연구해야죠. 산업사회에서의 관중이라는 것은 근로대중이 대부분이라는 것을 알아야 합니다"(『경향신문』 1984.1.18)라고 분명히 밝힌 바 있다.

그런데 여기서 특히 주목을 끄는 부분은 그가 산업사회의 근로대중을 지적한 점이다. 그는 사실 농경사회 세대이다. 그럼에도 불구하고 산업사회로 접어든 우리 사회를 정확하게 진단하고 사회의 주 구성원이라 할 노동자들을 의식하고 있었다는 점이라 하겠다. 현대는 교원과 공무원까지 노동자라고 정의하고 있는 만큼 관객의 범위가 대단히 광범위하다고 말할 수 있다. 그는 바로 그 점을 간파하고 그들을 끌어들일 수 있는 연극을 할 때, 비로소 연극은 자립

할 수 있고 그것이 전문화의 길이라 했다. 그렇지 않고 소수 대학생들을 상대로 운동 차원에서 하는 연극은 이미 시대착오적인 것으로서 아마추어리즘을 벗어날 수 없다고 본 것이다. 그는 그런 연극은 관객을 무시하는 것이라고까지 폄하한 것이다.

그러면서도 그는 분명히 정통극을 고수하고 있었다. 가령 그가 연극을 오락보다는 교화의 기능으로 보고 극장을 인생의 '교단(敎壇)'이라면서 "그러니까 우리들도 우리들의 극장을 하나의 교단으로 생각해야 해요. 거기서 하는 연극이 오늘날의 대중들의 삶에 활력을 주고 지혜를 주어서 연극이 그들의 정신이나 정서를 높이는 생활필수품이 되도록 해야 한다"고 했다. 따라서 연극의 전문화나 직업화라는 것도 바로 그런 연극을 충실히 하는 것이라면서 모든 연극인은 프로가 되어야 한다고 주장한 것이다. 그런 그였지만 세계 현대극의 주류를 이루고 있는 뮤지컬에 대해서만은 낮은 점수를 주었다. 그가 1980년대에 인기를 모았던 〈아가씨와 건달들〉을 본 소감과 관련하여 "뮤지컬이라는 것이 노래와 춤을 섞어서 보기는 좋으나 주제가 흐려지는 것이 아닌가 싶어요. 심심풀이로는 괜찮겠으나 절실한 공감이 없는 것이 아쉽습니다. 하긴 나도 이럭저럭 연극으로 평생을 보내오는 사이 근대극이 언어에만 매달리는 것이 불만일 때도 있었습니다. 노래나 춤을 섞는다고 나쁠 것이 없다는 생각이었어요. 하나 막상 보고 나서 또 불만이더라 이겁니다. 연극은 흡사 야구구경과 같은 것입니다. 야구에서 전체 관중의 시선이 공 하나에 쏠리듯 무대도 중심이 있어야 합니다. 뮤지컬에서는 그것이 산만합니다"라고 했다.

이처럼 그는 정통리얼리스트였다. 이런 관점 때문에 그는 소위 포스트모던 시대의 연극 행위를 부정적으로 보았음은 두말할 나위 없는 것이다. 예를 들어서 마당극 같은 것을 연극으로 보지 않았으며 뮤지컬마저 제대로 된 연극이 아닌 심심풀이 정도로 폄하한 것이다. 이런 관점은 그대로 배우관(俳優觀)으로 연결된다. 그는 배우란 무엇인가라는 질문에 대하여 "어느 줄거리를 형상화하여, 거기 들어맞는 성격으로 변신하는 것 아닐까요, 하나의 인간으로 변신한다는 얘기"라면서 "배우는 일단 작가가 설계해놓은 인생에 충실해야겠지요. 또 연극이 놀이의 성격도 지니고 있는 거니까 관중을 즐겁게 해주어야겠다는 생각도 있어야겠지요. 하나 연극이 반드시 관중을 즐겁게 해주어야만 하는 것인가에 대해서는 이론이 있을 수 있습니다. 연극은 연극대로 바람직한, 그리고 보람 있는 인생을 보여주어야 하고 배우는 그것을 재현하도록 노력해야 합니다"(『한국경제신문』 1984.10.14)라고 분명하게 말한 바 있다.

이러한 그의 배우관에서도 리얼리즘 연극관이 그대로 나타나 있다. 즉 배우술을 하나의 변신술로 보았다든가 배우는 어디까지나 극작가가 창조해놓은 캐릭터를 충실하게 구현하는 것으로 끝나야 한다고 본 것 등이 모두 정통주의자의 견해라고 말할 수가 있다. 그런 그가 악극대본을 쓴 것은 의외지만 앞에서 누누이 설명한 바 있듯이 그것은 어디까지나 특수한 상황 속에서 일어난 하나의 사건이라고도 볼 수가 있다. 그리고 그는 연극에 가무가 삽입되는 것을 근본적으로 부정하지는 않았다. 그뿐만 아니라 그가 비록 악극대본을 썼지만 그것을 정극 쓰듯 한 것이 특징이다. 그러니까 그는 악극대본을 정통희곡의 기승전결이라는 공식에 맞춰서 썼다는 이야기다. 그가 쓴 희곡론도 보면 거의가 프라이타크에 바탕을 두고 허드슨이라든가 브래들리 등 고전적인 연극이론가들의 저술에 전적으로 의존하고 있음을 알 수가 있다. 그것은 또한 그의 연극이론에서도 확인된다.

그의 연극론을 면밀히 살펴보면 아리스토텔레스의 『시학』에 의존하면서 벤 존슨이나 현대극이론을 탐구해온 에릭 벤트리까지 포함시켜서 논의를 전개하고 있다. 그런데 주목되는 점은 그가 리얼리스트임에는 이론의 여지가 없음에도 불구하고 스타니슬라프스키에는 많은 관심을 갖지 않았던 것 같다는 사실이다. 왜냐하면 그의 연극론 속에는 주로 아리스토텔레스로부터 레싱, 프라이타크 심지어 에릭 벤트리까지 섭렵했음에도 스타니슬라프스키에는 인색함을 나타내주기 때문이다. 이는 아마도 그가 일본 유학 중에 다른 유학생들과는 달리 쓰키지소극장에 별로 드나들지 않았던 데 따른 것

　　　　　　　제4부　서구연극의 도입과 실험

이 아닌가 싶다.

　실제로 그는 들어가기 어려운 도쿄제대에 다니면서 공부에 쫓길 수밖에 없었을 것이고, 적어도 대학 시절에는 장차 연극운동가로 나선다는 확고한 생각을 했다고 보기 어렵기 때문에 연극에 관심을 가졌던 유학생들과는 달리 쓰키지소극장에 별 관심이 없었던 것 같다. 그는 연극인들중에서 글을 많이 남긴 인물이지만 쓰키지소극장에 대한 글이 별로 없는데, 이것이야말로 유학 시절 연극에 특별한 관심을 갖지 않은 증거이고, 그가 연출을 맡았을 때 별 재능을 보여주지 못한 원인도 되지 않았나 싶다. 그는 평생 여러 편의 작품을 연출했지만 연극인들에게는 말할 것도 없고 관중에게도 크게 주목을 받지 못했었다. 연출도 하나의 창조행위인 만큼 선천적 소질을 타고나야 한다. 그러나 그는 타고난 수재로서 역시 뛰어난 암기력에 따른 학자형이기 때문에 예술가로서의 창조적 재능은 부족했던 것이 아닌가 싶다.

　따라서 그는 예술작품보다는 학구적인 글을 많이 남겼고, 그것도 정통적인 연극인의 입장에서 쓴 것이 특징이다. 그의 많은 글 중에 연극사에 어느 정도 남을 만한 것은 아무래도 그의 주전공이라 할 독일 희곡에 관한 것과 신극사 일부를 실증적으로 기록한『한국연극사 제2기』로 보아야 할 것 같다. 우선 그의 독문학에 관한 글은 1934년 2월에 오스트리아 작가 헤르만 바르에 관한 소개로부터 시작된다.[12] 그것은 물론 최초의 소개였음은 두말할 나위 없는 것이다. 이런 그에 대해서 이유영은 "김진섭과 더불어 1930년대에 독일 문학을 정확하게 이입한 전신자로서 평가해야 될 것"[13]이라고 규정한 바 있다. 그가 그렇게 평가한 데는 여러 편의 중요한 독문학 관련 글에 따른 것이었다. 가령 그의 도쿄대학 졸업논문 「실러의 〈빌헬름 텔〉의 구성에 대하여」(1928)를 시작으로 하여 독문학 관련 논문을 여러 편 쓴 것이다. 그런데 그는 전술한 바 있듯

12　서항석, 「오지리의 일체감수자 헤르만 바르의 추억—비평가·창작가로서의 그의 편모」,『동아일보』 1934.2.22.~23.
13　이유영,『한독문학비교연구』, 서강대학교 출판부, 1983, 55쪽.

이 독일 문학과 함께 오스트리아 문학까지 넓게 소개한 것이 특징이다. 그는 주로 독일어권 희곡에 관해서 소개하고 또 분석적인 글을 썼지만 희곡과 시도 적지 않게 번역하였다. 그러나 역시 그의 독문학 관련 대표적 논문은 표현주의론과 신즉물주의론이라고 볼 수 있다.

주지하다시피 표현주의는 20세기의 현대문예사조이다. 일찍이 현철(玄哲)이 1920년대 초에 일본에 소개된 표현주의를 조금 언급했었고, 김우진(金祐鎭)이 영향을 받아서 작품을 쓰기도 했지만 본격적인 소개는 역시 서항석에 의해서였다. 즉 그는 1933년 가을에 잡지『학등(學燈)』에 1년여에 걸쳐서「표현주의 문학연구」라는 장문의 본격논문을 연재한 바 있다. 이 논문이 본격적인 것이었기 때문에 표현주의 개념에서부터 그 배경, 본질, 작가들의 성향, 그리고 그 한계 등에 이르기까지 대단히 광범위한 내용이다. 그 핵심적인 내용의 일부를 소개하면 다음과 같다.

표현주의는 열병이었다. 그러므로 그들의 예술은 자아의 혼몽중(昏夢中)에서 부르짖은 주관의 독백이었다. 이리하여 표현주의의 예술은 일반이 난해한 것이 특징이요 동시에 이것이 중대한 결점이었다. 표현파는 그 자신이 이러한 결점을 인정하였는지 그 극성하던 당시에 있어서도 상연극에 상밀한 해설을 부하여 관중의 이해를 도우려 한 일까지 있다. 사회와 민중이 표현파적 분위기 속에 있던 그 당시에 있어서도 오히려 이러하였거든 하물며 이제 사태와 기분이 전연 달라진 지금에야 그들의 예술이 오인의 이해의 권 외에 놓이게 된 것이 당연한 일이 아니랴. 표현파의 예술이 이같이 난해한 것은 그들이 내용에 있어서 즐겨 신비적 명상과 몽환과 상징과 알레고리를 취급하였거니와, 표현에 있어서도 문장과 어법을 대담하게 무시하여 내용과 형식에 있어서 다 같이 자연과 습관에서 멀어지려고 의식적으로 노력한 까닭이다. 그러므로 표현파의 특징은 그것이 표현파의 장점인 동시에 또한 그의 결점이었던 것이다.[14]

---

14 서항석,「표현주의 문학 연구 (4)」,『학등』제1권 1호, 1933.10.

여기서 그의 논문 일부를 길게 소개한 것은 그가 표현주의 본질을 꿰뚫고 그 한계까지를 간파하고 있었음을 보여주기 위함이다. 그러니까 그는 선배 연극인이나 독문학자들과는 달리 표현주의에 심취하거나 매료되지 않고 매우 객관적으로 그 본질을 분석해서 알려주는 것으로 그치지 않고, 그 한계와 함께 문제점까지를 정확하게 알려주고 있는 것이다. 바로 그 점이 그의 우수한 점이라 말할 수 있는 것이다. 바꾸어 말하면 그의 선배 연극인들이나 문인들은 표현주의야말로 현대 최고의 문예사조로서 그것을 따라야 한다고 주장한 반면에 그는 표현주의의 본질을 정확하게 파악하고 그 한계점을 간파한 점에서 상당한 거리가 있다는 이야기다. 그리고 독일의 표현파 작가들, 이를테면 그 비조라 할 뷰흐너로부터 베데킨트, 도이블러, 하임, 베르펠, 슈테른하임, 하젠클레버, 게오르그 카이저 등등 다양한 작가들도 소개한 것이다. 앞에서도 조금 언급했지만 그는 표현주의에 대해서 대단히 부정적이었다. 그 점은 이 논문을 쓰기 이전인 1929년 말에 발표한 「최근의 독오(獨墺)문단」이란 글에 잘 나타나 있다.

여기서 그는 표현주의와 관련하여 "표현파는 시보다도 소설보다도 희곡에 있어 찬란한 성적을 보였다. 그러나 그것도 한때였다. 그들의 희곡에 일관된 것은 일체의 내적인 것이 전율하면서 형자를 나타내는 자아의 폭로와 시대의식 사회의식에 관련을 가진 치열한 관념의 싸움이다. 그러나 따져보면 그것도 결국 전시와 그 직후의 요란한 정치상태와 궁박한 사회생활의 영향이 주요한 원인이었음을 볼 수 있는 것이다. 이제 전쟁과 혁명을 지난 지 10여 년이다. 10년이면 시대는 벌써 딴 세대의 차지가 되고 마는 것"[15]이라면서 독일 문학이 표현파의 주관적 도취에서 멀리 떠나 새로운 객관성의 인식에 도달하여 이른바 신즉물주의가 문단을 통할하고 있다고 설파했다.

솔직히 당시 우리 문단에서는 표현주의조차 생소한 마당에 그는 이미 표현

---

15 서항석, 「최근의 독오문단」, 『신생』 제15호, 1929.12.

주의를 지나서 거의 처음 들어보는 신즉물주의를 소개하고 그 가능성까지를 짚을 정도로 앞서간 것이다. 그는 신즉물주의의 개념을 설명하는 가운데 표현파는 지나치게 정신에 치중한 나머지 추상세계로 빠져들었다면서 "육체로부터 전연 유리한 정신이란 것은 결국 유령이다. 물질만으로 실재가 성립되지 못하는 것과 마찬가지로 정신만으로도 실재는 성립되지 못한다. 정신과 물질이 불가분리의 상태로 융합 교류하여야만 실재의 단위라 할 것이다. 심령적 불가사의를 행하는 현실적 육체 물질에 기적을 일으키는 정신 이 두 가지가 상즉불리하는 이상야릇한 현실, 이 새로운 현실을 포착하려는 것이 신즉물주의"[16]라고 설명하면서 그는 그 특징으로서 ① 체험을 존중한다, ② 기계미(機械美)를 고창한다, ③ 일체의 전통과 신앙과 철학과 이상을 배척한다. 그들에게 남는 것은 당면한 현실생활뿐이다, ④ 기교에는 영화의 영향이 많다 등이라 했다. 물론 그는 이러한 신즉물주의가 제대로 된 작품을 많이 내놓지 못함으로써 하나의 문예사조로서 확고한 뿌리를 내리지는 못했다고 설명했다. 그런데 여기서 느껴지는 것은 그의 탁월한 독일 문학 분석이고 그것을 통한 예견력이라고 하겠다. 적어도 그 당시 그만큼 예리하게 독일 문단을 투시하고 있었던 문인은 없었다. 바로 그 점에서 그는 연극운동가가 되기 이전에 선구적 독문학자였다고 말할 수가 있는 것이다. 그는 이러한 독문학 관련 논문 외에도 연극평도 적잖게 썼다. 그러나 그것은 그 시대 인텔리 연극인들이 많이 했던 것인 만큼 논외로 하겠다.

전술한 바 있는 것처럼 그는 국립극장장을 떠나고 〈파우스트〉를 번역 연출한 뒤로는 연극 현장에서 거의 떠나 있었다고 해도 과언이 아니다. 그러니까 교수로서 후진 양성과 글쓰기로 인생의 후반을 장식한 것이다. 이 시기의 주요업적으로서는 학술적인 글, 이를테면 「연극사조사」를 비롯하여 「서양연극사」, 「독일희곡개관」, 「근대독일희곡개관」 등과 1930년부터 해방 때까지 15년

---

16 위의 글.

동안을 정리한『한국연극사 제2기』를 꼽을 수 있겠다. 이들 중「연극사조사」는 그리스 시대부터 영국 왕정복고 시기까지의 연극관을 중심으로 서술한 것이기 때문에 사조하고는 조금 거리가 있다는 생각이다. 특히 그가 고전주의자답게 아리스토텔레스의『시학』을 토대로 플라톤의 예술부정론을 비판하고 있고 셰익스피어의 배우연기의 자연성에 주목한 것이 돋보인다.

이 글은 그가 서양의 여러 서책을 섭렵하고 자기 나름대로 분석해서 설명한 것인 만큼 서양 학자들이 흔히 베껴내는 방식을 크게 벗어나고 있다고 하겠다. 그러나 그보다 더욱 주목되는 것은 그가 거의 유일하게 서양의 연극발달을 설명하는 과정에서 연극관에 중점을 두고 그 진전 과정을 기술한 점이라 하겠다. 그것에 이은「서양연극사」도 역시 아리스토텔레스의『시학』에 많이 의존함으로써 그가 얼마나 이 고전에 심취해 있었는가를 잘 보여주고 있다. 이 글도 앞서 쓴 글처럼 매듭을 짓지 못하고 문예부흥기까지로 끝내고 있으며 주로 희곡에 주안점을 두고 쓴 것이 특징이다.

그리고「독일희곡개관」과「근대독일희곡개관」, 두 글은 그의 전공이어서 상당히 높은 수준을 유지하고 있다. 독일 희곡의 발생 과정에서부터 괴테의 희곡까지를 집중 분석한 것이 전자라면 후자는 19세기 후반 리얼리즘 희곡과 자연주의 희곡을 분석한 것이다. 그것도 단순히 개괄적인 것이 아니고 대표적인 극작가들의 작품 분석을 통한 것이어서 대단히 학구적이라고 하겠다. 예를 들어서 그라베로부터 시작하여 리얼리즘의 완성자라는 햅벨, 그리고 희곡 이론가로도 유명한 프라이타크까지를 사실주의 극작가로 설명했고, 자연주의 극작가로는 홀츠로부터 하웁트만까지를 집중 분석했다. 이처럼 그는 연극운동가답지 않게 대단히 학구적인 자세로 여러 가지 논문을 발표했는데, 한 가지 공통점이라고 한다면 그 어떤 논문도 완결한 것이 없다는 사실이다. 이는 아무래도 그의 느긋한 성품과도 무관하지 않을 듯싶다.

그는 독문학자답게 독일 문예와 관련된 글을 많이 썼지만 신극운동을 주도하면서 겪은 체험을 바탕으로 하여 신극사의 일부를 정리한 것도 업적 중의 하나라고 볼 수가 있다. 문교부의 학술연구조성금의 지원에 의해서 집필된 이 연구의 배경과 관련하여 그는 머리말에서 "대한민국 예술원 연예분과회는 엄정한 한국 연극사의 편찬이 시기적으로 요청됨을 절실히 느꼈었다. 첫째는 근래에 산견되는 진지한 학도들의 한국 연극사에 관한 연구와 논저에 부분적으로 소루(疏漏), 오류, 왜곡 등의 하자가 없지 않아서 이의 보충, 수정, 시정이 필요하다고 생각하였었고, 둘째는 한국 신연극의 초창기 이래 직접 연극에 종사하여 신연극의 소장과 희비를 같이하여온 극계 노장급이 거의 망라되어 있는 연예분과회가 한국 신연극 변천사의 '산 증인'으로서 그 체험과 목격의 기록을 남겨야 하겠다고 생각"해서 썼다는 『한국연극사 제2기』는 1931년부터 1945년 8월까지를 정리한 것이다.

그런데 그 내용을 부감해보면 박노춘이나 이두현이 정리한 신극사의 틀을 크게 벗어나지 않았고, 다만 그가 주도해서 조직한 극예술연구회에 관해서만은 대단히 소상하게 서술한 것이 큰 차이점이라고 말할 수가 있다. 6장 17절로 세분화해서 쓴 이 책은 실증적이고 역사주의에 입각한 것으로서 역사책이라기보다는 하나의 정확한 기록물이라는 것이 온당한 평가이리라, 왜냐하면 그가 이 시기의 극단들의 공연 활동을 연대기식으로 자세하게 기록해놓았기 때문이다. 바꾸어 말하면 그가 자신의 주관적 해석이나 평가를 전혀 배제한 채 현상만을 그대로 기록해놓았다는 이야기이다. 따라서 이 책의 의미는 부록으로 붙어 있는 '연극일지'라고 볼 수 있다. 솔직히 그때까지 15년 동안의 극단 활동을 그처럼 자세하게 기록한 경우가 없었던 것이다. 이처럼 그는 연극운동가였지만 창작 쪽보다는 이론 쪽에 기울어서 평생의 활동을 펼쳤던 것이다.

그는 예술원 원로회원으로서 신극사 정리를 끝으로 거의 글을 쓰지 않고 학자답게 노후를 조용히 보냈다. 그는 평생의 좌우명과 가훈으로서 '병이 없도록, 부끄럼이 없도록, 후회 없도록'으로 정한 바 있는데 거기서 크게 벗어난 경우를 찾아보기 어려울 정도로 건강하게 많은 일을 했다. 학자답게 항상 진리

　　　　　　　　　　　　　　제4부　서구연극의 도입과 실험

탐구에 목말라했던 그는 만년에 쓴 「여생」이란 에세이에서 "사람은 비록 늙었다 할지라도 죽는 그날까지 희구를 버릴 수는 없는가 보다. 파우스트를 완성한 지 8개월 만인 이듬해 3월 22일에 대수롭지 않은 감기로 타계한 괴테도 '좀 더 빛을!' 하는 말을 최후로 남겼지 않았는가? 공자도 '내게 몇 해만 더 살게 한다면 주역 공부를 하겠노라'고 하였는데 이것은 공자가 주역을 몰라서 하는 말이 아니라 무궁무진한 주역의 오묘한 이치를 좀 더 깨우쳐보겠다는 욕망에서 한 말이리라. 내게도 이러한 값진 여생이 있어지이다고 비는 마음 간절하다. 어떻게 생각하면 이것은 나의 방황이요 안간힘인지도 모르겠다. 과거는 길고 미래는 짧은 시점에 서서 느닷없이 중얼대는 한 노년의 섬어(譫語)에도 그저 듣고만 넘길 수 없는 무엇이 있다면 잠깐 차분히 귀를 기울여도 좋지 않겠는가?"[17]라고 씀으로써 삶에 상당한 의욕을 나타냈었다.

그런 그였지만 1985년 9월, 85세를 일기로 세상을 떠났다. 그가 타계하자 중앙고보의 몇 안 남은 동기생이었던 국어학자 이희승은 영전에 부치는 글에서 "형이 우리나라 신극계에 끼친 공적이 많고 크기 때문에 형은 우리나라 '신극의 상징'이란 평을 듣고 있소. 실로 형은 일평생 연극을 위하여 살았고, 연극과 더불어 살았고, 연극 속에 그 큰 포부를 다져왔던 것이오. 이만하면 누구도 자신의 생에 대하여 흐뭇한 감을 느끼지 않을 수 없을 것이오"[18]라고 상찬의 애도를 한 바 있다.

일찍이 함경도의 넉넉한 집에서 태어나 부족함 없이 성장하여 최고의 교육을 받고 각광받는 언론인으로서 승승장구하다가 연극운동에 뛰어들어 우여곡절의 삶을 살아야 했던 그는 우리나라 신극의 기틀을 다지는 데 적잖은 기여를 했다. 그중에서도 극예술연구회를 통한 정통신극의 법통을 만들고 혼란기에 국립극장의 지킴이로서 전후의 현대극 정립의 한 기둥 역할을 해냈으며,

---

17 서항석, 「여생」, 『월간중앙』 1972.3.
18 이희승, 「'신극의 상징' 경안 서항석 형 영전에」, 『동아일보』 1985.10.1.

독일 연극을 중심으로 한 서구 연극이론 소개 역시 그의 커다란 공로라 하겠다. 그 역시 동료 유치진처럼 전천후 연극인으로서 앞으로 그런 연극인을 만나기가 쉽지 않을 것 같다.

번역으로 연극운동에 앞장선 시인
박용철

시인 용아(龍兒) 박용철(朴龍喆)은 짧은 시력(詩歷)에도 불구하고 한국 현대시사에서 독특한 자리를 차지하며 현대시의 발전에 기여했다. 그런데 그가 시인으로서뿐만 아니라 연극인으로서도 근대연극사에서 중요한 자리를 차지하고 있다는 것은 연구자와 측근 몇 사람밖에는 알지 못하는 일이다. 물론 일제강점기 때는 적잖은 문사들이 민족운동의 일환으로서 또는 호사 취미로 연극분야에 발을 들여놓거나 뒷받침해준 경우가 있었고, 몇몇 작가들은 시나 소설 외에 희곡을 몇 편씩 발표한 바 없지 않다. 그것은 이광수로부터 시작되어 홍노작, 김동환, 채만식, 이무영, 모윤숙 등으로 이어진 하나의 특이한 전통이 되기도 했었다. 바로 그 점에서 박용철도 그러한 문사그룹에 포함시킨다면 가볍게 취급하고 지나칠 수도 있을 것이다.

그러나 적어도 박용철에 관한 한 그의 문예 활동사에 있어서 연극 활동이 시활동에 못지않을 만큼 심신을 쏟아부었다는 점에서 가볍게 간과하기 힘들다고 본다. 바꾸어 말하면 그는 시활동과 연극운동을 병행하면서 시작과 끝도 함께 한 예술가였다. 그의 연보를 대충 훑어보더라도 시의 습작은 일찍부터 했을 것이지만 공식적으로 데뷔한 것은 희곡을 쓰고서였다. 즉 그는 잠시 재학했던 연희전문학교 교지인 『연희(延禧)』에 1924년 5월에 단막희곡 〈해피나라〉를 발표한 데 이어 다음해에도 연달아서 학교의 공연극본을 써주는 등 극작가로서의 활동을 먼저 했다. 그와 절친했던 문우 김영랑도 「인간 박용철」(『조광』 1939)이라는 회고의 글에서 "딱한 가정 사정으로 외어(外語)는 고만두고 서울 와서 연전문과에 적을 두고 1년간이나 지내는 동안 그의 문학도 본격적으로 들어갔을 때였다. 소설을 쓰고 희곡을 쓰고 소품을 해보고 하였다"고 쓴 바 있다. 그처럼 그는 연희전문학교에 입학하면서부터 희곡을 썼음을 알 수 있다. 그 후 그는 현대연극사상 가장 대표적인 지식인 연극단체인 극예술연구회 동인으로 적극 참여하면서 자금을 대고 공연 극본을 번역해주고 배우로서도 무대에 선 바도 있다. 그는 거기에 그치지 않고 연극평을 쓰는가 하면 연극사상 최초의 전문 기관지 발간에 헌신했다.

이처럼 그는 연극의 어느 한 분야에 관여한 것이 아니고 극작, 번역, 비평, 잡지운동, 배우, 그리고 경영 등에 이르기까지 대단히 광범위하게 활동했다는 점에서 연극사에서 초기의 유치진과 비슷한 경우였다. 다만 그 활동 기간이 유치진보다는 짧았다는 점이 다를 뿐이다. 그럼에도 불구하고 한국연극사 서술 과정에서 그는 언제나 소외되고 치지도외되어온 것이 사실이다. 그 이유는 두 가지에 연유하는 것이 아닌가 싶다. 그 한 가지는 그가 너무 시인 또는 시운동가로서만 부각됨으로써 연극인으로서의 이미지가 약화 내지 퇴색된 점이고, 다른 한 가지는 연극 활동 기간이 짧았던 데다가 극작, 번역, 비평 등 너무 여러 분야에 걸쳐서 활동하느라고 한 분야에서 두각을 나타내지 못한 때문이 아닐까 싶다. 그가 특히 극예술연구회가 전성기에 있을 때 발병했기 때문에 적극적 활동을 못 한 데다가 외향적 성격이 못 되어서 극단의 막후에서 주로 역할을 한 것도 그가 연극인으로 크게 부각되지 않은 요인으로 작용했다고 보아야 할 것이다.

따라서 그의 연극 활동에 대한 천착은 두 가지의 큰 의미를 지닌다. 그 첫째는 그가 일생 동안 펼친 문예운동에 있어서 그동안 시인으로서의 측면, 즉 반쪽 연구만 해온 셈이 되므로, 그의 연극 활동 규명은 또 다른 반쪽을 보완하는 것이 되기 때문에 온전한 박용철을 비로소 찾아내는 것이 된다고 하겠다. 두 번째로 그의 연극 활동 규명은 극예술연구회 시대를 전후한 지식인 연극의 실상을 온전하게 부각하는 것이 되므로 한국 현대연극사의 한 부분을 보완하는 것도 되고 더 나아가 연극사를 풍요롭게 하는 작업이기도 하다. 다만 문제는 주요 작품의 일실(逸失)이다.

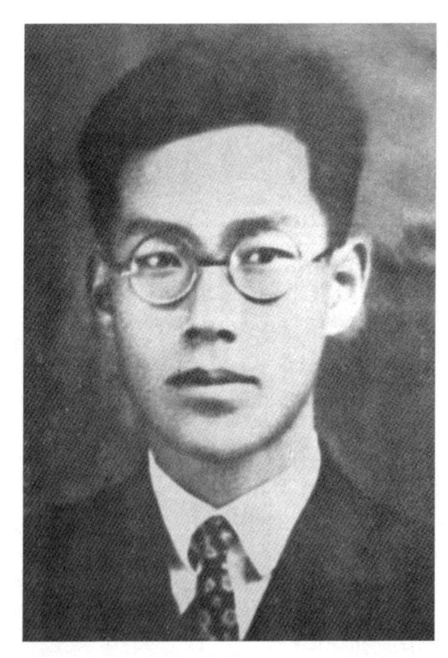

박용철

그가 극작가로서 4편의 희곡을 발표한 바 있지만 현존하는 작품은 단 두 편 〈사랑의 기적〉과 〈석양〉뿐이다. 그리고 나머지 2편 중 1편은 학교연극으로 무대에 올려진 뒤 일실되었고, 1편은 옛 잡지에 게재되어 있으나 그 잡지의 행방을 찾을 길이 없다. 그렇기 때문에 그의 극작가로서의 세계는 반쪽 면만 밝힐 수밖에 없는 처지에 놓여 있다. 다만 그가 쓴 희곡들은 대체로 1924년부터 10여 년간에 걸쳐서 쓴 작품들이라는 점에서 그의 예술철학이나 극작법보다는 감성, 더 나아가 시대정신 같은 것은 어느 정도 엿볼 수 있지 않을까 싶다. 1924년부터라면 그의 나이 겨우 스무 살 때이므로 희곡을 쓰기에는 조금 이른 감도 없지 않다. 따라서 그의 희곡 중 장막희곡 〈석양〉과 〈사랑의 기적〉 두 편으로나마 박용철 창작극 세계를 들여다 볼 수밖에 없을 것 같다.

박용철과 연극을 연결시킬 때, 가장 궁금한 부분이 그의 연극 입문 배경이다. 그처럼 탁월한 시 활동을 벌였던 그가 어떻게 해서 연극에 관심을 갖게 되었으며, 또 어떤 경로로 연극계와 인연을 맺고 활동을 시작했는가 하는 의문이다. 그런데 이러한 의문은 그의 전기적 고찰을 통하여 보면 쉽게 풀린다. 『박용철전집』 말미에 나와 있는 부친 하준씨 담(父親夏鮻氏談) 기록의 연보에 의하면 박용철은 "6세시에 광주 읍에 거(居)하매 구경을 좋아하여 연극이나 활동사진이 있기만 하면 반드시 하인에게 업혀 가는데 밤이 늦더라도 중간에 자는 일이 없었다"고 한다.

그는 대지주집 장남으로서 유년 시절을 대단히 유복하게 보냈으므로 하인 등에 업혀서 광주시내에서 공연되는 연극과 영화를 이따금 보러 다닐 수 있었던 것 같다. 그만큼 그는 유년 시절부터 구경을 좋아했고 극장에 가서도 어린 아이답지 않게 관극 태도가 진지했던 듯싶다. 이는 그만큼 박용철이 연극이나 영화에 특별한 매력을 느꼈음을 알 수 있다.

그런데 당시까지만 하더라도 연극 수준은 높지 않고 영화는 그래도 서양 수입 작품의 경우 수준 높은 영화가 이따금 상영되었기 때문에 그가 특별히 영화에 매력을 느꼈고 그것이 유년 시절보다도 성년기 이후에 더욱 빠져들었던 것 같다. 그의 친우 이헌구(李軒求)는 "이해(1936)부터 용아 형(龍兒兄)은 영화에다가 대단히 흥미를 가지게 되어 릴케의 원서가 쌓인 책상머리에는 커다란 영화잡지가 널려 있곤 했다. 중학시대에 상당한 영화 팬이었다 하거니와 이때부터 다시 키네마 출입이 잦아져서 구미 배우의 얼굴과 이름 기억에 상당히 노력하였고, 이헌구와 영화소일(消日)의 한담 기회가 적지 아니하였다. 그래서 경성을 떠나기 싫은 이유 중의 하나도 영화 때문이란 것을 내걸게끔 되었다."고 회고한 바 있다. 그 당시는 프랑스의 낭만파 영화들, 이를테면 쥘리앙 뒤비비에 감독의 〈상선 테나시티〉 같은 명화들이 서울에서 상영될 때였다.

이처럼 당시의 연극이 변변치 못했기 때문에 더욱 영화에 빠져들었다고 볼 수가 있다. 이는 그만큼 박용철의 내면에는 연극이나 영화 등 무대예술과 영상예술에의 소질과 취향이 일찍부터 자리 잡고 있었음을 의미한다고 보겠다. 이것이 바로 그가 연극운동에 뛰어든 첫 번째 요인이었다고 하겠다.

그가 연극운동에 뛰어든 두 번째 배경은 아무래도 특수한 시대 분위기를 꼽을 수 있을 것 같다. 이는 곧 3·1운동 직후의 시대 분위기를 의미하는데 민족적 저항운동의 좌절 이후 애국심에 불타는 젊은이들은 문화운동이라는 간접

　　　　　　　　　　　　　　　제4부　서구연극의 도입과 실험

적 수단을 택한 바 있었다. 즉 사회과학을 전공하는 젊은이들은 주로 농촌계
몽운동이라든가 강연회 등을 통해 독립운동을 했고 인문과학이나 예능 분야
를 전공하는 청년들은 대체로 문학이나 연극운동을 통해서 간접적인 항일운
동을 했었다.

1921년 이후 전국적으로 소인극(素人劇)운동이 요원의 불꽃처럼 타올랐던
것은 그 단적인 예였다. 박용철이 연희전문학교에 입학해서 교지에 처녀희곡
〈해피나라〉를 발표했던 해가 1924년이었는데 이 시기야말로 전국적으로 백
수십 개의 소인극단들이 공연 활동을 통한 저항운동을 펴던 때였다. 그가 희
곡이라는 문학 장르를 택했던 것도 그러한 시대 분위기와 무관치 않다고 본
다. 그의 강렬한 민족의식은 1927년 배화고녀 기독학생회가 공연한 바 있는
장막극 〈석양〉에 잘 나타나 있다. 명문가 대지주의 자제로서 당시까지만 해도
천시되던 연극단체에 기꺼이 가입하고 배우 노릇까지 할 수 있었던 것도 그러
한 민족적 사명감이 없었으면 불가능한 것이다. 이헌구의 회고의 글에서도 그
점과 관련하여 "무엇보담도 지우(志友)들끼리의 문화사업이라는 데 더 한층 의
의를 느꼈기 때문"이라는 내용도 들어 있다.

세 번째로는 아무래도 우정관계를 꼽을 수 있을 것 같다. 즉 그가 친하게 지
냈던 문우들 중에는 연극운동에 뛰어든 인물이 많다. 그가 도쿄 유학 시절 가
까이 지낸 것으로 알려진 성악가 윤심덕(尹心悳)만 하더라도 3·1운동 직후 동
우회 순회극단에서 활약하고, 목포 출신의 극작가 김우진(金祐鎭)과 정사한 인
물이다. 최초의 소프라노 윤심덕이 귀국 후에는 잠시 극단 토월회 무대에도
섰었다.

그리고 그가 유학 시절 이후 친교를 맺었던 화가 이승만(李承萬)이라든가 홍
사용, 김기진(金基鎭) 등은 각각 화가, 시인, 평론가였지만 모두 1923년부터 토
월회에서 연극운동을 한 인물들이다. 그러나 이들보다 더욱 가까이 지냈던 문
우들인 이하윤(異河潤), 이헌구, 함대훈, 김진섭 등은 극예술연구회 주역들이
다. 따라서 박용철은 도쿄 유학 시절부터 연극운동에 관심을 가질 수밖에 없

지 않았나 싶다.

더구나 그가 유년 시절부터 연극, 영화에 특별한 매력을 느낀 데다가 연희
전문학교 재학 시절에 이미 희곡으로 데뷔했던 만큼 극예술연구회가 발족
되면서 그 창립 주역들이 그를 끌어들인 것은 극히 자연스런 일이었다고 보
여진다.

그러나 박용철은 극예술연구회 창립 때는 참여하지 않았다. 그가 비록 1920
년대에 희곡을 쓰고 1931년에 연극에 관한 평문을 쓰긴 했지만 극영동호회나
극예술연구회에 가담하지는 않았다. 물론 창립 당시에도 주역들이 그에게 참
여 권유를 했을 개연성은 있다. 그러나 그의 취향과는 달리 가정 배경으로 보
아서 쉽게 참여하기는 어려웠을 것 같다.

따라서 그는 숙고 끝에 극예술연구회가 동인제로부터 회원제로 바뀌는 회
합이 1932년 12월에 다방 낙랑에서 있었을 때, 김광섭, 모윤숙(毛允淑), 임학
선(林學善), 김수임(金壽任), 조용만(趙容萬) 등과 함께 가입하기에 이른다. 그리
하여 서항석, 김복진 등과 함께 극예술연구회 간사 직을 맡게 되었다. 그 당시
간사는 극예술연구회 지도부를 의미한다. 이 말은 곧 그가 극예술연구회에 가
담하자마자 핵심간부로 일했다는 것을 의미한다. 박용철이 특히 함대훈과 함
께 사업부서 간사를 맡았다는 것은 극예술연구회가 그에게 살림살이를 맡겼
다는 의미도 된다. 자금 사정이 극히 어려웠을 때 그가 어떤 역할을 했을까는
짐작하고도 남는다고 하겠다.

그는 극예술연구회 회원으로 가입해서는 시문학 활동 이상으로 연극운동에
심혈을 기울였는데, 대체로 다섯 가지 방향으로 활동을 전개했다. 희곡 창작
은 이미 극예술연구회에 가입하기 이전부터 했었지만 가입 이후에는 심신을
몽땅 연극운동에 던지는 자세로 임한다. 그것은 즉 재정적으로 빈약한 극예술
연구회에 물질적 도움과 함께 연기, 번역, 비평, 잡지 발간 등 여러 방향으로
기여를 했다.

명문가의 장손으로 부러울 것이 없었던 그가 얼굴에 분 바르고 무대에 섰다

는 것은 그의 연극에 대한 사명감과 열정을 읽을 수 있는 부분이다. 그는 1933년 극예술연구회의 〈버드나무 선 동리의 풍경〉(유치진 작)에 농촌 머슴으로 출연한 바 있고, 그 자신이 번역한 〈베니스의 상인〉에서도 방역(傍役)으로 무대에 섰었다. 그것도 주연도 아니고 조역이나 단역에 불과했는데도 부끄럽게 생각하지 않았고 오히려 무대 경험을 자랑스럽게 생각한 선각자였다.

물론 이상 두 작품 외에는 건강 등 몇 가지 이유로 다시 무대에 오르지 않았지만 측면에서 극예술연구회를 누구보다도 적극적으로 뒷받침한 것이 바로 박용철이었다. 그로부터 그는 레퍼토리 빈곤에 허덕이고 있던 극예술연구회에 작품 번역으로 일익을 담당하기 시작했다. 가령 피란델로의 〈바보〉를 시작으로 해서 〈베니스의 상인〉, 〈무기와 인간〉, 그리고 〈인형의 집〉을 번역하여 극예술연구회 공연을 풍부하게 했다. 그가 얼마나 헌신적으로 극예술연구회에 기여했었는가는 〈인형의 집〉 번역이 그의 폐질환을 악화시켰던 점에서 극적으로 나타나고 있다. 그는 일찍부터 폐질환으로 고생하고 있었는데, 고향으로 잠시 요양을 갈 때도 〈인형의 집〉 영역본을 들고 가서 병석에 누워 번역을 했을 정도였다. 그만큼 그는 거의 생명을 걸다시피 연극운동에 헌신한 것이다. 이처럼 그가 매우 위중한 상태에서 〈인형의 집〉 번역을 마쳤고, 귀경하자마자 대학병원에 입원하는 지경에 이른다.

그가 경성제국대학병원 병상에 누워서도 "내가 이 작품 공연을 보고 죽어야 하는데…"라고 신음했다고 한다. 결국 그는 회복하지 못하고 세상을 떠난다. 그는 단순히 번역에만 그친 것이 아니었다. 이미 1931년도부터 연극에 관한 글을 쓰기 시작하여 극예술연구회가 공연한 주요 작품에 대한 리뷰도 했다. 서구연극에 대한 식견도 있었던 그는 분석 비평에까지는 도달하지 못했지만 리뷰로서는 아직까지도 생명력을 지닐 만큼 명쾌한 글이었다.

그러나 무엇보다도 그의 큰 공로는 『극예술』이라는 연극 전문 잡지를 발간한 것이다. 사실 제6호까지 출간된 『극예술』은 연극사상 최초의 연극 전문 잡지였다. 그가 자신이 운영하던 시문학사에서 발간한 『극예술』은 제5호까지 자기 손으로 펴냈는데, 그때까지의 연극이론을 정리해주는 역할을 했었다. 그러니까 구미의 기초적인 연극이론이라든가 인물 소개 등을 통해서 연극인 더 나아가 연극 애호가들로 하여금 연극에 눈을 뜨게 해주는 길잡이가 되었다. 이처럼 박용철의 연극운동이 길지는 않았지만 매우 다각적으로 전개되었음을 알 수 있다.

서론에서도 조금 비쳤지만 박용철을 전문 극작가로 보기에 조금은 주저하게 된다. 그 이유는 두 가지에 있다. 그 한 가지는 그의 작품이 기성 극단에서 단 한 번도 공연된 적이 없었다는 것이고, 다른 한 가지는 그가 습작기에 희곡을 썼을 뿐 문인으로서의 절정기에는 희곡을 쓰지 않았다는 점 때문이다. 그가 그동안 극작가로 인정받지 못한 이유도 바로 그런 점에 있지 않나 싶다.

먼저 그가 쓴 희곡을 연대기적으로 살펴보면 처녀작은 〈해피나라〉로서 1924년 『연희(延禧)』라는 연희전문학교 교지에 게재됐고, 역시 연희전문 학생극본으로 쓴 〈말 안 하는 새악시〉와 배화고녀 학생극본용으로 쓴 〈석양〉(전 5장), 그리고 〈사랑의 기적〉 등이 있다. 사실 신문학 이후 여러 명의 시인, 소설가들이 희곡을 몇 편씩 발표한 바 있었다. 1910년대의 이광수를 비롯해서 1920, 30년대에 오면서 시인 홍사용, 김동환 등과 소설가 유진오, 이기영, 이효석, 채만식, 이무영 등이 여러 편의 희곡을 발표했으며, 그중 일부는 직접 연극운동에 뛰어들기도 했다. 그러나 대부분 잠시 연극에 관심을 갖거나 참여했다가 다시 본업으로 되돌아갔다.

그도 언뜻 보면 그런 초창기 문인의 행태와 유사하게 비칠 수도 있다. 그동안의 박용철 연구자들도 그런 시각에서 접근했기 때문에 시인으로서만 그를 부각한 것이 아닌가 싶다. 그러나 박용철의 경우는 앞에 열거한 문인들과는 상당한 차별성을 지닌다. 서론에서도 조금 언급한 바 있듯이 그는 시보다는 희곡으로 창작 생활을 시작한 데다가 극단운동, 번역, 비평, 연극잡지 발간 사업 등 폭넓은 연극 활동을 벌였고 끝끝내 연극에서 발을 빼지 않고 생을 마쳤

　　　　제4부　서구연극의 도입과 실험

다. 그만큼 그는 시력(詩歷)보다는 오히려 연극력(演劇歷)이 더 길었던 인물이다. 특히 그가 1920년대에 쓴 희곡들은 1930년대에 본격 연극 활동을 벌이는 서막에 해당된다는 점에서 대단히 중요한 의미를 지닌다고 본다.

다만 그가 평생 쓴 희곡 4편 중 〈석양〉과 〈사랑의 기적〉 두 편만이 남아 있어서 그의 작품세계를 살피는 데 한계점이 있을 뿐이다. 그런데 여기서 한 가지 짚고 넘어가야 할 것이, 4편의 희곡 중 연희전문 학생극본으로 썼다는 〈말 안 하는 새악시〉와 〈사랑의 기적〉은 아마도 1930년대에 쓴 것이 아닌가 싶다는 점이다. 왜냐하면 연희전문 학생극회가 조직된 그해의 레퍼토리 목록에 〈말 안 하는 새악시〉는 올라 있지 않기 때문이다. 〈사랑의 기적〉 또한 입센 희곡의 주인공(노라) 이름이 빈번하게 등장하고 여권 문제를 은근히 비친 점에서 그가 〈인형의 집〉을 번역(1934)할 무렵에 쓴 작품이 아닌가 싶다.

여하튼 그의 희곡은 단순한 습작의 수준을 넘어선다는 점에서 주목을 끌 만하다. 그는 적어도 1920년대에 유행했던 소인극들과는 희곡 기법적 수준에 있어서나 주제, 캐릭터 구축 등에서 앞서간다. 그는 무대를 모르고 대사만 나열하는 아마추어 수준의 극작가는 아니었다. 그는 무대도 꽤 알고 작품 구성력이라든가 성격 구축, 그리고 자신의 이념을 함축적으로 투영할 줄도 알았었다. 그런데 처음에는 주로 마음속 깊숙이 숨겨져 있는 민족의식을 희곡을 통해서 우회적으로 표현해보고 싶은 욕망에 사로잡혀 있었다. 그런 경우가 다름 아닌 〈석양〉이라는 희곡이고, 그 뒤로는 또 다른 관심사를 표출한다. 가령 현재까지 남아 있는 두 편의 희곡 중에서 장막희곡(전 5장)인 〈석양〉은 1927년도 배화고녀 기독청년회에서 공연된 작품인데 전라북도 전주 근교가 무대배경인 이 작품은 역시 당 시대 이야기이다.

희곡의 고전적 형태를 갖추고 있는 이 작품은 사건의 진전보다는 대사 위주로 구성되어 있어서 레제드라마의 인상을 준다. 그러나 장황한 대사 위주의 희곡임에도 불구하고 발단, 전개, 절정, 종결이라는 정석적 구성으로 되어 있다. 이 말은 곧 박용철이 희곡의 기본을 이미 깨우치고 있음을 의미하는 것이라고 말할 수 있다.

'순경'이라는 고등여학교 학생의 장탄식으로 시작되는 이 작품은 그 가정의 수난 과정을 매우 흥미롭게 묘사했다. 그러나 이 작품은 해피엔딩으로 이야기를 끝맺은 것이 특징이다. 이처럼 〈석양〉은 희곡적으로 몇 번의 반전을 만들어냄으로써 연극적 긴장과 이완이라는 공식에 들어맞음은 물론이고 극적 재미도 배가시키고 있다.

그런데 이 작품이 그 어떤 희곡보다도 주목되는 것은 박용철의 투철한 민족의식이 배어 있는 점이라 하겠다. 그가 특별히 민족운동에 행동으로 앞장선 경우는 없었지만 작품을 통해서, 또는 잡지운동과 같은 우회적 방법으로는 끊임없이 조국을 떠올렸다. 〈석양〉이라는 희곡이 겉으로 보기에는 한 젊은이의 이상과 좌절, 그로 인한 가문의 파산위기를 묘사한 것이지만 그 뒤에 숨겨진 메타포는 민족의 수난 과정이라 말할 수가 있다. 박용철은 이 희곡을 써내려가면서 간간이 주인공의 입을 통해서 민족의식을 표출하고 있다.

한편 1930년대 초에 쓴 것으로 보이는 〈사랑의 기적〉은 희곡 구성, 캐릭터 구축, 제재의 구상화 등에서 〈석양〉보다는 진일보한 작품이다. 그러니까 주제의 경중이라든가 함축적 의미 등보다는 희곡의 짜임새 등에서 진일보했다는 이야기다.

그 점은 이 작품에서 돋보이는 구성에 있다. 우선 희곡이 물 흐르는 것처럼 극히 자연스럽게 장면이 전개된다. 결혼식을 올린 신랑 신부가 신방에 들어가 앉자마자 첫 대사가 신랑의 입에서 나오고 '매우 피곤하지 않느냐'는 인사말인 점에서 자연스럽게 전개되어 간다. 그러면서 결혼식장에 있었던 여러 가지 에피소드를 화제로 하여 자신들의 첫 만남에 대해서까지 이야기가 진행된다. 너무 행복이 넘치는 장면이다. 그러나 이야기가 진행되면서 신랑 신부가 스스로의 흥에 겨워 자신들도 의식 못하는 사이 과거 고백으로 이야기가 빗나가면서 두 사람의 사랑의 감정이 꼬이기 시작한다. 즉 신랑은 첫사랑의 연인에게서 아들을 두었고 그 첫 여인이 사망함으로써 아들은 친구가 기르고 있다는 내용이었다. 그러면서 신부가 이해한다면 함께 기르고 싶다는 것이었다. 여기에 이 작품의 첫 번째 반전이 있다. 그러자 신부가 자신의 과거를 실토함으로써 재반전이 일어난다.

즉 신부도 첫사랑에게서 아들 하나가 있다는 것이었다. 사랑으로 넘치던 신방에서 일대 소동이 벌어진 것이다. 신랑이 마당으로 뛰쳐나가고 부모가 놀라서 연유를 묻자 허둥댄다. 어머니는 딸(신부)이 과거가 있음을 고백한 것이 원인이라는 것을 알고서 자신도 결혼 전에 첫사랑과 두 아들을 두고서도 남편(신부 아버지)에게 속여왔음을 이야기한다. 그것을 남편이 몰래 들었음은 두말할 나위 없다. 아버지가 펄펄 뛰는 사이 밖으로 뛰쳐나갔던 신랑이 돌아오지만 아버지가 분노하는 이유가 신부에게 있는 줄 착각한다. 여기서 재반전이 시작된다. 즉 신랑이 아버지를 진정시키고 신부를 이해하고 결혼생활을 지속하는 것으로 막이 내린다.

어떻게 보면 황당한 코미디로 생각될 수도 있으나 이야기를 구성하는 방식이 매우 교묘하고 관중의 의표를 찌르는 반전, 재반전, 재재반전으로 이어지는 구성이 치밀하게 짜여져 있음을 알 수 있다. 이러한 희곡 구성은 무대를 제대로 알지 못하고서는 만들어내기 쉽지 않다.

역시 박용철은 무대를 제대로 알고서 무대를 연상하면서 희곡을 썼음을 확인할 수 있다. 그러나 무엇보다도 이 작품에서 주목되는 부분은 캐릭터 설정도 박용철의 앞서가는 감각 및 윤리의식이라 할 수 있다. 가령 네 사람의 등장인물만 보더라도 개성이 뚜렷함을 알 수 있다. 여주인공, 즉 신부(영화)의 아버지는 서양에까지 다녀온 첨단적 지식인이다. 그의 아내(영화의 분신) 역시 남편 못지않게 깨어 있는 신여성이다. 그 점은 그녀가 이미 처녀 시절에 자유연애를 통해 얻은 아들까지 숨기고 있었던 점에서 잘 나타나고 있다. 주인공인 신랑 신부 역시 신식교육을 받은 인텔리로서 자존심이 대단히 강한 젊은이들이다.

그 점은 두 사람의 과거 고백 이후의 위기 대처 자세에서 잘 나타나고 있다. 그러니까 이 작품은 개성 강한 네 사람의 자존심이 갈등의 원인이 된다고 볼 수 있다. 자존심 강한 네 주인공이 스스로를 굽히지 않는 데서 오는 팽팽한 긴장감이 작품을 이끌어 가는 것이다. 박용철이 그만큼 계산된 상태에서 등장인물의 성격을 구축했다고 말할 수 있다. 등장인물 네 사람에게서는 고루한 구석이 전혀 보이지 않는다. 대단히 근대적인 인물들인 것이다. 이는 그만큼 박용철의 의식이 선진적임을 보여주는 것이 된다.

그 점은 주제에서 더욱 선명하게 드러난다. 전술한 바 있듯이 이 작품은 자유연애와 결혼이 주제이다. 그런데 자유연애도 결국 남녀의 '과거'로 인해서 파탄지경에 이른다. 여기까지는 토마스 하디의 『테스』를 연상시킬 수 있다. 그러나 이 작품의 주제가 돋보이는 것은 그것을 극복한다는 점이다.

그런데 이 작품이 돋보이는 것은 주제뿐만 아니라 간결하면서도 함축적 대사 구사 역시 비교적 괜찮은 편이다. 그가 대사 하나하나를 군더더기 하나 없이 깔끔하게 다듬은 것은 아무래도 그가 시 창작에서 얻은 체험에 따른 것이라 볼 수 있다. 특히 그의 희곡 두 편에서 느껴지는 것은 〈석양〉과 〈사랑의 기적〉이 너무나 차이가 난다는 점이라 하겠다. 그러니까 〈석양〉은 레제드라마의 성격을 지닐 만큼 장황한 대사 위주인데 비해서 〈사랑의 기적〉은 깔끔하게 다듬어진 단막극이라는 점에서 구성상의 큰 진전을 보여준다는 사실이다. 이 말은 곧 그가 시간이 흐를수록 희곡 기법의 급진전을 보여준다는 점에서 천부적 작가임을 알 수 있다. 그만큼 박용철은 시작(詩作) 이상으로 극작에도 상당한 재능을 보여주고 있다.

박용철이 현대연극사에서 전혀 부각되지 않았지만 그가 1930년대까지 연극사상 가장 많은 외국 희곡을 번역한 연극인이었다는 사실을 아는 사람 역시 드물다. 1930년대 극예술연구회가 등장할 때까지 외국 희곡을 전문적으로 번역하는 연극인은 없었다. 물론 3·1운동 직후 현철(玄哲)이라든가 김우진 등 몇 명의 연극 선구자들이 한두 편씩 외국 희곡을 번역해낸 적은 있었지만 전문적으로 여러 편을 번역한 연극인은 없었다. 그러다가 해외 문학파가 중심이 된 극예술연구회가 등장하면서 서구 근대극의 이식을 목표로 삼았기 때문에 회원들 중심으로 외국 희곡이 번역, 공연되는 시대를 맞은 것이다. 그리하여 극예술연구회 동인들이 한두 편씩 외국 작품을 번역하기 시작했고, 회원이었던 박용철 역시 요청에 따라 외국 희곡을 본격적으로 번역하기에 이른다.

그런데 주목할 만한 사항은 박용철이 창립동인도 아니면서, 또 외국어 문학과를 제대로 졸업하지도 않았으면서 가장 많은 작품을 번역했다는 사실이다. 가령 극예술연구회 동인이었던 서항석이라든가 함대훈, 김광섭, 이헌구, 장기제, 최정우, 정인섭 등이 외국 희곡을 한두 편 또는 두세 편 정도를 번역했던 데 비해서 박용철은 5년여 동안에 무려 7편(1편은 공동 번역)이나 번역해낸 점에서 놀랍다고 아니할 수 없다. 그런데 그가 번역해 낸 7편도 어느 한 나라의 작품이 아니라 네 나라 극작가들의 희곡을 번역해냈던 것이다. 즉 그는 W.W. 깁슨의 〈노상〉(1933년『신조선』게제) 번역을 시작으로 해서 루이지 피란델로의 〈바보〉, 셰익스피어의 〈베니스의 상인〉, 버너드 쇼의 〈무기와 인간〉(김광섭, 장기제와 공역), 입센의 〈인형의 집〉, 존 메이스필드의 〈낸의 비극〉, 그리고 중국의 라디오 드라마인 정서림(丁西林)의 〈기사와 서기〉 등 7편을 번역한 것이다.

이상과 같은 그의 번역극을 보면 매우 흥미로운 사실을 발견할 수 있다. 그것이 극예술연구회의 요청에 따른 것이긴 해도 역시 희극이 절대적으로 많고 비극은 두 편에 불과하다는 점이다. 물론 그것이 희극의 속성이긴 해도 그가 번역한 작품은 사회풍자성이 강하다고 하는 점이다. 그뿐만 아니라 극작가들의 성향도 대단히 다양한 것이 특징이다. 셰익스피어의 고전극에서부터 입센의 근대극, 피란델로의 현대극에까지 이를 뿐만 아니라 단막극, 장막극, 그리고 라디오 드라마까지 각양각색이다. 그리고 존 메이스필드의 작품에서 알 수 있듯이 시적인 희곡을 선호했다.

문학사에서는 그의 외국 시 및 소설 번역에 대하여 대체로 네 가지 측면에서 평가하는 것 같다. 그 첫째는 박용철이 직역에 충실했고 이미지나 뉘앙스를 전달하는 데 탁월했다는 것, 둘째 외국어의 발음은 원음에 가깝게 표기했다는 것, 셋째 방언이나 고어를 빌려서 언어의 미감(美感)과 정서적 차이를 근접시켰다는 것, 넷째 근대문학사 1세기에 최고의 번역가였다는 것 등이다.

이상과 같은 그의 번역에 대한 평가가 결코 과장된 것이 아니다. 그가 번역한 희곡작품은 어느 것 하나 부실한 것이 없다. 대체로 미숙한 사람이 번역한 희곡은 연출가나 배우, 혹은 드라마투르기가 공연용으로 다시 손질하곤 한다. 그러나 박용철이 번역한 작품은 손질할 필요가 없었다. 왜냐하면 그가 언어 감각만 뛰어난 것이 아니라 무대의 조형미까지 잘 알아서 번역을 했기 때문이다. 그러니까 그는 전통고전, 근대극뿐만 아니라 매우 까다롭기로 정평 있는 대극작가 피란델로의 희곡까지 번역해놓았던 것이다.

우선 〈베니스의 상인〉에서 몇 마디 옮겨보겠다.

A   오늘 베니스의 상인 안토니오와 유태인 대금업자 쇠일록의 재판이 있다는데 어디서 열릴 모양입니까?

B   예, 아마 여기서 열릴 겝니다.

A   그런데 아직 아무도 없군요.

B   글쎄요? 좀 기다려보지요(걸터앉는다).

A   안토니오 씨는 참 가엾은 일이야. 친구를 위해서 그 돈을 얻어 썼다고 그러잖습니까?

B   그렇답니다. 밧사니오 씨 때문에 그리 되었습니다. 밧사니오 씨가 포―샤에게 구혼을 하러 가는데 그 비용이 없어서 앨 쓰는 것을 보고 전부터 원수로 지내는 유태인에게 가서 머리를 숙이고 빚을 얻었답니다.

A와 B가 주고받는 대사들 중에서 "여기서 열릴 겝니다"의 '겝'이 당장 돋보인다. 박용철은 '것입'을 '겝'으로 축약하면서 템포를 빠르게 하여 자연스런 구어체로 바꾼 것이다. 그리고 "비용이 없어서 앨 쓰는"에서 '앨'도 '애를'의 축약어임은 두말할 필요 없다. 이처럼 그는 희극에서는 템포를 빠르게 하기 위해서 축약어를 많이 사용했다. 이는 곧 그가 희극 형식을 잘 알고 번역했음을 의

미하는 것이다. 그런데 그가 축약어는 〈베니스의 상인〉에서만 집중적으로 활용했고 〈기사와 서기〉와 〈바보〉 등에서는 어쩌다가 사용하는 정도였다. 적어도 이 두 작품에서는 템포를 중요하게 생각하지 않았기 때문이다.

그러나 대사의 뉘앙스를 최대한 살리면서 물 흐르듯이 자연스럽고 유연하게 진행되도록 번역했다는 점에서는 모두가 상통한다고 볼 수 있다. 가령 〈바보〉의 앞 장면을 조금 인용해보면 이러하다.

파로-늬	그 녀석을 여지없이 공격하라고 전부터 일러두지 않았나……
여럿의 소리	네 그렇습니다. ……철저하게 해내지요…… 물론이지요…… 아니 안 됩니다. 외교원, 들어가도 관계없을까요.
루-카	저걸 보. 들어봐요. ……시위운동이야. ……빌어먹을 반동파의 시위야.
여럿의 소리	시장만세라는데야 내가 아까 말한 대로 되네.
소음	"시장만세! 타도 사회당" 이런 빌어먹을
루-카	저 녀석의 담배연기… 에… 에… 에… 고만 기침이 터져서…… 여보 좀 저리 비키우… 숨을 돌려야지. 당신은 이 고을 사람은 아니었구랴.

이상에서 주목되는 부분은 "그 녀석"이라든가 "들어가고 싶으면 들어갈게지"에서의 '게'(것이) "이런 빌어먹을", 그리고 "아니었구랴" 등과 같은 표현 방식이다. 그러니까 그는 친근한 관계에서 쓰는 대화용이라든가 욕 같은 것도 무대언어답게 격을 갖추면서도 생경하지 않은 언어로 표현을 한 것이다. 중국의 라디오 드라마 〈기사와 서기〉에서도 보면 경탄할 정도로 일상적 구어체를 적절히 활용하고 있다.

여객	혹시 아시겠지마는 댁에 방을 얻으신 분이랍니다.
여주인	그럼 저이가 바깥양반이란 말이요.
여객	모르겠어요, 그 양반더러 물어보세요. 뭐라고 하나.

노파　아유 인제 바로 되었구만요. 저 선생님은 부인이 계실 거라고 제가 여
　　　러 번 마님께 여쭙지 않았어요.
순사　이게 무슨 수선이란 말이요. 공연히 사람만 오라가라 하고.

이상의 대사에서도 매우 절묘한 번역이라는 것을 알 수 있다. 가령 "분이랍니다"라든가, 부군이란 표현을 '바깥양반'이라고 한 것, 그리고 "뭐라고 하나" "되었구만요", '마님'이란 표현, "무슨 수선이란 말이요"에서 '수선'이라고 한 것 또한 비속어 같으면서도 품격 있는 구어체라는 것을 알 수 있는 것이다.

한편 비극의 경우는 또 다른 표현 기법을 구사하고 있다. 가령 영국의 서정 시인으로서 해양시를 많이 쓴 바 있는 존 메이스필드의 장막극 〈낸의 비극〉의 한 부분을 소개하면 이러하다.

파부인　무슨 놈의 손목아지가 그 꼴이냐.
제늬　이게 아버지가 애끼는 술잔인데. 어머니, 야단나면 어떻게 해요.
파부인　내가 잘 말하마. 애 실수로 그런거 아니냐. 빨리 절로 가. 오시기 전에.
제늬　벼락이 내릴걸! 아이 어쩌나!
파부인　오늘밤에 온답니까.
파씨　온답니다. 오늘밤에는 한번 재미있게 놀겠소그려. 뜨끈뜨끈한 양고기
　　　만두에다가.
파부인　임자는 양고기 만두는 못 먹어요. 그놈의 양이 속병이 들어 죽은 줄을
　　　번연히 알면서. 사과만두야 별로 상할 것도 없지.

이상에서 우리의 눈길을 끄는 부분은 그가 캐릭터를 정확하게 파악하고서 그 주인공의 성향에 맞게끔 구어체를 적절하게 찾아냈음을 알 수 있다. 가령 욕심 많고 천박한 파 부인의 대사에서 "무슨 놈의 손목아지가 그 꼴이냐"고 한 번역은 그녀의 성품이나 교양 정도를 금방 알아낼 수 있도록 한 것이다. 그리고 "내가 잘 말하마"라든가 "벼락이 내릴걸!" "아이 어쩌나" "오늘 밤에 온답니까" 아내가 남편에게 당신이란 표현 대신 '임자'라는 말을 쓴 것, 또한 "놀겠소

　　　　　　　　　　　　　　제4부　서구연극의 도입과 실험

그려" '뜨끈뜨끈'이란 구어체 구사도 박용철만이 찾아낼 수 있는 말들이다. 그의 어휘 구사 능력은 그의 나이에 비해서 놀랄 정도로 뛰어나다. 전라도의 구수한 방언도 적절히 사용하여 무대극의 묘미를 살려내고 있는 것이다. 〈낸의 비극〉에서도 보면 "하나님께서 어련히 알아서 하실까"라든가 "내 말을 귀담아 들어둬요"에서 '귀담아' 같은 용어도 기발하다고 아니할 수 없다.

이들 외에도 돋보이는 구어체 구사는 도처에서 보인다. 즉 "별소리를 다 듣네"라든가 "알 만큼은 알지" "맛대가리 없고 인정머리 없는" "그 애가 여간 수다인가. 나는 그 애같이 엉큼한 년은 생전에 처음 봤네" "난 자네가 일처리를 그만큼은 할 줄 알았다네. 내가 자네를 범연히 아나" 등도 작품의 분위기에 매우 적합하도록 번역한 구절들이다.

그의 탁월한 번역 능력은 〈인형의 집〉에서 절정을 이룬다. 우선 주인공(노라) 부부간의 대화 한 토막을 소개해보겠다.

헬머 거 우리 종달샌가— 거기서 조잘거리는 게?

노라 네– 그래요.

헬머 내 지금 좀 바뻐. 무얼 사왔다고 그랬소. 웬 이렇게 많아. 우리 난봉아 씨가 또 돈을 펄펄 쓴 모양인가.

노라 여보, 토–발드, 인제 좀 넉넉하게 써도 좋지 않아요. 우리가 어렵지 않은 크리스마스는 이번이 처음인데요.

헬머 이거 보. 우리가 돈을 헤프게 쓸 처지는 못 된다오.

노라 정말, 토–발드. 인제 우리 조금만 넉넉히 써봅시다— 아주 쪼끔만! 인제 당신은 돈을 무척 벌 텐데.

헬머 그래 새해부터는 그렇게 되지. 그렇지마는 내가 그 월급을 탈려면 아직도 석 달은 꼬빡 기다려야 할걸.

노라 안나 할멈에게는 좀 더 좋은 걸 사줄 걸 그랬나 봐.

헬머 또 한뭉탱인 무어요?

노라 토–발드. 그걸 지금 보면 안 돼요. 이따 밤에 보셔야지.

헬머 아! 이 조그만 난봉꾼이 당신 차지로는 무엇을 샀소.

노라 탱크의사는 청해두셨어요.

헬머 청할 것도 없이 으레 올걸. 그래도 오늘 들르거던 말해두지. 훌륭한 포
도주를 좀 가져오라고 그랬는데. 여보 노라, 나는 오늘 저녁에 퍽 재미
있는 기대를 가지고 있다우.

노라 나도 그래요. 아이들도 퍽 재미있어할 테지요.

이상은 노라 부부의 대화 일부를 발췌해서 소개한 것이다. 여기서 첫 번째
느낄 수 있는 것은 정감 넘치는 젊은 부부 간의 일상적 대화라는 점이다. 그런
데 노라 부부의 대화 속에는 사랑과 품격이 있으면서도 인색한 남편(토-발드)
의 특성이 드러나고 있다는 사실이다. 반면에 아내 노라는 자애롭고 도량까지
넓다는 것도 조금씩 드러난다. 특히 대사들 중에서도 "그만두우"라든가 "조잘
거리는 게?" "이거 보" "돈을 퍽퍽 쓴" "꼬빡 기다려야 할 걸" "사줄 걸 그랬나
봐" "무엇을 샀소?" "으레 올걸" "기대를 가지고 있다우" 등등의 구어체 표현
방식은 대단히 자연스럽고 멋지게 활용하고 있음을 알 수 있다. 사실 '그만두
우'라든가 '이거 보' '그랬나 봐' '가지고 있다우' 등과 같은 표현은 친밀한 부부
간에 쓸 수 있는 경어로서 한국어의 묘미를 극대화시켜주는 표현 기법이라 말
할 수 있다. 이런 언어를 이미 1930년대에 서양 희곡을 번역하는 데 썼다는 것
은 탁월한 번역가가 아니고서는 불가능했다고 볼 수 있다.

부부 간의 친근한 언어는 그가 참으로 다채롭게 활용했음을 발견할 수 있는
데 '부자였겠구려'라든가 '그래서 어쨌수?' '무척 좋을 게야' '듣지도 말아요' 등
에서 알 수 있는 것처럼 말의 뉘앙스를 최대한 살렸던 것이다. 그가 특히 무대
극의 리얼리티와 조형적 분위기를 살리기 위해서 표준어보다는 속어 등을 많
이 활용한 것도 돋보이는 번역이라 볼 수 있다. '대단히'를 '무척'이라고 했다든
가 '꼬빡 기다렸다'는 표현도 사투리 내지 속어의 활용인 것이다. 그의 번역가
로서의 특징은 문학 장르에 대한 전문 식견을 갖고 임한 점이다. 그러니까 시
(詩)는 시로서의 번역 방식이 있었고 소설 역시 서술 방식을 잘 알고 번역했으
며, 희곡 번역의 경우는 그것이 무대 위에서 움직인다는 생각을 갖고 접근했

다는 점이라 하겠다.

이 말은 곧 희곡 번역에 있어서는 의태어(擬態語)나 의성어를 많이 활용했다는 의미도 된다. 예를 들어서 '돈을 많이 썼다'는 말도 '돈을 퍽퍽 썼다'고 표현함으로써 강조점을 부각시키기도 한 것이다. '퍽퍽'은 '꼬빡'이란 용어와 함께 천하지 않은 속어라고 말할 수 있다. 이상에서 알 수 있는 바와 같이 그는 근대연극사상 최초의 전문 번역가라는 대접을 받을 만하다. 그를 최초 전문 희곡 번역가로 평가하는 이유는 여러 가지에 있다.

그 첫 번째는 1930년대까지 외국 희곡 번역 작품을 가장 많이 했다는 점에서 그렇다. 앞에서도 조금 언급한 바 있지만 그는 단 5년여 동안에 네 나라 극작가의 희곡 작품을 7편이나 번역해낸 것이다. 두 번째로 그는 무대극을 훤하게 꿰뚫고 희곡 번역을 한 경우였다. 그러니까 단순히 외국 문학작품을 직역한 것이 아니라 당 시대 감각에 맞도록 관객을 염두에 두고 번역을 한 것이다. 그렇다고 원문과 멀게 의역한 것이 아니고 원문에 충실하면서도 감칠맛 나도록 의역을 했다는 이야기이다. 세 번째로는 작품의 성격에 따라서 축약어를 많이 써서 희곡의 템포까지 조정할 만큼 무대를 알고 번역한 점이 돋보인다고 하겠다. 네 번째로 그는 등장인물의 성격은 말할 것도 없고 주인공들 간의 관계 더 나아가 조형성까지 정확하게 파악해서 대사를 시의적절하게 구사한 점을 꼽을 수 있다.

다섯 번째로 그는 언어 구사 능력이 대단히 탁월한 번역가였는데, 그것은 그때그때 대사의 뉘앙스를 최대한 살리기 위해서 표준어 대신 품격 있는 방언이나 속어, 경어, 축약어 등을 적절히 활용한 것이다. 따라서 그가 번역한 희곡작품은 70여 년이 지난 오늘날 그대로 무대로 올려도 훌륭한 공연이 될 만하다. 그리고 여섯 번째로는 그가 번역한 언어는 싱싱하게 살아 있는 말이라는 점이다. 그가 번역한 작품이 시간을 초월해서 생명력을 유지하는 이유도 바로 살아 있는 언어를 자유자재로 또 시의적절하게 구사한 데 따른 것이다.

바로 그 점에서 그는 천부적 번역가라고 볼 수 있는데, 이는 아무래도 그가 시와 희곡을 쓰고 무대에도 서본 경험이 밑받침이 되지 않았나 싶다. 흔히 번역을 제2의 창작이라고 말한다. 그가 시와 희곡을 쓰고 번역을 하는 데 있어 창작의 자세로 임했기 때문에 그와 같이 빼어난 번역을 한 것이 아닌가 싶다. 박용철이 대단한 수재였다는 것은 다 알려져 있는 사실이다. 시와 희곡 창작에 이어서 비평 분야에서도 돋보였으며, 번역에서도 일가를 이루었던 것이 바로 그였다. 물론 우리 문예사에서 보면 작가들이 비평까지 겸한 경우는 적지 않았다.

김동인으로부터 시작해서 오늘의 여러 작가들에 이르기까지 두 분야에서 성공적인 활동을 한 경우가 상당수다. 그러나 박용철처럼 시와 희곡을 쓰고 문학평론과 연극평론까지 한 경우는 찾아보기 어렵다. 솔직히 문학비평과 연극비평은 많이 다르다. 왜냐하면 문학비평은 시와 소설처럼 활자화로서 완성된 작품을 평가하는 것이지만 연극비평은 극장 무대에서 형상화된 공연을 평가하는 것이기 때문이다.

이 말은 곧 연극비평의 경우, 적어도 희곡은 말할 것도 없고 무대미술이라든가 배우의 연기, 연출, 그리고 조명, 음향 대소도구, 의상에 이르기까지 폭넓은 지식을 요한다는 이야기다. 바로 그 점 때문에 연극비평가는 현장에 자주 접근해야 하는 것이다. 그렇게 볼 때 그가 연극비평가로서의 자질을 충분히 갖추었다고 말할 수 있다. 그는 희곡을 썼고, 잠시나마 무대에 서본 경험이 있으며 극단 활동도 해보았다. 더욱이 그는 문학비평도 해보았기 때문에 연극비평이 전혀 외도가 아니었다. 따라서 그는 연극을 보는 눈이 생겼고 국내뿐만 아니라 외국 연극계 동향에도 비교적 밝은 편이었다.

물론 그는 작품력이 길지 않았기 때문에 연극비평 활동 기간도 짧을 수밖에 없었다. 그가 연극비평을 한 기간은 1931년 12월 『문예월간』에 쓴 「문예시평」과 1932년 6월 30일자 『동아일보』에 쓴 「실험무대 제2회 시연 초일을 보고」, 「극예술연구회의 〈우정〉에 대하여」(『조선일보』 1933.2.4) 그리고 1933년 11월 『동아일보』에 게재한 「피란델로의 〈바보〉에 대하여」 등 4편으로서 고작 2년밖에 되지 않는다. 이는 사실 그에게 연극비평가라고 이름 붙이기 어려울 만큼 단

　　　　　　　　　　　　　　　　제4부　서구연극의 도입과 실험

기간인 데다가 적은 양의 비평 활동이라 말할 수 있다.

그러나 2년여에 걸쳐서 4편에 불과한 글을 남겼음에도 불구하고 연극에 대한 만만치 않은 실력을 보여준다는 점에서 주목하지 않을 수 없다. 그는 희곡이론에도 비교적 밝았을 뿐만 아니라 연기, 연출 등에도 일가견을 가지고 있었다. 그 점은 후술하겠거니와 공연평에서도 어느 정도 나타나 있다.

우선 글을 쓴 순서대로 그에 관해 검토해보겠다. 그가 연극에 관해서 쓴 첫 번째 평론이라 할 「문예시평」은 문자 그대로 문학과 연극 전반에 관해서 쓴 시평이다. 그런데 그 시평의 반 이상의 내용이 연극에 관한 것이다. 즉 두 파트로 나뉘어져 있는 그 글의 전반부가 '연극열의 발흥'이고 후반부가 작품평이다. 작품평 부분도 4편의 작품들 중 조용만의 희곡 〈가보세〉가 들어 있었으므로 연극 부분이 내용의 대부분을 차지한다고 보아도 과언이 아니다.

그 글의 첫 문장이 "조선 문예의 제 방면이 소설이나 평론이나 영화나 모두 일종의 부진 상태에 빠진 듯한 최근에 유독 연극에 대한 열심만이 일반으로 앙양된 표징을 발견할 수 있다"로 시작되어 각 지방에서의 극단 활동 등에 대한 설명으로 내용이 전개된다. 그러면서 그는 "경성에서 금년 여름 이후 연극(硏劇숨)은 2개월 동안 연극시장은 3개월 동안의 장기흥행을 마쳤고 신무대 또한 단성사에서 1개월 이상의 실연을 거듭하고 있는 중이다. 이들 영업적 극단들의 흥행이 극본의 취택에 있어서 소위 신파극의 취미를 멀리 벗어나지 못하고, 무대장치와 배우, 연출의 기술적 방면에 있어서도 괄목할 만한 것을 길러내는 가치 있는 임무가 있고 또 조선에서 장기흥행에 필요한 관객층의 존재를 증명하여 상설극단의 조직의 가능에 한 지시를 준다"[1]고 썼다.

이상의 내용에서 느껴지는 것은 그의 연극계 전반의 동향에 관한 관심과 식견이다. 그러니까 그는 신문지상과 현장을 통해서 당시 연극계 실상을 소상히 파악하고 있었으며, 대중연극과 순수연극을 분명하게 구분하고 그 문제점

---

1 박용철, 「문예시평」, 『문예월간』 1931.12.

을 짚어나간 것이다. 가령 그가 글에서 "우리의 강렬한 관심을 끄는 것은 극예술연구회의 성립이다."라고 한 점에서 그의 성향이 잘 나타난다고 볼 수 있다. 그러면서 그는 학생극의 중요성을 강조했다. 그러니까 그는 3·1운동 이후 우리나라 근대극운동의 선도적 역할을 한 학생극에 대해서 소상하게 파악하고 있었고, 또 그런 학생극의 발흥이야말로 근대극운동의 동력이 될 수 있다고 보았던 것이다. 그가 특히 학생극의 한계점과 그 극복을 통한 근대극 진흥에 관심을 가졌던 것은 주목할 만하다고 아니할 수 없다. 왜냐하면 당시 우리의 근대극 지도자들의 생각이 바로 그런 것이었기 때문이다.

그가 세계 근대극의 특성에 대해서 설명하는 중에 근대과학을 이용한 연출 및 무대미술의 기술적 진전과 개인의 자유 평등과 감정의 해방이라는 측면에서의 사실적 진전으로 파악한 것은 대단히 정확한 것이다. 이처럼 그가 서양 근대극의 본질을 파악하면서 학생극 단체들에게 그런 것을 전수시켜 주어야 한다고 한 점에서 그의 선구성을 살필 수가 있다고 하겠다.

그러나 무엇보다도 우리가 그를 주목하는 것은 1930년대 초에 우리나라 근대극운동이 타개해나가야 할 네 가지 난관을 예리하게 적시해놓은 점이라 하겠다. 그는 그 첫 번째의 문제점에 대하여 "과거 4천 년의 역사 가운데 완전한 형체를 이루지 못하고 극히 미력한 가면극과 가극의 소편(小片)들을 가졌을 뿐 참으로 극이라는 명칭을 가지고 일반화된 예술 형식을 가져보지 못하였다. 이것이 우리가 첫째로 만나는 큰 난관이다. 일본 같은 데서는 수백 년의 전통을 가지고 완성된 가부키가 있어 이 엄연한 적국(敵國)을 타파하고 신극이 발달하기는 남이 개척한 영지를 침탈함같이 어렵다 하지마는 우리의 신극운동은 황무한 사막을 개간하는 느낌이 있다. 우리에게는 춘향, 심청, 흥보, 놀보를 제한 외에 구설(口舌)로 민중 사이에 보편화된 극적 제목이 없고 외국인에게는 관극이라는 것이 생활상 불가결의 항목인 데 반하여 우리에게는 관극의 습관이 없다. 이 신관객의 획득이라는 우리 신극적 개간의 관개(灌漑)사업까지를 우리는 스스로 수행하여야 한다."고 썼다.

제4부 서구연극의 도입과 실험

이상에서 알 수 있는 것처럼 그는 세련되고 양식화된 전통극이 미약한 우리 실정에서 신극운동의 어려움을 설명하고, 관극이 생활화되지 못한 처지에서 근대 신극운동이 얼마나 확고한 고난의 길인가를 이야기하고 있는 것이다. 그런데 그가 우리의 전통극 중에서 가면극과 판소리만을 지적한 것은 당시까지만 해도 조선시대의 재담극이라든가 꼭두극 등에 관한 연구가 미약했던데다가 전승 자체가 제대로 이루어지고 있지 못한 데 따른 것으로 볼 수 있다. 물론 그런 유형의 전통극 장르도 일본의 가부키나 노, 분라쿠, 또는 중국의 경극 등에 비하면 양식화나 세련미 등에서 뒤진 것이 사실이었다. 특히 오늘날까지 크게 개선되지 않은 관객부족에 대한 지적도 이미 그가 하고 있었던 것이다.

그리고 그가 두 번째로 지적한 것이 다름 아닌 희곡작품의 부재 현상이었다. 그에 대해서 그는 "우리에게는 극본이 없다. 우리의 흉금에 대파문을 일으키는 새 걸작이 없다. 그렇다고 외국같이 민중의 귀에 익고 눈에 익어서 해마다 되풀이해도 관객을 끄는 전통적 걸작이 있느냐 그도 물론 없다. 그러면 번역 극본은? 우리가 혹시 상연용 극본의 부촉(付囑)을 받고 외국의 명작 백 편을 읽어보았자 우리와 그네의 생활의 과도한 차위(差違)는 우리의 관중 앞에 내어 놓아 대환영을 받을 작품을 만나기 어렵게 한다. 또 영업적 극장 같은 데서 상연하는 것을 보면 흔히 우리의 인정 풍속이 접근한 일본극의 번안이다. 그러나 이것 역시 미온한 구경거리에 지나지 않는다. 우리의 이목을 그 극본 그 상연으로 집중시킬 만한 대걸작의 출현이 없이는 이 난관을 넘기 어렵다. 우리는 극본난의 구렁에서 허우적거릴 뿐이다."라고 쓴 것이다.

근대 희곡사상 본격적인 극작가의 등장이 극예술연구회의 시절이라 할 1930년대 중후반이라 볼 때 그의 지적은 대단히 정확했다고 말할 수 있다. 특히 번역극의 우리 생활정서와의 괴리라든가 일본 신파극 번안물의 유행 등을 지적한 것은 여러 편의 번역 극본을 펴내고 또 신파극단들의 공연에 관심을 가졌던 그만이 지적할 수 있는 사항이라 말할 수 있다.

세 번째로 그가 지적한 것은 우리 연극계의 가장 잘못된 관행 가운데 첫손 꼽힐 만한 단기(短期) 공연체제에 대한 것이었다. 그에 대해서 그는 "흥행일수의 단축(短促), 이것은 총 관객 수의 부족에서 생겨난 곤란으로 극본난을 더 한층 심하게 하는 결과를 짓는다. 서양에서는 한 작품이 성공하는 때는 반년 일 년씩 계속 상연하는 수도 있고 일본의 가부키도 보통 1개월 흥행을 한다. 그런데 우리는 3일 혹 5일 만에 새 극본을 상연해야 한다. 장치와 의상의 비용, 배우의 언사 암송 연습의 부족은 물론이거니와 다수한 극작가가 있는 문학적 선진국에서도 상당히 성공적인 극본은 1년에 한두 편 생겨나기가 어려운 것인데 하물며 조선에서 이 빈삭(頻數)한 신극본의 제공이 어떻게 가능할 일이냐. 조제(粗製)의 극본은 다시 관객의 흥미를 감살시킨다. 이 곤란의 극본은 걸작 극본의 출현으로 총관객수를 증가시켜야만 한다."고 썼다.

솔직히 이상과 같은 우리 연극 관행에 대한 비판은 세계 연극의 조류라든가 관습에 대해서 소상히 파악하고 있지 못하면 어려운 것이다. 특히 그가 유럽이나 미국 연극계를 돌아보지도 않았는데 서양의 공연 관습을 파악하고 있었던 것은 놀랍다고 아니할 수 없다. 사실 신극운동 이후 우리의 공연 관행은 단기 형태로 굳어져왔었다. 그것이 적어도 1970년대 중반까지였다. 그런데 그 단기 공연 관행은 박용철이 지적한 대로 극본의 부실에 있었지만 다른 이유로서 극장 무대의 열악성도 포함되는 것이다. 주지하다시피 우리의 연극계 구조는 극장 중심이 아닌 극단 중심 체제로 되어 있다. 그 점이 극장 중심 체제의 서양과 다른 것이다. 연극계가 극단 중심으로 짜여 있다 보니 자연히 공연 때는 극장을 빌려야 되고 빌린 무대를 장기로 사용하기에는 부담이 클 뿐만 아니라 극장 측에서도 장기 임대를 기피하는 경향이었다.

이런 이유로 해서 우리 연극계의 공연 관습이 단기 방식으로 굳어졌던 것이다. 그런데 그는 순전히 희곡작품의 절대 부족과 수준 미달에서 그 근본적 원인을 찾았던 것이다. 그 점에서 그의 연극계 관찰은 상당히 예리했다고 말할 수 있다.

특히 그의 지적에서 주목되는 부분은 단기 공연 방식이 초래하는 문제점으로서 연습 부실과 무대장치 및 의상 등 비용 낭비, 그리고 졸속 제작으로 인한 조악한 작품의 양산 등으로 관객을 잃을 수밖에 없음을 간파한 점이라 하겠다.

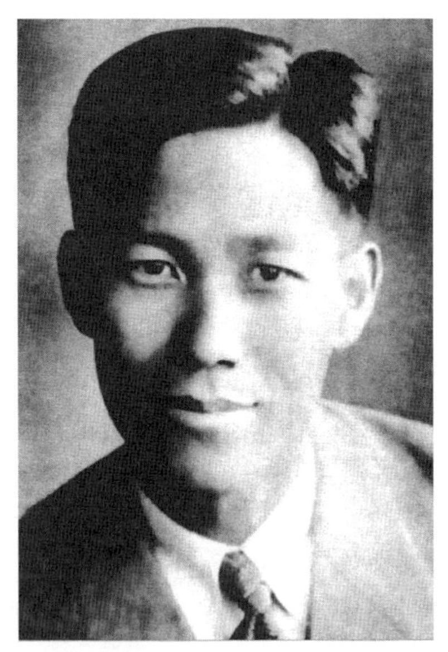

박용철

사실 이러한 우리 연극 병폐는 1970년대까지 지속되다가 극단 실험극장이 〈에쿠우스〉(피터 셰퍼 작)를 1976년 8월 운니동 소극장에서 공연하면서 어느 정도 극복될 수 있었고, 그 후 무대공간이 넓어지면서 장기공연 체제가 굳어졌다고 말할 수 있다. 그가 이미 1930년대 초에 우리 극단들의 가장 취약한 부분을 예리하게 지적한 것은 그의 탁월한 안목에서 비롯된 것임을 확인할 수 있는 것이다.

네 번째로 그가 지적한 것은 대단히 흥미로운 사항으로서 한국인의 생활구조가 극적이지 못하다고 한 점이다. 그와 관련해서 "조선의 생활 그것에 극적 요소의 결핍을 느낀다. 하나 둘을 들추어보면 연애제재의 결핍(사생활에 따라 남녀교제의 희소로 말미암아), 화려 웅장한 생활 장면의 결핍, 가옥구조에 협소한 간(間)막이가 너무 많아서 우리의 가옥과 실내를 무대 위에 올려놓기가 어려운 것, 이것을 구차히 피하기 위하여 무대 한 편에 방, 그 옆에 마당, 이 마루와 마당에서 극적 동작의 대부분이 진행되는 것을 보고 부자연의 감이 있는 것은 나 한 사람이 아닐 것이다."라고 썼다.

이러한 지적은 창작희곡을 써보거나 아니면 창작극 무대를 유심히 살피지 않고서는 찾아내기 어려운 것이다. 솔직히 일상을 제대로 한 연극은 대체로 응접실(거실)에서 사건이 진행된다. 그럼에도 불구하고 우리나라의 가옥구조는 응접실이 따로 없다. 따라서 연극은 안방이나 마루 또는 마당에서 진행된다. 머슴이나 하인을 마당쇠가 불러온 것이다. 이러한 협소한 가옥구조가 좋은 작품을 만들어내기 어렵게 했다고도 볼 수 있는 것이다. 그런데 더 주목되는 것은 "우리의 현실생활 그것이 비극 되기에는 너무 위대함이 적고 희극 되기에는 너무 비참한 것"이라고 한 그의 지적이다.

물론 이러한 지적은 그가 그리스 비극이나 셰익스피어, 체호프 등과 같은 위대한 극작가의 희곡을 염두에 두고 당시 우리의 식민지 현실 상황을 비판한 것이지만 상당히 정확한 관찰이었다고 말할 수 있다. 솔직히 당시의 우리 현실은 처절한 비극으로도 또는 위대한 희극으로도 묘파해내기 어려운 상황이었던 것만은 사실이다.

이어서 그는 이상과 같은 네 가지 문제와 함께 검열난, 자본난, 배우난 등 삼재팔난(三災八難)을 지적하면서 극본난만 극복할 수 있다면 우리 연극의 활로는 열려 있다고 했다. 이처럼 박용철은 단순한 시인이 아니고 당시 세계연극과 한국연극 상황을 훤히 꿰뚫고 있었고, 우리 연극의 한계점과 그 극복 방안까지 갖고 있었다는 점에서 그도 우리나라 신극 선구자 중 한 사람으로 인정받아야 한다고 본다.

그리고 그는 같은 글에서 조용만(趙容萬)의 신작희곡 〈가보세〉에 대해서도 분석 평가한 바 있다. 1894년 동학운동의 한 측면을 희곡화한 이 작품에 대해서 그는 "이 극본의 공기(空氣)는 강렬한 동란적 공기가 아니라 오히려 애조에 가까운 것이다. (薄暗한 무대에서 사건을 진행하는 것이 이 感을 더하게 한다.) 우리가 이 작품을 아주 크게 평가하지 못하는 이유는 이 극본이 우리를 동란적 공기 속에 휩쓸어 넣기에는 너무 가냘프고(우리를 어떤 공기 가운데 동화시킴에는 고리키의 「夜의 宿」의 규모를 요한다.) 우리를 감격시키는 사건이 되기에는 너무 단순하여 특수성이 없다는 것이다."라고 썼다.

이러한 그의 희곡평에서 느껴지는 것은 희곡을 단순한 문학적 분석 아닌 극장적으로 분석했다는 점이라 하겠다. 이는 그만큼 그가 연극을 안다는 것을

　　　　　제4부　서구연극의 도입과 실험

의미한다. 사실 희곡은 시나 소설처럼 기록으로 끝나는 것이 아니라 극장 무대에서 완성되는 문학 장르이다. 따라서 희곡을 분석할 때는 언제나 무대를 염두에 두고 접근해야 되는 것이다. 그가 〈가보세〉를 분석하면서 공기, 즉 분위기를 계속 이야기한 것은 공연을 염두에 두고 한 말인 것이다. 그가 이 작품에 공연 기회를 주어서 그 효과를 한번 보자는 말로 끝을 맺은 것도 바로 그의 그러한 극장적 접근을 잘 보여주는 것이라 볼 수 있다.

이처럼 그가 연극을 꽤 알았기 때문에 공연평도 할 수 있었던 것이다. 그는 1932년 여름부터 이듬해 겨울까지 1년 반 동안에 세 편의 연극평을 했는데, 모두 그가 소속해 있던 극예술연구회의 공연에만 한정했다. 이는 그만큼 그가 당시의 저급한 상업극에는 거의 관심을 갖고 있지 않았음을 보여주는 것이지만, 다른 한편으로는 자신이 소속된 단체의 작품만 평가했다는 점에서 글을 조심스럽게 썼을 개연성도 없지 않은 것이다.

그런 그가 첫 번째로 쓴 연극평은 극예술연구회의 제2회 공연작품 세 편에 대한 것이었다. 그는 이 글의 서두에서 극예술연구회에 대하여 호의와 희망을 갖고 있다는 것으로부터 시작해서 전체적 인상과 함께 차례로 세 작품을 평가했다. 그는 전체적 인상과 관련하여 "대체의 인상을 먼저 말하면 〈관대한 애인〉의 연출이 극 내용 정서를 관중에게 전달시키는 데 가장 성공한 것 같고, 〈옥문〉은 미래사건의 전개가 없는 극이나 부정한 법률을 표징하는 높은 옥문 앞에서 아들이오 남편인 남자를 사형당한 두 여자가 끝없이 통곡하는 것이 비극애호자인 우리 관중을 감동시킨 바 있었다. 끝으로 〈해전〉은 묘사가 아니라 표현을 주장하는 표현주의극으로서 모든 형식의 재래의 우리가 관극해오던 다른 극의 형식과 전연히 다름으로써 우리에게 이해되는 데 심대한 곤란이 있다. 이 극의 후반인 전쟁의 장면에 들어가서부터는 맹목적인 전투와 살육과 비참이 우리를 경험하기 드문 최고조의 흥분 가운데 끌어넣어서 이 극본 본래의 효과를 충분히 나타내지만 전쟁의 나팔소리가 들리기 전에 이 전쟁을 예기하는 수병들의 흥분 초조의 감정을 공개하는 회화의 계속이 너무 용장(冗長)하므로 관중에게 지리한 감을 일으키는 모양이었다"[2]고 쓰고 있다.

이상에서 알 수 있는 것은 그가 공연의 심도 있는 분석 비평보다는 인상비평에 머문 감도 없지 않다. 그러나 작품 하나하나에 들어가서는 비교적 분석적으로 나아가려 애쓴 흔적이 보이는 것도 사실이다. 주지하다시피 비평이란 가치창조 아닌 가치평가이다. 따라서 공연평은 적어도 레퍼토리 선정에서부터 연출, 연기, 무대미술, 음향, 조명 특히 앙상블에 대해서 평가해주어야 하는 것이다. 그런데 그는 그러한 접근을 꾀해보려는 흔적이 구체적으로 나타난다.

가령 첫 작품 〈관대한 애인〉에 대해서 레퍼토리 선택을 칭찬하고 특히 연출과 연기술에 대해서 거론을 했다. 즉 그는 이 글의 말미에 "연출의 감각이 이 효과를 작출하는 데 필요한 임무를 행한 것은 물론이나 연기에 대한 몇 가지 욕심을 말한다고 엔리의 전대풍(專大風)에 후미(厚味)가 가할수록 더욱 반어적 효과가 강할 것 같았고, 매기는 사생자를 낳고 10년 동안 고통을 통해 살아온 여자로서 대체 너무 젊고 어여뻤다. …(중략)…그런데 이 매기 역의 대사는 똑똑해서 알아듣기 쉬운 반면에 이 심리적 동요의 음영(陰影)이 표현되지 않고 말과 동작이 너무 직선적으로 경직된 감이 있었다."고 쓴 것이다.

이처럼 그는 신문리 뷰임에도 불구하고 공연의 전반을 심층적으로 평가해보려 노력했던 것이다. 특히 그의 공연평에서 돋보이는 부분은 레퍼토리 선정과 그 효과에 대한 것까지 고르게 짚어준 데 있다. 그와 관련된 한 부분을 소개하면 다음과 같다.

> 제1회 공연이 비교적 호평이고 음반 제2회가 평판이 좋지 못한 것도 연출의 성실 여부, 연기의 능불능, 장치의 성패를 가지고 하는 것보다 레퍼토리 자체에서 많이 원인한 것 같다. 우리가 극본을 선정함에 있어 그 예술적 가치와 극장의 연출능력의 제조건 등을 고려하여야 할 것이요, 극이란 또 관객에게 지배되는

---

2 박용철, 「실험무대 제2회 시연 초일을 보고」, 『동아일보』 1932.6.30.

   제4부 서구연극의 도입과 실험

정도의 가장 강한 예술이므로 구체적 집단인 관중을 고려하게 된다. …(중략)…
예술과 관중과 무대조건을 용의주도하게 투시하는 각본의 적응화를 반대할 추
호의 이유는 없는 것이다.[3]

이상과 같이 그는 극예술연구회의 레퍼토리 선정 문제를 집중적으로 거론
했다. 그러면서 적어도 극예술연구회만은 대중에게 영합하기보다는 주도적으
로 이끌어 가는 노력을 보여야 한다고 했다. 그와 관련해서 그는 "우리의 극연
(劇硏)이 추종적이 아니라 지도적 입장을 유지하기를 바란다. 모든 타협은 정
도의 문제다. 그러나 극연의 실험무대의 연구적 실험적 태도가 통속적 인기에
아첨하지 않고 도리어 극의 세계에는 이렇게 귀중한 것이 있다고 교시하는 데
치중하는 기대를 가지고 있다."고 썼다.

한편 그의 두 번째 연극평인 「〈우정〉에 대하여」는 첫 번째 공연평과는 달리
단순한 리뷰에 그치고 있다. 독일 표현주의 극작가 게오르그 카이저의 단막극
〈우정〉은 명칭 그대로 우정과 애정이라는 이 명제를 궁극적으로 우정을 부각
시키는 남성적 작품이다. 그러니까 한 여자를 놓고 두 남자의 우정을 시험하
면서 여자를 자살시킴으로써 우정을 부각시킨다는 내용인 것이다. 그런데 주
목할 만한 사실은 그가 그런 레퍼토리 선정에 대해서 의문을 제기한 점이라
하겠다. 그는 이 작품이 "체제, 결과, 기복 등이 1막극으로서 성공한 작이라 할
수 있다."[4]고 말하면서도 "작자는 마침내 이 순결무구한 여주인공을 자살시켜
이 극을 해결 짓는다. 그러나 실로 이 얼마나 동양적인 해결이냐"로 끝을 맺고
있는 것이다. 그러니까 그는 여자를 죽이는 유형의 비극이 한국 더 나아가 동
양 정서와 맞느냐는 의문 제기였다는 이야기다.

그의 세 번째 공연평은 그 스스로 번역한 「피란델로의 작 〈바보〉에 대하여」
이다. 그런데 세 번째 평도 전형적인 리뷰지만 여기서는 피란델로의 작가적

3　위의 글.
4　박용철, 「극예술연구회의 〈우정〉에 대하여」, 『조선일보』. 1933.2.4.

특징에다 포커스를 맞춘 것이 특징이다.

그는 이 공연평에서 "그는 무대기교의 혁명가라는 말을 듣는다. 과거의 모든 희곡 형식을 자유로 구사하고 임의로 파괴하고 기발한 신형식을 창조하고 있는 것이다. 그이같이 무대의 모든 효과를 의식적으로 이용한 작자는 없을 것이다. 그는 배우를, 관중을, 연출을, 장치를, 즉 무대의 가능성을 최후의 일선까지 이용한 작가다. 무대에 올라야 비로소 그 희곡의 진가를 안다는 일반적 진리가 그의 작품에 있어 더욱 강조되는 것이다"[5]라고 쓰고 있다. 이 글에서 알 수 있는 것처럼 그는 세계 현대극의 조류에도 상당한 식견을 갖고 있었음을 확인할 수 있다.

결론적으로 말해서 그는 문학 수업 이상으로 연극 수업을 한 전문적 연극인이었다. 그리고 그가 『시문학』, 『문예월간』 등을 간행한 선구적 잡지운동가였다는 것은 다 아는 사실이다. 그런데 문예지는 그보다 훨씬 앞서서 최남선이 『소년』지 등을 펴낸 것이 1908년이었으므로 그가 처음은 아니었다. 그 후로는 『청춘』이라든가 『창조』, 『폐허』, 『백조』, 『조선지광』 등 많은 문예지들이 출간된 바 있었다.

그러나 적어도 연극 전문 잡지를 펴낸 것은 그가 최초였다. 그가 극예술연구회의 동인으로서 경리 책임, 외국 희곡 번역, 출연 등 적극적 신극운동을 펴나가면서 전문잡지의 필요성을 느낀 것은 1933년도부터였다. 즉 그는 문학과 달리 연극 전문 잡지가 없었기에 연극 정보에 어두울 수밖에 없었고, 특히 연극을 홀대하는 사회 분위기에서 새로운 연극이론이나 사조를 접한다는 것은 연목구어나 마찬가지라는 생각을 갖기에 이른 것이다.

따라서 그는 연극 전문 잡지 발간을 결심하고 유치진, 서항석, 이헌구 등과 상의하여 『극예술』을 창간한 것이다. 그는 이미 『문예월간』과 『시문학』을 창간한 바 있기 때문에 잡지 발간의 노하우가 있었고, 지주 집 장남으로서 재정조

---

5 박용철, 「피란델로의 〈바보〉에 대하여」, 『동아일보』 1933.11.25.

   제4부 서구연극의 도입과 실험

달에도 별다른 어려움은 없었다. 그러니까 그는『문예월간』과『시문학』을 찍어낸 적선동 집에서『극예술』을 만들어내면 된다고 생각한 것이다.

문제는 필진인데 극예술연구회 동인들이 대부분 도쿄 유학생 출신에다가 외국문학을 전공한 신예들이었기 때문에 그것 또한 아무런 걱정이 없었다. 그는 곧바로 잡지 발간에 들어가서 1934년 4월에 1천 부를 한도로 하여『극예술』을 펴냈다.

그런데 당시만 하더라도 일제 식민지 치하로서 정치, 경제, 문화적으로 굴곡이 많았고, 특히 일본 경찰의 감시가 심했기 때문에『극예술』을 정기적으로 펴내기가 쉽지 않았다. 따라서『극예술』은 부정기 간행물로서 1934년 4월 창간호를 시작으로 1936년 9월에 제5호를 펴냈으므로 2년 반 동안에 다섯 호를 낸 셈이 되는 것이다. 이 시기는 사실 그가 시작 활동과 연극운동을 가장 활발하게 전개하던 때였고, 폐질환으로 귀향과 상경을 거듭하던 시절이었다는 점에서 그의 연극잡지 발간은 특별한 의미를 지닌다고 하겠다.

그렇다면 그가 펴낸『극예술』이란 잡지가 연극사에서 어떤 의미를 갖는가. 근대극의 선구자인 헨리크 입센을 표지모델로 하여 "조선에 진정한 극문화를 수립하자"는 창간사에서 알 수 있는 것처럼 이 잡지는 당시 서구연극을 이식하는 데 있어서 선도 역할을 했었다. 그가 앞장서서 펴낸 최초의 연극 전문 잡지『극예술』다섯 권에 많은 글을 실려서 연극이론 불모의 이 땅에 적잖은 계몽적 역할을 하게 만든 것이다.

물론 당시에 있어서 신문의 문화면이라든가 일반 잡지 등에 간간이 연극에 관한 글이 게재되긴 했지만『극예술』만큼 종합적으로 연극에 관한 논문을 게재한 경우는 드물었다. 특히『극예술』은 극예술연구회의 기관지 성격을 띠었기 때문에 현장적 성격의 글을 많이 실었다. 즉 연출의 실제라든가 연기, 무대미술, 각색, 조명 등에 이르기까지 매우 구체적이면서도 실용적인 글이 많았다는 이야기다. 이는 사실 극예술연구회 동인은 말할 것도 없고 당시의 연극 종사자들에게도 실제적으로 적잖은 도움을 주었을 것임은 명약관화한 것이

다. 이 말은 곧 잡지『극예술』이 비록 다섯 번의 발행으로 그치긴 했어도, 1930
년대 있어서 연극이 진전되는데 많은 도움이 되었다고 보아도 무방하다. 그만
큼 그는 신극발전을 측면에서 돕기도 한 것이다.

이상에서 살펴본 바와 같이 박용철은 시인이나 시문학운동가 이상으로 연
극운동가로서 한국근대연극 발전에 기여했음을 알 수 있다. 그의 연극 활동
은 처녀희곡 〈해피나라〉(1924.5)로부터 시작되었다고 볼 때, 13년 동안의 길
지 않은 기간이었고, 그나마 본격적인 연극운동은 1932년 12월이었으므로
5년 정도밖에 안 된다. 그러니까 그의 연극력(演劇歷)은 시력(詩歷)에 버금간
다고 말할 수 있다. 따라서 그를 단순히 시인이나 시운동가로 보는 것은 솔
직히 그에 대한 반쪽 평가에 불과하다고 말할 수 있다.

앞에서도 누누이 설명한 대로 그는 극작가였고 번역가였으며 극단 경영
자, 연극비평가, 연극 전문 잡지 운동가였다. 그로 말미암아 1930년대를 전
후한 우리 연극계가 풍성해지고 지적(知的)으로도 성장하는 데 도움이 되었
음은 두말할 나위 없는 것이다. 가령 그가 쓴 희곡은 학생극 발전에 도움을
주었고, 그가 번역한 서양 희곡작품은 극예술연구회의 레퍼토리를 풍요롭
게 했다.

그러나 그보다도 그가 미량이나마 재정 압박을 받고 있던 극예술연구회에
자금을 제공(?)함으로써 그 단체의 존속에 나름대로의 기여를 했다고 보는
것이다.

솔직히 후원회 제도가 정립되지 않았던 당시, 그가 극예술연구회 사업부에
서 한 일이라는 것은 자금 조달 외에는 없었을 것이 아닌가. 특히 그가 발간한
연극 전문지『극예술』은 가장 기본적인 서양의 연극이론을 소개하는 유일한
창구였다. 이 말은 곧 주먹구구식으로 해온 우리의 근대극운동이 체계적으로
이루어지게 하는 데 조그만 버팀목이 되었다고 볼 수 있다.

이처럼 많은 역할을 한 박용철이 연극사에서는 홀대를 넘어 완전히 치지도
외되었던 것은 커다란 오류였다. 솔직히 그는 지금까지 시사나 문학사에서만

다루어 왔던 것이 사실이다. 이는 곧 그에 대한 평가가 그동안 반쪽에 그쳤음을 의미하는 것이다. 바로 그 점에서 앞으로는 그가 연극사에서도 그만한 자리를 차지해야 한다고 본다. 그것만이 그에 대한 총체적 평가가 되는 것이라 확신한다. 결론 삼아 재론한다면 박용철이 시인으로서뿐만 아니라 연극인으로서도 온전한 자리를 차지할 때, 비로소 제대로 된 한국근대문예사가 나올 수 있다고 본다.

가장 돋보였으나 가장 불운했던 극작가
함세덕

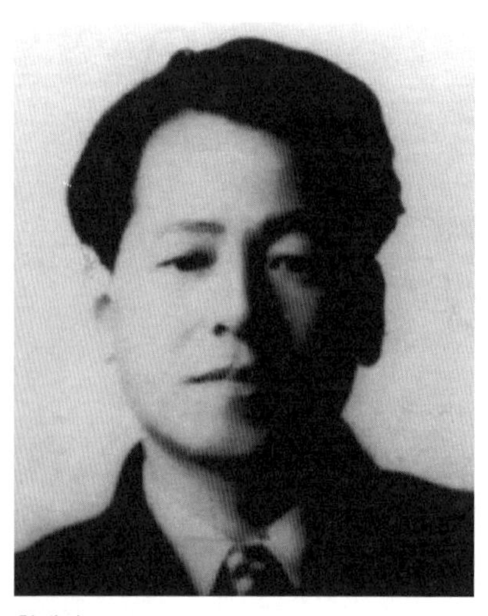

함세덕

우리나라에 서구 형식의 희곡이 탄생한 것은 신파극이 시작되고부터였다. 물론 신파극 희곡은 서구 근대극 형태에는 이르지 못한 것이었고, 제대로 된 희곡의 탄생은 아무래도 3·1운동 이후 서구연극을 공부한 유학생들이 귀국하면서부터였다. 그 대표적인 인물이 김우진이었으나 그가 요절하였기에, 본격적인 희곡은 1930년대의 유치진에 와서야 나타날 수 있게 되었다.

그가 등장하면서 서구 근대 희곡 형태가 근대시나 소설 등과 함께 유행한 점이 주목을 끈다. 그리하여 유치진의 뒤를 이어 여러 명의 극작가들이 등장했는데, 그들 중에서 단연 돋보였고 또한 그 어느 극작가들보다도 불운했던 인물이 바로 함세덕(咸世德)이다. 그는 이념형도 투사형도 아니었음에도 불구하고 식민지 치하와 이데올로기 대립 상황에서 재능을 제대로 발휘해보지도 못하고 민족 분단의 희생물이 되었기 때문이다.

그는 유치진의 대를 이을 만한 촉망받은 극작가였지만 해방과 분단, 그리고 동족상잔 과정에서 비극적 죽음을 당했다. 유망한 극작가가 왜 비극적 과정을 밟을 수밖에 없었던가를 추적하는 일은 매우 의미가 있다고 본다. 사실 그동안 그의 출생 성장에 관해서도 몇 가지 다른 견해가 있어왔다. 그러다가 연극학도 오애리가 함세덕의 생애와 성장 과정을 다룬 학위논문[1]을 제출하면서 그의 생애와 성장 등이 소상하게 밝혀지게 되었다.

그에 따르면 함세덕이 인천 출신임은 분명하나 유소년 시절을 전남 목포에서 보낸 사실이 드러났다. 즉 그의 조부는 서울 사람으로서 조선 말기에 정3품 벼슬까지 하고 인천으로 낙향해서 말년을 보낸 함선지(咸善志)이다. 그의 가정이 당시로서는 양반가문이라는 것을 알 수가 있다. 따라서 그의 부친 함근욱(咸根彧) 역시 인천일본어학교를 졸업하고 외국어학교 부교관을 거쳐 전남 나주군청 주사까지 지낸 관리 출신이다.[2]

이런 가정에서 그는 1915년 5월 인천에서 태어났는데, 그의 모친은 평범한 집안 출신의 송근신(宋根信)이다. 그는 2남 3녀 중 장남이었는데, 그의 부친이 가족을 떠나 나주에 홀로 있을 때 사귄 여성(姜判心) 사이에서 아들(咸錦聖) 하나를 더 두었기 때문에 실제로는 3남 3녀가 되는 셈이다. 그는 인천에서 태어났으나 부친이 목포에서 공무원으로 근무하고 있었기 때문에 세상의 빛을 본 지 단 몇 개월 만에 부친의 임지를 따라 목포로 가서 성장하게 되었다. 그가 목포에서 보통학교 입학 1년여 만에 그의 부친이 관리 생활을 청산하고 고향 인천으로 되돌아옴으로써 그는 인천공립보통학교를 졸업했다.

그 후 그는 부친이 물산객주를 했기 때문에 여유롭게 학창생활을 보낼 수 있었고, 보통학교 졸업 후 명문 인천상업학교를 다닐 수 있었다. 보통학교 때

---

1 오애리, 「함세덕 연구」, 단국대 국문학과 석사학위 논문, 1991.
2 오애리, 「새 자료로 본 함세덕」, 『한국현대극작가론 3―함세덕』, 태학사, 1995, 270쪽.

부터도 왜소한 체구에 온순하고 소극적인 성격이었지만 성적은 우수했다. 문예에 소질이 있었는데 특히 연극을 좋아했다고 한다. 대체로 매사에 나서기보다는 관찰자에 서는 편이었던 것 같다. 우연이긴 하지만 마침 그의 가족이 상업학교 시절 살았던 인천시 용동 237번지 근처에 유명한 극장 애관(愛館)이 자리 잡고 있어서 자주 연극을 볼 기회가 생긴 것이다. 애관은 전통 있는 극장으로서 서울의 모든 극단들이 순회공연 때마다 반드시 거치는 공연장이었다. 그렇기 때문에 서울에서 볼 수 있는 작품들을 거의 접할 수 있는 극장이기도 하다. 그가 연극에 일찍이 눈을 뜨게 된 것이 실은 애관의 덕택이라고 해도 과언이 아니다. 따라서 그는 이미 인천상업학교 시절에 졸업생 환송을 위하여 대본도 쓰고 연출까지 했다고 한다.[3]

그는 또한 여행을 좋아해서 인천 근처 섬들과 금강산 여행까지 했으며 그러한 체험을 바탕으로 해서 작품의 소재를 축적하고 있었던 것 같다. 이는 그만큼 그가 내면적으로 극작가를 꿈꾸고 있었음을 의미하는 것이기도 하다. 그만큼 그는 여행을 하면서 스스로 취재를 하고 있었다는 이야기도 된다. 그는 1934년에 인천상업학교를 졸업하자 어느 은행도 갈 수 있었으나 모두 마다하고 부모의 반대를 무릅쓰고 곧바로 유명한 일한서방(日韓書房)에 취직하게 된다. 그것도 책을 다루는 점원으로 들어갔는데, 이는 사실 그가 마음껏 책을 읽기 위해 다분히 의도된 것이었다. 그는 거기에서 마음껏 독서를 할 수 있었다. 세계문학전집을 비롯해서 희곡과 연극 관련 서적을 두루 읽은 것이다. 물론 그가 그 시기에 습작도 하고 있었다.

마침 그곳에 단골로 드나들던 수필가 김소운(金素雲)의 소개로 신예 극작가로 이름을 날리기 시작한 유치진을 소개받은 것이 그의 문하생이 되는 계기가 되었고 그의 지도도 받을 수 있었다. 따라서 그의 습작은 곧바로 극작가 데뷔로 이어졌다. 즉 그는 상업학교 졸업한 지 2년 만인 1936년에 월간『조선문학』

---

3 위의 책, 274~275쪽.

에 처녀작 〈산허구리〉(단막)를 발표함으로써 일단 예비작가라는 이름을 문단에 올릴 수 있었다. 그 3년 뒤인 1939년 3월에는 동아일보 주최 제2회 연극경연대회에 단막극 〈도념〉(일명, 동승)을 제출함으로써 정식 극작가로 인정받았으며, 이듬해에 『조선일보』 신춘문예에 〈해연〉이 당선됨으로써 유망한 신예극작가로 화려하게 등장케 된다. 갓 등장한 그와 깊은 인연을 맺었던 두 사람, 즉 유치진과 이해랑의 회고를 한번 살펴보면 각각 다음과 같다.

> 연극운동의 새물결을 일으켰던 극연은 이미 해체되었고, 몇몇 연구적, 실험적 극단마저 자연 소멸된 시점에서는 우리 극단에 예술적 향운을 지키려는 기운이 있을 리 없었다. 그러나 아무리 그렇다 해도 신파적 경향이 짙은 작품이 나타났다는 것은 유감스러운 현상이 아닐 수 없었다. 이런 상황 속에서 우리 희곡계에 나타난 신인이 함세덕(咸世德)이었다. …(중략)… 그는 진정 기대를 걸어볼 만한 신인이었다.[4]

> 이때 나의 프라이드를 회복케 한 지우가 극작가 함세덕이었다. 대화숙(大和塾) 때부터 가까웠던 그는 나와 잠자리를 같이 하면서 슬픔을 위로해줬고 그의 해박한 연극지식은 나에게 새로운 용기를 불어넣게 했다. 인천이 고향으로 선린상업을 나온 그는 한때 본전통(현 충무로)의 최대 서점 이었던 일한서방에서 점원으로 일했다. 이 기간 동안 책 속에 파묻혀 생활하며 얻은 엄청난 독서량은 그의 문재를 틔었고 유치진 선생의 현대극장과 더불어 해방 직전까지 희곡계를 풍미했던 일세의 기린아였다.[5]

이상과 같은 두 연극인의 회고에서 확인할 수 있는 것은 함세덕이야말로 대단히 촉망되는 극작가였고 활동 기간이 1940년부터 해방 때까지 5년여라는 것이다. 특히 비록 연극을 위한 대학 교육을 받지는 못했지만, 독서량이 많고

---

4 유치진, 『동랑자서전』, 서문당, 1975, 199쪽.
5 이해랑, 「예술에 살다(13)」, 『일간스포츠』, 1978.5.24.

타고난 재능이 있어서 전도유망한 신예 극작가였다는 점은 두 연극인의 회고에서 공통적으로 드러나 있다. 사실 그러한 견해는 당시 함께 활동했던 연극인들이라면 누구나 인정하는 것이다. 그는 동시대의 연극인 몇 사람과는 깊은 인연을 맺었었고, 그중에서도 유치진과 이해랑과는 각별했었다. 즉 유치진과는 10년 차이로서 단순히 연극계 선후배라기보다는 스승과 제자 사이였고, 동년배였던 이해랑과는 한솥밥을 먹을 만큼 가까운 친구였다. 따라서 그가 길을 달리했을 때 가장 아쉬워했던 사람도 다름 아닌 두 사람이었다. 그는 솔직히 독학을 한 것이지만 극작법은 유치진에게서 배웠다고 해도 과언이 아닐 만큼 그와 친교를 맺었었다. 그가 극단 현대극장의 레퍼토리를 많이 충당했던 것도 그래서 가능했다. 그는 데뷔하자마자 창작, 번안, 각색 등 여러 방도로 작품을 생산해냈다. 그래서 어느 때는 1년에 6편까지 양산해내기도 했었다.

그의 작품력이라고 하면 고작 10년에 불과하지만 장단막을 합쳐서 24편 이상을 내놓았다는 것 자체가 놀라운 것이다. 24편 중 번안물이 2편이고 소설 각색극이 1편이라고 볼 때, 순수창작극은 21편이 되는 셈이다. 그런데 흥미로운 사실은 상당수 작품이 서양 작품에서 구조를 빌려오거나 아니면 힌트를 얻어 썼거나 했다는 사실이다. 물론 그렇다고 해서 그의 작품이 가치가 떨어진다는 것은 결코 아니다. 그의 선배 유치진도 초기 작품 일부는 아일랜드 작품에서 힌트를 얻었음을 밝힌 바 있었고, 그의 후배지만 현대극의 개척자의 한 사람으로 평가되는 이근삼도 상당수의 작품이 서양 희곡에서 구조를 빌려오지 않았던가. 그러니까 후진국 작가들이야 어쩔 수 없이 선진 서양의 작품에서 영향을 받는 것은 극히 자연스러운 것일 수도 있다고 본다.

가령 동시대의 훌륭한 연출가였던 이해랑이 그를 가리켜서 '천재적 문사'였다고 한 것도 그래서 나온 말이었다. 사실 우리 근대희곡사를 놓고 볼 때. 대표적 사실주의 극작가를 든다면 아무래도 유치진으로부터 시작하여 함세덕으로 이어지고 차범석에서 꽃을 피웠다고 말할 수 있지 않을까 싶다. 그만큼 그의 자리가 중요하다는 이야기다. 그는 동양의 후진국 극작가답게 서양의 극작가들을 흠모했고, 특히 존 밀링턴 싱 등 아일랜드 극작가들과 실러, 버너드 쇼, 로맹 롤랑, 스트린드베리, 슈니츨러, 메테를링크, 머레이, 파뇰 그리고 일본 작가의 영향도 받았다. 이들 작가들에서 영향을 받거나 구조를 빌려온 경우들을 대강 열거해보면 싱의 〈바다로 가는 기사들〉에서 힌트를 얻어 〈산허구리〉와 〈무의도 기행〉을 썼고, 파뇰의 〈마리우스〉에서는 〈해연〉을, 머레이의 〈장남의 권리〉에서는 〈서글픈 재능〉을, 실러의 〈군도〉에서는 〈산적〉을, 그리고 일본의 〈춘금초〉에서는 〈에밀레종〉을 탄생시켰다고 해도 과언이 아니다.

그는 평소 센티멘털이 없으면 예술이 이루어지기 어렵다고 생각했으며, 센티멘털리즘으로부터 로맨티시즘으로 가는 것이 작품의 이상이라고 했다.[6] 그래서였는지는 몰라도 그가 특별이 좋아하고 모방한 작품들이 대부분 후기 낭만주의 계열과 서정적 주조가 강한 작가들이다. 물론 그는 리얼리즘 계열의 작가였고 그것을 신봉한 것도 사실이었다. 사실 그가 바라본 당시의 절망적 시대상황을 묘사하려면 그 길밖에 없기도 했다. 그것은 유치진의 영향일 수도 있었다. 그러나 그는 답답하리만큼 건조한 리얼리즘에는 언제나 고개를 가우뚱했던 것 같다. 아무리 궁핍해도 세상살이에는 시정(詩情)도 있는 것이기 때문이다. 그가 자연을 좋아하고 산과 바다를 두루 여행했던 것도 이런 내재적 시정을 다스리기 위한 것이 아니었나 싶다.

실제로 그는 습작기에 시도 몇 편 썼다. 따라서 그가 체험한 섬과 섬사람들을 묘사하면서도 가난 그 자체만을 묘사하는 데 그치지 않고 그 위에 시정을 얹곤 했다. 그가 특별히 좋아했던 싱이나 파뇰의 분위기가 많이 풍기는 것도 극히 자연스런 것이라고 본다. 실제로 그의 첫 번째 번안물이 파뇰의 대표작이라 할 〈마리우스〉와 〈파니〉였던 것이다. 그는 희곡과 연극에 관한 글 외에 잡문을 별로 많이 쓰지 않았고 극단에도 적극적으로 가담하지 않은 극작가로도 유명하다. 그의 첫 번째 인연의 현대극장은 유치진과 특별한 관계에 따른

---

6 이원경과의 대담, 창고극장에서, 1975.7.

것이었고, 해방 후의 낙랑극회나 백화는 이해랑의 권유나 좌익 관계 사람들에
의해서 어쩔 수 없이 맺은 것이었다고 볼 수 있다. 그런데 여기서 그의 일본
연극에 대한 관심과 지식에 대해서 조금 짚고 넘어가야 할 것 같다.

후술하겠거니와 그는 일본 연극에 동시대 연극인들 가운데서 비교적 관심
을 많이 가진 편이었다. 여타 극작가들과 달리 〈에밀레종〉에서 알 수 있는 바
와 같이 일본 작품에서 힌트를 얻어 희곡을 쓸 만큼 그는 일본 작품을 꽤 알고
또 모방도 했는데, 이는 아마도 그가 일본 연극계에서 2년여 동안 현장수업을
받은 데 따른 것이었다고 말할 수 있다.

1944년에 이시다 고조(石田耕造)가 펴낸 『신반도문학선집』의 〈에밀레종〉 해
설과 관련해서 함세덕이 1942년부터 1944년까지 도쿄의 극단 전진좌에 들
어가 연출부에서 일했고, 쓰키지소극장에서 〈구우(舊友)〉(가미즈미 히데노부 작)
라는 작품을 연출까지 했다.[7] 그런 비슷한 기록은 〈에밀레종〉에 대한 오정민
의 공연평[8]에도 나와 있긴 하다. 아마도 이러한 일본 체험이 그로 하여금 어용
목적극을 부끄럼 없이 쓰게 된 배경이 된 것이 아닌가 싶다. 사실 그가 일본에
가 있던 때는 서른 살이 채 되지 않은 백수청년으로서 그 당시로서는 상당히
앞서간 일본에 대해서 센티멘털한 문인답게 동경을 하지 않았나 싶다. 그 점
은 그가 일본에 대해서 단 한 번도 부정적으로 보지 않은 사실에서도 어느 정
도 읽을 수 있다.

일본에서 귀국하자마자 그는 유치진이 이끌던 현대극장에 가입하고 극작
활동에 적극 나서게 된다. 연극에 대한 기본 지식을 갖춘 상태에서 쓰키지소
극장에서의 2년여 현장수업은 그에게 자신감을 심어주었음은 두말할 나위 없
는 것이었다. 1943년 하반기부터 해방 때까지 그는 유치진의 그늘에서 열심
히 작품을 썼다. 그런데 불행하게도 그가 젊음을 불태우면서 창작 활동을 하

---

7 박영정, 「함세덕의 「에밀레종」 연구」, 『한국극예술연구 2』, 1992.
8 오정민, 「「에밀레종」을 보고」, 『조광』 1943.6.

    제4부　서구연극의 도입과 실험

던 시기가 일제의 탄압이 가장 심했던 시기였다는 점이다. 그가 재능 있는 극작들 중에서 친일어용극을 많이 쓴 편에 속하는 것도 바로 거기에 있었다. 그와 관련해서 그는 해방 후에 펴낸 희곡집 발문에서 이렇게 쓴 바 있다.

> 내가 처녀작 〈산허구리〉를 『조선문학』에 발표한 때는 1936년이었고 집필청탁을 받게 될 땐 싹트자 서리를 맞는 격으로 일제의 나치스를 본받은 강압적 연극 통제정책에 동원되는 비참에 봉착하였다. 그러므로 내 작품의 거의가 일본 제국주의의 침략전쟁 중에 씌워졌으며 문학과도 달리 도경찰부, 경무국, 관활서의 3중 4중의 주선(朱線)과 헌병대, 군보도부의 부전(符箋)을 뚫지 않으면 안 되는 야만적 검열망은 뻗어나가려는 나를 문자 그대로 질식거세하고 말았다. 혁명가가 못되는 옹졸한 나는 무영탑, 낙화암, 에밀레종 등의 낭만극으로 향수와 회고적인 민족감정에 호소하여 일제에 소극적이나마 반항하였고, 추장의 말로 뿌뿌랑(殉死) 등을 극화하여 약소민족의 비분을 노래했지만, 결과에 있어서는 조선문화의 정당한 발전에 역행적 역할을 한 것에 불과하게 되었다. 그러나 이 소위 국민연극 속에서 한 가지 얻은 것은 기술이었다. 이것만은 참으로 불행 중의 다행이리라. 나는 이 기술을 토대하여 인민의 한 구석에 서서 앞으로의 새로운 민족연극을 창조하기에 부심하려고 한다. 내선일체, 징병, 증산, 일어상용, 미영격멸, 이것이 작가에게 명령된 놈들의 강제적 내용이었다. 이 명령을 피하는 길과 또 한 가지 상실된 희곡의 문학성을 찾기 위하여 한 편 두 편 씌어진 것이 10여 편의 1막물이었고 그중 선택된 5편이 이 소책자이다.[9]

이상에서 알 수 있는 것처럼 그가 가장 어려운 시기에 왕성한 창작 활동을 하게 되었고, 따라서 부득이 마음에 내키지 않는 친일어용극을 쓸 수밖에 없었으며 거기서 탄생된 작품들이 이른바 〈낙화암〉이라든가 〈에밀레종〉 같은 희곡들이다. 솔직히 이들 작품은 그가 초기 등장 때 쓴 작품들과는 확연한 차이가 나는 것도 사실이다.

---

9 함세덕, 희곡집 『동승』, 박문, 1947.

가령 데뷔작 〈산허구리〉만 보더라도 비록 서해안의 조그만 어촌이 배경이지만 그의 스승 유치진의 〈토막〉을 연상시킬 만큼 찌든 가난뱅이의 처절한 삶을 묘사한 것이다. 늦가을이면 대체로 풍성한 계절이지만 이 집은 아침부터 죽을 끓일 만큼 가난하다. 주인공인 노어부는 생계를 고기잡이로 이어왔는데, 장남과 맏사위를 바다에서 잃고 그 자신 또한 고기를 잡다가 상어한테 한쪽 다리를 잃은 불구자이다. 잘린 다리에서 구더기가 나와도 약을 쓸 수조차 없는 처지에 그는 생활을 위하여 또다시 바다로 나가야 한다. 그래서 그의 평생 소원이 '굴뚝에 연기 한번 무럭무럭 피어오르는 것'일 정도이다. 그만큼 어부 가족의 삶이 궁핍의 극치에 이르러 있다.

이 작품을 쓸 때만 하더라도 그가 희곡을 처음 공부하고 성장기에 겪은 주변 사람들의 곤궁한 삶을 리얼하게 엮어보려는 순수 의도가 그대로 표출된 것이었다. 그 당시 그가 닮으려던 극작가는 국내의 유치진과 외국의 존 밀링턴 싱 등이 아니었나 싶다. 그 두 모델을 벤치마킹한 것이 다름 아닌 〈산허구리〉 등 데뷔 시절와 단막극들이다. 그러니까 처절한 우리 현실을 다루면서도 유치진처럼 메마르게 묘사하기보다는 서정이라는 기름을 쳐서 관객의 감상적 정서를 자극했다는 이야기이다. 그다음 작품들이라 할 〈동승〉이라든가 〈해연〉, 〈서글픈 재능〉, 〈감자와 쪽제비와 여교원〉, 〈무의도 기행〉 등이 그와 관련이 없다고 말하기 어렵다. 데뷔작과 가장 가까운 〈무의도 기행〉만 하더라도 그가 젊은 시절 즐겨 찾은 인천 앞바다 섬이 무대로 되어 있다.

강원도 산골에서 숯을 굽고 살던 부부가 조기잡이로 한몫을 하려고 서해안 어촌으로 이주했지만 한몫은커녕 장성한 두 아들을 바다에서 잃고 결혼날짜까지 받아놓은 딸마저 청나라에 팔아먹는 처지이다. 그런데 하나 남은 막내아들마저 뭍에 나가 있다가 여의치 않아 섬으로 돌아온다. 바다에서 승부를 걸어보겠다고 돌아온 것이었다. 처음에는 모친이 극구 반대해보지만 결국 그 막내아들은 출어를 하게 되고, 낡은 배는 난파당해 시체로 돌아온다는 내용이다. 작가는 이 비극적인 결말을 다음과 같은 내레이션으로 끝맺는다.

나는 이 서글픈 이야기를 고만 쓰기로 하겠다. 그 후 이 배는 병어를 만재하고 돌아오다 10월 하순의 모진 노대를 만나 파산하였다 한다. 해주 수상경찰서의 호출장을 받고 공주학과 낙경이 달려가 천명의 시체는 찾아 왔다고 한다. 그는 부서진 널쪽에다 허리띠로 몸을 묶고 해주항내까지 흘러갔던 모양이다. 노틀아범 외 동사들은 모두 행방불명이었다고 한다. 내가 작년 여름 경성이 너무도 우울하여 수영복 한 벌과 책 몇 권을 싸들고 스물한 살의 내 꿈과 정열과 감상이 흩어져 있는 이 섬을 찾았을 때, 도민들은 여전히 고기를 잡으러 나갔고 동리에는 부녀자와 노인들만 있었다. 천명의 집을 찾아가니 공씨는 얼빠진 사람같이 부엌에서 멀건히 바다만 내다보고 있었다. 나를 보더니 달려와 손을 꼭 붙들고 '선생님 그렇게 나가기 싫다는 놈을, 그렇게 나가기 싫다는 놈을…' 할 뿐, 말끝을 잇지 못하고 울기만 하였었다.

천명은 그가 6학년 때 내가 가르치던 아해였다.[10]

마지막 내레이션을 길게 인용한 것은 함세덕 극작술의 일단을 직접 보여주기 위해서였다. 그러니까 그는 창작희곡을 마치 기록극처럼 위장했는데, 이는 순전히 사실성의 극대화를 꾀한 것이라고 말할 수 있겠다. 작가가 마치 직접 겪은 것처럼 말미에 내레이션을 붙임으로써 비극성을 한껏 높인 것은 새로운 아이디어였다. 이러한 그의 극작술은 당시 누구도 흉내 내기 어려울 정도로 앞선 것이었다. 물론 그는 상업학교 학생 시절 서해안의 여러 섬들을 두루 여행하면서 어민들의 비참한 삶을 직접 보고 들었으며, 그가 작품으로 썼던 이야기 못지않은 실화들은 얼마든지 있었을 것임은 명약관화하다.

그는 이처럼 처절한 어민들의 삶을 리얼하게 묘사함으로써 식민지 시대 우리 민중이 얼마나 고통 속에 처해 있는가를 알려주려 한 것이다. 그는 식민지 시대 민중의 곤핍과 절망을 주로 어민들의 삶을 통해 묘사한 점에서 농민의 삶을 통해 비판했던 유치진과 차이점을 드러낸다. 그는 이런 제재를 어촌으로 확대해가는 것으로 자신의 특색을 삼으려 했다. 그리고 주목되는 것 가운데

---

10 함세덕, 앞의 책, 120쪽.

한 가지는 그가 싱의 영향을 받았으면서도 비극의 원인을 싱처럼 거대한 자연에서보다는 일제의 식민정책에 돌린 점이라 말할 수 있다.

그런 예가 다름 아닌 〈서글픈 재능〉과 〈감자와 쪽제비와 여교원〉이다. 머레이의 희곡 〈장남의 권리〉를 한국 농촌 현실에 옮겨놓은 듯한 〈서글픈 재능〉의 무대는 경주 근교의 농촌이다. 추석날 씨름판의 진행과 함께 진전되는 이 작품은 극술이 빼어나다. 주인공 농부가 빚까지 얻어 장남을 전문학교에 보냈지만 장남은 기대와는 달리 문학을 한답시고 무위도식하며 가족의 희생에도 불구하고 아무런 구실을 못 한다. 농부는 차남의 결혼 밑천인 소마저 빚 청산으로 내다 팔 수밖에 없었다. 차남은 공사판으로 떠나게 되었는데, 마침 장남이 추석 씨름판에서 송아지를 타게 되고 그것을 아우에게 전해주고 집을 떠난다. 이처럼 이 작품은 식민지 시대의 농촌현실과 지식인의 좌절을 묘사한 것이다.

다음 작품인 〈감자와 쪽제비와 여교원〉은 더욱 노골적으로 식민지 현실을 묘파했다. 진주 근교의 어느 산촌을 배경으로 한 이 작품에서는 비교적 넉넉한 어느 가정을 무대로 삼았다. 마침 감자 풍년이 들었지만 총독부의 공출이 심해서 집집마다 감자 감추기에 여념이 없었다. 주인공 진씨댁도 예외는 아니었다. 그는 특히 매점매석에 목적을 두고 있었다. 그러나 교사인 그의 딸이 아버지를 설득해서 숨겨두었던 감자를 이웃 굶주린 아이들에게 나누어준다. 그는 이 작품을 통하여 식민지 수탈과 그 사이를 비집고 성행했던 악덕 상인들의 매점매석 행위까지 고발한 것이다. 이는 분명히 일제에 대한 그 나름의 저항이었고 그 방식은 직접화법과 간접화법 방식을 절묘하게 조화시킨 것이었다. 그렇던 그가 〈동승〉과 같은 서정극과 〈에밀레종〉 등과 같은 친일어용극을 쓴 것은 여러 가지로 해석할 수 있을 것 같다.

전술한 바 있듯이 그는 천성적으로 선량하고 감상적인 성격의 소유자였다. 유치진을 만나 희곡을 배우면서 리얼리스트가 되었지만 성향 자체가 섬세하고 시인 기질이 강했던 데다가 아일랜드의 극작가들을 만나면서 역사적 상황이나 지정학적인 측면에서 우리와 닮은 데가 많아서 상당한 공감을 느낀 나머지 서정적인 방향으로 흐르는 한편 2년여의 일본 체험으로 내면적으로 상충하는 두 가지 생각과 조응의 자세를 갖게 된 것 아닌가 싶다. 가령 그 한 가지는 선진 일본에 대한 막연한 두려움 같은 생각이고, 다른 한 가지는 저항의 상대였다고 보고 싶은 것이다. 그가 희곡집 발문에 쓴 대로 자기변명이긴 했어도 "낭만극으로 향수와 회고적인 민족감정에 호소하여 일제에 소극적이나마 반항하였고, 추장의 말로 뿌뿌랑(殉死) 등을 극화하여 약소민족의 비분을 노래했다"고 쓴 것은 친일목적극을 쓰면서도 우회적으로 저항했다는 것이었다.

그러나 그가 그러한 의도를 갖고 작품을 썼다고 하더라도 그것은 변명을 넘어서기 어려울 것 같다. 왜냐하면 그가 지나치리만큼 지독한 친일목적극을 썼기 때문이다. 솔직히 이런 변명은 그의 스승 유치진이 예봉을 꺾으면서 내걸었던 '낭만과 사실의 조화'에 영향을 받은 것이 아닐까 싶기도 하다. 유치진은 1937년과 1938년에 각각 쓴 글에서 '낭만성을 무시한 작품은 기름기 없는 기계'[11]라든가 '낭만성이야말로 진정한 생활에 대한 이념의, 희원의, 의욕의 에스프리'[12] 운운하여 파문을 일으킨 바 있었다. 여하튼 함세덕은 1939년에 한 가녀린 동승의 환속기라 할 〈동승〉을 씀으로써 유치진에 화답하는 듯싶었다.

그가 학창 시절 금강산에 천막 생활을 갔다가 마하연에서 본 사미승(沙彌僧)에게서 얻은 환상을 작품화했다는 〈동승〉(일명, 도념)은 그의 뛰어난 상상력과 서정성을 가장 잘 보여주는 희곡이다. 한 비구니와 사냥꾼 사이에서 사생아로 태어난 도념은 당초 삼밭에 버려져 있었다. 스님들이 그를 데려다가 동승으로 만들었지만 그는 세속을 동경한다. 그런 때에 외동아들을 잃은 서울의 한 미망인이 불공을 드리러 절에 왔다가 동승에게 특별한 관심을 보이게 된다. 도념은 미망인을 원하고 그녀 역시 마찬가지이다. 그러나 주지스님은 두 사람의 애원에도 불구하고 도념에게 부모의 죄업까지 보속해야 한다면서 허락지 않

---

11 유치진, 「낭만성을 무시한 작품은 기름기 없는 기계」, 『동아일보』 1937.6.10.
12 유치진, 「「목격자」 상연에 제하여」, 『동아일보』 1938.7.7.

는다. 지옥을 가더라도 환속하겠다는 도념의 소망을 꺾자 하는 수 없이 눈 내리는 어느 겨울날 남몰래 절을 나선다. 도념은 산문을 향해서 정중하게 고별의 절을 한 뒤 부모를 찾으려고 팔도를 방랑하기 위해 비탈길을 내려선다. 작가는 한 동승의 슬픈 이야기를 통해서 인간적 사랑과 욕망, 이별, 그리고 꿈과 동경이 얼마나 아름다운 것인가를 묘사하고 있는 것이다.

그 다음 작품인 〈해연〉역시 서정적인 면에서는 전의 작품에 뒤지지 않는다. 그가 즐겨 무대로 삼아온 서해안을 배경으로 해서 전개되는 작품이 바로 이 희곡이다. 전직 교장 출신의 홀아비 등대지기와 과년한 딸, 그리고 인부 등 단 셋이서 살고 있는 섬에 어느 날 안(安) 의사란 인물이 찾아온다. 결핵 환자인 자기 아들이 여기에 요양 왔다가 등대지기 딸을 사랑해서 가출까지 했다는 것이었다. 등대지기는 경악할 수밖에 없었다. 왜냐하면 알고 보니 그가 옥살이를 할 때 가출한 아내가 현재 안 의사의 아내가 되어 있었기 때문이다. 결국 이성(異姓) 남매지간에 사랑이 이루어지고 있기 때문이다. 그런 사실을 전혀 알 바 없는 두 청춘남녀가 헤어날 수 없는 사랑의 늪에 빠져들 무렵, 인부가 죽은 제비 한 마리를 들고 들어오는데 이는 이들의 불길한 장래를 암시해주는 상징적 수법으로서 안톤 체호프의 〈갈매기〉를 연상시키기도 한다. 사실을 어느 정도 눈치챈 안 의사의 아들이 섬을 떠나고 나서 딸도 저간의 사정을 안 다음에 운명의 장난으로 돌리면서 몸부림친다. 바로 그때 인부가 죽은 제비의 암놈과 새끼들이 남쪽으로 떠나간다고 소리치자 등대지기, 딸, 그리고 안 의사가 환한 달빛 속으로 사라져가는 것을 바라보는 것으로 막이 내린다.

이처럼 체호프의 극작술을 연상시킬 만큼 뛰어난 작가가 다름 아닌 함세덕인 것이다. 특히 마지막 장면에서 주인공을 떠나보내는 것은 센티멘털리즘을 극대화하는 기법으로서 그의 장기에 속한다. 이러한 그의 낭만적 주조는 갈수록 심화된다. 그의 역사극들은 물론이고 각색극들 또한 예외가 아니다. 그의 또 한 가지 특색이라고 한다면 문학성이 뛰어나면서도 무대용이라는 점이다. 대체로 신진 극작가들은 문학성은 괜찮아도 공연물로서는 부적합한 경우가 많은데 그만은 예외다. 그리고 단막물인데도 공연하기에 적합하다는 점이라 말할 수 있다. 그 자신도 희곡집 발문에서 그 점을 시인하면서 버너드 쇼의 〈말 도적〉, 슈니츨러의 〈푸른 앵무〉, 스트린드베리의 〈율리에 아가씨〉, 그리고 로맹 롤랑의 〈사랑과 죽음의 희롱〉 등과 비교한 바 있다.

사실 그가 초기에 쓴 사극들은 친일 색깔이 별로 드러나지 않는다. 그러나 1941년에 발표한 〈흑경정〉부터는 그의 탁월한 연극적 재능과 함께 친일 목적극을 쓸 수 있는 가능성이 조금씩 드러나기 시작한다. 우선 그의 뛰어난 극술의 솜씨를 유감없이 발휘했던 〈흑경정〉과 관련해서 그 당시 주역을 맡았던 이해랑의 회고는 주목을 끌 만하다. 그는 「덧없는 삶 연극의 진실」이라는 글에서 "어떻게 번안했는가 하면 원작은 프랑스 마르세유가 무대인데 그걸 인천 해변으로 했고, 등장인물의 성격 같은 것은 대개 그대로 했다. 아주 재치 있는 번안이었다. 예를 들면 화니의 고모되는 사람은 정조관념이 희박한 여자였다. 함세덕은 그녀를 병술을 들고 다니면서 남자들이 아무데서나 치마끈을 풀라고 하면 푸는 일종의 정조관념이 없는 여인으로 바꿔놓았다. 마르세유라는 프랑스 남방의 온화한 기후에서 사는 사람들의 유머러스한 대화, 친근감 있고 우애가 넘치는 관계를 우리나라 걸로 잘 번안한 것이었다. 〈흑경정〉이란 제목으로 오히려 원작이 무색할 정도로 재미있고 재치 있게 만든 작품이었다."[13]고 칭찬한 바 있다.

그만큼 재주 있고 리얼하게 식민지 현실을 묘사했던 그가 소위 국민연극 시대에 접어들어서 적극적으로 친일어용극을 썼던 이유는 어디서 찾을 수 있을까. 긍정적인 측면에서 보면 그는 연극을 누구보다도 사랑했다. 그가 당초 금융기관 같은 직장을 갈 수도 있었지만 모두 버리고 극작가가 되기 위해 서점에 취직할 때부터 그는 연극이 아니면 안 될 정도로 그 마력에 빠졌고, 창작을 거의 운명적으로 받아들인 것이다. 그가 갓 데뷔한 시절 우리 연극의 진로

---

13 이해랑, 『허상의 진실』, 새문사, 1991, 296쪽.

문제와 관련하여 다음과 같이 쓴 글은 그의 연극에 대한 열정이 어떠했던가를 짐작하게 한다.

현금 신극인들은 신극의 장래에 있어 거진 절망에 가까운 비관을 가지고 있다. 그러나 불국(佛國)이 일조에 붕괴된 것보다 파리 함락의 비보에 자살을 한 모의사가 존재한 것이 불국으로서도 더 슬픈 일이라 앙드레 모로와가 말한 것 같이 신극인들 그 활동에 있어 극단에서 물러서게 된 사회적 경제적 필연성보다 신극을 응시하는 그 체념에 가까운 비관과 방향 전환의 안이가 더 딱한 일이다. …(중략)… 고래 연극운동의 성쇠는 대국적으로도 그 사회의 문화의 진전이 기초가 되는 것이고 그와 동시에 극문학의 발흥이 연유되는 것이지만, 궁극에 있어서는 실천에 종사하는 당사자들에게 좌우되는 것은 췌언을 필요치 않는다. 나는 극단구경을 한 지가 얼마 안 되지만 제일 먼저 경악한 것은 일부 소수를 제하고는 너무도 예술적 혼혈아가 많은 것이었다. 둘째는 연극을 사랑치 않는다는 것이었다. 조선서 극계에 나오려면 비장한 각오가 필요할 줄 안다. 그 길이 얼마나 험로라는 것과 선인들의 생활이 얼마나 비참에 가깝다는 것을 목격한 것이 아닌가? 무대의 개막이 주는 낭만적 분위기에 이끌려 나왔다, 두어 번 하고는 헌 짚신짝 벗어던지듯 사라진 극인이 부지기수다. 그들에게 이유를 물어보라, 각인각양으로 나열하겠지만 결국 자기가 연극을 사랑치 않는다는 것과 연극에게 매력을 느낄 요소를 구비치 못했다는 것밖에 무엇이 있을까? 과거의 극인들은 다 사라져도 한(恨)할 것이 없다. 태서의 좋은 무대 면을 들여다보고 눈물을 흘릴 수 있는 연극의 순수민족이 나와 극단을 결속하고 나가야만 타개가 아니라 탄생이 있을 것이다. 과거의 극인들의 오류와 모순과 신극지속의 불가능성에 관해서는 그들이 걸은 길을 검토하여 우수한 기획과 청년적 정열을 가지고 새로운 극단 결성에 진력했으면 한다. 1년에 하고(夏姑)를 제하면 세 번 빌리기가 어려운 부민관 공연만 하려고 하고, 지방여관에 나가서 빈대 뜯기기를 기피하는 안이 근성을 버리면 프라이드와 생활을 겸유할 수 있는 연극을 충분히 할 수 있을 것이라 믿는다.[14]

---

14 함세덕, 「우리 극단 타개책」, 『조광』 1940.12.

    제4부 서구연극의 도입과 실험

이상과 같이 긴 글을 여기에 인용한 것은 함세덕이 초창기에 연극에 대해서 얼마나 열정적 애정을 가졌었는가를 알려주기 위해서였다. 위에 인용한 글에 보면 그는 그 당시 대부분의 선배 연극인들을 부정할 정도로 비판적이었고, 특히 호구지책을 위해서 극단을 얼씬거리는 연극인들을 경멸할 정도로 증오했었다. 따라서 그는 새사람들로 연극계를 재구성하고 싶은 생각까지 했었다. 이러한 연극에 대한 열정과 집념은 그의 스승이었던 유치진을 떠올리게 할 정도이고 유치진처럼 신극운동의 맥을 잇기 위해서 친일목적극을 쓰지 않을 수 없는 처지에 이르게 한 것이 아닌가 싶다. 그는 좋은 제자답게 유치진의 궤적을 매우 충실히 따랐으며, 어떤 면에서는 그보다 한 발 앞서 나갔다고도 볼 수 있고, 아니면 순진하게 선배들에게 이용당했다고도 말할 수 있지 않을까 싶다. 왜냐하면 그는 유치진보다도 더욱 많은 어용극을 쓴데다가 한층 심화된 목적극을 썼기 때문이다.

그리고 앞에서도 조금 언급한 바 있는 것처럼 그가 일본에서 2년여 연극을 공부하면서 상당히 매료된 것도 같다. 가령 그가 친일목적극을 쓸 무렵에 발표한 세 가지 글, 즉 「신극과 국민연극」(『매일신보』, 1941.2.7.~2.11.), 「동경 연극계의 동향」(『매일신보』, 1941.5.2.~5.13.), 「동경 국민연극의 전망―독립 직업극단과 신극단」(『매일신보』, 1943.3.2.~3.10.) 등에 보면 국민극에 대해서 긍정적으로 바라본 사실에서도 확인할 수 있는 것처럼 그가 어용극을 쓴 것은 유치진 등과 달리 마지못해 한 것은 아닌 듯싶다. 바로 그 점에서 그의 우회적 항일운운은 솔직히 자기변호에 불과하다고 보고 싶다.

그렇다면 실제로 그가 목적극으로 썼다는 작품 몇 편을 개략적으로 살펴보자. 이광수의 시 「사비수(泗沘水)」로 시작되는 〈낙화암〉(4막)은 한마디로 말해서 백제의 멸망애사이다. 작품 내용은 역사에 기록된 것에서 크게 벗어나 있지 않다. 당시 의자왕은 승전에 교만해져서 향락에 빠져 있고, 조정에서는 간신들이 득세하여 사리사욕에 여념이 없었고, 성충 흥수 등 충신들은 축출된다. 민심은 떠나가고 국가가 존망의 위기에 처하면서 계백 장군마저 무너지고 웅진으로 피신했던 의자왕이 항복함으로써 백제는 멸망한다. 그런 사이에 셋째 왕자와 계모 간의 불륜이라든가 충신의 딸의 비극적 사랑 등 그리스극과 셰익스피어극에서 모티브를 가져온 듯한 냄새가 물씬 풍긴다. 이 작품은 친일극이 아니다. 다음 작품인 현진건의 소설「무영탑」의 각색극도 친일극이라기보다 오히려 전작처럼 역사를 빌려서 현실을 풍자하는 모습을 보여준다. 이 또한 유치진을 닮은 모습이다.

그러나 다음 작품인 〈흑경정〉부터는 사뭇 달라진다. 이 작품은 프랑스 작가 파뇰의 인기작을 번안한 작품이다. 그런데 이 작품에 대해 소개한『매일신보』기사가 "대동아공영권 건설과 남양에의 진출이 절규되는 현시국하 극단 현대극장에서는 태양과 창해와 종려나무의 나라 남양의 동경과 꿈을 그린 〈흑경정〉" 운운한 것(『매일신보』, 1941.9.20)으로 보아 서항석도 지적한 바 있는 것처럼 일제의 남진정책에 영합한 작품임을 알 수 있다. 따라서 그 후에 발표한 〈남풍〉 등 일련의 작품들도 그런 계열의 작품으로 보아도 크게 어긋나지 않을 듯 싶다. 그들 중 〈황해〉는 전형적 친일국책극이다. 그런데 역시 그의 대표적인 어용극은 〈추장 이사베라〉, 〈마을은 쾌청〉, 〈에밀레종〉 등이라 말할 수 있다. 이들 중 대동아공영권을 예찬하기 위해 쓴 것으로 보이는 〈추장 이사베라〉의 경우 네덜란드와 독립투쟁을 하고 있는 발리섬 원주민에게 일본이 구세주가 되게 만든 작품이다. 실제로 내용을 보면 네덜란드의 점령청은 별로 표면에 나타나지도 않고, 다만 어떤 토산물 무역상을 내세워 원주민을 학대 착취하게 만들고 이에 반발한 원주민이 무장봉기하려는 것을 일본인이 구세주가 되어 만류하는 내용으로 가져간 것이다. 그러니까 원주민들은 일본이 네덜란드, 영국, 미국 등의 마수로부터 동양 민족을 구제하기 위해서 대동아전쟁을 일으킨 것으로 믿도록 만들었다는 이야기다.

그들은 일본군이 오기를 간절히 기다리는데, 추장 이사베라가 "일본군사가 상륙하면 우리는 그들에게 길을 안내합시다. 식료품을 대주십시다. 탄환과 무기를 날러 주십시다. 그리하여 손을 잡고 우리의 백년원한을 풀기로 합시다"

제4부　서구연극의 도입과 실험

라고 외치면 주민들이 환호하는 것으로 막이 내리도록 만든 희곡이 바로 이 작품이다. 언뜻 보면 약소민족의 항거와 비분을 묘사한 것 같지만 실제로는 국책극인 것이다. 그러나 그 어느 작품보다도 지독한 친일어용극은 우리의 애틋한 민화까지 변조하여 내선일체를 근원적으로 합일시키려 한 〈에밀레종〉이라 볼 수 있다. 그는 다음과 같은 창작 의도까지 분명하게 밝힌 바 있다.

> [의도] 문화를 통한 내선일체의 역사적 고찰을 해보려고 했다. 신라시대에 문물이 백제와 함께 대화에 수입된 것이 1000년 후 오늘날 아국이 대동아공영권의 맹주로 나서게 되는 한 요인이 되지 않았을까? …… 나는 당시의 내선칙사 왕래와 주종자재 운반, 주종양상 등을 전면에 내고 기공의 노심과 로맨스와 또한 구전되는 전설을 조미로 하여 실로 연극적 희곡을 써보고자 한다.[15]

이상과 같이 그는 대단히 치밀한 연구를 바탕으로 해서 이 작품을 썼는데, 어떻게 보면 그의 접근이 당시로서는 설득력을 지닐 만했을 것도 같다. 왜냐하면 우리가 천여 년 동안 믿어온 아기 공양 전설이 솔직히 현실성은 떨어진다고 생각될 수 있기 때문이다. 그러니까 그는 바로 그 점을 역사 속에서 찾아보려 한 것이다. 그는 『대동아』에 쓴 글에서 좋은 소리가 나는 것은 어린애를 함께 끓여서 나는 것이라기보다는 신라 혜공왕 5년에 일본에서 들여온 동(銅)을 "금강산 산출의 참나무 숯으로 끓였기 때문에 그 소리가 그렇게 청정하고 평화와 안식을 주게 한 것이라 해석하고 극을 썼다. 내선 자재의 융합에 민족의 혼이 합치됐으니 오늘날 내선일체의 한 방울이 우금 1000년 전부터 흘렀다고 믿는다"고 밝힌 바 있다. 이처럼 그는 정치 성향의 어용극을 고차적인 문화사 측면에서 접근하는 재능(?)까지 보여준 것이다.

그는 박영정이 지적한 대로 〈에밀레종〉에는 "내선일체 외에도 신종의 주조가 국가적 대역사로 되어 있고, 그 사상적 배경이 신라의 호국불교의 정신을

---

15 함세덕, 「에밀레종」, 『대동아』 1942.7.

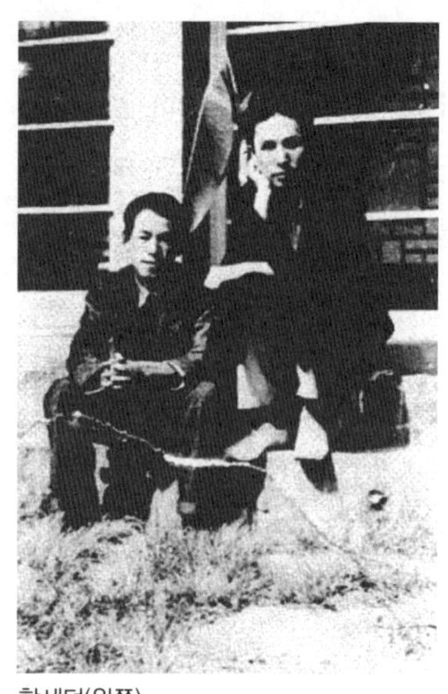

함세덕(왼쪽)

근간으로 한 것이기 때문에 당시의 국가주의, 전체주의적 사상과 부합하는 면이 있으며, 특히 어린아이를 희생으로 국가사업에 바친다든지, 전국적으로 유기(鍮器) 헌납운동을 추진하는 것 등은 전시체제로서의 당시의 국책(대표적으로 지원병이나 공출 등)에 직접적으로 부응하는 성격을 가지고 있음도 명확하게 드러난다."[16]

물론 여기서도 그의 또 하나 특징이라 할 감상적 별리(別離)라는 장기가 나타나고 있다. 가령 처녀작에서 과부의 딸(분어미)이 먹고살기 위해서 항구로 떠나가는 것으로부터 시작하여 〈동승〉에서의 주인공 도념의 산사(山寺) 이별, 〈해연〉에서 젊은 센티멘털리스트 세진의 연인 진숙과의 이별, 〈서글픈 재능〉에서 형의 떠남, 그리고 이 작품에서 주인공 주종사와 공주의 이별 등이 바로 그러한 경우이다. 그는 일본어로 쓴 〈마을은 쾌청〉에서도 일제가 강력히 추진한 공출제를 합리화하고 권장하는 내용을 다루고 있어 적어도 친일목적극 부분에서는 누구에게도 뒤지지 않았다.

이처럼 그는 암흑시대의 좌절된 민족감정을 예민한 감성으로 포착하여 무대를 통해 표출해보려 노력했지만 견고한 철학과 비전의 부족으로 말미암아 변절만을 거듭해갔다. 즉 그는 일제의 식민지 수탈정책에 저항하는 리얼리즘극으로 출발하여 쉽게 감상적 로맨티시즘으로 변질되어 친일극을 많이 썼고, 해방과 함께 다시 좌익 작가로 변신한다. 그의 대표작들로서 우리 희곡사에 남을 만한 작품집 『동승』을 묶어내면서도 발문에 "이 희곡집은 작자 함세덕의 전시대

---

16 박영정, 앞의 글, 183쪽.

의 유물로 보관되는 데만 간행의 의의를 찾을 수 있을 줄로 안다. 나는 8·15를 계기로 완전히 이 작품들의 세계에서는 탈피하였다.”고 밝혀놓은 바 있다.

그가 해방 직후 몇 달 동안은 특별한 이념적 색깔을 보여주지는 않았었다. 보수적인 이해랑이라든가 황철 등과 낙랑극회를 만들어 실러의 〈군도〉를 각색해서 무대에 올리는 등의 활동을 할 때까지만 하더라도 그가 특별한 모습을 보여준 것은 아니었다. 이듬해(1946) 7월 좌파 중심의 연극인들이 소위 '희곡의 밤'이라는 것을 개최할 때, 그의 희곡 〈감자와 쪽제비와 여교원〉이 낭독되면서부터 성향이 드러나기 시작한 것이 아닌가 싶다. 가령 그해 12월 24일 YMCA에서 조선연극동맹 서울지부 결성식을 가졌는데, 거기서 그가 제1서기장을 맡는다(『독립신문』 1946.12.27). 그는 이때부터 적극적으로 좌익 연극운동의 선봉에 선다. 따라서 좌익 극단들에서는 그의 작품들을 많이 무대에 올리게 된 것이다. 가령 조선문화단체총연맹 주최의 전재민을 위한 종합예술제 때 그의 신작 〈하곡〉이 무대에 올려졌고, 조선연극동맹 주최의 3·1 연극제 때도 〈태백산맥〉이 공연되는 등 그의 인기는 괜찮은 편이었다.

그런데 여기서 한 가지 흥미로운 사실은 1947년 3·1기념 연극제에서 함세덕이 그의 스승 유치진과 극적인 대결을 벌인 점이라 하겠다. 즉 같은 3·1독립투쟁을 묘사한 함세덕의 〈기미년 3월 1일〉과 유치진의 〈조국〉이 대결하였는데, 승패를 가릴 수 없는 팽팽한 싸움이었다. 당시에는 극작가들이 독립운동을 작품 소재로 많이 다루었고, 그 역시 민족의 독립은 일개인이나 외세의 힘이 아닌 민중의 손에 의해서 가능하다는 메시지를 전하려 한 것이다. 그는 작품 서두에 “기미년 혁명운동에 순(殉)한 젊은이들의 영전에 바친다”고 씀으로써 자신의 애국심을 은연중에 내보이기도 했다. 이 작품 역시 당시 여타 작가들처럼 애국애족이라는 대명제하에 쓴 것이기 때문에 민족주의적 색채가 강한 것이 사실이다.

그러나 그가 우익 민족주의 작가들과 달랐던 점은 역시 계급투쟁과 연결된 이데올로기 성향으로 흘러간 것이었다. 그 좋은 예가 〈고목〉이다. 이 작품의 주인공은 지주와 공산주의 사상으로 무장된 청년들이다. 지주 집에 몇 대째 버티고 있는 고목(古木)이야말로 봉건주의의 잔재로서 작품의 상징으로 등장하며, 홍수가 스치고 지나간 뒤 이 고목을 어떻게 처치하느냐가 주요 쟁점으로 부각된다. 작가는 여기서 당초 해방 직후 좌우익 모두가 내걸었던 봉건 잔재 청산, 일제 잔재 청산 등 구체제의 타파를 바탕으로 하여 토지개혁과 같은 혁명적 사회 뒤바꿈을 그려내고 있는 것이다. 3막으로 된 이 작품에서 첫 막은 지주의 방향감각 상실과 가족 특히 신세대 딸과의 갈등을 통해 그 우매함을 부각시키고, 2막에서는 친구와 대립시킴으로써 지주가 착취 계급이었음을 폭로한다. 즉 지주에게 농토를 빼앗기고 유민이 되었던 친구가 돌아옴으로써 그가 일제와 결탁하여 소작농들을 몰락시켰던 과거의 만행이 드러나는 것이다. 그러나 지주는 끝까지 땅을 지키기 위해 독립투사 출신의 오각하에게 접근하여 벼슬을 얻고자 한다. 땅을 지키기 위해서는 좌고우면할 수 없었던 것이다. 여기서 오각하가 이승만 박사임을 짐작할 수 있는데, 그 이유는 지도자의 아내가 외국 여자라는 것을 비판적으로 묘사한 데 따른 것이다. 결국 혁신사상을 가진 마을 청년들이 지주 집으로 몰려와 고목을 도끼로 찍는 것으로 막이 내린다. 마치 안톤 체호프의 〈벚꽃동산〉의 마지막 장면을 연상시키기도 한다. 특히 수백 년 자라온 고목을 베어냄으로써 구시대를 말끔히 청산하고 새 시대를 맞이한다는 메시지가 체호프의 상징 기법을 그대로 원용한 것 같다.

그가 얼마나 이데올로기에 경도되었는가는 그의 스승 유치진의 작품까지 특수 잣대를 갖고 매도한 사실에서 잘 드러난다. 즉 유치진이 쓴 시대극 〈자명고〉를 극예술협회가 공연했는데, 함세덕은 그 평에서 "호동은 이남의 애국자들이니 이북으로 쳐들어가 소련을 물리치고 남북통일을 하자는 의도"[17]라고 자못 매도조로 혹평하면서 작가야말로 봉건주의의 앞잡이라고 비판한 것이다. 물론 해석에 따라 그렇게도 볼 소지가 전혀 없는 것은 아니지만 이는 너무

---

17 함세덕, 「『자명고』를 보고」, 『독립신문』 1947.5.18.

극단적 관점이고 유치진으로서는 모스크바 삼상회의 후 찬·반탁으로 가려진 민족분열을 지양하려면 외세가 배제되어야 한다는 것을 낙랑국의 예로서 우회적으로 형상화한 것으로 보아도 크게 어긋나지 않을 것 같다. 이러한 함세덕의 이념적 행로에 대하여 그와 가장 절친했던 이해랑은 다음과 같이 썼다.

> 그는 대뜸 좌익작가진영에서 닭이 새끼 떼의 학처럼 뛰어난 존재로서 자타의 공인을 받게 되었다. 해방 후에는 그의 작품활동은 여전히 민활하여 〈산적〉, 〈기미년 3월 1일〉, 〈태백산맥〉 등 대작을 연거푸 내었다. 그중 〈기미년 3월 1일〉은 그의 사상적 전환에 있어 결정적인 계기가 된 작품이요, 〈태백산맥〉은 그의 사상이 전면에서 작품을 지배한 극좌적인 작품이었다. 어느새 그렇게 180도의 사상적 전환을 꾀하였는지 그와 누구보다도 친밀했던 필자도 그 결과를 보고 아연 놀라지 않을 수 없었다. 예술이 정치와 접근하는 것은 임의이다. 그러나 정치의 압력에 예술이 국척해서는 안 된다. 그것은 두말할 것도 없는 예술의 패배이다. 〈기미년 3월 1일〉은 무미 그것이었고, 〈태백산맥〉에서는 정치의 압력에 허덕이는 작자가 눈에 어리어 보고 있는 이쪽이 면고스러웠던 것은 필자만의 소감은 아니리라. 좌익이든 우익이든 예술적 견지에 티가 있어서는 안 된다. 에머슨은 이것을 지적하여 사상은 감옥이라고 경고하였거니와 좁은 사상의 껍질을 쓰고 창작하는 한 그는 〈태백산맥〉에서는 문제의 책임을 얼토당토않은 지주의 아들에게 전가한 견강부회적인 오류를 청산하지 못할 것이며, 또한 은사 유치진 씨 작품의 비판에서 범한 거와 같은 유도심문적인 비판에서 이탈하지 못하리라. 마치 일제의 고문형사가 제국주의 준봉자가 아니면 유도심문을 행하여 공산주의자를 만들 듯이 자기와 한 장단에 춤을 추지 않는다고 해서 반동이니 국수주의니 하는 렛텔을 함부로 붙여놓은 그의 제국주의적인 완강한 사상에서 일후 우리는 무엇을 기대하랴. 씨가 지향하는 모스크바의 길은 아직도 멀고 씨의 협착한 감정은 안하무인격인 경지이다. 그는 대담하게도 은사 유치진 씨에게 〈버드나무 선 동리〉로 돌아가라고 외쳤다. 그런 씨에게 나는 도리어 이렇게 충고하고 싶다. 씨여! 〈동승〉의 세계로 돌아가라고.[18]

---

18 이해랑, 「조선극작가론」, 『예술조선』 1947.1.

이상과 같이 긴 인용문을 여기에 소개한 것은 해방 후 함세덕의 정신적 궤적과 그에 따른 작품의 질적 저하를 가장 가까운 동료 연극인이 냉철하면서도 객관적으로 쓴 글이었기 때문이다. 전술한 바 있는 것처럼 이해랑은 함세덕의 절친한 친구로서 극작가로 등단할 때부터 옆에서 지켜보았고, 또 그의 작품에 출연까지 했었기 때문에 누구보다도 작품을 냉철하게 들여다볼 수가 있었다. 따라서 그는 함세덕이 너무 급작스럽게 좌경해서 내키지도 않는 이념극을 써 댄 것에 당황했고, 동시에 안타까움까지 느낀 소회를 적은 것이었다.

그런데 함세덕은 작품만 이념적인 것을 쓴 것이 아니라 행동 면에서도 누구에게도 뒤지지 않으려 했던 것 같다. 왜냐하면 군정당국에서 장택상 경찰총감 명의로 좌익 예술인을 제압하려 하자 그도 앞장서서 항의하는 행동에 적극 나섰기 때문이다. 즉 1947년 정월 장 총감이 좌익 제압에 나서자 안영일 등 좌파 연극인들과 함께 러치 미군정장관에게 항의문을 전달하고 이어서 문화옹호 문화인총궐기대회까지 여는 데 선봉장에 나서기도 했었다. 결국 그는 1947년 여름쯤 가족을 두고 월북했다. 그가 월북하고 1년 뒤 만삭이었던 그의 처도 월북해서 또 한 명의 아이를 낳았으나 곧바로 죽었다고 한다.[19] 월북 후의 그의 행적이 다른 연극인들 이상으로 자세히 밝혀져 있지 않다. 분명한 것은 그가 작가로서 〈산사람들〉과 〈대통령〉 정도를 발표한 것으로 보아서 북한 정부에 별로 신임을 받지 못한 것이 아닌가 싶다.

그 점은 북한 문학사서 등에 그에 대한 언급이 거의 없는 사실에서도 어느 정도 짐작이 간다. 다만 서울에서 활동했던 한효(韓曉)만이 그에 대해 조금 언급하는 과정에서 그것도 대표작으로 꼽히는 〈동승〉이 신파 저질극이라고 폄하한 정도이다. 그러나 그는 월북해서도 남한에서 했던 대로 이념극만을 썼다. 〈대통령〉이란 희곡에는 기록극처럼 이승만을 비롯하여 그의 부인 프란체스카, 로버트 미군사고문, 신성모, 김성수, 윤치영, 조병옥, 장택상 등 정부 요

---

19 오애리, 앞의 글.

인들이 다수 등장한다. 물론 내용은 남한 정부와 이승만을 희화하고 미국에 예속된 괴뢰정부로 폄훼하는 것이다. 즉 이승만은 주체성도 없고 항상 강대국에 농락당하면서 순전히 미국의 군사원조로 전쟁이나 준비하는 인물로 묘사하면서 김구 선생 살해의 배후인물로도 묘사했다.

그리고 남한 정부는 치안 부재의 혼란 상황으로 표현하고 지리산에서 빨치산의 활동을 미화했다. 내용 중 주목되는 부분은 아무래도 남한 정부를 위기에 처한 장개석 국민당에 비교해서 미국이 무기를 원조해주면 곧바로 빨치산으로 넘어온다는 것과 이승만 대통령이 북침을 계획하고 부산에서 무기를 열차로 수송하던 중 유격대의 습격으로 모두 탈취당했으며, 그 소식을 들은 이승만이 쇼크로 졸도하는 것으로 종결시킨다.[20] 이 작품이 어떤 형태의 희곡이었던가를 알려주기 위해서 〈대통령〉의 대사 몇 구절을 여기에 소개해보겠다.

로버트 리 박사 그거 말뿐입니다. 비행기 내주면 비행기째 이북으로 날라가 버리구 군함 내주면 군함째 넘어가 버리지 않습니까? 현재 제주도, 지리산, 오대산을 위시해서 남한 각지서 폭동군이 쓰고 있는 무기와 탄약은 전부 우리가 당신들께 내준 겁니다. 이러니 우리 미국 아무리 무기 주구 싶어도 어떻게 내주겠소?

이승만 에이 이놈 자식들아 무얼 하고 있는 거야? 당장 삼팔 이북으루 밀구 들어가라. 그래서 삼 일 안으루 평양을 점령허구 인민군대를 무장해제시켜 버리라. 만일 그렇지 못 하면 네놈두 김석원이 채병덕이처럼 파면이다.(하고 전화를 탁 끊는다.)

이상에서 알 수 있는 것처럼 그가 월북해서 쓴 몇 편의 희곡은 예술작품 이전의 선전물이었다. 오애리가 청취한 그의 계씨 함성덕의 증언에 의하면 함세덕이 월북 후에 자신의 선택을 후회했다고 한다.[21] 그럴 수밖에 없었을 것 같

---

20 유민영, 「북한의 무대예술」, 『북한문화론』, 북한연구소, 1978, 346쪽.
21 오애리, 앞의 글, 283쪽.

다. 왜냐하면 그는 당초 철저한 공산주의자가 되기에는 너무나 감정적이고 낭만적이었기 때문이다. 그는 역시 당시의 여러 명의 월북 예술인들처럼 이상주의자로서 뭔가 평양에서 새로운 것을 해보려다가 실패한 경우로 보아도 무방할 것 같다. 결국 그는 6 · 25전쟁 중에 비극적 생애를 맞게 되는데, 전쟁이 터지자 서울로 진입하는 과정에서 신촌 부근의 어느 지점에서 폭탄 파편을 맞고 사망한다.

그의 죽음에 대해서는 여러 가지 억측들이 떠돌았던 것이 사실이다. 6 · 25전쟁 직후 그가 진군하는 인민군을 따라 내려오다가 수색 근처에 다다라 군용트럭 위에서 스스로 던진 수류탄 파편에 맞아 죽었다는 등 믿기지 않는 뜬소문이 연극계에서 한동안 떠돌았었다. 그러나 가장 믿을 만한 것은 함성덕의 증언이고, 그에 따르면 함세덕이 6 · 25가 터지자 서울 집으로 오는 도중 신촌 부근에서 폭탄 파편을 맞고 수술 중 복강내출혈로 사망했는데 함성덕이 적십자병원의 연락을 받고 갔을 때 그는 이미 운명한 다음이었다고 한다.[22]

그때가 1950년 6월 29일이었다고 하니 전쟁 발발 4일 만의 일이었다. 한 유망한 극작가의 운명치고는 너무나 기구하다고 아니할 수 없다. 그가 정상적인 사회에서 작품활동을 했다면 아일랜드의 싱 못지않은 탁월한 작품을 적잖게 남겼겠지만 굴절된 현대사 속에서 초반에 좋은 희곡 몇 편 쓴 후로는 전혀 내키지도 않는 친일 어용극에다가 사회주의 목적극을 쓰다가 불운했던 현대사만큼이나 참담하게 생애를 끝막음했다.

---

22 위의 글.

실험정신으로 끊임없이 변화해간 극작가
이광래

역사를 돌아보면 인물의 활동량과 명성이 비례하지 않는 경우도 많다. 활동 기간이 짧아도 이름이 널리 알려져 있는 인물이 있는가 하면, 반대로 장기간에 걸쳐서 많은 활동을 했어도 별로 빛을 발하지 못하는 인물도 없지 않다. 전자의 대표적 경우가 김우진(金祐鎭)이라면, 후자의 사례로 이광래(李光來, 1908~1968)를 꼽을 수 있겠다. 3년 남짓 활동한 김우진에 비해 이광래는 그 열 배가 넘는 30여 년을 활동했지만, 이광래가 김우진의 명성을 뛰어넘는다고 보기 어렵기 때문이다.

여기에는 두 가지 이유가 있다고 본다. 첫째, 각 인물에 대한 연구가 제대로 이루어지지 않은 상태에서 어떤 인물은 과대평가되고 또 어떤 인물은 과소평가된다. 둘째, 인물에 대한 평가는 활동기간과 관계없이 활동의 질(質)에 의해 이루어진다. 그렇다면 이광래는 활동에

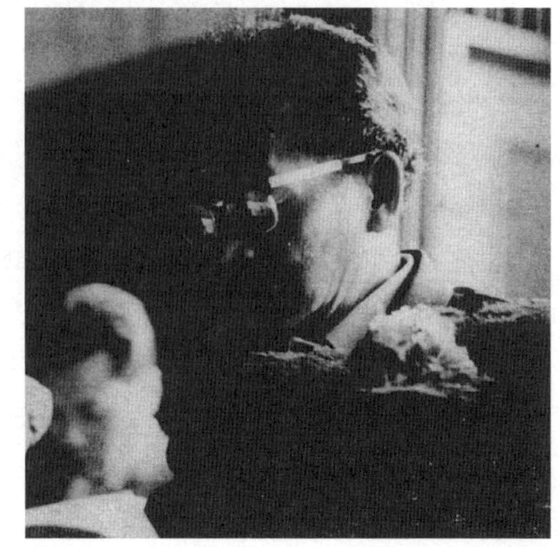

이광래

비해서 제대로 평가받지 못한 경우에 속한다. 그는 연극운동가로서뿐만 아니라 극작가, 연출가, 특히 연극 교육자로서 다양하게 활동해왔음에도 불구하고 역사 속에 매몰되어 있기 때문이다.

이광래는 1908년 가을 경남 마산의 사회사업가 이무상(李舞相)의 차남으로 태어났으며, 본명은 흥근(興根)이었다.[1] 집안이 넉넉했기 때문에 그는 유소년 시절을 어려움 없이 보내면서 소학교부터 순탄하게 정규교육을 받을 수가 있었다. 주지하다시피 마산은 해변이었기 때문에 그는 자연히 수영을 잘할 수 있었고, 그것은 유소년 시절 신체단련에 더없이 좋은 운동이었다. 정상적인 가정에다 수영 등 운동으로 신체 건강한 소년 이광래는 경상도 사람다운 강인함을 지니고 있었다. 그는 수영뿐만 아니라 운동이라면 못하는 것이 없을 정도로 날렵했고, 그것은 곧잘 싸움으로 이어지곤 했다. 그가 개구쟁이 소년이었다는 이야기다. 그는 고향에서 소학교를 마친 후 상경하여 명문 배재고보에 들어갔다. 배재에 입학한 뒤에도 공부보다는 운동에 더욱 열을 올렸고, 축구부와 야구부를 오갈 정도로 스포츠에 소질과 취미가 있었다. 그의 차남 이영실(李英實)은 아버지를 회고하는 글에서 다음과 같이 쓴 바 있다.

> 배재고보 당시 축구와 야구로 단련된 몸을 의사는, 당신 가슴은 사람의 것이 아니라 철판 같다고 했으며 웃통을 벗고 씻느라면 잘 구어진 윤나는 구릿빛 살결을 사람들은 부러워했다고 자랑을 하신다. 운동과 싸움을 좋아하시던 어릴 적에 길상님(이은상의 아우로 연세대 교수 역임)과 친척 관계기 때문에 한 집에서 어울리며 공동소유로 선물 받은 야구볼과 글러브를 받고 기뻐했다. 그러나 아버님께 밉게 보여 그 소유권에서 박탈당했다고 지금까지 못내 서운해하셨다. 그 이유는 툭하면 싸움질이고 새 옷을 불문하고 없는 친구에게 홀렁 벗어던지고 알몸으로 들어오기가 일쑤요, 수가 틀리면 문 밖 쓰레기통 옆이고 어디고 간에 자거나 문을 잠그고 단식투쟁이 일쑤다. 그러므로 '광래 같은 아들 낳으려면 아들 낳

1　김흥우, 「온제 이광래 연구」, 『한국연극』 1978. 2.

　　　　　　　　제4부　서구연극의 도입과 실험

고 기뻐할 년 하나 없다'고 향리에 호가 돌았다. 할머니 속을 무진장 썩혀드려 심지어는 아버지 때문에 돌아가셨다고 하지만 연극 때문에 임종을 지키지 못한 불효로 사흘 밤을 꼬박 부둥켜안고 울었다.[2]

이상의 글에는 그의 젊은 시절의 성향이라든가 일상의 행태 같은 것이 잘 드러나 있다. 우선 그가 공부보다는 스포츠에 더욱 열성이었다는 것, 그리고 가난한 친구들에게는 입은 옷까지 벗어줄 정도로 의협심이 강했으며, 억센 신체만큼이나 고집이 대단히 셌다는 것을 알 수가 있다. 그렇다고 해서 학업에 등한한 것도 아니었다. 학업성적도 남에게 뒤지지 않을 정도로 두뇌가 명석했던 것이다. 따라서 그는 배재고보를 졸업하자마자 1928년 일본으로 건너가 도쿄고등학교에 입학해서 2년 만에 수료하고 곧바로 와세다대학 영문학과로 진학한 것이다.

그가 왜 영문학을 선택했었는지는 알 수 없지만 아마도 그 당시 외국문학을 공부해야 한다는 시대 분위기가 작용한 것이 아닐까 싶다. 와세다대학에는 오사나이 가오루 등 희곡문학에 일가를 이룬 영문학자들이 있었기 때문에 자연히 그는 연극강의를 많이 들었을 것 같다. 당시 일본의 대학 영문과에서는 아일랜드의 연극강의가 많아서 그는 그런 커리큘럼에 다가갈 수밖에 없었을 것임은 자명하다. 그런 분위기에서 그가 장차 연극 분야로 나아갈 것을 은연중 생각했던 것 같다. 그가 김홍우와 여러 가지 대화를 나누는 중에 다음과 같이 연극 입문 동기를 밝힌바 있다.

즉 그는 입센과 셰익스피어, 체호프극에 크게 흥미를 가졌으며 특히 당시 신문에서 읽은 아일랜드의 국민연극운동은 그로 하여금 연극에 더욱 관심을 갖게 하는 계기가 되었다는 것이다. 그 후 그는 스트린드베리를 위시하여 아일랜드의 극작가 머레이의 〈황금결혼〉, 〈장남의 권리〉 등을 읽었으며, 특히 로드 던세니

---

2 이영실, 「아버님의 가정생활」, 『현대연극』, 1971년 겨울호.

의 신비적 상징주의연극 〈아-기메네스왕과 무명전사〉, 〈산의 신들〉 등은 그에게 큰 감명을 주었다는 것이다. 그는 닥치는 대로 구해 읽을 수 있는 희곡은 다 읽어갔고 꿈을 키워가고 있었는데 그에게 커다란 시련이 닥쳤다. '다가다 노바바(高田馬場)의 학생침입'이란 유혈극으로 학업을 중단해야 했고 이로 인한 반발로 그는 귀국을 단행하는 한편, 연극을 직접 실행해보고 싶은 충동으로 사로잡혔다는 것이다.[3]

이상과 같은 이광래의 술회에서 보이는 그의 연극 입문 동기는 대체로 두 가지인 듯싶다. 그 한 가지는 역시 희곡과 아일랜드 연극강의가 많았던 와세다대학 영문과 강의 분위기였고, 다른 한 가지는 '다가다 노바바의 학생 침입' 사건이었다. 아무래도 청소년들은 학창시절 스승의 수업에서 많은 영향을 받게 되고, 특히 인상적인 강의를 듣거나 훌륭한 스승을 만나면 그를 따라 전공도 정하는 경우가 적지 않다. 그렇게 볼 때 그의 연극 입문은 타고난 재능이나 운명적 견인에 의한 것이기보다는 청년 시절의 교육에 따른 것이었음을 알 수 있다. 그리고 두 번째의 연극 입문 동기는 순전히 사상적인 문제, 즉 민족의 자주독립이라는 입장에서 공산주의 사상과의 싸움이었다는 점이다. 이 점은 대단히 주목을 끌 만한 것인데, 그 자신이 밝힌 연극 입문 동기에서 그는 다음과 같이 밝힌 바 있다.

내 울적한 감정과 격앙된 사상을 펼치고 펼칠 필드(場)로서 연극을 선택한 것이다. 그것은 내가 동경고등학교를 나와 조도전에 재학시 공산주의 사상이 한창 판을 치고 행패를 부리는가 하면 그 반면 이것들을 제압하기 위하여 백색테러가 공인 아래 백주에 횡행하던 폭력시대였다. 이것을 방어하기 위하여는 폭력으로써 항거하는 수밖에 도리 없었기 때문에 기어코 '다가다 노바바의 학생침입'이라는 유혈의 투쟁이 벌어지고 말았다. 그때 연좌하였던 동지들은 5~15년의 판결 언도를 받고, 나는 연소자일 뿐 아니라 학생이라는 데서 빼돌려주었다. 그러

---

3 김흥우, 앞의 글.

　　　　　제4부　서구연극의 도입과 실험

나 일본 관헌들의 눈은 나를 미행하다 못해 기어코 추방하고야 말았다. 귀국 뒤에 축구경기장에서 결승전에 농민동맹(좌익 계열)과 맞붙었는데 경기는 고사하고 사상적인 대립으로 집단난투극의 수라장이 밤중까지 계속하였다. 이것 때문에 소요죄에 걸려 감옥신세가 되고 말았으며, 반면 후에도 요시찰인물로 하루가 멀다 하고 유치장엘 드나들게 되었다. 나의 격앙된 심경은 결코 아폴론론으로 평온할 수는 없었다. 비록 플라톤이 말하는 이상국가에서 추방을 당하더라도 울적한 감정과 조화된 사상을 디오니소스적인 흥분과 엑스터시로 그 출구를 뚫고 마치 프로이트가 말한 연통 소제하듯, 카타르시스를 야기할 필드(장)를 희구하여 연극을 선택하였던 것이다.[4]

이상에서 알 수 있는 것처럼 그는 부르주아 집안 출신답게 철저한 반공주의자로서 와세다대학 시절부터 좌익과 투쟁하면서 연극을 통하여 자유사상을 구가하고 싶어 했음을 확인하게 된다. 그가 해방 직후 극단 민예를 조직한 것이라든가, 납북되었다가 귀환한 김동원의 신협 복귀를 끝까지 반대했던 것도 실은 이와 같은 그의 철저한 반공사상에 기인했었다고 말할 수가 있다. 그는 신체가 강인했던 것처럼 성격 또한 강한 편이었던 모양이다. 그러니까 전형적인 경상도 사나이 기질을 지녔던 것 같다. 즉 의리 있고 불의라고 생각되면 참지 못하는 그런 성격이었으며, 가난한 사람이나 약자에 대해서는 동정심이 대단히 강했었다고 한다.

그를 오랫동안 옆에서 지켜보았던 극작가 김상민은 이광래를 회고하는 글에서 "나는 이광래 씨를 대할 때마다 사람이 좋은 분으로 여겨왔다. …(중략)… 가식이라든지 허세라든지 조작된 포즈라든지 온갖 부수적인 사치를 배제하고 바닥에서 우러나오는 이해로써 사람을 대해주기 때문이다. 그러므로 그분은 언제 봐도 그분 이상으로 되어보고자 하는 일은 없다. 커녕 그분 이하로 처세하는 일은 많았지만…… 그렇다고 나는 또 그분이 겸허지덕을 갖춘 분이라

---

4 이광래, 「나와 연극」, 『연극연감』, 한국연극협회, 1967.

곤 생각지 않는다. 그런 척도를 재자면 그분은 오히려 오만하다. 오만한 까닭에 남의 오만도 이해할 줄도 아는 겸허를 가졌다고나 할까. 그러나 그분의 오만은 우리 주변에서 흔히 볼 수 있는 호가호위격으로 약자에게나 시위하는 그런 따위의 오만이 아니라 그와는 정반대로 강자나 상사에게로 향하는 그런 오만이다. 외유내강이 아니라 하유상강이라고나 할까. 그러니 강자나 상사의 입장에서 그분을 가리켜 사람 좋다고 할 리 만무하다."[5]고 씀으로써 개성 강하고 자존심 높았던 그의 성품을 적절히 지적한 바 있다. 그러니까 남부럽지 않은 경상도 가정에서 태어나 명문학교를 다니고 스포츠로 다져진 건강함은 그를 남에게 지기 싫어하는 독불장군으로 만들었던 것도 같다.

이런 성격의 인텔리가 일제시대에 할 일은 대체로 세 가지였던 듯싶다. 즉 우수한 인재들은 전문학교 교수로 가거나 고등보통학교 교사, 그리고 신문기자였다. 이광래만 하더라도 와세다대학 사건으로 3년 만에 중퇴하고 곧바로 귀국하여 조선일보와 중앙일보 두 신문사 기자를 몇 년간 했다. 그러나 당초 언론인으로 살 생각은 없었기 때문에 그는 희곡을 습작하기 시작했고, 그런 노력은 곧바로 신춘문예 당선으로 성취되었다. 그러니까 1935년 극예술연구회에 가입하자마자 『동아일보』 신춘문예에 〈촌선생〉으로 당선되면서 극예술연구회의 유망주 신인으로서 부각된 것이다.

당시 극예술연구회 동인들은 어떻게든 인재를 발굴해야 했기 때문에 그가 등단하자마자 그의 입선작은 그 다음해 봄에 부민관 무대에 올려지고 평가도 대체로 괜찮은 편이었다. 가령 이운곡(李雲谷)이 평한 글을 보면 "이광래 작 〈촌선생〉(3막)은 자기 향토를 지키자는 주제로 조선 농촌의 복잡한 실정미를 단편적이나마 다분히 가지고 있어 관객으로 하여금 많은 호의를 가지게 하는 조선 극작계로서는 가작에 들 작품"[6]이라고 일단 칭찬하면서도 주제와 제재가

---

5 김상민, 「인간 이광래」, 『현대연극』, 1971년 겨울호.

6 이운곡, 「극연 제10회 공연을 보고」, 『동아일보』 1936.4.14.

부합하지 않는다고 지적한 바 있다. 데뷔작의 이런 평가는 그의 자부심을 한 껏 높여준 것이었다고 말할 수 있다.

이런 그의 갑작스런 부상은 그의 행동을 자제시키지 못했다고도 말할 수 있다. 왜냐하면 그가 극예술연구회를 곧 이탈한 점에서 그렇다. 그는 2년여 만에 극예술연구회에서 나와 중앙무대에 가입한다. 이는 아마도 중앙무대가 그의 습작기 작품이었던 〈지는 해〉를 공연하겠다고 유인한 때문이 아니었던가 싶다. 그러나 그가 중앙무대에 가입해서 이렇다 할 활동을 하지는 못했다. 그가 다시 전형적인 상업극단이었던 황금좌에 두 작품이나 제공했던 것도 그러한 그의 성격과 무관하지 않을 것 같다. 그리고 그는 일제시대에 희곡을 서너 편 무대에 올린 것 외에 이렇다 할 활동은 보여주지 못했다. 다만 희곡 창작과 함께 평문을 조금 쓰는 정도를 넘어서지 못한 것이다. 사실 그가 극예술연구회 등 연극단체에 가담했던 것은 극작과 함께 연출을 해보겠다는 야심 때문이었다. 그러나 그런 경험이나 공부를 한 적이 없는 그에게 흥행과 직결되는 연출을 맡길 리가 만무했다. 따라서 그는 희곡을 열심히 쓰는 것으로 자신의 야심을 잠재울 수밖에 없었다.

그러는 사이에 해방을 맞았고 그의 행동이 강하게 발동되는 시기를 맞게 되었다. 이 말은 곧 혼란한 연극계에서 행동력 있는 그를 필요로 했다는 이야기가 된다. 주지하다시피 해방 직후는 전 분야에서 좌익이 판을 치는 혼란기였다. 도쿄 유학 시절부터 좌익과 피나는 투쟁을 벌인 바 있는 그는 즉각 좌익에 맞서는 극단을 만들게 된다. 그것이 다름 아닌 민족예술무대(약칭, 민예)이다. 그러니까 그는 좌익 계열 연극인들이 1945년 12월 25일에 연극동맹이라는 행동단체를 조직하면서 그에 대항하기 위한 연극단체 민예를 출범시킨 것이다. 좌익 연극인들의 움직임을 주시하고 있던 그가 동료들인 신좌현, 송재로, 맹만식, 남궁연, 이극영 등을 재빨리 규합하여 극단 민예를 조직하여 톨스토이 원작인 〈카츄샤〉를 자신이 직접 연출하여 무대에 올렸는데, 그것이 1945년 12월 25일이었다.

이는 바로 연극동맹이 결성된 날짜와 일치하는 것이라는 점에서 그의 의도를 읽을 수 있다. 이들은 연극으로만 싸우지 않고 실제 행동으로도 좌익과 대결했다. 가령 그해 12월 27일에 모스크바 삼상회의로 신탁통치문제가 정치문제화 되자 그는 민예 단원들을 이끌고 화신백화점 앞에서 찬탁을 주장하는 연극동맹 회원들과 석전을 벌이기도 했었다. 그만큼 이광래가 이끌던 민예는 좌익 연극이 판치는 속에서 고군분투한 유일한 극단이었던 것이다. 이들은 여러 가지 악조건 속에서도 굴하지 않고 1947년까지 김동인 원작소설『젊은 그들』을 그의 각색으로 〈활민당〉이라고 제목을 바꿔 공연했고, 이후로는 그 자신이 쓴 새 작품들인 〈청춘의 정열〉, 〈민족의 전야〉, 〈박쥐의 집〉, 〈백일홍 피는 집〉 등을 2년 여 동안 무대에 올린 뒤 스스로 해산했다. 그는 극단만 운영한 것은 아니었다. 그는 좌익문예단체들과 끊임없는 대결을 벌였는데, 가령 김동리가 주도한 조선청년문학가협회의 희곡분과회장으로서 좌익문학가들과 이론투쟁도 서슴지 않았다. 그는 좌우익의 사상 갈등으로 혼란이 극에 달했을 때인 1946년 여름 과거 극예술연구회원들이 민주일보 후원으로 벌인 연극브나로드운동에 적극 가담하여 유치진, 이해랑 등과 전국을 순회하면서 공연 활동을 하기도 했다(『조선일보』 1946.6.12).

그는 사상 면에서는 우파 입장에 서 있었고, 투쟁 자세도 대단히 적극적이었으며 학구적이었던 것이 특징이었다. 가령 1949년 정월에 우익진영의 공연단체들이 총망라해서 만들었던 무대예술원(원장 유치진)의 예술국장을 맡은 것에서부터, 그해 6월 말에 조직된 연극학회(회장 유치진) 간사장을 맡았던 것 등이 그 단적인 예라 말할 수 있다. 국립극장 설립에도 적극적이었던 그는 1950년 4월 전속 신극협의회(약칭, 신협)가 발족되면서 초대 간사장을 맡아 극단을 이끌게 된다. 이와 같이 그는 연극인으로서 누구보다도 행동적이었고 보편적 가치를 중시한 학구적 연극인이었다.

그런 그였지만 6·25전쟁은 그에게 큰 변화를 가져왔다. 왜냐하면 전쟁이 그로 하여금 연극운동의 주류에서 비켜서는 계기를 만들었기 때문이다. 즉 그는 갑작스런 전쟁을 만나자 미처 피난가지 못하고 서울에서 은신을 했다. 그 당시 유치진이라든가 박진 등이 그랬듯이 깊숙이 숨은 것이다. 그가 해방 직후 좌익 연극인들과 극한 투쟁을 벌였기 때문에 잡히기만 하면 살아남기 힘들 것이라는 사실을 너무나 잘 알고 있었다. 다행히 아군이 북진하면서 그는 구사일생으로 살아남아 9 · 28수복 직후 도강파였던 이해랑 등과 신협 재건을 서둘렀다. 그가 신협 창단 당시 간사장이었으므로 극단 재건에 앞장선 것은 극히 자연스런 일이었다. 그런데 뜻밖의 암초가 그의 앞에 가로놓이게 된 것이다. 그것이 다름 아닌 김동원의 갑작스런 등장이었다. 김동원이 납북되었다가 극적으로 탈출하여 나타난다. 그는 김동원의 재복귀를 완강하게 거부한 것이다. 왜 젊은이가 납북되었느냐는 것이었다. 여기서 도강파로서 가장 발언권이 세었던 이해랑과 대립하기에 이른다. 주지하다시피 이해랑과 김동원은 절친한 친구 사이여서 이광래로서는 진퇴를 걸 수밖에 없는 처지에 놓이게 된 것이다. 그때의 일과 관련하여 이해랑은 다음과 같이 회고한 바 있다.

그 무렵 앞서 말했듯 김동원이 풀려나왔는데 한 가지 사건이 생겼다. 이광래 씨가 아주 극우적인 생각을 가진 분이었다. 김동원이 북괴에 끌려가다가 살아나왔으니 나는 그를 신협에 집어넣어 연극을 같이 하자고 했다. 한데 생각지 않은 일이 벌어졌다. 이광래 씨가 반대하고 나선 것이다. 끌려간 것 자체가 불순하고 협력이 아니냐는 얘기였다. 자신은 빨갱이 코빼기도 안 봤고 순수하게 숨어 있었다는 것이다. 나는 여러 번 타협을 했다. "지금 그런 것 저런 것 가릴 수 없지 않으냐. 그래도 우리가 같이 고생하며 연극하던 동지 아닌가. 유능한 동료 살아 돌아왔는데 기쁘게 맞아들여야 하지 않겠나." 간곡하게 얘기했다. 그래도 이광래 씨는 간사장으로서 끝까지 반대를 했다. 막바지에 가서 나는 "그러면 이광래 선생이 그만두시오. 나는 김동원과 같이 연극을 하겠소." 결국 김동원을 배척하던 이광래 씨가 신협에서 물러나게 됐다.[7]

---

7 이해랑,『허상의 진실』, 새문사, 1991, 357~358쪽.

이상과 같은 이해랑의 회고의 글 중에 이광래의 이데올로기 성향과 곧은 성격이 너무나 잘 나타나 있음을 확인해준다. 주지하다시피 이광래는 이해랑보다 여덟 살 선배로서 연극계로서도 몇 년 선배가 된다. 그리고 해방 직후에는 두 사람이 좌익과 투쟁하는 데 있어서 최전방에서 싸운 연극인이었다. 그것은 이론과 공연, 그리고 몸으로 부딪치면서까지 격렬하게 투쟁한 선봉장이었다. 그렇기 때문에 이광래는 공산주의 사상에는 거의 알레르기 반응을 일으킬 만큼 거부감을 가졌었고, 이해랑도 그에 뒤지지 않았지만 김동원과의 우정 때문에 이광래와 결별을 한 경우가 된 것이다. 자신이 옳다고 믿으면 결코 타협하지 않는 그가 애지중지하던 신협을 영원히 떠나게 된 것은 순전히 올곧은 성격에 따른 것이었다. 따라서 그는 대구로 피난가서 잠시 극협의 재건에 앞장섰었지만 그것도 여의치 않았으므로 1953년 서울로 돌아온 후로는 극단 일은 접고 서라벌예술대학에 교수로 있으면서 후진 양성과 창작에 전념하게 된다.

그는 이 시기부터 타계할 때까지 15년 동안 가장 많은 작품과 연극론을 썼다. 물론 연출이라든가 극단 활동에 대한 미련을 버리지 못하고 1959년에 장한기, 김상민 등과 원방각(圓方角)이라는 극단을 만들어서 〈비오는 성좌〉, 〈생명은 합창처럼〉 등 몇 작품을 무대에 올린 바 있지만 이 극단도 곧 흐지부지되고 말았다. 그가 1959년도에 갑자기 원방각을 만든 것은 마침 을지로 입구에 소극장 원각사가 전 해(1958)에 문을 연 데 따른 것이었다. 그러나 그는 이미 대학에서 후진을 양성하고 연극론을 펴고 창작을 하는 데 전념하는 처지여서 극단 활동에는 흥미를 덜 느끼고 있었다. 그만큼 그는 후반기에는 연극운동의 열정을 강의와 글쓰기 쪽으로 전환시키고 있었다.

이처럼 그는 자신의 연극 활동의 전반기는 운동 쪽에 두었었고, 후반에는 창작과 학문활동에 집중한 연극인이었다. 그가 그러한 연극인생을 살 수밖에 없었던 것은 아무래도 우리의 파란곡절의 근대사에 의한 것이었음은 두말할 나위 없는 것이다. 그러니까 일제에 의한 억압통치와 해방 직후의 좌우익대립 등이 그로 하여금 투쟁적 행동연극인으로 나서게끔 했다는 이야기다.

따라서 그는 전쟁이 끝나고 대학에 정착하면서부터는 극단 활동이라든가 연출 등을 가급적 줄이면서 연구와 창작, 그리고 연극 교육에 열정을 쏟은 것이다. 그런 그가 연극사에 기록되는 것은 역시 극작가로서의 이광래라고 말할 수 있다. 왜냐하면 그의 연극 생애에서 그래도 창작이 비교적 돋보이기 때문이다. 그것은 양도 많을뿐더러 그가 가장 집념을 갖고 희곡을 썼던 것이다. 물론 연출작품도 40여 편이나 되므로 그가 연출가라는 호칭도 들을 만하지만 연극사를 변화시킬 만한 대표작은 잘 보이지 않기 때문에 역시 극작가라는 것이 가장 합리적일 듯싶다.

그가 30여 년에 걸쳐서 40여 편에 가까운 희곡을 발표했는데, 데뷔작 〈촌선생〉(1935)부터 해방 직전의 〈박쥐의 집〉까지 14편, 1946년 〈독립군〉서부터 1948년 〈탈각하는 미이라〉까지의 9편, 그리고 전후의 〈낙조〉로부터 마지막 작품 〈지옥문을 열어라〉까지의 13편 등으로 대별될 것 같다. 그런데 작품 경향에 따라서는 조금 달리 나누어진다. 즉 〈촌선생〉, 〈석류나무 집〉 등 초기 서너 편의 리얼리즘극과 〈태양의 집〉에서부터 6 · 25전쟁기의 〈다시 피는 꽃〉까지의 신파조의 낭만극 내지 목적극 계열, 그리고 전후 이데올로기 분열과 자의식의 파탄, 종교의 세계 등으로 분류된다. 그런데 이들 중 그를 극작가로서 인정받게 해준 〈촌선생〉과 〈석류나무 집〉은 그가 일본에서 대학을 갓 나와 혈기방장한 입장에서 쓴 작품들로서 동시대 작가들이 한결같이 직면했던 민족적 고통을 극화한 것이다.

소설의 경우 경향파와 프로문학으로 이어지는 빈궁문학, 희곡에서는 박승희나 유치진 등이 이미 다룬 바 있는 이농문제가 이광래의 초기작품과 닿아 있는 것이다. 이광래가 경향파 소설이나 유치진 등의 작품 경향과 차이점이 난다면 그가 식민통치하의 농촌현실에 초점을 맞추기보다는 농촌현실을 통한 사회변동 파악이라고 말할 수 있다. 〈촌선생〉을 놓고 볼 때 한 마을이 일제의 토지조사사업과 동양척식주식회사로 인해서 어떻게 몰락해 가는가와 그로 인한 농민들의 참상을 적나라하게 묘사하면서도 이야기 전개는 지식청년의 이상과 좌절에 맞춰져 있는 것이다.

그의 대표작으로서 자타가 공인하는 이 희곡의 주인공인 송해운이라는 촌 선생은 강한 향토애를 지닌 선각자로서 사재를 털어 야학을 운영한다. 두 아들 중 장남(달훈)은 도쿄 유학 출신으로서 신식여성과 결혼하여 귀향한다. 농촌을 일으키기 위해서였다. 그러나 그들은 곧 가난에 찌들고 낙후된 농촌에 환멸을 느끼기 시작한다. 반면 차남은 무식할망정 농촌을 이해한다. 두 형제가 대립하기 시작한 것은 장남의 결혼자금으로 전답이 동양척식주식회사에 의하여 입도차압당하고 야학까지 양도당할 처지에 놓이면서였다. 결국 장남은 떠나고 땅을 아는 차남이 농촌을 굳건히 지킨다는 내용이다.

이처럼 이 작품에는 농촌문제가 긴박한 사회적 현실로서 그려져 있다. 특히 동양척식주식회사의 활동으로 농민들이 땅을 잃은 데다가 세계공황의 여파가 아시아 벽지까지 밀려와서 농촌의 심각한 불황, 이민, 실업을 가속화시킨다. 그것을 이광래가 희곡으로 그려낸 것이다. 그 점에서 동양척식주식회사의 횡포를 작품 속에 구체적으로 끌어들인 것은 그가 처음이라고 말해도 무방할 것 같다. 그만큼 이 작품이 리얼하고 직설적이었다는 이야기다. 그런 그가 동시대의 어두웠던 상황을 묘사하면서도 유치진 등과 달랐던 점은 절망 그 자체만을 이야기하는 것으로 그치지 않고 밝은 미래를 추구했다는 사실이라 하겠다.

다음 작품인 〈석류나무 집〉에서는 그러한 그의 세계가 새로운 측면으로 파고들고 있다. 가령 안톤 체호프의 〈벚꽃동산〉을 연상시키기도 하는 이 작품은 구세대의 몰락과 신흥세력의 등장을 그려냄으로써 개화기의 사회모럴 변화를 극화하고 있다. 이 작품에서 석류나무 집을 지탱하고 있는 사람은 노쇠한 중풍환자와 외손녀 외손자인 맹인어린애, 그리고 충직한 노복 등 네 명뿐이다. 왜냐하면 주인공의 바람둥이 사위는 딸을 버리고 중국으로 달아났고 그녀마저 더부살이 청년과 눈이 맞아 중국에 가 살고 있기 때문이다. 그런데 어린 외손자가 맹인이 된 것은 사위와 딸이 성병을 앓아서였다. 결국 이 몰락가정의 지킴이는 간호사가 된 외손녀이다. 때마침 이 마을에도 산업화의 바람이 불기

　　　　　　　　　　　　제4부　서구연극의 도입과 실험

시작해서 공장 부지를 위하여 집들이 하나 둘 헐릴 위기에 처한다. 그 마을에 공장을 세우려는 기관은 동양척식주식회사이고 선도자는 과거 그 마을에서 더부살이나 하던 천민이었다. 이광래는 양반계급의 몰락을 석류나무 집과 이웃 서당댁의 패망으로 설명한다. 서당댁의 패망을, 그 집 도령이 공장터 닦는 곳에서 놀다가 치어죽는 것으로 만들어서 더욱 극적이게 한 것이다.

여기서 작가가 그려내고자 한 것은 두 가지, 즉 동양척식주식회사를 통한 일제의 침투와 기층민중을 기반으로 한 신흥세력의 등장이다. 그런데 그는 철저한 배일사상을 내세우면서도 봉건적 잔재의 청산도 갈망하는 입장을 취한다는 사실이다. 그렇다고 해서 그가 소위 양반계급을 증오하는 입장은 아니고 연민의 눈으로 바라봄으로써 급속한 사회변동을 역사의 필연으로 파악하고 있다는 점이다. 이 작품이 첫 작품과 다른 점도 바로 거기에 있는 것이다. 그러면서 그는 전통사회의 급속한 몰락을 동양척식주식회사를 통한 일제의 침탈에 두고 있는 것은 주목되는 점이라 말할 수 있다. 그는 매우 섬세한 눈으로 사회변동과 식민통치를 오버랩시켜 분석해내고 있는 것이다. 그러니까 그는 진화론적 역사관에 입각하여 개화기 이후의 사회 변화 과정을 필연성으로 파악하면서도 전통사회의 급속한 붕괴를 일제의 침탈에 두고 있다. 바로 그 점이 이 작품이 〈벚꽃동산〉과 차이가 나는 것이다.

사실 구 지주계급 또는 상류층이 새로 등장하는 신흥세력에 부닥쳐서 파탄당하는 과정은 서구의 근대시민사회의 경우에서도 볼 수 있고, 특히 19세기 말 러시아는 좋은 본보기가 될 만하다. 그러한 러시아의 사회변동을 탁월한 문학작품으로 형상화시킨 안톤 체호프처럼 이광래도 우리나라의 시민사회의 등장을 이 작품을 통해 이야기한 것이다. 거기에 부수되어온 것이 황금만능의 산업사회라는 것을 그는 이 작품에서 말해주기도 한다. 그는 또한 전통적인 상류계급의 몰락을 일제의 침략에 두면서도 자체 내의 도덕적 파탄에도 책임의 일부를 돌리고 있다. 동시에 유교적인 인습으로부터 벗어나려는 여성들의 자각을 묘사한 것도 유치진의 〈제사〉와 유사하지만 이 작품이 자연주의적이라고 한다면 〈석류나무 집〉은 사실주의적이다.

이처럼 식민지 시대의 민족의 곤핍과 사회변동의 아픔을 정공법으로 진지하게 묘사하던 그가 동시대의 대부분의 극작가들처럼 곧 대중 성향의 멜로드라마로 방향을 돌리게 되고, 그런 성향은 해방 이후까지 상당기간 지속된다. 그가 1940년 직전부터 6·25전쟁이 날 때까지 10여 년은 초기의 진지했던 리얼리즘 정신을 접어두는 시기가 된다. 주지하다시피 1940년대는 대중연극시대라고 말할 수 있었던 만큼 그가 상업성 짙은 작품과 목적극, 시대극 등을 쓰다가 6·25전쟁을 만나서는 다시 자아에로 회귀하여 초기에 그가 진지하게 다루었던 문제와 이데올로기 문제, 그리고 동족상잔의 아픔 등을 묘사했다. 그러면서도 그는 종교적 주제와 시적 상징이라는 표현장식을 선호하게 된다. 가령 전쟁 직후에 쓴 〈나상〉만 하더라도 그가 〈석류나무 집〉에서 다루었던 신구세대 또는 전통적 구세력과 신흥세력 간의 갈등을 묘사하면서 구세대의 몰락과 신흥세력의 대두를 그려내고 있다. 특히 이 작품에서 주목되는 사항은 상당히 자연주의적 각도에서 접근했고, 캐릭터라든가 갈등양상이 〈석류나무 집〉과 유사하다는 점이다.

즉 아름다운 해변가 별장을 무대로 한 몰락해가는 양반세도가와 과거 그의 집 노복이었던 신흥부호와의 대립 속에서 이야기가 복잡하게 전개되는 것이 바로 〈나상〉이다. 그런데 이 작품의 특징은 주인공의 도덕적 타락이 몰락을 재촉한다는 점인데, 이런 형태는 서양의 문학작품에 흔히 나타나는 것이기도 하다. 구체적으로 말하면 세도가 주인공이 자기 집 하녀와의 불륜으로 파탄을 자초한다는 이야기다. 가령 〈석류나무 집〉의 경우 무질서한 성생활로 화류병을 앓는 주인공이 아내를 박축함으로써 파산을 재촉하듯이 이 작품에서도 주인공이 자기 집 하녀와의 사이에 사생아를 낳고, 하녀는 죄책감으로 출가하여 비구니가 되고, 사생아는 정신병자가 되며, 그 사실을 모르는 아들이 그 이복을 좋아하다가 부친의 반대로 월북해버린다. 그런 복잡한 속에서 신흥부자가 된 과거의 노복이 그 별장과 보호림을 매수하겠다고 나서면서 정신이상이 된 사생아까지 유혹하려 든다. 더욱 극적인 전개는 이복 오라버니가 월북한 직후 충격으로 그 사생녀는 바다에 투신하고 얼마 후에 그 이복 오라버니는 남파간첩으로 내려와서 자수하는 것으로 끝맺는다.

이처럼 이광래는 전통사회의 붕괴와 신흥세력의 등장을 인간의 본능적 애욕과 결부시켜 자연주의적 기법으로 처리한 것이다. 그러나 그도 해방을 전후한 10여 년 동안 시대 추세에 맞추어 대중연극에 몰입함으로써 멜로드라마를 주로 썼다. 그러면서도 애정과 종교 문제를 넘어 이데올로기 문제를 다루는 데까지 나아갔다. 그러니까 그가 6·25전쟁을 겪은 후부터는 그동안 즐겨 다루어오던 근대사회 변화 문제로부터 벗어나 전후의 좌우 이데올로기 갈등이라든가 사회현상, 그리고 인간의식의 분열과 파탄 등을 묘사했다.

그의 후기 작품에 속하는 〈집〉과 〈붉은 손들 가운데서〉 등이 이념 문제를 다룬 것이라고 한다면 〈한낮에 등불 아래 나비들〉은 자유당 시절 깡패들의 비리를 폭로한 것이고, 〈기류의 음계〉와 〈고도 있는 인간광장〉 등은 전후 인텔리겐치아들의 내면갈등과 의식분열을 묘사한 것이다. 한편 그는 〈반달이 떠 있는 새벽〉 같이 식민지 시대의 민족의 궁핍화와 항일투쟁을 반복해서 묘사하기도 했다. 이처럼 그는 극작가로서 일평생 일관되게 추구한 목표 같은 것은 없었고, 시대변화에 따라 부단히 변해간 것이 특징이라고 말할 수 있다. 그것은 주제 면에서만이 아니라 표현 기법 면에서도 마찬가지였다. 가령 그가 리얼리즘으로 출발했지만, 신파극에 가까운 멜로드라마라든가 심지어 표현주의까지 시도한 점에서 그렇다.

김흥우도 그와 관련하여 "작품의 경향으로 보면 그의 초기 〈지는 해〉를 비롯하여 〈촌선생〉, 〈석류나무 집〉 등 전반기의 작품이 리얼리즘 경향의 작품이며, 그 이후의 중기 초반까지는 상업주의에 입각한 낭만적 경향의 작품이고, 중기 중반부터는 거의 신파성을 담은 작품이 대부분을 이룬다. 그러나 후기부터 보여주기 시작한 작품들은 내용과 형식을 전혀 달리한 실험적이고, 그가 심혈을 쏟을 대로 쏟은 작품이라고 여겨진다. 대개 후기작품은 표현주의 내지 현대상징주의 계통의 작품들이며 운명 직전까지 시도한 심포닉드라마는 대학극장을 이용해 실험되었지만, 초기와 그의 중기 극시대의 경력을 토대로 새로운 각도에서 전개하였다는 데서 높이 평가됨직하다."[8]고 설명한 바 있다.

그러나 후반기의 그의 끊임없는 실험정신에도 불구하고 초창기의 진지성과 밀도는 감소되었던 것이 사실이다. 특히 그의 부단한 시각의 변화에 따른 작품변모가 일관성을 잃게 했고, 많은 작품량에도 불구하고 극작가로서의 확고한 위치를 굳혔다고 보기 어렵다. 사실 작가가 생명력을 지니려면 변화하는 시대상황을 포착하면서도 그 밑에 흐르는 보편적 진실성을 찾아낼 수 있는 통찰력을 가져야 한다. 그러나 그는 여타 근대극작가들과 마찬가지로 초기에는 매우 진지하게 출발하여 부단히 시대변화를 좇다가 스스로 한계에 부닥친 경우였다고 말할 수가 있다.

따라서 이광래의 경우도 동시대의 다른 극작가들처럼 초기에 발표한 몇몇 희곡이 문학사 내지 연극사에 기록될 것 같다. 그러니까 그가 연극운동가로서 활발하게 뛰었지만 희곡은 그 무게가 덜하다는 이야기가 된다.

---

8 김흥우, 「한국현대극작가론(중)」, 『월간문학』 통권 제67호.

                                            제4부 서구연극의 도입과 실험

한국 시나리오의 정통성을 확립한
오영진

인간에게 양면성이 있듯, 민족 또한 집단무의식 정서로서 비극적 비전과 희극적 비전의 양면성을 지니는 것 같다. 그 비희극적 양면성에서 어느 측면이 강하게 표출되느냐에 따라 그 민족성이 비관적이냐 또는 낙천적이냐가 판가름난다. 민족성이란 아무래도 그 민족이 걸어온 여정과 무관치 않을 것인데, 우리 민족은 어떤 성향일까. 일찍이 우리 문화를 연구했던 야나기 무네요시(柳宗悦)는 『조선과 그 예술』이라는 저서에서 "한국인은 돈보다도 정치보다도 군대보다도 한 가닥의 인정에 보다 많은 아쉬움을 느끼고 있다. …(중략)… 한국의 예술은 인정에 넘쳐 있다고 여겨진다."[1]고 평함으로써 한민족을 정(情)의 민족으로 규정한 바 있다. 그런 성향의 민족이 수많은 수난을 겪어오면서 내면의 한(恨)을 응어리로 지녀왔던 것이 아닌가도 싶다. 가령 시인 조지훈만 하더라도 그의 역저 『한국문화사서설』에서 우리 예술의 원형을 '힘의 예술', '꿈의 예술', '슬픔의 예술', '멋의 예술'로 나누고 그중 서민의 예술에는 슬픔이 가장 큰 주조를 이룬다고 주장했었다.[2]

---

1 야나기 무네요시, 『조선과 그 예술』, 이길진 역, 신구문화사, 1994, 171쪽.
2 조지훈, 『한국문화사서설』, 탐구당, 1964, 306~311쪽.

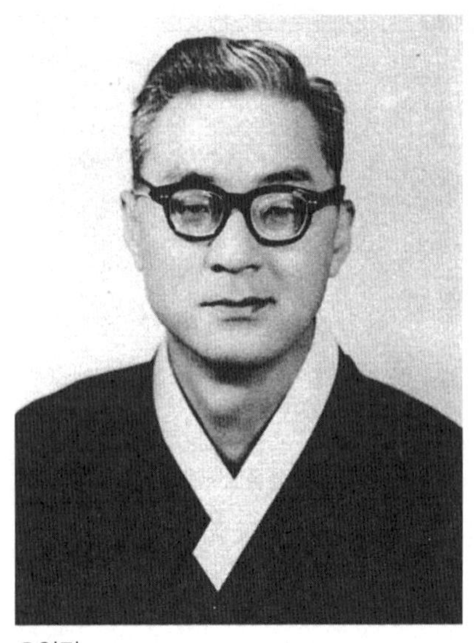

오영진

그런데 그가 주장하는 슬픔의 예술에서는 "위의(威儀)는 몰락되고 명랑은 퇴색하여 그의 정신은 허무와 비애에서 향락적 낭만으로 기울어졌고 규격은 산란되고 절조는 저회하여 그 기법은 불균형에서 비상칭(非相稱)에로 흐르기 시작했던 것이다. 그러나 그 허무한 슬픔 속에는 항시 반성과 명상, 희구와 신앙, 체념과 달관, 이런 착잡한 감정이 순화되어 별다른 이상세계를 예술작품 속에 찾고 세웠으므로, 허무의 사색은 그들의 아프고 괴롭고 고단한 속에 이룩한 낭만의 고향이요, 희구하는 이상향이기도 했다."[3]고 설명한 바 있다.

사실 역사적 곤비로부터 배태된 것으로 보이는 이와 같은 슬픔의 미학은 불교적 윤회사상, 정토귀의사상 등과 혼효되어 민중의 무의식 깊숙이 침전됨으로써 한(恨)의 정서를 형성했다고 보아도 크게 어긋나지 않을 것 같다. 대체로 한은 "현세적인 것이며 일상적인 것이고 잠재적인 것이다. 그것은 분위기이며 한숨이고 굴복이다. 한은 슬픔을 내면화하되 의식화하지 않으며, 수고와 곤욕을 몸으로 겪으면서 그것을 기정의 운명으로 감수한다."[4]고 정의한 문인도 있다.

전통예술과 일상생활에서 원통하고 허망한 죽음이라든가 이별, 체념, 페이소스 등의 형태로 표현되어온 한은 근대에 와서도 크게 변하지 않고 문예작품

---

3 위의 책.
4 김병익, 「한의 세계와 비극의 발견」, 『문학과지성』 제3권 제1호, 1972.

등에 그대로 전이되었다. 특히 일제의 한국병탄 이후 유입된 신파극과 엔카(演歌)의 영향으로 한국인들을 더욱 감상적이게 만든 것이 사실이다. 오늘날 대중문화 속에 잔존하는 감상성과 퇴폐성 같은 것도 실은 그러한 배경에서 비롯된 것으로 보아도 무방하다. 그러나 그런 정서는 어디까지나 일면에 불과한 것이고, 전체적으로는 낙관적이고 희극적인 면이 강하다. 그 점은 비극적 종결이 극히 드문 우리의 전통예술이 잘 말해주고 있다. 그럼에도 불구하고 근대 작가들은 우리의 곤혹스러웠던 역사상황 속에서 비극을 많이 썼고 희극은 절대적으로 부족한 것이 사실이었다. 다행히 오영진(吳泳鎭)과 같은 극작가가 등장해서 우리 현대극의 전통을 바로 세울 수가 있었다. 왜냐하면 그가 비로소 전통적인 희극정신을 현대에 올바로 계승했기 때문이다.

오영진은 1916년 12월 평양에서 민족지도자로 평가받고 있는 오윤선(吳胤善) 장로의 3남매 중 막내로 태어났다. 부친 오윤선은 순교자 주기철 목사 밑에서 장로로 있으면서 평양에 숭인상업학교를 세운 선구자이며, 토산물위탁업체인 경신상회를 경영하던 큰 기업인이었고 안창호, 조만식 등과 민족운동을 함께 한 지사였다. 따라서 그의 집은 독립투사들의 아지트가 되었음을 다음과 같은 그의 수기에서 확인할 수 있다.

우리 집 사랑은 한일합병 이래 민족지도자들의 집합소이었다. 도산 안창호 선생은 대전감옥에서 출옥 이후 나의 서재인 2층에서 유하였고, 고당 조만식 선생은 10수년래 매일같이 사랑방에서 조선물산장려회, 관서체육회, 기독청년회, 조선일보, 숭실전문, 숭인학교 등 민간이 할 수 있는 모든 일을 가친과 의론하였다. 남강 이승훈 선생의 유해문제, 순직자 주기철 목사 사건 등 모두가 집사랑에서 발생하고 논의되었다. 이러한 일로 합병 이래 가친 오윤선은 민족주의자의 거두로 낙인 찍혀 일제의 지리한 감시하에 있었다. 중일사변을 전후하여 종내 철저히 침묵을 지킨 고당 조만식 선생과 가친의 존재는 그들로서는 도산 선생 별세 이후 유일의 가시였다. 기독교도의 신사불참배운동도 닥전골 나의 집사랑에서 산정현교회의 신자를 중심으로 봉화가 올라 드디어 전국적인 무저항투

쟁으로 발전하였다.[5]

  이상에서 확인할 수 있는 것처럼 그는 평양의 명망가 집안에서 태어나 어렸을 때부터 경제적으로는 유복했지만 독립지사인 부친 덕으로 안창호나 조만식 등 당대의 민족지도자들을 옆에서 지켜보았으며 그들에게서 은연중 절대적인 영향을 받으며 성장한 것이다. 그가 운명적으로 민족주의자가 되지 않을 수 없었던 소이도 바로 그런 가정환경에 따른 것이었다. 사실 유년 시절부터 그런 환경에서 성장할 수 있었던 것도 실은 그의 대단한 가문 덕택이었고 그것이 평생 그를 따라다니면서 괴롭히기도 했지만, 아무나 그런 경험을 하기 어렵다는 점에서는 행운이라고도 말할 수 있다. 그만큼 그는 식민지 시대의 한가운데를 가로지르는 시절에 민족운동의 지도자들의 사랑을 받으면서 그들이 어떻게 조국을 위해서 헌신하는가를 목도한 것이다.

  그렇다고 해서 그가 수난을 받은 것은 아니고 그의 표현대로 '마치 온실에서 자라는 청포도처럼 순조롭고 조숙'했었다. 이는 그만큼 그의 가정은 유복했었다는 이야기도 된다. 거기다가 그가 명석한 두뇌까지 타고나서 순탄하게 교육을 받을 수가 있었다. 즉 그는 평양고보를 우수한 성적으로 졸업을 하게 되는데 이때 가장 큰 고심을 했다고 한다. 그것은 두말할 것도 없이 진로 때문이었다. 이 시기 그의 머리를 감싸고 있던 것은 부친과 민족지도자들의 삶이었다. 그는 결국 우리의 민족문학과 전통사상을 지키는 길은 한국 문학을 연구하는 것이라는 결론에 도달하게 된다. 그는 서슴없이 경성제국대학 조선어학과로 진학했다. 그때의 사정에 대하여 그는 다음과 같이 회고했다.

  조선문학을 전공과목으로 선택한 이유는 무엇보다도 앞으로 나는 국문학자가 되지 않으리라는 역설적 결심에 기인한 것이었다. 그 당시 조선 문학을 가르치는 학교는 이곳 서울에 있는 식민지 대학밖에 없었다. 학자가 될 욕심이 없는 나

5 오영진, 『하나의 증언』, 국민사상지도원, 1952, 10~11쪽.

로서 이 기회를 놓치면 영영 우리 조상이 남겨준 문학과 사상적 유산의 목록조차 알 길이 없을 것으로 생각했다.[6]

이상에서 확인할 수 있는 것처럼 그가 별로 탐탁찮게 생각한 경성제대를 간 것은 순전히 우리 문학을 공부하기 위해서였다. 그는 대학 진학과 동시에 과 동료들과 『성대문학』이라는 동인지를 만들어 글쓰기에 나섰고, 동시에 영화동호회라는 서클도 조직했다. 이는 순전히 그가 프랑스 영화에 심취한 데 따른 것이었다. 그는 소설가가 되어볼까도 생각해서 남독(濫讀)과 함께 프랑스 영화에 탐닉하기도 했고, 『성대문학』에 중편소설 「언덕 위의 생활자」를 발표하기도 했었다. 이 처녀소설은 그의 독서편력의 한 단면을 보여주기도 하는데, 가령 주인공인 한 지식청년이 도스토옙스키의 악마주의와 아르체바셰프의 허무주의의 혼합의 사상을 지녔다가 톨스토이적인 휴머니즘으로 옮아가는 과정에서 실의에 빠지지만, 한 여인과 그의 딸 등 3인이 치정관계를 이룬다는 내용이다. 그가 그런 소설을 썼지만 더욱 빠져든 것은 영화였다. 따라서 그는 이미 대학 3학년 때 「영화예술론」이라는 논문을 『조선일보』에 당당하게 발표한다. 이때부터 그는 장차 영화를 하기로 결심을 굳혀간다. 소설을 써보았지만 영화만큼 대중을 강렬하게 자극할 수 없다고 느낀데 따른 것이었다. 그는 뒷날 당시 영화를 하기로 결심했던 배경에 대하여 다음과 같이 쓰고 있다.

학자가 되려고 조선문학을 전공한 것이 아니었던 것처럼 예술가가 되려고 영화 공부를 한 것은 아니다. 성급한 나로서는 소설로는 내가 의도하는 바를 급속한 시일 안에 달성하지 못할 것이라고 단정했기 때문에 문학을 사량(史良)에게 맡기고 영화를 선택했던 것이다. 글재주에 있어 사량에게 뒤떨어진다고 생각하지는 않았다. 내가 영화를 선택한 것은 예술가가 되려는 욕심보다는 '그 누구를 위하여' 일해보겠다는 정열에서이다. 신문 한 장 읽을 줄 모르고 이야기책 한 줄

6　오영진, 「한점의 검은 구름이…」, 『사상계』 통권 제195호, 1969.

제대로 못 읽는 그 누구를 위해서, 예술가는 반드시 '그 누구를 위하여' 창작하지는 않는다. 그러나 나는 그 누구를 위하여 영화를 만들고 싶었다.[7]

이처럼 그의 영화에로의 방향 전환은 대단히 의미심장한 것이었다. 여기서 특히 주목되는 부분은 그 자신 예술가가 되기보다는 신문 한 장 제대로 읽지 못하고 이야기책 한 줄 제대로 읽지 못하는 그 누구를 위해서 영화를 해야겠다고 결심했다는 대목이다. 이게 무슨 이야기인가. 그것은 다름 아닌 식민지 시대 문맹자가 절대 다수였던 우리나라 민중을 가리키는 것이고 그들에게 단시일 안에 뭔가를 알려주는 방편은 영화밖에 없다고 생각한 것이다. 바꾸어 말하면 그가 당초 생각했던 소설을 가지고서는 대다수의 문맹자들인 민중을 계도할 수 없다고 믿고 소설로부터 영화로 방향 전환한 것을 의미한다.

그것은 상당히 중요한 의미를 지니는데 이는 그의 유소년기의 체험적 민족애가 없었으면 생각해내기 어려운 것이다. 그는 항상 자신의 창작 활동이 예술과는 거리가 있다는 것을 강조했었다. 이 말은 그가 창작을 하는 진정한 이유가 예술가로서의 자기성취가 아닌 민족계도에 궁극적 목표가 있음을 의미하는 것이다. 그는 부친의 직접적인 항일저항운동과는 달리 우회적 방법으로 보다 본질적으로 접근해서 민족운동을 벌인다는 생각으로 영화를 평생의 업으로 삼겠다고 한 것이다.

따라서 그는 자전거를 이용하여 전국을 누비면서 동포의 삶도 샅샅이 살피고 한편으로는 여인들이 규방에서 불러왔던 옛날 노래들을 수집하여,「영남여성의 내방가사」라는 방대한 논문을 쓰고 1938년에 경성제대를 졸업한다. 그가 대학을 졸업하자 여러 가지 진로가 앞에 진열되었다. 우선 가장 영향력이 있는 부친은 두 가지를 제시했다. 즉 공부를 더 계속하든가 아니면 자신이 세운 숭인학교를 맡든가 하라는 것이었다. 그리고 경성제대에서는 주임교수가

---

7 위의 글.

모교의 조교를 권했고, 전주사범학교 교사로도 추천되었다. 이러한 여러 가지를 놓고 잠시 고민도 했지만 그가 당초 결심했던 영화 쪽으로 방향을 틀고 곧바로 도일한다. 영화를 공부하려면 당시로서는 도쿄밖에 더 좋은 곳이 없었기 때문이다.

그는 곧바로 도쿄발성영화제작소에 정식으로 입사하여 조감독이라는 직함을 받고 본격적인 영화수업을 받기 시작했다. 그러면서 친구 김사량을 위시하여 안영일, 주영섭, 임동혁, 문학준, 황헌영 등과 교류를 가지면서 영화는 물론이고 일본을 통한 서구 문화를 광범위하게 호흡한다. 그러나 3년 가까이 되자 대동아전쟁이 확대되면서 일제는 모든 것을 국책화하기 시작했고, 그는 더 이상 도쿄에 머무는 것이 의미가 없다는 생각을 하기에 이른다. 따라서 그는 도일한 지 만 3년을 채우지 못하고 귀국하기로 결심하는데, 그 이유는 그런 살벌한 시절에는 고향으로 돌아가서 가족, 친구, 이웃들과 함께 울고 함께 고통당하는 것이 오히려 마음 편할 것이라 믿었기 때문이다. 그가 귀국해보니 상황은 예전과 많이 변해 있었다. 부친이 창씨개명에 반대해서 하던 사업도 말이 아니었고, 사랑방 손님도 뜸해진 상태였다. 도산 안창호는 타계해서 그렇다 치고 가끔 다녀가던 인촌 김성수나 몽양 여운형을 비롯한 민족지도자들의 발길도 끊겼으며, 다만 조만식과 산정교회 장로들만이 드나드는 정도였다.

그는 귀국 후 우선 학병이나 징용을 피하려고 평양과 서울을 오갔는데, 어느 영화사에 무급촉탁으로 적을 두었던 것도 바로 징병기피용이었다. 때마침 숭인학교가 폐교 위기에 봉착함으로써 그는 부득이 학교를 맡을 수밖에 없었는데 정교사가 되면 머리 깎고 각반도 쳐야 함으로 그는 강사로 있으면서 학교 재단의 일을 맡았다. 그때 그는 김주경 규수와 결혼도 했다. 그리고 그동안 공부한 것을 바탕으로 시나리오 습작을 해서 1942년에 처녀작 〈배뱅이굿〉을 발표하여 문학평론가 최재서에 의해서 절찬을 받기에 이른다. 그는 이어서 두 번째 작품 〈맹진사댁 경사〉를 발표했다.

그가 고향에 머물자 그를 찾아와서 시국을 걱정하고 학병문제로 고민하는 친구 선후배가 적지 않았다. 그럴 때마다 그는 강제로 끌려가는 친지들에게 '중국 본토에 가거들랑 중경으로 탈출하라'고 그들을 격려하곤 했다. 이런 소문이 퍼져나가면서 일본 경찰의 손길이 다가왔음은 두말할 나위 없었다. 결국 그는 1943년 가을에 학병 반대 혐의로 일경에 체포된다. 그런데 그의 체포는 단순히 그의 학병 반대 명목만은 아니었고, 일제에는 눈엣가시 같은 그의 부친과 조만식의 애국활동을 저지하려는 숨은 의도가 깔려 있었다. 물론 그는 오랫동안 구금되어 있지는 않았다. 그가 일경에서 풀려난 직후 마지못해 목적극을 한편 썼다고 그의 친구에게 비화를 들은 일이 있다. 그 일을 너무나 수치스럽게 여긴 것이 결국 그가 한평생 철저한 배타적 민족주의자로서 고통스럽게 산 이유 중의 하나라고 했다.

해방과 함께 그는 창작과는 거리가 먼 정치에 발을 들여놓게 된다. 그것은 그가 그런 것을 좋아해서라기보다는 그의 주변 환경에 따른 것이었다고 보는 것이 옳다. 즉 해방과 함께 평양에서는 조만식과 그의 부친 오윤선을 중심으로 애국단체인 평남건국준비위원회가 결성되었는데, 그는 조만식의 비서로 임명되어 건국준비 작업에 일익을 담당해야 하는 입장에 놓이게 되었다. 그런데 평남건준(平南建準)이 곧바로 발전단체라 할 이북 최초의 민주정당 조선민주당을 창당하자 그 역시 한 멤버로서 나라 세우는 일에 동분서주하게 된다. 그가 정치인으로 본격 나선 셈이 되는 것이다. 그러나 그의 정치초년생으로서의 활동이 순탄치만은 않았다. 왜냐하면 북쪽에는 소련군이 진주하면서 김일성을 중심으로 공산정권 수립이 급속히 진행되었기 때문이었다.

그는 김일성 일파와의 치열한 투쟁 끝에 그의 생명을 노리는 공산당의 추격을 피해 1947년 11월에 평양을 탈출하여 서울로 온다. 이는 그가 생애에 있어서 가장 큰 패배였고 좌절이었다. 사실 그는 처음부터 반공주의자는 아니었다. 그는 식민지 시대의 인텔리들처럼 사회주의자를 자처했었고, 민족주의자였으며 자유주의자였다. 그만큼 공산주의에도 매력을 지니고 있었다고 한다. 그런 그가 철저한 반공주의자가 된 것은 해방 직후 평양에서의 체험 때문이었다고 한다. 그에 대하여 그는 수기에서 다음과 같이 실토한 바 있다.

> 일정하에 살면서 나는 스스로 사회주의자로 또는 자유주의자로 자처하였다. 기독교의 장로의 아들로 민족주의자의 가정에 태어났으나 왜 그런지 사회주의의 환혹적인 결론만이 나에게는 새롭게 보였다. …(중략)… 이리하여 성격과 행동에 있어서 반항적인 나는 그대로 공산주의자적인 세계에서 아무런 모순됨이 없이 하나의 신인간이 될 줄 굳게 믿고 있었다. 어쩌면 공산주의자의 생활양식과 인간관조의 태도와 문물제도와 정책과 이론이 이렇게도 나의 생각과 꼭 들어맞을 수가 있을까. 그러나 공산군이 진주한 북한에 생활하면서 그들이 하고 있는 행동을 보고서는 결국 공산주의자가 못 되고 만 것이다. 서적의 이론과 현실은 이렇게도 서로 틀리는 것인가? 권력을 가진 공산주의란 이렇게도 추(醜)한 것인가?[8]

이상에서 알 수 있는 것처럼 그 역시 1920년대 이후 한국의 인텔리 청년들이 겪어야 했던 사상적 편력을 해방 직후 단 3년여 만에 뼈아프게 겪고 서울에 은신하게 된다. 몇 개월 뒤 그는 서울에서 반공투쟁활동을 하게 되는데, 그를 집요하게 추적하던 평양 파견의 공산당 자객이 대낮 노상에서 권총 3발을 씀으로써 그를 중태에 빠뜨렸던 것이다. 그는 다행히 목숨은 건졌으나 8개월이라는 기나긴 병상생활을 해야 했고 아내의 지극한 간호로 완쾌되었다. 병원문을 나섰을 때, 그의 앞에 놓인 것은 생활고였다. 그나마 곧바로 6·25전쟁이 발발하면서 그는 지하로 숨어들었고, 9·28수복 직후에야 부산으로 피난 가서 전시연합대학에서 강의하는 것으로 겨우 생활을 할 수가 있었다. 그는 대학 강의로 만족하지 못하고 어떻게든 공산주의와 싸워야 된다는 신념으로 중앙문화사라는 출판사를 만들어 이론을 통한 반공투쟁을 전개해나갔다.

거기서 그는 『공산주의 이론과 비판』(양호민)을 위시하여 『공산주의와 농민문

---

8 오영진, 앞의 책, 2~3쪽.

제』(데이비드 미트리니), 『소련군대이면사』(미하일 소로비예브), 『모택동의 나라』(후우씨이싱), 『적치 6년의 북한생활』(문수), 『시베리아유형기』(김시성) 등 공산주의와 소련, 중국, 북한의 적나라한 생활을 비판 폭로한 책들을 출간해냈다. 그런 일로서도 만족하지 못한 그는 월간 『문학예술』을 만들어 자신의 창작의 발판으로 삼기도 했다. 그 시기에 그는 서양 여행도 했다. 그가 일본에서 영화수업을 받았으므로 일본은 어느 정도 알고 있었지만 그 외의 지역은 가본 일이 없었다.

따라서 그가 국제극예술가회의에 참석하기 위해서 1952년에 유럽을 여행하고 그 다음해에 미국까지 여행함으로써 서양에 대한 이해를 넓힌 것은 그에게 있어 매우 중요한 체험이었다. 그리고 이 시기에 다시 시나리오도 쓰기 시작했고, 1958년에는 아시아영화제 심사위원으로도 선임되었다. 거기서 〈시집가는 날〉로 최우수희극상을 받기도 했다. 이러한 그의 해외여행과 활발한 대외활동이 그의 잠복되어 있던 창작열을 자극해서 시나리오를 15편이나 쓰도록 만들었다.

그런 그를 또 한 번 격랑에 휘말리게 한 정치변동이 일어났는데, 그것이 다름 아닌 4·19학생혁명과 5·16군사쿠데타였다. 그는 민주당 장면정권이 들어서자 외곽에서 일을 도운 것으로 알려졌으며 군사정권으로 모든 것이 무산되자 독재와 싸우기 위해서 해방 직후 평양에서 조직했던 조선민주당을 재건하여 당수를 맡아 1967년까지 제3공화국과 대결했다. 그는 항상 문화예술도 결국 정치권력의 영향 하에 놓이는 것이라 믿고 있었던 것 같다. 그것은 그가 해방 직후부터 정치활동을 창작 활동의 위에 올려놓은 점이 잘 증명해준다.

그런 그가 지닌 정치관은 대체로 배타적 민족주의였고 자유주의였다. 그러면서도 도덕주의적인 면이 강했다. 그가 자유당 독재에 반대하면서도 이승만에 대해서만은 관대했던 것이 그가 독립투사 출신이었기 때문이었다. 그런 그가 제3공화국에 대해서만은 극도로 증오했는데, 이는 아무래도 박정희가 일군 출신인 데다가 유화적인 대일정책이 그를 못 견디게 한 것 같다. 그럴 수밖에 없었던 것은 민족자존을 최고의 명제로 삼았던 그의 성장 배경과 가문에 따른 것이었다. 그가 1960년대의 정부정책에 극한적으로 저항했던 깃도 바로 그런 연유에서 비롯된 것이다. 이 시기에 그가 정신질환까지 앓았던 것도 이러한 그의 극심한 좌절감 때문으로 볼 수 있다. 그렇다면 이때 그는 시대를 어떻게 인식하고 있었을까. 그것은 다음과 같은 그의 수기에 잘 나타나 있다.

> 한국 전쟁 중 임시 수도였던 부산의 오예와 혼탁, 환도 직후의 음산하고 황폐했던 서울의 거리, 오늘에 와서는 눈에 보이는 물질적 파괴보다도 몇 갑절 위험하고 무서운 정신적 파괴, 방향을 잃고 진로를 그르친 정치적 고속도로, 갈피를 못잡는 무상한 민심, 똘만이와 아저씨들, 같은 피가 흐르는 이방인의 무리, 엉망이 된 지하구조 위에 또다시 타다 남은 기둥과 부러진 서까래와 그슬린 기왓장으로 전쟁 직후보다도 더욱 추악하게 보충되는 사회적 무질서, 낭비와 허영과 무지와 독선과 탐욕과 이기로 세워진 하루살이의 무대장치.[9]

이상에서 알 수 있는 것처럼 그는 작가답게 현실을 허상의 세계, 카오스의 세계로 인식하고 있었다. 그는 자신의 수기에서 우리나라가 '민주국가로서의 주체성을 굳건히 하고, 민족의 도의심을 드높이며, 국민의 안정을 보장하여 나아가서는 조국의 민주통일을 완수하기 위한 물질적 정신적 태세를 진정 갖추기'를 열망했었다. 이처럼 그는 항상 정치적인 사고를 지니고 있었다. 그것은 아무래도 그가 유년 시절부터 매우 특별한 환경 속에서 자랐기 때문인데, 이는 솔직히 행동적 작가로서의 그의 장점이면서 동시에 하나의 부담이기도 했으며 또 한계이기도 했다. 물론 작가가 창작을 하는 이유의 가장 근본은 인간을 탐구하는 것이고, 그 인간탐구라는 것은 자유와 정의, 그리고 아름다움을 지키는 것이 아닐까. 또 작가는 그것을 위해서 불의와 싸우는 것이다. 그렇

---

9 오영진, 「운명과 기회—작가의 수기」, 『사상계』 1969.6.

게 볼 때 오영진은 누구보다도 강렬한 애국심과 민족주의의 입장에서 부단히 도전해오는 외부세력과 끝까지 투쟁하다가 좌절한 행동주의작가였다고 말할 수 있다. 그의 올곧고 비타협적인 성격으로 누구보다도 어렵게 살았던 작가가 바로 오영진이었다. 그는 불의라고 생각하면 절대로 타협하지 않았다.

그의 생계를 걱정한 평생의 친구 방용구(龐溶九) 학장의 권유로 국제대학 국문과 교수로 재직 중 매년 똑같은 강의를 할 수 없다고 단 2년 만에 사직한 것을 비롯하여, 영예로운 예술원 회원을 스스로 그만둔 것 등 여러 가지 에피소드를 남기기도 했다. 물론 그가 한때 희망으로 부풀었던 적도 없지는 않다. 그것은 4·19학생혁명 직후 장면 정권이 들어서고였다. 그는 특별한 직함을 갖지는 않았지만 장면 정권에서 뭔가를 해보려 했던 것만은 분명하다. 그러나 5·16군사쿠데타로 그의 꿈은 산산이 흩어지고 한일협정까지 체결됨으로써 그의 개인적 비극이 시작되는 것이다. 솔직히 그의 사전에는 불의와의 타협은 절대로 없다. 그를 옆에서 오랫동안 지켜본 시나리오작가 황영빈은 그의 성품에 대하여 다음과 같이 쓴 바 있다.

> 오영진 씨처럼 어려운 말로 주체성이 뚜렷하고 저속한 것에 타협하지 않는 사람도 없다. 이 점이 바로 한국 영화계에서 씨로 하여금 가장 작가다운 시나리오작가로 부르게 하는 점이다. 수공적인 작가—표획작가들이 많은 시나리오작가 중에서 씨만큼 고고하고 양심적인 작가도 없다. 이 점은 고향을 평남 평양시에 둔 오영진 씨의 지방적 기질의 일면인 것 같기도 하다. 유순하면서도 어느 면 이상은 거의 절대로 양보하지 않는 의연한 거인적 성격이 숨어 있는 것을 아는 사람도 적지 않을 것이다.[10]

이상과 같이 그가 너무나 강직해서 누구보다도 어렵게 살았고 또 외로웠다. 그가 바라본 세상은 너무나 혼탁했고 왜곡되어 있었으며 정의와는 너무나 동

---

10 황영빈, 「작품과 인간—오영진 소묘」, 『시나리오문예』 제1권 제2호.

떨어져 있었다. 가령 그가 살아온 청년기까지만 해도 악랄한 일제였고, 해방을 맞아서는 공산주의와 혈투를 벌여야 했으며, 독재와 혁명으로 점철된 현대사의 한가운데를 가로지르며 살아야 했던 그로서는 견디기 어려웠던 것이 사실이었다. 그러나 그는 언제나 의연했고 어떠한 어려움 속에서도 품격을 잃어본 적이 없다. 영화평론가 안병섭이 기자 시절 그를 여러 번 접촉하면서 그의 인품에 감복하곤 했다고 한다. 즉 그는 「오영진 시나리오론」이라는 글에서 "오영진 선생을 생각하면 무엇보다 그 고고하고 속되지 않은 인품을 떠올리게 된다. 비록 업무상의 일로만 접할 수 있었지만 그분의 인품에 머리가 숙여지는 순간을 여러 번 체험했기 때문에 그분에 대한 존경심과 회상은 각별한 데가 있다. 두루마기에 깃도 깨끗한 한복을 즐겨 입는 모습은 우선 비범한 인물이라는 외경심을 불러일으키기에 족했다. 영화계의 고고한 시나리오작가이고 희극의 걸작들을 발표해온 오 선생은 한국연극, 영화의 큰 봉우리임은 누구도 부인할 수 없는 일이다. 필자로서는 속화되기 쉬운 영화계에서 고결하게 처신하는 진정한 작가로서의 자세에 늘 존경의 마음은 더해갔다."[11]고 쓴 바 있다.

이런 인물이 50대를 전후해서 정신질환으로 고통을 겪었던 것은 우리 시대에 만나기 힘든 한 선비의 참담한 좌절을 보는 것 같아서 슬프기까지 하다. 그러니까 그는 굴절된 현대사의 거대한 정치권력과 맞닥뜨려 싸우다가 스스로 좌절하고 자신을 볶다가 정신질환에 시달린 것으로 보아야 할 것 같다. 그가 특히 일본 콤플렉스로 고통을 겪었는데, 어느 연극인의 증언에 의하면 1960년대 후반 명동의 한 찻집에서 그가 갑자기 '일본놈들이 쳐들어온다'면서 문을 박차고 뛰쳐나간 일도 있다고 한다. 그의 아내 김주경도 필자와의 대담에서 '자기 남편이 때때로 일본이 금방 쳐들어올 것 같은 착각에 빠지곤 했었다'고 증언한 바 있었다. 그로부터 그는 자주 병원을 드나들었으며 그 시기에 일

---

11 안병섭, 「한국적 아이덴티티의 희극적 구성과 리얼리즘―오영진 시나리오론」, 『영화적 현실 상상적 현실』, 정음사, 1989, 517쪽.

본에 대한 증오로 가득 찬 희곡과 사이코드라마도 여러 편 썼다. 그가 특히 증오했던 일본이 다시 여러 각도에서 한국에 접근해오는 데다가 친일적 성향의 정부가 그것을 부추긴다고 생각한 듯싶다.

자손이 없었던 그는 아내 김주경과 한강변의 조그만 아파트에서 고독 속에 마지막 창작열을 불태우기도 했다. 1974년 필자가 유학을 마치고 귀국했을 때, 그는 동대문 옆 이화여대부속병원에 입원해 있었다. 문병을 갔더니 그는 병실에 없었다. 얼마 후 그는 창백한 얼굴로 돌아왔는데, 나를 반기면서 잠시 명동국립극장에 가서 김소희(金素姬) 명창의 〈심청가〉를 듣고 왔다고 했다. 그러면서 대뜸 그는 "그동안 나는 무엇을 했는지 모르겠다. 판소리 〈심청가〉만 한 작품 하나 쓰지 못했으니" 하면서 장탄식을 하는 것이 아닌가. 그래서 필자가 "무슨 그런 겸손한 말씀을 하시는가. 주옥 같은 작품을 여러 편 쓰시지 않았는가"라고 했더니, 그는 입을 꼭 다물더니 판소리 〈심청가〉만 한 작품을 쓰고 말겠다고 혼잣말로 중얼거렸다. 그런 일이 있은 달포 뒤인 1974년 낙엽이 휘날리는 늦가을에 그는 이 세상과 쓸쓸히 하직했다. 향년 58세였다.

그는 소년 시절부터 안창호나 조만식 등과 같은 민족지도자들의 사랑을 받고 자랐으며, 은연중에 이들에게서 절대적인 영향을 받았음은 전술한 바 있거니와 도산과는 장차 영화를 하기로 약속한 적도 있었다. 따라서 그는 이미 대학 재학 중에 기성신문에 영화평론을 발표한 적이 있었으며, 1950년까지 상당수의 영화론을 써서 영화계를 긴장시킨 바 있다. 이는 그만큼 그의 영화론이 격이 높았던 데 따른 것이었다. 그는 작품평보다는 주로 영화이론이 부재하던 시대에 영화일반론을 계몽적 입장에서 쓴 것이 특징이다. 가령 그가 대학 시절 쓴 「영화예술론」만 보더라도 영화의 오락성에 포커스를 맞추어 쓴 글이었다.

그는 이 글에서 "영화란 대중을 제거하고는 도저히 생각할 수 없다. 영화란 본래 일반대중을 상대로 하고 대중의 기호에 투하고 취미에 적합하고 대중의 오락을 목표로 한 것임은 누구나 다 아는 사실이 아닌가. 그러므로 영화의 성능은 결코 그 예술성에만 그치지 않고 대중의 오락물로서의 영화의 임무도 전자에 지지 않을 만큼 중대한 것이다."[12]라고 썼다. 그가 21세에 쓴 이 글은 다분히 상식의 차원을 넘어서지 못하지만 도쿄에 가서 영화수업을 받고 쓴 글들은 한층 진전된 것이다. 그럴 수밖에 없었던 것이 그가 이미 예이젠시테인의 영화이론에 심취하기 시작했기 때문이다. 즉 그가 예이젠시테인의 제4차원론을 바탕으로 영화의 사상성을 설명한 것이다.

가령 그의 두 번째 논문인 「영화와 문학에 관한 프라그멘트」에 보면 영화는 문학이 따를 수 없는 심리묘사를 할 수 있다면서 프랑스의 명장 뒤비비에 감독이 만든 영화 〈무도회의 수첩〉, 〈상선 테나시티〉, 〈홍발〉 등을 예로 들었다. 그는 또한 프도호킨의 영화론에 입각하여 우수한 문학작품의 영화화를 강조했다. 그는 이글에서 "문학작품에 대하는 영화작가의 태도가 초월적인 한 문학작품의 영화화는 결코 영화의 치욕도 아니고 사도라고도 할 수 없다. 오리지널 시나리오가 문학작품과 비견할 수 있는 정도의 순수한 예술성을 획득한 후라도 새로운 제재와 시야의 확대를 위하여 문예작품의 영화화는 계속할 것이고(프랑스의 유능한 영화작가의 현상) 또한 해야 할 것이다."[13]라고 결론짓고 있다. 이 글을 쓴 몇 개월 뒤에도 그는 M. 바르데에슈와 브라질라크 공저인 「영화사」를 바탕으로 해서 문예영화야말로 영화예술을 살찌게 하는 것이라면서 뤼미에르 형제의 최초 영화 〈리옹의 뤼미에르 공장 출구〉로부터 시작하여 1903년의 필름 다아르운동 등에 대해서 설명한 뒤 프랑스, 미국, 독일, 러시아, 덴마크, 영국 등의 영화예술 작업에 대하여 소개했다.

물론 그는 우리나라 문예영화의 문제점도 지적하고 있다. 문학작품을 영화화할 때 원작의 정신사상은 도외한 채 무리하게 스토리만 쫓다 보니 문학을 왜곡하고 저속화한다는 것이다.[14] 사실 우리나라처럼 우수한 시나리오작가가

---

12 오영진, 「영화예술론—그 예술성과 오락성」, 『조선일보』 1937.7.19.
13 오영진, 「영화와 문학에 관한 프라그멘트」, 『조선일보』 1939.2.24.
14 오영진, 「영화와 문학의 교섭」, 『문장』 1939.7.

절대 부족한 경우 좋은 소설의 영화화는 어쩔 수 없는 것이지만 스토리만의 차용은 예술정신의 상실을 초래한다고 경고했다. 그는 도쿄발성영화제작소에 재직할 때 많은 영화론을 국내 신문 잡지에 기고했다. 이때부터는 주로 우리 영화에 대해서 비판과 대안을 제시하는 글을 쓴 것이 특징이다. 가령 「조선 영화의 제 문제」라든가 「조선 영화의 시상」 같은 것이 그런 경우이다. 그는 전자의 글에서 우리 영화 20년을 침체와 정돈(停頓)의 불구라는 측면에서 접근했고, 그 원인을 네 가지에서 찾았다. 즉 우리 영화 낙후의 네 가지 원인을 첫째 영화제작을 위한 고정자본의 결핍, 둘째 시나리오리스트의 전무, 셋째 연기력 있는 배우의 부족, 넷째 영화전통의 결핍 등으로 보면서 특히 예술성의 결핍을 개탄했다. 여러 면에서 이상주의적인 그는 영화에서도 예술지상주의를 부르짖은 것이 특징이다.

사실 우리 영화는 1903년에 처음 시작하여 연쇄극시대를 거치고 신파극시대를 지나오면서 가정비극이나 화류비련성의 내용이 대중의 인기를 모은 때도 있었다. 다행히 나운규가 나타나면서 영화가 사회의식을 표출하기 시작한 것이다. 그래서 그는 「조선 영화의 제 문제」라는 글을 통해서 저항의 불꽃을 지피기를 바랐던 것이다. 그가 나운규를 하나의 구세주처럼 높이 평가한 것도 바로 그러한 염원에 따른 것이었다. 나운규의 영화정신과 맥을 같이 한 그는 「조선 영화의 시상」이란 글에서 그를 높이 평가하면서도 문제점을 날카롭게 비판했다. 그는 나운규의 제1기 영화가 무지한 대중의 심리를 간지럽히고 그들의 저속한 기호에 어필하는 선동적인 것이었다면서 "효과를 위해서는 그는 서슴지 않고 존귀하고 진지한 정신, 감정, 사상까지도 저속화하고 왜곡하였다. 작품 자체의 부자연성 비현실성은 그 자신은 물론이거니와 대중에 있어서도 조금도 문제되지 않았다."[15]고 비판했는데, 그의 비판대상은 우리 영화사상 명작으로 꼽히는 〈아리랑〉, 〈금붕어〉, 〈개화당이문〉 등이었다.

---

15 오영진, 「조선 영화의 시상」, 『문장』 1939.2.

　　　　　　　　　　제4부　서구연극의 도입과 실험

그는 제2기 작품들에 대해서도 자신의 사상을 승화시키지 못했다면서 "그의 감동, 그의 비분, 그의 오열은 결국 나운규 1인의 감상에 지나지 못하였다고 할 수 있다. 또 하나 그의 약점으로 문학적 시야의 협소, 따라서 등장인물 성격의 일률성을 들 수 있다. 성격 창조에 변통이 없고 새로움이 없었음은 〈아리랑〉, 〈강 건너 마을〉, 〈임자 없는 나룻배〉 등을 비교하여 생각해보면 누구나 알 것이다. 주인공의 성격, 각 인물의 시츄에이션, 작품 자체의 무드, 각 인물의 교섭 스토리까지 서로 너무도 흡사한 것이었다."고 비판했다. 제3기에 해당하는 「오몽녀」도 해석의 불철저, 구성의 조잡, 토키 설비와 기술의 미숙이라고 혹평했지만 총체적으로는 나운규가 누구보다도 철저한 프로페셔널한 영화인이었다면서 다음과 같이 결론지었다.

> 대중의 욕하는 바를 그들에게 주기에 노력한 이 한 점으로써 보더라도 그 얼마나 한 귀중한 존재였던가, 그러나 그는 그것에 그치지 않고, 한 걸음 더 나아가 자기의 것을 대중에게 주는 예술가에까지 도달하였다. 그야말로 자기 자신 확고부동한 영화정신을 가진 조선 영화계 유일의 영화예술가라고 할 수 있다. 영화에 대한 그의 정열, 그가 제작한 수다한 걸작, 배우양성자, 연기지도자로서의 그의 재완(才腕)―그가 양성한 현역배우가 얼마나 많은가―등등 조선 영화에 대한 그의 공적은 높이 평가되어야 한다. 그리고 조선 영화인은 여러 점으로 보아 그에게 배워야 하고, 그가 도달한 점에 그 무엇을 플러스하기 위하여 노력해야 할 것이다. 그가 도달한 지점은 조선 영화의 새로운 출발점이 되지 않으면 안 된다.[16]

위에서 알 수 있는 것처럼 그가 비록 나운규의 영화를 구체적으로 비판은 했었지만 그것은 어디까지나 평론가로서의 객관적 작품 평이었고, 근본적으로는 나운규를 당대 최고의 전문영화인으로서 높이 평가하는 것에는 인색하

---

16 위의 글.

지 않았다. 다만 그의 상업성에 대해서 비판의 포커스를 맞추었는데, 이는 아무래도 오영진이 자본가의 상업주의적 횡포에 저항하면서 고매한 창작정신을 살려야 한다는 신념 때문이었다. 그는 또한 이 글에서 당시 한국 영화가 나아갈 방향과 관련하여 다큐멘터리 필름(문화영화), 문예영화, 그리고 역사영화를 많이 만들어야 한다고 했다.

그렇다면 그가 왜 이런 영화를 중시했는가 하는 점인데, 그 이유는 지극히 간명하다. 가령 다큐멘터리는 우리 문화를 선양 소개하는 뜻과 함께 영화작가를 양성할 수 있고, 역사영화는 일반민중에게 지나간 왕조의 사실, 풍속, 인정을 알려주는 계몽성이 있기 때문이라고 했다. 이 점은 그가 당초 문학과 영화를 택한 궁극적 목적과도 일맥상통하는 것이다. 그는 문예영화도 시급하다고 보았는데, 당시 전문 시나리오작가가 전무한 상태에서는 불가피하다는 것이었다.

그리고 해방 이후 즉 그가 월남해서 쓴 영화론이 다름 아닌 「조선영화론」이다. 이 글은 그가 식민지 시대에 썼던 영화론을 재론한 것으로서 새로운 내용은 별로 없고 다만 우리 영화의 부진 원인을 대내외에서 찾은 점이 주목되는 부분이라고 말할 수 있다. 그동안 우리 영화가 부진을 면치 못했던 외부적 요인으로서 그는 일본 영화를 위시한 외화의 시장독점, 일본 영화자본의 침투, 일본 군국주의 선전영화의 강압적 제작, 악랄한 검열, 영화령 공포, 영화기업 심의회 구성 등을 꼽았으며, 내적 요인으로는 영화인의 기술과 철학의 빈곤, 상설영화관 부족에 따른 소비시장의 협애와 함께 저질 흥행주들의 문화의식 부족, 마지막으로 문단인들의 영화불참 등을 꼽았다.

그렇다면 해방 직후 영화계의 문제점은 무엇인가. 그에 대하여 그는 첫째 북한은 소련 영화가 점령하고, 남한은 미국 영화가 독점하고 있는 점, 둘째 영화관의 절대부족으로 관객 수용 능력이 없다는 것, 셋째 구태의연한 제작자본의 불안정, 넷째 심각한 인플레이션과 생산 능률의 저하와 물자 획득의 곤란이 가져온 제작비의 고등(高等), 다섯째 영화계 내부의 분열과 이합집산이 심한 것, 여섯째 영화인의 지도이념의 상실 등이라 했다. 결국 이러한 문제는 단순히 영화인만의 문제로 국한되는 것이 아닌 만큼 국가가 나서서 해결할 수밖에 없다고 보고, 그는 그 근본적 해결책을 다섯 가지로 요약해서 제시했는데 오늘날까지도 설득력을 지닐 만한 것이다.

그는 국가가 해야 할 당면한 영화정책으로서 첫째 민주주의 원칙에 입각하여 자유로운 기획과 제작활동을 무차별로 허용할 것, 둘째 그러한 제작을 실현시키기 위하여 완비한 시설(방음스테이지, 녹음실, 현상공장)과 기재(촬영기, 자동현상기, 소부기, 조명기 등)를 갖추어 영화제작에 지장이 없도록 하되 그 차용료는 시설과 기재를 유지 보관하는 경비를 염출할 정도의 최저가격으로 할 것이고, 그 관리와 운영은 관료적이고 독선적인 폐풍을 예방하기 위하여 소수의 관과 다수의 양식적인 문화인으로 구성된 위원에 일임할 것, 셋째 조선 영화의 적극적 보호책으로 외국영화의 수입을 제한하여 일절 배급을 정부 혹은 그 대행기관에 일임하여 그것에서 나오는 이윤을 전반적인 영화건설사업(영화학도의 해외 유학, 영화과학연구소의 개설, 영화기술 및 예술연구기관의 설치 등)에 주입 전용할 것, 넷째 적극적인 보호책으로는 흥행세의 면제, 장려금, 상금 혹은 전면적인 제작비 부담 등의 제도를 설치할 것, 다섯째 영화문화의 보급책으로 영화관의 신설과 지식계몽을 위한 광범위한 순회영화반을 조직하여야 할 것이고, 최종으로 유원(悠遠)한 조선 영화문화의 장래를 위하여 영화재료의 국내생산기관과 영화공업을 적극적으로 추진하여야 할 것[17]이라 했다.

이처럼 그는 단순히 이상론을 추상적으로 개진한 것이 아니라 아주 구체적이면서도 장기적 안목을 갖고 한국 영화의 발전책을 제시한 것이다. 물론 그 당시 우리 실정이 그의 대담한 제안을 수용할 만큼 국가나 문화의 기반이 다져지지 않은 상태였다. 그러나 한 가지 분명한 것은 그가 영화에 대해서 대단히 폭넓은 식견과 비전을 갖고 있었다는 것과 그때까지만 해도 오영진만큼 영

---

17 오영진, 「조선영화론」, 『평화일보』 1948.4.9~10.

화를 아는 인재가 없었다는 점이다. 사실 그가 당초 민족계몽을 위하여 영화를 공부한 것이지만 그의 궁극적 꿈을 이룬 것은 아니다. 그가 적극적으로 활동하기 전에 해방이 이루어졌기 때문이다. 그러나 분명한 것은 그가 영화를 택함으로써 한국근대영화사에 있어서 기록될 만한 본격적인 전문 시나리오작가 한 사람을 얻은 것만은 분명하다. 특히 어려웠던 시대에 그가 영화작가로 일관함으로써 우리 영화의 자존심을 지키는 데도 적잖은 기여를 했다고 말할 수 있다.

그는 창작도 순전히 어떤 보편성에 목표를 두지 않고 언제나 민족을 염두에 두고 임한 것이 특징이었다. 그가 민족을 염두에 두었다는 이야기는 그의 작품세계가 역시 비정상적인 시대에 대응하는 수단으로 씌어졌다는 이야기도 된다. 가령 앞에서 살펴본 대로 그의 파란곡절의 삶과 줄기찬 저항정신이 문학을 하게 했고 또 영화를 하게도 만든 것이다. 이는 그가 그만큼 어떤 제약 속에서 창작을 할 수밖에 없었다는 이야기이고, 그런 상황에서 창조된 작품 역시 어떤 한계를 지니는 운명을 갖게 마련이다. 그러니까 그가 뛰어난 재능을 타고났음에도 불구하고 좋은 작품을 많이 남기지 못한 이유가 순전히 그런 한계상황 속에서 창작을 한 때문이라는 이야기가 된다. 그가 죽음 직전에 판소리 〈심청가〉만한 작품 한 편 못 남겼다고 장탄식을 한 이유도 실은 굴절된 현대사 속에서 살아온 자신의 삶에 대한 회한이었다고 말할 수 있다.

이처럼 그는 매우 복잡한 시대상황과 가문 속에서 예술창작을 했기 때문에 그의 작품은 그의 특별한 민족사랑에 기반을 두고 있으며 시나리오나 희곡이 오락과는 거리가 너무나 멀다. 가령 그가 개화기 이후 한국 근대사를 작품화하려 한 것이라든가 전통을 현대에 계승하려 한 것 등도 궁극적으로는 작품을 가지고 민족에 기여해보려는 의도에서 비롯된 것이었다. 그런데 흥미로운 사실은 그가 처녀작을 쓸 무렵 일본 경찰에 체포되었고, 곧바로 풀려난 뒤에 〈배뱅이굿〉을 발표하면서 묘한 뉘앙스를 풍기는 글을 남겼다는 사실이다. 즉 그는 「배뱅이 무제」라는 글에서 "조선 민족은 이제야 징병명령을 목전에 두고,

커다란 전기에 서고 있다. 주어진 현실에 있어서 돌아올 세대에의 꿈을 그림과 함께 이제까지의 것에 대한 깊은 상념을 새긴다는 것, 이것이 인간이다. 새로운 히로이즘을 노래함과 동시에 이제까지의 전통적인 것, 도덕적인, 민족적인 것에 대해서 이제 한 번 더 고쳐 생각하지 않으면 안 된다. 지금은 마침 그 같은 시기라고 생각한다. 조선에 발현이 일어난 국민문학의 운동도 새 이념을 지향함과 동시에 우리들이 가지는 전통적인 것, 체험적인 것에 대한 깊은 반성과 예리한 통찰을 잊어서는 안 된다고 생각한다. 현실에 대한 예리한 통찰과 과거에 대한 깊은 반성으로 뒷받침됨으로써 국민문학은 비로소 정상으로 발전함과 같이 우리의 주변을 확대해가는 것이 아닐까?"[18]라고 씀으로써 일제가 추구한 목적문학에 대해서 애매모호한 입장을 밝힌 바 있다.

그러나 분명한 것은 그가 다음 작품에서 확인할 수 있는 것처럼 자칫 단절될지도 모르는 전통을 현대에 전승해야겠다는 신념하에 소재원천을 민속에 두었다는 점이다. 그의 대표작으로 꼽히는 〈배뱅이굿〉, 〈맹진사댁 경사〉, 〈한네의 승천〉은 통과의례인 관례, 혼례, 상례, 제례 중 사건이 약한 관례만 제외시킨 것이다. 이 세 작품은 그가 자전적인 글에서 밝힌 바 있듯이 일제 치하에서 아무 것도 쓸 수 없었던 때에 단절될지도 모를 전통을 현대에 계승해서 민족의 정체성만이라도 굳건히 해야겠다는 신념에서 쓴 작품들이다. 그것은 마치 소설 분야에서 김동리나 정비석, 황순원 등이 민속에서 제재를 취택했던 것과 유사하다.

주지하다시피 〈배뱅이굿〉은 황해도에 전승되는 배뱅이굿을 현대적으로 재창조하면서 당시의 허무주의적 사회분위기를 표현한 것이라면 전래의 뱀서방민담을 소재원천으로 삼은 〈맹진사댁 경사〉는 구습결혼제도의 모순과 양반계층의 권력, 물욕, 허례허식 등을 캐리커처한 희극이다. 그런데 이 작품이 한국희곡사에서 수작으로 꼽히는 이유는 단순히 민속에서 소재를 채용했다든

---

18 오영진, 「배뱅이 무제(巫祭)」, 『국민문학』 1942.11.

가 전통혼례의식을 뒤집어서 멋지게 드라마로 만들었다든가 하는 것 이상으로 우리 고유의 해학정신을 현대에 가져온 데서 찾아야 한다. 솔직히 개화기 이후 우리는 서구화의 대세와 일본 문화의 세례 속에서 오랫동안 지켜온 고유 풍습과 정서가 많이 훼손된 것이 사실이었다. 특히 일제의 혹독한 탄압 속에서 대중은 민족적 허무주의에 빠져 있었다. 그만큼 대중은 웃음을 잃어버리고 냉소와 비애감에 젖어 있었다. 그런 때에 오영진이 고유의 건강한 해학정신을 작품을 통해 건져 올림으로써 대중이 열광할 수밖에 없었던 것이다.

〈배뱅이굿〉에서도 보면 1인 입창 성격의 서도소리를 매우 드라마틱하게 재구성했는데, 특히 주인공 허풍만의 성격창조라든가 월선(月仙)이라는 여성의 인물창조는 탁월하다고 말할 수 있다. 그는 첫 작품부터 한국적인 것의 근원이 무엇인가라는 질문을 던지면서 작가로 모습을 드러냈다는 점에서 심상치 않았던 것이다. 그런데 그의 작품에서 터져 나오는 웃음은 인간의 우매함과 삶의 덧없음이라는 것을 바탕에 깔고 있어서 웃음 뒤에는 반드시 슬픔 같은 것이 밀려오게 마련이다. 그의 희극이 해방 후 대표적 희극작가라는 이근삼과 본질적으로 다른 것은 그가 서양풍의 희극과는 차원을 달리했기 때문이다. 그러니까 그가 우리의 정체성을 줄기차게 추적하는 과정에서 건져 올린 근원적 해학성을 창작의 바탕으로 삼았다는 이야기가 될 것이다. 물론 시간이 흐르면서 그의 작품 성향도 약간의 변환은 있었지만 한국인의 낙관적 세계관과 높은 풍자정신은 잃지 않았다.

3부작 중에서 가장 늦게 쓴 〈한네의 승천〉이 그 단적인 예라 말할 수 있다. 왜냐하면 이 작품은 희극이라기보다는 오히려 비극에 가깝다고 볼 수 있기 때문이다. 우선 이 작품의 플롯은 환경극작가 하웁트만에 가깝다. 그러나 전작과의 공통점은 민속을 소재원천으로 삼았다는 것과 유불선(儒佛仙)이라는 동양적 사상을 주제의 근간으로 삼은 점이라고 말할 수 있다. 그러니까 그가 불교의 윤회사상을 빌려다가 한국과 일본의 비극적 만남을 은유적으로 묘사해 가는 과정에서 사당패라든가 부락제, 가면극 등을 연극적 장치로 썼다는 이야기가 된다. 필자가 이 작품을 한일 간의 불행한 관계로 보는 것은 한 제사장에 의하여 20여 년의 간격을 두고 파국을 맞는 두 모녀(만명의 모친과 한네)의 운명이 두 나라와 너무나 흡사하기 때문이다.

그런데 전술한 바 있듯이 해방 직후에는 그가 정치활동을 하느라고 작품을 쓰지 못했고, 1947년 월남해서 전쟁이 나기 전까지 두 편의 희곡, 즉 〈살아 있는 이중생각하〉와 〈정직한 사기한〉을 내놓는다. 이 두 작품은 당초 오영진이 목표했던 창작방향에서는 어느 정도 벗어나는 주제라고 볼 수 있다. 왜냐하면 그가 추구하는 것은 전통정신의 계승과 근대사의 작품화였기 때문이다. 물론 이 작품들이 그의 장기라 할 풍자극이라는 점에서는 일맥상통하기는 한다. 그리고 해방 직후의 사회분위기가 일제잔재 청산이었던 만큼 일제에 아부하면서 치부하고 해방 직후의 혼란을 틈타 치부한 친일파기업인 이중생(李重生)에 대한 응징은 오영진에게 좋은 소재가 될 수밖에 없었다. 그리고 주지하다시피 해방 직후의 사회경제적 혼란기에 경제사범이 속출했으므로 공산주의자 위폐범을 다룬 〈정직한 사기한〉도 그가 쓸 만한 작품이라고 말할 수 있다.

그러나 6·25전쟁을 겪고서는 그가 쓰고자 했던 작품들을 쓰기 시작한다. 우선 그는 인간의 불교적 인연의 문제와 인생이란 한바탕 꿈이라는 다소 환상적인 작품을 쓰게 되는데 소재는 모두 기존 작품, 즉 이광수의 소설「꿈」과 판소리 〈심청가〉를 재구성한 것이었다. 그는 전통예술 중에서도 판소리를 특히 좋아했고 기독교 신자이면서도 불교에 매료되어 있었던 것 같다. 그 점은 〈한네의 승천〉과 위의 환상적인 두 작품이 잘 보여주고 있다. 여기서 간과해서는 안 될 것이 그가 서구의 자연주의에 많이 쏠려 있으면서 동양 사상과 결합시켜보려 한 점이다. 그것은 〈한네의 승천〉에서 보이고 6·25 이후에 쓴 〈해녀 물에 오르다〉에서도 나타난다. 가령 '한네'가 하웁트만의 작품 주인공 '한네레'를 연상시킨다면 해녀는 〈해뜨기 전〉(하웁트만 작)의 여주인공(헬레네)을 연상시킨다고 하겠다. 실제로 그는 이 작품을 통해서 인간의 욕망과 애욕에 의하여 여성의 파멸을 묘사하고 있어 다분히 자연주의적인 것이다. 그리고 그는 한 걸음 더 나아가 문명비판에까지 다다른다. 그로서는 상당히 나아간 것이다. 그는 누구보다도 휴머니스트였다.

그 점은 그의 청소년문제에 대한 관심에서 어느 정도 나타나는데, 시나리오 〈십대의 반항〉이 그 하나의 예가 될 수 있지 않을까 싶다. 그렇지만 그러한 경향의 작품은 그가 진정 쓰고자 했던 명제에 밀려서 더 이상 나오지 않았다. 1960년대 들어서 군사정부가 한일협정을 체결하려는 움직임이 나타나고 그 반대열풍이 전국을 휩쓸면서 우리 사회는 소용돌이 속에 빠져들고 있었기 때문에 그는 가슴 속에서 불타고 있던 반일작품을 쓰기 시작한 것이다. 가령 그가 이 시기를 전후해서 쓴 작품을 보면 이승만(李承晩)의 젊은 시절을 그린 〈청년〉을 비롯해서 〈아빠빠를 입었어요〉, 〈모자이크 게임〉, 〈종이 울리는 새벽〉, 〈동천홍〉, 〈무희〉 등이었는데, 대부분 이념색 짙은 정치드라마의 성격을 띠는 것이 특징이다. 혹자는 〈청년〉에 대해서 독재자 묘사운운하면서 폄하하지만 그것은 사실과 다르다. 왜냐하면 이 작품은 이승만이 1894년부터 1904년까지만 10년 동안 활동한 세미 다큐멘터리 성격의 시나리오라는 점에서 위대한 독립운동가의 고난에 찬 청년기의 기록이기 때문이다. 그는 이 작품에서 이승만을 고의적으로 우상화하거나 미화하지 않고 객관적으로 그의 청년기를 묘사했다.

이 작품과 연결 지을 수 있는 것이 다름 아닌 〈동천홍〉이라고 말할 수 있다. 왜냐하면 그가 그리고 싶었던 개화기를 묘사한 작품이기 때문이다. '동쪽 하늘이 밝아온다'라는 의미의 이 작품은 개화기에 일본이 어떻게 한국을 침략해 들어오는가를 구체적으로 묘파한 것이다. 그러니까 이 작품은 1894년 갑신정변의 삼일천하(三日天下)를 극화한 것이라는 이야기다. 따라서 이 작품에는 당시의 주일공사(竹添進一郎)는 말할 것도 없고 김옥균, 서광범 등 개화당의 주역들이 그대로 등장한다. 다만 그가 개화당을 일본이 이용한 것으로 묘사한 것이 눈에 띄는 대목인데, 이는 논란의 여지가 없지 않다. 그러나 분명한 것은 그가 개화기의 일본 침략 행태를 통해서 그들의 음험한 야욕을 경고하겠다는 의미로서 이 작품을 쓴 것이 분명하다. 그의 평생의 친구 방용구는 이렇게 회고했다.

> 1960년에 이르러 조선민주당 재건의 일을 맡기도 하여 온갖 노력을 계속하던 중, 한일회담이 진행되는 시점에서는 참을 수 없는 민족혼에 일본관의 불타당한 조약을 맺으면 안 된다고 구체적으로 상세히, 또 열심히, 정당한 조약체결의 실마리를 잡도록 안타까이 애쓰고 다니던 것을 내가 직접 눈으로 보고는, 참, 생각하는 것이 비범하다고 느끼는 한편 나마저도 의외로 생각될 만큼 그 문제에 몰두하는 것에 감명 받은 기억이 난다. 그것이 급기야 〈동천홍〉이란 작품으로 나온 것이 아닌가 하는 생각이 든다.[19]

이상에서 알 수 있는 것처럼 그는 자신의 정치적 소신이랄까 신념을 작품으로 말한 것이다. 그는 제3공화국 정권의 대일정책이야말로 개화당처럼 일본의 야욕에 말려들어가는 것이라고 경고한 것이다. 그것을 그는 개화기의 비틀린 행태를 타산지석으로 끄집어내려 한 것이다. 그 자신도 이 작품을 쓰게 된 배경과 관련하여 "작품이란 작가의 창조물이지만 이와 동시에 시대의 산물이다. 시대가 작가로 하여금 그렇게 쓰게 하는 것이다"[20]라고 실토한 바 있다. 그의 그런 치열한 노력도 무위로 돌아가고 한일협정은 체결되었고, 그의 좌절감은 자신의 정신적 질환을 더욱 심화시켰으며, 그 후로는 일본에 대한 증오와 공포로 가득 찬 작품을 내놓기 시작했는데, 극히 냉소적인 작품 〈모자이크 게임〉도 그런 시기에 탄생된 작품이다. 이 작품은 전래의 민속인형극 꼭두각시놀음의 기법으로 한일협정 뒤에 일어나는 여러 가지 왜곡된 사회현실을 통렬하게 비판 풍자한 것이다. 즉 그는 한일협정과 월남파병을 적극 반대했던 자신의 보수 우익적인 정치관에 입각하여 일본의 한국 침투를 경고한다.

---

19 방용구, 「인간 오영진」, 『오영진희곡집』, 동화출판공사, 1976.
20 오영진, 「동천홍」 작의, 실험극장 팸플릿.

해방과 함께 퇴각했던 일본이 6·25전쟁을 틈타 각종 전쟁물자와 상품을 가지고 물밀듯 밀려들어오는 것에 대한 기우로부터 시작하여 그네들의 경제 침략과 문화침투를 경고하는 한편 정부의 대일 저자세와 민족의 무주체성을 매도한 작품인 것이다. 그의 일본에 대한 증오는 작품 〈아빠빠를 입었어요〉로 이어진다. 재일동포와 일본인 처, 그리고 그들 사이에서 태어난 혼혈 2세 간에 벌어지는 이민족 간의 갈등을 골간으로 한 이 작품은 그의 철저한 배일감정을 잘 드러내고 있다. 그 점은 가족을 모두 귀국시키려는 남편의 재산을 몽땅 빼앗고 죽이기까지 하는 일본인 처의 행각에서 극적으로 드러난다.

이러한 그의 일본 증오 정치드라마들이 메시지는 대단히 강하지만 지나친 목적성으로 인하여 예술성과 함께 탄력성마저 떨어짐은 두말할 나위 없다. 이는 솔직히 그의 불행이기도 하지만 작가가 너무나 불행한 시대에는 격조 높은 작품을 쓰기가 쉽지 않다는 것을 보여주는 한 본보기가 되지 않을까. 그러니까 시대가 짓누르면 보편성을 찾기가 어렵다는 이야기도 된다. 물론 가르시아 로르카처럼 시적 은유를 활용한다면 좋은 작품도 쓸 수는 있으리라 본다. 그러나 오영진은 너무나 불행한 시대에 태어난 데다가 독특한 가정환경에서 성장하다 보니 처음부터 창작방향이 민족의 정신적 뿌리 찾기와 자주독립이라는 다분히 쇼비니즘 쪽으로 쏠릴 수밖에 없었고, 그 결과 풍자나 냉소, 그리고 증오로 가득 찬 목적극을 쓰게 된 것이다. 그가 처음부터 정치 성향으로 흐르지 않았다면 작가가 안 되었을지도 모르지만 피식민지, 분단, 전쟁, 군사독재로 이어진 소용돌이 속에서 그는 개화기 이후 불운한 근대사를 그 나름대로 올바르게 기록하려 한 공적이 크다.

그리고 그는 자신이 정상적인 작가의 길을 걸을 수 없었던 불행을 가장 잘 인식하고 있기도 했다. 그렇기 때문에 그는 자신이 꼭 쓰고 싶었던 작품을 남길 수가 있었다. 가령 전통정신의 현대적 계승이 바로 그것인데, 우리 고유의 통과의례 극화와 함께 실학사상을 빌려다가 현실을 비판한 〈허생전〉 창작이 바로 그것이다. 시나리오 〈맹진사댁 경사〉와 함께 그의 대표작으로 꼽히는

<허생전>은 18세기 연암 박지원(朴趾源)의 풍자소설「허생전」과「양반전」을 바탕으로 삼고 채만식의 소설「허생전」을 참고하여 오영진 스타일로 재창작한 작품이다.

그런데 그의 독특한 풍자정신과 해학적 표현이 넘치는 작품임에도 불구하고 탄력성이 떨어지는 이유는 아무래도 지나친 정치 성향 때문이 아닌가 싶다. 더욱이 주목되는 사항은 박지원의 근대 지향성과 달리 오영진은 배타적 민족주의 정치관을 갖고 시대에 접근한 점이라 하겠다. 사실 박지원은 전형적인 양반 출신임에도 불구하고 봉건체제의 모순을 신랄하게 비판했지만 오영진은 군사정부를 매판자본으로 몰아붙인 점에서 18세기 박지원의 진보성과는 차이가 난다. 그러니까 그는 박지원의 풍자정신을 빌려 1960년대 군사정부가 추구한 경제개발정책을 매도한 것이라는 이야기다.

이 작품에서 주목되는 부분은 아무래도 그의 처녀작 <배뱅이굿>에서 보이는 허무주의적 분위기라고 말할 수 있다. 그가 일제 말엽에 깊은 좌절감에 빠져서 허풍만이라는 인물을 창조하여 자신의 허무적인 비감을 표출했듯이 <허생전>에서도 주인공이 그를 따르는 여인과 이상향인 백석도마저 저버리고 어디론가 떠나버림으로써 자신의 절망감을 표현하고 있다. 여기서 우리의 관심을 끄는 부분은 허풍만이라든가 허생의 새로운 성격창조이다. 그러니까 이 두 인물을 허무주의자로 만든 사실에서 원작과는 상당한 거리가 있다는 이야기이다. 이처럼 그는 식민지 말엽 처녀작을 쓸 때와 1960년대 <허생전>을 쓸 때의 심정에 어떤 공통점이 내재되었던 것이 아닌가 싶다. 그는 누구보다도 이상주의자였기에 허무주의에 쉽게 빠져든 것 같고, 행동적 지식인이었기에 시대적 위골에 더욱 괴로워하고 상처 또한 심하게 받은 것이 아닌가 싶다.

그러나 이 작품이 현대희곡사에서 가치를 발하는 것은 그의 시대고발적인 풍자정신보다도 전통을 현대에서 재창조하느냐 하는 방법론의 제시에 있다. 가령 이 작품에서 돋보이는 부분이었다고 할 탁월한 해학정신은 두말할 것도 없고, 판소리 투의 간결한 운문체 대사 등도 그가 아니면 구사하기 어려웠을 것이다. 이 정도 수준의 작품을 쓰려면 전통에 대한 풍부한 식견과 현대적 감각이 없으면 불가능하다. 그가 〈허생전〉을 탈고한 뒤에 전통수용에 대한 입장을 밝힌 것은 오늘의 작가들에게도 시사하는 바가 크다. 즉 그는 전통수용과 관련하여 "첫째 전형적 인간형의 재창조, 둘째 풍자나 유머 등 연극내용에 대한 미학적 측면에서의 재생, 셋째 음악·무용·동작 등 형식적 요소의 부활, 넷째 판소리에 나타난 서사적인 방식 등 전통극의 내용과 형식, 테크닉을 마스터해서 현대적으로 재구성해야 한다"(『조선일보』 1970.8.21)고 했다.

1970년대 이후 우리 문화계에서 전통수용에 대한 논란이 일었었고 실제로 시행착오 역시 적지 않았다. 그 이유는 두말할 것도 없이 전통의 본질을 제대로 몰랐던 것이 첫 번째 원인이고, 그 다음은 방법론의 부재에 따른 것이었다. 오영진의 탁월성도 바로 거기에 있었던 것이다. 그런데 그의 전통수용의 탁월성은 그가 유일하게 남긴 자전적 작품 〈나의 당신〉에서 빛난다. 주지하다시피 이 작품은 불임부부 간의 내면적 갈등을 사이코드라마 형식으로 쓴 단막극이다. 이 작품에서는 전통의 냄새가 전혀 나타나지 않지만 사실은 고전소설 「옹고집전」에서 그 진가쟁주(眞假爭主) 모티브를 차용한 것이었다.[21] 그가 「옹고집전」에 주목한 것은 아무래도 그 교훈적 주제 때문이었던 것 같다. 사이코드라마는 궁극적으로 치료에 목표가 두어지기 때문이다. 그러나 이 작품에서는 「옹고집전」이 뒤집혀진다. 가령 「옹고집전」에서는 불효 불충한 옹고집이 도사가 보낸 가짜 옹고집에 혼쭐나서 개과천선하지만 〈나의 당신〉에서는 남편이 아닌 아내가 재생체험을 거쳐 승화된다. 이처럼 〈나의 당신〉은 고대설화가 한 차원 높게 재창조된 것임을 알 수 있다.

그는 이미 일제 말 첫 작품에서부터 전통의 재창조라는 창작방식을 취택하여 한국 문화가 나아갈 방향을 제시한 탁월한 작가였다. 그리고 그가 이데올

---

21 권오만, 「옹고집전의 현대화 문제… 오영진의 「나의 당신」을 중심으로」, 『국어교육』 1978.2.

로기성이 강한 작품을 많이 쓰게 된 것은 전술한 바 있듯이 시대상황에 따른 것이었는데, 가령 그가 철저한 반공주의자가 된 것만 하더라도 북한에서 김일성정권이 들어서는 과정을 목격하고서였다는 것을 자전적인 글에서 밝힌 바 있다. 그런 그의 극우적 사상은 그가 만년에 쓴 희곡 〈무희〉에 잘 나타나 있다. 공산주의자들의 권력투쟁과 비인간적 피의 숙청의 틈바구니에서 파멸해가는 근대무용의 선구자 최승희(崔承喜)의 비극적 운명을 묘사한 작품이 바로 이 작품이다. 그가 직접 평양에서 공산정권의 행태를 지켜보았기 때문에 최승희의 비극적 좌절을 예측할 수 있었고, 그것을 리얼하게 묘사할 수 있었다. 따라서 이 작품은 허구성이 거의 없을 만큼 사실에 근접해 있다. 그의 확신으로는 북한에서 보편성을 전제로 한 예술 활동은 가능하지 않고 결국 그런 예술가는 발을 붙이지 못한다는 것이었다.

이처럼 그는 불행한 시대가 그에게 준 충격으로 인해서 깊은 상처를 받고 자신에게 운명적으로 부하된 시대를 작품으로 기록해놓으려 안간힘을 했었다고 말할 수 있겠다. 시대를 꿰뚫어 보는 예리한 통찰력과 투철한 작가정신을 지니고 있었음에도 불구하고 그가 만년으로 갈수록 예술성보다는 이념성이 강한 작품을 씀으로써 그의 성가를 떨어뜨리게 된 것도 어쩔 수 없는 그의 숙명이었다고 보아야 할 것 같다. 물론 그도 예외적인 희곡, 즉 소위 사이코드라마라는 것을 몇 편 쓴 적은 있다. 그가 정신질환을 앓으면서 동대문 밖 이화여대부속병원을 다닐 때, 의사의 권유로 네 편의 단막극을 썼다. 고부간의 갈등을 묘사한 〈며느리〉를 위시하여 의처증환자를 묘사한 〈부부〉, 근친상간의 비극을 그린 〈누나〉, 그리고 성폭행 피해자의 고통을 묘사한 〈섹스〉 등이 바로 그가 쓴 사이코드라마다.

사실 우리나라 정신병 임상에서 사이코드라마를 처음 시도한 것이 1960년대 후반부터라고 볼 때, 그가 사이코드라마도 최초로 쓴 것이 된다. 그러나 한 가지 분명한 것은 그가 시나리오와 희곡이라는 두 가지 장르를 넘나들면서 민족적 영감에 태반을 두고 인간성의 회복과 민족혼의 부양을 위해서 끝까지 분투한 작가였다는 사실이다. 특히 그의 신화문학에의 개안은 우리의 현대극이 리얼리즘의 고루성을 벗어나 새로운 차원으로 발돋움할 수 있도록 하는 데 길잡이 역할을 했다는 선구성과 시나리오 없는 영화계에 전문 시나리오문학을 정립시켰던 것도 그가 아니면 어려웠었다.

안병섭이 그의 「시나리오론」에서 "지금같이 시나리오의 구성이 무엇이고 플롯으로부터 극적 구성이나 영화적 전개와 발전 및 정점이나 맺음을 모르는 새로운 세대에게 오영진 선생은 좋은 교과서가 된다. 또한 한국 시나리오의 정통성을 확립한 모델이 된다"[22]고 극찬했던 것도 바로 거기에 있었다.

다만 한국 연극계나 영화계를 위해서 안타까웠던 것은 평생 그를 짓누른 창작 외적인 것, 즉 역사의 멍에를 지나치게 의식하고 스스로를 볶으면서 에너지를 소진함으로써 더 좋은 작품을 내지 못하고 떠나간 것이라 하겠다.[23]

---

22 안병섭, 앞의 글, 526쪽.
23 유민영, 『한국현대희곡사』, 홍성사, 1982, 438쪽.

천의 얼굴을 만들어낸 분장의 마술사
전예출

분장이란 의상으로 가릴 수 없는 신체의 모든 부분을 가리거나 변형시키는 일종의 예술행위이다. 따라서 공연예술과 영상예술에서 분장이 차지하는 비중은 가볍지 않다. 분장은 당초 공연예술에서 시작된 것이지만 텔레비전이 발달하면서 예술 외적인 분야에서도 매우 긴요한 요소로 활용되고 있다. 특히 정치운동이 텔레비전 매체를 필요로 하면서 분장은 그 어떤 분야 못지않을 만큼 중요시되고 있다.

이처럼 중요한 분야가 분장임에도 불구하고 우리나라에서는 매우 낙후되어 있다. 그 이유는 간단하다. 우리의 공연예술사가 매우 오래임에도 불구하고 대체로 야외놀이 성격인 데다가 탈춤이나 꼭두각시극 등에서 볼 수 있는 것처럼 가면(假面)으로 얼굴을 가리거나 인형을 사용하는 형태여서 별도의 분장을 필요로 하지 않았고, 야밤에 화톳불 같은 것을 피워놓고 판을 벌였기 때문에 분장이 필요 없었다. 적어도 분장을 필요로 한 것은 개화기에 들어서 옥내무대가 생겨나면서부터였다. 비교적 분장술이 발달한 중국이나 일본 등은 경극이나 가부키가 특수분장을 필요로 하기 때문에 분장예술이 상당한 수준에 도달했었다.

우리나라에서 분장이 공연예술의 한 분야로 조금이나마 인식되기 시작한

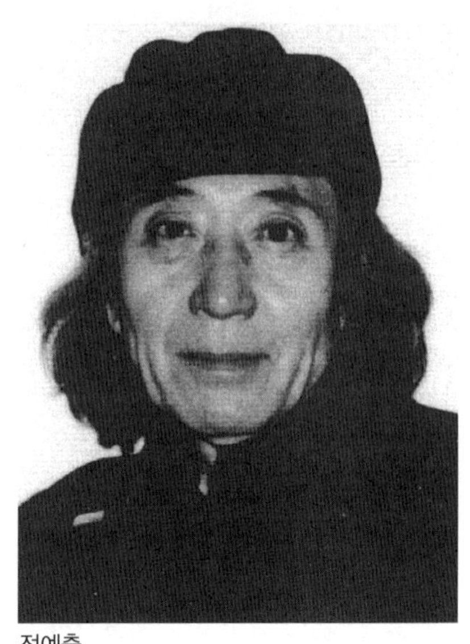

전예출

것은 아마도 현철(玄哲)이 최초로 조선 배우학교를 만들어 '분장술'이라는 강좌를 개설했던 1925년 초부터였다고 보아진다. 따라서 그 이전까지는 분장은 배우가 알아서 한 것이 아닌가 싶다. 왜냐하면 당시까지만 해도 전통 연희와 신파극이 무대예술의 전부였기 때문이다. 물론 신파극은 온나가다(女形俳優)를 활용했기 때문에 특수 분장술을 필요로 하는 무대극 양식이다. 그러나 신파극이 일본으로부터 유입된 것이어서 외형만 모방하는 수준을 크게 넘어서지 못했고 분장술 같은 것은 제대로 배울 수가 없었다. 그렇기 때문에 적어도 전문적인 분장사가 등장한 것은 연극이 직업화된 1930년대 중반 동양극장시대였다고 하겠다. 그러나 그때도 분장사가 전문직으로서, 또는 예술가로서 인정받거나 대우를 받은 것은 결코 아니었다. 이는 그러니까 1945년 민족 해방 때까지만 해도 연극무대에서 분장사라는 존재가 공식적으로 인정받지 못했다는 이야기가 된다. 따라서 분장사가 어느 정도 대접을 받고 또 프로그램에도 이름이 버젓이 나온 것은 6·25전쟁 이후였다. 그렇게 볼 때, 우리의 무대분장사(舞臺扮裝史)는 고작 반세기를 조금 넘지 않나 싶다. 분장이 이처럼 하나의 예술 분야로 대접받지 못함으로써 그것을 평생의 업(業)으로 삼겠다는 지망자가 없었음은 두말할 나위 없는 것이다. 바로 그 점에서 한평생 무대의 뒤안길에서 분장사로 삶을 불태웠던 전예출(全藝出, 1927~1996)에 주목하지 않을 수 없다.

전예출은 1927년 12월 황해도 황주에서 대대로 지주였던 전원계의 3형제 중 막내로 태어났고 본명은 윤신(潤信)이었는데 후에 공연 활동을 하면서 예출이라는 예명을 쓰게 되었다. 모친 명원선 역시 지주집의 규수였다. 그가 지주집 막내로 태어났기 때문에 그는 남 부러울 것 없이 사랑을 듬뿍 받으면서 자랐다. 일찍부터 예능에 재능을 보였지만 보수적이었던 부모는 무관심했고 그가 법조인이나 관리가 되기를 바랐다. 그는 황주에 하나 있던 농업전문학교에 입학했는데 공부보다는 연극 등 과외활동에 더 관심을 가졌다. 그는 학생들을 데리고 연극을 만들어보기도 했는데, 연출은 당연히 그의 몫이었다.

황주농고를 졸업한 그는 서울로 유학을 왔다. 부친이 시키는 대로 경성법학전문학교에 들어간다. 그가 법전에 다니는 동안 황철과 서일성 등이 나오는 극단 아랑의 연극 〈성길사한〉이나 〈왕자호동〉을 인상 깊게 구경한 것이 오래도록 기억 속에 자리 잡고 있었다. 그럴 수밖에 없었던 것이 그가 처음 본 명배우 황철의 연기가 너무 인상적이어서였다. 1945년 8월 해방을 맞아 그는 적성에 맞지 않는 법학전문학교를 3년만 다니고 고향으로 돌아가 황주중학교 교사가 되었다. 해방 직후의 중학교에는 전문교사들이 그렇게 많지 않았다. 따라서 교사들은 이외의 과목들도 가르치는 경우가 적지 않았다. 전예출만 하더라도 법률을 전공했지만 황주중학교에서는 국어, 생물, 미술 등 전혀 관련 없는 세 과목을 가르쳤다. 그가 특히 미술 과목까지 가르치게 된 것은 평소 그림솜씨가 뛰어났기 때문이다. 미술을 전공했어도 충분히 성공했을 정도로 소질을 타고났던 것이다. 그러나 그가 미술을 전공할 계제를 못 만난 것이었다.

그의 학교에서의 교편생활은 그렇게 즐거운 것은 되지 못했다. 다만 학생들을 데리고 연극을 만들고 연기를 지도하는 것이 유일한 즐거움이었다. 그러니까 그는 직접 극본을 각색하여 연출까지 맡았고, 연기지도는 물론 무대장치까지 도맡아 했으며 번장을 비롯하여 모든 분야를 손수 고안 해내야 했다. 그때 처음 그가 출연자들의 분장을 해주면서 새삼 분장의 중요성을 깨닫고 큰 흥미를 느꼈다고 했다.[1]

---

1 박영화, 「한국분장술의 개척자 전예출(全藝出)에 관한 연구—전예출을 중심으로 본 한

그런데 해방공간의 소용돌이 속에서 그는 지주집안 출신답게 우익 민족청년단체에 가담하여 좌익과 투쟁을 벌이기도 했다. 그가 비록 온화하고 다정다감한 성품이긴 하지만 불의를 보면 참지 못하는 의협심이 강했기 때문에 좌익의 발호를 보고는 견디지 못했던 것이다.

따라서 그는 공산당이 우익을 탄압하는 과정에서 그에 대항한 민족청년 단원으로서 활동했다는 죄목으로 학교에서 내몰리고 체포, 투옥당하기도 했었다. 그가 구속되었다는 것은 결국 직업(교사)과 취미 활동(학생극 지도)을 동시에 잃은 것이 되었음은 두말할 나위 없다. 취미 활동이라고는 하지만 그것은 그가 젊음을 불태운다는 각오로 한 일종의 학생연극운동이었기 때문에 대단히 열정적이었다.

그가 얼마나 연극에 열성적이었는가는 그의 장형이 운영하는 목재상에서 나무를 공짜로 얻어다가 무대장치를 만든 점에서도 잘 나타났다. 그런 그가 우익청년단 사건으로 구속되고 실직까지 당했으니 난감할 수밖에 없었다. 그런데 궁측통이라고 우연히 그의 재능을 알고 있던 노동당 간부(북한영화촬영소 부소장)를 만남으로써 위기를 벗어남은 물론이고 관립 교통성극단에 배우로 입단하게도 되었다. 그 극단에서 그의 진정한 재능이 발휘되기 시작했다. 물론 그가 교통성극단의 〈춘향전〉 공연 때 단역배우로 첫 번 무대에 섰지만 진정한 재능은 분장에서 나타났다. 그 극단이 순회공연을 하면서 자주 무대에 올리는 소련 작품 번역물의 등장인물 분장 문제는 심각했다. 왜냐하면 주인공들 대부분이 장대하거나 코가 큰 인물들이었기 때문이다. 그 어려운 분장을 그가 모두 해냈던 것이다. 그는 분장사와 배우를 겸했기 때문에 교통성극단에서는 없어서는 안 될 단원으로서 역할을 다하고 있었다.

그가 극단을 따라 함흥공연에 올랐을 때, 탱크와 군용차량의 대이동을 목격하면서 뭔가 심상치 않음을 느끼게 되었다. 결국 함흥공연 전날 6·25전쟁이

국분장술의 태동과 발전과정」, 단국대학교 문화예술대학원 석사학위논문, 2014, 15쪽.

 제4부 서구연극의 도입과 실험

터졌고, 그는 1·4후퇴 당시 단신 월남하게 된다.

연고도 없는 부산에 도착한 그는 호구지책을 마련하기 어려웠고, 이 일 저 일을 찾다가 진정으로 하고 싶었던 연극을 다시 하기로 마음먹고 남한의 연극동지들을 모아서 극단 아랑(阿娘)을 조직해서 주로 군부대 위문공연으로 연명했다. 그런데 극단에서 그가 주로 한 일은 연기가 아니라 분장이었다. 당시만 하더라도 전문적인 분장사가 없었기 때문에 그가 아니면 누구도 그 일을 해낼 수가 없었다. 전쟁 중이라서 물자가 절대 부족한 때라서 화장품이 있을 리 없었고, 따라서 그가 화장품에 관한 일본 책을 읽으며 화장품을 직접 만들어 쓰기도 했다.

그가 화장품을 직접 만들어 쓰면서 문득 립스틱 공장을 하면 큰 돈을 벌 것 같은 생각을 한 것이다. 그는 잠시 극단과 거리를 두고 부산에 조그맣게 립스틱 공장을 차렸다. 그러나 대실패였다. 왜냐하면 상품에는 훌륭한 디자인케이스가 필수적인데 그렇지 못했기 때문이다. 그 인생의 첫 번째 사업이 실패로 끝날 즈음 휴전이 되어 그는 상경했고 곧바로 김영수가 이끌던 극단 신청년에 특이하게도 배우 겸 분장담당 단원으로 입단케 되었다.

그러나 신청년이 활발한 공연에도 불구하고 단원으로서는 생활이 안 되었기 때문에 월급 주는 국립극단으로 옮겨 갔다. 그가 그처럼 쉽게 단체를 옮길 수 있었던 것도 출연과 분장을 할 수 있는 재능을 갖고 있었기 때문이다. 그가 분장만 잘한 것도 아니다. 전쟁 중에 물자가 절대 부족한 시대에 그만은 일본책을 통해서 재료 만드는 법을 알고 실제적으로 만들어 쓰고도 있었던 것이다. 그런 재능의 그를 어느 극단이 마다하겠는가?

그가 생활고로 단체를 옮긴 때가 1957년경이었고, 그때부터 그는 이따금 1965년까지 단역배우로 국립극장 무대에 섰다. 그가 출연했던 무대는 모두가 번역극으로서 국립극단 제31회 공연(1963.3.)의 〈세인트 존〉(버너드 쇼 작)에서의 데스피와 역, 제36회 공연(1964.4.)의 〈베니스의 상인〉(셰익스피어 작)에서의 모로코왕 역, 그리고 제40회 공연(1965.4.)의 〈울어도 부끄럽지 않다〉(제임스리 작)

에서의 멜햄즈리 역 등을 한 것이 전부였다. 그리고 이해랑이 신협에 들어와서 함께 일하자는 것도 사양하고 배우 생활을 접는다. 그가 배우 생활을 접게 된 원인에 대하여 배우 신성일, 전상용과의 인터뷰에서 다음과 같이 솔직하게 밝힌바 있다.

> 이 선생의 제안을 거절할 이유가 없었다. 연기력을 높이는 데는 국립극단만한 곳이 없었다. 국립극단은 연극계의 정통이었고 배우들의 자부심도 배우들의 자부심도 대단했다. (중략) 국립극단배우들의 생활이 말이 아니었다. 출연진이 어울려 식사를 한 기억이 거의 없을 지경이었다. 기껏해야 짜장면이고 대체로 화덕불에 감자 고구마를 구워 먹는 것으로 끼니를 때웠다. 연극배우들은 생기가 없었다. '우리나라 최고의 극단이라는 집단이 이 정도 형편이구나'라고 절감했다. 신(申)필림의 경우 배우들이 체력을 보충하기 위하여 돼지뼈 콩비지를 주로 먹었다. 거기에 시큼한 김치를 넣어 끓여주면 그 이상 보양식이 없었다. 나는 고민에 빠졌다. '돈을 벌려고 영화계에 투신했는데 연극에 발을 담그면 가난에서 벗어나지 못 하겠구나'라는 갈등이 생기며 무대에 서고 싶은 마음이 싹 달아났다. 나와 연극의 길은 달랐다. 결국 그날로 연극과 연을 끊고 〈젊음의 찬가〉 무대에도 서지 않았다.[2]

이상에서 알 수 있는 것은 전쟁 직후이긴 해도 전국에서 유일하게 급료를 받고 있던 국립극단 배우들이 세끼 끼니조차 배불리 먹을 수 없을 만큼 곤궁했었지만 영화판은 그래도 조금은 나았었다는 점이고, 연극배우가 평생의 꿈이었음에도 불구하고 생활이 되지 못 하는 무대배우에 대한 동경을 저버렸다는 사실이다.

바로 그런 때 그가 국립극단 배우와는 비교가 되지 않을 돈을 받는 영화 〈의사 안중근〉의 분장을 맡았던 것이다. 그만큼 생활이 어려웠던 전후에 고액을

2　신성일·정상용, 「남기고 싶은 이야기 제128화, 청춘은 맨발이다」(2011/5.19). 위의 책, 23쪽에서 재인용.

받는 전문분장사 일은 매력 있는 직업이었다. 그때부터 그는 배우에 대한 미련을 버리고 전문분장사로 일생을 살기로 마음먹었다고 한다. 그와 관련해서 그는 "분장을 직업화하면 더 좋은 작품을 만들 수 있지 않을까 하는 생각을 하기에 이르렀고 기회가 닿은 김에 아예 한 작품의 분장을 전문적으로 맡게 되었다"(『국민일보』 1991.3.28)고 술회한 바 있다.

결국 그는 한국 최초의 전문분장사로서의 머나먼 예도의 길에 접어들게 된다. 당시까지만 해도 유일무이한 전문분장사이기 때문에 그는 영화, 연극, 무용, 오페라 등 예술의 여러 장르를 넘나들면서 눈코 뜰 새 없이 바쁘게 일했다. 그는 학구적인 데다가 철두철미한 성격이어서 화장품에서부터 피부위생학, 골상학 등에 대해서까지 연구를 거듭하여 우리나라 배우들에 맞는 분장술을 창안해내려 노력했다. 그와 관련해서 그는 "혼자 일본에서 나온 화장품 전문서적이나 화공학책을 보면서 공부를 했지요. 그런데 어려운 것은 분장효과도 효과이지만 연기자 피부에 직접 발라 부작용 테스트를 해보고 사용하는 식이었다"고 회고한 바 있다. 이러한 그의 분장술 연구가 예술계에 알려지면서 크게 인정을 받게 되었고, KBS TV가 1961년에 개국하면서 그를 분장담당 정식 직원으로 채용한다.

생활에 여유가 생기면서 그는 분장술을 더욱 연구했고, 한국 분장사에 남을 만한 업적을 하나하나 쌓아가기 시작했다. 우선 1960년대 초에만 하더라도 불교영화 〈에밀레종〉에서 수용성 고무를 이용하여 소위 '고무대머리' 분장을 처음 만들어냈고 KBS TV문학관의 〈등신불〉과 〈에바다〉에서 역시 최초로 나병환자의 일그러진 얼굴 모습을 분장해낸 것도 그였다. 이처럼 뛰어난 분장술은 그의 치밀한 연구 작업에서만이 나올 수 있는 것이 아닐까 싶다. "그에게 작품이 주어지면 그는 먼저 대본을 수없이 외우면서 연출가나 배우 이상으로 작품 분석에 몰입한다. 그는 배우처럼 직접 연기도 해보면서 등장인물 하나하나에 대한 성격 분석과 작품에서의 비중, 다른 배우들과의 관계를 세밀하게 분석한다. 그는 같은 대학교수라도 학자 집안에서 나온 교수와 장사꾼 집안에서 나온 교수는 그 인상과 표정에 미묘한 차이가 있다고 말한다. 단순히 대본에서 보이는 인물 분석에 그치지 않고 인물이 주변의 인물들로부터 어떤 영향을 받고 있는지, 연극 속에는 등장하지도 않는 부모와 학교 친구, 취미 등 일상적인 일거일동을 철저하게 분석하여 그것들의 인과관계를 등장인물에 고스란히 옮겨놓는다."(이춘강, 「자연스러운 속임수의 미학사 전예출」) 그에 관해서 글을 쓴 이춘강은 분장실에서의 전예출의 모습은 여느 조각가나 화가 못지않게 엄숙하고 진지하다고 했다.

전예출은 피부 색깔과 조직을 면밀하게 관찰한 후 주름살 하나 눈썹 한 올에도 배우의 인생역정을 철저하게 심어놓는다는 것이다. 그렇기 때문에 그의 작품 속에는 살아 있는 표정과 생명이 느껴진다고 이춘강은 쓴 바 있다.

그렇다면 분장관(扮裝觀)은 어떤 것일까. 그는 분장에 관한 견해를 여러 곳에서 피력한 바 있는데, 첫 번째로 이춘강의 인터뷰에서 "그림이 캔버스에 펼쳐지는 예술이라면 분장은 사람의 얼굴에 직접 표현하는 예술"이라고 했다. 두 번째로는 1992년 8월 20일자 『인물타임스』와의 인터뷰에서는 "메이크업이란 자신의 부족한 점을 보완하여 만족한 모습으로 만드는 것이다. 원래 아름다운 듯 속이는 것, 가공되지 않은 듯한 자연스러우며 외적으로 표현, 멋을 창조하는 것이다. 심지어 색채가 가지고 있는 느낌을 바꾸어주고 더해주어 내적 성격도 표출하는 것"이라고 했다.

세 번째로 그는 중앙일보 김기평 기자와의 인터뷰에서는 분장을 속임수로 규정하면서 "원하는 모습을 얼마나 그럴싸하게 만들어내느냐가 분장술의 초점이다. 조명 아래서 빛이 반사되지 않은 채 사진이 잘 받도록 해야 하며 작품 속의 인물과 맞아떨어지게끔 자연스런 분장이 이뤄져야 한다. 예를 들어 야비하거나 날카로운 인상을 부드럽게 바꾸는 것이 분장"(『중앙일보』 1986.3.27)이라고 했다.

끝으로 그는 국민일보 권혁종 기자와의 인터뷰에서는 매우 간략하게 "어떤 작품이 요구하는 목적에 맞춰 그 예술적 가치를 높이는 또 하나의 예술이 바로 분장"이라고 했다. 결국 그는 분장을 창작예술의 한 분야로 보았고 또 그런 수준으로 끌어올린 인물이기도 했다.

그리고 그가 분장의 목적과 관련해서는 "작품이 요구하는 인물의 내용 성격을 보다 더 효과적으로 자기 모습에다 시각적으로 표현, 묘사하려는 데에 있는 것"이라면서 다음과 같이 쓴 바 있다.

> 즉 다시 말하여 극중 인물의 시대성―「연대와 시간」 등이다. 민족성–민족, 국적, 태생 등……. 생리성–연령, 성격, 건강상태 등……사회성–생활상태, 직업, 직분, 빈부귀천 등을 보다 더 전형적으로 효과 있게 표현, 묘사하려는 데에 그 목적이 있는 것이다.[3]

KBS TV의 최초의 분장 직원이었던 그는 1963년 TBC TV개국과 함께 그쪽으로 옮겨 갔다가 1980년 통합방송법에 따라 또다시 KBS TV로 가서 분장사 직원으로 일했다. 그는 연극, 영화, 오페라, 무용, CF 등 분장이 필요한 곳이면 어디든 찾아가서 분장을 해주었다. 따라서 그는 정신없이 뛰어다녀야 했고, 결국 1988년 프리랜서를 선언하고 방송국을 떠나 자유롭게 활동했다.

그가 당초 배우를 꿈꾸었지만 분장에 매력을 느낀 이후는 완전히 마니아가 되어 혼신의 열정을 쏟았던 것이다. 사실 자기가 하고 있는 일을 이 세상에서 가장 소중하고 즐거울 것이라 믿는 사람은 대단한 행운아라 말할 수 있다. 그 점에서 전예출은 대단히 행복한 사람이라 말할 수 있다. 그는 1996년 박지영 시인과의 인터뷰에서 "분장은 매력 있는 일이지요. 한 번도 일이라고 생각해 본 적이 없습니다. 서른 살에서 예순 살이 될 때까지 나이를 못 느끼고 살았어요. 붓을 들면 그냥 빠져들었습니다. 어떤 새로운 인물이 태어날까 궁금하기도 하고 날마다 새 인생을 사는 것 같았습니다. 모든 인간상들이 분장을 통해서 극중인물로 재현되었으니까요. 처음 분장을 시작할 때는 5년만 열심히 해

---

3 전예출, 「분장의 기초」, 『한국연극』 통권 제14호, 1977.

서 생활기반을 닦고 다시 배우로 돌아올 생각이었습니다. 분장으로 너무 알려지다 보니 발을 못 뺐지요. 그러나 지금도 마음은 연극에 기울어져 있습니다"(『나눔터』 가을호)라고 술회한 바 있다. 이처럼 그는 연극배우에의 미련을 분장으로 승화시켰던 것이다. 그가 TV 드라마 분장을 도맡으면서 이따금 단역으로 얼굴을 조금씩 내보였던 것도 배우에의 미련 표시였다.

1970년대 들어서 분장계의 대부가 된 그는 후진 양성에 신경을 쓰기 시작했다. 이미 1960년대 중반부터 서라벌예대 연극영화과에 출강하여 분장술을 가르치기 시작한 그는 여러 대학의 연극과, 무용과, 음악과 학생들을 상대로 분장의 중요성과 그 기법에 대해서 강의했다. 그것으로도 부족해서 그는 자기 집 근처인 이화여대 옆에 혜성뷰티아카데미라는 분장학원을 개설하여 고교졸업 이상의 학생들을 선발해서 가르쳤다. 그의 강의는 실기 위주였지만 이론도 무시하지 않았다. 그는 제자들에게 항상 강조하는 말이 있었는데, 그것은 겉모습만 비슷하게 만들어내는 얄팍한 기법보다는 원리원칙을 먼저 터득하도록 하는 것이었다. 근본원리를 제대로 알아야 응용력과 감각도 생기며, 거기서 자기의 것을 창조해 낼 수 있다고 했다.

그러니까 분장사가 인체의 구조를 정확하게 파악하기 위해서는 골상학과 세포조직, 색채학, 데생, 그리고 조명 및 카메라의 성격에 이르기까지 종합적인 지식을 갖춰야 한다고 강조하면서 그런 것들을 교육 과정에 포함시켰다.

그는 분장사란 연출자 버금갈 정도로 작품이 원하는 인간형을 창조해낼 수 있어야 한다고 보았다. 그가 이런 자세로 임했기 때문에 분장이 예술창조의 한 분야로서 인식되기에 이르렀고 유능한 제자들도 양성될 수 있었다. 특히 영상시대가 고착화되고 외형을 중시하는 사회분위기가 팽배해지면서 공연예술뿐만 아니라 정치 등 다양한 분야에서 분장을 필요로 했다.

따라서 그가 1980년대 들어서 두 번째로 중시했던 분장은 당연히 정치인 분장이었다. 즉 전두환 대통령이 군부실력자로 부상하면서 TV인터뷰가 잦아졌고, 그때 그가 대통령 얼굴분장을 도맡아 하게 된다. 그로부터 장관, 시장,

국회의원 등 사회 저명인사들의 TV출연 때 그가 주로 분장을 맡아 했다.

세 번째로 그가 한 일은 독립기념관 진열의 애국열사, 임정요인 등 70여 명에 대한 형상화 작업이었다. 그는 6개월 이상 걸리는 작업에 최대의 심혈을 기울여서 독립투사들의 생생한 모습을 재현해냈다. 즉 그는 독립지사들의 모습 재현을 외국인 손에 맡긴다는 것은 민족적 자존심이 허락지 않는다는 신념을 갖고서 한 치의 소홀함도 없이 머리카락 한 올을 일일이 심고 피부색도 가장 한국인에 가깝도록 하기 위해 여러 번 색을 배합하는 등 혼신의 열정으로 대작을 만들어냈다.

독립기념관 진열의 독립투사 형상화를 그의 큰 업적의 하나로 평가하는 이유는 물론 작품성에 있지만 낡은 흑백사진이나 심지어 그나마 없는 인물까지 창조해낸 점에서 그렇다. 이처럼 중요한 작업을 하는 동안 그의 연륜은 쌓여갔고 세월이 흐를수록 후진 양성으로 마음이 기울어 갔다. 따라서 그는 이화여대 부근에 있던 혜성뷰티 아카데미를 동숭동 대학로로 옮겨서 전예출프로메이크업으로 개칭해서 열었고, 분장을 배우려는 사람들이 급팽창하면서 지방학생들을 위하여 대구 삼덕동에도 연구소를 내어 운영했다. 그는 연륜과 함께 기력이 쇠했지만 학생지도만은 직접 했다. 물론 그동안 키운 제자들이 강사로서 보조해주는 것도 사실이다. 그가 학생들을 직접 가르칠 수 있는 것도 실은 외부활동을 많이 줄인 데 따른 것이었다. 이미 전국에 백 수십 명의 분장사들이 활동하고 있었기 때문에 그가 직접 현장에 뛰어다니지 않아도 괜찮았다. 따라서 기존 분장사의 90%정도가 그의 제자들이었다.

그리고 그의 교육방침은 단순히 분장예술만을 양성하는 데 있지 않았다. 그는 일찍이 신부화장법과 일반화장법도 개발하여 전국 미용실 원장들을 재교육시킨 바도 있어서 그의 학원에는 미용사가 되려는 젊은이들도 다수 모여들었다. 일반인들의 분장에 대한 관심이 높아지면서 그는 정규학교의 출현을 갈망했다.

그는 평생 만여 편 작품의 등장인물 수만 명을 분장했는데, 연극에서부터 영

화, TV 드라마, 무용, 오페라 등 전 공연예술 장르에 걸쳤고, 심지어 미스코리
아대회, 미스유니버스대회의 미인들, 정치인 등 사회명사들, 독립투사들의 형
상화에 이르기까지 시공을 초월하는 '천의 얼굴'을 만들어냈던 것이다.

가령 그가 간여한 대표작만 하더라도 〈대수양〉, 〈바람과 함께 사라지다〉,
〈햄릿〉, 〈리어왕〉, 〈오델로〉, 〈아가씨와 건달들〉 등 연극 150여 편과 〈김삿
갓〉, 〈백범 김구〉, 〈고려장〉, 〈황혼열차〉 등 영화 40여 편, 〈라보엠〉, 〈춘희〉,
〈나비부인〉, 〈아이다〉, 〈가면무도회〉, 〈박쥐〉, 〈마적〉, 〈피가로의 결혼〉, 〈투
란도트〉, 〈원술랑〉 등 오페라 2백여 편, 그리고 KBS, TBS드라마 1천여 편
등 그의 손을 거치지 않은 작품이 별로 없을 정도로 분장계의 대부로 군림해
온 것이다.

따라서 그의 공로라고 한다면 첫째로 분장에 관한 한 황무지와 같았던 이
땅에서 분장을 하나의 예술 장르로 끌어올린 점이라 하겠다. 배우마저 천시
해온 우리의 보수적인 사회에서 무대 뒤에 숨어서 배우의 얼굴에 분칠이나
하는 분장사가 제대로 인정받고 사회적 대우를 받을 리가 만무했다. 그러나
그가 분장을 하나의 전문직으로 삼으면서 분장을 예술의 경지로 끌어올린
동시에 사회적 인식 제고도 꾀했다고 말할 수가 있다.

두 번째로 그는 수많은 분장사를 양성하여 우리나라 무대예술과 영상예술
의 격을 높였고 또 하나의 전문 직종을 만들어냈다.

세 번째로 그는 미인대회에서의 분장과 미용사 교육, 신부화장 등에까지 관
심을 가짐으로써 현대인들의 미적 감각을 키워놓았다고 하겠다. 끝으로 그가
분장술을 학술적으로 체계화하려 분투했다고 볼 때, 그는 분명히 한국 분장술
의 개척자이고 동시에 선구자로도 자리 매김 받아도 무방할 것이다.

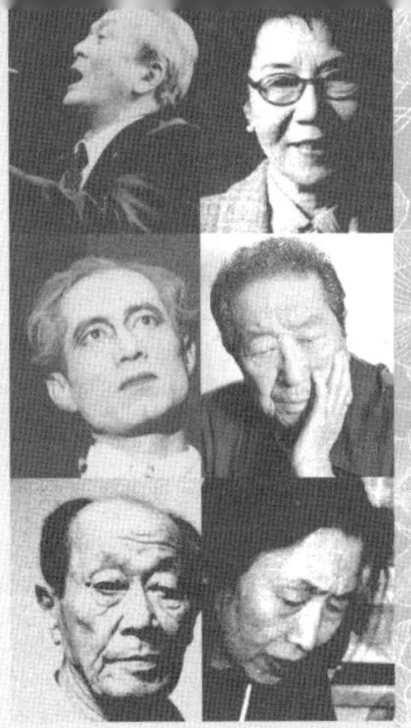

제5부

현대극으로의 발돋움 (1)

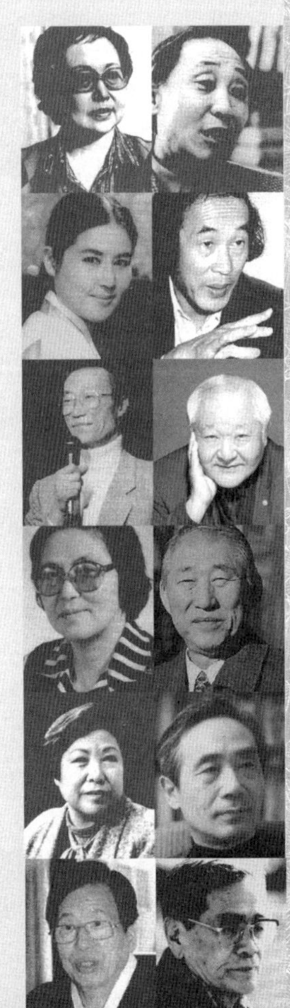

연극의 대중화를 부르짖은 근대극의 거장
이해랑

한국인들은 수백 년 동안 유교사상에 젖어 살아왔기 때문에 예능(藝能)을 천시하는 잠재의식 같은 것이 마음 한구석에 자리 잡고 있는 듯하다. 이전 세대에는 여배우나 국악인들을 유녀(遊女) 비슷하게 취급하는 분위기도 강했고, 특히 연극배우는 예부터 광대라 하여 천민으로 취급되었으며, 개화기 이후 신극을 하는 배우까지 한동안 신광대(新廣大)라고 불렸다. 배우는 수백 년 동안 대체로 천민 집안 출신이었고 그러한 전통은 개화기 이후에도 상당기간 지속되었다.

배우의 신분 계층이 바뀐 것은 적어도 현대에 들어와서였다. 1919년 기미 3·1운동 이후부터 배우, 더 나아가 연극인의 신분 계층은 과거의 차별의식을 완전히 극복한 듯한 양상을 보여준다. 1920년대에 토월회를 주도했던 박승희(朴勝喜)는 한말 총리대신을 지낸 박정양의 아들이었고 연출가 박진(朴珍)도 그에 못지않은 명문가 자제였다. 물론 이러한 경우가 흔한 일은 아니었지만 그 이후에도 종종 있는 일이었다. 그 대표적인 사람이 다름 아닌 이해랑(李海浪)이다.[1] 이해랑은 1916년 7월 22일 서울의 한복판이라 할 종로구 와룡동 27번

---

1 이해랑에 대한 자세한 것은 유민영의 『이해랑 평전』(태학사, 1999)을 참고할 것.

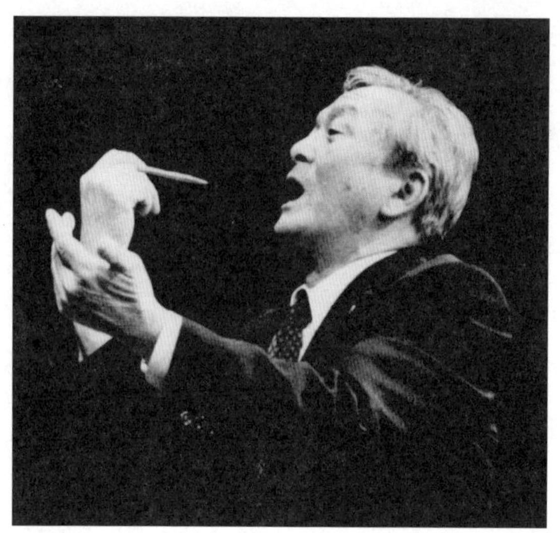
이해랑

지에서 출생하였다. 그의 원명은 해량(海良)으로서 량(良) 자에 물수변을 붙인 랑(浪)으로 바꾼 것은 그의 일본 유학 중, 즉 동경학생예술좌에 있을 때부터였다.

그의 가계를 대충 훑어보면 그가 연극계에서 유일하게 왕가의 방계임을 알 수 있다. 그의 고조부 이종응(李宗應)은 철종의 사촌이고 조부 이재영(李載榮)은 왕실 의전실장이었다. 그래서 그의 집안은 매우 일찍 개명되었고 교육 또한 주위가 놀랄 만큼 앞서갔다. 그의 선친은 이미 1910년대에 세브란스의전을 졸업하고 일본에 가서 경도제대 의학부에서 연수를 하고 세브란스의전 외과부장을 지낼 정도로 선구적인 의료인 이근용(李瑾鎔)이다.

그는 4·19학생혁명 이후 민선 부산시장을 지낼 만큼 명망가였다. 그리고 숙부(李星鎔)는 베를린대학에서 의학박사 학위를 받고 독일 여성과 결혼한 인텔리 의사였다. 그런 집안에서 이해랑은 장남으로 태어났다. 그럼에도 불구하고 이해랑은 유소년 시절을 매우 고통스럽게 보냈다. 왜냐하면 그는 4세 때 모친과 사별하고 엄한 조부 밑에서 여성의 따듯한 사랑을 받아보지 못한 채 외롭게 지내야만 했기 때문이다. 그뿐만이 아니라 학업도 여러 번 타의에 의해서 중단하는 정신적 좌절을 겪기도 했다. 즉 그는 교동국민학교를 졸업하고 휘문고보에 진학하자마자 항일동맹휴학의 주동자로 몰려 퇴학당하고 일본으로 건너가서 겨우 가네가와중학을 마칠 수가 있었다. 일본에서 중학을 마친 그는 곧바로 상해에서 개업 중이던 숙부를 따라 호강대학(滬江大學)에 입학했는데 이번에는 장티푸스에 걸리는 바람에 중도 퇴학하고 4개월이나 사경을 헤매다가 회생하여 부산 본가로 돌아오게 된다.

얼마 동안 부산에서 낭인 생활을 하면서 장래를 모색했는데 그때 그가 느닷없이 연극을 하고 싶은 생각이 든 것 같다. 그러나 명문가 출신의 보수적인 부친이 허락할 리가 만무했다. 다행히 그의 부친과 친교가 있었던 선구적 무용가 조택원(趙澤元)의 도움으로 그는 희망의 길을 갈 수가 있었다. 니혼대학(日本大學) 예술과로 진학한 것이다. 그런데 이번에는 또 다른 액운이 그를 기다리고 있었다. 뜻밖에 그는 장개석(蔣介石) 군대의 에이전트로 몰려 일본 경찰서에서 4개월 동안이나 갖은 고초를 다 당한다.

이처럼 명문가의 자제이면서도 그는 모친과의 사별 이후 끝없는 고통과 고독의 청소년 시절을 보내지 않을 수 없었던 것이다. 따라서 그는 정신적으로 자신을 의탁할 그 무엇을 갈구하기 시작했고 결국 연극을 하나의 운명으로 택하기에 이른다. 즉 그는 니혼대학 재학 중 유학생들이 만든 아마추어극단 학생예술좌원으로서 〈춘향전〉의 농부 역으로 출연하면서부터 새로운 세계를 발견케 된다. 그러니까 작품 속의 한 역을 해보면서 그는 실존적인 자신이 작가가 창조한 별개의 가상인물로 바뀌는 것을 체험한 것이다.

그때 비로소 그는 연극을 통해서 고독과 소외, 절망으로부터 이탈할 수 있는 방법을 알게 되었다. 그러니까 그가 연극만큼 이 세상에 도피처는 없다는 것을 확신케 되었다는 이야기다. 그는 한 회고에서 "연극을 하기 전까지 나는 이 세상에서 가장 쓸모없는 인간이라고 자학해왔으나 첫 무대인 〈춘향전〉에 출연하고부터는 완전히 다른 인간으로 변모해 갔다. 내 인생의 안식처가 바로 여기구나 하고 생각했기 때문이다"[2]라고 쓴 바 있다. 그로부터 그는 연극에 심취했다기보다 아예 매달릴 만큼 연극에 자기의 인생을 다 내던진 상태였다.

---

2   이해랑, 『허상의 진실』, 새문사, 1991, 257쪽.

그는 닥치는 대로 연극서적을 읽었고 일본의 극장들을 찾아다녔으며 학생예술단 공연에는 빠짐없이 출연했다. 드디어 유진 오닐의 〈지평선 너머〉의 주연을 맡기에 이르렀고 오닐의 세계에도 깊이 빠져 들어간다.

1938년 니혼대학을 졸업하자마자 그는 곧바로 귀국하여 유치진(柳致眞) 주도의 극연좌의 소장 회원으로 가입했다. 이 단체에서 몇 작품에 단역으로 출연했으나 별다른 주목을 끌지는 못했고, 그나마 그 단체가 1년여 만에 해산됨으로써 또다시 몇 달간 낭인 생활을 하지 않을 수 없었다.

이듬해 그는 대중적인 극단 고협(高協)에 가입하여 잠시 동안 활동하다가 유치진이 1941년에 현대극장을 창단하자 다시 그에게로 돌아옴으로써 평생 유치진과 끊을 수 없는 인연을 맺게 된다. 그러나 현대극장에서도 그는 언제나 조연밖에 하지 못했다. 가느다란 목소리와 작은 눈이 주연감으로서는 적합지 못했던 것이다. 따라서 그가 연극계에서 주목을 끌기 시작한 것은 해방 직후 좌익 연극인들과의 대결에서였다. 즉 그는 탄탄한 연극이론과 적극적인 행동으로 정치목적만 내세우는 좌익 연극인들과 정면에서 싸웠던 것이다.

그는 민족진영 연극의 선봉장으로서 연극의 본질을 파괴하는 좌익 연극인들에게 "연극으로 하여금 연극의 길을 가게 하라"면서 몰아붙였고, 극단 전선(全線)과 극예술협회를 조직하여 순수 연극의 기치를 내세운 것이다. 정부 수립과 함께 좌익 연극인들은 월북하거나 전향함으로써 3년여의 분열과 갈등도 끝나게 된다.

1950년 국립극장이 설립되면서 그는 자신이 조직하여 3년 동안 이끌던 극예술협회원과 함께 전속단체 신협을 만든다. 그러나 국립극장을 중심으로 한 연극중흥의 꿈도 북한의 기습적 남침으로 단 두 달 만에 끝나고 말았다. 그는 단신 한강을 헤엄쳐서 부친의 근거지이기도 한 부산으로 피난 가서 문총구국대(文總救國隊)라는 것을 만들어 공연 활동을 벌였고 해산된 신협을 재건, 국립극장과는 별개 단체로 변화시켜 대구와 부산을 오르내리면서 활기찬 공연 활동을 벌였다. 이 시기에 셰익스피어의 대표작들을 자주 무대에 올려 그때까지만 해도 대중에게 생소했던 셰익스피어가 대중 속에 뿌리 내리게 만들었다. 그는 우리 신극이 셰익스피어로부터 시작하여 입센, 체호프, 오닐에까지 이르러야 비로소 자리를 잡을 수 있다고 생각했다. 이러한 그의 신념은 생을 마칠 때까지 변함없었고 또 실천에 옮기기도 했다.

국립극장 설립 때까지만 해도 배우로서만 활동한 그는 부산 피난 시절부터는 연기와 연출을 겸하기 시작했다. 1955년 종전 직후 한국 연극인을 대표하여 미 국무성 초청으로 뉴욕 브로드웨이 연극 현황을 시찰할 수 있었다.

그로부터 그는 자신이 이끌던 신협을 브로드웨이 연극처럼 본격 직업극단으로 바꾸어 가기 시작했다. 그러나 이러한 그의 노력도 전쟁 직후의 어려운 경제사정과 영화산업에 밀려서 성공을 거둘 수는 없었고, 때마침 유치진이 세운 드라마센터만을 가능성 있는 연극 미래로 보고 신협을 해산한 채 드라마센터 연극 중흥에만 매달렸다. 그런데 의외로 드라마센터 역시 1년여만에 문을 닫았기 때문에 그는 장년기에 접어들어 또 한번의 커다란 좌절을 맛보아야만 했다. 이때부터 그는 연극창조 밖의 일, 이를테면 대학 강의나 예총과 같은 단체활동에 정력을 쏟았으며 출연이나 연출은 이따금 했다. 결국 그의 연극에의 집념은 이동극장(移重劇場)을 만드는 것으로부터 재분출되었다(1965). 7년여 동안 전국을 누비면서 연극 활동을 벌인 그는 1970년대 중반부터 홀가분한 상태에서 연출에만 신경을 쓰기 시작한다. 그의 열정도 60대에 들어서는 내면으로 침잠하기 시작한 것이다. 이때부터는 주로 국립극장의 창작극과 번역극을 도맡다시피 할 정도로 연간 한두 편 정도는 꼭 연출을 했다.

이상과 같이 이해랑의 연극 생애는 대체로 3기로 나누어진다. 즉 제1기는 니혼대학 시절의 학생예술좌로부터 해방 직후까지의 10년여 동안이고, 제2기는 정부 수립 때부터 1970년대 초까지의 26여 년간이며, 제3기는 1970년대 중반부터 서거 전 15년여 동안으로 본다. 그러니까 제1기는 20대 초반부터 30대 초반까지의 열정과 감수성만 갖고 연극본질을 탐구하면서 조 단(助端役)으로 무대에만 섰던 시기다. 이 시기에는 극연, 고협, 현대극장, 전선 등의 극단에서 아무 작품이나 주어지는 역을 맡아 열심히 연기만 하던 때다. 따라서 이 시기에는 이렇다 할 주목도 끌지 못했고, 업적 또한 두드러진 것이 없다. 다만 해방 직후 혼란기에 민족진영연극을 앞장서서 지킨 점이 가장 큰 공로가 될 것이다.

제2기는 연극계의 소장파 리더로서 자기가 직접 극단을 조직하고 이끌면서 연기와 연출을 겸하는 50대 초반까지인데 이 시기에 좌우익 갈등과 6·25전쟁이 있었으므로 그가 신극사의 명맥을 잇는 중추적 역할을 한 것이다. 끝으로 제3기는 연극계의 지도자로서 사회적 명성과 지위를 누리는 한편 원숙한 경지에서 연출 작업만 한 시기로서 그가 연극운동에서 벗어나 고도의 예술작업만 한 것이 특징이다.

따라서 작품 선택만 하더라도 제1기는 싫건 좋건 아무 작품, 아무 역이나 주어지는 대로 무대에만 섰고, 제2기는 그가 직접 극단을 조직운영한 데다가 연출과 연기를 겸했기 때문에 예술성과 대중성을 함께 고려해서 작품을 취택한 것이 특징이다. 그가 별로 좋아하지 않는 셰익스피어를 여러 번 공연한 것이나 오닐과 체호프 작품을 연출, 출연한 것에서도 그것은 잘 나타난다. 그리고 제3기 때는 자유스런 위치에서 국립극장에 조언하고 또 작품도 자기가 좋아하는 작가를 여럿 선택해서 연출한 시기다. 이때 뛰어난 작품 몇 개를 연출하여 현대연극사에 이정표를 남기기도 했다.

이처럼 50여 년 동안 연극 일선에서 배우로서 또 연출가와 지도자로서 활동해왔기 때문에 우선 교유의 폭도 넓었을 뿐만 아니라 포용력 있는 인간 관리 능력마저 뛰어나서 그의 주변에는 언제나 많은 예술가들이 모여들었다. 그가 평생의 신조로 삼아온 중용정신은 그로 하여금 모나지 않게 만들었으며 워낙 명문가 출신이어서 그런지 평생 의연했고 비굴하지 않았으며 언제나 품의를 잃지 않았던 것이다. 특히 사람관리 능력은 그의 이러한 모나지 않은 성품과 매사에 무리하지 않는 행동거지가 주위 사람들에게 편안함을 주고 싫증을 느끼지 않게 만들었다. 그는 신의를 중시했고 특히 그가 운명처럼 여기고 전념해온 연극을 출세의 수단으로 삼지 않은 것이 주변 사람들로부터 존경을 받게된 원인 중의 하나가 되지 않았나 싶다. 그는 항상 후배들에게 "연극을 이용해 무엇을 하려 들지 말라. 예술의 길은 봉사뿐이다. 연극은 순간의 예술이다. 예술의 장르 중에서도 가장 단명하면서도 집약적이고 강한 호소력을 지닌 게 연극이다. 무대에는 후세 영광이 깃들 수 없고 막이 오르는 순간의 현재만이 중요하다. 따라서 순간에 영혼을 불사를 수 있는 사람이 참 연기자이다"[3]라고 하여 그의 연극관 일부를 내비치기도 했다.

어느 나라나 예술가들은 감성이 예민하고 화려한 생활 분위기 속에 살기 때문에 남녀 간의 염사(艶事) 많다. 그만큼 예술가들은 이혼과 가정파탄 등 각종 스캔들이 잦다. 우리나라 예술사를 훑어보아도 그런 염사가 적지 않다. 그러나 이해랑의 경우는 마치 목회자처럼 사생활의 훌륭함이 주변 사람들의 전범이 될 정도였다.

그가 오랫동안 연극계 더 나아가 문화예술계의 지도자로 군림할 수 있었던 것도 그러한 생활자세가 한몫했다고 말할 수 있다. 친구와 술을 좋아했던 그는 김동리, 박목월, 김동원, 곽종원, 유경채, 유한철 등 문인, 화가, 영화 연극인 등과 폭넓게 교유했고 한때 공화당을 함께 했던 정치가 김종필(金鍾泌) 등과도 친숙하게 지냈다. 연극계에서도 평생의 친구인 김동원을 비롯하여 이원경 등 동년배와 장민호, 백성희, 차범석, 임영웅, 김동훈 등 후배들이 그의 주위에 항상 있었다. 그는 주석에서도 좌중을 압도하는 화젯거리를 언제나 만들었고 주위 사람들을 즐겁게 했다. 주종은 맥주로 한정될 정도로 가벼운 술을 즐겼으며 안주는 언제나 땅콩과 치즈였다. 낙관적인 그의 성품대로 그는 간결하고 깨끗한 것을 좋아했다. 그는 음식에 관한 한 매우 서양적이었다. 음악도 팝송이 아니면 서양 고전음악만을 좋아했다. 그는 민요나 판소리 같은 국악은

---

3 위의 책, 470쪽.

별로 좋아하지 않았다. 그것은 아무래도 그가 입센이나 체호프, 오닐 등에 심취하면서 서양 문화에 경도된 원인에 있는 것 같다. 그가 남달리 추리소설을 좋아하고 탐독했던 것도 그러한 성향과 무관하지 않을 듯싶다.

그러나 그는 배우로서는 크게 각광을 받지 못했다. 그가 회고하는 가운데 평생의 친구 김동원과의 관계를 매우 재미있게 이야기한 바 있다. 즉 그는 해방 직후 극예술협회 시절의 출연관계를 회고하는 가운데 그 즈음 다른 연기자들에게도 다 나름대로의 역이 정해져 있었다. 즉 젊은 주인공 역은 김동원, 그 상대역은 김선영, 그리고 악역엔 항상 이해랑 등으로 틀이 잡혀 있었다는 것이다. 학생예술좌 시절에도 〈춘향전〉에서 이도령은 언제나 미남형인 김동원이 맡고 그 자신은 농부인 단역을 맡았으며 해방 이후에도 그는 방자(房子) 이상 역을 맡아보지 못 했다. 그렇기 때문에 가령 김동원이 햄릿 역을 맡으면 이해랑은 악역 클로디어스 왕이 되고, 김동원이 오셀로가 되면 그는 영락없이 이아고 역을 맡지 않을 수 없었다. 명콤비 이해랑과 김동원의 역이 딱 한 번 바뀐 적이 있었다. 헤이워드 부처의 〈포기와 베스〉에서 이해랑이 착한 남편이 되고 김동원은 그의 아내를 유혹하는 음탕한 역을 맡았던 경우다. 그러나 알고 보면 이해랑이 맡았던 주인공은 앉은뱅이였기 때문에 움직임이 별로 없었고 악역인 김동원은 다이내믹한 동작으로 관객에게 어필했던 것이다. 그런데 주목되는 것이 바로 이해랑이 연극에 임하는 자세라 하겠다. 그는 평생 주연을 고집한 적이 없었다.

자기가 만든 극단에서조차 그는 좋은 역을 항상 다른 배우들에게 양보하고 별로 돋보이지 않는 조역이나 단역, 특히 악역을 도맡아 했다. 그는 배우에 관한 글에서 "연극을 진실로 사랑할 수 있는 관객을 위한 그 가슴에 묻힐 연극을 하는 게 우리 연극인들의 황홀한 기쁨이라고 생각한다. 엑스트라가 있기에 스타가 존재하는 게 세상이치다. 시원찮은 역, 탐탁찮은 역이라 해서 이를 기피하게 된다면 그것은 자신을 기만하고 끝내 인생마저 속이는 어리석은 일이다" 라고 이야기한 적이 있다.

  제5부 현대극으로의 발돋움 (1)

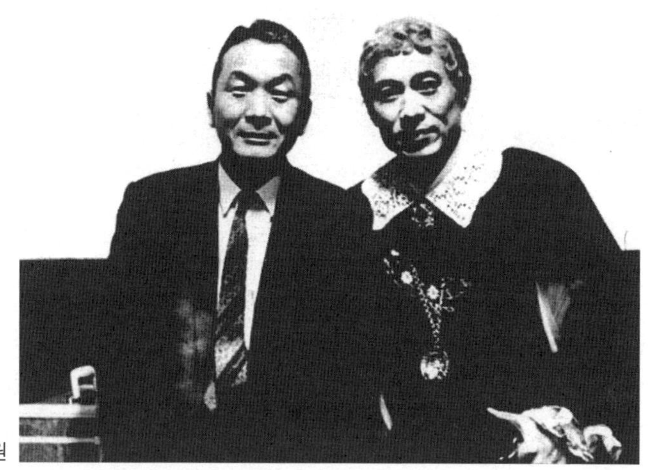

이해랑(왼쪽)과 김동원

엑스트라에서부터 기껏 조연까지 해본 그였지만 한국연극을 대표하는 인물이 된 것은 오직 연극이라는 한 우물을 끝까지 파서 메마른 이 땅의 대지 위에 극예술의 향수를 뿌리는 일에 게을리하지 않았기 때문이다. 그는 국회의원이된 뒤에도 조연배우로 국립극장 무대에 설 정도로 연극을 사랑했다.

결국 그는 연출가로서 대성했다. 그가 신극사상 최고의 연출가가 될 수 있었던 것은 대체로 세 가지 측면에서 이야기될 수 있다. 첫째는 역시 그가 연극이론에 밝은 점이었다. 그는 니혼대학 재학 시절에 누구보다도 많은 연극이론서를 읽어냈다. 그는 특히 스타니슬라프스키에 심취하면서 한편으로는 또다시 스타니슬라프스키를 나름대로 자기화한 이론가였다. 두 번째로는 그가 직접 배우 생활을 10년 이상 했기 때문에 인물창조에 뛰어났고 작품해석에 있어서 타인의 추종을 불허할 만큼 탁월했다. 연출은 역시 작품 해석력이므로 연기경험이 더없이 중요한 자산이 된 것이다. 세 번째로는 그의 지속적인 독서와 그로 인한 삶에의 예리한 통찰력 획득에 있다고 하겠다.

그가 평생 연출한 작품들을 보면 배우가 인생의 본질적인 문제를 다룬 것들이 많다. 그러니까 사랑, 죽음, 구원 등 인간의 본질적인 문제를 탐구한 작품들이라는 이야기다. 초창기에 그가 조역배우로 출연한 작품들은 당초 그의 취향이나 의도와는 상관없이 연출가들에 의해 채택된 것들이므로 그와 결부시켜 설명하는 것은 바람직스럽지 않을 것이다. 적어도 그의 연출작품은 6 · 25 전쟁 기간 중의 셰익스피어 작품으로부터 만년에 자유스런 입장에서 무대에 올린 것들을 가지고 이야기해야 할 것이다. 셰익스피어는 세계적 고전이므로 모르는 사람이 없을 정도로 보편화되어 있다.

그러나 그가 정말 좋아한 작가는 근대와 현대극을 대표하는 헨릭 입센, 안톤 체호프, 유진 오닐 등이다. 특히 그는 체호프와 오닐에 심취했다. 그의 연출의 특징은 리얼리스트로서의 섬세성이라 볼 수 있다. 그의 연출은 인간 감정의 세로(細路)를 따라 인간의 양면성이라 할 진실과 허위, 삶과 죽음, 선과 악, 신의와 배신, 사랑과 증오를 대비시켜놓는 일이다. 그는 사실 셰익스피어를 멜로드라마 작가라면서 별로 좋아하지 않았다. 그는 역시 입센이나 체호프, 또는 오닐쯤 되어야 인간의 깊은 진실을 뽑아낼 수 있다고 보았다. 그는 만년에 들어서 인간의 죽음 문제를 다룬 작품을 좋아했다. 그러한 좋은 예가 〈햄릿〉, 〈들오리〉(입센 작), 〈뇌우(雷雨)〉(조우 작) 등이다. 그는 노부부의 황혼을 다룬 〈황금연못〉에서 일상을 시(詩)로 승화시킬 정도로 탁월한 상상력과 인생 관조를 보여준 바도 있다.

그는 연출가로서 가장 위대한 업적을 남겼지만 연극관리자로서의 능력도 대단했다. 그는 해방 직후 30대 초반에 이미 전선(全線)과 극예술협회라는 두 극단을 만들어 운영했고 1951년부터 10년간 신협을 주도했으며 드라마센터 극장장으로서 탁월한 능력을 보여주었다.

드라마센터가 재정난으로 제 기능을 발휘하지 못 하자 그는 이참에 지방연극이나 키우자는 원대한 목표를 내걸고 이동극장이라는 것을 조직하여 수십 명의 단원을 이끌고 1965년부터 7년 동안 차 한 대로 전국을 누비는 정력가이기도 하다.

그는 매우 행동적이면서도 사색가이다. 대체로 행동적인 사람은 생각이 깊지 못한 것이 특징인데, 그만큼은 그 어느 철학자 못지않을 만큼 인생에 대해서 깊은 생각을 한 연극인이었다.

그는 후배들을 끔찍하리만치 사랑하고 가꾸어온 연극지도자였다. 그는 여러 번에 걸쳐서 후배 연극인양성에 힘을 쏟았다. 우선 그는 동국대학에 연극과가 생기면서 교수요원으로 참여하여 20여 년 동안 후진을 양성했다. 이 시기에 많은 배우, 연출가 등이 양성되어 방송계와 연극계에서 눈부신 활약을 하고 있다. 그는 대학에서만 후진을 양성한 것이 아니다. 1960년대 국립극장에서 신진 극작가 발굴 때에도 그가 앞장서서 신인들을 발굴 양성한 바 있다. 가령 지금은 연극계에서 사라진 지방의 신인 작가 이만택을 비롯하여 하유상(河有祥)이나 이재현, 윤조병 등도 그가 키워내다시피 한 작가들이다. 그는 배우양성에도 힘을 기울여서 80년대 초반에는 3·1로 창고극장에서 친구인 김동원, 이원경 등과 함께 무대예술원(舞臺藝術院)이라는 것을 만들어 배우교육을 시도한 적도 있다. 그리고 그가 노구를 이끌고 대한민국 연극제나 전국지방 연극제 등에 심사위원으로 참여한 것도 자라나는 세대의 연극 기량을 쌓아주기 위한 것이었다. 그는 만년에 접어들어서 특히 후진 양성에 관심을 많이 가졌었다.

한편 한국연극사상 이해랑만큼 여러 고난 속에서도 선하게 살아온 그대로 다복한 가정과 화려한 공직생활을 한 사람이 이제까지 없다. 이미 38세에 대한민국 예술원 회원, 그것도 최다득표로 회원이 된 이래 35년간을 예술원에서 회장 등으로 주도적 역할을 했다. 그는 선배인 유치진 밑에서 그를 항상 전면에 앞세우고 자신은 뒤에서 모든 일을 했다. 그러나 유치진이 일선에서 제 이선으로 물러선 다음에는 그가 모든 일을 주도해나갔다. 그것은 역시 1967년 예총회장에 피선된 후부터가 아닌가 싶다. 그는 2년 임기의 예총회장을 무려 다섯 번이나 연속 당선될 만큼 탁월한 정치력도 지니고 있었다. 결국 그는 예총회장 시절에 공황당의 전국구의원으로 국회에 진출해서 1970년대 중반까지 의정활동에 전념했었다. 그는 여당의원으로서 특히 문화 분야와 교육 분야에서 정치와 예술을 접목시키는 데 기여한 바 있다.

그러나 그는 당초부터 정치인의 기질은 아니었다. 정치적 능력과 기질은 다른 것 같다. 따라서 그는 의회에 진출해 있는 동안에도 연극작품을 연출한다든가 연극계 일에 더 많은 시간을 할애했었다. 그가 의원직을 떠난 뒤에 즉각 연극계에서 본래의 위치를 되찾을 수 있었던 것도 바로 그러한 성향 때문으로 볼 수 있다. 그가 한 에세이에서 "정치인들이 연극에 관심이 없는 것과 같이 나도 소위 정치한다는 인간들에게는 흥미가 없다. 입으로만 문화니 뭐니 하고 떠들어대는 정치적 제스처에 하도 많이 속아 와서 이제는 이 이상 더 속을 수 없다는 생각이 마음을 누르고 있다"고 쓴 바도 있다. 따라서 그는 정치판을 떠난 뒤에는 그가 언제 정치를 했나 싶을 정도로 그쪽에 전혀 관심을 두지 않았다. 그만큼 깨끗이 정치를 청산했다는 이야기가 되는데, 이는 곧 그가 순전히 타의에 의해서 2회에 걸쳐 국회의원을 한 것이고 그가 전적으로 정치를 원해서 한 것은 아니라는 이야기다. 그가 그래도 정치력을 발휘한 곳은 50대의 예총이었고 60대의 예술원이라고 말할 수가 있겠다. 왜냐하면 1960년대에 후반서부터 1970년대 중반까지 근 10여 년간은 그가 예총을 마음대로 요리했고 1980년대 들어서는 예술원을 그가 좌지우지했었기 때문이다.

즉 1981년에 예술원 부회장에 피선된 이래 회장을 두 번이나 역임하면서 예술원을 양로원 아닌 활동적 예술원으로 바꾸어 놓으려 힘을 쏟았다. 결국 제5공화국 때 학 예술원 회원들에게 정년제를 도입할 때는 그가 힘을 못 썼지만 예술원은 거의 그의 뜻대로 움직여 갔었다.

그는 많은 독서와 인생체험 및 공연 활동으로 예술과 삶에 남다른 신념을 갖기에 이르렀고 그러한 축적된 삶을 글로서 옮기곤 했었다. 대체로 우리나라의 배우들이나 연출가들은 글재주가 없거나 또는 글을 쓸 기회가 별로 주어지지 않아서 기록으로 남긴 것은 없다. 배우의 자서전이나 연출가의 연출론 하나 제대로 남은 것이 없는 실정이다.

그러나 이해랑만은 두 권의 저서를 남겼다. 『또 하나의 커튼 뒤의 인생』(1985)과 『허상(虛像)의 진실』(1991)이 바로 그것이다. 전자는 그가 해방 이후 간간이 쓴 에세이류를 묶은 것인데 비해 후자는 그가 니혼대학 재학 때부터 쓴 연극론과 연출 단상, 자전적 회상기 등 모두를 한데 묶은 책이다. 따라서 이해 랑의 연극관이나 인생관 등은『허상의 진실』속에 거의 담겨 있다고 해도 과언 이 아니다.

그의 저서를 관통하는 것은 연극은 배우의 예술이라는 것과 연극이 인생의 내면적 진실을 표현하지 않으면 가치가 없다는 것으로서 그가 철저한 리얼리 즘 연극의 신봉자임을 나타내주고 있다. 그렇기 때문에 그가 쓴 연극론이나 연극 시평, 연출 단상 등도 모두 그러한 관점에 입각해 있음은 두말할 나위 없 는 것이다.

이는 사실 그의 예술세계 그 자체이기도 하다. 필자가 보기로 그는 한국연 극사상 가장 뚜렷하면서도 매우 보편적인 연극관을 지니고서 그에 따라 작품 을 연출한 사람이었다. 물론 전술한 바 있듯이 그는 철저한 리얼리스트로서 그의 배경에는 내면연기를 강조한 러시아의 연극이론가 스타니슬라프스키가 도사리고 있는 것이 사실이다. 여기서 그의 전체적인 예술관을 한 번 검토해 볼 필요가 있다. 그는 우선 예술지상주의자였다. 따라서 그는 예술은 결국 인 간 감정을 정화시키고 풍요롭게 하며 삶을 미화시켜 주는 것이라면서 다음과 같이 설명한 바 있다. 즉 그는 예술의 본질에 대하여 "이렇게 무의미하고 단순 한 우리의 삶을 끝없이 풍요하게 하고 환희와 정열에 넘치게 하는 삶의 열정 적인 파동 가운데 예술의 힘같이 위대한 것은 없다. 인간의 전체적인 관조를 통하여 삶을 심화하고 행복을 주고 삶의 의의를 자각시키고 삶의 기쁨을 안겨 주어 우리들의 삶을 보람 있게 하는 아름다운 세계가 예술이다. 우리들의 감 정을 통하여 보다 높은 삶의 의식을 자극하는 것이 예술이다"라면서 예술 중 에서도 연극이야말로 가장 인간적인 예술이라고 했다.

즉 그는 연극의 높은 예술성에 대하여 "남과 같이 후세에 남아 영예의 관을 받을 줄도 모르고 오직 열렬히 현세에 이바지하여 그 매력적인 배우의 연기와 같이 사라지는 순간적인 정서 가운데 우리의 삶을 무한히 급속하게 긴장시키는 예술이 바로 연극이라는 것"이다. 물론 그는 연기자 출신답게 연극예술의 핵은 배우라고 했다. 그는 연극에 앞서 배우의 위상에 대하여 "아무리 관객에게서 정당한 평가를 받지 못하고 극작가와 연출가의 압력으로 기를 펴지 못하고 있어도 연극의 본질적인 존재로서의 배우의 위치에는 오늘도 아무런 변화가 없다. 희곡이 없어도 연극은 존재하였고 조명과 장치, 그리고 연출 같은 부문이 생기기 전에도 연극은 존재했으나 단 한 번도 배우 없이 연극이 존립한 적이 없었던 것과 같이 오늘도 여전히 연극은 배우를 중심으로 창조되고 배우의 연기에서 막을 올리고 배우의 연기에서 막을 내리고 있지 않은가"[4]라고 갈파했다.

사실 20세기에 들어서 고든 크레이그나 아돌프 아피아 같은 사람들이 연출을 강조하는 주장을 편 바 있지만 이해랑만은 일관되게 리얼리즘에 입각한 배우 중심론을 고수했다. 그는 배우 더 나아가 연기의 본질에 대하여 누구보다도 뛰어난 견해를 갖고 있었다. 그는 배우의 변화무쌍한 얼굴 속에는 세 개의 본질적인 얼굴이 가려져 있다면서 다음과 같이 설명했다. 즉 배우의 얼굴에는 "자기의 얼굴과 변혁을 꾀하여 그가 가지려고 하는 얼굴과 또 남에게 비치는 얼굴 즉 관객이 보는 얼굴이 있다는"것이다. 그는 배우의 창조 과정에 대하여 "배우는 극중인물이 처해 있는 환경에 자신을 적응시키려고 노력한다. 그러한 노력을 자꾸 거듭하는 사이에 그와 극중인물과의 거리는 좁혀진다. 극중인물의 존재를 피부로 느끼고 또 극중인물이 느낄 수 있는 것과 같은 유사한 감정을 그도 느끼기 시작한다. 극중인물이 희곡에서 걸어 나와서 그와 내면적인 교류를 시작한 것이다. 그리고는 그 후 그 전까지는 느끼지 못했던 무엇인가 뿌듯한 것을 가슴에 느꼈을 때 배우는 그의 내면에서 무엇인가 속삭이는 소리를 듣고 귀를 기울인다. 극중인물의 소리인 것이다. 어느 틈엔가 극중인물이 배우의 내면에 들어와서 살고 있는 것이다. 그리고 자기가 하고 싶어 하는 대

---

4 이해랑, 『또 하나의 커튼 뒤의 인생』, 보림사, 1985, 124쪽.

로 말을 하고 움직여줄 것을 요구하고 있는 것이다. 때로는 강하고 약하게 또 때로는 빠르고 느리게 그의 뜻대로 행동하여 줄 것을 지시하고 있다.

배우는 그저 극중인물이 자기의 내면에 들어온 것을 소중하게 여기고 따뜻하게 대한다. 그의 명령에 복종을 하며 감정적인 봉사를 한다. 그러면서 극중인물이 느낄 수 있는 진실한 감정을 그도 내적으로 느끼고 그것을 실감한다. 그러나 그때 배우가 느끼는 감정은 어디까지나 배우의 것이지 극중인물의 것은 아니다. 그는 슬픔을 느끼는 동시에 또 한편으로는 창조적인 쾌감을 느끼고 있는 것이다."[5]라고 매우 구체적으로 설명한 바 있다.

이러한 그의 예리한 배우론은 스타니슬라프스키의 배우술에 근거하면서도 그것을 한 단계 극복 자기화한 것이다. 그가 리얼리즘을 가리켜 '현실 아닌 진실'이라고 말한 것이라든가 인간을 가장 진실하게 표현할 수 있는 예술은 연극밖에 없다고 한 것 등도 그의 리얼리즘에 입각한 연극관의 일단을 나타낸 말이라 볼 수 있다. 그는 항상 무대 위에 표현된 삶보다 그 뒤에 더 크고 진실된 삶이 도사리고 있다고 보았다. 즉 그는 배우 더 나아가 예술의 절제원칙(節制原則)을 설정하는 가운데 "표면에 나타나서 눈에 보이는 빙산의 일각보다 보이지 않는 곳에 가려져 있는 저변에서 우러나오는 진실한 정서를 관객에게 알리기 위하여 현실적인 감정을 억제하고 있다. 그가 평소 제자들에게 들려주는 "우주처럼 생각하고 별처럼 표현하라"는 명언도 바로 절제의 중요성을 은유적으로 표현한 말이다. 그래서 속(俗)된 배우는 연극현장의 인생을 표현하고 있지만 진실한 배우는 연극 속에 또 하나의 커튼으로 가려져 있는 인생을 표현하려고 노력한다. 왜냐하면 무대 위에 보이는 것이 연극의 전부가 아니기 때문이다"라고 쓴 바도 있다. 물론 이러한 주장은 그가 사숙했던 안톤 체호프의 예술관에 바탕을 둔 것이긴 하다. 그가 만년에 들어 모든 연극 체험을 바탕으로 해서 쓴 논문「또 하나의 커튼 뒤의 인생」은 양에 있어서는 대단치 않지만

---

5 위의 책, 125~126쪽.

배우의 본질에 대한 통찰에 있어서는 가히 세계적이라 할 만큼 매우 높은 수준의 글이라 말할 수 있다. 아마도 우리나라 연극사상 그만큼 독창적인 배우론을 개진한 사람은 아직까지 없으며 앞으로도 상당기간 나오기 힘들 것이다.

이해랑은 만년에 접어들면서 인생을 원숙한 경지에서 관조하기 시작했다. 그는 "순간의 예술인 연극의 허망함에서 인생의 허무를 절감했다. 그는 모든 것이 담배연기와 같이 사라져가는 하나의 허상에 지나지 않는다고 생각했다. 그렇게 낙관론자였던 그도 깊은 고독감에 빠졌고 작품창조에 더욱 열정을 쏟았다. 그러나 그는 연극을 순간의 영원(永遠)"으로 파악하려 했고 짧고 덧없는 삶이었지만 그는 극작가들이 창조해놓은 각양각색의 삶을 배우였기 때문에 체험할 수 있었던 것을 무한한 행복으로 생각했다. 그는 평소 현세와 내세를 이쪽 동네와 저쪽 동네라는 말로 표현하면서 삶을 차분히 정리해가는 듯했다. 따라서 그가 별로 달갑지 않게 생각해온 종교(基督敎)에 귀의했던 것도 그러한 삶의 정리였다. 이때부터 그는 작품도 톰프슨의 〈황금연못〉이라든가 입센의 〈들오리〉와 같이 죽음과 연민의 정을 주제로 한 것을 즐겨 선택했고 죽음의 미로(迷路)를 더듬으면서 그것을 극적 환상으로 표현해보려 애썼다.

그는 필자가 만난 이 땅의 연극인 중 가장 철학적인 인물이었다. 그의 만년의 일거수일투족은 인생의 달관자 그 자체였다. 그는 적어도 예술가가 도달할 수 있는 최고의 정신적 경지에 이른 인물이었다. 그는 이처럼 삶의 깊이를 연극창조에 그대로 투영할 수 있었던 유일한 연출가였던 것이다.

그렇다면 이해랑이 후세에 끼친 영향이랄까 업적은 무엇인가? 이는 아마도 연극계에 끼친 공로와 문화계 더 나아가 이 땅에 남겨놓고 간 커다란 족적으로 나누어 설명되어야 할 것 같다. 우선 연극계에 끼친 공로는 무엇인가? 그것은 첫째 식민지, 해방, 분단, 전쟁, 혁명 등으로 점철된 현대사 속에서 오직 한길 연극 외길만을 걸으면서 근대극을 이 땅에 굳건하게 정착시킨 공로가 가장 클 것이다.

그는 1920년대 토월회의 박승희, 1930~40년대의 극예술연구회, 현대극장, 국립극장의 유치진으로 이어지는 거대한 3대 신극산맥의 세 번째 봉우리로서 1950년대 이후 즉 극예술협회, 신협, 국립극단으로 이어지는 현대극의 최대 봉우리였다. 아니 그보다도 그런 산맥의 봉우리를 스스로 만든 인물이라 볼 수가 있다. 두 번째로는 그가 정통근대극(正統近代劇)의 토대를 굳건히 다진 최대의 연극인인 것이다. 그는 앞에서도 언급한 바 있는 것처럼 철저한 리얼리즘극 신봉자로서 예술지상주의자였다. 그렇기 때문에 예술을 정치 도구화하는 것을 전적으로 거부했다. 그가 해방 직후 좌익 연극인들과 맞서서 싸운 무기도 바로 사회주의극이 연극의 본질을 파괴한다고 보았기 때문이다. 그러니까 좌익 연극과는 우선 정서적으로 맞지 않았던 것이다. 그의 끈질긴 투쟁으로 인해서 그래도 민족진영의 정통연극이 굳건하게 맥을 이을 수 있었다.

그러한 그의 노력은 6·25전쟁 기간과 그 직후에도 그대로 이어졌다. 즉 1950년 6·25전쟁이 발발하자 그는 재빨리 부산으로 피난했고, 거기서 극단 신협을 재건하여 전쟁기간 중 부산과 대구 등지에서 줄기차게 연극운동을 벌인 것이다. 그로 말미암아 자칫 신극사의 맥이 끊어질 뻔했던 것을 그가 이어낸 것이다. 전쟁 중에 연극운동을 벌인다는 것은 참으로 어려운 일이다. 그럼에도 불구하고 그는 해냈다. 세 번째로 그는 1970년대 이후 우리 연극이 실험이다 뭐다 해서 대단한 혼돈기를 맞았을 때도 조금도 흔들리지 않은 채 정통연극의 줄기를 지켜냈다. 전통극의 현대적 계승이니 마당극운동이니 해서 연극계가 좌표를 못 찾고 방황할 때 그는 연극의 본질은 변할 수 없다는 신념 아래 오서독스한 연출로 창작극과 서양 고전극을 대중에게 보여주었다. 그러니까 그는 연극의 격을 끝까지 지킨 것이다.

네 번째로는 대학과 여러 극단에서 후진을 많이 길러낸 연극계의 스승으로 군림해온 점이 돋보인다고 하겠다. 결국 그가 우리나라에 끼친 공로도 이상과 같은 맥락에서 파악될 수가 있는 것이다. 그는 어떻게 보면 너무나 정통 보수주의자라 할 만큼 예술지상주의를 신봉했기 때문에 정통극이 아니면 연극으로 취급을 하지 않았다. 그가 우리의 민속극이나 신파극 뮤지컬까지 경멸한 것도 그 때문이다. 따라서 그는 고급예술로서의 연극의 품위를 지켜준 인물이라 볼 수가 있다. 물론 그는 연극의 대중화를 부르짖었지만 연극의 상품화나 저질화는 반대했다. 이 땅에 끼친 다섯 번째의 공로는 그가 피난지에서의 연극 활동뿐만 아니라 1960~70년대에 걸쳐서 벌였던 이동극장운동은 대중으로부터 멀리 떨어져 있던 극예술을 다시 그들에게 돌려주는 역할을 한 것이다.

그리하여 해방 직후부터 연극의 아름다음과 진실을 통하여 민족의 품성을 순화시키는 한편 대중에게 민주주의의 고귀함을 일깨워준 역할을 했다. 또한 예총이라든가 예술원의 기틀을 제대로 잡아놓음으로써 이 땅에서 예술가의 위상을 높인 것 등도 그의 큰 공로라 볼 수 있다. 그러나 무엇보다도 가장 그의 큰 공로는 척박한 이 땅의 정신문화 풍토에 무대예술의 가치를 인식시키는 한편 그러한 무대예술이 사회의 내적 발전에 도움이 되도록 한 점이라 하겠다.

<h1 style="text-align:center">화려한 배우 인생을 수도사처럼 영위한
김동원</h1>

아무리 연극사조가 바뀌어도 연극은 배우예술이다. 극작가나 연출가 또는 극장이 없어도 배우만 있으면 연극은 성립될 수 있기 때문이다. 혹자는 현대극이야말로 연출가의 예술이라고 주장하기도 한다. 연출가가 배우를 마치 도구처럼 쓰는 데서 그런 주장이 나오는 듯싶다. 그 점에서 설득력이 있어 보이기도 한다. 그러나 연출가가 배우를 소도구처럼 쓰든 어떻든 간에 궁극적으로 무대 위에서 연극을 만들어서 객석에 전해주는 존재는 배우라는 것을 간과해서는 안 될 것이다.

세계연극사를 통틀어봐도 배우가 대우를 받지 못하던 시절에 훌륭한 극예술이 창조된 경우는 극히 드물다. 비록 인간적 대우를 받지 못할지라도 경제적으로나마 여유가 있었던 시절에는 그래도 괜찮았다. 그러나 배우가 인간적 대우는 말할 것도 없고 경제적으로까지 궁핍했던 시절에는 제대로 된 연극작품이 나오지 않았다.

우리의 전통연극만 하더라도 대단히 열악한 시절에 배우가 박대받는 신분이었기 때문에 세련된 연극으로 양식화되지 못했다. 천민 취급을 받는 배우들은 유랑 걸식하는 일이 예사였고, 따라서 배우들은 생존권을 위협받을 정도였다. 우리의 전통연극이 그 바탕의 탁월함에도 불구하고 세련된 고품질의 예술

작품으로 승화되지 못한 것도 바로 그런 배경에 연유한다고 말할 수 있다. 그것이 특히 이웃나라, 즉 일본이나 중국의 전통극에 비교해볼 때, 더욱 그렇다고 보는 것이다. 레퍼토리만 하더라도 다양성을 띠지 못하는데, 이 또한 배우에 대한 사회의 예우와 무관치 않다고 본다. 그것을 단순히 창의력의 빈곤이라고만 볼 것이 아니라 유능한 인재가 부족한 데서 찾는 것이 옳다. 그러니까 전통사회의 그런 분위기 속에서 어떻게 유능한 인재들이 연극창조에 나설 수 있겠느냐는 이야기다.

이러한 사회 분위기는 개화기 이후에도 상당기간 지속되었다. 다만 신파극 시대에는 천민 아닌 서민들이 연극을 주도했고, 3·1운동 이후에야 비로소 신분의 벽을 뛰어넘어 유능한 인재들이 배우보다는 극작이나 연출 분야에 뛰어들었던 것이다. 그런 사회적 분위기에서 도쿄 유학까지 한 어엿한 인텔리가 어떻게 연극배우를 하겠다고 나설 수 있었겠는가.

바로 그 점에서 김동원(金東園, 본명 東爀)은 배우이기 이전에 한 인간으로서도 출중했다고 아니할 수 없다. 그러니까 그가 남부럽지 않은 가정과 경제사정, 학벌, 외모 등 어느 한 가지 부족함이 없었음에도 굳이 외면 받는 배우의 길을 고수한 것 하나만으로도 그는 한국 예인(藝人)으로서 칭송받을 만하다.

솔직히 그는 당시 여러 가지 가능성이 열려 있었고 좋은 직장도 가져본 적이 있었다. 그만큼 그는 어떤 직업을 선택했어도 성공할 수 있을 만한 조건을 갖추고 있었다. 그럼에도 불구하고 그는 연극이 좋아서 평생을 무대에서 보낸 숙명적 배우였다고 해도 과언이 아니다. 그렇다면 그는 어떤 인물일까.

주지하다시피 그는 전형적인 개성 사람이다. 1916년 11월에 그는 개성의 부유한 가정에서 2남 5녀 중 셋째로 태어났다. 큰 양화점을 운영하는 부친(金景淳)과 전형적인 개성 여자인 모친(林守福) 사이에서 두 딸을 낳은 다음에 그를 낳았기 때문에, 그는 귀여움을 독차지하면서 자라게 되었다. 그 당시 가정부를 두고 살 정도였으므로 개성에서는 단연 상류층 가정이었다고 말할 수 있다. 그의 가계는 부친뿐만이 아니라 조부 때부터 큰 점포를 운영해왔기 때문에 전형적 개성상인 가문이었다는 것이 정확한 표현일 듯싶다.

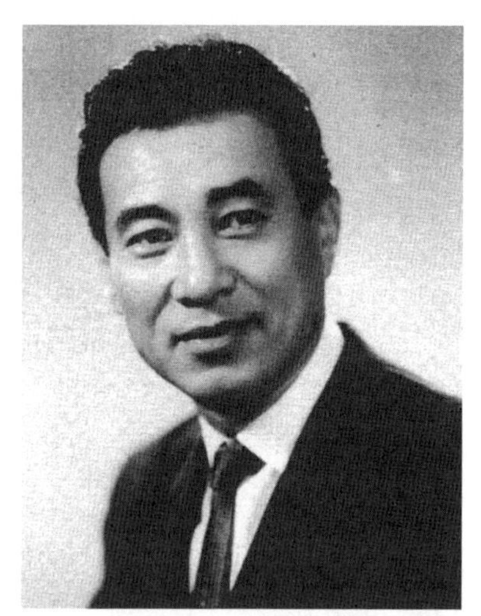

김동원

대체로 상인 기질이라면 이재에 밝고 타산적인 것이 특징이지만 그의 집안은 좀 달랐다. 부친만 하더라도 상인 기질 보다는 열린 사고의 큰 기업가와 같은 분이었다. 우선 외모도 준수했지만 여유가 있고 풍류도 아는 분이었다. 술 담배를 입에 대지 않으면서도 호방한 성격이어서 교류 폭이 넓었고, 모임이 있을 때마다 장구를 도맡아 칠 정도로 한량 기질이 있었다고 한다. 그렇지만 정도에 어긋나는 일은 절대 하지 않는 모범적인 분이었다. 따라서 가정은 언제나 온후하고 화기가 넘쳤다.

김동원은 개성에서 제일 좋다는 개성 제일공립보통학교에 입학해서 4학년까지 다니다가 서울 공옥보통학교로 전학을 오게 된다. 부친이 마침 일본 사람과 동업으로 용산에 고무공장을 세웠기 때문이다. 그래서 그는 전형적인 서울 사람처럼 된 것이다. 그때의 사정에 대하여 그는 다음과 같이 회고했다.

보통학교 4학년 때 우리 식구는 모두 서울로 이사 왔다. 중구 의정동 73번지. 지금의 남대문로 5가에 위치한 자리다. 나는 개성에서 태어났지만 이처럼 어릴 적부터 서울로 이사 왔기 때문에 서울 사람이나 다름없고 내 본적도 이 주소로 되어 있다. 우리가 서울로 이사 온 것은 순전히 아버지의 사업 때문이었다. 지금도 마찬가지이지만 그 당시도 공부를 하려는 사람과 장사를 크게 하려는 사람은 서울로 가는 것이 유일한 꿈이었다. 아버지 또한 서울행을 결심한 것은 사업을 크게 벌여보겠다는 당신의 꿈 때문이었다.[1]

---

1 김동원, 『미수의 커튼콜—김동원, 나의 예술과 삶』, 태학사, 2003, 15쪽.

이상에서 확인할 수 있는 것처럼 그는 부모와는 달리 이미 유년 시절부터 서울 사람이 된 것이다. 그가 전학은 했지만 공부에는 특별한 재미를 못 붙였기 때문에 교사들의 눈에 잘 띄지 않았고 다만 성품이 온순하고 노래를 잘해서 예능담당 교사에게는 사랑을 받았다. 특히 사립미션학교였던 공옥보통학교의 교장이 음악에 조예가 깊은 분이어서 그는 특별히 귀여움을 받았고, 크리스마스 때에는 성극(聖劇)에 뽑혀 나가기도 했다.

그런 그에게 예능의 잠재력이 조금씩 나타나기 시작한 것은 노래보다는 영화 관람에서였다. 그가 서울에 와서 우연히 영화를 접하면서부터 완전히 영화 세계에 빠져 들어간 것이다. 당시는 비록 무성영화 시대였지만 서양영화가 많이 상영되던 때였기 때문에 그는 거의 빠뜨리지 않고 영화 관람을 할 수가 있었다. 그러니까 영화 속의 이국적 풍정도 신기했지만 세련된 서양 배우들에 매료되었던 것이다. 특히 연정영화에 매료된 그는 장차 무비스타가 되어보고 싶은 욕망에 사로잡히곤 했다. 그렇다고 해서 그가 적극적으로 나설 만큼 능동적이지는 못했다. 워낙 여성적일 만큼 내성적이고 마음이 여렸기 때문에 영화배우에의 꿈 역시 하나의 소년적 동경에 그친 것이었다.

전형적 개성상인이었던 부친은 당연히 그를 자신의 후계자로 키우고 싶었고, 따라서 그로 하여금 명문 선린상업학교에 가도록 했다. 불행 중 다행으로 그가 낙방함으로써 배재고보로 진학할 수가 있었다. 그것은 그가 진정으로 원했던 학교였다. 거기서 그는 잠재되어 있던 예술적 재능을 한껏 키울 수가 있었다. 그가 미국 영화에서 그렇게 흠모해 마지않던 존 바리모어를 닮은 아펜젤러 교장도 만날 수 있었던 것이다. 그는 매일 양복을 갈아입고 등교하는 아펜젤러 교장을 존 바리모어와 오버랩시키면서 멋을 배워나갔다.

그는 비록 교복이었지만 언제나 단정한 차림새였고 노래도 잘 불러서 유명학생으로 부각되기도 했다. 그가 전국중등음악콩쿠르대회에서 1등상을 탔던 것도 우연의 일은 아니었다. 그러나 그가 장차 성악가가 되어보겠다는 생각은 하지 않았다. 왜냐하면 미국 미남배우 존 바리모어가 언제나 뇌리에서 떠나지 않았기 때문이었다. 그러나 그가 음악을 잘한 것이 그로 하여금 그 어느 것보다도 성공했다고 말할 수가 있는 평생의 반려자(홍순지)를 만나게 되는 계기를 만들어주었다. 왜냐하면 당시 홍 여사도 배화고녀에서 음악을 잘하는 학생으로서 그의 음악 콩쿠르를 지켜보았으며 동시에 그를 마음속에 간직하고 있었기 때문이다. 그것이 계기가 되어 뒷날 행복한 결혼에 이르게 된다.

그가 배재고보 다닐 때는 마침 학교연극이 붐을 이루기 시작할 무렵이었다. 3·1운동 이후 요원의 불꽃처럼 번졌던 청년·학생들의 소인극운동이 일제의 탄압으로 말미암아 각급 학교 안으로 스며들 때였다. 그 역시 배재고보 연극반을 조직했음은 두말할 나위 없는 것이다. 연극반에 들면서 그는 뒷날 크게 영향을 받게 되는 극작가 유치진(柳致眞)을 만나게 된다. 그의 연극반 활동은 학교생활을 즐겁게 하고도 남음이 있었다. 왜냐하면 유치진의 지도가 그를 연극의 매력으로 조금씩 끌어들였으며, 세계문학작품 섭렵으로 이어졌기 때문이다. 그는 특히 이광수의 소설에 매료되었고 『유정』 등의 소설은 그로 하여금 정신적 사랑의 가치를 생각하게 했다.

그가 유진 오닐의 단막극 〈고래〉에 선장의 아내 역으로 생애 최초로 무대에 선 것도 흥미로운 일이었다. 그가 워낙 이목구비가 뚜렷한 미남형이었기 때문에 여자 역으로 안성맞춤이었다. 그는 연극 자체를 좋아했기 때문에 여자 역이라고 해서 마다하지 않았고, 혼신의 노력으로 학생극대회에서 연기상을 받기도 했다. 그는 이어서 창작극 〈가보세〉(조용만 작) 등에 출연했고, 배재고보 강당낙성기념 공연작품 〈성자의 샘〉(싱 작)에서는 드디어 주연을 맡아 장차 대배우가 될 가능성을 보여주었으며, 그 자신이 연기자의 길을 걷기로 마음 굳히는 계기를 만들기도 했다.

물론 그의 부모는 그가 마음속으로 무엇을 꿈꾸고 있는지 몰랐고 다만 노래를 잘하는 음악 애호가라는 것을 알고 부친이 값비싼 외제 전축을 사다줄 만큼 애착을 보여주곤 했다. 그는 클래식에서부터 댄스곡까지 다양하게 판을 모았고 댄스곡을 틀어놓고 춤까지 배웠다.

그러니까 그는 부유한 집 장남답게 갖은 멋을 부리며 예술 관련 취미생활을 만끽할 수 있었다. 이처럼 배재고보 시절의 그는 얌전하면서도 멋을 부리는 소년으로서 학업에서는 두각을 나타내지 못했지만 예능에서만은 단연 돋보일 만큼 전심전력을 쏟았다.

결국 그는 자연스럽게 극예술을 공부해야겠다는 생각으로 부친에게 일본 유학을 간청하기에 이른다. 솔직히 그의 부친은 그가 예술가가 되는 것을 전혀 원하지 않았었다. 당초에는 자신의 가업을 잇기를 바랐다가 잘 되지 않자 의사가 되기를 바라서 그에게 세브란스 의전을 권유했다. 그러나 아들이 일본 유학을 간청하자 흔쾌하게 허락해준 멋진 부친이었다. 그만큼 그의 부친은 개방적이고 앞서가는 어른이었다.

이처럼 그의 부친은 고등보통학교 진학 때부터 그가 가업을 잇기를 바랐으나 그가 원치 않았으므로 아들의 소망을 들어준 것이다. 당시까지만 해도 연극은 천한 놀이로 취급하던 때였음에도 부친은 아들을 믿고 사랑한 나머지 그의 소원을 들어준 것이다.

부친은 학비도 대주겠다는 약속을 해주었기 때문에 그는 일본의 니혼대학에 가서 극예술을 공부하기 위해 유학길에 오르게 되었다. 관부연락선을 타기 위해 부산항에 도착했을 때, 뜻밖에도 그에게 연극에 개안을 시켜준 유치진을 만난 것도 운명적인 일이었다. 유치진 역시 극예술연구회를 잠시 쉬고 연출을 공부하기 위해 도일하는 중이었다. 그것도 참으로 묘한 인연이 아닐 수 없었다. 왜냐하면 배재고보 시절에 연극을 가르친 유치진이 유학길의 동반자가 되었고, 뒷날 신협의 정신적 지주로서 그를 평생 후원하는 위치에 서게 되기 때문이다.

니혼대학 예술과에서의 연극 공부는 보잘것없었다. 탁월한 교수가 있는 것도 아니었고 커리큘럼 역시 그에게 큰 자극을 주지 못했다. 다행히 유학생들이 동경학생예술좌를 조직함으로써 좋은 친구들을 여럿 만났고, 비록 아마추어였지만 공연 활동을 통해서 창조 경험을 할 수 있었던 것이 큰 수확이었다.

조선인을 불결하다고 외면하는 일본인들 속에서 그들에게 지지 않으려고 세련된 옷차림에 항상 신경을 쓴 그가 평생의 친구 이해랑(李海浪)을 만난 것은 행운이었다. 그는 또한 같은 유학동료 마금희(馬今熹)와 짜릿한 첫사랑도 경험했다.

친구 이해랑도 한 회고에서 "김동원과 마금희 두 사람이 방학 때 귀국해 어깨동무한 채 충무로를 활보할 때면 그 멋에 이끌린 남녀노소 구경꾼들이 줄지어 뒤따랐다. 감색구두에 퍼머넌트 헤어스타일을 한 김동원의 맵시란 한마디로 환상 속의 귀공자였다"(극단 신협 팸플릿, 1978.11.)고 쓴 바 있다. 그만큼 그는 당대의 멋쟁이 신식청년으로서 학생예술좌의 주역 연기자로 군림하기 시작했다. 즉 학생예술좌의 제2회 공연 때 〈춘향전〉의 이몽룡 역을 맡은 것을 시작으로 하여 그 후 기성극단에서까지 그 배역을 수십 번 할 정도였다.

그런데 도쿄 유학 시절의 가장 큰 수확은 역시 우리보다 앞선 일본의 근대 문예를 현장에서 두루 섭렵한 것이었다. 그가 대학 다니던 시절 쓰키지(築地) 소극장운동은 일단 막을 내렸어도 그 여파는 대단한 것이었다. 유럽, 특히 러시아 근대극의 영향을 많이 받은 일본 신극단체들이 거의 매일 밤 공연하는 서양 번역극들은 그에게 절대적인 영향을 미친 것이 사실이었다.

솔직히 그는 니혼대학에서 배운 것보다도 도쿄의 여기저기 극장 무대에 올려지는 작품에서 신극 공부를 했다고 해도 과언이 아니었다. 여러 극단들 중에서도 그가 가장 좋아한 단체는 신코극단이었다. 서양 번역극을 자주 무대에 올리는 신코에서도 단연 주역배우 다키자와 오사무(瀧澤修)의 연기는 그를 매료시키고도 남음이 있었다. 번역극으로부터 창작극에 이르기까지 무슨 배역이든 완벽하게 소화해내는 다키자와 오사무야말로 그가 닮고 싶은 이상적인 배우상이었다.

그는 이따금 매우 지적이면서도 감성적인 다키자와 오사무와 미국 영화배우 존 바리모어를 합쳐놓는다면 이 세상에서 어느 누구도 따를 수 없는 명배우가 될 것이라는 생각을 하곤 했다. 그러면서 자기가 어떻게든 그런 배우가 되겠다고 마음속으로 되풀이하곤 했다. 그런 그가 어느덧 일본에서 4년을 보낸다.

1937년 니혼대학을 졸업하자마자 그는 연기공부도 할 겸 쇼우지구(松竹)영화사에 들어가게 된다. 솔직히 한국 사람으로서 쇼우지구영화사에 배우로 들어간다는 것은 하늘의 별따기나 마찬가지일 정도로 어려운 것이었는데, 그가 단번에 합격했다는 것은 얼마나 대단한 소양을 갖추었나를 짐작하게 하는 것이다. 그가 소년 시절부터 영화에 심취했던 터라서 연기도 배우고 월급도 받을 수 있는 그 회사에 입사한 것이다. 그러나 일본 영화사도 차별대우 때문에 오래 있을 만한 곳은 못되었다. 마침 절친한 친구 이해랑도 졸업, 귀국할 예정이어서 그 역시 서울로 돌아와 유치진이 주도하는 극연좌(劇研座)의 신인단원으로 가입하게 되었다. 그것이 1939년 여름이었고, 9월 들어서 극연좌의 제20회 공연작 〈깨어서 노래 부르자〉(클리포드 오데츠 작)에 출연도 할 수 있었다. 기성극단의 처녀출연에 대해서 당시 언론은 약간의 과장된 연기지만 장래가 기대된다고 평가했다(『매일신보』, 1939.9.19).

그러나 극연좌가 1년여 만에 해산당함으로써 그는 단 몇 편의 전문극단 출연경험을 쌓는 것으로 만족해야 했다. 그런 그가 동경학생예술좌 활동이 문제되어 몇 달간 경찰서 유치장에서 고초를 겪기도 했다. 당시 사상범으로 지목된 지식인들은 대화숙(大和塾)의 감시 속에 들어 있을 수밖에 없었고, 거기서 그는 뜻밖에 저명한 기업가 최두선(崔斗善)과 인연을 맺게 되었다. 그와의 인연은 그가 예술과 거리가 먼 삼양상사(三養商社)에 취직하는 계기가 된 것이다. 즉 최두선이 같은 계열 기업인 경성방직 중역으로 있어서 그 직장을 알선해주었기 때문이다.

삼양상사에 입사하고 얼마 후 그는 유치진의 집에서 우연히 평생의 반려자 홍순지(洪淳智)를 만나 결혼을 했다. 두 사람이 고등보통학교 시절 음악을 했던 터라서 마음속의 교감은 있었다고 보아도 무방할 것 같다. 그것은 물론 홍순지 쪽에서 더욱 강했지 않나 싶다. 배화고녀 출신의 홍순지는 서울의 부유한 반가(班家)규수로서 후덕한 데다가 음악 등 예능에 뛰어났기 때문에 그와는 정서적으로 천상배필이었다.

그러나 행복한 신혼생활도 잠깐이었는데, 그 이유는 강제징용장이 날아들었기 때문이다. 그는 즉각 가솔들을 이끌고 징용을 피하기 위하여 함경북도 웅기로 가서 말단 공무원생활을 시작했다. 함북 웅기는 벽지였으나 다행히 친구의 도움으로 생활은 비교적 평안했다. 이 시기 5년여 동안은 그가 평생 예술과 동떨어진 생활을 하는 기간이 되는 것이다.

생활은 비록 안정되었어도 물 떠난 고기처럼 그는 항상 극장 무대를 그리워했다. 결국 그는 징용만 피하고 1년여 만인 1945년 초여름에 귀경하지 않을 수 없었다. 연극에 대한 미련을 도저히 떨쳐버릴 수가 없어서 다시 무대에 서야겠다는 생각에서였다. 그는 본가와 처가 양쪽이 모두 부유한 편이었기 때문에 생활 걱정은 없었다. 더욱이 그의 부친이 얼마 전 젊은 나이에 세상을 떠났기 때문에 장남으로서 모친과 형제자매를 돌보아야 하는 처지이기도 했다.

그런데 귀경하자마자 연극을 할 수는 없었다. 마땅한 극단도 없었지만 전쟁 말기의 어수선함 속에서 연극을 한다는 것은 거의 불가능했다. 다행히 귀경한 지 두어 달 만에 해방을 맞았기에 그는 이해랑 등 동지들과 대망의 연기 생활을 다시 시작할 수 있었다. 그는 이해랑 등과 곧바로 극단 전선(全線)을 조직했다. 그러나 해방 직후의 연극상황은 혼란 그 자체였다. 즉 설치는 단체와 연극인들은 대부분 좌파였고 돈벌이하는 단체는 저질 상업극단들뿐이었다.

따라서 그가 설 자리는 좀처럼 찾기 힘들었다. 이해랑과 함께 1년여가량 극단 전선을 운영했지만 공연은 겨우 두 번밖에 못 했다. 절친한 친구 이해랑은 그런 혼란 속에서도 좌익 연극인들과 싸우느라 여념이 없었다. 그러나 김동원은 싸움에는 전혀 흥미가 없었고 사상이니 이념이니 하는 것도 자신과는 아무런 상관이 없다고 생각했다. 전형적인 선비 기질의 그에게 혼란 상황은 역겹고 괴롭기만 했다. 그는 좌익 연극인들과 마주쳐도 외면할 정도로 자신의 신념을 지켰다. 그때 그의 처신에 대해서 이해랑도 불만 섞인 투로 이렇게 묘사한 바 있다.

저쪽도 둘이고 이쪽도 둘이다. 그들이 덤벼들 때 이쪽에서도 그가 합세했으면 그까짓 두 놈쯤 거뜬히 때려눕힐 수가 있었는데, 그는 쩔쩔매며 말리기만 하니 나 혼자 그 두 놈을 당해낼 수밖에. 전골판이 날아오고 술잔과 안주 접시가 깨지고 종업원들이 말리고 어쩌고 해서 두 놈을 상대로 치고받고 했지만 난 한 군데도 다친 데가 없이 싸움은 멀쩡하게 끝났다. 일제 때 종로 어느 바 한구석에서 그와 술을 마시고 있는데 좌익 연극인 두 놈이 나타나서 옆자리에서 술을 마시고 있는 꼴이 비위에 거슬려 내가 먼저 시비를 건 것이 사건의 발단이었다. 어쨌든 사람이 때로는 주먹도 좀 쓸 줄 알아야 하고 한창 때에 어지간하면 흥분해서 같이 덤벼들 만도 한데 그는 싸움을 말리기만 했다.[2]

이상은 김동원의 양순하고 다툼을 싫어하는 성격을 잘 표현해준 글이다. 학생예술좌 때부터 의기투합한 그와 이해랑이 성격적인 면에서는 대조적이었지만 평생 함께 해온 영원한 동지였다. 이해랑도 그와 관련하여 극단 전선 시절 이후 "그는 회계를 맡아 안살림을 꾸려나가는 어머니 노릇을, 나는 섭외를 맡아 아버지 노릇을 해오면서 우정의 탑을 쌓아왔다"고 회상한 바 있다. 그만큼 두 사람의 우정은 마치 부부가 화음을 이루듯이 변함없이 평생을 이어갔다. 그렇기 때문에 그가 있는 곳에는 언제나 이해랑이 있었고, 이해랑이 있는 곳에 그가 반드시 있었을 정도였다. 따라서 그는 극단 전선 이후에 극예술협회(약칭, 劇協)를 함께 만들어서 1950년 봄 국립극장 전속 신협이 탄생할 때까지 이해랑과 보조를 맞추면서 해방 직후 혼란스러웠던 연극계를 추스르는 데 절대적 기여를 한다. 그가 이해랑과 전혀 틈새 없이 우정을 유지하면서도 연기에서는 은연중에 라이벌 관계였다.

그와 관련해서 이해랑은 한 회고에서 "그 즈음 다른 연기자들에게도 다 나

___
2 이해랑, 「김동원」, 『샘터』 1978.10.

름대로의 역이 정해져 있었다. 즉 젊은 주인공 역은 김동원, 그 상대역인 여주인공은 김선영, 그리고 악역엔 항상 이해랑 등으로 역할의 틀이 잡혀 있었다"고 쓴 바 있다. 이처럼 평생 동지로서 미남 주연은 언제나 김동원이 독차지했고, 그 반대 악역은 이해랑이 도맡은 것이다. 따라서 그가 햄릿을 맡으면 이해랑은 악역인 클로디어스왕이 되고 그가 오셀로 역을 맡으면 이해랑은 영락없이 이아고 역을 맡아야 했다. 그런데 이들 명콤비가 딱 한번 역이 바뀐 적이 있었다. 초기 드라마센터 시절 〈포기와 베스〉(헤이워드 부처 작)에서 이해랑이 착한 주인공이 되었고 그는 주인공의 아내를 유혹하는 음탕한 역을 맡았다. 그러나 실제로 이해랑이 맡았던 주인공은 앉은뱅이로서 움직임이 별로 없었고 악역이었던 그는 다이내믹한 동작으로 관객에 어필할 수가 있었다.

이처럼 그는 이해랑도 감탄한 바 있는 것처럼 천부적인 연기자로서 공연작품마다 예외 없이 주연으로서 그만큼 빼어난 적격자가 없었다. 두 사람 간 그렇게 친했어도 일단 막이 열리면 그는 이해랑이 선배로서 부러움과 시샘을 느끼는 경우까지 있었다는 것이다.

해방 이후 5년여 고생 끝에 국립극장 전속연기자로서 관급을 받으며 순탄한 연기자 생활을 만끽할 즈음에 한국전쟁이 일어나면서 그에게 일생일대의 시련이 닥쳐왔다. 물론 그 당시 고통을 겪지 않은 사람은 별로 없었지만 그는 유독 인민군에게 납치되어 북으로 끌려가는 몸이 되었기 때문에 죽음의 그늘에서 허덕여야 했다. 즉 그는 1950년 여름에 최은희, 양백명 등 예술인들과 함께 생사고비를 넘기며 북으로 끝없이 끌려가는 신세가 된 것이다.

결국 그는 생사를 걸고 일생일대 최대의 결심을 하기에 이른다. 대열에서 탈출해야겠다는 생각이었다. 그런데 마침 미군 비행기의 폭격 직후 기회가 온 것이었다. 그는 평양을 지나 순천(順川)지역에서 탈출을 함으로써 몇 달 간의 사지(死地)생활로부터 벗어날 수가 있었다.

그런데 흥미로운 사실은 탈출 과정에서 묘한 기연(奇緣) 두 가지가 있었다는 점이다. 그 하나는 선친이 현몽(現夢)하여 순천에서의 탈출을 계시한 점이고,

또 하나는 탈출 후 자신을 알아보는 국군 장교를 만나 무사히 귀환한 점이다. 그는 이때부터 영혼을 믿는 유신론자가 되었고 연극을 직업으로 잘 택했다는 생각을 하게 되었다는 것이다. 그리고 한국 전쟁 중의 충격적 경험은 그로 하여금 삶에 대하여 깊은 성찰을 하는 계기를 만들어주었고, 그런 것이 은연중에 그의 연기세계를 심화시켜주었다고 보아도 무방할 것 같다. 왜냐하면 그가 부유한 집안의 귀염둥이로 자라나서 도쿄 유학을 하고 행복한 결혼까지 함으로써 세상의 거친 일과는 무관하게 지내온 터라 연기에서 치열성은 부족했기 때문이다. 그 점에서 한국전쟁 체험이 고통스럽기는 했지만 그가 연기자로서 대성하는 데에는 마이너스 요인보다는 플러스 요인이 되었다고 말할 수 있지 않을까 싶다.

그는 사실 한국전쟁 중 30대 중반의 나이였지만 군에 들어가서 적과 싸울 생각도 했었다. 납치가 그에게 그만큼 적개심과 투쟁심도 길러준 때문이었다. 그러나 예술을 통한 대적활동도 그에 못지않다고 생각해서 수복 직후 국방부 정훈국 소속의 문예중대 활동에 앞장선다.

1 · 4후퇴 때 그는 가족을 부산으로 피난시키고 자신은 대구를 근거지로 이해랑과 함께 극단 신협을 재건했다. 전쟁 중에도 쉬지 않고 활발하게 공연 활동을 벌인 신극단체가 다름 아닌 신협이었다. 거기서 그는 셰익스피어의 대표작들의 주역배우로 눈부신 활약을 하게 되는데, 특히 명작 〈햄릿〉에서의 햄릿 역은 전쟁의 고통을 겪고 있던 당시 대중에게 구원의 인간상으로 어필했고, 그가 한국 최고의 명배우의 자리에 오르는 계기도 만들어주었다. 그 당시는 대단히 어려운 시기였음에도 신협만은 전성기를 구가할 만큼 공연도 많이 했지만 수입 또한 좋아서 그는 피난생활을 대단히 여유롭게 보낼 수가 있었다.

때마침 세계적인 명배우 로렌스 올리비에가 주연한 영화 〈햄릿〉이 수입, 상영됨으로써 신협의 공연을 더욱 부채질해주었고, 그는 자연스럽게 '한국의 로렌스 올리비에'라는 별명도 얻을 수가 있었다. 햄릿 역으로 자신감을 얻었기에 그는 그 후 어느 역을 맡아도 완벽하게 소화해내는 만능 연기자로 훌쩍 성

장해버린 것이다. 그는 셰익스피
어의 4대 비극은 말할 것도 없고,
〈빌헬름 텔〉(실러 작)이라든가 〈붉
은 장갑〉(사르트르 작), 〈수전노〉(몰
리에르 작) 등 서양 고전과 현대극
을 넘나들며 마음껏 실력을 발휘
한 것이다. 사실 배우의 조건에
세 가지가 있다. 즉 천부적인 재
능과 연습, 훈련, 그리고 무대에
서의 실연이다. 그런데 그는 이
세 가지를 완벽하게 갖추게 된 것
이다.

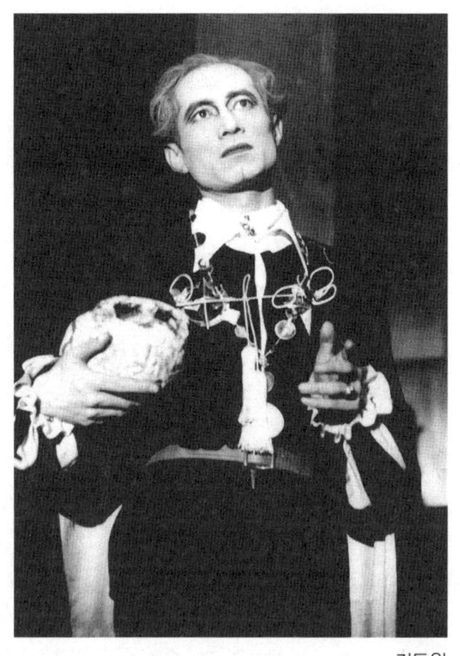

김동원

우선 흠잡을 데 없을 만큼 준수
한 외모와 성악으로 다진 미성(美
聲), 탁월한 감수성과 풍부한 교양이 그로 하여금 일찍부터 명배우가 될 수 있
는 자질을 갖춘 것이다. 게다가 이미 10대의 고보 시절부터 연극반활동을 했
고, 음악 콩쿠르에서 1등을 했으며, 대학 시절 연극을 전공하면서 학생예술
좌 공연에서 주역을 맡기도 했었다. 그는 그만큼 상당 기간, 특히 감수성이 예
민할 때 연기 훈련을 쌓으며 명배우의 길을 닦은 바 있었다. 그는 이미 스물세
살 때 기성극단(劇研座)에서 조역을 맡았고, 해방이 되면서 주역배우로 부각된
다. 따라서 그가 1950년대 피난지에서 대배우로 부각된 것은 극히 자연스런
일이었다. 그러니까 그의 명성은 단순한 우연이거나 행운이 아니고 그가 그동
안 축적해온 실력의 분출에 따른 것이었다. 이때부터 그는 한국을 대표하는
대배우로서 전국적 명성을 굳혀가고 있었다.

따라서 그는 그러한 자신의 명성을 이용하여 다방을 차린 적도 있었다. 즉
그는 가족생계에 보탬이 되도록 하기 위해 마산에다가 자신의 예명을 딴 '동

원(東園)'이란 아담한 다실을 꾸몄었다. 물론 다방 운영을 오래하지는 않았지만 피난 시절 문화인들의 사랑방 구실을 해주었으며, 생계에도 조금 도움이 되었던 것만은 확실하다. 그런데 그와 그의 아내는 다방 같은 것을 운영하는 것이 체질에 맞지 않았다. 그가 평생 그런 사업을 단 한 번으로 그친 이유도 바로 거기에 있었다.

1953년 종전과 함께 그는 극단 신협과 함께 환도했다. 서울 수복 이후 비록 신협이 정통극의 맥을 잇는 극단이긴 했지만, 전후의 폐허 속에서 극단 수입은 피난지보다도 훨씬 못 미치는 것이었다. 그러나 〈자유부인〉(정비석 원작)과 같은 인기소설 각색극은 관객의 호응이 괜찮았다. 수복 후에는 신협의 레퍼토리도 셰익스피어로부터 현대극으로 많이 바뀌었다. 테네시 윌리암스라든가 유진 오닐 등의 대작을 무대에 올렸고 창작극을 많이 공연하는 편이었다. 〈자유부인〉도 그런 창작극 시리즈의 일환이었다. 그런데 여기서 한 가지 주목할 만한 점은 그가 연극 〈자유부인〉에서 세련된 연기를 보여주자 얼마 후 한형모 감독이 그것을 영화로 만들면서 출연을 간청해온 점이다. 물론 그 이전에도 신상옥 감독의 간청으로 〈코리아〉라는 영화에 잠깐 출연한 바는 있었지만 이처럼 본격 극영화에 주연으로 교섭받기는 처음이었다.

그가 소년 시절 무비스타에의 꿈이 없지 않았기 때문에 일단 출연에 응했다. 당시만 해도 상당한 교양과 품격을 갖춘 영화배우가 희소했기 때문에 최고의 무대배우였던 그의 주가는 단번에 상한가를 치고도 남음이 있었다. 다행히 그때 영화계에서는 〈마의태자〉라든가 〈왕자 호동과 낙랑공주〉 등과 같은 유치진 원작의 역사극을 영화화했기 때문에 그에게는 식은 죽 먹기나 다름없었고, 또 좋아하는 작품이기도 했다. 그는 물론 극단 신협을 저버리지 않고 무대와 영화를 오가면서 연기 생활을 했다.

그러나 영화에서 그의 주가가 상승하면서 겹치기 출연까지 할 정도로 그는 영화 출연에 대부분을 할애하는 지경에까지 이른다. 그러니까 그가 1950년부터 주요 영화에 출연하면서 신협 무대와는 조금씩 멀어지지 않을 수 없었다.

그것은 해가 갈수록 더욱 심해져서 1959년도에는 단 한 번도 무대에 서지 못했었다.

앞에서도 조금 언급한 바 있는 것처럼 그의 영화계 진입은 한국 영화를 한 단계 끌어올릴 정도로 다행스런 일이었다. 그가 비록 예술보다는 현실생활을 염두에 두고 영화계로 나섰다고 치더라도 결과적으로는 영화배우들의 연기의 질을 향상시킴은 물론이고 영화인들의 생활자세도 은연중 변화시키는 역할을 했다고 말할 수 있다. 왜냐하면 그때까지만 해도 영화배우들 중에 그만한 가정배경, 교육, 그리고 정통 연기코스를 밟은 사람은 거의 없었기 때문이다. 그의 세련된 풍모와 잘 다져진 교양, 학식, 그리고 모범적 가정생활은 다른 영화인들의 모범이 되고도 남음이 있었다. 일상생활에서도 그는 술 담배를 입에 대지 않았고 허튼 소리 한마디 던지지 않을 정도로 몸가짐이 단정하였기 때문에 연기에까지 그런 것이 배어났음은 두말할 나위 없었다.

따라서 그의 영화 속의 캐릭터도 교수라든가 교장, 의사, 또는 좋은 아버지로서 굳어졌던 것이다. 그러니까 그는 한마디로 호야형(好爺型) 연기자였다고 말할 수 있다. 특히 역사물에서는 그가 임금 역할은 도맡아 할 정도였다. 워낙 외모에서나 행동거지에서 기품이 있었기 때문에 영화에서도 품격 있는 역만을 주로 맡을 수밖에 없었고, 실제로 그만한 배우가 없었기 때문에 그는 하기 싫어도 그런 역을 독차지한 것이다.

그와 영화를 여러 번 했던 감독 김수용도 한 회고에서 그의 역이 주로 '교장 선생님, 후덕한 사장, 인자한 아버지, 애국자, 우정 어린 친구, 진실한 학자, 이해심 많은 남편 등'[3]이었다고 설명한 바 있다. 이처럼 그는 1950년대부터 1970년대 초까지 근 20여 년 동안 은막에서 가장 이상적인 교육자상과 좋은 아버지상을 만들어냈으며, 교육자나 아버지는 김동원 같은 사람이어야 한다는 고정관념까지 생겨날 정도였다.

---

3 김수용, 「실은 해랑이가 지금 생활이 곤란하거든」, 『김동원 예(藝)에 살다』, 1992, 135쪽.

그가 영화에 전념하는 동안 신협은 퇴조를 거듭했다. 1960년대 초 국립극단에 합류했다가 드라마센터 개관과 함께 유명무실해지기도 하여서 1950년대의 활기를 잃은 것이 사실이었다. 신협의 퇴조는 역사의 필연이기도 했다. 가령 1960년대 들어서 조금 안정된 국립극단이 탄생했고, 드라마센터가 문을 열었으며, 활기찬 신예 연극인들이 소위 동인제 극단 시대를 열었기 때문이다. 그뿐만 아니라 신협의 정신적 지도자 유치진은 드라마센터에 매달려 있었고, 이해랑은 정치에 뛰어들면서 이동극장운동을 폈으며, 기둥배우 김동원은 영화에 전념하고 있었으니, 신협이 제 구실을 할 수가 있었겠는가? 그래도 신협의 명맥은 이어야 한다는 신념에 따라 그는 틈을 내서 간간이 무대에 섰고 잠시 대표도 맡을 정도로 연극에 대한 애착만은 저버리지 않았다. 그가 그렇게 많은 영화에 출연을 하면서도 신협 공연에만은 자주 출연했던 것도 바로 그 때문이었다.

그런 그가 연극에 조금 회의를 느낀 일이 있었는데 그것이 다름 아닌 드라마센터의 〈햄릿〉 공연 참여에서였다. 즉 그는 평소 리얼리즘에 대한 확고한 연극관을 가지고 있었다. 그런 그가 큰 꿈을 갖고 참여한 드라마센터 공연은 상당한 실망을 안겨주었던 것이다. 드라마센터의 극장구조가 연극적 환상을 모조리 깨버림으로써 자신이 관객에게 알몸으로 노출되는 느낌까지 받은 것이다. 따라서 그는 영화 출연이 바쁘기도 했지만 〈밤으로의 긴 여로〉(유진 오닐 작) 공연에는 드라마센터 무대에 서지 않았다. 사실 그는 철저한 리얼리스트였기 때문에 프로시니엄 무대를 선호했고 그런 신념은 아무리 연극사조가 바뀌어도 변하지 않았던 것이다.

드라마센터에 마음이 떠난 그는 영화에 전념하면서 신협 재건에도 게을리하지 않았다. 그런 그에게 국립극장으로부터 〈파우스트〉(이해랑 연출) 출연제의가 온다. 그는 노래와 춤이 가능했기 때문에 메피스토펠레스 역으로서는 그 이상의 적임자가 없었다. 영화판에 거의 10년 이상 나가 있었던 그에게 메피스토펠레스는 명연기를 펼칠 수 있는 절호의 기회였다. 역시 그것은 적중했고 그는 햄릿으로 굳어져 있는 자신의 이미지에 또 하나의 지우기 어려운 메피스토펠레스의 명연기의 이미지를 추가하는 계기를 만들어냈던 것이다. 그만큼 그에게는 언제나 행운이 따랐고 적절한 시기에 기회가 찾아오곤 했다. 그래서 그를 가리켜 행운아(幸運兒)라고 이름 붙이는 것이 아닌가 싶다.

사실 그는 한국전쟁 때 납치사건 외에 고생이라는 것을 해본 적이 없다. 이는 그가 복이 있는 것이지만 고매한 인품이 그에게 행운을 가져다준다고도 볼 수 있다. 평생 적(敵)을 만들어 본 적이 없고 또 남의 신세를 지기 싫어하는 그는 또 남에게 이렇다 할 자선을 베푼 적도 없다. 그 점에서 그는 개성상인 후예다운 면모가 없지 않은 것이다. 그는 사리가 분명하고 경우가 밝은 데다가 술을 전혀 입에 대지 않기 때문에 적이 없고 존경하는 사람은 많아도 추종자는 별로 없어 보인다.

주변의 후배 연극인들이 아쉬워하는 것은 바로 그 점이 아닌가 싶다. 그가 술은 물론 담배까지 입에 대지 않았으니 후배들과 어울릴 기회가 적을 수밖에 없고, 예술가로서는 지나치다 싶을 만큼 가정적이어서 그는 언제나 존경받으면서도 경원의 대상도 되지 않았나 싶다.

국립극장의 메피스토펠레스의 명연기로 다시 연극 팬들의 사랑을 받으면서 그는 무대복귀에 대한 미련이 강해진 것도 사실이었다. 그러나 연극은 여전히 생활수단이 되지 못했다. 그의 자녀 삼형제가 중고등학교를 다녔고 장남이 겨우 대학진학을 앞두고 있던 시절에 영화로 얻는 수입을 뿌리치기가 쉽지 않았다. 게다가 그가 워낙 인기가 있었기 때문에 시청률이 높은 TV 측으로부터 드라마 출연교섭도 받기 시작한다. 그리하여 1964년 TBC TV 수사극 〈바이엘 극장〉을 시작으로 해마다 한두 편씩 방송극 출연도 했다. 이처럼 그는 1960년대에는 연극무대, 영화, TV 드라마 등 극장과 영상을 오가는 전천후 만능연기자로 시간을 쪼개 쓸 정도였다.

그런 생활은 1970년대 초까지 계속되었다. 그의 나이 4, 50대였고 연기자로서도 무르익을 대로 무르익은 시기이기도 했다. 그러는 동안 그의 3형제도 학업을 마치고 차례로 독립해나가기 시작했다. 그가 영원한 고향으로 생각하고 살아온 연극무대 복귀가 가능해진 것이다.

때마침 장충동에 신축 국립극장이 들어섰고 출연제의도 들어왔다. 평생의 친구 이해랑은 만날 때마다 그의 무대복귀를 강권하다시피 함으로써 1974년 국립극단의 〈남한산성〉(김의경 작) 출연을 계기로 완전히 연극으로의 복귀를 선언한 것이다. 외도한 지 거의 20여 년 만의 일이었다. 여기서도 그의 연극에 대한 사랑과 개성상인 후예 기질이 여실히 드러나고 있는데, 그가 국립극단에 입단하고부터는 영화나 TV 드라마 등에 일체 출연하지 않았기 때문이다. 솔직히 그가 연극무대에 복귀한 뒤에도 영화와 TV에서 유혹이 많았는데, 그 이유는 그만큼 중후하고 탁월한 연기자가 없었기 때문이었다.

일찍이 평론가 구히서가 지적한 것처럼 그에게 있어서 '영화는 생활수단이고 연극은 삶 자체'[4]였기 때문에 연극 외에는 아무 것도 생각하지 않은 것이다. 거액 제공을 전제로 해서 그에게 출연교섭이 끊이지 않았지만 그는 매번 거절하곤 했다. 그만큼 그는 맺고 끊는 것이 분명했다. 그와 관련해서 그는 다음과 같이 회고한 바 있다.

> 나는 국립극단에 들어간 후로는 아무리 교섭이 와도 TV의 교양프로그램을 제외하고는 일체 TV 드라마나 영화에 출연하지 않았다. 한 시절 오랜 방랑생활의 막을 내리고 완전히 고향인 무대로 돌아온 것이다. 그 즈음은 경제적인 면에서 유혹도 담담하게 뿌리칠 수 있었다. 아마 아이들도 다 컸고, 많지는 않지만 국립극단에서 고정적으로 나오는 월급과 또 예술원에서 나오는 수당이 있어 불편 없이 생활을 할 수 있었기 때문이다.[5]

여기서 또 하나 느낄 수 있는 것은 그의 개성상인 후예답지 않은 무욕(無慾)

---

4 구히서, 「훌륭하게 연출된 성공적 인생무대」, 위의 책, 121쪽.
5 위의 책, 91쪽.

의 자세다. 사실 그 당시 그는 60대로서 영화와 TV 드라마에서 많은 수익을 올릴 수가 있었다. 그럼에도 불구하고 그는 자녀들이 장성하여 출가하면서 영화와 TV를 단호하게 끊은 것이다. 그와 같은 경우는 우리나라 연예사에서 좀처럼 찾아보기 어려운 예가 되는 것이다. 그가 재물에 대하여 조금만이라도 욕심이 있었다면 큰 금액이 걸려 있는 영화나 TV 드라마 출연을 거절하기 어려웠을 것이다. 솔직히 돈을 거절한다는 것은 범인으로서는 거의 불가능하다고 해도 과언이 아니다.

그만큼 그는 가정과 자녀교육에 자신을 바치면서도 재물에 대해서만은 수도자처럼 전혀 탐내지 않았다. 그는 재물에만 욕심이 없었던 것이 아니라, 이름 있는 예술인들이 당연히 갈 만한 자리에 대해서도 전혀 욕심을 내지 않았다. 연극협회 이사장을 하라고 해도 단호히 거절하고, 그보다 높다고 할 수 있는 예총회장 자리마저 사양한 인물이 바로 그였다. 그와 관련해서는 함께 연극을 오래 했던 연출가 강유정이 다음과 같은 일화를 소개한 적이 있었다.

> 60년대 말경 이해랑 선생께서 예총회장으로 계실 때 직능대표로 국회로 가시면서 김동원 선생께 예총회장을 좀 맡아달라고 하시자 선생님께서는 "나는 그런 '장' 노릇을 못 한다"며 거절하셨다. 이해랑 선생님은 섭섭하셨는지 못내 아쉬워하시면서 "동원이 다 좋은데 욕심이 너무 없어" 하셨다. …(중략)… 김동원 선생은 화려한 예술계의 수장 자리를 마다하고 연극의 험난한 길을 택하셨던 것이다. 당신의 위치로 볼 때 연기자로서 일인자인 선생이 원한다면 가질 수도 있고 차지할 수도 있는데 내 길이 아닌 다른 길을 갈 수가 없다며 무대만 지키신 것이다.[6]

이상에서 알 수 있는 것처럼 그는 예술 분야에서 여러 가지 빛날 수 있는 자리에 오를 수 있었으나 단호히 거절하고 연기만을 천직으로 삼은 것이다. 그

---

6 강유정, 「감투에 욕심 없는 순수 무대인」, 위의 책, 110~111쪽.

만큼 그는 내면적으로 자신에게 겸손했다. 그래서 그는 아들 같은 후배 연기자들을 빛내주기 위하여 국립극장 무대에 단역으로도 서곤 했다. 이처럼 그는 훌륭한 예술가의 길이 어떤 것인가를 무언의 행동으로 보여준 인물이었던 것이다. 그만큼 그는 한 인간으로서도 도인(道人) 같았다.

그리고 그는 솔직히 예술 활동을 별나게 생각하지 않고, 교원이나 관리, 회사원 등과 같이 하나의 천직으로 삼은 연극인이었다. 그가 순전히 가족부양을 위해서 별로 탐탁하지 않게 생각한 영화와 TV 드라마에 근 20여 년 동안이나 헌신한 뒤, 홀연히 자신의 고향인 연극무대로 돌아올 수 있었던 것은 가족부양이라는 멍에로부터 해방이 되자마자였다.

물론 그가 자신의 삶을 뜻대로 엮어갈 수 있었던 데는 그에 못지않은 훌륭한 아내와 성공한 아들 3형제가 뒷받침해준 데 따른 것이기도 하다. 만일 아내가 재물에 대해서 강한 집념을 가졌었다면 그는 쉽게 영화와 TV를 떨쳐버리지 못했을 것이다.

그가 연극계에 복귀하고 얼마 후 마침 이해랑이 정계 은퇴를 했기 때문에 두 사람은 국립극장에서 오랜만에 명콤비를 이룰 수 있는 행운을 얻게 된다. 초창기 신협 시절에는 배우로서 명콤비였지만, 국립극단에서는 연출가와 배우로서 한국연극사에 남을 명콤비가 되어 〈천사여 고향을 보라〉라든가 〈객사〉 등과 같은 명작을 만들어내기도 했다. 그들의 작업은 거의 1년 간격으로 꾸준히 지속되어 갔다.

이 시기야말로 그의 연기 생활에서 제3기에 해당된다. 제1기가 학생예술좌로부터 1950년대 신협 시절이라고 한다면, 제2기는 1950년대 후반부터 1970년대 중반까지의 영화와 TV 드라마 출연 시절이고, 제3기가 1970년대 중반 이후 은퇴할 때까지의 20여 년간이라 볼 수 있다. 그런데 흥미로운 사실은 그가 1935년 학생예술좌 시절 아마추어 배우로 무대에 선 이래 1994년 국립극단의 은퇴 때까지 만 60년간을 묘하게 20여 년씩 삼등분해서 활동한 점이다. 한 사람의 배우가 60여 년을 한결같은 활동을 하기도 어렵지만 그것도 삼등분해서 여러 가지 경험을 하고 또 각 시대마다 언제나 우뚝 선 대스타로 성공한다는 것은 그 말고는 찾아보기 힘들다. 그렇다면 그가 그렇게 여러 세대를 거치면서 실패 없이 성취만 할 수 있었던 배경은 무엇일까?

그것은 전술한 바 있듯이 역시 천부적 재질과 그것을 제대로 가꾸어온 데 따른 것이다. 그는 누구보다도 배우로서는 거의 완벽한 신체조건을 갖추었다. 알맞은 키와 선명한 이목구비, 맑고 온화한 인상, 부드럽고 우아한 미성(美聲) 등은 배우로서 어디 한 군데 흠 잡을 데가 없다. 거기에 여유 있는 가정에서 성장했고 부모형제의 사랑도 듬뿍 받고 자랐기 때문에 그의 전신에는 그늘진 구석이 없다.

물론 그런 부족함 없는 표정이 비극의 주인공으로 변신할 때, 어려움도 없지는 않았지만 그것은 충분한 연습으로 극복해낼 수가 있었다. 오히려 그런 귀공자형이었기 때문에 고뇌에 찬 왕자 역인 햄릿을 기막힐 정도로 형상화할 수 있었다고 보는 것이다. 햄릿, 메피스토펠레스, 윌리 로만 중에서 메피스토펠레스가 단연 돋보였던 이유도 거기서 찾을 수가 있지 않을까 싶다.

그리고 그의 탁월성은 처음부터 배우를 천직으로 삼고 철저한 준비를 해온 점에서 찾을 수가 있다. 즉 그는 주변 환경이 배우하기에 너무나 좋지 않은 상황 속에서, 다른 길로의 여러 가지 가능성이 열려 있었음에도 한결 같이 굳이 연기만을 고집한 것이다. 그러면서 그는 좋은 배우가 되기 위해 전공도 그런 방향으로 선택했고, 인생수련도 그런 방향으로만 밀고 갔다. 그는 연기야말로 '일상적인 인간행동의 연장'이라는 신념 하에 평소 풍부한 교양을 쌓는 데 게을리 하지 않았으며, 행동거지도 그렇게 가져갔다. 즉 평상시 옷 입는 것이라든가 언사, 행동거지 등에서 언제나 멋과 품격을 유지하려 노력했다.

수십 년간 함께 무대에 섰던 원로 여배우 백성희(白星姫)도 그와 관련하여 "출중한 미남배우였던 그는 매우 밝고 명랑한 성품의 소유자로 항상 많은 이의 호감을 샀다. 예나 지금이나 가족적이고 풍부한 인간성을 지닌 그분은 한

때는 모던보이, 혹은 영국신사로 불리기도 했을 만치 무대복은 물론 평상복까지 까다로운 멋쟁이로 상대역 여배우의 의상까지 세심하게 신경을 쓴다"고 했다.

그가 평소 대인관계라든가 일상생활에서는 예술가의 티를 전혀 내지 않았지만 복장에서만은 누구도 따를 수 없을 정도로 멋을 냈다. 물론 그것도 요란스런 것이 아니고 세련미와 품격을 갖춘 것이었다. 그만큼 그는 좋은 연기는 곧 실생활 행동의 믿을 만한 모방이라 확신하고, 그런 생활 자세를 유지하려 애쓴 것이다. 그는 양복뿐만 아니라 셔츠, 넥타이, 재킷 등에 이르기까지 세심하게 신경을 쓰고 차려 입었다. 그가 과거에 여러 차례에 걸쳐서 가장 옷 잘 입는 남자, 즉 베스트 드레서로 뽑혔던 것도 그 때문이다.

그는 외양에만 신경 쓴 것이 아니라 행동거지에서도 외모 이상으로 절제했다. 아마도 60여 년 동안 무대와 스크린의 대스타로 군림해오면서 스캔들 한 번 일으키지 않는 배우는 아마도 찾기 힘들 것이다. 그는 수백 편의 연극, 영화에서 구원(久遠)의 연인으로 미녀 여배우들과 농염 짙은 러브신도 수없이 했었다. 특히 우리처럼 스타 기근의 연예계에서 그가 여성들의 동경의 대상이 되었던 것은 극히 자연스런 일일 수 있었다. 그럼에도 불구하고 그는 단 한 번의 외도가 없었다. 어떻게 보면 참으로 밋밋한 예술가의 삶처럼 느껴지기도 한다.

그가 이처럼 깨끗한 예술가의 삶을 유지할 수 있었던 것은 자신의 확고한 신념에서 비롯된 것이다. 즉 그는 연극계에 입문할 때부터 하나의 신념이 있었는데, 그것이 다름 아닌 깨끗한 몸가짐이었다. 그는 평소 우리나라 연극인이 천대받아온 중요한 원인 가운데 하나는 순전히 깨끗하지 못한 배우들의 사생활 때문이라고 믿고 있었다.

그러니까 배우들의 교육배경이 약하고 따라서 교양이 없기 때문에 무절제한 생활을 함으로써 대중으로부터 멸시받아왔다고 생각한 것이다. 그는 평소 배우일수록 모범적 가정을 가져야 되고, 그것은 순전히 깨끗한 사생활로부터 비롯된다고 확신했다. 배우라고 별스런 직업일 수 없고, 그러한 직업이 가정에까지 연결되어 훼손을 한다면 문제가 아니냐는 것이다. 그는 연습이나 공연 때도 언제나 끝나기 무섭게 가정으로 행했다. 그는 점심, 저녁까지도 가능하면 집에서 먹었다.

그는 무대나 스크린에서 여배우와 공연할 때, 여자를 이성 아닌 소도구로 생각했다. 그 점에서 그는 견성(見性)을 한 선승(禪僧) 같다고나 할까. 그래서 때때로 여배우들로부터 너무 차갑다는 불평을 듣기도 했다. 그럴 때마다 그는 연기는 어디까지나 연기일 뿐 실생활이 아니기 때문에 그렇게 하지 않을 수 없다고 선언을 하고 작품에 임하곤 했다.

이러한 그의 신념과 행동거지가 근엄하게 보일 수 있거나 아니면 경직되게 나타날 수도 있지만 그것은 적어도 그에게는 해당되지 않는다. 그는 대단히 탄력성이 강한데, 이는 아무래도 천부적 신체구조와 품성에서 나오는 것이 아닌가 싶다. 특히 노래를 잘 부를 수 있었던 것도 타고난 미성과 신체의 유연성에서 비롯된다고 볼 때, 그는 배우가 갖추어야 될 탄력성을 넉넉히 지니고 있었던 것이다. 한마디로 그는 배우의 '교과서'였다.

주지하다시피 배우에게서 신체구조는 그대로 악기(樂器)와 같은 것이다. 왜냐하면 배우는 자기 몸을 두드려서 소리를 내고 그 소리와 몸짓, 표정으로 관중을 감동시켜야 하기 때문이다. 따라서 배우에게서 생김새야말로 그의 성패를 좌우하는 바로메타가 될 수도 있는 것이다. 그런데 아무리 훌륭한 악기라도 장인(匠人)의 솜씨가 가해져야 아름다운 소리를 내는 것처럼 배우 자신도 그만한 수련을 쌓을 때 명기(名器)로서의 제 기능을 할 수 있다. 여기서 그의 각고의 노력을 간과할 수가 없다. 그는 자기 일에 대단히 투철하기로 소문나 있다. 타인에게 관대한 것과 정반대로 자신에게는 엄격했다.

그것은 작품에 임했을 때 역할에 대해서 집념 이상의 욕심까지 낸다. 그래서 반복연습과 역할 구축에 쏟는 열정은 타의 추종을 불허했다. 그는 분장이나 의상, 대도구는 말할 것도 없고 하찮아 보이는 액세서리 하나에까지 상당한 신경을 썼다. 이처럼 그가 뛰어난 신체적 조건에다가 자기 탁마(琢磨)의 노력으로 인해서 연극사에 길이 남을 만한 명연기를 수없이 남겼던 것이다.

물론 그가 대배우로서 존경을 받는 또 하나의 조건에는 시대배경도 한몫했다고 말할 수가 있다. 가령 그의 활동시대가 1930년대 말엽부터 1980년대까지라고 볼 때, 이 시기야말로 철저한 리얼리즘 연극관을 지닌 그가 활동하기에는 너무나 적합한 시대였다. 그는 솔직히 클래식에 걸맞은 신체구조와 정서를 지닌 인물이었다. 그는 자신의 연극관에 대해서 다음과 같이 밝힌 바 있다.

> 나는 사실주의만이 유일한 연극 형식이라고 생각지 않는다. 그러나 가장 의미 있고 아름다운 형식이라고 생각한다. 무대는 미화되고 신비스러워야 한다. 따라서 프로시니엄 아치라는 그림들이 필요하며 관객과는 일정한 거리가 필요하다. 물론 추(醜)함 속에도 미(美)가 있다. 그러나 그것은 걸러지고 아름답게 표현되어야 한다. 인생의 진실이라고 해서 모두 발가벗기면 그것은 현실이지 예술은 아닌 것이다. 앞으로도 나는 대사 위주의 사실적인 연극만을 좋아할 것이다.[7]

이상에서 확인할 수 있는 것처럼 그는 철두철미한 리얼리스트이기 때문에 자신의 외양 관리도 그런 방향으로만 끌고 갔다. 앞에서도 조금 언급한 바 있지만 그가 은사 유치진의 드라마센터를 가까이 하지 않은 이유도 자신의 연극관과 극장구조가 전혀 맞지 않은 데 따른 것이었다. 이러한 리얼리즘시대에 그와 필적할 만한 외모와 교육배경, 그리고 숙련된 배우는 없었다. 물론 신파극시대에는 이경환(李敬煥)이나 황철(黃澈) 등과 같은 배우가 없지 않았지만 신협시대 이후에는 대적할 배우가 없었다.

사실 연예인이 천시되던 우리 시대에 그만한 가정배경과 교육, 교양을 갖춘 인텔리 배우를 가질 수 있었던 것은 신극사의 행운이라고 말할 수 있다.

그러나 무엇보다도 그가 대배우로서 존경을 받는 또 하나의 요인은 높은

---

7 김동원, 앞의 책, 349쪽.

인격에서 비롯된다고 할 수 있다. 앞서도 조금 설명한 대로 그는 전 인생이 배우에 집중되어 있었다. 사실 우리나라 현대사는 굴곡의 역사였다. 개인적 차원에서 보더라도 한 사람의 인텔리가 외길을 걷기는 힘든 시대였다. 그럼에도 불구하고 그는 마치 자신의 숙명이라도 되는 것처럼 배우만을 고집하고 그런 뜻을 굽히지 않고 일관해 온 것이다. 언론인 김성우(金聖佑)가 그를 가리켜 거울처럼 무구(無垢)한 사람이었다고 칭송한 것도 바로 그 때문이다. 즉 김성우는 한 칼럼에서 김동원에 대하여 다음과 같이 묘사한 바 있다.

김동원은 인간적으로도 거울처럼 무구(無垢)한 사람이라고들 평한다. 항상 미소 짓는 얼굴에 기품 있고 단정한 신사다. 평시의 자세가 무대 위에 선 것처럼 흐트러짐이 없다. 게다가 배우 외는 다른 사욕이 없다. 어떤 지위를 탐해본 적도 없고 시류에 편승할 줄도 모른다.

무대 밖에서의 주역은 싫다. 술도 마시지 않아 연극 밖에서는 절대로 취하지 않는다. 가장 모범적인 인간형이다.

그의 일상의 얼굴이 이렇게 맑음으로 그는 무대 위에서 천(千)의 얼굴을 만들 수 있다. 김동원은 길을 잃어 본 적이 없다. 방황하지 않았다. 외길밖에 없었기 때문이다. 오로지 배우의 길만 걸었다. '연극은 배우의 예술'이라는 확고한 신조에서 연극이라도 그의 연기인 외의 일은 넘보지 않았다. 그의 이력에는 '배우' 두 자밖에 더 쓸 것이 없다. 순수한 배우의 초상이 김동원이다.[8]

이상과 같이 그는 배우라는 직업과 이 세상에서의 자신의 길이 연극예술창조라는 오직 한 가지 외에 더 이상 욕심내지 않는 확고한 신조로 일관해 온 삶이 사람들을 감동시켰고 그것이 대성의 배경도 되었다고 볼 수 있다.

또한 그로 하여금 자신의 신조를 굳건하게 지키고 그런 길을 망설임 없이 뚜벅뚜벅 걸어갈 수 있게 한 가정 배경도 빠뜨릴 수 없는 대성의 요인 중 하나라고 말할 수 있다. 우선 개성 상인으로 성공한 부친의 암묵적인 뒷받침과 부

---

8 김성우, 「축 희수 김동원」, 『한국일보』 1992.11.16.

인과 아들 3형제의 후원도 빼놓을 수 없다. 후배 연극인 손숙(孫淑)의 표현을 빌면 부인 홍순지(洪淳智)는 '대한민국 최고의 현모양처'다. 서울의 명문가에서 태어나 신식교육을 받았음에도 자신의 음악적 기량을 숨긴 채 오직 배우 남편의 내조에만 일생을 헌신했다. 웬만한 여성 같으면 부군에게 다른 길에서의 출세를 강요할 수도 있었겠지만 그는 오직 부군이 좋아하고 원하는 길을 행복한 눈으로 바라보면서 뒷바라지를 한 것이다. 명문학교를 나와 기업인으로 성공한 장·차남도 부친의 길을 자부심 갖고 지켜줌으로써 김동원으로 하여금 연기 생활을 회의하게 하거나 머뭇거리지 않게 했다.

사실 이러한 가정의 후원은 매우 중요한 것이다. 배우를 우대하지 않는 우리 사회 분위기에서 부족함이 없는 가문과 자격을 갖춘 한 남성이 평생 연기 생활을 고집한다는 것은 쉬운 일이 아니다. 지난날 필자가 그의 평생의 친구 이해랑(李海浪)에게 연기자로부터 연출자로 변신한 이유를 물었을 때, 서슴지 않고 "애들의 혼사를 생각해서"라고 답한 것을 상기할 때, 김동원의 가족 구성원의 폭넓은 도덕성과 이해력을 높이 사지 않을 수가 없다.

이처럼 다복하고 순탄하기만 했던 그도 1980년대, 즉 그의 60대 후반부터는 무대에의 열정은 조금씩 줄어들 수밖에 없었다. 그 첫 번째 이유는 역시 건강 때문이었다. 즉 1981년 초, 그의 나이 66세 때 그가 갑자기 뇌막염으로 쓰러져 사경을 헤맸고, 두 달 이상 장기입원하는 사태가 벌어진 것이다. 그로부터 그는 배우로서 가장 중요한 기억력이 조금씩 떨어졌고 평소 건강을 조심하지 않을 수 없었다. 그리고 그의 역할을 대신할 만한 장민호(張民虎) 등 좋은 후배들이 있었기 때문에 그는 조역 정도로 물러앉게 된 것이다.

그리고 또 하나의 요인은 연극 환경의 변화다. 그가 금과옥조로 삼고 있는 리얼리즘 연극조류가 조금씩 변화를 일으켰고, 특히 젊은 연출가들이 실험극을 선호하는 경향이 두드러지면서 그는 무대에 서는 것이 즐겁기만 한 것은 아니었다. 한 가지 예로서 자타가 공인하는 대배우 김동원이 〈물보라〉(오태석 작·연출)에서 떠돌이 사당패 일원으로서 대사 한마디 없이 국밥 한 그릇 말아

먹는 역을 한 것 같은 경우다. 물론 그는 그런 단역도 눈물겹도록 열심히 했음은 두말할 나위 없다. 오죽했으면 그 작품을 연출했던 오태석(吳泰錫)이 뒷날 "그분이 아무런 대사 한마디 없이 무대 위에 서 있기만 해도 작품의 무게가 더해진다"고 했겠는가.

그는 국립극단에서도 지도위원으로서 뒤로 물러난 후 후배 연극인들의 스승으로 조용히 지냈다. 질병으로부터 벗어난 이후 또 한 가지 변화는 신앙인(충신교회)으로서 자신의 인생을 정리하기 시작한 점이다. 비슷한 시기에 가정법원의 조정위원으로 위촉되어 갈등으로 고민하던 부부들을 따사롭게 감싸안는 일에 전념하기도 했다. 그가 기독교인으로서의 신앙 생활도 열정적으로 함으로써 세례받은 지 단 1년 만에 집사직까지 맡게 된 것이다. 그리고 이해랑이 연출하는 작품에서만은 주·조역을 맡아 녹슬지 않은 연기력을 과시했고, 1987년 입센 작 〈들오리〉에서는 이해랑과 호흡을 맞춰 원숙한 연기세계를 보여주기도 했다. 그의 원숙성은 이해랑과의 마지막 작품인 〈뇌우〉(조우 작)에서 절정에 도달했다.

특히 〈뇌우〉는 그가 국립극장 개관 때(1950), 해본 작품이었기 때문에 비록 역은 바뀌었지만 그가 평생 축적해 온 노하우를 마음껏 발휘한 경우였다. 바로 그 점에서 김동원으로서는 연기 생활 60년을 결산하는 의미도 있었다. 그러니까 그의 〈뇌우〉 출연은 38년 만에 다시 출연한 것으로서 의미가 있었고, 초연 때는 이해랑과 형제 역을 나누어 했지만, 1988년 공연 때는 그가 아들이 아닌 아버지 역이었고, 친구 이해랑은 공연 아닌 연출가로서 함께 했다는 사실이 다른 점이었을 뿐이다.

그러나 불행하게도 평생의 친구 이해랑이 1989년 4월 타계함으로써 그는 한쪽 팔을 잃은 경우가 되었다. 그는 그로부터 극장에 나가는 것도 즐거운 마음에서가 아니었다. 간간이 단역으로 무대에 서긴 했지만 그것은 어디까지나 원로단원으로서 의무출연 이상은 아니었다. 더구나 연극계의 어수선한 환경 변화도 그의 마음을 쓸쓸하게 했다. 특히 젊은 후배들의 연극인식과 진지하지 못한 무대 접근 자세는 대단히 못마땅한 것이었다.

그는 후배 연극인들의 행태와 관련하여 "요즘 젊은이들은 처음부터 탤런트가 되기 위해 우선 발 들여놓기 쉬운 연극을 시작하는 경우가 많다. 또 극장 공간의 확대, 관객의 저변 확대, 높아진 연극에 대한 인식 등 여건은 좋아졌음에도 불평은 늘어만 간다. 진실로 연극이 좋다면 정열 하나로 밀고 나갈 수 있어야 한다"고 개탄하기도 했다.

따라서 그는 전적으로 의지하고 지내던 친구도 잃은 데다가 이상하게 바뀌어가는 연극 풍토에 실망한 나머지 무대를 떠나야겠다는 생각을 하기 시작한다. 그뿐만 아니라 그는 원로로서 젊은 후배들에게 얹혀 지내는 것 같은 느낌도 들었던 것 같다. 남의 신세를 절대로 지지 않는 그의 성격으로서는 그것도 견딜 수 없는 것이었던 듯싶다. 그는 드디어 은퇴하기로 결심하고 마침 국립극장 정기공연 작품인 〈이성계의 부동산〉(이근삼 작)으로 은퇴공연을 하게 된 것이다.

물론 국립극장 측에서는 은퇴를 말렸다. 이름만 올려놓으면 종신 동안 급료를 지급하겠다는 간청마저 그는 단호하게 사양했다. 그가 생애를 통해서 두세 번의 중요한 결단을 내린 바 있는데, 1994년 은퇴공연이야말로 그의 마지막 결단이었다. 그는 1970년대 중반 영화와 TV 측의 간청도 단호하게 거절한 일이 있었으므로 꼭 20여 년 만에 또다시 극적 결단을 내린 것이다. 그는 아무리 자신에게 이익이 된다고 하더라도 경우와 이치에 맞지 않는다고 생각하면 단호하게 끊는 성격임을 다시 한 번 보여준 것이다. 그만큼 그는 사리가 지나치리만큼 분명했다.

그는 은퇴 후 사랑하는 아내와 함께 이촌동의 아파트에서 산책과 명상, 그리고 화초 가꾸기로 지난 삶을 반추하였다. 그는 회고의 글 말미에서 "간혹 취미가 무엇이고 무슨 운동을 하느냐는 질문을 받는 경우가 있다. 그때마다 난 운동은 하는 것이 없고, 화초 가꾸기가 취미라고 대답한다. 정말이지 하루 종일 화초를 가꾸고 들여다보고 있노라면 세상 근심이 다 사라지고, 땅 속이나 돌 틈을 비집고 솟아오르는 새싹을 보면 나도 모르게 기운이 생기면서 삶의 의욕이 살아나기도 한다. 인간과 식물이 서로 따뜻하게 교류하고 대화하면서 나는 하나님의 크고 무한한 섭리를 체험하게 된다."고 했다.

그다운 삶의 자세였다. 굴곡 많고 화려한 배우 생활을 마치 수도사(修道士)처럼 살아온 그가 연극 활동을 깨끗하게 마무리 짓고 화초 가꾸기와 신앙생활로 인생의 황혼을 관조했던 그는 분명 한국연극, 더 나아가 한국 문화계의 전범(典範)이라고 해도 과언이 아니다. 그는 자연에서 신의 섭리를 느끼고 그에게 돌아가기 위한 준비를 하고 있었던 것이다. 그는 60여 년 동안 연극, 영화 속에서 수많은 삶을 대신 살고 이제 겨우 자신의 진정한 삶을 찾아 도인처럼 질환 속에서 신(神)에 의탁하고 겸허하게 저 건너 동네를 응시하면서 마지막으로 회고록『미수의 커튼콜』을 남기고 쓰러져서 2년여 병상에 있다가 2006년 5월에 생을 영원히 마감했다.

확고한 신념과 철학으로 연극계를 이끌어간
이원경

1910년도에 한반도를 침탈한 일제는 식민화를 공고히 하기 위해 여러 가지 악법을 차례로 제정해갔다. 조선토지조사사업으로부터 시작하여 산림법, 광산법, 어업법, 동양척식주식회사 설립 등 광범위한 착취 목적의 법률로 우리 민족의 숨통을 조여갔다. 그것이 대체로 1910년대에 이루어졌고, 따라서 민중은 나날이 궁핍해갈 수밖에 없었다. 그 당시 얼마나 궁핍했었는가는 끼니를 제대로 때우지 못하고 무대에 오른 배우들이 공연 중에 쓰러지는 일이 적잖을 정도였다.

그런 시기인 1910년대 중반에 장차 우리 연극을 이끌어갈 중요인물 여러 명이 몇 달 사이에 태어나게 된다. 즉 1916년에 이원경(李源庚)을 위시하여 이해랑, 김동원, 오영진, 이진순 등이 태어났는데, 미래의 배우가 한 명이고 연출가가 세 명이었으며 극작가가 한 명이었던 것이다. 그러니까 이들이 해방 이후 한국연극을 이끌어가는 다섯 기둥이 된 것이다.

무대미술가로 출발하여 극작가, 그리고 연출가로서 연극 활동을 마감한 이원경은 1916년 서울 종로구 서린동에서 태어났다. 그는 전통적인 반가의 자제로서 이름 그대로 명문가의 후손이다. 그의 백부 이선호(李宣鎬)가 일제의 병탄 직전까지 어느 고을 수령을 지냈고, 선친 이지호(李之鎬)가 독립운동가로서 해방 직후 반민특위 재판관을 역임한 것으로 보아서 그 가문을 짐작할 수가 있을 것 같다. 그런 그가 명문학교를 나와서 홀대받는 연극인의 길을 걸었다는 것도 어느 면에서 이해랑과 비슷한 데가 없지 않다.

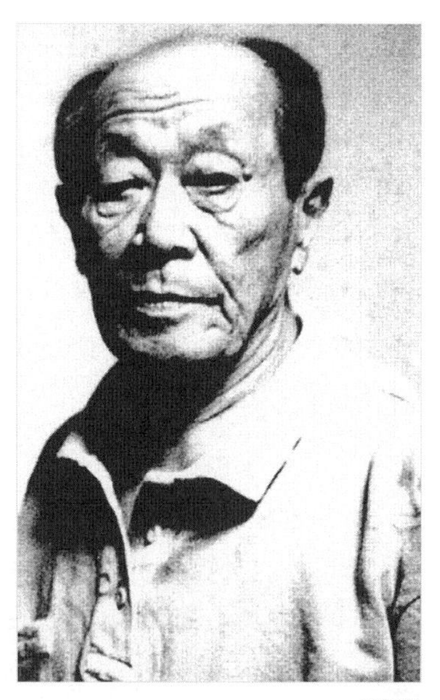

이원경

서울 토박이인 그는 이지호의 차남으로서 유치원까지 다녔었고, 그 시절 일본말로 연극을 했다고 한다. 이는 비록 유치원 때의 일이었지만 그에게 있어서는 매우 중요한 체험이라고 말할 수가 있을 것 같다. 왜냐하면 그 당시 명문가의 자제가 연극인이 된다는 것은 거의 상상할 수가 없었기 때문이다. 그는 명석한 두뇌의 소유자로서 최고의 명문 제1고보를 다니면서 장차 의사나 기업인 등 여러 가지 진로를 놓고 고민도 했었다. 그런 그는 명문가 자제답게 부친으로부터 매우 엄격한 가정교육을 받고 자랐다. 그가 월간 『한국연극』 동이향 기자와 가졌던 한 인터뷰에서 회고한 선친의 다음과 같은 이야기야말로 그의 올곧은 성격을 상징적으로 알게 해 준다. 즉 그가 들려준 선친의 훈계는 이러했다고 한다.

> 한 선비가 산길을 가고 있었다. 며칠째 인가를 찾지 못한 선비는 무엇보다 무척 목이 탔다. 허겁지겁 물을 찾던 중 작은 샘을 발견했다. 물을 마시려 달려간 그 선비는 샘 옆 돌짝에 글씨가 새겨진 것을 보았다. 그 글을 읽은 선비는 그냥 돌아섰다. 그 글씨는 '도천(盜泉)'이었다.[1]

---

1 이원경 희곡집, 『불멸의 처』, 평민사, 1999, 365쪽.

선친이 들려준 은유적 이야기는 선비가 지켜야 될 금도 같은 것이었는데, 그와 관련하여 그는 "도천에서 물을 먹으려다 딱 관두는 것. 그렇게 어떤 욕구를 참아낸다는 것, 난 여기에 아슬아슬한 매력이 있는 것 같아"라고 말함으로써 자신의 올곧은 성품을 간접적으로 알려주었던 것이다. 이런 가정교육을 받은 그가 한국 최고의 명문학교인 제일고보에 입학함으로써 그의 올곧은 성격을 더욱 견고하게 구축해갔다. 그는 이 시절의 학교생활과 관련하여 이렇게 회고했다.

> 제일고보는 교가에 '조선 13도에서 (…) 우수한 속만 뽑은 6천여'라는 가사가 나올 정도로 자부심 높고 오만한 학풍이었다. 사춘기의 나는 여기서 점차 반항아가 되어갔다. 광주학생사건이 일어나기 직전, 교내 스트라이크에 가담했다가 퇴학을 당하기도 했다. 당시 공립이 스트라이크를 한 경우는 이때가 처음이었으며, 나는 그만큼 일본 선생과 일본에 대한 적의로 똘똘 뭉쳐있었다. 고학년이 되면서 나는 줄창 그림을 그렸고 일본어로 번역된 외국문학에 몰두했다. 진학을 생각하면서 문학이냐 미술이냐를 두고 깊이 고민하던 나는 부친의 반대를 무릅쓰고 집안의 패물을 가져다 전당포에 맡기며 유학경비를 마련했다.[2]

이상의 회고문에서 확인할 수 있는 것은 세 가지다. 첫째로 그가 저돌적일 정도로 적극적이고 반항적 성격이었다는 것, 두 번째로는 그가 젊은 날 화가가 되느냐 아니면 문필가가 되느냐로 고민했다는 것, 셋째는 부모의 완강한 반대를 무릅쓰고 도망치듯 유학길에 오른 사실 등이다. 당시 명문가 자제는 으레 의학이나 법학 등 사회과학계통을 공부했는데, 그가 굳이 예능을 공부하러 간다니까 그의 부모가 좋아할 리 만무했던 것 같다. 그런 부모의 반대를 무릅쓰고 그는 일본에 가서 일본미술학교 양화과에 입학한다. 물론 그 자신도 부모의 요구를 전혀 외면만 한 것은 아니었다.

---

2 위의 책, 379~380쪽(필자가 글을 조금 손질했음).

그가 2003년의 한 증언에서 "좋은 학교 들어가려면 시험 보면 뭐 다 떨어져, 안돼. 그러니까 쉽게 들어가는 미술학교를 간거거든"[3]이라고 술회한 적이 있다. 그러니까 그의 마음속에 이미 미술을 공부하고 싶은 욕구가 있었기 때문에 일반 학업공부에는 뜻이 없었던 관계로 부친의 요구를 들어주기 위한 시험을 치렀었다는 이야기가 될 것 같다. 하여튼 어려운 여건을 뚫고 그는 자기가 본래 원하던 미술학교를 들어간 것이다. 그의 강인하고 고집스러운 성격은 모자라는 학비와 생활비 때문에 고민하다가 앉은 자리에서 위스키 97잔을 마시고 기절해서 며칠을 고생했던 일화가 잘 말해준다.

오죽했으면 그가 곧 죽을 것이라는 소문까지 퍼졌겠는가. 그만큼 그는 외고집이고 강인한 성격의 소유자였다. 그는 미술학교에서 그림을 잘 그리는 편이었기 때문에 3년여 동안 작품을 만들어서 일본 전람회에 출품하여 당당히 입선했고 선전(鮮展)에서도 입선하는 등 화가로서 장래가 촉망되기도 했었다. 그런 그가 순수 화가로의 방향을 틀은 것은 극히 우연한 연극관람이 계기가 되었다. 즉 그가 일본 학생들과 쓰키지소극장의 서양 번역극 한 편을 보고 충격을 받은 것이다. 그때의 체험과 관련하여 이렇게 회고했다.

> 축지소극장은 퍽 소박하고 작은 보잘것없는 건물이었는데다가 연극도 도무지 재미없고 알아보기 어려운 것들만 해서 동경사람들 가운데서도 특히 소수 지식인 계층만 찾아가는 곳이다. 이러한 축지소극장을 우연히 갔을 때, 그 자리에서 나는 인생의 진로를 확 바꾸어 80평생을 연극인으로 살아오게 되었다. 객석이 천천히 어두워지면서 막이 오르면 무대에는 서양인들이 움직이고 있었다. 서울에서는 보지 못했던 연극이었는데, 20세기 초, 유럽의 근대극사조가 막 싹이 틀 무렵 일본의 지성인들(문인)이 유럽 유학 중 보고 돌아와서 일본 연극에 새 바람을 불게 한 소위 신극운동이었다. 가부키, 신파연극이 아닌 신극이라 이름붙이고 일본에 새로운 문예사조를 전개시키기도 했는데, 생전 처음 보는 유럽의 근대극

---

3 이원경 구술채록본, 「한국 근현대예술사 증언채록사업」, 한국예술종합학교 한국예술연구소, 196쪽.

리얼리즘연극은 나에게 큰 충격을 주었다. 축지소극장 무대에서 받은 충격의 힘은 무엇이고, 어디서 그런 힘이 솟아나오는 것일까? 항상 정적인 그림만 그리고, 남의 그림만 보아왔던 나에게 그것은 너무나 벅찬 충격이자 감동이 아닐 수 없었다. 그때 내 나이 20대 후반, 일본 식민지에서 억압, 멸시, 감시… 이런 것들 속에서 답답하게 살아가고 있을 때 축지소극장 무대에서 펼쳐지는 연극은 확실히 내게 생기를 불어넣어주었고 '아, 연극을 하면 암담한 현실에서 돌파구를 찾을 수 있다'라는 몸 안의 어떤 힘이 용솟음친 것만은 확실하다.[4]

위의 회고의 글에서 알 수 있는 것은 정적(靜的)인 회화에서 동적인 무대미술로 옮겨 간 배경을 설명한 것으로서 매우 흥미로운 이야기라고 아니할 수 없다. 왜냐하면 초창기 우리의 무대미술가들은 모두가 미술을 정식으로 공부한 사람들이기 때문이다. 가령 최초의 무대미술가라고 말할 수 있는 토월회의 이승만에서부터 원우전, 김정환 등이 모두 처음에는 그림을 공부한 사람들이었다. 그러니까 화가들이 연극에 매력을 느끼고 무대미술로 방향 전환을 하게 되는데, 이원경의 경우는 일제에 대한 반항 정신까지 가미되었다.

그는 무대미술의 매력과 관련하여 전람회에 걸린 그림은 사람들이 스치며 보고 가버리지만 연극무대는 몰입해서 보게 된다면서 "무대장치 전체를 내가 했으면 이건 완전히 한 어마어마한 큰 그림이 된다 이 말이야. '야 이게 얼마나 좋아' 그리고서 기를 쓰고 축지소극장 들어갈 생각을 하게 된 거야"라고 무대장치를 해야겠다는 생각을 굳혔다고 회고했다. 따라서 그는 우선 쓰키지소극장에 들어가서 무대미술을 배워야겠다는 생각을 굳히고 겨우 미술부 연구생이라는 명목으로 들어갔다. 그의 쓰키지소극장 가입도 재미있다.

그때의 사정에 대하여 그는 "극단 전속으로 있는 미술부 사람만 가지고는 모자라서 쩔쩔매고 있어. 근데 내가 그 무대에 일부러 계획적으로 들어간 거야. 무대연습하고 있을 적에, 무대 딱 들어가고, 누굴 거 시켜가지고, 그 기술

---

4 위의 책, 서문.

부 부장하는 극단 단원 그, '저거 지금 미술학교 다니는 앤데 마침 여기 와있는데 저걸 불러다가 시키자고' 아 그러라고, 그러니 조선놈이란 말을 안 했으니까 '야, 일루와, 이거 해, 이거 그려' 그러니까 제대로 그리거든 '응 됐어' 그 어름어름하다가 그냥 하기 시작한거야"[5]라고 설명했다.

이처럼 그의 무대미술 수업은 쓰키지소극장에서 거의 우연히 시작된 셈이다. 그러나 그는 치밀한 성격 그대로 열심히 장치를 배웠고, 웬만한 무대미술은 그가 직접 할 정도에 이르렀다. 그러나 그의 일본생활도 대동아전쟁이 시작되면서 끝낼 수밖에 없었다. 즉 1940년 일본 정부가 그동안 눈엣가시처럼 주시해오던 쓰키지소극장을 폐쇄시켜버린 것이다. 그러니까 자유주의적이고 좌파색채가 강했던 연극을 많이 해온 이 극장이 일제의 이념과 동떨어진다는 명목으로 문을 닫게 한 것이다.

이 극장이 문을 닫으면서 그는 더 이상 일본에 머물 이유가 없어졌고, 그래서 그해 가을 서둘러 귀국한다. 그가 귀국했다는 소식을 들은 유치진이 마침 자신이 연출가로 있는 극단 고협의 〈무영탑〉(현진건 원작)의 무대미술을 부탁했고, 그것이 그의 데뷔작이 된 것이다. 물론 그의 데뷔무대는 유치진을 만족시켰고 그때부터 두 사람 간에는 오랫동안 인연이 지속된다. 1941년 유치진이 극단 현대극장을 창립했을 때, 그를 단번에 무대부장이란 자리에 앉혔다. 그만큼 신뢰했다는 이야기가 된다. 그는 현대극장의 창립공연작 〈흑룡강〉(유치진 작, 조영섭 연출)의 무대장치를 하고는 한동안 작업을 하지 않았다.

그가 그해 12월 8일 일제가 미국에 선전포고를 하던 날 공교롭게도 결혼식을 올리고는 건강이 좋지 않았던 데다가 징용도 피해야 했기 때문에 전남 광주로 내려가서 아사히(旭)여학교에서 미술교사를 했다. 그러면서 연극과 절연할 수 없어서 북쪽 출신이면서 동경학생예술좌 멤버들이었던 주영섭, 마완영 등이 평양에서 창립한 극단 청명극단에 참여하여 틈나는 대로 그들을 돕곤 했

---

5 위의 책, 198쪽.

다. 이 시절이 그에게 있어서는 비교적 안정된 생활을 할 수 있었던 때였다. 왜냐하면 학교에서 급료가 나오고 가정도 매우 안정되어 있었으며 아들도 낳았다. 그리고 그의 몇 년간의 광주생활은 그에게 덤으로 판소리의 멋을 알게 해준 계기도 마련해주었다. 이는 그가 뒷날 창극에 빠지는 한 계기가 된 것이 아닌가 싶다.

그리고 또 하나의 소득이라고 한다면 희곡을 쓰는 계기를 만들어주었다는 사실이다. 그가 현대극장의 유치진과 별로 안 좋게 헤어진 상태에서 광주라는 외지에서 아내, 그리고 아들 하나와 쓸쓸하게 지내는 처지였으므로 좌절감과 오기로서도 뭔가를 해보겠다는 생각을 한다. 그때의 심정과 관련해서 그는 "사람이 살면 몇 백 년을 사니, 뭐 기를 쓰고 살려 그러니, 이래도 한평생 저래도 한평생 아니냐, 이러한 식인 걸루 내가 생각을 한 거야. 저 인생두 멋이 있다. 하나의 인생이다. 이런 걸 생각을 하다 보니까 아, 서울서 현대극장서 내가 무대장치를 해? 아니 나 혼자 연극하는 수가 없나, 나 혼자 연극한다는 것은 뭘 어떻게 해야 되나? 희곡 쓰는 수밖에 없어, '옳지 희곡 써야 되겠다' 그래서 희곡을 쓰게 되었다"고 했다. 그것이 1943년이었고 작품 한 편을 쓴 뒤로 그는 상당기간 작품을 쓰지 않았다.

그러다가 갑자기 해방을 맞은 그는 혼란스럽고 대립이 격심했던 연극계가 싫어서 발길을 끊고, 무엇을 할까 하고 얼마 동안 허송하고 있었다. 물론 그가 결정적으로 연극계와 발을 멀리한 이유 중에는 해방 직후의 친일파 청산 작업도 한몫했다고 말할 수 있다. 가령 그가 1943년도에 처녀작으로 쓴 희곡 〈해적 플리헤이즈〉가 해석에 따라서는 친일목적으로 보일 수도 있었기 때문이다. 연극계에 환멸을 갖고 있던 그가 우연한 기회에 인테리어 사업가로 변신하게 된다. 그렇다면 그가 갑자기 어떻게 실내장식 업으로 전신하게 되었느냐 하는 의문이 뒤따른다.

그는 그것을 간단히 운(運)으로 돌린 바 있는데, 그때의 사정에 대하여 그는 이렇게 설명했다. 즉 그가 어느 날 자전거를 타고 을지로 근방의 한 모퉁이를

도는 찰나 마주오던 자전거와 부딪쳤다고 한다. 그런데 공교롭게도 그 상대방
은 소학교 동창이었고 마침 자신을 찾아오던 중이었다는 것이다. 그러면서 일
본인들이 버리고 간 적산가옥의 인테리어를 하자고 한 것이다. 그로서는 너
무 뜻밖이어서 망설이고 있었고, 그 동창생은 큰 돈을 벌 수 있는 지름길이라
는 것을 강조했다고 한다. 그가 미술을 공부한 데다가 무대장치까지 한 경험
이 있기 때문에 실내장식은 솔직히 식은 죽 먹기나 별다름이 없었던 것이다.
친구에 이끌려서 그는 인테리어로 큰돈을 벌었고 평생 그렇게 돈을 써본 적이
없을 정도로 탕진했다고 한다.

그때의 사정에 대하여 그는 "그때 내 마음은, 연극을 통해서가 아니라 과도
기에 일본 사람들이 마구 빠져나가면서 생긴 돈이니 그냥 덮어놓고 쓰자고만
생각했다"는 것이다. 그만큼 그는 순수했고 돈 버는 사업가 기질은 그에게 없
었음을 단적으로 보여주는 것이라고 말할 수 있다. 그에게 돈 벌 기회가 계속
닥쳐왔다. 미군정청으로부터 그에게 미츠코시백화점(현 신세계백화점) 인수를
제안받기도 했지만 그는 '연극하는 이원경이가 그런 데를 점령하고 들어앉으
면 안 된다'는 신념으로 사양했다고 한다. 그러나 그는 인테리어로 돈을 꽤 벌
었던 것만은 분명했다. 사실 그는 돈 욕심이 애당초부터 없었다. 그는 남산골
샌님처럼 청빈을 사랑(?)하면서 평생을 살아가고 있다. 그리고 그는 누구보다
도 운을 믿는 운명론자로 자처한다. 그와 관련하여 그는 한 인터뷰에서 다음
과 같이 실토했다.

운은 지금도 얼마든지 스쳐 지나가고 있어, 하지만 그게 뭔지 아무도 몰라. 그
걸 잡아챘을 때 그 삶은 운을 잡은 게 되는 거야. 결국 6·25가 났다는 게 나한
테는 또 하나의 운명이었지. 난 어쩌면 미신처럼 이걸 믿는 것 같아.[6]

---

6 이원경희곡집, 『불멸의 처』, 368쪽.

이상과 같은 그의 이야기는 해방 직후 그가 전혀 뜻하지 않게 연극계가 아닌 인테리어 업으로 뛰어들게 된 배경과 6·25전쟁과 함께 또다시 연극으로 되돌아온 이상한 필연성을 하나의 운명적인 것으로 설명한 것이다. 즉 전쟁이 일어나면서 그는 또 한 번의 인생의 전환점을 맞게 된다. 그는 인민군이 서울을 점령하였지만 미처 빠져나가지 못하고 지하에서 숨어 지내게 된다. 그러다가 국군이 서울 탈환 직후 1·4후퇴 당시 가솔을 이끌고 전에 살았던 광주로 피난 간다. 그런데 광주에서는 별로 할 것이 없었고 연극을 다시 하고 싶은 생각이 나서 부산으로 가게 된다.

거기에는 연극인들이 몰려 있었고 극단 활동도 있었기 때문에 여기저기 연극판을 기웃거릴 수밖에 없었고, 결국 그 당시 인기 있던 악극단을 만나게 된다. 그가 5년여 동안 발걸음을 하지 않았던 연극계로 다시 돌아온 데는 그 나름의 명분이 있었다. 즉 일제 말엽에 본의 아니게 일본말로 희곡을 한 편 쓴 것에 대한 죄의식을, 5년 동안 연극계와 인연을 끊었던 것으로 어느 정도 씻었다고 생각한 것이다. 그만큼 그는 결벽증 같은 것을 지닌 인물이다. 그렇기 때문에 그는 피난지에서 연극을 다시 시작하면서 바닥부터 시작한다는 생각으로 임했다. 그는 부산에서 제작자 박남을 만나서 악극 〈제2의 생명〉(김소동 작) 등 몇 편을 연출하고 오사량 등이 신협과 갈라져서 새로 조직했던 극협(劇協)의 기획일도 맡아했다. 극협은 당초 국립극장 설립 시절 명목상으로만 전속단체로 있던 것으로서 부산에 와서야 이름을 되찾았다. 그러나 그는 대한민국에 하나밖에 없는 국립극장에서 연극을 하고 싶었다고 한다. 마침 국립극장이 대구로 와서 키네마극장을 전용관으로 쓰고 있었다. 따라서 그는 대구로 피난가서 제2대 극장장으로 있던 서항석과 만나 본격적으로 연극을 하기 시작한다.

대구에서 그는 국립극장 일을 돕다가 1954년 먼저 상경했다. 그 당시 국립극장은 회계법상 전속극단 유지가 불가능했기 때문에 그는 전속 아닌 극단 민극(民劇)을 만들어 극장과 유기적인 관계를 유지하는 편법의 활동을 했다. 그는 민극의 창립공연으로 1954년 12월에 명동의 시공관에서 메틸링크의 〈파랑새〉를 그 자신이 직접 연출해서 무대에 올렸다. 아직 전쟁 중이었던 1954년 겨울에 폐허의 서울에서 연극을 한다는 것 자체가 황당하기 이를 데 없었다. 이는 그의 치열했던 연극 열의를 단적으로 보여주는 사건이라고 말할 수 있다. 그는 연극하느라고 아내의 죽음조차 모르고 있었다고 다음과 같이 참회의 회고를 했다.

> 〈파랑새〉는 첫 추위가 들이닥친 12월 9일 막을 열었다. 당시 건물도, 차도 없던 서울거리는 추워진다 싶으면 영하 18도가 보통이었고, 이 추위에 명동거리는 휑덩그렁하게 인적이 끊겼다. 그렇게 사흘 동안 명동과 극장이 허술했고, 나흘째 집에 들어가 보니 아내의 숨이 끊겨 있었다. '아내가 암에 걸려 있었어. 그걸 내가 몰랐어. 자기혼자 병원에 왔다갔다 하면서 투병생활을 한 거야. 남편으로서는 도저히 용서받을 수 없는 짓을 했어, 그놈의 연극 때문에. 이 죄의식은 얘기하는 지금까지 벗어나지 못하지.'[7]

이상과 같은 그의 회고에서 느껴지는 것은 연극 선구자들이 얼마나 어려운 상황에서 연극 활동을 했었는가를 단적으로 보여주는 것이기도 하다. 그러나 그는 여전히 연극에만 전념했다. 마침 1954년도에 서라벌예술대학이 문을 열면서 그는 연극학과에 이광래와 함께 교수로서 화술이라든가 연출론 등을 강의하게 되었다. 그러니까 국립극장일과 대학 강의를 함께 한 것이다. 그러는 사이 1960년대를 맞았고, 그의 삶도 변화를 겪기 시작한다. 그것은 5 · 16군사쿠데타가 일어나면서부터였다. 국가재건최고회의가 발족되면서 서항석 극장장이 그 자리를 떠났고 그 역시 함께 국립극장을 떠날 수밖에 없었다.

그런 그에게 새 정권으로부터 문화자문 의뢰가 왔었다. 즉 군사정권이 문화계도 변화를 시켜보겠다는 명목으로 중앙정보부를 중심으로 뭔가를 해보겠다

---

7 위의 책, 376쪽.

고 나섰고, 거기서 탄생된 것이 다름 아닌 예그린악단이었다. 그가 창립의 주역으로서 핵심이라 할 기획실장이 된 것이다. 그로서는 생애 최초로 정부의 문화정책에 깊이 간여한 경우였다. 그러나 그 예그린악단이 김종필 정보부장의 권력투쟁 과정에서 그가 외유를 떠나면서 일단 휴지기에 들어감으로써 이원경 역시 손을 떼게 된다. 따라서 그는 서라벌예술대학에서 학생들을 가르치는 일로 시간을 보내는 여유를 가질 수가 있었다. 이 시기에 희곡도 쓰고 연출과 화술이론 정립에 힘을 쏟게 된다.

시간이 흐르면서 연극계에도 변화가 왔는데, 그것이 다름 아닌 동인제극단 시대의 등장과 드라마센터의 개설이었다. 그러나 그는 그런 연극계의 흐름에 아랑곳하지 않고 후진 양성에 열정을 쏟았다. 결국 한국연극은 우수한 인재들이 있어야 발전한다고 믿었기 때문이다. 그런 그가 우연한 기회에 드라마센터에 올라가 〈산여인〉(김경옥 작)이라는 작품을 연출했고, 그것이 인연이 되어 서울연극학교와도 인연을 맺게 된다. 그리고 여기서 가르친 제자들인 윤황, 박용기 등을 중심으로 해서 극단 69를 창립한다. 제자들이 연극을 하도록 자리를 만들어준 것이다. 그는 이들을 이끌고 자작희곡들인 〈해결되지 않는…〉과 〈김대건 신부〉 등을 연출하기도 했다. 그는 이 시기가 미아리의 서라벌예술대학과 남산의 서울연극학교를 오가며 제자들을 키우는 데 가장 열심인 때였다. 그는 성격이 까다롭고 철두철미해서 강의와 연출도 누구보다 엄격하게 하기로 소문나 있었다. 그런 그가 소극장운동에 뛰어든 것도 바로 그런 유명세에 따른 것이었다. 즉 연극인들이 그에게서 한 수 배우고자 하는 경우가 적지 않았다.

따라서 그는 당시 소극장운동을 하고 있던 방태수(方泰洙)로부터 특강 요청을 받아서 여러 번에 걸쳐 단원들을 가르쳤다. 방태수는 마침 명동 뒤편에 3·1로 창고극장을 개설하여 운영을 시작했었다. 이원경이 그곳에서 단원들뿐만 아니라 연극 애호가들에게도 문호를 개방하여 화술과 연기, 연출론 등을 강의하고 있었다. 그런데 청강생 중에 유명한 정신과 의사 유석진(兪碩鎭) 박사가 끼어 있었다. 왜냐하면 그는 외국에서 유행되고 있는 정신치료방법 중의 한 가지인 사이코드라마를 도입하려면 연극에 대한 기초지식 연마가 필요했기 때문이었다. 결국 유석진은 창고극장을 매수하여 이원경에게 운영전권을 맡기게 되었다.

그리하여 그는 본의 아니게 소극장 운영자가 되었고, 이때부터 본격적인 소극장운동가로 나서게 된 것이다. 그는 거기서 많은 문제작을 만들어냄으로써 1970년대 중반부터 1980년대 초반까지 자연스럽게 한국연극의 중심지 역할에 한몫을 하게 되는 것이다. 그는 소극장운동의 기본이념이라 할 새로운 연극사조를 창조하기 위한 신인양성, 특히 작가에서부터 연출가, 배우 등을 발굴하는 일을 시작한다. 그것이 다름 아닌 삼일로 창고극장의 유명한 창작극 시리즈이다. 즉 그는 창고극장의 운영권을 인수하자마자 창작극 시리즈를 만들어 신인양성에 나섰는데, 그것이 1976년 여름부터였다. 그가 창작극시리즈를 두 번째 할 때인 1977년 여름은 무척이나 더웠었다. 오태영, 김병준, 강추자 등의 신작을 신진 연출가들이 만드는 방식이었는데 근 한 달간 더위 속에서 이루어졌기 때문에 관객은 얼마 없었다. 그는 그런 연극행사를 하면서 이렇게 설명했다.

> 처음부터 공연의 성과는 기대하지 않았습니다. 말로만의 창작극 육성이 아니라 실제 창작극을 보여줌으로써 관객과 극단에 자극을 주자는 것이었으니까요. 연극이란 그 나라, 그 민족, 그 시대의 것입니다. 그러므로 우리에게는 번역극보다 창작극이 필요합니다. 희곡작가를 발굴하고 그들의 작품을 무대에 올릴 기회를 주고, 젊은 연출가와 연기자를 길러내자는 데 창작극시리즈의 목적이 있습니다. 창작극이 살기 위해서는 무엇보다 관객 여러분이 관심을 가져주셔야 합니다.(『조선일보』 1977.8.10)

이상에서 알 수 있는 것처럼 그는 확고한 철학과 신념을 갖고 그런 고통스런 작업을 한 것이다. 그는 삼복더위에도 공연 때마다 무대에 나서서 약장수처럼 외치곤 했다. 즉 그는 관객들을 향해서 "창고극장이 창작극 3편을 한다고 연극판도가 달라지는 것은 아니다. 그러나 창작극은 누군가 보호 육성해야 하지 않느냐, 연극의 앞날에 조금이라도 보탬이 될까 해서 이 여름 막을 올린 것이다"라고 외쳤다. 그런 고투였지만 관객은 25일 동안에 고작 1천 명 안팎이었다. 그러나 그는 거기서 세 가지 얻은 것이 있다고 강변했다. 즉 첫째가 관객이 창작극의 필요성을 어느 정도 인식했을 것이라는 것, 둘째는 젊은 극작가들에게 어느 정도의 자극과 용기를 주었다는 것, 셋째는 일반 극단들에게도 반성할 만한 자극제가 되었다는 것이다. 이러한 그의 주장은 일리가 있는 것이었고 소극장이 무엇을 해야 할 것인가를 알려준 것만으로도 그가 큰일을 해내고 있는 것이었다.

그는 자신이 운영하는 그 극장에서 연출을 하지 않았다. 남에게만 기회를 주었다. 그만큼 결벽증이 있었다. 그만큼 그는 후배양성에 열정을 쏟았는데, 젊은이들이 우리 연극을 이끌어가야 한다는 신념에 따른 것이었다. 그런데 그가 창고극장에서 한 일 중에 성격배우 추송웅으로 하여금 스타로 부상할 수 있도록 뒷받침해주고 동시에 1인극 붐을 조성한 것이 가장 돋보였다. 1980년대 초 장안을 떠들썩하게 만들었던 추송웅의 1인극 〈빨간 피터의 고백〉만 하더라도 그가 아니었으면 탄생조차 하지 못했을 것이다. 그는 이 작품이 극히 우연히 탄생되었음을 다음과 같이 증언했다.

정초에 추송웅이 와서 9월 1일부터 열흘간 공연 날짜를 달래. 그래라 했지. 추송웅이가 가끔 창고극장에 와서 나랑 얘기도 하고 연극도 보고 그랬는데 하루는 마침 막 독일에서 유학하고 돌아온 독문학박사가 와있을 적에 그 사람이 왔어. 내가 물었지. 레퍼토리는 골랐나? 아직 못 정했습니다. 옆에 있던 그 박사가 카프카의 〈빠알간 피터의 고백〉이라는 작품이 있다며 무심코 얘기를 꺼내. 추송웅이가 그 사람을 다방으로 데리고 가더군. 그게 운이야. 공연을 열흘만 하기로 했는데 사흘째부턴가 어떻게나 관객이 모이는지 말도 못해. 내가 데려다 앉혀놓고 날짜 줄 테니 연장하라고 하면서 '운' 얘기를 꺼냈어. 운이라는 게 있을 때 잡으면 운수대통하는 거다. 너 이번에 일 좀 터질 것 같다. 그러다 관객이 안 들면 어쩝니까? 안 되면 그날로 관두면 되잖니. 그렇게 해서 계속된 거야. 그건 연극이 아니었어. 장안에서 그냥 다들 와서 보는 거야. 그 조그만 극장에 그렇게 모일 수가 없어.[8]

이상에서 우리가 확인할 수 있는 것은 추송웅의 1인극 붐이 극히 우연한 일로 이루어졌다는 것과 이원경이 평소 운(運)이라는 것을 철저하게 믿는 운명론자라는 것이 명확히 드러났다는 사실이다. 그는 평소 두 가지, 즉 앞에서 설명한 바 있는 도천(盜泉)에서 나타난 선비정신과 운(運)을 삶의 한 지표로 삼아왔다고 해도 과언이 아닐 성싶다. 그리고 그는 타인을 배려하는 봉사정신도 투철하다. 어려운 속에서 고집스럽게 창작극 시리즈를 매년 한 것이라든가 추송웅을 스타로 부상시키는 데 뒷받침한 것 등이 하나의 예라고 말할 수가 있다.

그런 그에게도 시련은 아직 끝나지 않았던지 소극장 문제가 느닷없이 터져 나온 것이다. 즉 1978년 여름 정부에서 느닷없이 개정공연법을 마련함으로써 시설 자체가 부실했던 대부분의 소극장들이 문을 닫게 된 것이다. 문공부와 서울시가 내놓은 '건축법 저촉으로 인한 소극장 폐관'이라는 강경조치가 몇 개 안 되는 소극장들에 하달됨으로써 영세한 연극계를 어리둥절하게 만들었다. 물론 정부 측에서도 할 말은 있었을 것이다. 부실한 소극장에서 화재 등 여러 가지 사고발생 가능성이 없지 않았던 만큼 정부 측으로서는 사전 조치가 필요했을 것임은 두말할 나위 없다. 그러나 연극계의 실정을 전혀 모르고 내린 그런 조치가 강한 반발을 불러일으킨 것이다.

문을 닫게 된 창고극장 대표였던 이원경은 그에 대하여 "개정 공연법 시행규칙 4조 2항에 '문화 체육사업을 목표로 설치된 건물은 공연장 허가를 받지 않아도 된다'고 되어 있는데, 8조 이하 29조까지 공연장 설치기준 및 허가

---

8 이원경희곡집, 『불멸의 처』, 368~369쪽.

를 받아야 한다고 규정, 법 자체에 모순이 있다. 창고극장이 문을 닫는 게 문제가 아니라 앞으로 소극장 연극을 할 수 없도록 한 것이 문제다"(『한국일보』 1978.6.23)라고 비판하고 나섰다. 그는 이어서 생애 최초로 소극장을 살리기 위한 강력 투쟁에 앞장선다. 그를 중심으로 한 소극장 살리기 운동은 효과를 나타내어 정부 측에서 잠정적 유보 조치를 내렸고, 따라서 소극장들이 일단 숨을 돌리게 되었다. 그와 관련하여 이원경은 환영을 표하면서도 차제에 전근대적인 공연법 자체가 개정되어야 한다면서 "현행 공연법에 연극 공연장이 일반 유흥장과 영화관과 한데 묶여 있는 것은 모순인 만큼 공연법을 현실에 맞게 개정, 소극장이 설 수 있는 자리를 다져야 하고 무대와 관객을 분리시키는 획일적인 무대로서는 폭넓은 연극 공연을 할 수 없다며 소극장을 통해 새로운 연극을 시도하고 연극 전문가를 육성해 나가야 한다."(『조선일보』 1978.7.2)고 주장함으로써 한국연극의 새로운 진로까지 제시했다.

여기서 주목되는 것은 그가 프로시니엄 무대만이 아닌 아레나 스테이지 같은 것이 연극 발전에 도움이 될 수 있다고 주장한 점이라 하겠다. 평생 정통극만을 해온 그로서는 하나의 변화라고도 볼 수 있다. 이는 아마도 그가 오랜만에 3개월 동안 서구(西歐)를 여행하고 왔던 것도 한 요인이 되었는지도 모르겠다. 오랜만에 돌아본 서양연극이 그를 놀라게 한 것만은 분명했다. 그는 소극장 문을 닫느냐 마느냐로 고심하는 초라하기 이를 데 없는 우리 연극계와 수준 높은 서양연극을 비교하면서 1, 20년 가지고도 따라잡기 힘들 거라면서 자신의 소회를 「동아시론(東亞時論)」으로 썼다.

그는 그 글에서 우리 연극의 낙후가 "전근대적이고 폐쇄적인 공연법에 있다고 나는 믿는다. 연극이 기업화하지 못하는 것은 세계 어디나 마찬가지다. 그러면서도 연극을 하겠다는 젊은 연극인들을 소극장의 규제와 극단등록으로 의욕을 감퇴시켜서야 우리 연극이 어떻게 세계 수준으로 질적 향상을 할 수가 있겠는가. 영화법이 따로 있는데도 공연법은 영화관을 극장 취급해서 좌석의 폭은 어쩌고 복도의 넓이가 어쩌고 하는 규정을 두고 이 규정을 소극장에도 적용시킨다는 것은 모순이 아닐 수 없다. 그리고 영리를 목적으로 하는 업체들(영화관, 나이트클럽 등)과 연극 전용 극장과는 조례를 달리해서 그 본질적인 차이에서 오는 피해로부터 극장을 보호해주되 소극장은 완전히 공연법에서 제외시켜서 연극의 저변 확대에 도움이 되도록 해야 한다. …(중략)… 많은 연극인들은 3백 석을 넘지 않는 소극장에 한해서 현행 공연법이 규정하는 극장의 시설 규정에 포함시키지 않도록 법 개정이 이루어지길 바라고 있다"(동아일보, 1981.11.13.)고 주장했다.

이처럼 그가 삼일로 창고극장을 운영하면서 스스로의 변화를 두려워하지 않았으며 소극장운동이 살아나야 우리 연극도 살아난다는 신념으로 공연법 개정운동에 앞장섰고 후배 양성에도 적극적이었다. 결국 제5공화국이 들어서면서 그가 뜻하던 대로 공연법이 현실에 맞게 개정되었다.

이 말은 결국 일제 말엽에 조선총독부가 만들었던 조선흥행취체규칙이란 공연법이 해방 이후 조금 손질되었다가 근 40여 년 만에 완전히 바뀐 것이다. 그리하여 소형 영화관으로부터 시작하여 동숭동을 중심으로 많은 소극장들이 우후죽순처럼 생겨나게 된 것이다. 그 발아점이 다름 아닌 창고극장, 실험소극장, 공간사랑 등이었으며 선두에 그가 섰음은 두말할 나위 없다.

소극장 문제가 해결 기미를 보이면서 그는 생애 마지막으로 후진 양성을 제대로 해야겠다는 생각으로 평생의 동지이고 65세 동갑나기였던 이해랑, 김동원 등과 창고극장을 본거지로 하여 1981년 11월에 배우예술원(徘優藝術苑)이란 것을 만든다. 그는 그 배경과 관련하여 "우리 세 사람은 연극과 함께 살다가 죽을 몸들입니다. 여생 후배들을 위해 뜻있는 일을 하자고 모였어요. 우선 우리 연극현실에서 가장 시급한 배우양성과 연기술연마를 위한 배움터를 만들었습니다. 여기서는 연기의 기초교육, 그리고 기성배우의 재훈련, 또 각 극단이나 영화사, 방송사에서 모집한 신인 연기자의 위탁교육 등을 합니다. 연극은 배우에 의해 이루어지는 예술이고, 좋은 배우가 있어야 좋은 연극이 나온다는 것은 설명이 필요 없는 말입니다. 외국의 모든 극계에서는 액터스스튜

디오 등 배우양성기관이 다양하고, 교육내용도 상상할 수 없을 만큼 발달돼 있어요. 그러나 국내에는 이런 기구나 양성소가 거의 없어요. 여기 우리 세 사람은 과거의 오랜 연극생활에서 얻은 체험과 연극 이념으로, 한국연극에 맞는 연기술을 펴는 데 여생을 바칠 각오이며, 이것이 밑거름이 되어 보다 나은 배우를 위한 교육기관이 많이 나오길 바랄 뿐"(『조선일보』 1981.11.8)이라고 그 소회를 피력한 바 있다.

이는 사실 매우 귀중한 일이었다. 당시 몇 대학에 연극학과가 있었지만 연기를 체계적으로 가르칠 만한 교수가 없었던 때였던 만큼 그들의 야심은 대단한 것이었다. 그런데 그들 원로들의 충정을 연극계에서는 물론이고 영화계, 방송계 등에서 제대로 이해하지 못했다. 이 말은 곧 이들의 구상에 아무도 호응해주지 않았다는 이야기다.

그들은 실망했다. 왜냐하면 예술인들이 상업주의에 물들어서 제대로 공부하지 않으려는 세태 때문이었다. 결국 그들의 순수하고 가치 있는 일은 무산되고 말았다. 이때부터 그는 창고극장을 떠나야겠다는 생각을 하기 시작한다. 그는 창고극장에서 할 일은 거의 다 했다고 생각한 듯했다. 따라서 그는 1983년 홀연히 창고극장을 떠나버린 것이다. 그는 한 회고에서 "창고극장 8년 하니까 지긋지긋해 못하겠더라"고 했다. 그로서는 어려운 시기에 시설도 제대로 갖추지 못한 소극장을 꽤 오래 지킨 셈이 되는 것도 사실이다. 그는 출강하고 있던 중앙대학 연극과에 나가서 학생들을 가르치는 일로 삶의 즐거움을 찾았다. 그는 일찍부터 일본문화개방을 지지하는 편이었다. 문화란 어차피 혼혈의 성격을 지니는 것인데 무작정 막는다고 되는 일은 아니라고 생각한 듯싶다. 그가 일본 대중문화의 개방을 지지하느냐는 어느 기자(중앙일보. 정재왈)의 질문에 선뜻 "물론이지. 들어올 것은 다 들어왔는데 뭐. 지금까지 못 들어온 것은 영화를 만드는 사람들이 극력 반대했기 때문이지"[9]라고 서슴없이 답변한 바

---

9 정재왈 기자의 원로연출가 이원경 인터뷰,『한국연극』 1998.11.

있다.

실제로 그는 주변의 반대에도 불구하고 이미 일본 연극을 창고극장에 초청했었고, 1987년도에는 일본 극단 '발견의 회' 초청으로 쓰키지소극장에서 일본 배우들을 데리고 〈귀도혹중(鬼道惑衆)〉이라는 작품을 연출하기도 했었다. 그런데 이 작품이 그의 마지막 연출작품이 된 것이다. 그 후 그는 연극계를 떠나야겠다는 생각을 굳히기 시작했다. 그러려면 서울 자체를 벗어나는 길밖에 없다고 믿은 것 같다. 결국 그는 1988년 그의 나이 72세 되는 해에 홀연히 서울집을 완전히 정리하고 경기도 용인으로 이주했다. 그가 연극계와 서울을 떠난 이유를 묻는 질문에 "너무 오래하기 싫어서야. 그리고 보기 싫은 사람들이 너무 많아. 그래서 안 나가. 1년에 한두 번 나가면 족하지. 그렇지만 이곳(용인)에 있어도 돌아가는 판을 다 읽을 수 있지. 83년인가 창고극장을 그만두면서 연극계를 완전히 은퇴해 버렸지"[10]라고 말함으로써 그가 이미 마음속으로는 1983년도에 연극계를 정리했음을 알려준 것이다.

특히 보기 싫은 사람들이 너무 많다고 한 것도 그의 올곧으면서도 결벽증적인 성품을 잘 설명해주는 말이다. 그러니까 그로서는 창고극장을 지키면서 공연법 개정에 앞장섰고, 그의 뜻이 관철되면서 대학로에 소극장들이 들어서고 정부에서도 그 중요성을 인식해서 소극장 몇 개를 세웠으므로 자신의 사명은 끝났다고 생각한 것 같다. 홀연히 서울을 떠나 용인에서 은둔생활에 들어간 그는 평생해온 작업을 책자로 정리하여 제자들의 교본으로 삼아야겠다는 생각을 굳히고 글쓰기에 전념했고 못다 쓴 희곡도 정리했다.

그런데 그가 무대미술로 연극생활을 시작했지만 1950년 6·25전쟁 전까지 몇 편 하지 않았기 때문에 남은 것이 거의 없다. 그는 오히려 극작가와 연출가, 그리고 연극 교육자로서 두드러진 업적을 남겼다. 그래서 저술도 모두 은둔생활을 하면서 80대 이후에 펴낸 것이 특징이다. 즉 그는 1997년도에『연극

---

10 위의 글.

연출론』을 펴냈고, 1999년도에 희곡집『불멸의 처』를 출간했으며, 2003년에 『이원경 연극화술론』을 마지막(?)으로 상재했다. 올곧은 그의 성격대로 그는 원칙주의자로서 언제나 정석에서 벗어나지 않는다. 이는 그의 저술에서 그대로 표출되고 있다. 가령 무대미술 작업에서도 그랬지만 희곡작품도 전혀 가식없이 리얼리즘을 고수한 것이 특징이다. 매우 과작인 그는 평생 7편의 작품만을 남겼다. 1943년도에 처녀 희곡 〈해적 플리헤이즈〉를 발표했던 그가 1999년도에 마지막 작품(?) 〈불멸의 처〉를 내놓을 때까지 무려 56년 동안에 겨우 7편만을 쓴 것이다. 그가 얼마나 과작의 극작가인가를 여실히 보여주는 것이라고 아니할 수 없다.

그런데 흥미로운 사실은 그의 희곡이 그때그때 세태와 대면하면서 분노의 자세로 쓴 것이거나 아니면 자전적이라는 점이다. 이런 중에서도 주목되는 작품은 역시 자전적인 희곡 두 편이 아닐까 싶다. 〈수선화〉와 〈불멸의 처〉를 가리킨다. 그렇다고 해서 여타 작품을 과소평가하는 것은 절대 아니다. 다만 자전적인 두 작품은 그의 아픔, 영혼이 배어 있다는 점에서 특별한 의미가 있다는 이야기다. 그가 해방 이후 처음 쓴 〈격분〉은 6·25전쟁 중에 발표했는데, 그 작품을 쓴 동기가 재미있다. 그 동기를 보면 그의 성품뿐만 아니라 작가로서의 자세 같은 것이 드러나 흥미롭기까지 하다. 즉 그는 작품을 쓰게 된 배경과 관련하여 "〈격분〉은 1·4후퇴 때 내려간 부산에서 어느 날 신문을 들추다 발견한 짤막한 사회면 기사를 읽는 것이 동기가 되었다. 전남 나주 영산강 위에서 어린애를 업은 젊은 여자가 자살하려는 것을 지나가던 순경이 구했다는 내용이었다. 당시 전쟁통이어서인지 사람들은 경찰을 싫어했다. 마침 극단 신청년 박경주의 청탁도 있고 해서 그는 이 사연과 순경에 대한 호의를 담아 〈격분〉을 쓰기 시작했다"고 회고했다.

이처럼 이 작품은 사실을 가지고 좀 더 확장하여 유순경이라는 한 경찰관의 선행을 극화한 것이다. 여기서 그 경찰관은 단순히 가난 때문에 자살하려던 한 여인을 구해주는 데 그치지 않고 사기꾼을 물리치고 어린애까지 맡아 기를 정도로 정의롭고 휴머니즘 넘치는 인물로 묘사하고 있다. 이는 그만큼 우리 사회에서 잘못 알려진 사실을 바로잡는 데 그 창작의 목적이 있음을 의미한다. 그가 하나의 속죄의 의미로 썼다고 볼 수 있는 세 번째 작품 〈수선화〉는 6·25전쟁 중에도 연극을 한다고 며칠씩 집에 들어가지 못한 상황에서 나흘째 집에 들어가 보니 아내가 죽어 있었다면서 다음과 같이 그 상황을 설명했다. "아내가 암에 걸려 있었어. 그걸 내가 몰랐어. 자기 혼자 병원에 왔다갔다 하면서 투병생활을 한 거야. 남편으로서는 도저히 용서받을 수 없는 짓을 했어. 그놈의 연극 때문에. 이 죄의식은 얘기하는 지금까지 벗어나지 못하지."

이상과 같은 그의 아픈 참회는 그가 얼마나 극한적 상황에서 연극을 했었나를 극적으로 설명해주는 것이기도 하다. 그래서 더욱 이 작품은 리얼리티가 넘친다고 말할 수 있다. 실제로 주인공은 학문연구와 학생 가르치는 일밖에 모르는 고지식한 교수이고, 아내는 전형적인 현모양처형이다. 넉넉지 못해서 세 딸을 대학에 보내지 않았고 돈벌이를 위해 두 딸은 직장생활을 해야 했다. 그런 상황에서 주인공의 도미 유학을 눈앞에 두고 고생만 하던 아내가 심장마비로 죽는다는 내용이다. 여기서 남주인공인 교수는 공명심과 사회 체면밖에 모르고 아내는 구세대의 여필종부 의식에서 벗어나지 못한다고 딸로부터 매도당한다.

이처럼 〈수선화〉는 희곡으로 쓴 그의 첫 번째 자서전이다. 그의 두 번째 자서전은 1999년 즉 그의 나이 83세에 쓴 〈불멸의 처〉이다. 이 작품에 대하여 그는 "공민왕이 자신의 처 노국대장공주(魯國大長公主)의 죽음을 애석하게 여기는 것만을 플롯으로 삼았다. 앞에서 언급했던 일본이 미국에 선전포고를 하던 날 나와 결혼했던 여인이, 1955년에 메테를링크 작 〈파랑새〉 공연을 명동시공관에서 하고 있을 때 암으로 죽었는데, 공민왕의 마음이 그때 나와 같았으리라 연상해본 것이 〈불멸의 처〉의 골격이 되었다"고 함으로써 조강지처에 대한 죄의식과 그리움을 꽤 오래도록 간직하고 있음을 드러내고 있다. 실제로 이 작품은 역사적 사실에 전적으로 의존하고 있다.

그는 세 편의 역사극 형식의 희곡을 썼지만 가급적 허구를 멀리하고 사실에 입각하여 작품을 쓴 것이 특징이다. 고려의 제31대 왕이었던 공민왕에 대한 이야기인 이 작품도 예외가 아니다. 다만 그가 이 작품에서 자신의 인생관과 실존으로서의 자신을 그 어떤 작품보다도 많이 투영한 것이 다를 뿐이다. 그가 굳이 공민왕을 소재로 택한 것은 그가 왕으로서는 매우 드문 화가였던 데다가 조강지처에 남다른 연정을 지녔던 인물이었기 때문으로 보인다. 작품내용은 공민왕이 자신의 신하에 의해서 시해당한 역사적 사실 거의 그대로이다. 그러나 그가 공민왕을 운명론자로 만든 것만 보아도 그의 인생관이 짙게 투영되어 있음을 단적으로 알 수가 있다. 가령 공민왕이 만년에 독백하는 다음과 같은 것은 그 점을 잘 보여준다.

공민왕 …그런데 나는 나 말고 또 하나의 내가 있어. 왕, 어마어마한 불덩이 같은 힘의 존재인 왕이 나야. 이것은 내가 원해서가 아니라 그야말로 보이지 않는 더 큰 힘 때문에 내가 왕이 된 거야. 내가 하고 싶어서 된 게 아니야. 나를 왕으로 만든 힘, 운이라는 뭉게구름.(《불멸의 처》)

이상과 같이 그는 공민왕을 운명론자로 만들었다. 그러면서 그는 달관의 경지에 이른 듯한 자신의 심정을 공민왕에 투영하여 가을 하늘처럼 투명하고 해맑은 승화의 모습을 보여준다. 특히 그가 시골로 낙향해서 세속의 오예(汚穢)를 씻은 듯이 공민왕을 통해서 이렇게 독백한다.

공민왕 모든 것은 생각하는 것에 지나지 않는 것, 과격한 것, 남을 미워하는 것들을 하지 말자. 나만의 유아독존을 팽개치겠다. 가을 하늘의 높고 푸른 청명함. 맑고 용솟음치는 샘물 같은 무한한 힘. 이러한 나의 마음으로 나를 바꾸어 놓자. 우선 맑고 깨끗한 공기를 흠뻑 들이마셔 마음을 상쾌하게 만들자. 그래서 거의 티 하나 없는 나로서 왕의 나로 환생하자. 나는 나만의 내가 아니라는 멍에를 내 마음의 힘으로 승화시켜 좋

　　　　제5부　현대극으로의 발돋움 (1)

게 그것을 선용하자.

그는 특히 경기도 용인으로 낙향하여 자연과 친화하면서 인생무상을 절감하는 듯이 보인다. 그러면서 그는 노경에 접어들어 오직 연극 때문에 영별해야 했던 아내에 대한 속죄를 공민왕에 의탁하여 토로한 것이 아닌가 싶다. 이처럼 그는 올곧은 성격 그대로 가식을 모르며 창작에서도 그런 개성은 그대로 드러나고 있다. 여기서 특히 주목되는 것은 그가 이 작품을 통해서 자신의 인생을 정리하는 것처럼 보인다는 사실이다. 그가 평생 7편의 희곡을 썼지만 〈불멸의 처〉만큼 그의 인생관이 드러나는 작품은 거의 없다.

그러나 그는 극작가로서보다는 연출가이며 연극 교육자로서 평가를 받고 싶을지 모르겠다. 왜냐하면 그가 그 분야에 더 힘을 쏟았다고 볼 수 있기 때문이다. 그가 60여 년의 긴 연극 활동에서 가장 열정을 쏟은 것은 역시 인재 양성이 아닐까 싶다. 6·25전쟁 중의 서라벌예술대학으로부터 드라마센터, 그리고 중앙대학교에 이르기까지 40여 년간 후진 양성에 열정을 쏟았고, 그 흔적이 다름 아닌 두 권의 저술인 『연극연출론』과 『연극화술론』이라고 말할 수가 있다. 그는 물론 실제로 연출 작업도 적잖게 했다. 그러나 그 분야도 희곡 창작처럼 과작인 편이다. 워낙 철두철미한 성격이기 때문에 그는 작품에 욕심을 부리지 않았다.

그는 자신의 연출관과 관련하여 "내 연출론은 모든 개성을 살린다기보다 음식을 만드는 끝에 파와 마늘을 넣어 조물락거리는 것처럼, 보여주고자 하는 강렬한 하나를 전달하는 게 중요하다"고 설명함으로써 연출이 연극의 핵은 아니라고 했다. 이 말에 숨은 뜻은 아무래도 그의 리얼리즘 연극관에 따른 것으로 보아야 할 것 같다. 그가 수십 년간 연극 활동을 하면서 체험에 입각해서 쓴 그의 연출론은 서양의 여러 저술들을 두루 섭렵한 것과 경험이 합쳐진 것이기 때문에 대단한 설득력을 지닌다.

그는 이 책의 머리말에서 밝힌 대로 1964년 드라마센터에서 강의할 때부터 조금씩 쓴 것으로서 꽤 오래 걸린 셈이다. 그리고 서술 방식도 '문인들이 수필을 쓰듯이 실제 연출할 때 연출 계획을 작성하면서 머리에 떠오르던 것들을 토대로 각 분야별로 아주 담담하게 서술한 것'이 특징이다. 그가 정통적인 연출 철학을 지니고 있음은 다음과 같은 그의 역할 규정에 잘 나타나 있다.

> 말하자면 결국 연기는 연극의 중추요, 배우는 연극의 주인인 것이다. 연출가는 배우라는 산 인간을 재료로 하여서 연극을 만든다고 했을 때, 연기 내지 배우는 한낱 연출가의 도구밖에 안 되는 것 같은 인상을 받을지 모르나, 그것은 현대 연극의 형성 과정에 있어서 연출의 역할을 말하는 것이고, 연극의 본질상 아직도 연극은 배우에 의해서만 표현된다는 엄연한 사실을 부정하는 것은 아니다.[11]

이상에서 확인할 수 있는 것처럼 그는 19세기 이후 소위 리얼리즘 연극의 철저한 신봉자인 것이다. 따라서 그는 연출가를 연극을 이끌어가는 조정자 이상으로는 보지 않는다. 가령 그가 연출을 설명하는 과정에서 "연출가의 표현능력은 곧 배우로 하여금 희곡의 극중 세계를 현실화하는 것인데, 이것은 마치 바이올리니스트가 악보(희곡)를 바이올린(배우)으로 연주하는 것과도 같다. 즉 연출가에 있어서 희곡은 화가가 무엇을 그리겠다는 착상이요, 배우는 화가의 채색 재료인 것이다. 그런데 화가나 연주가의 재료는 무기체인데 반하여 연출가의 재료는 유기체인 인간이라는 점이 대단히 큰 차이"라고 한계를 짓고 있다.

그리고 올바른 자세에 대하여는 "반드시 자기성찰이 필요하다. 그래야 비로소 연출가가 되는 것이다. 연출가는 희곡과 대면하여 그 희곡이 자신에게 맞는가를 판단하고 맞는 경우에는 무작정 희곡에 매달려 갈 것이 아니라 희곡을 하나의 재료로서 요리할 준비 자세를 갖추어야 한다. 그러기 위해서는 사전에 희곡을 완전히 파악해두어야 한다. 그리고 극작가가 글로 표현하지 못하는 부

---

11 이원경, 『연극연출론』, 현대미학사, 1997, 102쪽.

분을 보완해서 시각적으로 무대 위에서 형상화해야 하는데 이것이 바로 연출이 할 일"이라고 했다. 이는 곧 가장 정석적인 연출 자세인 것이다. 이러한 그의 연출관은 연극의 근원이 연기라는 확고한 신념에서 출발하는 것이다. 그는 연극의 여러 가지 요소들도 결국 배우를 위해서 있는 것이라면서 이렇게 설명하고 있다.

> 극작가가 희곡을 쓰는 것도 연극을 하는 것은 아니다. 그것은 결국 배우가 무대 위에서 희곡이 제시한 특정한 장소 내에서 일어나는 인간관계를 연기로 표현하도록 하기 위한 수단이다. 따라서 무대장치, 무대조명, 분장, 이 모든 것도 오로지 배우의 연기를 위해서 그 존재의 의의가 있는 것이다.[12]

이상에서 알 수 있는 것처럼 그는 연극의 기본은 배우라는 것을 명확히 밝히고 있다. 그러니까 그는 희곡이라든가 무대미술, 조명 등 모든 연극적 장치는 결국 배우를 위한 보조수단에 불과하다고 보았다. 그렇게 때문에 그는 연극이 좋으려면 배우가 훌륭해야 한다는 것을 누누이 강조한다. 그가 배우의 역할과 자세에 대하여 "연기는 배우 자신을 나타내는 것이 아니고 배우 자신을 제외한 다른 인간을 표현하는 것인데, 자신이 아닌 다른 인간(극중인물)을 표현하는 그 근원은 곧 다른 인간이 되어야 한다는 이야기가 된다. 이 노력은 경험으로 유형화하는 것이 아니라 그 인간의 생을 사색하는 데서 얻어지는 것이다. 즉 배우의 사색은 인생의 관조에 있는 것이다. 그래서 인생의 관조의 결과를 자신의 육체를 통해서 남에게 보여주려는 의욕을 가졌을 때 그 배우에게는 연극의 이념이 있고, 연극의식이 뚜렷해지는 것이다. 진정한 의미의 배우는 위에서 말한 것 같은 노력을 하는 사람이어야 한다"[13]고 설명함으로써 배우의 깊은 수련을 강조하고 있다.

---

12 위의 책, 102쪽.
13 위의 책, 105~106쪽.

따라서 그는 표현의 기본인 언어, 즉 화술을 누구보다도 중요시한다. 그가 훌륭한 연극을 강조할 때 대사야말로 그 바탕이 된다고 보는 것이다. 그는 연극을 보다 정교하게 만들고 예술품으로까지 끌어올리려면 '무엇보다도 먼저 대사를 좋은 음악을 들을 때 느끼는 그런 황홀과 도취의 경지까지 이끌어 올려야 할 것'이라고 강조했다. 그가 대학에서 화술을 강의하고『연극화술론』이라는 책까지 펴낸 이유도 바로 거기에 있는 것이다. 그는 좋은 배우는 사제(司祭)와 다를 바 없다고까지 설명한다. 그와 관련하여 그는 "신부에게 있어서 종교는 천주교이고, 배우에게 있어서 종교는 연극이라는 신앙을 가질 수 있다면 그 배우는 위대하다. 신앙이 아니더라도 신념을 가질 때 비로소 배우는 그 무엇을 풍기게 될 것이다. 스포츠맨이 매일 트레이닝을 쉬지 않고, 화가가 하루도 붓을 놓지 않고 그림을 그리며 생각하고 자연을 관조하고, 성악가는 하루도 쉬지 않고 발성과 트레이닝으로 자기의 일을 연마시키며, 무용가는 육체의 훈련으로 땀 흘리며 신체를 단련시키듯이 배우가 배우로서 갖출 모든 노력과 일상훈련을 계속하지 않을 때 그의 연기는 한낱 경험에 의한 타성적인 움직임의 반복으로서 그 결과는 관객에게 연극의 매력을 상실케 하는 큰 죄를 범하게 될 것이다. 그 이유는 단 한 가지, 연극은 배우가 하는 것이니까"[14]라고 배우가 연극에서 얼마나 중요하며 배우의 작업과 수련이 종교적 차원으로까지 도달할 때 비로소 탁월한 예술작품이 탄생되는 것이라고 주장한 것이다.

그는 배우는 결국 언어로 자기의 의사를 전달하는 것이므로 화술처럼 중요한 것이 없다고 본다. 연극에서의 대사를 음악이라고 확신하는 그는 그의 저서에서 과학적으로 화술론을 전개하고 있다. 그동안 한국연극사상 연출가가 자신의 화술론을 그처럼 과학적으로 정리한 경우가 없었다고 볼 때 그의 작업은 높이 평가받아야 할 것이다.

그는 또한 매우 독특한 연극관을 지닌 연극인이기도 한다. 왜냐하면 연극을

---

14 위의 책, 151쪽.

성(性)으로 규정짓고 있기 때문이다. 물론 일찍이 영국의 소설가 D.H. 로렌스가 문학을 성으로 표현한 적은 있지만 우리나라 연극인이 그렇게 설명한 것은 처음이 아닌가 싶다. 그는 연극이란 무엇인가? 라는 기자의 질문에 서슴없이 "장강이라고 부르는 양자강의 뿌리도 결국은 옹달샘에서 비롯된 거야. 이처럼 연극에도 뿌리가 있어. 그걸 위해 한평생 씨름하다 내린 결론은 '연극의 기본은 섹스'라는 거지. 성(性)으로 하긴 너무 추상적이고, 그래서 섹스라는 말을 썼는데, 희비극의 원천이 바로 여기에 있는 것이 아닌가 해. 결혼(結婚)이란 말을 풀이해보면 '여자하고 황혼에 둘이 맺는다'라는 거거든. 희극은 이처럼 맺어져서 기쁜 것이고, 비극은 맺어지지 않았기 때문에 슬픈 것이지"라고 말하면서 연기가 제대로 되려면 수치심에서 벗어나는 것이고, 그 수치심에서 벗어나기 위해서는 섹스의 과정을 거쳐야 한다고 했다.[15]

이처럼 그는 매우 독특한 연극관을 지니고 있었다. 이런 그의 연극관은 "예술가가 연극을 만들었을 때는 그것이 예술작품이 되지만, 상업을 목적으로 하는 사람이 만들었을 때는 그것은 예술작품이 아니라"고 하는 데 이르면 그의 예술관이 절정에 다다른다. 서울의 명문가에서 태어나 화가로 시작하여 무대미술로 연극과 만나고, 극작가와 연출가로 일생을 연극판에서 파란만장한 삶을 살아온 그는 분명히 우리 시대에 몇 남지 않은 장인(匠人)이다. 그가 진정으로 장인이기 때문에 예술정신은 실종되고 상업주의만 범람하는 연극계를 홀연히 떠나 시골의 한적한 곳에서 은둔생활을 했을 것이다. 그가 세속과 절연하고 황혼의 시골길을 혼자서 외롭게 걷고 있는 그 자체가 바로 방향감각을 잃고 방황하고 있는 우리 연극계에 대한 무언의 경고가 아니었을까 싶다. 결국 그가 2010년 12월에 갑자기 향년 94세로 이승과 작별했다.

---

15 『한국연극』 제269호.

간행물

『경향신문』『대한매일신보』『독립신문』『동아일보』『로동신문』『매일신보』『서울경제신문』
『서울신문』『스포츠조선』『여성신문』『예술통신』『일간스포츠』『조선일보』『조선중앙일보』
『중앙일보』『중외일보』『평화일보』『한국경제신문』『한국일보』『황성신문』

『개벽』『건설기의 조선문학』『공연과리뷰』『국어교육』『국민문학』『극예술』『대조』『댄스포럼』
『동광』『동리연구』『드라마』『레이디경향』『막』『문예』『문예영화』『문장』『문학사상』『문화』
『문화예술』『미르』『백민』『법륜』『별건곤』『비판』『사조』『사상계』『삼천리』『시나리오문예』
『시민연극』『신동아』『신민』『신사조』『신생』『신세기』『신여성』『신천지』『신태양』『역사평론』
『연극포럼』『영화시대』『영화연극』『예술원보』『예술논문집』『예술조선』『오피니언』
『월간동화』『월간문학』『잡지예찬』『전선문학』『조광』『조선문단』『조선영화』『조선예술』
『조선지광』『주간여성』『주간조선』『주간한국』『춘추』『춤』『충남문학』『통일문학』
『판소리연구』『한국극예술연구』『한국연극』『한국연극학』『현대드라마』『현대문학』『혜성』
『호서문학』

저술

강성희, 『강성희 희곡전집』 1~5, 1996.
―――, 『염원』, 2003.
강성희 · 조현례, 『너와 나와 만나는 곳』, 2005.
강한영, 『신재효 판소리 사설집』, 민중서관, 1971,
광산문화원, 『용아 박용철의 예술과 삶』, 2002.
권영민, 『월북문인연구』, 문학사상사, 1989.
고설봉, 『이야기 근대연극사』, 1993.
―――, 『빙하시대의 연극마당 배우세상』, 1996.

고설봉 · 장원재, 『증언 연극사』, 진양, 1990.

구히서, 「안민수론」, 『우리극연구』, 공간미디어, 1995.

국어국문학회, 『판소리연구』, 태학사, 1998.

김경옥, 『여명 80년』, 창조사, 1964.

김남석, 『조선의 여배우들』, 새미, 2006.

김동욱, 『한국 가요의 연구』, 1961.

──────, 『춘향가 연구』, 연세대학교 출판부, 1965.

김동원, 『예에 살다』, 1992.

──────, 『미수의 커튼콜』, 2003.

김방옥, 『열린 연극의 미학』, 1997.

김영수, 『혈맥』, 영인서관, 1949.

김우진, 『김우진 전집』(1 · 2), 전예원, 1983.

김유미, 『작가 김영수』(1 · 2), 민음사, 2002.

김재철, 『조선연극사』, 학예사, 1939.

김정옥, 『나의 연극교실』, 서문당, 1974.

──────, 『시인이 되고 싶은 광대』, 혜화당, 1993.

──────, 『바람 부는 날에도 꽃은 피네』, 혜화당, 1994.

────── 외, 『연극적 창조의 길』, 시각과언어, 1997.

────── 외, 『영화론의 전개와 제3의 영화』, 시각과언어, 1997.

김종원 · 정중헌, 『우리 영화 100년』, 현암사, 2001.

김창순 편, 『북한문화론』, 북한연구소, 1978.

김천흥, 『심소 김천흥 무악 70년』, 도서출판 민속원, 1995.

김춘광, 『희곡 안중근사기』(전 · 후), 청춘극장 출판부, 1946.

──────, 『단종애사』, 청춘극장 출판부, 1946.

──────, 『대원군』, 청춘극장 출판부, 1946.

김학동, 『한국문학의 비교문학적 연구』, 1972.

김항명, 『살아 있는 성좌─복혜숙』, 명서원, 1976.

대한민국 예술원, 『한국예술총집 3』, 2000.

문화체육부, 『윤백남 작품세계』, 1993.

──────────, 『박승희 작품세계』, 1994.

반재식 · 김은신,『여성국극 왕자 임춘앵 전기』, 백중당, 2002.

박용철,『박용철 전집』(1 · 2), 깊은샘, 2004.

박조열,『총독 돌아오다』, 학고방, 1991.

────,『오장군의 발톱』, 공간미디어, 1994.

박   진,『세세연년』, 경화출판사, 1966.

────,「한국연극사 제1기」,『예술논문집』제15집, 대한민국 예술원, 1976.

박현령,『허규의 놀이마당』, 인문당, 2004.

박현숙,『박현숙 문학전집』(1~7), 늘봄, 2001.

────,『그리움은 강물처럼』, 늘봄, 2005.

박   황,『창극사연구』, 백록출판사, 1976.

백   철,『세계문예사전』, 민중서관, 1955.

백성희,『무대 밖에서』, 혜화당, 1994.

백현미,『한국창극사연구』, 태학사, 1997.

서연호,『한국근대희곡사』, 고려대학교 출판부, 1994.

서종문 · 정병헌,『신재효 연구』, 태학사, 1997.

서항석,『경안 서항석 전집』(1~6), 하산출판사, 1987.

송수남 편,『한국 근대춤 인물사』, 현대미학사, 1999.

신정옥,『한국연극과 서양연극』, 새문사, 1994.

『실험극장 10년지』, 극단 실험극장, 1990.

『실험극장 40년사』, 극단 실험극장, 2001.

아키바 다로(秋庭太郞),『日本新劇史』, 理想社, 1955.

안민수,『연극연출-원리와 기술』, 집문당, 1998.

────,『연극적 상상 창조적 망상』, 아르케라이팅아트, 2001.

안병섭,『영화적 현실 상상적 현실』, 정음사, 1989.

안제승,『신무용의 본질과 요람기가 남긴 영향』, 세기사, 1972.

안종화,『신극사 이야기』, 진문사, 1954.

────,『한국영화측면비사』, 춘추각, 1962.

양승국,『김우진 그의 삶과 문학』, 태학사, 1998.

────,『한국근대연극비평사 연구』, 태학사, 1996.

────,『한국 신연극 연구』, 연극과인간, 2001.

여석기,『한국연극의 현실』, 동화출판공사, 1974.

———,『동서연극의 비교연구』, 고려대학교 출판부, 1987.

———,『현대영미희곡작품노트』, 한신문화사, 1987.

———,『세상을 넓게 볼 줄 아는 도량』, 도서출판 둥지, 1991.

———,『에세이 셰익스피어 명작선』, 시사영어사, 1991.

———,『씨네마니아』, 솔, 1996.

———,『햄릿과의 여행 리어와의 만남』, 생각의나무, 2001.

『연극문화 그리고… 사회』, 서강대언론문화연구소, 1993

오사량,『동랑 유치진 선생과 드라마센터 이야기』, 서울예술대학, 1999

오스카 G. 브로켓,『연극개론』, 김윤철 역, 한신문화사, 1989.

오영진,『하나의 증언』, 국민사상지도원, 1952.

———,『오영진희곡집』, 동화출판공사, 1976.

유민영,『한국현대희곡사』, 홍성사, 1982.

———,『한국근대연극사』, 단국대학교 출판부, 1996.

———,『한국 근대극장 변천사』, 태학사, 1998.

———,『21세기에 돌아보는 한국 연극운동사』, 푸른사상사, 2022.

유치진,『동랑 유치진 전집』(1~9), 서울예술대학 출판부, 1992.

유현목,『한국영화발달사』, 한진출판사, 1980.

이광래,『촌 선생』, 현대문학사, 1972.

이근삼,『제18공화국』, 을유문화사, 1967.

———,『서양연극사』, 탐구당, 1980.

———,『어떤 노배우의 마지막 연기』, 연극과인간, 2001.

이규원,『우리가 정말 알아야 할 우리 전통 예인 백 사람』, 현암사, 1995.

이동순,「한국대중문화사와 왕평 이응호의 위상」, 동북아시아문화학회, 국제학술대회
　　　발표자료, 2009.

이두현,『한국신극사연구』, 서울대학교 출판부, 1966,

———,『한국가면극』, 문화재관리국, 1969.

———,『의민당수기』, 한샘, 1989.

———,『한국무속과 연희』, 서울대학교 출판부, 1996.

———,『한국연극사』, 학연사, 1999.

인물로 보는 한국 공연예술사

이두현 · 장주근 · 이광규, 『한국민속학개설』, 민중서관, 1974.

이병복, 『무대미술 30년』, 도서출판 한국무대미술가협회, 1997.

이석만, 『해방기 연극 연구』, 태학사, 1996.

이원경, 『연극연출론』, 현대미학사, 1997.

──────, 『불멸의 처』, 평민사, 1999.

──────, 『이원경 연극화술론』, 한국예술종합학교 연극원 연기과, 2003.

이유영, 『한독문학비교연구』, 서강대학교 출판부, 1983.

이진순, 「한국연극사 제3기」, 한국연극협회, 『한국연극』 1977.3.

이해랑, 『또 하나의 커튼 뒤의 인생』, 보림사, 1985.

──────, 『허상의 진실』, 새문사, 1991.

임종국 · 박노준, 『흘러간 성좌』 3, 1966.

임형택, 『한국문학사의 시각』, 1984.

──────, 『한국문학사의 논리와 체계』, 2002.

장덕순, 『한국설화문학연구』, 서울대학교 출판부, 1978.

정노식, 『조선창극사』, 1940.

정상진, 『아무르 만에서 부르는 백조의 노래』, 2005.

조선일보사출판부, 『현대조선 문학전집』, 1938.

조지프 캠벨, 『신화의 힘』, 이윤기 역, 21세기북스, 1991

──────────, 『천의 얼굴을 가진 영웅』, 이윤기 역, 민음사. 1999

조영복, 『월북예술가 오래 잊혀진 그들』, 2002.

조지훈, 『한국문화사서설』, 탐구당, 1964.

조택원, 『가사호접』, 1973.

조희문, 『한국영화의 쟁점』 1, 2002.

차범석, 『껍질이 째지는 아픔 없이는』, 정신사, 1960.

──────, 『대리인』, 선명문화사, 1969.

──────, 『환상여행』, 어문각, 1975.

──────, 『학이여 사랑일레라』, 어문각, 1982.

──────, 『동시대의 연극인식』, 범우사, 1987.

──────, 『식민지의 아침』, 학고방, 1992.

──────, 『예술가의 삶』, 혜화당, 1993.

──────,『목포행 완행열차의 추억』, 융성출판, 1994.

──────,『떠도는 산하』, 형제문화, 1998.

──────,『옥단어!』, 2003.

──────,『한국 소극장 연극사』, 연극과인간, 2004.

최은희·신상옥,『조국은 저 하늘 멀리』(상·하), 패시픽 아티스트 코퍼레이숀, 1988.

한국고전음반연구회,『유성기음반가사집』, 민속원, 1990.

한국극예술학회,『함세덕』, 태학사, 1995.

한국무대미술가협회,『까페 떼아뜨르』, 1998.

한국영화인협회,『한국영화전사』, 1969.

한승연,『꽃이 지기 전에』, 2003.

함세덕,『동승』, 박문출판사, 1947.

허 규,『민족극과 전통예술』, 문학세계사, 1991.

──────,『물도리등』, 평민사, 1998.

허은아,『무대 위에서 스러진 불꽃 왕평 이응호』, 미루나무, 2011.

황문평,『인물로 본 연예사―삶의 발자국』(1, 2), 도서출판 선, 1998

황 철,『화술과분장』, 1963.

Hans Knudsen, *Theaterwissenschaft*, 1950.

Hans Knudsen, *Methodik der Theaterwissenschaft*, 1971.

인물 및 용어

유민영 柳敏榮

경기도 용인에서 출생하여 서울대학교 및 같은 대학원 국문학과를 졸업하고 오스트리아 빈대학교 연극학과에서 수학하였다. 연극평론가이며 문학박사. 한양대학교 국문학과 교수와 단국대학교 예술대학 학장, 방송위원회 위원, 예술의전당 이사장, 단국대학교 문화예술대학원장 및 석좌교수를 역임하였다. 현재 단국대학교 명예교수이다.

주요 저서로는 『한국연극산고』(1978) 『한국현대희곡사』(1982) 『한국연극의 미학』(1982) 『전통극과 현대극』(1984) 『한국연극의 위상』(1991) 『한국근대연극사』(1996) 『한국근대극장변천사』(1998) 『20세기 후반의 연극문화』(2000) 『격동사회의 문화비평』(2000) 『문화공간 개혁과 예술발전』(2004) 『한국인물연극사』(전 2권, 2006) 『한국연극의 사적성찰과 지향』(2010) 『한국근대연극사 신론』(전 2권, 2011) 『인생과 연극의 흔적』(2012) 『한국연극의 아버지 동랑 유치진 – 유치진 평전』(2015) 『한국연극의 거인 이해랑』(2016) 『무대 위 세상 무대 밖 세상』(2016) 『예술경영으로 본 극장사론』(2017) 『풍성한 문화예술계의 명암』(2019) 『사의 찬미와 함께 난파하다 – 윤심덕과 김우진』(2021) 『21세기에 돌아보는 한국 연극운동사』(2022) 『북한 연극사』(2024) 등이 있다.